Institution globale et marchés financiers

T0326561

Michel Fior

Institution globale et marchés financiers

La Société des Nations face à
la reconstruction de l'Europe,
1918-1931

PETER LANG

Bern · Berlin · Bruxelles · Frankfurt am Main · New York · Oxford · Wien

Information bibliographique publiée par «Die Deutsche Bibliothek»

«Die Deutsche Bibliothek» répertorie cette publication dans la «Deutsche National-bibliografie»; les données bibliographiques détaillées sont disponibles sur Internet sous ‹http://dnb.ddb.de›.

La publication de cet ouvrage a bénéficié du soutien des institutions suivantes:
- Fonds national suisse de la recherche scientifique (FNS)
- Faculté des Lettres & Sciences humaines de l'Université de Neuchâtel
- Association pour l'histoire de la finance (Suisse et Principauté du Liechtenstein)

Illustration de couverture tirée de l'ouvrage: *Ten Years' Life of the League of Nations. A History of the Origins of the League and of its Development from a.d. 1919 to 1929*, compiled by John Eppstein, London: The May Fair Press, 1929, p. 132

Réalisation de couverture: Thomas Jaberg, Peter Lang AG

ISBN 978-3-03911-589-1

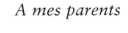

A mes parents

Avant-propos

Ce livre raconte l'histoire d'une confusion aux effets funestes : la confusion, au lendemain de la Première guerre mondiale, de la reconstruction monétaire de l'Europe et de la réhabilitation des marchés financiers. En apparence distincts, ces deux problèmes sont alors considérés comme un seul et même enjeu : pour assurer la transition, le *marché* serait bien plus performant que le *politique*. Durant les années vingt, la reconstruction de monnaies anéanties par le conflit et par ses contrecoups est ainsi synonyme de mise en place des conditions propices à la circulation globale des capitaux, particulièrement en Europe centrale. Actuellement plongée dans l'oubli, la Société des Nations (SdN) représente un des rouages de ce processus. En mettant l'accent sur cette institution, ce livre ne fait cependant pas qu'observer l'établissement d'un cadre institutionnel favorable aux investissements internationaux : c'est ni plus ni moins une des origines lointaines du néolibéralisme de la fin du vingtième siècle qui apparaît au grand jour. Par sa défense du libéralisme financier, de la discipline monétaire et budgétaire, et d'un marché supposé *autorégulateur*, la SdN préfigure les plans d'ajustement structurels qui, un demi-siècle plus tard, seront appliqués par le Fonds monétaire international (FMI) aux pays en développement. S'intéresser à la SdN représente ainsi bien plus qu'une simple curiosité historique : c'est d'une archéologie du présent dont il est question dans les pages qui suivent.

Issu d'une thèse de doctorat soutenue en 2006 à l'Université de Neuchâtel, ce livre n'aurait vu le jour sans le soutien de nombreuses personnes. Je tiens en premier lieu à remercier mes deux directeurs de thèse, Philippe Marguerat et Laurent Tissot. Par leurs précieuses suggestions, Olivier Feiertag, Marc Flandreau et Ronen Palan, membres du jury, m'ont permis d'améliorer le manuscrit original. Je pense également aux nombreuses et nombreux archivistes, sans qui je ne serais jamais venu à bout de la recherche documentaire, en particulier Bernhardine Pejovic, Laurent Dupuy, Françoise Charasse, Catherine Dardignac, Rosemary Lazenby, Joseph Komljenovich et Sarah Millard.

Mes remerciements vont également à celles et ceux dont l'avis ou le soutien n'ont jamais fait défaut, à un moment ou un autre de la recherche : Isabella Bakker, Véronique Bourget, Olivier Buirette, Nellie Chang, Karen Choi, Patricia Clavin, José Corpataux, Alain Cortat, Jennifer Costanza, Sara Cotelli, Sheila Das, Matt Davies, Yann Decorzant, Paolo Di Martino, Tim Di Muzio, Jean-François Fayet, Stephen Gill, Jean-Christophe Graz, Eric Helleiner, Gigi Herbert, Maureen Hill, Marc-Antoine Kaeser, Samuel Knafo, Anne Meylan, Jean-Daniel Morerod, Claire-Aline Nussbaum, Nori Onuki, Hélène Pasquier, Jean Perrenoud, Thomas Perret, Nicole Piétri, Christine Rodeschini, Michael Ryner, David Sarai, Michael Stewart, Dieter Stiefel et Patrick Verley.

Enfin, je réserve un remerciement particulier au Fonds National suisse pour la Recherche Scientifique, qui m'a permis, au moyen d'une bourse de jeune chercheur, de développer le côté théorique de ce travail grâce à un séjour d'un an à York University, Toronto.

Table des matières

Liste des tableaux et des figures

Tableaux

Figures

Liste des abréviations

AMAE	Archives du Ministère des affaires étrangères (Paris, Quai d'Orsay)
AMF	Archives du Ministère des finances (Paris)
BdF	Banque de France
BGCH	Banque générale de crédit hongrois
BIT	Bureau international du travail
BM	Banque mondiale
BNH	Banque nationale de Hongrie
BofE	Bank of England
BPEC	Banque des pays de l'Europe centrale (Länderbank)
BUP	Banque de l'union parisienne
CATM	Conseil allié du transport maritime
CdR	Commission des réparations
CEE	Communauté économique européenne
CFI	Commission financière internationale
CFR	Council on Foreign Relations
CoF	Comité financier
DDF	Documents diplomatiques français
EPH	Economie politique historique
EPI	Economie politique internationale
FBI	Federation of British Industries
FMI	Fonds monétaire international
FO	Foreign Office
FRBNY	Federal Reserve Bank of New York
FRUS	Foreign Relations of the United States
GATT	General Agreement on Tariffs and Trade
ICC	Chambre internationale de commerce
IIOST	Institut international d'organisation scientifique du travail
ILO	International Labour Organisation
IMI	International Management Institute
MAE	Ministère des affaires étrangères (Paris)
MGF	Mouvement général des fonds (Ministère des finances, Paris)

NEWAG	Niederösterreichische Elektrizitätswerke AG
OAER	Office autonome pour l'établissement des réfugiés
OCDE	Organisation de coopération et de développement économique
OCI	Organisation de coopération intellectuelle
OEF	Organisation économique et financière
OEWAG	Oberösterreichische Wasserkraft- und Elektrizitäts AG
OIT	Organisation internationale du travail
ONG	Organisation non gouvernementale
ONU	Organisation des nations unies
PNB	Produit national brut
PNN	Produit national net
PRO	Public Record Office (National Archive, Londres)
RIIA	Royal Institute of International Affairs
SA	Société anonyme
SdN	Société des Nations
SFSDN	Service français de la Société des Nations
SMI	Système monétaire international
STEWEAG	Steirische Wasserkraft- und Elektrizitäts AG
TIWAG	Tiroler Wasserkraft AG
TSH	Théorie de la stabilité hégémonique
TWL	Thomas W. Lamont papers
UNESCO	United Nations Educational, Scientific and Cultural Organization

1. Introduction

A trois reprises durant le 20ᵉ siècle, l'Europe s'est trouvée face à sa propre reconstruction: au lendemain de la Grande guerre, après la victoire alliée sur le Reich hitlérien et – en ce qui concerne sa partie orientale – suite à l'effondrement de l'empire soviétique. Lors de ces trois processus de reconstruction, les organisations internationales ont occupé une position centrale. Durant les années vingt, la Société des Nations (SdN) participe à la restauration de l'ordre européen, en particulier de l'Europe centrale et orientale. A l'issue de la Seconde guerre mondiale, les nouvelles institutions de Bretton Woods – le Fonds monétaire international (FMI) et la Banque mondiale (BM) – ainsi que l'Organisation européenne de coopération économique (OECE) s'activent au redressement du vieux continent. Enfin, lors de la dernière décennie du siècle, le FMI et la Banque européenne pour la reconstruction et le développement (BERD) sont impliqués dans la transition vers l'économie de marché des sociétés qui viennent de renverser la domination communiste. Si le rôle des institutions internationales a été abondamment souligné pour les reconstructions des années 1940 et 1990, l'implication de la SdN dans la réhabilitation européenne des années 1920 est en revanche peu connue. D'où ce livre qui, au travers de l'exemple de la SdN, vise l'objectif plus général d'approfondir la connaissance des processus sociaux de gouvernance globale en situation de transition.

Réduire l'angle d'analyse à un seul champ disciplinaire – l'histoire, la science politique ou l'économie – condamnerait dès le départ la portée novatrice d'un tel projet. Une approche capable d'intégrer ces perspectives multiples est incontournable pour qui désire tenir compte des apports des nombreuses sciences sociales aux problématiques abordées ici, qu'il s'agisse de la reconstruction, des organisations internationales ou de la transition économique. Ce livre s'inscrit ainsi dans un champ de connaissance qui ne demande qu'à s'affirmer, surtout dans le domaine francophone: l'économie politique historique (EPH). Une telle démarche considère l'économique, le politique et l'historique non pas comme des perspectives complémentaires, mais comme un seul et même espace de connaissance. De plus, une EPH ne considère pas que sa pratique narrative et ses catégories circulent à sens unique de l'empirie à la théorie: réflexive par nature, elle est soucieuse de mettre en lumière les choix théoriques et épistémologiques qui participent de la construction et de la compréhension du réel. Un discours sur la réhabilitation de l'Europe passe donc par une réflexion sur les procédures intellectuelles qui constituent la narration savante.

Une économie politique historique de la reconstruction européenne met en évidence trois aspects essentiels de son objet. D'abord, elle saisit l'organisation internationale dans une perspective sociale; en la rebaptisant sous une identité plus conforme au projet poursuivi – *institution globale* – je veux insister non pas sur les arrangements formels et interétatiques, mais sur les logiques sociales dont elle est l'expression. Le regard se porte vers les réseaux transnationaux d'élites et vers les discours qui, à l'instar de la mythologie autorégulatrice de l'étalon-or, relèvent de pratiques de validation visant jusqu'aux individus dans leur vie quotidienne. Puis, ce travail s'attache à clarifier le lien entre institution et transition; au travers de l'exemple de la reconstruction européenne, il montre le rôle actif des institutions dans le changement historique et dans la reproduction des rapports sociaux globaux. Enfin, pour nuancer la pensée orthodoxe actuelle, qui conçoit la coopération internationale comme une dynamique d'agents rationnels et maximisateurs œuvrant au bien de tous, cet ouvrage veut identifier les logiques de pouvoir indissociables des institutions globales; en marge des préoccupations utilitaristes sur la constitution des *biens publics*, il insiste sur la dynamique des forces sociales et sur les effets asymétriques que génèrent les arrangements institutionnels. Une économie politique historique apporte ainsi une connaissance de la reconstruction européenne qui développe des aspects souvent négligés par les approches classiques. Ce sont ces approches classiques de la reconstruction européenne qu'il s'agit d'aborder à ce stade, avant de montrer sur quels points une EPH offrira une alternative.

Les discours de la reconstruction

Au cours des quatre dernières décennies, deux courants de pensée dominants ont occupé le champ analytique de l'entre-deux-guerres et de la reconstruction. Tous deux n'étudient cependant la reconstruction qu'indirectement, par la bande en quelque sorte, leur objectif final consistant à expliquer la grande crise. On doit à Charles Kindleberger un ouvrage célèbre autour duquel s'est articulée la première orthodoxie, qui s'inscrit dans le courant dit *réaliste*: *The World in Depression, 1929-1939*. Paru en 1973, ce texte est doublement déterminant. D'une part, il a servi de modèle à la constitution des discours académiques sur l'entre-deux-guerres durant les années 1970 et 1980, inspirant des auteurs aussi en vue que Benjamin Cohen ou Robert Gilpin. D'autre part, il est à l'origine d'un outil intellectuel influent de l'histoire et de la science politique: la théorie de la stabilité hégémonique (TSH). Pour Charles Kindleberger, l'échec de la reconstruction, l'instabilité de l'entre-deux-guerres et la crise des années trente s'expliquent par l'absence d'une puissance hégémonique capable de faire régner les conditions propices à un système international libéral et stable. Selon l'historien-économiste, un *hegemon*, seul et unique, est nécessaire pour garantir un ordre aussi stable que la *pax britannica* de la seconde moitié du 19e siècle ou la *pax americana* consécutive à la Deuxième guerre mondiale. Seul un tel *stabilisateur* peut établir et reproduire les conditions nécessaires à un ordre économique stable, à savoir: un marché commercial ouvert aux pays en déficit, des prêts à effet anticyclique, la coordination des politiques macroéconomiques jumelée au maintien de taux de change fixes, et enfin une fonction de prêteur en dernier ressort. Durant l'entre-deux-guerres, la Grande-Bretagne n'aurait plus été capable d'assumer une telle responsabilité, et les USA auraient refusé de l'endosser, préférant se replier dans un isolationnisme aux conséquences funestes.

Au début des années 1990, dans un contexte marqué par l'affermissement du néolibéralisme et de la visibilité des organisations internationales privées ou publiques dans la gouvernance globale, on assiste à un renversement de paradigme. Dans son *Golden Fetters* (1992), Barry Eichengreen prend ouvertement le contre-pied de Kindleberger, donnant ainsi la réplique libérale à l'orthodoxie réaliste. L'ouvrage remet en cause le statut de stabilisateur de la Grande-Bretagne durant la seconde moitié du 19e siècle, et suggère une analyse alternative de la crise et de la reconstruction. Sa démonstration révisionniste substitue deux nouvelles hypothèses à la théorie de la stabilité hégémonique : la *crédibilité* et la *coopération*. Pour Barry Eichengreen, ce n'est pas l'hégémonie de la Grande-Bretagne qui explique la stabilité monétaire et la croissance économique de la seconde moitié du 19e siècle, mais la crédibilité des politiques monétaires et budgétaires, ainsi que la coopération des acteurs monétaires en cas de crise. La crédibilité désigne la confiance des marchés financiers dans l'engagement des gouvernements à assurer la convertibilité, l'équilibre de la balance des paiements et l'équilibre budgétaire. Dans un monde ainsi prévisible, les investisseurs anticipent l'action des banques centrales, ce qui confère aux flux de capitaux une vertu stabilisatrice : ceux-ci rééquilibrent le change avant que l'institut d'émission n'ait besoin d'intervenir. En cas de déséquilibre, la coopération entre les banques centrales permet de venir à la rescousse d'une monnaie menacée grâce à une mise en commun des ressources monétaires.

La situation instable de l'entre-deux-guerres et, partant, l'échec de la reconstruction, ne s'expliquent ainsi pas par l'absence d'une puissance hégémonique, mais par la carence de crédibilité du SMI et l'échec de la coopération monétaire. Au plan de la crédibilité, l'extension de la franchise électorale et du système de scrutin proportionnel ont donné à la gauche une influence nouvelle sur les politiques publiques. Désormais soumises à des préoccupations politiques et conjoncturelles (l'emploi), les politiques monétaire et budgétaire ont perdu leur prévisibilité, d'où le manque de confiance des opérateurs, handicapés dans leurs anticipations. Sur le plan de la coopération également, la Grande guerre marque une rupture nette : simple façade durant les années de stabilisation, la coopération ne permet plus de maintenir le SMI en place dès le tournant de 1927, c'est-à-dire dès le moment où des préoccupations domestiques aux USA, en France et en Allemagne rendent les politiques monétaires incompatibles avec la survie du fragile étalon devise-or. L'évanouissement de la coopération marque le début d'une concurrence pour l'accumulation de réserves métalliques, propageant ainsi la tendance déflationniste de l'étalon-or aux économies débitrices. La crise, et d'une manière générale la décennie de reconstruction qui la précède, sont ainsi marquées par une double absence : absence de crédibilité et absence de coopération. Le SMI rebâti durant les années vingt ne fonctionne dès lors plus comme son prédécesseur : il génère et propage des effets déflationnistes, empêche l'ajustement, renforce la répartition asymétrique des réserves métalliques et, dès 1929, servira de courroie de transmission de la crise de Wall Street vers la périphérie. Les économies capitalistes ne parviendront à amorcer leur relèvement que lorsque les « chaînes d'or » auront été brisées.

Si le modèle eichengreenien a permis de s'affranchir du déterminisme réaliste inhérent à la théorie de la stabilité hégémonique et de son réductivisme historique, il ne pose pas moins quelques problèmes dont je dégage ici les trois principaux[1]. Au plan méthodologique, un premier problème concerne les prémisses du modèle proposé : l'idéal plus ou moins ouvertement valorisé consiste en un système monétaire international libéral. Dans cette approche, les flux de capitaux doivent être libérés de toute entrave, dans la mesure où ils génèrent des effets stabilisateurs (pour peu que la crédibilité soit établie). En termes de politiques monétaires et budgétaires, l'enjeu primordial que représente la crédibilité résulterait ainsi d'une isolation de la sphère économique face aux préoccupations conjoncturelles et sociales domestiques. En dépit d'intentions inverses, l'idéal-type eichengreenien tend donc à reproduire la conception libérale classique d'un marché autorégulateur, où le politique est tenu à distance de l'économique, et où la liberté de circulation du capital mènerait à l'état d'équilibre, moyennant une intervention coopératiste des acteurs monétaires en situation de crise. Certes, le courant révisionniste condamne les effets dévastateurs de la discipline monétaire et budgétaire entraînée par l'idéologie déflationniste de l'étalon-or au lendemain de la guerre[2]. Il n'en demeure pas moins que l'idéal-type implicite demeure un système libéral, plus souple que l'étalon-or dans la création monétaire, mais qui repose sur un ajustement selon les lois du marché. Sur le plan méthodologique, la conceptualisation de la notion de crédibilité fait donc appel à une théorie du comportement rationnel qui véhicule inévitablement une connotation normative : la crédibilité de l'étalon-or repose en dernier ressort sur les anticipations des opérateurs et la démonstration ne peut s'affranchir

---

1   D'autres problèmes de la conceptualisation d'Eichengreen seront abordés dans le chapitre 6.

2   A ce sujet, voir essentiellement Eichengreen/Temin 2000.

d'une prémisse de rationalité des marchés. Ce mode de connaissance n'est pas très éloigné des démarches orthodoxes, dont la préoccupation première consiste à comprendre l'émergence et la reproduction d'un SMI stable, capable d'assurer la libre circulation du capital, l'ajustement des balances des paiements par le marché, et la stabilité monétaire. Il relève de ce que Robert Cox appelle des *problem-solving theories*, à savoir un mode de connaissance inscrit dans un cadre de pensée dominant dont il ne discute pas les bases normatives, et qui cherche à améliorer le fonctionnement d'un ordre établi[3].

Un deuxième problème apparaît au niveau conceptuel : la définition du pouvoir et du politique, et leur intégration (ou non intégration) dans le cadre d'analyse. En dépit de ses faiblesses, le mode de savoir réaliste de Charles Kindleberger présente l'avantage d'une conceptualisation de l'ordre international qui fait la part belle aux enjeux de pouvoir : tout ordre international est par essence un rapport de domination. Chez Barry Eichengreen en revanche, le politique est absent de l'idéal-type, c'est-à-dire de ce monde libéral caractérisé par la rationalité des marchés et les vertus de la coopération. Si le pouvoir est absent de l'idéal-type, il n'est pas pour autant évacué de l'analyse, bien au contraire. Il apparaît en revanche comme un facteur perturbateur : les problèmes politiques non résolus tels que les dettes interalliées et les réparations, ainsi que les divergences sur les modalités de l'étalon-or, constituent des entraves à un système libéral stable. Dans le même ordre d'idée, le pouvoir exprime ses effets pernicieux par le truchement de groupes de pression qui font prévaloir leurs revendications au détriment d'un « intérêt collectif ». Pour le courant révisionniste, le pouvoir mine la crédibilité et empêche la coopération, dressant ainsi un obstacle à la constitution d'un SMI stable. Dans l'ordre idéal, le pouvoir est en quelque sorte dissout.

Un troisième problème s'observe dans le caractère contrefactuel de l'analyse proposée : l'idéal-type d'un SMI stable qui s'appuie sur la crédibilité et la coopération implique un référentiel non historique, c'est-à-dire un monde optimal totalement abstrait. La démarche consiste ainsi à étudier la reconstruction européenne et la crise en fonction d'un archétype extratemporel qui sert de modèle universel au bon fonctionnement

3   Cox [1981]: 88.

du capitalisme. L'hypothèse eichengreenienne n'étudie dès lors pas la reconstruction *in se*, comme un processus historique en tant que tel, selon sa logique propre, ses équilibres sociaux et ses contradictions internes. Elle lui substitue au contraire un cadre interprétatif anhistorique, et déduit l'échec de la reconstruction de la non-conformité au modèle proposé. Dès lors, il ne reste plus à Eichengreen qu'à «refaire l'histoire» selon son schéma, ce qu'il n'hésite pas à faire dans la conclusion contrefactuelle des *Golden Fetters*, fustigeant au passage les groupes d'intérêt – les mouvements de gauche, en l'occurrence – qui par leur refus de coopérer en vue d'un ordre libéral auraient contribué à la catastrophe.

Cadre d'analyse et problématique

La reconstruction européenne des années vingt a tout à gagner d'une approche qui permette d'apporter une réponse aux problèmes posés par le mode de connaissance (néo)libéral, tout en évitant la conception stato-centrique du pouvoir propre au réalisme et à l'histoire classique des relations internationales. Dans quelle direction une telle démarche mène-t-elle? Les trois problèmes d'une approche libérale qui viennent d'être évoqués ci-dessus fournissent un bon point de départ.

Premièrement, une économie politique historique permet de surmonter l'idéal-type libéral selon lequel la libre circulation des capitaux mènerait automatiquement à un état d'équilibre pour peu que la crédibilité et la coopération règnent. Cet ouvrage – en particulier aux chapitres 5 et 6 – montre que la reconstruction européenne réside précisément dans une quête de crédibilité et de coopération. En termes de politique monétaire, la reconstruction se lit comme une vaste entreprise consistant à isoler la monnaie des enjeux dits politiques, c'est-à-dire des gouvernements et des parlements, pour la confier aux seules forces «naturelles» du marché. En plus du marché, seuls les banquiers centraux (qui dans l'imaginaire collectif des années vingt jouissent d'un statut situé quelque part entre Dieu et les hommes, plus près de Dieu que des hommes) sont habilités à y toucher. Sous l'influence anglo-saxonne, principalement celle de la Banque d'Angleterre, naît ainsi le concept de *central banking* qui cristallise l'orthodoxie antipolitique propre aux programmes de reconstruction. Il n'en va pas autrement sur le plan de la politique budgétaire : en disciplinant les monnaies, ce sont les dépenses publiques que l'on veut réduire, dans le seul but, là aussi, de la crédibilité monétaire et de la confiance des investisseurs. Quant à la coopération, elle joue un rôle beaucoup plus important qu'il n'est admis généralement. Presque tous les programmes de reconstruction européens seront le résultat de la coopération des banques centrales et/ou des gouvernements, et c'est par son intermédiaire que s'effectuera la diffusion de la discipline budgétaire et monétaire. Aussi, la question se pose de savoir si l'hypothèse d'Eichengreen ne doit pas tout simplement être renversée, de sorte à postuler que c'est dans la quête de crédibilité et dans la coopération que se trouve l'origine principale de l'échec de la reconstruction : en réorganisant la forme de l'Etat conformément à une logique de discipline monétaire – dans le but d'assurer la circulation des capitaux et d'attirer les fonds privés nécessaires à la reconstruction – n'a-t-on pas mis en place les conditions mêmes de la crise monétaire de 1931, à savoir la déflation, le surendettement, et l'instabilité financière propres à un afflux de capitaux à court terme ?

Deuxièmement, au plan de la conceptualisation du pouvoir, l'EPH dépasse le choix binaire entre le pouvoir stato-centrique des réalistes conçu comme l'origine de tout ordre, et l'idéaltype dépolitisé de l'approche (néo)libérale, où le marché fonctionne d'autant mieux que le pouvoir en est absent. En thématisant la dimension profondément politique de concepts tels que *coopération* ou *crédibilité*, une économie politique historique insiste sur les phénomènes de pouvoir inhérents à toute organisation et à toute pratique sociale. Le pouvoir se manifeste sous des formes multiples, qui ne sauraient se résumer en une théorie générale. Le pouvoir coercitif, lié à l'Etat, ne peut évidemment être écarté, surtout au lendemain de la Grande guerre, à un moment où le gouvernement français utilise la défaite allemande et le traité de paix comme un instrument d'influence en Europe centrale et balkanique. Cependant, cette forme classique de la coercition chère à Raymond Aron, dans laquelle l'histoire diplomatique et l'histoire politique classiques ont copieusement puisé, masque des formes d'influence beaucoup plus sophistiquées, discrètes et insaisissables. Elle éclipse le pouvoir tel qu'il est conçu par Foucault ou Gramsci par exemple, c'est-à-dire un pouvoir qui s'exerce par le savoir et les institutions sociales, et qui s'appuie moins sur le canon que sur le consentement[4]. Dans cet exercice invisible de l'influence se niche la dimension politique de la crédibilité et de la coopération, véhicules puissants de normes et d'idéologies. Un pouvoir défini dans des termes plus consensuels ne signifie pas pour autant que son exercice est détaché de tout acteur. Ce livre montre ainsi la dynamique de structure et d'action en marche dans la reconstruction. C'est par des individus (experts financiers, experts monétaires, banquiers centraux, agents du Trésor, investisseurs, économistes, etc.) que s'expriment l'action et le changement historique ; ces acteurs ne sont toutefois pas des *deus ex machina*. Ils doivent leur légitimité à des institutions et à des discours qui les co-optent, leur confèrent un statut social et les habilitent à agir. Par ailleurs, la reconstruction offrira également une porte d'entrée dans le problème épineux du pouvoir structurel du capital, c'est-à-dire – au sein d'un contexte historique et institutionnel donné – l'influence que peut exercer le capital sur des paramètres tels que les finances publiques, la forme de l'Etat, ou encore la stabilité financière. Dans l'économie politique de la reconstruction, le pouvoir s'exprimera enfin en termes d'asymétrie : toute politique monétaire, économique ou financière génère des effets inégaux sur les catégories sociales et sur les types d'activités (finance, exportations, production domestique). En privilégiant une politique plutôt qu'une autre, la reconstruction touche ainsi de près à l'équilibre des forces sociales, dont la cohésion repose en dernier ressort sur l'affirmation d'un consensus suffisamment large.

Enfin, en réponse au problème de la contrefactualité, ma démarche veut saisir le processus historique dans sa temporalité propre, et non en fonction de concepts trans-historiques. Même en supposant que la crédibilité et la coopération ont permis la reproduction d'un SMI stable avant la Première guerre mondiale, rien ne permet d'affirmer *a priori* qu'il devait en aller ainsi ultérieurement. Ce livre s'intéresse moins à un modèle idéal et atemporel du capitalisme qu'à l'historicité de ses différentes formes[5]. Cette démarche permettra de montrer que le capitalisme de la reconstruction s'inscrit dans une configuration unique

---

4   Foucault 1975 ; Gramsci 1971. Voir aussi Bourdieu 2001.
5   Sur ce point, je rejoins le courant de l'école française de la régulation (Aglietta 1976 ; Boyer/Saillard 2002).

de libéralisme que je qualifierai de *coopératiste*. Beaucoup plus qu'avant la guerre, les années vingt marquent un véritable encadrement des marchés par des formes de coopération et des arrangements entre les acteurs: le patronat et le monde ouvrier sont appelés à négocier sous l'égide de l'Etat, et ils disposent pour cela de la nouvelle Organisation internationale du travail (OIT). Les cartels, qui avaient fleuri à la fin du 19ᵉ siècle déjà, accèdent à un stade supérieur de légitimité, grâce à la quasi caution que leur confèrent la SdN et la conférence économique mondiale de 1927. Les banques centrales – qui avant 1914 intervenaient collectivement essentiellement pour éviter la propagation internationale des crises financières – négocient désormais ouvertement et, même si elles n'agissent pas à l'unisson, elles coopèrent activement à la reconstruction de l'Europe. Enfin, l'affirmation d'une doctrine rationaliste anti-étatiste permet l'émergence de l'expert international, présenté désormais comme l'incarnation de la rationalité de la société civile, et appelé à collaborer activement avec les représentants étatiques et à les conseiller.

En concentrant l'attention sur la forme institutionnelle et historique du capitalisme propre à la reconstruction, l'enjeu porte ainsi non pas sur des *absences* (de crédibilité et de coopération) mais bien au contraire sur la dynamique *inhérente* au projet de reconstruction. Cette dynamique ne se manifeste pas seulement au niveau monétaire. En d'autres termes, la réhabilitation de l'étalon-or ne peut être vue comme une condition suffisante pour expliquer la crise sur laquelle débouche la décennie de reconstruction. En remontant jusqu'à la production des discours dominants, à l'interaction des forces sociales, à la forme des institutions et à la dynamique des modèles de reconstruction, je veux insister sur des processus historiques beaucoup plus profonds, des processus dont la dimension monétaire n'est qu'une expression.

La réhabilitation de l'étalon-or au lendemain de la guerre s'inscrit ainsi dans un projet social et une idéologie qui font sens dans la longue durée du capitalisme: la construction d'un vaste marché autorégulateur, ou, en d'autres termes, la séparation des sphères économique et politique. Dans *La grande transformation*, Karl Polanyi a montré que ce discours a été très influent jusqu'à la crise des années trente, même si dans la pratique le marché n'a évidemment d'autorégulateur que le nom. Ainsi conçue, la reconstruction européenne est indissociable d'un projet de réhabilitation des marchés financiers à l'écart de l'interventionnisme étatique[6]. Reconstruire l'Europe et réhabiliter les marchés financiers constituent un seul et même mouvement, pour la simple et bonne raison que ce ne sont pas des capitaux *publics* qui seront préconisés en vue de la reconstruction, mais des investissements *privés*, essentiellement en provenance des places financières anglo-saxonnes. Or, qui dit investissements privés dit crédibilité, c'est-à-dire la mise en place de politiques monétaires, budgétaires et fiscales propices aux investissements. C'est le processus de retour à l'étalon-or qui offrira les instruments d'une telle politique de crédibilité. Au sein de ce projet de reconstruction, l'étalon-or ne s'explique pas seulement comme un système de règlement des transferts internationaux, mais avant tout comme un ensemble de pratiques discursives et disciplinaires mobilisées par certaines forces sociales en vue de (re)configurer la forme de l'Etat, de sorte à assurer les conditions structurelles propices aux investissements et à la circulation transnationale des capitaux.

Pourtant, la reconstruction européenne n'est pas synonyme de laisser-faire: bien qu'il s'appuie sur un discours du marché autorégulateur, le libéralisme mis en chantier par la reconstruction repose sur un ensemble d'arrangements institutionnels et coopératifs qui lui sont propres. On touche là à la particularité centrale de la doctrine libérale de la reconstruction: pour atteindre l'état d'équilibre, le marché a besoin d'être *géré* par ceux-là mêmes qui le constituent (les agents économiques). La reconstruction des années vingt constitue ainsi en quelque sorte la dernière étape de la doctrine autorégulatrice, avant la rupture keynésienne qui mettra provisoirement un terme à cette idéologie en montrant que les mécanismes du marché peuvent très bien entretenir un état de déséquilibre.

6   Le concept de *marché financier* est utilisé dans un sens large, afin d'englober toutes les différentes formes d'argent (court terme et long terme) et d'investissement (direct et indirect). Certes, la distinction entre marché monétaire (court terme) et marché financier (long terme) est loin d'être anodine, dans la mesure où elle traduit en dernier ressort le choix d'un système financier. Les débats sont à ce titre très animés quant aux effets structurels des différents systèmes, plutôt bancarisés (modèle rhénan) ou financiarisés (modèle anglo-saxon). Sur cette distinction, voir l'ouvrage de Michel Albert (1991) et pour une mise en perspective historique récente, celui de Vitols (2002). La caractéristique du marché financier tel qu'il est défini ici réside dans la possibilité d'accéder au *crédit*, c'est-à-dire, en adoptant les termes de Randall Germain, dans une convention sociale et un ensemble d'institutions qui donnent accès à la valeur véhiculée par cette convention (Germain 1997: 17).

Dans ce processus de reconstruction, il est un acteur que les approches orthodoxes ont amplement négligé: la SdN. Cette institution ne trouve pas sa place dans le réalisme de Kindleberger pour qui l'ordre n'est possible que dans un monde fait d'Etats dont l'un exerce sa bienfaisante domination sur les autres en imposant les conditions d'un ordre libéral performant. Chez Eichengreen, la SdN ne se trouve guère plus valorisée. L'auteur y voit l'exemple même d'une coopération rendue impossible par les tensions politiques, et perpétue ainsi la «légende noire» (le terme est de René Girault)[7] à laquelle cette institution est associée depuis les années trente. Pour en lire toute l'importance dans la reconstruction, la SdN doit être réexaminée en dehors des analyses classiques sur les rivalités entre grandes puissances, la sécurité collective, le désarmement, ou le jeu à somme positive de la coopération internationale. Dans le projet social de la reconstruction, la SdN m'intéresse ainsi sur deux points particuliers: la coopération et la crédibilité, pierres angulaires de la démonstration de Barry Eichengreen et, d'une manière générale, de l'approche (néo)libérale des relations internationales. En termes de coopération, la SdN – en particulier son Comité financier – participe à un vaste effort de restauration libérale concertée, menée à l'initiative des élites financières. Au plan de la crédibilité, le discours et la *praxis* de la SdN se distinguent par une discipline monétaire et budgétaire d'une rare rigueur imposée aux pays en reconstruction, en vue d'isoler la monnaie et les politiques budgétaires des enjeux sociaux.

Mon hypothèse centrale consiste ainsi à montrer que la SdN a constitué un processus d'élaboration, de légitimation et de diffusion de l'orthodoxie financière qui a habité le projet social de reconstruction européenne. Je montre en particulier comment la SdN et les différentes instances qui la composent – essentiellement l'Organisation économique et financière (OEF) et le Comité financier qui en dépend – ont contribué, au travers de la reconstruction, à mettre en place des conditions idéologiques et institutionnelles propices à la circulation transnationale des capitaux. La portée de la reconstruction est donc large: au travers d'un ordre institutionnel tourné vers les marchés financiers, il n'est pas question que d'un système monétaire ou financier, mais d'un ordre so-

---

7   Girault 1993.

cial et d'une idéologie, conçus comme des points d'appui de la monnaie et de la gestion des créances internationales.

L'analyse portera ainsi très largement sur le rôle des *milieux financiers transnationaux* et des *élites financières* dans la reconstruction. La SdN révèle son importance par les réseaux sociaux, qui servent d'ancrage à la circulation des idées et de l'argent. Ces concepts, qui apparaîtront à plus d'une reprise, demandent à être explicités. On ne saurait les assimiler à l'imaginaire polémique très à la mode en France dès la fin du 19e siècle, dénonçant l'«oligarchie financière» ou, dès les années trente, la conspiration des «deux cents familles»[8]. Ces catégories seront utilisées ici dans une perspective à la fois sociale et discursive, pour englober un ensemble d'acteurs et d'institutions actifs dans ce que Randall Germain appelle l'*organisation internationale du crédit*. Je désigne par là les milieux sociaux qui s'occupent du maniement des capitaux et qui s'activent, directement ou indirectement, à la (re)construction des institutions permettant la circulation financière à une échelle globale. Le terme de *transnational* fait ainsi référence à l'activité d'individus ou d'institutions en dehors des frontières nationales, et qui ne peuvent être compris dans un cadre intergouvernemental. L'accent sera mis essentiellement sur la finance anglo-saxonne – qui constitue la source essentielle des flux internationaux de capitaux dans le cadre de la reconstruction – mais aussi, dans une moindre mesure, française, néerlandaise, suédoise, suisse et italienne. Cette situation témoigne du poids acquis par les milieux financiers étasuniens durant et après la guerre, mais aussi de l'influence que conserve la City, en dépit du basculement du centre de gravité financier de l'autre côté de l'Atlantique et d'un certain repli sur la reconstruction domestique anglaise.

---

8   Signé du pseudonyme de «Lysis», l'ouvrage de Letailleur, *Contre l'oligarchie financière en France*, rencontre un énorme succès en France : entre 1906 et 1912, il est réimprimé à 11 reprises (Plessis 1992 : 145). Quant aux *deux cent familles* de Francis Delaisi, qui renvoient à la composition de l'assemblée générale de la Banque de France, il associe l'institut d'émission au grand capitalisme, et aux coups d'Etat (sur cette question d'une manière générale, voir Dard 2003).

Les *élites financières* : un concept opérationnel ?

Recourir à un champ aussi hétérogène que la *finance transnationale* ou les *élites financières* n'est pas sans soulever des questions de pertinence. Les différences institutionnelles, juridiques, spatiales et surtout fonctionnelles invitent *a priori* à une démarche beaucoup plus sensible aux spécificités et aux spécialisations des acteurs concernés. Nul doute, en effet, qu'une banque d'affaires ne peut être assimilée à une banque de dépôts et qu'une banque centrale obéit à des préoccupations qui ne se résument guère au seul profit. Ce que j'inclus dans la catégorie de *milieux financiers transnationaux* revêt un caractère composite, articulé autour de trois instances fonctionnelles. On y trouve en premier lieu le monde des banques d'affaires (merchant banks ou investment banks), spécialisées dans l'émission d'emprunts étrangers et donc placées en première ligne de la reconstruction. Indirectement, cette catégorie de banques fait appel aux investisseurs dont elles canalisent les capitaux vers des espaces en recherche de moyens financiers. Le champ de la finance comporte également un certain nombre d'acteurs bancaires dont les émissions ne constituent pas la raison d'être, mais qui se trouvent engagés dans la reconfiguration de l'organisation internationale du crédit, soit en accordant des lignes de crédit, soit en participant aux nombreuses institutions qui – du comité Cunliffe à la Chambre internationale de commerce (ICC) – influencent les grandes orientations. On verra ainsi parfois se côtoyer des représentants de banques commerciales ou mixtes, de banques de dépôts ou encore de banques coloniales. Ces derniers sont souvent accompagnés de délégués d'associations chapeautant l'ensemble de la branche, à l'instar de American Bankers' Association, de la British Bankers' Association, de l'Union syndicale des banquiers français, ou encore de l'Association fasciste des banques. Un deuxième cercle embrasse un très grand nombre de banquiers centraux, eux aussi très actifs dans la reconstruction européenne, peut-être même les plus actifs si on en juge par des personnalités telles que Montagu Norman, gouverneur de la Banque d'Angleterre. Enfin, la place incontournable des finances publiques permet d'ouvrir le cercle des acteurs aux représentants des trésors, dont les préoccupations durant la reconstruction sont loin de se limiter à des questions domestiques.

Cependant, une fois étudié sous l'angle des réseaux d'élites, le champ de la finance fait apparaître des convergences substantielles. La pertinence d'une catégorie telle que la *finance transnationale* réside dans cette dualité du composite et de l'homogène; d'où l'accent mis sur les institutions sociales (telles que le comité Cunliffe, ou le Comité financier), qui permettent précisément de transcender les individualités, de rendre cohérents des intérêts et des perspectives contradictoires, et ainsi de créer des sentiments d'appartenance commune. Une première continuité sociale s'observe dans l'interpénétration des différents cercles évoqués plus haut. Le conseil des directeurs de la Banque d'Angleterre, dès le 19e siècle, recrute ses membres pour l'essentiel parmi les *merchant banks* de la City; de même, sur les quinze régents de la Banque de France, six à huit en moyenne sont des banquiers[9]. Il n'en va pas autrement entre les trésors et les banques: François Piétri notait déjà en 1931 que depuis le début du siècle, l'inspectorat des finances constituait un important bassin de recrutement des dirigeants de banques et d'entreprises[10]. Du côté britannique, des figures importantes de la reconstruction montrent une même tendance: Basil Blackett et Otto Niemeyer, tous deux inspecteurs du Treasury, passeront à la Banque d'Angleterre au cours de la décennie[11]. Les trajectoires familiales témoignent d'un même recoupement de catégories: tant Montagu Norman que Benjamin Strong, son homologue étasunien, ont débuté leurs activités professionnelles dans les milieux

---

9   Cassis 1984, 1991: 60; Plessis 1992: 150.
10 François Piétri (1935: 87) décrit la situation en ces termes: «En 1908 […], sur les 431 inspecteurs des finances qui s'étaient succédé dans les cadres, 107, soit presque exactement le quart, s'étaient ou se sont dirigés, depuis, vers les grandes entreprises […]. De nos jours, plusieurs établissements de crédit, comme la Société Générale, le Comptoir d'Escompte, le Crédit Industriel et Commercial; des banques à privilèges, comme la Banque de France, la Banque d'Indo-Chine, le Crédit Foncier de France; de grandes banques d'affaires; la plupart des compagnies de chemins de fer, de crédit foncier, d'assurances, de transports, de mines […], et nombre, enfin, de grandes sociétés, françaises ou étrangères, sont présidées ou dirigées par des inspecteurs des finances. Dans certaines d'entre elles, leur collaboration prend le caractère d'une tradition suivie, d'un principe». A ce sujet, voir aussi Plessis 1992: 156.
11 D'autres ténors, tels que Moreau, Quesnay, Leffingwell, Monnet ou Gilbert Parker montrent également la porosité des catégories fonctionnelles.

bancaires privés, et, dans le cas du Gouverneur anglais, sont issus d'une famille à longue tradition bancaire[12].

Deuxièmement, les années vingt se distinguent par l'existence d'une communauté intellectuelle : la rhétorique de la monnaie stable et du retour à la convertibilité, la discipline budgétaire et le libéralisme financier ne constituent pas le propre des banques d'affaires ou centrales, mais une caractéristique plus largement partagée, également par les trésors, du moins en Angleterre. Enfin, troisièmement, un certain nombre d'institutions reflètent et participent de ce chevauchement social des élites financières. L'importance de ces institutions – en particulier celles qui admettent le caractère le plus composite, à l'instar de la Chambre internationale de commerce (ICC), du Comité financier de la SdN, ou des conférences internationales – réside précisément dans leur projet consistant à brouiller les pistes entre catégories fonctionnelles. Elles entendent présenter la finance non comme le terrain où s'opposent des forces antagonistes, mais au contraire comme un champ unifié autour d'un savoir expert et d'une rationalité commune. Par son intitulé, le Comité *financier* procède d'une démarche discursive visant à représenter *la* finance comme une catégorie qui transcende les spécificités sectorielles. Réunis sous cette même étiquette, on y trouve en effet trois grands groupes : les banquiers commerciaux (qui représentent la portion principale du Comité), les banquiers centraux, et des représentants des finances publiques. Dans la rhétorique de la SdN, ces trois sous-catégories incarnent une seule et même vision de la finance et non des entités contradictoires.

Aussi, loin de l'utilisation polémique souvent réservée à ces concepts, *élites financières* ou *finance transnationale* s'inscrivent ici dans un sens bien précis et dans un contexte historique particulier. Le recours à ces catégories fait écho à la visibilité des acteurs financiers durant les années vingt, une décennie préoccupée par l'effondrement de la civilisation de l'étalon-or et par sa reconstruction. Polanyi l'avait bien vu, lui qui notait en 1944 déjà que le statut de « gardien professionnel » de l'étalon-or conféré aux banquiers transformait ces derniers en figures idéalisées de la reconstruction[13].

---

12   Voir les biographies rédigées par Chandler (1958) et Clay (1957).
13   Polanyi 1944 : 262.

La SdN, paradigme de l'échec

Ce livre vise en dernier ressort à repenser nos représentations couran-tes de la SdN. Quand elle n'inspire pas un ennui profond – à l'instar du journaliste Beverly Nichols qui en 1933 estime ne jamais avoir rien lu sur la SdN «which was not unutterably boring» – la SdN constitue à n'en point douter l'exemple paradigmatique de l'échec[14]. Les romans d'Albert Cohen offrent l'expression la plus tragi-comique d'un appa-reil habité par des ronds-de-cuir grassement rémunérés, réduits à ex-primer leur «souffrance» à chaque fois qu'une nouvelle guerre éclate. Dans le champ académique, on assiste, à partir de la crise de Mand-chourie et de l'Ethiopie, à l'affirmation de deux courants radicalement opposés sur le rôle de la SdN.

Dans un contexte de montée des fascismes et de la tension interna-tionale, les réalistes plaident la cause d'une SdN impuissante face aux Etats soucieux de sauvegarder leurs intérêts et leur pouvoir. C'est Ed-ward H. Carr qui, dans son *Twenty years' crisis*, propose la première analyse substantielle qui alimentera la réflexion de tout le courant réa-liste. Carr deviendra d'ailleurs, après la Deuxième guerre mondiale, une référence de ce courant. Même si le réalisme est souvent présenté comme une doctrine transhistorique, dont les premières manifestations remonteraient à la *Guerre du Péloponnèse* de Thucydide, sa variante moderne qui émerge durant l'entre-deux-guerres s'appuie largement sur le prétendu «échec» de la SdN pour justifier le recours des Etats à la force. Après 1945, dans le contexte de la guerre froide, c'est Mor-genthau qui cristallisera la pensée réaliste et perpétuera la critique de la SdN.

Si on suit E.H. Carr, l'échec de la SdN réside dans les convictions idéalo-rationalistes de ceux qui, au lendemain de la guerre, pensaient que le pouvoir pouvait être éliminé des relations internationales par la création d'un organe de coopération veillant à l'application de métho-des rationnelles du progrès. C'est ainsi dans la contradiction croissante entre des discours idéalistes et des méthodes abstraites d'un côté, et l'affirmation de la logique du pouvoir d'un autre côté que résiderait la faiblesse de l'organisation internationale. L'échec de la SdN n'est ainsi

---

14   Nichols 1933: 126. Je remercie Patricia Clavin de m'avoir suggéré cette citation.

pas à mettre sur le compte de l'action d'hommes qui l'auraient mal conçue ou maladroitement barrée dans les eaux troubles de l'entre-deux-guerres; son échec est une donnée structurelle, à savoir l'échec des postulats théoriques et philosophiques qui la sous-tendent.

Quant à Morgenthau, il ne nie pas la possibilité offerte à la SdN d'endosser ce qu'il appelle des «fonctions gouvernementales importantes»: l'administration du Bassin de la Sarre et de la ville de Danzig figurent parmi ses activités, au même titre que la supervision des mandats. Ces questions sont toutefois sans enjeu par rapport aux aspects internationaux fondamentaux que sont l'ordre international et le maintien de la paix: dans ce domaine, la liste des «défaillances» est longue. Bref, «the League of Nations prevented no major war, and it was ineffective in maintaining international order», écrit-il[15]. Outre la paralysie de circonstance issue de la rivalité franco-britannique, trois raisons structurelles expliquent cet échec. Premièrement, la faiblesse constitutionnelle de la SdN, qui n'exclut pas totalement le recours à la guerre mais en réduit les possibilités. Deuxièmement, la faiblesse structurelle, c'est-à-dire l'asymétrie entre la distribution mondiale du pouvoir et sa répartition au sein de l'organisation. L'absence des Etats-Unis ou l'entrée tardive de l'Union soviétique constituent autant de facteurs qui éloignent la SdN des «réalités du pouvoir». La faiblesse politique offre une troisième raison de douter de l'efficacité de la SdN dans le système international. Après quelques mois d'accord relatif sur certains dossiers importants, les Etats membres se seraient retranchés derrière leurs intérêts particuliers, paralysant ainsi l'organisation par leurs politiques antagonistes. Parmi les principaux, l'Allemagne dès son entrée en 1925, l'Italie, l'Union soviétique, ou encore le Japon mènent autant de politiques qui sont incompatibles avec la coopération.

En face, un courant idéaliste minoritaire n'a pas cessé de relativiser l'«échec» de la SdN, et de mettre en avant ses «réussites», moins dans le domaine de la sécurité collective que dans celui de la coopération économique, financière, culturelle ou encore sociale. Plusieurs auteur/es s'inscrivent dans ce courant idéaliste-fonctionnaliste. Aux premières expressions du fonctionnalisme durant l'entre-deux-guerres, représenté par Mitrany, s'ajoute une véritable avalanche d'ouvrages d'actualité rédigés souvent dans la hâte, et dont le manque de recul critique confi-

15   Morgenthau 1948: 374.

ne à la naïveté. A cette avalanche succède une littérature beaucoup plus approfondie: on y trouve l'ouvrage de Walters (1952), qui aujourd'hui encore passe pour une référence fondamentale de l'histoire de la SdN. Sur la question particulière de la reconstruction, les travaux de Nicole Piétri peuvent également être considérés comme des exemples d'une approche idéaliste-fonctionnaliste[16].

Mitrany se montre très favorable au développement d'organismes privés ou publics de coopération technique, caractéristiques de la seconde moitié du 19e siècle, même si ces organisations internationales émergent à l'ombre d'un système politique dominé par la logique de l'Etat-nation. Dans le sillage de cette coopération fonctionnelle, la SdN est ainsi appelée à jouer un rôle croissant, même si les changements ne sont pas lisibles dans l'immédiat. Sa seule existence, estime Mitrany, pose les fondations d'une véritable société internationale. C'est notamment le cas dans le domaine de la protection des minorités, que la tradition et le droit international plaçaient jusqu'à présent entre les mains des Etats souverains. Grâce aux principes nouveaux inscrits dans la charte, le Conseil de la SdN détient des pouvoirs qui lui permettent de transcender les frontières nationales, comme dans le cas de la Silésie par exemple. La sphère de compétence des mandats constitue une autre illustration de domaines fonctionnels dans lesquels un progrès a pu être réalisé. La SdN aurait ainsi acquis un droit de contrôle dans la gestion de possessions territoriales par des Etats membres. Cette nouveauté est particulièrement soulignée par Mitrany qui y voit un renversement de tendance par rapport à un 19e siècle marqué par des conflits coloniaux entre puissances, conflits qui ont mené à la Première guerre mondiale.

L'organisation économique et financière figure également au rang des forces potentielles du progrès dans les domaines fonctionnels, notamment le rôle de la SdN dans la santé, l'assistance économique et le contrôle du trafic de l'opium. Le système des crédits internationaux trouve ainsi un écho très positif: pour Mitrany, les prêts étrangers étaient précédemment accordés pour des raisons politiques et utilisées à des fins politiques. L'irruption de la SdN dans ce domaine a mis un terme aux logiques de pouvoir: les prêts alloués sous l'égide de la SdN à l'Autriche et à la Hongrie peuvent être considérés comme « sterilized of

---

16   Au même titre que les travaux de Ghebali (1970, 1987) et Fleury (1998).

such political impurities », car ils ne sont destinés qu'à la satisfaction de besoins sociaux, et soumis à un contrôle neutre[17].

Cette approche fonctionnaliste de la SdN est à l'origine d'une tradition idéaliste bien représentée dans les travaux des historien/nes. La démarche de Nicole Piétri place ainsi la SdN au centre d'un vaste processus de coopération économique et financière entre les diplomates et les experts en charge de la reconstruction de l'Europe. Les différents Etats impliqués apparaissent avant tout préoccupés par la stabilité d'une Europe centrale profondément désorganisée par la chute de l'empire austro-hongrois. L'enjeu porte ainsi de manière plus générale sur l'instauration de la paix par le rétablissement de finances publiques « saines », dans le contexte d'un après-guerre fortement inflationniste. L'organisation internationale joue un rôle central dans le processus, un rôle d'expertise, de coordination et de contrôle. Il est fait appel à son aide en raison du « trop grand effort » que représenterait la reconstruction autrichienne pour des gouvernements agissant isolément. Les Alliés ont ainsi décidé de se tourner « vers un organisme neutre et international », le Comité financier de la SdN, pour mettre en œuvre un plan de reconstruction[18]. Dans la pensée idéaliste, l'organisation permet de coordonner des engagements qui resteraient vains s'ils étaient menés au niveau domestique. Elle est en outre un organisme apolitique, chargé d'une mission technique. Placée au-dessus des parties, elle atteint une forme de stratosphère internationale représentant des intérêts « collectifs ».

Le présent ouvrage n'alimente pas la légende noire de la SdN, ni ne versera des éléments au dossier des « réussites » de l'institution. Plutôt qu'en faire un objet distinct, la perspective analytique vise au contraire à inscrire la SdN au sein des dynamiques sociales et idéologiques en marche dans la reconstruction européenne. Au terme de l'analyse, elle apparaîtra ainsi comme un rouage loin d'être insignifiant dans la réorganisation sociale de l'après-guerre, mais un rouage qu'on ne saurait assimiler à un « progrès » linéaire de l'humanité. Au contraire, la SdN mène vers la crise des années trente, une crise à laquelle elle n'est pas étrangère.

17   Mitrany 1933 : 86.
18   Piétri 1970 : 31.

Profil et plan

L'étude de la reconstruction demande plus qu'une nouvelle problématique ou de nouvelles recherches documentaires : c'est plutôt le *mode de connaissance* – pour reprendre un terme de Robert Cox – qui doit être reconsidéré, c'est-à-dire le cadre épistémologique et les concepts qui en découlent[19]. Je montre dans cet ouvrage que l'histoire des relations internationales a tout à gagner d'une prise en compte des renouvellements théories propres à la science politique. On ne s'attendra donc pas à trouver ici une approche détaillée de la reconstruction européenne selon une approche historique classique. Cette thématique a déjà fait l'objet de nombreuses publications[20]. Des études de cas solides existent pour l'Europe centrale en général[21] et pour les principaux pays en reconstruction sous l'égide de la SdN[22].

19 Cox [1981]. Voir en particulier p. 92, où Robert Cox utilise le concept de *mode of thought*.

20 Parmi les principales études générales de la reconstruction européenne, on citera Artaud 1978 ; Maier 1975 ; Meyer 1970 ; Silverman 1982 ; Ziebura 1984. Clavin (2000) propose une synthèse plus récente de l'entre-deux-guerres. Pour une vue d'ensemble de la dynamique internationale et domestique en matière financière, voir Feinstein 1995, et Feinstein/Temin/Toniolo 1997. Dans une perspective centrée autour du SMI, voir Clarke 1967, 1973 ; Eichengreen 1990, 1992 ; Temin 1989 et l'ouvrage de Ragnar Nurkse (SdN 1944). Pour un développement focalisé sur les institutions internationales, voir Fink 1984 ; Gerbet 1996 ; Northedge 1986 ; Pauly 1997 ; SdN 1930c ; SdN 1945.

21 Voir à ce sujet les ouvrages essentiels de Berend/Ránki 1974, 2002 et Ránki 1983. On se référera également à David 2001 ; Kaser/Radice 1986 et Rothschild 1974.

22 Pour l'Autriche, voir l'ouvrage de Nicole Piétri (1970), déjà ancien mais précieux pour saisir l'enchaînement des étapes de la reconstruction. J'ai pris connaissance de la thèse d'Etat de l'auteure (Piétri 1981), qui n'a pas été publiée. Au sujet de l'Autriche, on consultera également Berger 1982 ; Bruckmüller/Sandgruber 2003 ; März 1981 ; Stiefel 1988. Sur la Hongrie, voir Berend/Csató 2001 ; Berend/Ránki 1985 ; Péteri 1995, 2002 ; Vrain 2000. Pour le rôle de la Grande-Bretagne dans la reconstruction de l'Europe, voir Bátonyi 1999 ; Orde 1990 et Recker 1976. Sur la France, voir les travaux de Feiertag 1998, 2003b et Mouré 2003, et pour l'influence des USA, on consultera principalement Hogan 1977 ; Rosenberg 1982, 1999 ; Schuker 1976 ; et Wilson 1971.

Conformément au cadre épistémologique qui vient d'être posé en introduction, le chapitre 1 développera les modes de connaissance de l'organisation internationale, c'est-à-dire les démarches épistémiques qui président à la définition de l'institution et à son analyse. L'EPI orthodoxe, qu'elle soit d'inspiration (néo)réaliste ou (néo)libérale, sera développée autour des concepts de coopération et d'institution, et aidera à mettre en place le cadre théorique de l'institution internationale et de la transition. Une fois ce cadre posé, il sera possible d'ouvrir le chapitre 2, qui inscrit la SdN et la reconstruction dans une temporalité sociale longue. En remontant aux origines de l'internationalisme libéral, nous pourrons comprendre l'émergence de la SdN et de ses activités économiques dans l'histoire du capitalisme, de ses structures sociales et de ses pratiques rhétoriques. Puis, plus intéressé au temps court, le chapitre 3 traitera de la rupture que représentent la SdN et la reconstruction européenne dans l'histoire du capitalisme. Au travers du concept de *coopératisme*, j'identifierai la spécificité de la régulation des années vingt, qui repose notamment sur des mécanismes d'arrangement entre la société civile et la société politique. Le cadre sera ainsi posé pour introduire le chapitre 4, consacré à la construction sociale du savoir. L'analyse insistera en particulier sur le rôle de la SdN dans la diffusion d'une mythologie de l'étalon-or, destinée à souder les forces sociales et à obtenir leur adhésion au projet hégémonique de la reconstruction. Quant au chapitre 5, il constitue l'articulation centrale de l'argumentation et des parties précédentes : j'y étudierai les modalités par lesquelles les discours dominants et les rapports de force sociaux s'expriment dans la constitution du cadre institutionnel de la reconstruction. Le concept de *constitutionalisme*, développé notamment par Stephen Gill, permettra de comprendre la morphologie institutionnelle du capitalisme propre à la phase de transition des années vingt, et sa logique sociale : discipline monétaire, discipline budgétaire et libéralisme financier seront présentés comme les objectifs centraux d'une logique de reconstruction axée sur la circulation transnationale du capital. Bien que l'angle d'analyse englobera la reconstruction européenne dans son ensemble, j'y détaillerai les programmes de reconstruction de la SdN appliqués à l'Autriche, la Hongrie, la Grèce, la Bulgarie, l'Estonie et Danzig. Ce développement mènera ainsi directement au chapitre 6, où la dialectique sociale de la reconstruction sera abordée : en dégageant une double asymétrie – au sein du système de production et des forces

sociales – cette partie permettra de comprendre avec quelles conséquences le pouvoir s'exerce, et quelles alternatives sont écartées. Enfin,
la conclusion reviendra sur les principaux concepts qui ont été développés, ainsi que sur l'apport de cet ouvrage; les dernières pages permettront d'ouvrir des perspectives de recherche à une économie politique historique de la crise européenne qui place celle-ci en lien étroit
avec la reconstruction.

2. La SdN et les modes de connaissance de l'organisation internationale

Ce chapitre s'intéresse aux modalités par lesquelles le mode de connaissance participe de la construction textuelle de l'organisation internationale. Il s'articule en trois temps. Je survole d'abord le courant de l'économie politique internationale orthodoxe (néolibérale et néoréaliste), actuellement dominant, pour mettre en évidence comment ses fondations néo-institutionnalistes s'expriment dans la définition des institutions autour de lignes utilitaristes et rationalistes. Puis, la seconde partie identifiera les problèmes suscités par cette démarche, et posera les bases d'une économie politique historique capable d'offrir une meilleure compréhension des institutions et des enjeux internationaux. Enfin, la dernière section montrera l'apport de l'EPH à la connaissance de la SdN et de la reconstruction, et servira ainsi de transition avec les parties plus empiriques qui suivent.

L'EPI orthodoxe n'a pas émergé du néant; elle consacre au contraire l'imbrication des deux courants prépondérants de la science politique anglo-saxonne du 20e siècle: le réalisme et le libéralisme (et sa variante idéaliste). En mettant l'accent sur les enjeux de la sécurité et de la puissance dans un monde bipolaire, le réalisme a servi d'idéologie dominante durant la guerre froide[1]. Ce mode de connaissance – qui s'appuie sur des prémisses telles que la quête de pouvoir et/ou de sécurité dans un monde par nature anarchique – place l'Etat et son pouvoir au cœur du discours[2]. Mus par des intérêts égoïstes, les Etats n'entrent ainsi pas

---

[1] Parmi les exemples caractéristiques, voir Raymond Aron ([1962]) et Hans Morgenthau (1948). Le réalisme de la guerre froide plonge ses racines dans un courant de pensée nettement plus historiciste, dont E. H. Carr ([1939]) sert d'illustration. Parmi les représentants actuels du réalisme, des auteurs tels que Stephen Krasner ou John Mearsheimer tiennent le haut du pavé (Krasner 1994, 1996; Mearsheimer 1995).

[2] Sur les modes de savoir réaliste et libéral et leur influence sur l'étude de la reconstruction, voir Fior 2006.

dans des arrangements coopératifs, sauf pour accroître leur sécurité ou exercer une influence sur d'autres Etats; le système international étant considéré comme un jeu à somme nulle (le gain de puissance d'une nation se fait au détriment des autres), la coopération ne peut en effet que profiter au plus fort.

Le réalisme a mis un terme à l'élan libéral-idéaliste né autour de la SdN durant les années vingt. Ce courant libéral voyait dans l'évolution de l'humanité et dans le progrès de la raison la possibilité de créer un monde pacifique et prospère, reposant sur la coopération internationale[3]. Dans ce jeu à somme positive, l'institutionnalisation de la coopération ne se limite en effet pas à refléter le rapport de forces. Elle constitue une possibilité pour tous les acteurs de tirer profit des arrangements conclus; d'où l'intérêt porté par ce courant aux organisations internationales, pensées comme des facteurs de progrès. Pendant la guerre froide en revanche, le contexte historique et son expression épistémologique (le réalisme) n'étaient plus guère favorables à l'étude des organisations internationales et de la SdN en particulier. Les deux volumes d'histoire de la SdN publiés par Walters en 1952 relèvent ainsi de l'hommage idéaliste post-mortem, à en juger par la réception peu enthousiaste qui lui est réservée par des réalistes tels que Gerhard Niemeyer[4].

2.1 Economie politique internationale et coopération

Nouveaux contextes et anciens paradigmes

Les années 1970 seront marquées en revanche par une remise en cause des paradigmes réalistes et, partant, par un regain d'intérêt pour les procédures de coopération internationale et ses institutions. La détente

---

3   Pour l'étude de l'idéalisme de l'entre-deux-guerres, voir notamment Long 1996; Long/Wilson 1995; Wilson 1995, 2003. Parmi ses principaux représentants, on relèvera Norman Angell ([1911]), Phillip Brown (1923), John Hobson, Edmund Mower, Leonard Woolf (1917) et Alfred Zimmern ([1936]). Pour la dimension fonctionnaliste, voir Mitrany 1933.
4   Walters [1952]; Niemeyer 1952.

des rapports Est-Ouest s'accompagne d'un relâchement de la fixation sur la sécurité et la puissance de l'Etat. En outre, la guerre du Viêt-Nam suscite des doutes sur la capacité des Etats-Unis à faire régner la *pax americana*, et l'affaiblissement du commerce extérieur étasunien renforce l'impression d'un déclin hégémonique. L'effondrement du système monétaire de Bretton Woods en 1971 – un système qui reposait précisément sur le dollar et son indexation à l'or – ouvre la voie à des taux de change flottants, source potentielle de tensions politiques accrues. Par ailleurs, la construction européenne et son expression formelle, la CEE, fournissent l'exemple d'une institutionnalisation progressive de comportements coopératifs qui semble peu compatible avec un discours orienté sur la quête de pouvoir. Enfin, depuis les années quatre-vingt, les poussées de néolibéralisme ont accentué le processus de transition en faisant apparaître le rôle des acteurs non étatiques dans la sphère des relations internationales, en particulier les multinationales et des instances telles que le FMI et la Banque mondiale. Aussi, dans un contexte historique changeant, le regard sur les relations internationales et le rôle des formes institutionnelles se modifient-ils considérablement. On assiste à l'émergence d'une « sous-discipline » des relations internationales – l'économie politique internationale (EPI) – qui, depuis, s'est fortement institutionnalisée et émancipée de son appartenance originelle. Ce champ d'étude ne doit pas être confondu avec l'économie politique dans le sens que l'on connaît depuis Adam Smith, et que l'on restituerait aujourd'hui plutôt par *macroéconomie*. A mi-chemin entre les relations internationales et l'économie internationale, ce champ disciplinaire est à l'origine une création anglo-saxonne. On doit probablement une de ses sources principales à la revue *International Organization* qui a lancé un projet de recherche collectif dans les années 1972-3 sur le thème de la « politique des relations économiques internationales »[5]. Si l'entreprise présente à la base toutes les caractéristiques d'une évolution académique anglo-saxonne, elle n'a pas tardé à susciter de l'intérêt par exemple en Suisse ou en France[6].

L'EPI se définit elle-même autour de deux préoccupations centrales: le rapport entre le politique et l'économique, et l'interaction entre le

5   Graz 2000: 557; *International Organization* 29 (1) 1975.
6   Frey 1984, 1991; Frey/Gygi 1990; Kébabdjian 1999; Smouts 1998.

national et l'international[7]. Le premier axe – le rapport entre la sphère politique et la sphère économique – est développé par Gilpin comme la relation entre l'Etat et le marché: « without both state and market there could be no political economy » avance-t-il. L'EPI vise ainsi l'étude des relations entre ces deux catégories vues comme des entités discrètes: d'un côté, l'enjeu consiste à montrer comment l'Etat et les processus politiques qui lui sont liés affectent la production et la distribution des richesses; de l'autre, l'EPI étudie les effets des forces économiques du marché sur la distribution du pouvoir et de la richesse parmi les Etats et les acteurs politiques, et en particulier comment les forces économiques modifient la distribution internationale du pouvoir politique et militaire[8].

Le deuxième axe de recherche porte sur l'interaction du national et de l'international. Il s'inscrit dans une tendance plus ancienne – initiée par Mitrany et perpétuée par Haas[9] – qui veut attirer l'attention sur les relations transnationales plutôt que sur les Etats-nations. Les travaux de Robert Keohane et Joseph Nye autour de la problématique de l'interdépendance complexe s'inscrivent dans un même élan et participent directement de l'émergence de l'EPI orthodoxe[10]. L'interaction du national et de l'international peut se lire sous deux angles différents. Un premier courant de pensée tente de montrer que les comportements des Etats dans le système international s'expliquent par des interactions politiques au niveau national. L'accent est alors mis sur le rôle des coalitions d'intérêts et des institutions domestiques dans la définition des politiques étrangères. Cette perspective est particulièrement bien illustrée par les travaux de Jeffry Frieden sur le processus de prise de décision en matière de politique économique et monétaire[11]. Cette démarche aboutit à une étude du système international à deux niveaux cloisonnés: à un premier niveau se définissent les politiques extérieures des Etats, ces derniers se retrouvant ensuite en interaction à l'échelon international, second niveau analytique. A l'inverse, un deuxième courant veut montrer l'influence des enjeux internationaux sur la sphère domestique.

---

7   Voir notamment Graz 2000; Frieden/Lake 2000; Gilpin 1987; Krasner 1996; Smouts 1998.
8   Gilpin 1987: 8-9.
9   Mitrany 1933, [1943]; Haas 1964.
10 Keohane/Nye 1972, 1974.
11 Voir notamment Frieden 1988, 1991. Pour une approche similaire de la relation entre la politique domestique et l'étalon-or, voir Broz 1997.

Peter Gourevitch par exemple note dans un article de 1978 que la structure domestique est trop souvent considérée comme une variable indépendante. Pour l'auteur, elle est nécessairement en interdépendance avec
l'échelon international et les deux ne peuvent être dissociés. Le système
international, dans cette perspective, ne peut pas se résumer à l'addition
de politiques domestiques menées par des Etats souverains et autonomes : il représente lui-même une source des politiques nationales. Tant
au niveau économique que militaire, des pressions à l'échelle globale
influencent des pans entiers des procédures domestiques[12].

On est en droit de se demander ce qui est vraiment original dans le
discours proposé par l'EPI orthodoxe. Contrairement aux revendications de ses nombreux promoteurs, l'EPI ne présente qu'une nouveauté
limitée au niveau de ses paradigmes. Comme le signale Jean-Christophe
Graz, l'interaction du politique et de l'économique se situait déjà au
cœur de la doctrine mercantiliste[13]. Le marxisme l'a également placée au
centre de ses analyses et, de Marx à l'école de la dépendance, en passant
par Kautsky, Hobson ou Hilferding, ce courant n'a cessé de montrer
l'impossible séparation des deux sphères. De même, des auteurs tels que
Friedrich List et le courant théorique autour du nationalisme économique s'intègrent dans une même tendance. Polanyi en a lui aussi fait le
cœur de sa démonstration, et les historiens dans le sillage de Braudel
n'ont pas manqué de montrer l'imbrication des deux domaines. Cependant, la tendance de l'économie à la mathématisation au tournant du 20e
siècle et la volonté de la science politique de s'affirmer comme champ
disciplinaire indépendant, doté de ses propres concepts et outils, ont
abouti de part et d'autre à une séparation que l'EPI veut effacer[14].

Même si le politique et l'économique semblent *a priori* réconciliés,
l'EPI orthodoxe aboutit cependant à les séparer à nouveau en les présentant comme des catégories *distinctes*. La définition de l'EPI par Gilpin conçoit l'Etat et le marché comme deux objets en soi, placés l'un à
côté de l'autre et entretenant des *relations*. Les catégories restent étan-
ches, le politique étant limité à l'Etat et l'économique au marché[15]. Il

---

12   Gourevitch 1978 : 900, 911. Sur cette question, dans le champ de l'histoire, voir
     Guillen 1985 et Milza 1988.
13   Graz 2000 : 557 ; voir aussi Graz 1999.
14   Frieden / Lake 2000 : 3.
15   Gilpin (1987 : 10) signale ce problème en passant, sans toutefois le problématiser
     au cours de son étude.

en va de même pour les niveaux national et international qui, en dépit des intentions, se retrouvent souvent analysés comme des catégories réifiées[16]. Aussi, les enjeux domestiques se trouvent fréquemment évacués de l'analyse, et les Etats réapparaissent comme des acteurs unitaires auxquels on attribue une identité et des intérêts[17]. Keohane – l'auteur probablement le plus influent de l'EPI orthodoxe – raisonne sur la base d'un Etat considéré comme un acteur prioritaire[18]. Il faudra ainsi attendre l'émergence de l'EPI hétérodoxe, et surtout le courant de la *Global Political Economy* popularisée par l'ouvrage de Stephen Gill et David Law pour assister à une véritable réintégration de l'économique et du politique, ainsi que du national et de l'international[19].

Dès ses débuts, l'EPI orthodoxe a connu l'énorme influence de la théorie de la stabilité hégémonique (TSH) qui a également donné lieu à des débats nourris dans le champ de l'histoire[20]. J'aborderai ainsi dans un premier temps cette problématique qui accorde une place centrale à l'entre-deux-guerres et à la forme de l'ordre économique international durant cette période. Puis, je survolerai brièvement la théorie des régimes, un paradigme qui a permis à l'EPI orthodoxe de se réinventer après le déclin de la TSH, et qui n'a pas non plus laissé l'histoire indifférente[21]. Nous détaillerons ensuite les formes institutionnelles de la coopération pour aborder, finalement, l'étude de la SdN dans ce mode de connaissance.

Ordre international et pouvoir : la théorie de la stabilité hégémonique

Au cœur de la pensée réaliste et néoréaliste se niche la problématique des formes possibles de paix et d'ordre dans un monde anarchique (c'est-à-dire sans gouvernement souverain). A côté de la balance du pouvoir, largement traitée par les réalistes classiques, la stabilité hégémonique est considérée comme une autre forme historique d'ordre.

---

16   March/Olsen 1998 : 945.
17   Martin/Simmons (1998 : 747) constitue une illustration de cette tendance.
18   Keohane 1984 : 25.
19   Gill/Law 1988.
20   Kindleberger [1973], Eichengreen 1990b, 1992 ; Holsti 1992 ; Moggridge 1982 ; Walter 1993.
21   Gallarotti 1995 ; Mouré 1999.

Charles Kindleberger est généralement considéré comme le père de la TSH telle qu'elle apparaît dans *The World in Depression 1929-1939*, bien que son auteur ait préféré parler de *leadership*[22]. Même si le concept n'apparaîtra sous l'intitulé de *théorie de la stabilité hégémonique* qu'en 1980, sous la plume de Robert Keohane, les années 1970 seront profondément marquées par un paradigme qui accompagne ce qui est alors considéré comme le «déclin» de la puissance étasunienne[23]. La TSH trouve cependant des occurrences bien antérieures, au sein du réalisme classique. E.H. Carr suggérait déjà dans sa critique du monde idéaliste orchestré par la SdN que les situations de paix et d'équilibre international ne relèvent pas de la coopération mais de la domination[24]. La *pax britannica* qui aurait caractérisé le 19ᵉ siècle reposerait ainsi sur la capacité de la flotte britannique à faire régner l'ordre militaire et à garantir la sécurité des mers. Elle se serait également concrétisée grâce à la mise à disposition par le marché monétaire londonien d'une monnaie unique à dimension universelle, facilitant les transactions financières et favorisant les échanges commerciaux du monde entier. La disposition britannique à faire régner la liberté des échanges commerciaux aurait elle aussi mené à établir ce qu'on appellera par la suite des *biens publics*. Le leadership aurait été proposé en 1918 aux USA «by almost unanimous consent», offre toutefois rejetée par le seul pays qui aurait pu rétablir un ordre hégémonique[25]; d'où, dans la pensée de E.H. Carr, l'instabilité de l'entre-deux-guerres, à laquelle la SdN et son idéalisme n'auraient pu apporter le moindre remède.

La TSH repose sur l'idée qu'un ordre pacifique, stable et coopératif n'est possible que dans un environnement libéral. La présence d'un *hegemon* n'est à elle seule pas une condition suffisante pour instaurer un ordre stable, pacifique et libéral; encore faut-il que la puissance dominante s'engage à défendre des valeurs libérales[26]. Dans son ouvrage fondateur, Charles Kindleberger s'intéresse avant tout à la Grande dépression. Sa thèse centrale réside dans l'idée que la crise n'est pas un

---

22   Kindleberger [1973]. L'idée avait déjà été évoquée dans un article de Gilpin l'année précédente.
23   Keohane 1980. Pour une bibliographie détaillée, voir Eichengreen 1990b.
24   Carr [1939]: 76-78, 213-216.
25   Carr [1939]: 215.
26   Gilpin 1987: 72; Ruggie 1982: 381.

phénomène dont l'origine est propre aux USA, mais qu'elle est au contraire enchâssée dans un ensemble complexe de causes d'envergure internationale. L'effondrement économique durant les années trente s'explique ainsi par l'absence d'un *leader* capable, à un niveau global, d'imposer des règles de conduite à d'autres pays et de garantir les conditions économiques de la stabilité. Pour l'auteur, « for the world economy to be stabilized, there has to be a stabilizer – one stabilizer »[27]. L'Angleterre aurait rempli cette fonction au cours du 19e siècle, et les USA l'auraient assumée après la Seconde guerre mondiale.

La puissance hégémonique est nécessaire à cinq niveaux différents. Premièrement: maintenir un marché relativement ouvert pour les marchandises de pays en difficulté commerciale. Or, l'entre-deux-guerres est caractérisé par l'adoption de politiques commerciales particulièrement protectionnistes, notamment aux Etats-Unis, en dépit des efforts de la SdN en vue d'une libéralisation des échanges. Deuxièmement: fournir des prêts à long terme entraînant un effet anticyclique. Or, comme le montre Kindleberger, les prêts américains durant les années 1920 – notamment ceux de la SdN – sont cycliques, c'est-à-dire accordés lors d'excès de capitaux domestiques et retirés pendant la crise. Troisièmement: faire régner un système de taux de changes stables. L'étalon-or en serait l'illustration pour le 19e siècle. A ce titre, les reconstructs des années 1920 seraient au contraire caractérisées par des fixations arbitraires des taux de change qui ne correspondent plus au « niveau d'équilibre », et les années 1930 par des dévaluations compétitives. Quatrièmement: assurer la coordination des politiques macroéconomiques. La coordination aurait été automatique au 19e siècle sous l'étalon-or, au contraire des années vingt qui font apparaître une accumulation d'or et sa stérilisation dans certains pays (France, USA). Les politiques monétaires, à la différence de la période précédente, auraient ainsi été orientées selon des objectifs domestiques et conjoncturels non coordonnés. Cinquièmement: agir en tant que prêteur en dernier ressort en escomptant ou en avançant des liquidités en cas de crise financière. En l'absence d'un tel prêteur, les systèmes financiers en crise ne peuvent être renfloués et provoquent une crise systémique, comme celle de 1931[28].

---

27   Kindleberger [1973]: 304.
28   Kindleberger [1973]: 288 sq.

Durant l'entre-deux-guerres, aucune puissance hégémonique n'est ainsi en mesure d'établir un ordre libéral, avance Charles Kindleberger. L'Angleterre n'a plus le pouvoir d'agir comme stabilisateur, et les USA en refusent la responsabilité[29]. L'entre-deux-guerres apparaît comme une sorte de vacuum hégémonique, au cours duquel le système rejoint son état d'anarchie. Dans ce contexte, poursuit l'auteur, la reconstruction de l'Europe était dès le départ vouée à l'échec, en raison de la politique isolationniste menée par les USA sous les administrations Coolidge et Hoover. Leur refus de s'engager dans les programmes de reconstruction et de stabilisation – au contraire du Plan Marshall après le second conflit mondial – expliquent ainsi l'instabilité systémique des années vingt et surtout trente[30]. Dans une structure mondiale caractérisée par une carence hégémonique, une organisation internationale telle que la SdN est vouée à l'impuissance, la seule forme d'ordre possible émanant de l'*hegemon*. La SdN est d'ailleurs citée comme exemple paradigmatique de l'échec des institutions formelles à établir un régime[31].

En raison de sa simplicité et d'un pouvoir explicatif en apparence fort, la TSH a exercé une influence indiscutable sur l'étude de l'entre-deux-guerres et de la SdN en particulier, perpétuant le discrédit dans lequel le réalisme de la guerre froide l'avait plongée. Elle a fortement contribué à présenter l'entre-deux-guerres comme une *non-période*, c'est-à-dire une transition nécessairement turbulente et instable d'un ordre à un autre. L'approche finaliste de Robert Gilpin, par exemple, reproduit le stéréotype de vacuum hégémonique, présentant l'entre-deux-guerres comme une période de transition entre un étalon-or auto-

---

29   La fin de l'hégémonie britannique n'est pas très claire dans la démonstration de Charles Kindleberger qui laisse planer une ambiguïté sur le rôle de l'Angleterre durant les années vingt (voir p. 295). D'une manière générale, on peut cependant affirmer que Charles Kindleberger observe la fin de l'hégémonie britannique avec la Première guerre mondiale, comme en témoigne l'absence de puissance stabilisatrice durant la crise de 1921 à 1922. Cette interprétation est confirmée par l'article de 1986 du même auteur où il est précisé qu'un leadership (des Etats-Unis) durant les années vingt aurait permis de résoudre les problèmes des dettes interalliées et des réparations de guerre qui ont été des facteurs de déstabilisation par la suite (Kindleberger 1986: 8-9).
30   Kindleberger [1973]: 302.
31   Kindleberger 1986: 8.

régulateur fonctionnant harmonieusement et l'interventionnisme étatique caractéristique de l'ère de Bretton Woods[32].

La TSH – toute puissante qu'elle ait pu être – pose une série tellement
importante de problèmes que seul un survol sera proposé ici[33]. Premièrement, cette théorie est contrefactuelle: elle renseigne plus sur ce que
l'entre-deux-guerres n'a pas été que le contraire. En d'autres termes, à
supposer que l'hypothèse apporte une compréhension pour les hégémonies britannique et américaine, elle reste muette sur les formes d'ordre
telles qu'elles ont pu émerger durant cette période. Deuxièmement, elle
est tautologique: il est évident que si une puissance peut servir de prêteur
en dernier ressort dans les situations les plus extrêmes, un krach s'avère
impossible. L'hypothèse est par conséquent nécessairement vraie et elle
perd tout intérêt explicatif. Le seul moyen d'interroger sa pertinence
consiste à déplacer l'attention sur l'analyse qu'elle propose de situations
qui relèveraient prétendument de la stabilité hégémonique. A ce titre,
Andrew Walter et Barry Eichengreen montrent que la TSH repose sur des
interprétations problématiques du 19e siècle, la Grande-Bretagne n'ayant
pour eux pas joué le rôle de stabilisateur que la théorie veut bien lui
attribuer[34]. Troisièmement, elle repose sur une vision problématique de
la politique extérieure étasunienne des années vingt, une politique qui
n'a pas été aussi isolationniste qu'elle le prétend[35]. Quatrièmement, la
TSH impose une définition extrêmement réductrice et normative de la
notion de stabilité, associant celle-ci à un ordre social libéral, et à la libre
circulation des capitaux et des marchandises. La conception de la stabilité tend ainsi à résumer la possibilité de paix au règne du libéralisme et
à la rationalité du marché. Le cinquième problème est certainement le
principal: la théorie repose sur une vision réductrice du pouvoir et de
l'ordre, qui sont des catégories associées à l'Etat uniquement. Elle ne
permet ainsi pas de comprendre les formes d'ordre social et les rapports
de pouvoir qui caractérisent l'entre-deux-guerres en dehors des rapports
interétatiques, et elle évacue notamment la tendance de certains groupes

32   Gilpin 1987: 131.
33   Pour une critique de la TSH dans une perspective d'EPI néolibérale, voir Snidal
     1985. Des comptes-rendus critiques dans une perspective plus historique sont pro-
     posés par Eichengreen 1990b, 1992; Holsti 1992; Walter 1993. Dans le cadre de
     l'EPI critique, voir Gill/Law 1988: 56-58.
34   Walter 1993; Eichengreen 1990b, 1992.
35   Je reviendrai largement sur ce problème dans le chapitre 4.

sociaux – à l'instar de la finance transnationale – à promouvoir un ordre économique et social. Ce mode de connaissance écarte ainsi les organisations internationales des procédures de pouvoir, et les résume à des instruments entre les mains de la puissance hégémonique, quand il y en a une.

Ordre et coopération dans un monde non hégémonique

La disparition de la puissance hégémonique signifie-t-elle le retour à un état d'anarchie à l'instar de l'entre-deux-guerres? Comment comprendre l'émergence de formes d'ordre international et de coopération dans un système international non hégémonique? C'est là la question centrale qui occupe l'EPI depuis le constat d'une prétendue décomposition de l'hégémonie étasunienne depuis les années soixante-dix, une question qui a trouvé sa réponse dans ce qu'il est convenu d'appeler la théorie des régimes. Cette dernière s'est érigée en mode de savoir dominant durant les années 1980, plaçant le discours néolibéral au premier plan de la recherche en EPI[36]. Selon cette perspective, un ordre libéral – car c'est toujours de lui qu'il s'agit – et la production de biens publics sont possibles dans un monde non hégémonique, grâce à la coopération. Si la coopération se manifeste dans un tel contexte, c'est uniquement parce que les opérateurs (entendez les Etats) ont intérêt à collaborer pour produire des biens publics et éviter les *free-riders*. La coopération ne doit pas être comprise comme une occurrence ponctuelle, mais sous sa forme institutionnalisée, c'est-à-dire reproductible dans le temps. Il faut voir un régime comme une forme institutionnelle de coopération dans des domaines particuliers (l'énergie, le système monétaire…) et à des moments précis de l'histoire[37]. Un régime peut être conçu comme une forme de gouvernance internationale sur laquelle des Etats

36 Parmi les références principales, citons Ruggie 1982; Krasner 1983; Keohane 1984.
37 Krasner (1983: 2) a donné de la notion de régime une définition universellement qualifiée de canonique: il s'agit pour cet auteur de «sets of implicit or explicit principles, norms, rules and decision-making procedures around which actors' expectations converge in a given area of international relations. Principles are beliefs of fact, causation, and rectitude. Norms are standards of behaviour defined in terms of rights and obligations. Rules are specific prescriptions or proscriptions for action. Decision-making procedures are prevailing practices for making and implementing collective choice».

convergent dans des domaines précis. Il ne se résume pas à la dimension formelle de l'organisation internationale mais revêt une dimension nettement plus large; en revanche, une organisation internationale peut être intégrée dans un régime. Pour Keohane, un régime inclut généralement une telle institution formelle[38]. L'OMC par exemple peut être comprise comme une procédure de prise de décision au sein d'un régime commercial.

Le concept est tellement flou qu'il nécessite des applications précises pour faire sens. Pour John Ruggie, par exemple, le système monétaire précédant la Première guerre mondiale peut être qualifié de régime[39]. Contrairement à la démonstration de Charles Kindleberger, ce n'est pas uniquement la suprématie britannique qui explique la stabilité de l'étalon-or, mais la propension des autorités monétaires nationales à «suivre le marché» – et indirectement la Banque d'Angleterre – plutôt qu'à privilégier des objectifs domestiques particuliers[40]. L'entre-deux-guerres constituerait ainsi l'exemple parfait de l'absence de régime, dans la mesure où les Etats auraient systématiquement obéi à des préoccupations domestiques (lutte contre le chômage…), plutôt qu'aux règles autour desquelles les acteurs auraient dû converger. Ces politiques orientées vers des préoccupations nationales s'expliquent par une prise en compte nouvelle, durant l'entre-deux-guerres, des préoccupations conjoncturelles internes, jugées désormais prioritaires face aux exigences du système monétaire international. Aussi, dans la pensée de John Ruggie, les politiques de reconstruction ont échoué non en raison de l'absence d'une puissance hégémonique, mais parce que leur libéralisme était en contradiction avec l'affirmation progressive d'un Etat jouant un rôle de médiateur entre le marché et la société[41]. A l'inverse, les années consécutives à la Seconde guerre mondiale se caractérisent à nouveau par la présence d'un régime, labellisé de *embedded liberalism*. L'auteur y voit une convergence autour de politiques économiques libérales empreintes de compromis, qui autorisent une protection de l'économie domestique contre les chocs externes, par le biais de l'Etat. C'est

---

38   Keohane 1984: 90 sq.

39   Ruggie 1982: 390-391.

40   Pour une analyse de l'étalon-or classique dans une perspective de théorie des régimes, voir aussi l'étude de Gallarotti (1995).

41   Ruggie 1982: 392.

dans un tel régime que s'intègrent les organisations internationales du moment qui, telles le GATT ou le FMI, tendent à l'intégration économique internationale tout en prévoyant des mesures de protection domestiques, notamment en matière de chômage. On aura compris le lien qui unit la théorie des régimes et la démonstration de Barry Eichengreen développée en introduction: dans un cas comme dans l'autre, l'accent est mis sur la convergence des acteurs autour de pratiques et de règles susceptibles, on l'a vu, d'assurer la stabilité d'un ordre économique à un certain moment de l'histoire. Ces règles, autant que les pratiques, garantissent la crédibilité d'un régime et permettent la coopération des acteurs.

John Ruggie et Barry Eichengreen n'illustrent cependant pas à eux seuls toute l'évolution qu'a connue l'EPI orthodoxe sous l'influence de la théorie des régimes. Dans le sillage de Krasner et Keohane, l'étude des formes organisationnelles de l'ordre international a pris une connotation fortement économiciste. Elle a également souffert d'une abstraction et d'une imprécision dénoncées à plus d'une reprise. Dès le départ, Susan Strange a bien montré les travers d'une théorie qui, en plus de faire régner la confusion, impose une vision normative et stato-centrique du régime, aboutissant à dépolitiser les rapports internationaux[42]. Elle est toutefois importante à notre problématique dans la mesure où elle se situe à la base d'une formalisation institutionnelle de la coopération actuellement très influente dans l'EPI et jette sur la SdN un regard qui contraste avec l'indifférence réaliste.

L'institution internationale dans l'EPI orthodoxe

Le problème de l'étude de la coopération «après l'hégémonie», pour reprendre le titre de l'ouvrage fondateur de Robert Keohane, consiste à expliquer pourquoi, comment, et dans quelles conditions une institutionnalisation de la coopération émerge à un certain moment dans les relations internationales. L'EPI orthodoxe a ainsi tenté de formaliser le comportement coopératif en recourant pour l'essentiel aux instruments offerts par la théorie de l'action collective de Mancur Olson (*public*

---

42   Strange 1982. Pour une critique de la théorie des régimes, voir également Noël 2000.

choice)[43]. Cette approche, comme le signale Bruno Frey, tente d'expliquer les processus politiques et l'interaction entre le politique et l'économique en utilisant les instruments de l'analyse néoclassique moderne qu'elle applique aux groupes. Elle repose sur une définition rationnelle et individualiste du comportement des individus ou des groupes (ou Etats)[44]. A partir de là, elle recourt à des formalisations abstraites de la théorie des jeux qui tentent de modéliser le comportement des individus dans des situations d'incertitude[45].

Sur la base de ces prémisses et modèles, la coopération est analysée comme un moyen, pour les acteurs étatiques, de résoudre les problèmes d'action collective et de maximiser leurs préférences[46]. Comme chacun gagne dans ce processus, la coopération est un jeu à somme positive. La coopération permet en effet de procurer des biens publics, de coordonner les activités des acteurs dans le système international, et de former un cadre institutionnel pour les alliances[47]. L'institutionnalisation de la coopération naît ainsi de la rationalité et du désir maximisateur des agents. Elle est une émergence du marché et de ses incomplétudes. Dans ce contexte, il faut comprendre l'organisation internationale comme un aspect formel du processus d'institutionnalisation de la coopération. Aussi, pour Robert Keohane, l'institution internationale peut s'expliquer de deux manières. Premièrement, elle est le résultat direct de la recherche du gain. Si aucun gain n'était à attendre de la coopération, on ne noterait aucun besoin d'institutions internationales. Deuxièmement, elle s'explique par la nécessité de réduire l'incertitude et les coûts de transaction. Les institutions remplissent la fonction qui consiste à fournir l'information nécessaire aux relations de maximisation. Dans le champ des relations internationales, caractérisé par la souveraineté et l'autonomie étatique, les coûts de transaction ne sont en effet jamais négligeables, affirme Robert Keohane, en raison de la difficulté intrinsèque à la communication[48].

Alors que la coopération et ses formes institutionnelles importaient peu dans la perspective réaliste, et ne faisaient au mieux que refléter le

43   Olson 1978. Voir aussi Vaubel/Willet 1991.
44   Frey 1991 : 8-9.
45   Kébabdjian 1999 : 214 sq.
46   Martin/Simmons 1998 : 738.
47   Frey 1991 : 13.
48   Keohane 1988 : 386 ; Keohane 1984 : 92 sq.

rapport de pouvoir, elles deviennent un point central de l'EPI orthodoxe. Dans cette perspective, la forme institutionnelle de la coopération est donc un *objet* créé par des opérateurs – les Etats – et elle leur
est extérieure. Cependant, l'institution rétroagit sur les Etats en exerçant une influence sur leur comportement et leur identité : en résolvant
les problèmes d'asymétrie d'information et en résorbant l'incertitude,
l'institution normalise les comportements coopératifs. En d'autres
termes, elle contribue à définir les normes du système international et à
socialiser les agents. Aussi, pour James March et Johan Olsen, une
institution est « a relatively stable collection of practices and rules defin-
ing appropriate behavior for specific groups of actors in specific situations » ; pour ces deux auteurs très influents, l'étude consistera donc à
mettre l'accent sur « the role of institutions and institutionalization
in the understanding of human actions within an organization, social
order or society »[49].

Dans l'EPI orthodoxe, l'étude de l'institution internationale s'inscrit donc dans le cadre de ce qu'il est convenu d'appeler l'*institutionnalisme libéral* (ou *néo-institutionnalisme*)[50]. Si ce mode de savoir s'intéresse aux formes institutionnelles de l'ordre social, il est toutefois très
éloigné du courant dont il s'est attribué le nom. L'institutionnalisme
classique, dans le sillage de Veblen par exemple, ou du courant français
de Simiand et Durkheim[51], s'était intéressé aux institutions dans une
perspective diamétralement opposée. D'une part, il mettait en évidence
leur dimension historique, ce que l'institutionnalisme libéral se garde
de faire, présentant les institutions comme des émanations des mécanismes atemporels du marché. D'autre part, l'institutionnalisme classique s'inscrivait précisément en opposition à la logique néoclassique des
individus rationnels agissant « au mieux de leurs intérêts », tandis que
l'institutionnalisme libéral réintègre, lui, un modèle rationaliste et uti-
litariste du comportement. Ce mode de savoir, dominant à l'heure actuelle dans l'EPI orthodoxe, pousse ainsi la recherche vers des formes
étroitement économicistes de la coopération[52]. Les institutions sont de

49   March/Olsen 1998 : 948.
50   Pour une synthèse, voir Spruyt 2000.
51   Béraud/Faccarello 2000.
52   Pour le rôle des institutions internationales dans une approche néo-institutionnaliste,
      voir notamment Abbott/Snidal 1998 ; Jacobson 2000 ; Keohane 1988 ; March/
      Olsen 1998 ; Martin/Simmons 1998.

surcroît présentées comme des objets dépolitisés, et les acteurs des relations internationales sont généralement des Etats. L'EPI est donc bien loin des intentions originelles. Il n'en demeure pas moins que le courant dominant de l'étude des organisations internationales recourt à ces modélisations qui n'épargnent pas l'histoire. James Foreman-Peck, par exemple, propose une étude néo-institutionnaliste pour expliquer le développement organisationnel durant le 19e siècle[53]. Quant à la SdN, elle a également été abordée sous cet angle, en particulier ses programmes de reconstruction qui, après la chute du mur de Berlin, ont attiré l'attention d'un FMI à la recherche d'expériences historiques de stabilisation.

SdN et reconstruction dans le mode de connaissance néolibéral

Le déclin progressif de la théorie de la stabilité hégémonique et l'essor de l'institutionnalisme libéral en EPI orthodoxe aura pour conséquence de relativiser la léthargie dans laquelle le mode de savoir réaliste avait plongé les organisations internationales. Si Barry Eichengreen ne lui a guère prêté attention, d'autres études ont en revanche tenté de reconsidérer le rôle de la SdN dans les processus de coopération et de constitution de la crédibilité. Pam Bromley par exemple thématise l'institutionnalisation des critères de développement dans la création de la SdN[54]. Il s'agit pour elle de comprendre comment les Etats aboutissent à institutionnaliser certaines idées plutôt que d'autres dans la charte de la SdN. La recherche aboutit à montrer que des domaines ont été codifiés dans le texte fondateur – essentiellement la santé, les transports et les communications – selon deux processus : d'une part, ils étaient défendus par des coalitions domestiques, des groupes d'intérêts ou des hommes d'Etat qui sont parvenus à les faire progresser jusqu'au niveau des négociations. D'autre part, des formes de coopération ont été mises en place aussi longtemps qu'elle n'entraient pas en contradiction avec des intérêts défendus par d'autres Etats. L'étude fait ainsi la part belle aux facteurs domestiques dans le processus d'élaboration d'une politique étrangère.

53   Foreman-Peck 2000.
54   Bromley 2004.

Julio Santaella s'est intéressé de plus près aux plans de reconstruction établis par la SdN durant les années vingt pour l'Autriche, la Hongrie, la Grèce, la Bulgarie, l'Estonie et Danzig[55]. Sa démarche consiste à montrer que le recours à l'organisation internationale va au-delà des simples avantages que représentent les conseils techniques ou la coordination : l'institution permet de résoudre des problèmes qui ne pourraient être pris en charge avec succès à un niveau strictement domestique. Il s'inscrit dans une même tendance néolibérale qu'un Rudiger Dornbusch par exemple, qui déplore la faiblesse du FMI dans le processus de reconstruction post-communiste pour mieux louer la performance de la SdN[56]. Pour Santaella en particulier, l'organisation internationale permet d'atteindre deux objectifs essentiels : premièrement, elle aide à résoudre des problèmes de crédibilité, et deuxièmement, elle permet de drainer des ressources financières qui peuvent renforcer la position d'un pays rencontrant des « problèmes d'ajustement externe »[57].

Le problème de crédibilité se pose au niveau de l'attitude des opérateurs économiques envers les engagements de l'Etat en matière de stabilisation (définie selon les deux axes de la stabilité monétaire et de l'équilibre budgétaire). Les agents économiques privés, par manque de confiance face aux engagements de l'Etat, peuvent en effet anticiper « rationnellement » un écart de la politique de stabilisation par rapport aux engagements initiaux. Une telle attitude se répercute de manière inflationniste sur la politique monétaire, entravant ainsi la politique de stabilisation. Il faut donc, en d'autres termes, soumettre l'Etat à un ensemble de contraintes suffisamment fortes pour éviter toute faille dans la confiance des opérateurs. Ces contraintes consistent en un ensemble de dispositions institutionnelles qui disciplinent le comportement de l'Etat, et empêchent toute intervention discrétionnaire de sa

---

55   Santaella 1992, 1993.
56   Voir Dornbusch 1992, 1994. Pour une comparaison des « performances » respectives de la SdN et du FMI dans les programmes de stabilisation respectifs, voir en particulier Dornbusch 1992 : 420-422. Pour l'auteur, la SdN est parvenue à imposer une levée des réparations et un contrôle politique sévère en attribuant des prêts effectivement utilisables pour la stabilisation. A l'inverse, le FMI n'accompagnerait ses avances d'aucun programme de reconstruction, négligerait tout « soutien » politique, et faillirait par une faible représentation de personnel.
57   Santaella 1992 : 3.

part. En d'autres termes il s'agit de « verrouiller » le comportement de l'Etat dans ce que Julio Santaella appelle un régime d'obligations (« commitment regime »). Ces dispositions doivent permettre à l'Etat de se créer une réputation d'acteur anti-inflationniste. Aussi, les opérateurs économiques, devenus confiants face à un Etat qu'ils jugent suffisamment discipliné, adapteront leur comportement en conséquence. Le dispositif disciplinaire imposé aux Etats ayant fait l'objet d'un plan de reconstruction de la SdN est double : d'une part, la politique monétaire est confiée à une banque centrale privée, organisée selon les principes d'une politique monétaire stricte. D'autre part, un ensemble de contrôles effectués sous l'égide de la SdN garantissent l'application des mesures de restructuration et d'économies budgétaires.

L'intervention de l'organisation internationale peut donc dans certains cas être vitale à la création d'un régime d'obligations et au retour de la confiance. Elle n'est pas nécessaire lorsqu'un Etat parvient à créer un régime de confiance au moyen de ses propres institutions. Elle devient en revanche indispensable dans les situations extrêmes : « In many countries [...] the combination of economic, social and political disorder, as well as institutional weaknesses is such that credibility problems plague not only the economic authorities themselves but also the economic policymaking institutions »[58]. L'importance d'une coopération institutionnelle externe se lit également au niveau des ressources financières nécessaires à la stabilisation : couvrir les coûts de stabilisation et éponger les déficits budgétaires durant la phase de réhabilitation. Les deux vont de pair : pour parvenir à emprunter des fonds à long terme à l'étranger, un Etat doit pouvoir faire preuve de la même crédibilité que face aux opérateurs domestiques. La SdN permet ainsi de bâtir la crédibilité d'un Etat à un niveau global, et de l'intégrer dans les flux internationaux de financement. Dans l'ensemble, Julio Santaella juge que l'évaluation des reconstructions dégage un bilan favorable : l'arrêt des hyperinflations autrichienne et hongroise, la stabilisation des taux de changes et les réformes des banques centrales témoignent en faveur d'un tel verdict. La SdN a permis de rétablir des politiques fiscales et monétaires « saines », et de réintégrer les pays stabilisés dans le système monétaire international de taux de changes fixes. Aussi, pour l'auteur, « in sum, the stabilization programs of the League achieved an

---

58   Santaella 1993 : 5.

impressive record of success, at least in the period prior to the Great Depression »[59].

L'étude de Santaella présente l'essentiel des caractéristiques de la perspective néoinstitutionnaliste. Premièrement, la définition des acteurs repose sur un modèle d'anticipation rationnelle sur la base d'un calcul coût/bénéfice. Deuxièmement, l'organisation internationale permet de résoudre des problèmes de coûts de transaction et d'information et, en réduisant l'incertitude, encourage les acteurs à s'engager dans un processus coopératif. Troisièmement, elle permet la constitution de *biens publics* sous la forme d'un SMI stable et ouvert et, quatrièmement, l'institution exerce une influence sur l'identité des acteurs, qu'il s'agisse de l'Etat ou des opérateurs économiques. Elle confère à l'Etat la crédibilité qui lui faisait défaut précédemment en la soumettant à une conditionnalité stricte; elle permet par ailleurs d'influencer le comportement des acteurs économiques en restaurant leur confiance. L'organisation génère donc un *output* positif que l'Etat à lui seul n'aurait pu atteindre. Tout le monde gagne au jeu, que ce soit l'Etat (qui parvient à rééquilibrer son budget), les opérateurs économiques (qui bénéficient d'une monnaie stable doublée d'un régime libéral), et l'intérêt général est servi par un retour à la croissance économique. Bref, l'organisation internationale permet d'atteindre un état d'équilibre lorsque le marché à lui seul n'y parvient pas.

Si l'étude de Santaella présente les caractéristiques de l'institutionnalisme libéral, elle ne manque pas d'en refléter également les défauts. D'une part, la SdN est présentée de manière décontextualisée et anhistorique. L'organisation internationale ne s'inscrit ni dans une situation historique spécifique ni dans sa matrice sociale. Elle est également détachée de la profondeur temporelle à laquelle elle est intrinsèquement liée, à savoir le développement de l'internationalisme libéral durant le 19e siècle. La SdN apparaît comme le fruit d'une logique atemporelle de la part d'acteurs motivés par leur seule raison et la maximisation de leurs préférences. Cette décontextualisation permet ainsi à Santaella de dresser un parallèle entre la SdN et le FMI, tandis que ce dernier a tout loisir de puiser dans les expériences de la SdN. D'autre part, sa perspective faite d'institutionnalisme libéral évacue tout rapport de pouvoir. La stabilisation monétaire, considérée comme un objectif nécessairement

59 Santaella 1993 : 29.

positif et neutre, fait totalement abstraction de la répartition asymétrique des coûts sociaux de la stabilisation. Si les détenteurs de capitaux ont tout à gagner de la politique préconisée par la SdN, rien n'est dit des nombreux chômeurs victimes des programmes de restrictions budgétaires et de la discipline monétaire.

Aussi l'étude de Santaella présente-elle un exemple éclairant de l'imbrication du pouvoir et du mode de connaissance. Basée sur le point de vue du détenteur de capitaux et des avantages que ce dernier est susceptible de tirer du processus de stabilisation, l'approche néglige la perspective des groupes sociaux qui ont à subir les coûts de l'ajustement. Elle justifie ainsi des politiques de stabilisation fortement connotées idéologiquement par la logique du marché. En outre, en transposant l'expérience des années vingt à la fin du siècle, elle tente de légitimer les plans d'ajustement structurel appliqués par le FMI aux pays en voie de développement par le biais d'un discours totalement décontextualisé. Le discours idéalisé sur le passé agit alors comme un opérateur de pouvoir dans le présent, et en particulier dans la légitimation et la reproduction du néolibéralisme.

2.2 Une économie politique historique

Les limites de l'EPI orthodoxe

Si l'EPI orthodoxe peut se prévaloir de certains atouts tels le nombre réduit de ses hypothèses de départ ou l'élégance formelle des démonstrations, elle n'est pas sans poser un certain nombre de problèmes. Je passe ici en revue trois problèmes de l'étude des organisations internationales dans les approches dominantes de l'EPI[60]. Ils constituent les principales articulations à partir desquelles une approche critique pourra être bâtie.

---

60 Pour des développements plus larges, voir notamment Ashley 1984; Cox 1996; George/Campbell 1990; Gill 1990; Gill/Law 1988; Graz 2000; Lee 1995; Murphy/Tooze 1991; Palan 2000b; Strange 1982, [1988].

Positivisme

Dans les modes de savoir (néo)réaliste ou (néo)libéral, l'identité des acteurs (individus, Etats...) est déterminée par la nature et leur position dans le système social : ils sont rationnels et agissent au mieux de leurs intérêts. Ces intérêts sont des données anhistoriques, antérieures à l'interaction sociale. Pour le réalisme, les Etats sont rationnellement préoccupés par leur sécurité ou leur puissance, tandis que le mode de savoir libéral développe une ontologie faite d'individus calculateurs portés sur la maximisation de leurs préférences. L'institutionnalisme libéral de March et Olsen, on l'a vu, reproduit la prémisse de l'acteur rationnel pour comprendre l'émergence des institutions. Jeffry Frieden offre une excellente illustration d'une rationalité déterminée par le positionnement social : dans sa perspective axée sur la formation de coalitions et de groupes d'intérêts, la politique étrangère d'un Etat en matière économique se comprend comme le résultat d'un rapport de forces entre des lobbies qui représentent des activités économiques antagonistes. En matière commerciale par exemple, un pays sera protectionniste ou libéral selon le poids respectif des coalitions engagées dans l'économie domestique ou au contraire dans les activités internationales. De même, la politique du taux de change se comprend dans le cadre du rapport de force entre les coalitions intéressées par un taux stable (finance internationale et commerce international), et les groupes d'intérêts plus préoccupés par le niveau d'activité domestique (production domestique, agriculture)[61]. Cette démarche rationaliste inspirée de la théorie des groupes ne permet guère de rendre compte de la politique de reconstruction européenne, notamment l'adhésion progressive de la gauche aux politiques monétaires orthodoxes. Elle empêche également de donner du sens à la SdN et à sa fonction cognitive dans le contexte de la stabilisation.

Dans ce contexte positiviste, l'organisation internationale apparaît comme une expression de la rationalité extra-sociale et anhistorique des acteurs, qu'il s'agisse de la quête de pouvoir ou de la maximisation des préférences. J'ai souligné plus haut que, pour Robert Keohane par exemple, les arrangements institutionnels de la coopération n'apparaissent que dans le cadre de la recherche des avantages ; sans cette

---

61   Voir notamment Frieden 1988, 1991, 1993.

condition, l'émergence de l'organisation internationale ne s'explique pas. De telles démarches ne parviennent ainsi pas à comprendre la formation intersubjective des identités et des intérêts, ni l'émergence de l'institution dans ce processus; son épistémologie positiviste aboutit à des analyses comme celle de Santaella, où la SdN est entièrement isolée de son contexte historique et social. Une telle approche réductiviste repose en dernière analyse sur une vision individualiste de la structure: plutôt que l'interaction sociale, c'est l'acteur qui constitue l'unité de base de l'analyse. La définition du système consiste ainsi en la somme des parties qui le composent, et l'organisation internationale ne se différencie pas du total des acteurs étatiques[62].

Statocentrisme

L'Etat ou les acteurs étatiques constituent la catégorie dominante de l'EPI, en dépit de son ambition à s'émanciper du statocentrisme. Certes, l'accent est fréquemment mis sur le rôle des facteurs domestiques tels que les coalitions, l'opinion publique ou les différentes instances parfois en opposition au sein de l'appareil étatique. La dynamique interne est ainsi mise en évidence, mais uniquement comme un processus de définition de la politique étrangère d'un Etat, qui constitue en dernière analyse la catégorie fondamentale des relations internationales. Par ailleurs, la conceptualisation de l'Etat – quand conceptualisation il y a – pose fréquemment problème. Conçu comme un appareil administratif, il tend à être détaché de la société civile, et émerge comme une catégorie autonome et réifiée, résultat d'une volonté générale plutôt que d'un rapport de forces sociales. Or, une analyse des formes de l'Etat qui observe le lien entre la société civile et les appareils étatiques est un passage obligé pour comprendre le système international sans tomber dans une démarche réductiviste.

---

62   En réaction à ce problème, on note depuis les années 1990 un développement significatif des perspectives constructivistes dans le champ disciplinaire de l'EPI. Aussi, le débat entre (néo)libéralisme et (néo)réalisme tend à se déplacer vers une ligne de fracture entre utilitarisme et constructivisme. Dans cette perspective, voir notamment les travaux d'Alexander Wendt (1992, 2001) qui, dès le début des années 1990, a mis le doigt sur le problème de l'anarchie et de l'identité des acteurs. Pour un bref survol, voir Graz 2000: 562-564.

Une approche statocentriste du système international aboutit à une définition problématique de l'organisation internationale qui ne se comprend qu'en rapport à des acteurs étatiques considérés comme les seuls détenteurs du pouvoir à un niveau international. Vue comme une construction juridique, l'institution est alors étudiée sous un angle formel et comme un ensemble d'arrangements diplomatiques. L'organisation est intergouvernementale au sens étroit et ne laisse pas transparaître les rapports de forces sociaux au-delà des formes étatiques. En tant qu'objet extérieur aux relations sociales fondamentales, l'organisation internationale adopte deux visages différents. Soit, dans une perspective (néo)réaliste, elle reflète la répartition internationale du pouvoir dans le grand jeu à somme nulle des nations; soit elle s'exprime comme un ensemble d'arrangements coopératifs émanant de comportements maximisateurs. Dans cette deuxième perspective, elle contribue à modifier l'identité des acteurs étatiques au profit de démarches coopératistes qui les extraient de leur «état de nature». Mais quoi qu'il en soit, l'institution reste une construction externe au rapport social, une construction capable de rétroagir sur les acteurs.

Définition du pouvoir

Le problème du statocentrisme mène directement à une autre difficulté inhérente aux démarches orthodoxes: la conception restrictive du pouvoir. Dans la démarche libérale – qu'il s'agisse de l'idéalisme, du fonctionnalisme ou de l'utilitarisme néolibéral – le pouvoir est le grand absent du système international. L'idéalisme suggère une praxis visant à dissoudre les enjeux politiques dans les avantages de la coopération en vue d'un ordre international pacifique; de son côté, le fonctionnalisme vante les mérites d'une institutionnalisation de la coopération sur des aspects techniques situés en marge du politique afin de parvenir à dompter la logique de pouvoir[63]. Quant à l'utilitarisme néolibéral, on l'a vu, il conçoit la coopération sous la forme d'un vaste jeu apolitique dont chaque acteur sort gagnant. Ces différentes démarches s'inscrivent toutes dans une pensée libérale dominée par la conception friedmanienne du marché vu comme la somme des individus autonomes exprimant librement leur désir d'entrer en transaction[64]. De telles

63   Mitrany 1933, [1943].
64   Friedman 1962: 12-15.

conceptions de la coopération aboutissent à définir les organisations internationales à l'écart de tout enjeu de pouvoir. A l'inverse, le (néo)-réalisme intègre le pouvoir comme un paradigme central, en résumant toutefois sa nature à des aspects étroitement étatiques et comporte-mentaux. Dans le sillage d'une philosophie hobbesienne de l'état de nature, le pouvoir se cristallise sous la forme de la souveraineté et ne parvient guère à s'émanciper de cette dimension. Propre à l'Etat, le pouvoir est conçu comme un objet matériel, qu'une puissance détient sous la forme de capacités militaires ou économiques. Cette définition saisit ce que Steven Lukes appelle la vision unidimensionnelle du pou-voir, à savoir « a focus on *behaviour* in the making of *decisions* on *issues* over which there is an observable *conflict* of (subjective) *inte-rests*, seen as express policy preferences, revealed by political partici-pation »[65]. Elle s'exprime sous la forme d'un pouvoir relationnel de A sur B, par lequel A soumet B à un désir ou une obligation non désirée par B.

De l'EPI hétérodoxe à l'EPH

Si l'EPI orthodoxe a essentiellement reproduit les prémisses empiristes et utilitaristes de la science politique étasunienne, une école critique s'en est démarquée, que l'on peut qualifier, faute de mieux, d'EPI hété-rodoxe ou critique[66]. Issus de différents milieux des sciences sociales allant de la géographie à la science politique, en passant par la sociolo-gie ou l'histoire, ces chercheuses et chercheurs ont avant tout réagi à la tendance marquée de l'EPI à substituer des questions méthodologiques aux interrogations épistémologiques[67]. L'EPI critique ne se contente évidemment pas de démasquer les travers des modes de savoir domi-nants (qu'il s'agisse du réalisme et du libéralisme) ou marxistes. Dès le

---

65   Lukes 1974 : 15. C'est Lukes qui souligne.
66   Pour des présentations générales, voir notamment Gill/Law 1988 ; Gill/Mittel-man 1997 ; Graz 2000 ; Murphy/Tooze 1991 ; Palan 2000b. Pour des études plus spécialisées, voir notamment Cox 1996 ; Gill 2003 ; Augelli/Murphy 1988, 1993, et Overbeek 2000. En dépit des ressources conceptuelles qu'offre ce courant, il est peu représenté dans le monde francophone ; pour des développements récents, voir Chavagneux 2004 et Graz 2004.
67   Amoore *et al.* 2000 : 53 ; Palan 2000a.

début des années quatre-vingts, dans le sillage de pionniers tels que Susan Strange et Robert Cox, elle a proposé des alternatives aux discours dominants marqués par la théorie de la stabilité hégémonique ou la théorie des régimes[68]. Complétée par les apports du courant révisionniste de l'histoire des relations internationales – Charles Maier et Michael Hogan par exemple[69] – l'EPI critique est une voie extrêmement propice pour dégager la signification des formes institutionnelles et historiques de la coopération internationale. Sa dimension historiciste et son rejet du positivisme lui permettent de développer une histoire du capitalisme qui s'affranchit tant de l'empirisme que de la théorisation abstraite. Elle ouvre de larges perspectives à la compréhension de l'émergence des organisations internationales dans des ordres mondiaux spécifiques. Durant les quinze dernières années, le développement de l'EPI critique a été considérable, non seulement dans le monde anglophone, mais également germanophone et francophone. Si ce courant critique propose de nouvelles voies à l'étude de l'ordre international, des institutions du capitalisme, et des structures sociales du pouvoir, il n'est pas sans présenter, lui aussi, quelques difficultés que l'EPH présentée ici veut surmonter.

Premièrement, l'EPI hétérodoxe est un champ de connaissance essentiellement orienté vers la configuration économique et politique de l'après-guerre, et ses principaux apports concernent le processus de globalisation des trente dernières années. Ses représentants sont peu nombreux à s'être sérieusement aventurés dans les contrées de l'histoire antérieure à la Seconde guerre mondiale. Robert Cox, considéré comme une figure fondatrice de l'EPI hétérodoxe, a pourtant fait œuvre de pionnier dans un ouvrage fondamental sur les systèmes de production et l'ordre mondial dès les débuts du capitalisme industriel[70]. En dépit de cet exemple illustre et des vocations qu'il a pu susciter, l'histoire tient souvent lieu de toile de fond et ne fait pas l'objet d'une

---

68   Strange [1988]. Voir aussi Strange 1982 et 1998. Pour une présentation de l'auteure, voir Chavagneux 1998. Sur la pensée et l'itinéraire de Robert Cox, voir Bieler/ Morton 2004; Cox 1996, et Mittelman 1998. Sur la recherche – déjà ancienne – de Robert Cox en matière d'organisations internationales, voir Cox 1974.
69   Hogan 1977; Maier 1975. Voir aussi Rosenberg 1982; Costigliola 1984.
70   Cox 1987. Parmi d'autres, citons Arrighi 1993; Murphy 1994; Germain 1997; Langley 2002; de Goede 2005.

attention en soi. Ash Amin et Ronen Palan dénonçaient en 1996 déjà un *historical gap* et en appelaient à une historicisation de l'EPI. Par une telle injonction, ils ne visaient cependant pas à développer la profondeur historique de la modernité, mais plutôt à réfléchir à l'historicité du présent: «Historicizing IPE means seeing the present as a set of social practices situated in time and space», affirment les deux auteurs[71]. Louise Amoore *et al.* argumentent de façon comparable dans leur appel à un *historical turn* qui serait en premier lieu un tournant réflexif portant sur les conditions de production du discours scientifique[72].

Une historicisation de l'EPI qui se concentrerait sur cette seule dimension est cependant incomplète: comment en effet saisir l'historicité du présent sans une compréhension de la reproduction des structures sociales à travers le temps et, à l'inverse, sans les outils permettant de saisir ce que le présent a d'historiquement original par rapport au passé? Que ce soit sous l'angle des permanences ou celui des ruptures propres au monde actuel, une historicisation de l'EPI suppose d'aller au-delà d'une connaissance du présent conçu comme un ensemble de pratiques situées dans le temps et l'espace; historiciser l'EPI implique également une approche du passé au moyen de problématiques actuelles susceptibles de renseigner sur la profondeur temporelle de la modernité et de ses institutions. Une telle démarche est particulièrement importante pour la connaissance de la globalisation actuelle, souvent présentée comme une invention du dernier tiers du 20e siècle. Or, le monde occidental – capitaliste ou non capitaliste – a connu d'autres phases de globalisation et le processus actuel s'inscrit dans une large mesure au sein de procédures sociales qui plongent leurs racines dans les siècles précédents: l'émergence des unions administratives au 19e siècle ne peut être dissociée de la quête d'un marché global qui transcende les barrières étatiques[73].

Deuxièmement, la dimension historique – lorsqu'elle est présente – pêche fréquemment par un certain téléologisme. L'ère antérieure à la globalisation de la fin du 20e siècle est souvent et hâtivement considé-

---

71   Amin/Palan 1996: 212.
72   Amoore *et al.* 2000.
73   Murphy 1994 et 2005. Pour la continuité historique de la globalisation, voir notamment Amin 1996.

rée comme un ordre *westphalien*, c'est-à-dire un ordre international caractérisé par la primauté de l'Etat-nation[74]. L'émergence des phénomènes transnationaux ou la remise en question de l'autorité étatique par le «pouvoir du marché» seraient ainsi l'apanage du monde *post-westphalien* actuel, où l'Etat-nation ne peut plus être considéré comme la catégorie analytique de base[75]. Non seulement le passé est fréquemment appréhendé en fonction de catégories propres au présent, mais les processus historiques sont saisis dans une perspective finaliste. L'entre-deux-guerres figure ainsi parmi les principales victimes d'une histoire téléologique et finaliste en EPI: pris en étau entre deux hégémonies – *pax britannica* et *pax americana* – il est généralement présenté comme une *non-période*, c'est-à-dire comme la transition fatalement chaotique d'un ordre à un autre. Peut-être faut-il y voir une lointaine influence de la théorie de la stabilité hégémonique; quoi qu'il en soit, une EPI historicisée doit voir chaque moment de l'histoire comme un lieu de possibilités multiples, et donc comme un ordre contesté, dont la nature historique ne relève d'aucune nécessité. Une telle démarche permet en retour de saisir le présent comme un produit social qui n'est pas l'expression d'une contrainte historique, mais plutôt le lieu d'un engagement émancipatoire.

Une économie politique historique

Les champs croisés de l'histoire et de l'EPI critique ouvrent ainsi de larges perspectives à une économie politique historique soucieuse de l'historicité des institutions et des modes de connaissance. Un tel projet se gardera toutefois de suggérer une nouvelle «théorie générale» en remplacement d'autres. Mettre en évidence la dynamique historique de l'économie politique et de ses formes institutionnelles passe précisément par un rejet de toute narration totalisante et de ses conséquences forcément anhistoriques et aspatiales. En lieu et place de l'empirisme

---

74   L'épithète *westphalien* désigne la constitution de l'ordre international moderne lors de la signature des traités de Westphalie (1648) qui ont mis un terme à la guerre de Trente ans.

75   Benjamin Cohen (1998: 14-16) en offre une illustration dans le domaine de la géographie de la monnaie.

ou de l'abstraction, et de leurs limites respectives, une EPH veut développer une grille de lecture, « a framework of analysis » selon les termes
de Susan Strange[76]. On n'y trouvera par conséquent aucun caractère
prédictif, aucune régularité historique nécessaire, aucune catégorie
préexistante à l'analyse, ni aucun postulat atemporel sur l'identité des
acteurs ou leurs intérêts. En revanche, une EPH propose un ensemble –
ouvert – de questions. Elle veut attirer l'attention sur les définitions des
concepts, sur l'historicité des institutions sociales, et les configurations
sans cesse changeantes de l'économie politique. La réflexivité s'affiche
comme unique postulat : comme le rappellent Angus Cameron et Ronen
Palan, le discours n'est jamais neutre puisqu'il participe à la définition
de cadres cognitifs en fonction desquels les individus se projettent dans
le futur et agissent dans le présent[77]. Définir les concepts et thématiser
les influences intellectuelles sont les deux préalables de toute démarche
qui accepte ses propres limites[78].

Le projet d'une EPH n'a rien de neuf. Dans un ouvrage publié en
1987, l'historien institutionnaliste Charles Maier posait les questions
fondamentales d'une telle démarche intellectuelle : en lieu et place d'une
analyse du politique qui découle d'une théorie de la rationalité économique, il propose d'étudier les choix économiques en lien avec la dialectique des forces politiques qui constituent la société. L'interrogation
centrale se déplace ainsi vers les « relations de pouvoir qui sous-tendent
les enjeux économiques »[79]. Comment les inégalités inhérentes à l'organisation économique moderne, sources de conflits sociaux, sont-elles
désamorcées ou surmontées ? Dans quelles circonstances la stabilité est-
elle menacée ou, respectivement, rétablie ? Pour ce pionnier de l'EPH,
la mise en place de procédures sociales susceptibles d'établir et de reproduire un ordre stable figure au cœur du problème. L'auteur s'inter-
roge sur la combinaison de contrainte et de légitimation idéologique,
sur les formes de représentation et les « compensations » matérielles ca-

---

76   Strange [1988] : 16.
77   Cameron/Palan 2004.
78   De ce postulat découle le fait qu'une EPH refuse de dresser un corpus de questions
      ou de concepts communs. Si les adeptes du rationalisme (dont Keohane) y notent
      la principale faiblesse des approches réflexives, il faut au contraire y voir une con-
      séquence logique et une force. Voir Keohane 1988, et pour une réplique, Murphy/
      Tooze 1991.
79   Maier 1987 : 3.

pables de maintenir une stabilité politique et sociale. La reconstruction, en tant que quête de stabilité sociale et macro-économique s'inscrit pleinement dans une démarche intellectuelle qui considère que la stabilisation « is as challenging a historical problem as revolution »[80]. Plus récemment, des «EPIstes» ont contribué à développer une EPH à partir d'une interrogation sur le présent et le besoin d'historiciser les modes de connaissance; ainsi, pour Paul Langley, « history offers one avenue through which it is possible to construct an alternative to the predominant mode of knowledge of the international realm »[81]. Une EPH de la reconstruction européenne s'articule autour de cinq apports principaux.

Une économie politique

Premièrement, une EPH considère que l'économique et le politique participent d'une seule et même sphère sociale. Dans le sillage d'auteurs tels que Polanyi ou Cox, elle refuse la séparation entre le politique et l'économique qui seraient considérés comme deux formes distinctes d'organisation sociale[82]. Une EPH doit donc s'affranchir de la séparation classique ou néoclassique selon laquelle le champ de l'économie obéit à des règles qui lui sont propres et où le politique se confine à l'exercice aussi restreint que possible de l'activité étatique. Inscrire l'EPH dans une démarche qui refuse cette séparation permet d'appréhender l'économique comme un processus intrinsèquement politique, et vice versa. L'économique n'est donc pas assimilé aux seules relations de production et d'échange par le biais du marché (ou en dehors), mais devient un mode d'accès à l'ensemble de l'organisation sociale et à son système de (re)production matérielle. Il concerne donc avant tout les institutions sociales (telles que la monnaie, l'Etat ou encore le régime de propriété) qui assurent la perpétuation matérielle d'une société ou d'un ordre international et les appareils idéologiques qui contribuent à façonner un ordre social. Quant au politique, il va au-delà des sphères étatiques, considérées comme les détentrices légitimes du pouvoir. Comme le montre Michel Foucault, le pouvoir n'est pas localisable, il ne se détient pas, mais s'exerce à travers la construction historique des

---

80   Maier 1987: 1-16; pour la citation: 154.
81   Langley 2002: 18.
82   Cette prémisse est centrale à l'EPI critique. Voir notamment Gill/Law 1988; Langley 2002; Palan 2000b: 7.

normes du vrai. En tant que productrices et re-productrices du savoir, les institutions participent à la mise en place d'une forme de l'Etat propre à un mode de production spécifique.

La dualité tant fréquente entre l'Etat et le marché ne trouve donc pas sa place ici, alors qu'elle est centrale dans la théorie néo-classique qui s'appuie sur un projet de séparation de l'économique et du politique. Deux auteurs-clés de la conceptualisation du pouvoir permettent de mieux comprendre ce tout dialectique qu'est l'économie politique. Foucault a parfaitement saisi cette idée par son concept de *gouvernementalité*, qui désigne la manière dont une population est organisée à un certain moment de l'histoire. La gouvernementalité ne désigne pas le gouvernement au sens formel ni l'Etat, mais

> l'ensemble constitué par les institutions, les procédures, analyses et réflexions, les calculs et les tactiques qui permettent d'exercer cette forme bien spécifique, bien plus complexe, de pouvoir, qui a pour cible principale la population, pour forme majeure de savoir l'économie politique, pour instrument technique essentiel les dispositifs de sécurité [...][83].

Avec l'avènement du libéralisme, Foucault montre le passage d'une gouvernementalité articulée autour de l'*Etat de police* (qui a pour but d'accroître la richesse et la force interne de l'Etat) à une gouvernementalité qui s'appuie idéologiquement sur la connaissance des processus dits *naturels*. Le marché tel qu'il est conçu par les libéraux devient une instance où se définit une vérité qui découle de mécanismes extra-sociaux, et dont l'Etat a pour devoir d'assurer le plein épanouissement. Dans ce mode de gouvernementalité, l'Etat est un complément nécessaire de ce qui apparaît désormais comme la *société civile*, et il n'est qu'une expression d'une manière de gérer la population.

Issu d'une tradition intellectuelle très différente, Gramsci suggère une analyse qui croise la trajectoire de Foucault sur de nombreux points, tels que le pouvoir du savoir, le consentement, ou encore la société civile. Le concept de *bloc historique* cher à Gramsci fait ainsi écho au *mode de gouvernementalité* de Foucault. Ce concept désigne la structuration de la société, à certains moments spécifiques de l'histoire, autour

---

83   Foucault [1978]: 655. Voir également Foucault 2004a et 2004b. Le concept de *gouvernementalité* a donné lieu à une abondante littérature, essentiellement dans le monde anglo-saxon. Voir Dean 1999.

de discours, d'un mode de régulation et d'un régime social de production qui tendent vers un certain consensus. Cette conception du pouvoir permet par extension de repenser l'Etat de façon originale. En suggérant une approche large de l'Etat vu comme la société politique *et* la société civile, Gramsci parvient à intégrer dans l'exercice du pouvoir tant les institutions formelles de l'appareil étatique, que le cadre idéologique et le système productif de la société civile. L'appareil étatique est indissociable de la société civile, dont il est une émanation et, simultanément, un instrument de contrôle. En d'autres termes, la sphère de l'économique et du marché fait corps avec l'appareil étatique[84]. Le politique et l'économique constituent ainsi une seule et même abstraction, ou si on préfère un seul et même processus historique.

Une EPH suggère ainsi une spatialité sociale différente de la forme dominante de l'Etat-nation, considérée comme la catégorie analytique de base de l'histoire classique des relations internationales ou de l'EPI orthodoxe. L'*espace social*, pour adopter le terme de Paul Langley, ne s'identifie pas à la matérialité institutionnelle de l'Etat exerçant un pouvoir sur une aire géographique soigneusement inscrite dans le territoire. La spatialité d'une EPH, en se détachant de la souveraineté et des institutions formelles de l'exercice du pouvoir, s'intéresse à des espaces sociaux qui ne sont pas directement visibles dans le paysage, en d'autres termes à des espaces mentaux qui sont autant d'espaces de représentations et donc de pouvoir. Une économie politique historique est donc nécessairement *globale* car, sans nier le rôle déterminant de l'Etat et de ses institutions, elle met en perspective les phénomènes de pouvoir dans une spatialité qui s'affranchit des catégories de l'inter-national. D'où l'accent mis sur les réseaux d'élites transnationaux, expression d'une société civile qui ne peut se réduire au « conteneur » étatique. De là découle également son intérêt pour la gouvernance globale et ses formes

---

84 Gramsci 1971. Gramsci a été abondamment mis en valeur par l'EPI hétérodoxe, au point de constituer ce que d'aucuns considèrent comme une *école*. Voir surtout Cox 1996 ; Gill 1990, 2003. Voir également les travaux de Augelli/Murphy 1988, 1993 ; Cox 1987 ; Gill 1993b ; Lee 1995 ; Murphy 1994 ; Overbeek 2000. Sur le débat autour de l'épistémologie néo-gramscienne, voir Burnham 1994 ; Farrands/ Worth 2005 ; Germain/Kenny 1998 et de Goede 2005. Des réponses aux critiques se trouvent chez Murphy 1998 ; Rupert 1998. Sur l'ensemble du débat, voir Bieler/Morton 2004 et Morton 2003. Sur la pensée de Gramsci, on consultera Femia 1987 ; Sassoon 1987 ou, plus récemment, Ives 2004 et la brève introduction de Jones 2006.

institutionnelles – les organisations internationales – qui se lisent comme des marqueurs privilégiés des dynamiques sociales transnationales, et des facteurs de détermination d'espaces politiques vastes et structurés, ceux que Braudel désignait du terme d'*économie-monde*[85].

Comprendre la place donnée à l'Etat demande d'une part d'être sensible aux formes historiques de globalisation, et d'autre part d'interroger notre conception du *global*. Si la décennie de reconstruction européenne ne peut de toute évidence pas être assimilée à la globalisation actuelle, on ne saurait toutefois en déduire que ce concept est réservé à l'analyse des phénomènes spécifiques à la fin du 20e siècle. Selon des modalités historiques qui leur sont propres, le 19e siècle et les années vingt sont caractérisés par des formes d'intégration et de convergence qu'une approche trop interétatique risquerait d'occulter[86]. Les perceptions du moment en fournissent d'ailleurs une claire illustration, à l'instar de Léon Bourgeois qui, en 1908, note que « les intérêts industriels, agricoles, commerciaux, financiers des divers pays se pénètrent tellement, leur réseau resserre tellement ses mailles qu'il existe, en fait, une communauté économique universelle »[87]. Bill Gates pourrait tenir les mêmes propos. Si la configuration des marchés financiers par la reconstruction est très loin du mode de régulation financiarisé actuel, le processus tend vers une finalité comparable, à savoir la mise en place d'un marché des capitaux qui dépasse les frontières nationales.

Thématiser notre définition du global permet également de clarifier la place donnée à l'Etat. Le sens commun actuel conçoit trop souvent la globalisation comme la victoire du marché sur l'interventionnisme, comme la compression des distances (et donc de l'espace), et il conclut au caractère désuet de l'Etat et des frontières. La conception du global adoptée ici est beaucoup plus nuancée face à l'«effacement» de l'Etat. Elle pose pour principe que les phénomènes de globalisation ne peuvent se comprendre dans une dualité opposant l'Etat et le marché. Qu'il s'agisse des années vingt ou de la période actuelle, les Etats, avec leurs spécificités, jouent un rôle essentiel – sinon prioritaire – dans les pro-

---

85   Braudel 1979 : 12 sq.

86   Pour une approche historique de la globalisation, voir le numéro 123 (2005) de la revue *Relations internationales*, et en particulier Bussière 2005. Voir aussi Zeiler 2001.

87   Discours prononcé à l'Ecole des sciences politiques en 1908, reproduit in Bourgeois 1910 : 24-25.

cessus d'intégration[88]. C'est en effet au travers de l'Etat et de ses institutions que le libéralisme et le néolibéralisme se sont mis en place durant les années 1920 et 1980. C'est également de l'Etat que dépend le
régime des droits de propriété sur lequel s'appuie tout le système de
production. L'enjeu essentiel réside donc moins dans l'érosion de la
souveraineté étatique que dans la nature des conceptions socio-écono-
miques au service desquelles l'Etat est reconfiguré. En outre, la globalisation ne signifie pas l'effacement des distances ni la compression de
l'espace, mais bien plutôt la redéfinition des spatialités économiques et
sociales, aboutissant à l'apparition de nouvelles distances, frontières,
hiérarchies et périphéries. Enfin, les tendances à la globalisation n'ont
marqué la fin du nationalisme ni au début du 20e siècle, ni à son terme.
Dans l'élan du 19e siècle et du règlement de la guerre, la SdN marque
au contraire l'apogée du nationalisme (notamment par la multiplication des monnaies territoriales), en parallèle à l'idéalisation d'une communauté universelle[89]. Il n'en va pas différemment dans le monde glo-
balisé actuel, traversé par des phénomènes nationalistes évidents,
notamment dans la sphère économique[90].

Historicisme

Deuxièmement, une EPH se définit comme historiciste. Plusieurs dimensions permettent de comprendre cet aspect d'une économie politique. D'abord, l'histoire n'est pas une simple toile de fond destinée à
conférer épaisseur et crédibilité à un ensemble de mécanismes économiques ou sociaux atemporels, comme chez Raymond Aron. Une EPH
est sensible aux différentes temporalités sociales des catégories et des
objets d'analyse, qui n'existent pas en dehors de l'histoire. Ensuite, elle
suggère de saisir l'économie politique d'un moment ou d'un processus
dans sa temporalité longue. Si une telle démarche veut dépasser l'approche événementielle de l'histoire classique des relations internationales, elle doit toutefois éviter le piège structuraliste en dégageant les
modalités des changements historiques. Une EPH est donc une enquête
sur l'interpénétration de l'action et de la structure, de l'individu et de

88   A ce sujet, voir Palan/Abbott 1999.
89   Sur le nationalisme de l'entre-deux-guerres, voir Hobsbawm 1992 : 169 sq., et sur
      la territorialité monétaire, voir Helleiner 2003a.
90   Helleiner/Pickel 2005.

l'institution, du court terme et de la longue durée. Ash Amin et Ronen
Palan soulignent le caractère indissociable de ces deux composantes du
processus social : une économie politique historicisée « forces an understanding, simultaneously, of how continuities are maintained and
how societies evolve and change, with both aspects drawing upon subtle
interactions between *agents in institutions* and *institutions in agents* »[91].
La structure ne doit pas être envisagée comme une permanence immua-
ble, mais comme des modes de pensée et d'action par lesquels les discours et la conscience sociale sont révélés aux individus, acteurs de
l'histoire[92]. Les individus forment les institutions autant qu'ils sont
formés par elles, et agissent ainsi – dans des conditions historiquement
produites – à la transformation de l'histoire. C'est dans une telle dialectique action/structure que s'inscrit le concept de *reconstruction* : il
met l'accent sur des pratiques individuelles et institutionnelles au sein
d'une structure idéologique et productive, ainsi qu'au sein d'une organisation sociale historique. Un tel projet traduit en dernier ressort une
dialectique du nouveau et de l'ancien, ou en d'autres termes un processus historique fait d'innovations et de continuités. La dialectique inno-
vation/continuité se situe au cœur de la reconstruction européenne : en
intégrant la logique nouvelle du coopératisme dans le discours du marché autorégulateur, les élites contribuent à la mise en place d'un nouveau mode de régulation du capitalisme global[93].

91   Amin/Palan 1996 : 211.
92   Amoore *et al.* 2000 : 56.
93   Le concept de *mode de régulation* est emprunté à l'école française de la régulation
     (voir Aglietta 1976 ; Boyer 1986). Selon la définition adoptée par ce courant, il
     désigne un ensemble de procédures et de comportements, individuels et collectifs,
     qui a la propriété de (1) reproduire les rapports sociaux fondamentaux (régime
     monétaire, rapport salarial, forme de la concurrence, nature de l'Etat, insertion
     dans le régime international) codifiés dans des formes institutionnelles historiques,
     (2) soutenir et « piloter » le régime d'accumulation en vigueur, et (3) assurer la
     compatibilité d'une multitude de décisions et d'actions décentralisées (voir à ce
     sujet Boyer/Saillard 2002). Je n'utilise pas le concept de *mode de régulation* dans
     le sens que les régulationnistes veulent bien lui donner, ne serait-ce qu'en raison
     des problèmes posés par cette théorie, à savoir une conceptualisation insuffisante
     de l'Etat et du système international (pour une critique de l'école de la régulation,
     voir notamment Palan 1998). Je définis un mode de régulation comme un ensem-
     ble d'institutions et de discours historiquement situés qui ont pour effet de struc-
     turer les actions des individus, et qui permettent de justifier un certain système
     social de production.

Une autre dimension de l'historicisme souligne la temporalité de la connaissance, en d'autres termes l'historicité de l'observateur et de son discours. L'EPH refuse toute démarche cartésienne d'un savoir rationnel atemporel, au profit d'une conception du savoir comme acte social inscrit dans le temps. Robert Cox parle de *historical mode of thought* pour désigner une pratique consciente de sa propre historicité[94]. Ash Amin et Ronen Palan vont encore plus loin en précisant qu'une EPI historiciste signifie non seulement un ensemble de pratiques inscrites dans le temps, mais aussi dans l'espace[95]. L'EPH n'est ainsi possible que par sa propre mise en abyme, par la conscience de ses spécificités temporelles et spatiales, et donc par la prise en compte de son pouvoir normatif; dans les termes de Stephen Gill et David Law, elle est un *acte réflexif* qui ne peut faire abstraction d'une exploration des cadres de pensée et des définitions conceptuelles qui servent à construire le discours historique[96]. Elle rejoint ainsi la théorie critique de l'école de Francfort et sert de point de départ à un engagement émancipateur[97]. Aussi, une EPH est nécessairement une pratique sociale du présent, intéressée à connaître les conditions de la modernité.

Dans ce contexte, une dernière dimension de l'historicisme touche au problème de la nature des concepts. Si toute EPH est un acte qui s'inscrit dans le présent et ne peut se dissocier des problématiques inhérentes à l'existence de l'auteur/e en tant qu'acteur social exprimant sa propre temporalité, elle doit dans un même élan historiciser ses concepts. Un mode de savoir historiciste se situe précisément dans cette tension ou cette contradiction: d'une part, il admet la temporalité indépassable du discours (et par conséquent l'utopie que représente la connaissance historique); d'autre part, il développe l'historicité des concepts mobilisés et les situe dans leur contexte propre. Michel Foucault montre que l'Ancien régime développe une acception très différente de la notion de pouvoir que la société du 19e siècle; il expose

---

94   Cox [1981]: 91-92.
95   Amin/Palan 1996: 212. Voir aussi Amin/Palan 2001: 561, ainsi que Amoore *et al.* 2000.
96   Gill/Law 1988: xvii.
97   Sur l'adaptation de la théorie critique et particulièrement l'école de Francfort à l'économie politique internationale, voir l'article fondamental de Robert Cox ([1981]). Voir aussi Abbott/Worth 2002; Brown 1994; Devetak 2001; Hutchings 1999; Linklater 1990: 21-33, 1996.

également, en suivant l'émergence de la biopolitique et de l'économie politique au 18e siècle, que l'Etat ne peut pas être saisi comme un objet qui traverse le temps. Expression d'un mode de gouvernementalité, l'Etat est une construction permanente[98]. Il en va de même pour des catégories telles que *coopération*, *globalisation*, *société civile*, ou *hégémonie*, qui ne font sens que dans leur propre historicité. Une approche historiciste conçoit son objet comme un ensemble de pratiques sociales enchâssées dans la matrice socio-culturelle qui lui donne sens. Une EPH veut en particulier éviter les perspectives anhistoriques des écoles (néo)réaliste ou (néo)libérale, où *anarchie*, *sécurité*, *coopération* et *crédibilité* s'appliquent sans distinction au 19e siècle et au 21e. En acceptant le postulat d'une pratique historiquement structurée, l'EPH évite ainsi la théorie de l'action rationnelle qui est à la base de l'essentiel des démarches utilitaristes actuelles de la science politique anglo-saxonne.

Une critique du positivisme

L'émancipation face au positivisme permet de développer l'historicité sous un autre angle. Steve Smith a dégagé plusieurs variantes du positivisme dans les sciences sociales[99]. La critique porte dans les lignes qui suivent sur la séparation opérée, dans le discours cartésien, entre les faits et les valeurs.

---

98   Foucault 2004a et 2004b. En particulier leçon du 10 janvier 1979.
99   La variante principale découle du positivisme logique du Cercle de Vienne des années vingt. Ce positivisme, qu'on peut qualifier de *poppérien*, et dont l'empreinte est déterminante dans toutes les sciences sociales de l'après-guerre, s'affirme autour de quatre idées non cumulatives. Premièrement, une homologie entre la nature et la société traduit l'unicité de la science ; cette démarche est particulièrement marquée dans la science économique néoclassique qui s'inspire des lois de la physique ou – comme le dit Hayek (1967 : 365) – des lois de la *nature*. Dans sa version la plus souple, ce mode de connaissance postule qu'en dépit des différences entre le domaine de la nature et le monde social, les sciences naturelles peuvent être mobilisées pour l'analyse de la société. Deuxièmement, le positivisme poppérien, dans une pure tradition cartésienne, opère une distinction entre *fait* et *valeur* ; les faits étant libres de toute théorisation, un savoir objectif est possible. Troisièmement, ce mode de pensée postule l'existence de régularités dans le monde social et naturel, sous la forme de « lois de l'économie » telles que la théorie quantitative de la monnaie. Enfin, le positivisme poppérien accorde une place centrale aux procédures de validation/falsification auxquelles la démarche scientifique tend à se résumer (voir Smith 1996 : 14 sq.).

Dans le sillage d'auteur/es tels que Ash Amin, Ronen Palan, Paul Langley et Louise Amoore et *al.*, l'EPH veut attirer l'attention sur les problèmes soulevés par une épistémologie empiriste des sciences sociales. S'affranchir de l'empirisme ne signifie pas nier l'importance d'une analyse de faits ou d'événements – qui constitue le plus clair du travail qui suit – au profit d'une seule et unique abstraction théorique; il s'agit plutôt de mettre en lumière les problèmes d'une démarche qui se conçoit comme un mode d'accès à une connaissance présentée comme « objective » car « vérifiée » empiriquement. L'épistémologie empiriste désigne la séparation opérée entre théorie et empirie, et l'accent mis sur l'observation (empirie) considérée comme le moyen idéal d'accéder à la « réalité historique ». Dans ce mode de connaissance poppérien, il ne peut y avoir de savoir que par l'expérience d'un monde qui semble se donner à l'analyse et qui existe indépendamment de la théorie[100]. Barry Eichengreen offre une claire illustration d'une telle épistémologie lorsqu'il affirme que le champ disciplinaire des relations internationales « needs to move in the direction of formulating parsimonious models and clearly refutable null hypotheses, and toward developing empirical techniques that will allow those hypotheses to be more directly confronted by the data »[101].

L'histoire en tant que champ disciplinaire est particulièrement touchée par cette démarche pour des raisons méthodologiques: la source historique – le document en général – est fréquemment perçue comme un reflet d'une « réalité historique » antérieure à l'analyse. Cette « réalité » peut être connue pour elle-même et par un accès direct, c'est-à-dire non médiatisé par des prémisses théoriques, qu'elles soient explicites ou implicites. La démarche tend alors à se limiter à l'application de « règles » inhérentes à l'analyse documentaire, c'est-à-dire à une investigation méthodologique plutôt qu'à une réflexion sur les conditions de production du discours scientifique. Dans son article fondamental de 1958, Fernand Braudel notait que « la découverte massive du document a fait croire à l'historien que dans l'authenticité documentaire était la vérité entière »[102]. Steve Smith, se référant à Quine, voit deux

---

100 Hodgson (2001: 8 sq.) offre un excellent survol du débat entre empiristes et partisans d'une théorie générale.
101 Eichengreen 1998: 1012.
102 Braudel 1958: 729.

conséquences essentielles à une telle épistémologie empiriste. D'une part, seuls les phénomènes directement observables ou expérimentables peuvent être considérés comme connaissance ; tout énoncé qui ne s'identifie pas à un objet atomisé et individuel – des concepts tels que les *structures*, les *élites* ou les *classes sociales* – n'est ainsi pas en situation d'obtenir le statut de connaissance. D'autre part, la démarche empiriste ne thématise pas suffisamment les prémisses et les présupposés implicites de l'observateur/trice, tels que les cadres de pensée implicites ou les concepts relevant du sens commun[103]. Or, comme le souligne E.H. Carr, « jamais les faits de l'histoire ne nous parviennent *purs*, puisqu'ils n'existent ni ne peuvent exister sous une forme pure : ils se réfractent toujours à travers l'esprit de celui qui les consigne »[104]. De cette épistémologie empiriste découle la méthodologie positiviste qui dissocie *observateur* et *observation*, *fait* et *valeur* dans la constitution du discours historique. L'histoire classique des relations internationales, en opérant une séparation entre *sujet* et *objet* tend ainsi à reproduire une méthodologie popperienne, qui consiste à tester la validité d'un énoncé en fonction de sa correspondance avec une réalité prétendument objective car indépendante de l'observateur.

Deux problèmes fréquents découlent de ce mode de connaissance. Premièrement, l'histoire des relations internationales fait la part belle au temps court, au temps de l'événement observable empiriquement, tel qu'il semble s'exprimer dans la textualité de la source. Cette naturalisation de l'événement, considéré comme une entité discrète, est cependant le résultat d'un choix méthodologique : l'histoire conçue sur un modèle d'enchaînement événementiel est une construction intellectuelle (ou théorique) de la temporalité historique, au même titre que la longue durée. Aucun facteur objectif ne permet de justifier *a priori* le choix d'une temporalité au détriment d'une autre. En rejetant les *grandes structures* sociales du courant des *Annales*, la démarche classique a eu pour effet de construire la connaissance des phénomènes internationaux comme la somme des intentions et des actions humaines. Dans la dialectique structure/action, la seconde tend à être survalorisée, empêchant ainsi d'introduire suffisamment le cadre socio-idéologique au sein duquel la pensée et l'action sont investies. Ce choix épistémologique dé-

103 Smith 1996 : 19-20.
104 Carr [1961] : 69.

bouche fréquemment sur une histoire conçue en termes mécanistes, c'est-à-dire comme un système causal d'événements en relation contingente.

La conceptualisation du pouvoir illustre le deuxième problème d'une histoire classique des relations internationales. Corollaire de l'empirisme et de son individualisme méthodologique, la formalisation du pouvoir reproduit des catégories dominantes qui n'ont rien d'évident, et qui ne sont souvent pas explicitées. Le pouvoir s'exprime ainsi comme un rapport direct et comportemental (de A sur B), matériel (on l'a ou on ne l'a pas) et découlant des institutions de l'Etat (la souveraineté). Une telle démarche empêche de saisir la dimension structurelle du pouvoir, telle qu'elle peut par exemple se manifester par la discipline du capital et les normes. L'histoire des relations internationales reproduit dès lors les catégories du *national* et de l'*international* considérées comme deux sphères distinctes ou deux formes d'organisation sociale et de structure du pouvoir spécifiques. A l'échelon domestique, l'Etat est envisagé comme le point de rencontre des différentes forces sociales dont les rapports de force et les arrangements aboutissent à définir la politique étrangère. Quant au niveau international, il est conçu comme l'interaction des Etats dans le grand jeu des rivalités ou de la coopération économique et politique.

Matérialisme et idéalisme

Quatrièmement, si une EPH rejette le positivisme et l'individualisme, elle ne réduit pas pour autant l'intersubjectivité sociale à des phénomènes purement cognitifs, problème central de la pensée de Foucault. La reproduction sociale passe également par la production des moyens matériels nécessaires à la perpétuation d'une société. La problématique des rapports de production et de distribution de la richesse doit être placée au cœur de l'EPH non-rationaliste. Les normes collectives, la culture ou les régimes de vérité sont en relation réciproque avec le système de production qu'ils contribuent à générer. Robert Cox a ainsi proposé trois composantes sociales qui consacrent cette intégration et permettent de comprendre une *structure historique* : les capacités matérielles, les idées et les institutions. Les capacités matérielles désignent l'ensemble des potentiels technologiques et organisationnels sous leur forme dynamique comme sous leur forme accumulée. Les idées, ou appareils idéologiques, s'expriment sous la forme de significations in-

tersubjectives ou d'images collectives de l'ordre social. Quant aux institutions, il faut y voir des processus de stabilisation et de reproduction
d'un ordre particulier. Elles sont à interpréter comme des ensembles
d'idées et de pouvoirs qui, à leur tour, influencent la constitution des
idées et des capacités matérielles. La configuration de ces trois éléments
sous la forme de *structures historiques* permet de saisir l'émergence de
l'organisation de la production et en particulier, au sein de celle-ci, la
configuration des forces sociales. En outre, la *structure historique* explique les formes de l'Etat, à savoir le lien entre la société civile et la
société politique. Enfin, elle donne du sens à la notion d'ordre mondial. Ces trois aspects – forces sociales, formes de l'Etat et ordre mondial – sont eux-mêmes en interaction[105].

Le concept d'ordre mondial est central dans la pensée de Robert
Cox, mais peut prêter à confusion s'il n'est pas défini[106]. La notion
d'*ordre* ne doit pas être comprise comme une forme d'harmonie, mais
au contraire comme une structuration sociale traversée par des tensions et organisée selon des lignes de force dont elle constitue la résul-
tante dialectique. Par *mondial*, l'auteur désigne des espaces géographiques limités, caractérisés par leur cohérence et les interactions qui les
définissent. Il faut y voir une adaptation du concept braudélien d'*économie-monde* qui ne s'identifie pas à l'économie mondiale mais à des
espaces sociaux homogènes et structurés tels que la Méditerranée ou
l'Europe[107].

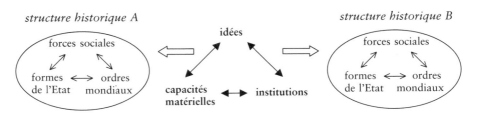

---

105 Cox [1981]: 97-101.
106 Robert Cox préfère ce concept à celui de « système inter-étatique » afin d'englober
     les formes historiques dans lesquelles les Etats ne sont pas les composantes de
     base.
107 Braudel 1979: 12 sq.

Cette démarche offre une alternative aux approches marxistes classiques. Ces dernières, en effet, reposent sur une définition ontologique de la classe sociale, exprimée par rapport à la situation des individus dans la structure productive. Le concept de classe désigne, dans les termes d'Ernesto Laclau, « un ensemble cohérent de positions de sujet articulées autour d'un noyau central constitué par la localisation de l'acteur dans les rapports de production »[108]. Marx a développé les concepts de *classe en soi* et de *classe pour soi* pour désigner les deux moments successifs de ce processus, à savoir dans un premier temps un ensemble d'individus occupant une situation et des intérêts communs et, dans un second temps, la conscience qu'une classe a d'elle-même et de son rôle socio-historique[109]. L'EPH présentée ici refuse de considérer les forces sociales comme des ensembles homogènes découlant de façon déterministe d'une position dans le système de production. Une force sociale est au contraire une construction intersubjective d'individus qui acquièrent un sentiment d'appartenance à travers un discours et des réseaux de socialisation qui sont en relation contingente avec la sphère économique. Le processus social en jeu est ainsi d'ordre *discursif* et *intersubjectif*, plutôt que *matériel* et *déterministe*. Il offre une conception souple des forces sociales, qui peuvent acquérir une forme de conscience qui ne découle pas d'une dimension ontologique antérieure à l'interaction sociale. Les forces sociales proches de la finance transnationale désignent ainsi un ensemble d'individus qui acquièrent une identité et un sentiment d'appartenance qui dépasse largement leur position face à la fraction financière du capital. Si une telle démarche permet de rompre avec le déterminisme marxiste, elle offre également l'avantage de ne pas faire abstraction des notions de groupe social ou de force sociale, que l'émergence de la micro-histoire a eu tendance à écarter.

Temporalités sociales

Toute démarche refusant la séparation entre le politique et l'économique et s'intéressant aux institutions doit prendre en compte les temporalités sociales dans lesquelles elle s'inscrit. Seule une réflexion sur la

---

108   Laclau 2000: 8. Voir également Laclau/Mouffe (1985: 65-71), qui voient là un
      problème essentiel de la pensée gramscienne.
109   Marx [1847]: 134-135.

temporalité permet de développer la dialectique action/structure et la combinaison innovation/continuité dans la reproduction sociale. Si le temps court de l'événement, cher à l'histoire classique des relations internationales, entre en collision avec la *longue durée* braudélienne des structures historiques, l'EPH veut transcender cette dichotomie, et suggérer une approche de la transition à la fois dans le temps long et dans le temps court. Il ne saurait être question, ici, de prendre la défense d'une « histoire totale » telle que les *Annales* ont pu la pratiquer jusqu'aux années 1980 ; mais à l'inverse, ce livre veut rendre attentif aux risques de la tendance actuelle qui insiste sur le retour à un récit articulé autour des individus, de l'événement et du temps court.

Prêter attention aux institutions et aux idéologies de l'économie politique, c'est tenir compte de la profondeur historique du présent, ou en d'autres termes de l'influence de certaines configurations sociales persistantes sur l'action des individus dans le présent. La reconstruction européenne ne fait sens, on le verra, que dans la longue durée d'une idéologie de l'internationalisme libéral dont les acteurs de la reconstruction sont empreints, et qu'ils vont contribuer à reproduire. Cependant, l'influence des institutions dans la continuité temporelle n'empêche pas l'innovation. L'enjeu consiste précisément à voir comment, au sein d'institutions héritées du passé, les acteurs maîtrisent les nouveaux rapports de force découlant des changements historiques.

Braudel et Gramsci permettent tous deux de poser la base d'une telle mise en relief, beaucoup mieux qu'un historien tel que Foucault, qui nous laisse désarmés pour comprendre le changement historique sur un plan autre que discursif. Figure de proue de la nouvelle histoire, Braudel a beaucoup marqué l'EPI hétérodoxe, et en particulier son courant historicisant[110]. Tant Randall Germain que Paul Langley ont ainsi développé des économies politiques de la finance inscrites dans une temporalité pluriséculaire. On doit en effet à Braudel une contribution déterminante sur les formes de temporalités sociales, notamment un article de 1958 qui a posé les termes du débat. Aussi importante que soit cette contribution, elle ne soulève pas moins certains problèmes. Braudel a dégagé trois dimensions temporelles principales. Le *temps*

---

110 Pour une conceptualisation de l'apport de Braudel en EPI, voir Germain 1996 ; Helleiner 1997.

court correspond à la mesure du quotidien des individus. C'est le temps de l'événement. Mais comme l'histoire ne se réduit pas, selon lui, à la succession de ces occurrences, l'historien lui a opposé la *longue durée*, c'est-à-dire les contextes spatiaux et les permanences culturelles qui structurent la société. Cette temporalité est aussi celle des cadres inter-subjectifs de pensée – les *mentalités* – qui se reproduisent et s'ajustent au sein d'un «temps presque immobile». Une longue durée du capitalisme marchand traverse ainsi quatre ou cinq siècles avant la révolution industrielle, début d'un nouveau mouvement lent de l'histoire du capitalisme[111]. Entre le temps événementiel et la *longue durée* se glisse le temps de la conjoncture, c'est-à-dire les cycles économiques – cycles des prix et de l'activité économique – qui s'étalent sur une temporalité de dix à cinquante ans[112]. Braudel offre une ouverture utile à la dialectique action/structure à condition de se libérer de deux problèmes fondamentaux de sa pensée. D'une part, sa conceptualisation du temps conjoncturel – qui voit l'activité productrice obéir à des cycles mécaniques des prix – présente l'économie comme une succession de «respirations» naturelles à l'écart de toute logique institutionnelle, politique ou sociale. D'autre part, l'historien avance une définition réductrice du capitalisme, qu'il associe à l'activité d'un petit nombre de grands producteurs plutôt qu'à un mode d'organisation sociale[113].

Gramsci propose une conceptualisation nettement moins problématique, qui s'articule autour de deux moments en dialectique : les temporalités sociales *structurelle* et *conjoncturelle*. Par le concept de *temporalité structurelle*, l'auteur met le doigt sur les tendances relativement permanentes de l'activité sociale, tandis que les *mouvements conjoncturels* saisissent les occurrences plus «occasionnelles, immédiates, presque accidentelles»[114]. Les deux dimensions sont placées dans une dépendance

---

111   Le concept de *longue durée* utilisé au fil des pages qui vont suivre, désigne des institutions sociales et des comportements exprimant une durée plus courte que Braudel ne l'entendait, et qui sont de l'ordre du siècle environ. L'idée vise cependant à conserver l'apport fondamental de temporalités qui ne peuvent être réduites à l'événement cher à l'histoire diplomatique traditionnelle. Braudel se référait d'ailleurs à une stratification temporelle nettement plus dense que les trois «étages» retenus à des fins de schématisation.
112   Braudel 1958 ; voir aussi Braudel 1979.
113   Pour une critique de Braudel, voir Germain 1996 ; Helleiner 1997.
114   Gramsci 1971 : 177-179.

réciproque, mais revêtent une signification historique différente. A l'instar de l'histoire événementielle, la temporalité conjoncturelle désigne les manifestations historiques au jour le jour, telles qu'elles semblent produites par des *leaders* politiques ou autres personnalités en charge d'une responsabilité gouvernementale qui leur confère une lisibilité directe. La temporalité structurelle, en revanche, délimite le cadre d'analyse des structures socio-historiques et permet d'appréhender les processus moins palpables, à savoir les groupes sociaux. En s'affranchissant d'une focalisation exclusive sur les élites, cette dimension permet de saisir d'autres instances d'action sociale, notamment les *intellectuels organiques* qui englobent un spectre plus large de la société. Ce cadre d'analyse permet à Gramsci de suggérer un mode de connaissance historique qui montre la relation réciproque entre l'organique et le conjoncturel, une relation qui est au cœur de l'interdépendance de la structure et de l'action. En soulignant le mouvement d'aller-retour entre action et structure, l'auteur parvient à intégrer l'action individuelle dans les processus structurels qui lui donnent sens et, en retour, il peut comprendre l'affirmation et la reproduction des structures sociales. Pour Gramsci, l'étude des situations historiques de transition passe par une intégration des deux dimensions temporelles : la transition s'exprime dans la longue durée des rapports sociaux, et s'émancipe d'une focalisation sur les élites. Ses concepts et son épistémologie permettent au philosophe italien de montrer que de nombreux aspects de la vie quotidienne sont indissociables de procédures de pouvoir global[115].

Emprunts et continuités

On le constate, l'économie politique historique présenté ici est un projet éclectique. Elle emprunte autant à Foucault qu'à Gramsci, à Braudel, Polanyi, Maier et Cox. Par son manque de cohérence théorique, un tel réseau de références peut laisser songeur. Il ne fait guère de doute que l'approche post-structuraliste de Foucault – qui nie toute structure sousjacente – se marie mal avec une certaine tendance de Gramsci à considérer les classes sociales comme des données antérieures à l'interaction sociale ou à l'histoire. De même, les institutions sociales de la longue durée ne sont pas nécessairement compatibles avec un institutionna-

---

115   A ce sujet, voir notamment Ives 2004 : 71.

lisme évolutionniste de Maier, plus préoccupé par des reconfigurations dans le court terme. Enfin, la grande sensibilité de Cox à l'influence des capacités matérielles dans le changement cognitif ne rejoint qu'imparfaitement une démarche foucaldienne peu propice à voir dans le changement idéel autre chose que le rôle des idées elles-mêmes.

L'éclectisme est au contraire conçu ici comme une source de « valeur ajoutée », dans la mesure où il atteste du refus d'une économie politique historique de se résumer à une orthodoxie, quelle qu'elle soit. Un certain nombre d'idées centrales doivent toutefois servir de point de rencontre à un tel projet. En conclusion à cette section, je résume brièvement quatre principes fondamentaux qui appartiennent tous d'une façon ou d'une autre aux sources d'inspiration de ce livre. Premièrement, l'analyse insiste sur le rôle central du savoir, c'est-à-dire l'ensemble des dispositifs idéologiques ou discursifs. Plus précisément, je veux souligner le rôle des représentations du monde comme *constitutives* du monde lui-même. En d'autres termes, une économie politique historique s'inscrit en rupture avec un paradigme positiviste consistant à séparer le monde et ses représentations, au profit d'une démarche intégrée, qui considère l'action des individus en lien avec les discours qui les animent.

Deuxièmement, dans l'élan de ce qui vient d'être dit, les différents auteurs mettent en avant la dimension politique du savoir. Qu'il s'agisse des *régimes de vérité* de Foucault, des *blocs historiques hégémoniques* de Gramsci, de l'*idéologie du marché autorégulateur* de Polanyi, ou encore des *modes de savoir* de Cox, tous ces discours, dans ce qu'ils ont de performatif, expriment une forme de pouvoir. Ce pouvoir, on l'a vu, est d'ordre consensuel beaucoup plus que coercitif – même si les deux vont souvent de pair. Le pouvoir inhérent aux discours s'exprime sous des formes multiples, notamment en termes de discipline (conditionnement social et délégitimation des alternatives) et en termes de conséquences asymétriques (inégalité sociale des effets des régimes économiques et politiques).

Troisièmement, les institutions occupent une place centrale dans la reproduction et le changement historique, et en particulier dans les transitions conçues comme une dialectique de l'innovation et de la continuité. Pour Foucault, les institutions sont le lieu (même immatériel) d'exercice de la discipline ; pour Gramsci, les institutions de la société civile expriment et perpétuent les rapports entre les forces sociales ; pour Braudel, les *économies-monde* représentent un tissu dense et structuré d'institutions économiques et financières. Polanyi – même s'il reste souvent mal interprété sur ce point – montre qu'un marché est nécessairement enchâssé *(embedded)* dans les institutions, même lorsque le discours dominant préconise de laisser s'exprimer les mécanismes autorégulateurs. Maier conçoit la stabilité historique et l'ordre social comme un tissu d'arrangements institutionnels chargés de conférer cohérence et légitimité aux hiérarchies sociales inégalitaires. Enfin, Cox pense les institutions comme des constructions historiques en lien contingent avec les idées et les capacités matérielles, comme je l'ai souligné plus haut.

Enfin, quatrièmement, les références dont il est question au fil de cet ouvrage se rencontrent sur leur adhésion à une forme ou une autre d'historicisme. Tous les auteurs montrent que les institutions ne sont pas des objets transhistoriques, mais les constructions sociales de leur temps, et qu'elles expriment ainsi des situations discursives. On l'observe notamment dans la conception de l'Etat, qui n'est jamais pensé antérieurement aux interactions sociales. Nul besoin de le préciser dans le cas de Foucault. Gramsci en revanche, associé sur de nombreux points à une philosophie matérialiste et essentialiste – c'est le cas probablement pour les classes sociales, comme je l'ai déjà souligné – analyse l'Etat comme le résultat de dynamiques historiques et non comme une catégorie réifiée qui se promène à travers le temps. Saisi dans sa dimension large, l'Etat du penseur italien est une construction permanente, résultat des idéologies hégémoniques qui naissent dans la société civile. Cox et Maier s'intéressent eux aussi à la reconfiguration des formes de l'Etat en fonction des rapports de pouvoir entre groupes sociaux au fil de l'histoire. Quant à Braudel, sa conception sophistiquée des temporalités inscrit chaque objet social dans les structures de la longue durée.

2.3 SdN, reconstruction et EPH

Institution globale et rapport social

Dans une perspective sociale de la reconstruction, la SdN n'est plus l'objet sans pouvoir et instrumentalisé des approches (néo)réalistes. Elle contraste également avec le discours néolibéral ou néo-institutionnaliste

qui la considère comme le résultat d'une logique maximisatrice d'acteurs portés vers les gains de la coopération au sein d'une logique de
marché. Elle ne peut pas non plus être assimilée à une pensée marxiste
classique qui en ferait un des éléments de la superstructure capitaliste,
c'est-à-dire une manifestation des rapports de production. Dans l'EPH
suggérée ici, la SdN est analysée comme un *rapport social*. A ce titre,
l'institution globale se lit comme un processus de pouvoir qui n'est ni
externe ni antérieur aux interactions sociales, mais leur expression.
Elle est comprise autour de deux axes de signification interdépendants :
d'une part, la capacité de refléter les rapports sociaux dans leur fluidité
historique, et d'autre part la propension à agir sur ces rapports sociaux
en les stabilisant ou en les modifiant.

En tant que rapport social, l'organisation internationale constitue
l'un des processus par lesquels différentes entités de la société se trouvent en interaction et par lesquels les rapports de pouvoir parviennent
à s'exprimer. Elle ne peut ainsi se comprendre comme une entité discrète et exogène ; il faut plutôt la lire comme la manifestation d'une
dialectique sociale, c'est-à-dire comme un processus historique en construction permanente. En tant que lien, l'institution globale est susceptible de se modifier, au gré des changements des rapports de forces. A la
relative continuité de ses apparences formelles (bâtiments, charte fondamentale, organes…) contraste la redéfinition permanente de son rôle
de médiateur social. Comme le souligne Robert Cox, « International
organization can be thought of as a historical process rather than as a
given set of institutions »[116]. L'évolution du rôle de l'OIT illustre particulièrement bien la trajectoire historique d'une forme institutionnelle
de coopération qui n'a cessé de se redéfinir au gré des modes de régulation de l'économie politique internationale[117] : du corporatisme caractéristique de sa création, cette institution s'est trouvée intégrée dans le
mode de régulation keynésien après la Seconde guerre, puis a participé
à la restructuration néolibérale de la fin du 20e siècle. Il n'en va pas
différemment du FMI qui est devenu l'un des processus les plus effi-
caces de la diffusion du néolibéralisme, alors que son émergence s'inscrit dans des objectifs différents, en l'occurrence dans l'amortissement

---

116 Cox 1980 : 374. Voir aussi Cox/Jacobson 1981 : 93 sq.
117 Voir à ce sujet notamment Cox [1977], [1980] ; Cox *et al.* 1974.

des chocs monétaires dans un environnement libéral *enchâssé*, caractérisé par une forme keynésienne de régulation[118].

Cependant, même si elle est un lien social susceptible d'évoluer au gré des rapports de forces, l'institution globale n'est pas en instabilité permanente. Le propre de l'institution est d'acquérir la capacité de se « stabiliser », c'est-à-dire de se reproduire dans le temps, et de contribuer à instituer des normes et des règles de comportement susceptibles de reproduire un ordre social. A ce titre, l'institutionnalisation de la coopération internationale constitue un enjeu dans la mesure où elle parvient à rétroagir sur les rapports sociaux. Ainsi présentée, l'organisation internationale participe d'une plus vaste technologie du pouvoir qui trouve ses points d'appui dans la profondeur des structures sociales. C'est dans cette deuxième dimension que s'exprime la nature active du lien social qu'est la SdN dans le processus de reconstruction. Sa fonction peut être abordée au travers de deux moments : la *légitimation* et la *structuration*. La *légitimation* correspond à la propension de l'organisation internationale de participer à la définition de la norme du vrai, grâce à une extériorité et une neutralité politique apparentes. Ce rôle se comprend mieux en procédant à une combinaison des démarches foucaldienne et gramscienne du pouvoir. Dans une approche comme dans l'autre, l'institution en général constitue une articulation centrale de la légitimation : en investissant un certain discours – qui n'est plus l'apanage d'un groupe ou d'un individu spécifique, elle crée une illusion d'« universalité », donc un potentiel d'adhésion à un certain discours.

La *structuration* est comprise ici comme la contribution à une organisation globale des normes, de l'ordre international et des institutions. Elle ne doit pas être pensée comme une uniformisation mais comme un projet d'agencement à large échelle, avec ce qu'une telle démarche implique notamment en termes de hiérarchies, de tensions et d'inégalités ; à ce titre, elle participe tout autant à l'homogénéisation des normes qu'à la division internationale du travail et à l'affirmation des disparités entre centre et périphérie. En relation réciproque avec le processus de légitimation, cette fonction de structuration de la SdN sera illustrée par le projet d'agencer le champ d'action des acteurs autour de procédures communes, notamment un système monétaire international (étalon devise-or) et un régime libéral en matière de circulation des capitaux.

---

118   James 2000 ; Kirshner 2003 ; Ruggie 1982.

Cette démarche est illustrée par la conférence de Bruxelles organisée par la SdN en 1920, combinée à celle de Gênes (1922) : toutes deux servent de base idéologique à une reconstruction libérale. Il faut y voir la constitution d'un consensus – au niveau des grands principes d'un ordre social capitaliste – autour de mesures communes de stabilisation des budgets et des monnaies, conditions nécessaires à l'instauration d'un système monétaire international libéral. Ce *consensus de Bruxelles*[119] consiste ainsi en un discours sur le rétablissement du marché comme forme de régulation rationnelle et optimale. Il vise la stabilité des prix et des monnaies, et la libre circulation des capitaux. Dans la rhétorique du consensus de Bruxelles, l'Etat est destiné à demeurer aussi éloigné que possible de la reconstruction économique ; il est en effet perçu comme un agent perturbateur des automatismes du marché. Le retour à l'état d'équilibre – pour adopter un concept de l'économie néoclassique – et au plein emploi ne sont ainsi possibles que dans un monde caractérisé par la stabilité monétaire et la libre circulation des capitaux[120].

Tant la légitimation que la structuration doivent être pensées en tenant compte des mouvements inverses qu'elles suscitent. Si le discours de la SdN en matière monétaire met l'accent sur des mécanismes de marché, il ne faut pas en déduire que les banques centrales agissent systématiquement dans un tel élan ; de même, le discours de Genève sur la libéralisation commerciale (conférence économique de 1927)

---

119   Ce concept se rapporte au *consensus de Washington* qui sert de référence aux discours du néolibéralisme de la fin du 20ᵉ siècle. Conçu par l'économiste étasunien John Williamson en 1989, il désignait à la base les politiques à suivre dans le redressement de l'Amérique latine. Il a rapidement été repris pour désigner l'ensemble des dispositifs néolibéraux imposés par la finance transnationale et le Treasury au FMI et à la BM dans le cadre des politiques d'ajustement structurel (Graz 2004 : 53). Le *consensus de Washington*, comme le *consensus de Bruxelles*, préconise un ensemble de mesures budgétaires et monétaires visant à la stabilisation monétaire, à l'austérité budgétaire, et à la logique de marché.

120   On peut définir le consensus comme la convergence de discours dominants autour de lignes communes. Il est évident qu'il ne concerne pas tous les aspects de la régulation économique. Sur le cas spécifique de l'étalon devise-or, on observe des divergences importantes entre banques centrales, notamment entre Norman et Strong, ce dernier étant beaucoup plus favorable à un retour à l'étalon-or pur (Costigliola 1977). Ces divergences ne doivent toutefois pas occulter l'importance des points de convergence sur lesquels l'analyse désire insister, à savoir le libéralisme financier, l'orthodoxie monétaire et la discipline du marché.

s'accompagne en fait d'une hausse des barrières douanières[121]. Bien que la légitimation et la structuration soient considérés ici comme inhérentes au lien social que constitue l'organisation internationale, on se gardera de les isoler des tendances contraires qu'elles incarnent ou qu'elles ne parviennent à contenir. Robert Cox montre que les sources du changement historique résident précisément dans les contradictions et les tensions que tout ordre international incarne.

Dans cette double perspective de rapport social, l'organisation internationale ne peut être comprise ni comme un facteur de *statu quo* (au profit de l'ordre dominant), ni comme un instrument du changement exclusivement[122]. Si de nombreux exemples témoignent en faveur d'une reproduction d'un ordre social, rien n'empêche l'organisation internationale de devenir l'articulation d'un ensemble de valeurs contre-hégémoniques[123]. Plutôt que de rechercher des fonctions universelles et anhistoriques, à l'instar des démarches positivistes, il s'agit de mettre au jour les procédures d'institutionnalisation des rapports de forces et les modalités de leur changement. La démarche ainsi suggérée permet d'éviter le dilemme de l'action et de la structure: l'institution se comprend à la fois comme un cadre social qui agit sur la constitution des identités, des intérêts et de l'ordre global, mais elle est en retour une procédure d'action susceptible de modifier une structure historique. Aussi, dans le contexte de la reconstruction européenne des années vingt, l'économie politique de l'institution globale sera développée autour de trois notions inhérentes à la problématique traitée: la transition, le pouvoir et le savoir.

La SdN et la notion de reconstruction: *transition, pouvoir et savoir*

Transition

Une notion telle que la transition peut sembler tautologique à l'historienne ou l'historien, pour qui l'étude du changement des formes d'organisation sociale constitue la raison d'être. Une telle notion est théma-

---

121 Le vote du tarif Hawley-Smoot aux USA en 1930 constitue le point culminant du protectionnisme commercial étasunien et de ses répercussions en Europe. Voir notamment Heffer 2003.
122 Sur ce débat, voir notamment Braillard 1985: 156 sq.
123 Cox 1980: 377.

tisée ici pour rendre compte des modalités institutionnelles du changement historique inhérentes à la reconstruction européenne. Par le concept de transition, je mets en lumière deux moments : le premier réside
dans la tension des forces sociales en présence, tandis que le second
représente la synthèse de l'ancien et du nouveau.

Le rôle de l'organisation internationale dans le processus de reconstruction peut être saisi, d'une part, comme un lieu de tension entre des
forces sociales défendant des visions antagonistes sur la nature de l'ordre social envisagé. C'est à ce titre que la reconstruction est par essence
politique et que toute démarche analytique qui ferait l'impasse sur une
telle mise en perspective court le risque de reproduire le point de vue
des forces dominantes qui sont souvent celles qui laissent le plus de
traces dans les sources documentaires. Le processus de reconstruction
doit donc être pensé dans la contradiction qui oppose les forces sociales représentant les intérêts financiers internationaux et celles plus pré-
occupées par des enjeux économiques domestiques. Vu sous un autre
angle, elle oppose également les élites libérales, tournées vers la discipline monétaire et financière, aux forces sociales qui subissent les effets
du réajustement structurel. A titre d'exemple, la reconstruction marque une tension entre les élites financières qui se cristallisent, en 1918,
au sein du comité Cunliffe chargé de penser la reconstruction du système monétaire britannique d'après-guerre, et le Labour Party qui préconise à la fin de la guerre une refonte antagoniste du mode de régulation
et du rôle de l'Etat (chapitre 5). Dans le même ordre d'idée, une tension
importante naîtra entre le Comité financier de la SdN et la ville de
Vienne, bastion social-démocrate qui propose une régulation sociale
progressiste en opposition radicale à l'orthodoxie imposée (chapitre
7). D'une manière générale, la dialectique des forces sociales est lisible
dans les formes de l'Etat proposées, c'est-à-dire dans la définition du
rapport entre société civile et société politique. Notre approche vise
ainsi à situer l'organisation internationale au sein de cette dialectique,
en montrant comment l'institution constitue l'un des moyens pour des
forces sociales telles que la finance transnationale de structurer le champ
d'action.

Si la transition est une dialectique des forces sociales, elle doit également se comprendre comme une dialectique temporelle de l'ancien et
du nouveau. Dans cette perspective, la reconstruction s'exprime au
premier abord comme la transition d'une organisation sociale propre à

la période de guerre vers un ordre de paix. L'organisation sociale de la
guerre s'observe dans la présence de blocs géographiques antagonistes
ayant rompu leurs échanges économiques, l'organisation des appareils
de production autour d'une économie de guerre nécessitant la mobilisation totale de la main-d'œuvre, des relations entre classes sociales
visant au consensus nationaliste, une collaboration entre le monde
ouvrier et patronal reposant sur un ensemble de promesses en vue de
l'après-guerre, et un rôle prépondérant de l'Etat dans la régulation économique, l'approvisionnement et le contrôle des prix.

La transition ne se limite toutefois pas à la transformation du capitalisme de guerre vers un capitalisme de paix: dans une plus longue
durée, elle traduit également l'adaptation de la forme historique du
capitalisme aux spécificités institutionnelles de l'entre-deux-guerres, des
spécificités qui dénotent un ensemble d'innovations insufflées au libéralisme d'avant-guerre. D'un côté, une tendance réactionnaire se lit
dans la volonté de retrouver l'âge d'or perdu avec la guerre, à savoir un
siècle pour l'essentiel pacifique, marqué par un développement industriel et commercial considérable. C'est le monde tel que Keynes le décrit avec nostalgie en 1920 dans *Les conséquences économiques de la
paix*, lorsqu'il évoque cette « utopie économique » dans laquelle « la
plupart d'entre nous ont été élevés »[124]. La normalité est ainsi incarnée
dans un ordre social libéral qui repose sur la protection de la propriété
privée et de l'initiative individuelle, et se trouve animé par les procédures d'un marché considéré comme autorégulateur. D'un autre côté, la
transition consiste en un apport d'éléments novateurs propres à l'après-
guerre. Cette originalité se traduit par l'affirmation des procédures coopératistes au niveau de l'organisation du capitalisme et de la régulation
monétaire qui ne peuvent se résumer à la rhétorique dix-neuviémiste
des mécanismes automatiques. Je désignerai cette forme particulière de
la régulation capitaliste par le concept de libéralisme *coopératiste* (ou
coopératisme). L'accent sera mis sur la coopération des banques centrales qui se lit comme un fil directeur de la stabilisation monétaire des
années vingt.

Cette dialectique temporelle de l'ancien et du nouveau, qui débouche sur une synthèse révélant des formes de procédures coopératistes,
permet d'inscrire la SdN dans l'évolution du capitalisme sur le court

---

124 Keynes 1920: 24-26.

comme sur le long terme : si l'organisation internationale participe de la dynamique propre à la reconstruction durant une douzaine d'années (1919-1931), elle fait sens également dans l'organisation des structures économiques globales depuis le 19ᵉ siècle. On ne peut en effet dissocier la SdN des unions administratives qui, depuis la seconde moitié du 19ᵉ siècle, participent du développement industriel global en uniformisant les normes et les procédures au niveau international[125]. L'organisation internationale, dans la longue durée du capitalisme, se présente ainsi comme un élément déterminant dans la constitution de marchés susceptibles de transcender les barrières étatiques et les entraves qu'elles présentent au niveau des systèmes légaux, des normes techniques ou des flux monétaires. Dans cette même dimension temporelle de la longue durée, la SdN pose les bases de l'institutionnalisation du multilatéralisme tel qu'il émergera après la Seconde guerre mondiale dans la constellation de l'ONU. A ce titre, le FMI doit être analysé dans la continuité du Comité financier de la SdN qui constitue la première expression de la régulation multilatérale en matière monétaire[126].

Pouvoir

Les formes du pouvoir constituent le deuxième angle saillant de l'économie politique de la reconstruction. Les mécanismes de pouvoir dont la SdN représente l'un des vecteurs apparaissent sous deux formes complémentaires : la coercition et le consensus. On a vu, en soulignant certains apports de la pensée gramscienne, que ces deux aspects reflètent une conceptualisation de l'Etat qui ne se limite pas à sa dimension administrative, mais qui tend vers une définition globale, à savoir l'interaction de la société civile et de la société politique. Au niveau global, une telle démarche permet de s'affranchir d'une histoire des relations internationales conçue comme un discours sur les élites, et elle intègre dans la connaissance de l'ordre mondial la base sociale des rapports de production aussi bien que les normes dominantes. Comme le souligne Craig Murphy, Gramsci permet de donner du sens « to the role of coercive and noncoercive structures at all levels – from the factory floor

---

125 Cette question fait l'objet de l'étude de Craig Murphy (1994). Voir aussi Gerbet 1996 ; Gonidec 1974 : 145 sq. ; Smouts 1995 : 59 sq.
126 Pauly 1997. Voir également Pauly 1999 et 2003.

to the boardrooms of the world organizations – in successive world orders »[127]. Dans la problématique de la SdN et la reconstruction européenne, l'interrelation de la forme coercitive et consensuelle du pouvoir permet de rendre compte de la double dynamique en marche dans la situation de transition. La composante coercitive se lit en termes d'ordre politique et géopolitique tel qu'il est véhiculé par les appareils étatiques. Elle fait référence au règlement de la guerre et à l'équilibre des Puissances lors de la signature des accords de paix. La SdN ne peut en être dissociée, ni formellement ni politiquement : en termes de droit international, la charte de la SdN forme l'une des parties du traité de paix de 1919. Sur un plan géostratégique, elle constitue un moyen par lequel les gouvernements français et britannique tentent d'imposer leur conception de l'ordre international. Sous un angle coercitif, la SdN doit donc être vue comme un reflet de l'ordre des vainqueurs, tout comme l'ONU, dans un autre contexte, sera l'institution de l'ordre des Puissances victorieuses de la Seconde guerre mondiale. Comme le développe E. H. Carr, la SdN, nonobstant le discours du pacifisme et de la coopération, peut être interprétée comme le masque d'un *statu quo* politique entre gouvernements[128]. Il n'en va pas différemment de la reconstruction européenne qu'il convient d'inscrire dans ce cadre géopolitique, comme certaines recherches l'ont déjà proposé[129].

L'aspect consensuel de la reconstruction, sur lequel ce livre veut insister, est destiné à conférer un contenu, du sens et de la cohésion à l'ordre social. Il se traduit par le projet de constituer un ordre économique et politique autour de normes dominantes qui vont de la politique monétaire à la sécurité collective, en passant par l'internationalisme libéral et la régulation des rapports de travail. Dans sa dimension la plus large, la discipline morale de la reconstruction sous l'égide de la SdN passe également par des velléités de contrôle du trafic des publications obscènes et de l'opium, qui figurent dans le catalogue des activités menées à Genève[130]. A ce titre, la SdN ne doit pas être réduite à son cœur institutionnel – le Conseil, l'Assemblée et le Secrétariat – mais appréhendée comme une constellation de multiples lieux de pouvoir,

127 Murphy 1994 : 26.
128 Carr [1939] : notamment 78, 98-99.
129 Voir à ce sujet l'analyse de Marie-Renée Mouton (1995).
130 SdN 1930b : 296-297 ; Smouts 1995 : 64.

exprimés sous la forme d'organismes dits « techniques »[131]. Ces institutions, à l'instar du Comité financier dont il sera abondamment question, agissent dans l'optique de la définition et de la légitimation de normes et de procédures communes. Dans certaines situations, elles forment également une structure institutionnelle permettant aux élites de nombreux pays d'échanger de l'information et d'établir des réseaux sociaux transnationaux.

L'analyse mettra en évidence trois aspects de la dimension consensuelle du pouvoir: l'internationalisme libéral (chapitre 3), le coopératisme (chapitre 4) et le discours sur l'étalon-or (chapitre 5). Tous trois peuvent être considérés comme des procédures discursives par lesquelles les milieux financiers internationalistes, au travers de l'institution globale, agissent dans le but de rallier un spectre social aussi large que possible autour de la mise en place des institutions formelles de la régulation. Cet exercice du pouvoir s'exprime particulièrement bien par le caractère mythologique dont ces trois discours se drapent. Le mythe social représente à vrai dire une dimension centrale des procédures de pouvoir. Qu'il s'agisse de l'étalon-or, de l'internationalisme libéral ou, dans une moindre mesure, du coopératisme, la mythologie exprime les croyances qui sont à la base de toute pratique sociale, et peut se comprendre autour de trois aspects. D'abord, elle consiste en un dispositif discursif rassembleur, destiné à servir de fondement social commun à un certain moment de l'histoire, en particulier dans une situation de transition telle que la constitution de l'Etat-nation ou la reconstruction. L'étalon-or véhicule l'idée d'une naturalité sociale qui fournit les règles communes de la valeur et de la richesse. Ce n'est probablement pas un hasard si la chute de l'étalon-or pendant la guerre a été directement associée au déclin de la civilisation libérale occidentale: la société matérielle en quête de richesse s'est trouvée soudainement privée des fondations communautaires sur lesquelles elle s'appuyait. Quant à l'internationalisme libéral, il agit lui aussi à des fins unificatrices en promettant ni plus ni moins que la paix entre les nations[132]. A ce titre – deuxième aspect – la mythologie agit comme un opérateur de pouvoir en effaçant les divergences propres à tout ordre social. Ses procédures rhétoriques consistent à dépolitiser les rouages de la fabrique sociale en

---

131   On trouve un organigramme de la SdN et ses organismes chez Gerbet 1996.
132   Le projet de paix perpétuelle de Kant [1795] en constitue une illustration.

idéalisant un ensemble de forces ou de référents extérieurs : l'étalon-or est du domaine de la physique des fluides, combinée à une approche naturaliste – pour ne pas dire divine – de la valeur. L'internationalisme libéral observe la paix des peuples dans leur adhésion à un mouvement cosmopolite, et le coopératisme fait appel à la raison universelle, située au-dessus des contingences sociales.

Enfin, l'aspect consensuel et mythique du pouvoir ne consiste pas seulement à légitimer une forme d'organisation sociale considérée comme idéale, mais également à décrédibiliser les démarches alternatives. On peut en d'autres termes y voir une stratégie visant à réduire les *limites du possible* à une optimalité présentée comme inévitable. Le mythe du progrès, tel qu'il s'exprime dans l'étalon-or, l'internationalisme libéral ou le coopératisme engendrent tous une forme de fatalisme qui nie la possibilité d'alternatives et, comme le signale Stephen Gill, empêche de concevoir l'histoire comme le produit d'actions humaines collectives[133]. Aussi, la sphère du savoir contribue-t-elle directement et activement aux processus de pouvoir en marche dans la reconstruction européenne; elle en représente même, à vrai dire, la composante principale.

Savoir

Dans une économie politique historique, les normes et les représentations ne sont pas conçues comme des variables autonomes par rapport au pouvoir, mais comme des données endogènes de l'ordre social et mondial. Une histoire des relations internationales est ainsi nécessairement une histoire du savoir et des discours dominants. A ce titre, un accent particulier est mis sur le rôle des intellectuels et des experts, qui sont considérés à la fois comme le produit d'une structure sociale et comme les agents actifs de sa reproduction ou de sa modification. L'organisation internationale représente le lieu par excellence où s'effectue la jonction entre le diplomate et l'expert international. Dans cette idée, l'entre-deux-guerres marque l'essor du rôle de l'expert financier international, et la SdN n'est pas étrangère au phénomène[134]. La SdN se caractérise par un développement foisonnant des instances de production du savoir et des activités d'experts, qu'il s'agisse des grandes conférences

---

133 Gill 2003 : 139.
134 Voir à ce sujet Feiertag 2004.

internationales, de structures telles que l'OEF ou l'OIT. Le rôle du savoir au niveau de l'organisation internationale doit se comprendre dans le processus qui vise à l'homogénéité sociale et qui passe par cette forme de *violence symbolique* du consentement. Le savoir, dans cette démarche, est nécessairement pouvoir et ne peut être dissocié d'une procédure intersubjective de définition des identités et des intérêts.

L'intellectuel est ainsi une figure centrale de la SdN. Pour E.H. Carr, il représente la seule figure véritablement valorisée dans les couloirs genevois : les bureaucrates et les diplomates ont semble-t-il été considérés avec suspicion dans un environnement institutionnel par nature porté sur l'idéalisme et son corollaire moderne, le progrès humain par la science et la raison[135]. Si, comme dans le projet de paix perpétuelle de Kant ou dans le fonctionnalisme de Mitrany, le politique reflète le vieux réflexe de la raison d'Etat et sa logique égoïste de pouvoir, l'intellectuel des années vingt est source d'objectivité et d'émancipation. Les instances de la SdN en rapport direct avec la reconstruction de l'Europe témoignent d'une activité nourrie dans les domaines de la régulation monétaire, de la recherche sur les cycles économiques et en matière d'emploi[136].

Une étude de la relation entre pouvoir et savoir ne peut passer sous silence l'apport de Michel Foucault, d'autant moins que la dimension institutionnelle du complexe pouvoir/savoir – sous la forme de la prison ou de l'hôpital psychiatrique par exemple – occupe une place centrale dans son œuvre. Pour Foucault en effet, l'institution sociale s'explique dans le cadre d'un ensemble de savoirs et de discours reflétant un régime de vérité. Elle n'est pas une donnée fixe de l'histoire, mais correspond aux configurations spécifiques des discours et des rapports de pouvoir constituant le savoir vrai. L'institution représente ainsi un lien social dans la mesure où elle reflète et participe à la construction sociale des normes ; dans cette perspective, elle *construit* le délinquant ou le malade. Par extension, le savoir est pouvoir dans la mesure où le cadre institutionnel est le lieu de la *normalisation* des corps délinquants et de la *guérison* des corps malades. Le pouvoir moderne, dans la pensée foucaldienne, est ainsi de type disciplinaire, alors que dans sa forme médiévale, il s'organisait autour de la souveraineté. La métaphore du

135 Carr [1939]: 17.
136 Sur cette question, voir notamment Endres/Fleming 2002.

Panopticon illustre un pouvoir immatériel, invisible et diffus, un pouvoir qui n'est jamais détenu mais qui s'exerce. En termes d'histoire sociale, l'émergence du pouvoir disciplinaire ne peut, selon Michel Foucault, être dissociée de la société bourgeoise dont il est une création : il est « l'un des instruments fondamentaux de la mise en place du capitalisme industriel et du type de société qui lui est corrélatif »[137]. Adaptée au cas de l'organisation internationale, cette conceptualisation permet de mettre en évidence la discipline sociale inhérente aux processus cognitifs élaborés à un niveau global. Elle fait de l'institution la procédure disciplinaire par laquelle les forces sociales œuvrent à la construction du champ d'action et de l'environnement cognitif des acteurs. La SdN occupe ainsi une place stratégique dans la dialectique des forces sociales autour de la constitution du savoir vrai. Son rôle réside dans l'apparence d'extériorité et de neutralité que cette dernière est susceptible de revêtir face aux forces sociales en jeu. Sa mission (la paix) et sa constitution (internationale) n'est pas sans conférer à la SdN une légitimité à laquelle les forces sociales intéressées ne manquent pas de se référer.

Le complexe pouvoir/savoir se situe ainsi au cœur d'une démarche qui veut montrer le lien organique entre l'organisation internationale et le processus de reconstruction d'un ordre social. L'enjeu consiste dès lors à mettre en évidence les institutions à un niveau global, et leur rapport avec le processus épistémique. L'articulation de ces deux sphères peut se formaliser au travers du concept de *constitutionalisme* : le concept, tel qu'il découle des travaux de Stephen Gill, désigne le lien entre le discours dominant et la configuration des institutions qui en découle[138]. Dans

---

137 Foucault 1997 : 32-33. Voir aussi Foucault 2003. Sur le recours à Foucault en EPI, voir également DuBois 1991 ; Gill 2003 : 120-123 ; de Goede 2005 ; Hutchings 1997 ; Hutchings 1999 : 110-120 ; Joseph 2004.

138 Le concept de constitutionalisme découle des travaux de Stephen Gill sur le *new constitutionalism* propre à la régulation néolibérale de la fin du 20e siècle. Pour l'auteur, il faut y voir « an international governance framework. It seeks to separate economic policies from broad political accountability in order to make governments more responsive to the discipline of market forces and correspondingly less responsive to popular-democratic forces and processes. New constitutionalism is the politico-legal dimension of the wider discourse of disciplinary neoliberalism » (Gill 1998b : 5). Voir également Gill 2003 : 130-142. Pour une présentation générale, cf. Overbeek 2000 : 178-179.

notre contexte historique, il permet de saisir le mouvement par lequel la reconstruction libérale vise à façonner les institutions sociales de telle sorte que le pouvoir du capital puisse s'exercer en dehors du contrôle participatif. Deux aspects différents sont touchés par la question du constitutionalisme : la logique de marché et la dimension coopératiste du libéralisme. Au niveau de la logique de marché, l'enjeu réside d'abord dans le transfert des compétences aux banques centrales, organisées selon les principes du *central banking*. En retirant à l'Etat certains aspects de son autorité dans ce domaine (création monétaire et financement industriel), et en empêchant toute articulation de la politique économique avec la politique monétaire, la reconstruction libérale vise à assurer la stabilité de la monnaie et du capital par une politique de contrôle de l'inflation et de la stabilité du taux de change. L'objectif consiste à éviter le financement des dépenses budgétaires par la planche à billets et à soumettre l'Etat à une discipline en terme de dépenses et de revenus. En isolant les processus de décision de toute influence étatique, une telle démarche vise en outre à rassurer les détenteurs de capitaux quant à la stabilité de leurs avoirs sur le long terme ; la logique de marché, dans cette dimension, tend à privilégier l'initiative individuelle des investisseurs au détriment de l'intervention publique. Le libéralisme coopératiste représente la seconde dimension du constitutionalisme : il s'exprime sous la forme d'un mode de régulation qui insiste sur la nécessaire coopération des opérateurs économiques entre eux ou avec les représentants de la société politique, afin de garantir le meilleur fonctionnement économique. Particulièrement marquée durant la période qui s'ouvre après la Première guerre mondiale, cette forme de libéralisme se traduit notamment par le projet de coopération des banques centrales dans la perspective d'une reproduction du système de l'étalon-or. En favorisant des procédures privées de régulation et en déléguant de larges compétences à la société civile, le coopératisme vise lui aussi à réduire l'intervention étatique.

Le constitutionalisme, qui peut se comprendre comme la configuration des institutions politico-économiques dans un contexte historique et idéologique spécifique, représente dès lors un enjeu central dans le processus de transition. Nous verrons que la SdN n'est pas étrangère à un constitutionalisme qui attribue des compétences à des instances qui échappent au contrôle démocratique domestique. La question du constitutionalisme se situe ainsi au cœur de la question de la dialectique des

forces sociales : en réduisant le contrôle participatif sur certaines décisions – notamment la politique monétaire via le *central banking* – les
milieux financiers tentent d'isoler des procédures de toute remise en
cause sur le long terme et s'approprient une très grande possibilité d'influence sur des enjeux sociaux primordiaux.

3. SdN, reconstruction et internationalisme libéral

« La nécessité de rétablir la stabilité est évidente, mais on ne voit pas très bien comment y parvenir. » Ce désarroi, exprimé par la SdN en 1920, témoigne de la préoccupation principale qui est la sienne et celle de ses experts[1] : *comment* reconstruire des économies en ruine, un système d'échange international désarticulé et des monnaies parfois fortement dépréciées ? Cette question en cache cependant une autre, rarement posée tant la réponse a pu sembler évidente : *que* reconstruire ? Plutôt que de reproduire la perspective dominante des acteurs sur les modalités de la reconstruction, ce chapitre et le suivant veulent problématiser l'objet même de la reconstruction : la gouvernance du capitalisme à son niveau international.

La dialectique temporelle est une étape essentielle à la compréhension de la reconstruction européenne ; elle permet d'extraire la SdN (et la reconstruction) du temps court de l'histoire diplomatique et événementielle pour l'inscrire dans la temporalité de l'histoire sociale du capitalisme. Cette profondeur historique est généralement absente des analyses de la SdN, où l'organisation apparaît comme un des aspects du règlement de la guerre. Pierre Gerbet par exemple présente la SdN comme une « fille de la guerre »[2] ; pour Frederick Northedge également, « The League was a child of the First World War »[3]. Certes, par convention peut-être, presque toutes les narrations historiques de la SdN l'inscrivent dans le prolongement des unions administratives du 19e siècle et du courant idéaliste qui milite, à l'instar de Léon Bourgeois, pour une société de nations garante de la paix mondiale[4]. Une différence de nature et de taille distinguerait en revanche la SdN des expériences

---

1   SdN 1920a : xv.
2   Gerbet 1996.
3   Northedge 1986 : 1. Dans le même ordre d'idée, voir Gonidec 1974 : 149 ; Mouton 1984.
4   Bourgeois 1910.

antérieures en matière de régulation internationale. Comme le suggère P. Gonidec, la SdN marquerait l'affirmation d'une nouvelle ère dans la gouvernance internationale : l'auteur parle ainsi des institutions de la « deuxième génération » (SdN, OIT), par opposition aux institutions dites « de première génération » (19ᵉ siècle) qui la précèdent, mais qui restent nettement en deçà des projets pacifistes et universalistes de Genève[5]. Aussi la reconstruction de l'Europe est-elle souvent saisie dans une temporalité brève : les quelques années qui suivent le conflit. Sensible aux temporalités sociales, cette analyse étudiera la reconstruction comme une dialectique historique de l'ancien et du nouveau : dans un premier temps, elle inscrira la SdN et la reconstruction dans la longue durée du capitalisme et de ses institutions au travers de la notion d'*internationalisme libéral*. La spécificité historique de l'internationalisme libéral des années vingt apparaîtra sous les traits du *coopératisme* qui sera présenté dans le chapitre suivant.

3.1 Capitalisme industriel et institutions internationales

Idéologie : Etats, institutions et marché

L'internationalisme libéral n'est pas défini ici comme un synonyme de *libéralisme*. Compris dans une acception beaucoup plus étroite, il est propre au processus d'industrialisation et à l'essor du capitalisme durant la seconde moitié du 19ᵉ siècle. L'internationalisme libéral doit être compris comme un discours sur l'ordre international et un projet social visant à la constitution d'une structure institutionnelle supranationale destinée à transcender les barrières que constituent les frontières étatiques au développement d'un vaste marché des biens, des services et des capitaux[6]. En tant que discours et praxis, l'internationalisme libéral repose sur un mythe social qui consiste à justifier le libéralisme politique et économique comme une source de paix, de prospérité et de

5   Gonidec 1974 : 145 sq.
6   La définition de l'internationalisme libéral utilisée ici s'inspire des travaux de Craig Murphy (1994, 2005).

liberté. S'il découle de la *doxa* libérale et de ses éléments normatifs tels que l'initiative individuelle, l'harmonie des intérêts et l'autorégulation, il est en revanche très loin du libéralisme « pur » ou d'un laisser-faire absolu qui s'opposeraient à toute intervention externe dans la régulation du marché. L'internationalisme libéral est une doctrine qui affirme que, pour fonctionner harmonieusement, le marché global doit être *organisé* par l'intermédiaire d'institutions consensuelles. Que l'on ne se méprenne pas sur la nature de cette organisation : avant la « révolution keynésienne » des années trente, l'Etat n'a pas à intervenir activement dans le fonctionnement du marché à des fins conjoncturelles, c'est-à-dire pour relancer l'activité économique en temps de crise. Dans l'internationalisme libéral tel qu'il se présente jusqu'à la fin des années vingt, l'organisation internationale a ainsi pour fonction d'harmoniser les procédures et les réglementations étatiques au sein d'une conception autorégulatrice du marché. Par le truchement des formes institutionnelles de gouvernance internationale, les gouvernements parviennent à uniformiser les systèmes de communication (télégraphes, postes), les normes industrielles ou les systèmes douaniers par exemple. On parle d'ailleurs au 19ᵉ siècle d'*unions administratives*, un concept qui en dit long sur la nature de l'intervention publique. En résumé, pour les tenants de cette doctrine, l'Etat doit instaurer les conditions structurelles propices au développement d'un marché global[7].

Ainsi défini, l'internationalisme libéral repose sur deux conditions : d'une part, des formes institutionnelles internationales sont nécessaires à la constitution d'un marché permettant de transcender les barrières nationales. D'autre part, un discours justificateur doit donner sens à la constitution de ces organisations internationales et à l'idéologie de marché : d'où la rhétorique du commerce international comme source de paix et de prospérité. Les institutions formelles et leur justification discursive sont deux piliers essentiels sur lesquels repose l'idéologie du marché autorégulateur au 19ᵉ siècle. On doit à Karl Polanyi l'un des textes les plus éclairants sur cette idéologie. Si *La grande transformation* ne s'attarde pas sur les formes institutionnelles administratives du libéralisme, l'auteur montre en revanche l'importance de l'élément organisationnel dans la constitution du marché global : « les marchés libres n'auraient jamais pu voir le jour si on avait simplement laissé les

---

7   Sur cette question, voir Murphy 1994, en particulier pp. 13-45.

choses à elles-mêmes », affirme-t-il[8]. L'analyse de Karl Polanyi permet de saisir la contradiction intrinsèque à l'internationalisme libéral du 19e siècle : les marchés prétendument « autorégulateurs » nécessitent des institutions pour fonctionner. Aussi le discours sur les soi-disant mécanismes naturels de l'économie masque en fait l'omniprésence d'institutions formelles et sociales sur lesquelles repose la reproduction du système capitaliste. Ce paradoxe permet de comprendre la nature profondément politique de l'internationalisme libéral, tandis que son discours aspire à montrer que le monde ne se porte jamais aussi bien que lorsque l'activité économique est maintenue à l'écart du politique et laissée aux forces du marché.

L'internationalisme libéral est d'autant plus politique qu'il veut contrebalancer une autre idéologie : l'internationalisme socialiste[9]. Ce mythe social se présente comme un programme visant à unifier la classe ouvrière à un niveau transnational afin de surmonter les divisions nationales. Il repose sur l'idée que la nation est une unité artificielle au sein de laquelle s'exerce l'oppression bourgeoise, alors que la logique capitaliste tend plutôt à l'expansionnisme. Dans les *Grundrisse*, Marx analyse la logique du capitalisme qui vise selon lui à abattre toutes les frontières afin de conquérir la terre entière par son marché[10] ; dans un passage célèbre du *Manifeste*, Marx et Engels montrent que « par l'exploitation du marché mondial, la bourgeoisie donne un caractère cosmopolite à la production et à la consommation de tous les pays [...] ». Par le rapide perfectionnement des instruments de production et l'amélioration infinie des moyens de communication, poursuivent-ils, « la bourgeoisie entraîne dans le courant de la civilisation jusqu'aux nations les plus barbares. Le bon marché de ses produits est la grosse

---

8   Polanyi [1944] : 189.
9   Pour une présentation en triptyque de l'internationalisme, voir Halliday (1988). A l'internationalisme libéral et à l'internationalisme révolutionnaire l'auteur ajoute un internationalisme hégémonique, présenté comme une forme d'intégration internationale caractérisée par le poids d'une puissance (étatique) dominante.
10   Marx [1857-8] : 539-540 : « The more developed the capital, therefore, the more extensive the market over which it circulates, which forms the spatial orbit of its circulation, the more does it strive simultaneously for an even greater extension of the market and for greater annihilation of space by time [...] There appears here the universalizing tendency of capital, which distinguishes it from all previous stages of production ». Voir aussi Linklater 1990 : 134.

artillerie qui bat en brèche toutes les murailles de Chine [...] »[11]. Aussi, dans la pensée marxiste, la globalisation du système de production capitaliste implique que l'émancipation de la classe ouvrière passe par la solidarité universelle et la coopération[12]; d'où le slogan proverbial sur lequel s'achève le *Manifeste*. La constitution de l'Internationale des travailleurs, dont la première remonte à 1864, s'explique dans cette tendance aspirant à souder les classes ouvrières que l'organisation du monde en nations tend à diviser. A l'instar de son pendant libéral, l'internationalisme socialiste souligne lui aussi la nécessité des formes institutionnelles pour surmonter les barrières étatiques. Le marxisme ne se limite cependant pas à contredire l'internationalisme de la production capitaliste par l'internationalisme de la classe ouvrière : encore faut-il faire contrepoids à la rhétorique du libéralisme comme source de paix. La théorie de l'impérialisme développée par Lénine et Boukharine, dans le sillage de Hobson, s'explique ainsi comme une réponse au mythe social libéral : loin de conduire à la paix, le capitalisme mène irrémédiablement à l'impérialisme, et, par extension, à la guerre. Pour Lénine et Boukharine, l'accumulation du capital dans les pays du centre et la tendance à la baisse du taux de profit expliquent ainsi la colonisation, destinée à assurer des zones d'exportations de capitaux[13].

On le voit, l'internationalisme libéral en tant que praxis et discours sur l'ordre international reflète les rapports de pouvoir inhérents au capitalisme moderne, en particulier sa contradiction sociale. Il est propre au développement industriel et n'est pas dissociable des formes institutionnelles telles qu'elles émergent durant la seconde moitié du 19e siècle. D'ailleurs, le mot *internationalisme* est effectivement employé dans la langue française dès 1876, tandis que l'anglais l'intègre dans son lexique une vingtaine d'années auparavant[14]. Quoi qu'il en soit, cette argumentation veut montrer la signification de la SdN dans la longue durée de l'internationalisme libéral et de son pendant socialiste. Tous deux sont aussi indissociables qu'antithétiques. Leur proximité est d'ailleurs reflétée par la similarité de formes discursives dans les slogans rassembleurs : au « prolétaires de tous les pays, unissez-vous »

---

11   Marx/Engels [1872] : 35-36.
12   A ce sujet, voir Linklater 1990 : chapitre IV ; Linklater 2001 : 134.
13   Lénine [1916].
14   *Dictionnaire historique de la langue française* ; *The Oxford English Dictionary*.

répond la première strophe de l'hymne officiel de la SdN : « Ye sons of all nations join hand in hand [...] »[15]. Si la reconstruction consécutive à la Grande guerre fait sens dans l'évolution sur le long terme de l'internationalisme libéral, elle n'en témoigne pas moins d'une dialectique des forces sociales. Or, cette dialectique trouvera un compromis partiel dans l'émergence de la SdN en 1919. Si l'appareil institutionnel de l'OEF reproduira fidèlement le discours et la praxis libérale, l'Organisation internationale du travail (OIT), quant à elle, reconnaîtra formellement le monde ouvrier. Pour l'instant, il est nécessaire de voir plus en détail en quoi la SdN s'inscrit dans la temporalité de l'internationalisme libéral et de ses formes institutionnelles.

Les institutions de l'internationalisme libéral :
des unions administratives à la SdN

Si les narrations classiques abordent la SdN comme une « fille de la guerre », elles inscrivent automatiquement ses activités dans un même contexte : l'établissement de la paix et du *statu quo ante*. Ainsi, les analyses font généralement peu de cas de son appareil économique, et signalent que dans l'esprit de ses fondateurs, elle remplit des tâches essentiellement *politiques*. Les dimensions économiques et financières de l'activité genevoise seraient ainsi subordonnées à la politique de sécurité collective pour laquelle la SdN a été instituée[16] : loin de constituer un objectif en soi et un projet politique, les activités économiques sont considérées comme un moyen de résoudre des sources potentielles de conflit. Cette section veut montrer que les interprétations habituelles ne permettent pas de saisir l'émergence de la SdN dans toute sa complexité, et font abstraction de la longue durée du capitalisme et de sa gouvernance. Dans un premier temps, l'analyse montrera la conti-

---

15   SdN, R 5702, 3184 : « The Song of the League of Nations and International Brotherhood », hymne officiel de la SdN, texte et musique par John Malham Dembleby. Voir aussi Pemberton 2002 : 314.
16   Gerbet 1996 : 69. Voir aussi Mouton 1984 : 309. Northedge reproduit également ce discours orthodoxe dans une analyse qui vise à montrer que la coopération économique et sociale n'était pas désirée pour elle-même mais comme contribution à l'établissement de la paix (Northedge 1986 : 166-167).

nuité historique du développement des formes institutionnelles inter-nationales et se penchera dans un second temps sur la permanence de fonctions économiques prises en charge par les organisations interna-tionales du 19e siècle jusqu'à la reconstruction de l'entre-deux-guerres.

La figure 3.1 retrace le développement institutionnel de l'internatio-nalisme depuis le début du 19e siècle, avec l'instauration de la première organisation intergouvernementale : la Commission de navigation sur le Rhin (1815). Nul doute qu'à lui seul, ce survol quantitatif du déve-loppement institutionnel est insuffisant pour comprendre la place de la SdN dans le développement du capitalisme : chaque organisation inter-gouvernementale obéit à une fonction précise, et certaines n'entretien-nent que des liens distants avec le développement de ce régime social d'accumulation. Le graphe illustre cependant la densification du tissu institutionnel international qui accompagne l'affirmation de la société industrielle capitaliste et son corollaire, la globalisation propre à l'in-ternationalisme libéral. Un siècle après la création de la commission du Rhin, on dénombre ainsi 37 organisations intergouvernementales et 176 ONG (chiffre de 1919).

L'émergence de la SdN et des institutions parallèles (OIT, Cour per-manente de justice) s'inscrit ainsi dans la droite ligne des organisations internationales de la seconde moitié du 19e siècle. La tendance atteint son apogée avec la crise des années trente qui amorce un recul momen-tané de l'institutionnalisation internationale, sous l'effet notamment de la quête d'autarcie. Puis, après la Seconde guerre mondiale, le com-promis keynésien qui se bâtit progressivement autour du mode d'accu-mulation fordiste donne naissance à un nouvel internationalisme libé-ral, non plus celui du marché autorégulateur et sa séparation du politique et de l'économique, mais l'internationalisme propre au libéralisme « en-châssé » décrit par Ruggie[17]. La SdN doit ainsi être analysée dans ce mouvement d'intégration libérale en profondeur, qui débute précisé-ment durant la seconde moitié des années 1860, dans le sillage de l'Union internationale des télécommunications en 1865, et s'achève avec la grande crise des années trente.

On doit à Craig Murphy d'avoir montré le caractère indissociable des organisations internationales publiques et du processus d'indus-trialisation : « the greatest impact of the world organizations themselves

17   Ruggie 1982.

Figure 3.1 : organisations intergouvernementales (1815-1954)

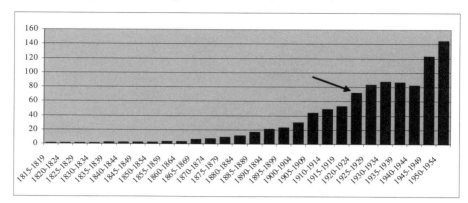

Source : *Annuaire des organisations internationales*

has been on industrial change. They have helped create international markets in industrial goods by linking communication and transportation infrastructure, protecting intellectual property, and reducing legal and economic barriers to trade», explique-t-il[18]. Le projet de mise en place d'un vaste marché au-dessus des limites étatiques peut s'expliquer de différentes manières. Il s'agit d'abord de créer des débouchés permettant d'écouler la production de masse inhérente à l'industrialisation. Par ailleurs, la division internationale du travail propre à l'ordre libéral implique l'existence d'un marché global permettant la circulation des marchandises et des capitaux, dont la répartition est de plus en plus structurée à l'échelle internationale[19].

Les sphères d'activité des organisations internationales en rapport avec le développement industriel peuvent ainsi se grouper en quatre catégories. C'est dans le domaine de la communication que s'observe le début du processus d'institutionnalisation et l'essor le plus marqué. L'uniformisation des systèmes de télécommunication et des postes, la mise en réseau des chemins de fer nationaux, etc. : ces démarches représentent autant d'étapes vers la circulation des informations et des paiements, et pour le déplacement de la main-d'œuvre et des marchandises. Rendre compatibles les systèmes de communication n'est pas suffisant, encore faut-il protéger les produits industriels vendus au-delà du sys-

18   Murphy 1994 : 2.
19   A ce sujet, voir notamment Abi-Saab 1981 : 10 sq.

tème légal domestique qui les protège. Aussi, dans le domaine de la propriété intellectuelle, la globalisation capitaliste passe par des conventions internationales protégeant les modes de fabrication. L'Union internationale pour la protection de la propriété intellectuelle trouve son origine dans la demande autrichienne, en 1873, d'une conférence internationale susceptible de protéger les inventions industrielles présentées par les firmes américaines à l'exposition internationale de Vienne[20]. Quant au commerce international, il passe par l'établissement d'un système de droit international privé et la publication des statistiques et des tarifs douaniers; pour uniformiser les règles de la concurrence, une suppression des interventions étatiques est exigée par certains milieux, à l'instar des producteurs de sucre qui parviennent à faire adopter la Convention sucrière internationale (1902) par laquelle les Etats signataires s'engagent à supprimer toute subvention à la production et à l'exportation de ce produit[21]. Enfin, dans la sphère de l'hygiène et du social, la globalisation du marché s'accompagne également d'un processus d'institutionnalisation des normes. En matière médicale, les mouvements de populations demandent l'adoption de mesures visant à contrôler la diffusion de maladies. Quant aux prémisses d'une régulation internationale des conditions de travail, elles seront posées au début du 20e siècle, moins pour protéger les travailleuses et travailleurs que pour uniformiser les conditions de la concurrence. Un marché global ne fonctionne de manière optimale que si les règles sont les mêmes pour tous: des normes doivent ainsi être appliquées au niveau global en matière de protection des travailleurs, afin d'empêcher la concurrence déloyale. La prohibition du travail de nuit des femmes, l'interdiction de l'emploi du phosphore blanc dans la fabrication des allumettes et, enfin, l'OIT s'expliquent toutes comme des arrangements institutionnels coopératifs destinées à développer le commerce international tout en évitant une précarisation encore plus grave de la classe ouvrière[22].

Bien avant d'héberger la SdN, la Suisse abrite les principales organisations internationales, créées dans le sillage de l'Union internationale des télécommunications établie à Berne en 1865. Le Conseiller fédéral

---

20   Murphy 1994 : 73.
21   Hill 1946 : 2.
22   Le travail de nuit des femmes et le phosphore font l'objet des conventions internationales de Berne de 1906.

Numa Droz, auquel incombe la responsabilité administrative de ces institutions, ne cache pas sa satisfaction de les voir œuvrer au développement du marché international. C'est en ces termes qu'il décrit le « désert institutionnel » qu'était l'Europe avant leur entrée en scène :

> Letters used to pass from one administration to another, by each of which a tax was imposed, and this caused expense and delay. It was the same with telegraphic messages. There was no international protection for inventors, proprietors of trademarks, or authors. And with regard to railway transport, new regulations were found at every frontier, the times of delivery were not the same, indemnities in case of loss or damage depended on the caprice of officials; it was impossible to discover who was in fault, or against whom a charge could be made. It was the most utter juridical confusion[23].

On le voit, les formes institutionnelles de la constitution du marché supranational dès le 19e siècle sont loin d'être anodines; pour certains contemporains, elles préfigurent même un mouvement d'intégration plus vaste. Le journaliste britannique William Stead n'hésite pas à y voir la première étape des Etats-Unis d'Europe, « and not only the United States of Europe, but the United States of the World » renchérit-t-il dans un élan d'enthousiasme[24]. Le mouvement olympique s'inscrit dans une même tendance, comme en témoigne son discours pacifiste, désireux d'unir les peuples dans un cosmopolitisme reposant sur un idéal libéral et rationaliste[25]. Même si l'histoire ne semble guère confirmer les prophéties de William Stead, il n'en demeure pas moins que les institutions internationales, dès le milieu du 19e siècle, participent de la constitution d'un ordre social capitaliste auquel la guerre mettra un terme provisoire en 1914, et que la SdN aura pour tâche de reconstruire. L'émergence de l'OEF, au sein de l'appareil genevois, s'explique ainsi dans l'élan de l'internationalisme libéral et sa vocation consiste à créer un marché global susceptible de transcender les frontières nationales.

---

23   Cité in Stead 1899 : 29.
24   Stead 1899 : 26.
25   Voir notamment Clastres 2002. L'olympisme se traduit d'ailleurs également par la mise en place à Paris (en 1894) d'une institution internationale, le Comité international olympique.

La SdN, la reconstruction européenne et l'internationalisme libéral

Inscrite dans le développement à long terme des formes institutionnelles du capitalisme, comme nous venons de le montrer, la SdN s'inscrit dans la continuité des sphères d'activités propres aux organisations antérieures. Dans cette perspective également, on ne peut associer les tâches de la SdN à la seule politique de sécurité collective, et une analyse de l'économie politique internationale sur le long terme permet de donner tout son sens à l'émergence de l'OEF. Trois indices en témoignent. Premièrement, l'article 24 du Pacte prévoit le regroupement des organisations intergouvernementales existantes sous l'égide de la SdN[26]. «Join the League!», tel était le slogan des partisans d'une centralisation de toutes les organisations «techniques» sous la bannière de la SdN. Même si l'initiative se soldera par un échec à peu près total – notamment en raison des réticences étasuniennes à se placer sous l'autorité genevoise – l'objectif du Pacte consiste bien à faire de la SdN l'héritière de l'internationalisme libéral du siècle précédent. L'entreprise de regroupement des unions administratives dans la sphère genevoise ayant fait long feu, c'est l'article 23 qui servira de cadre légal au développement de l'internationalisme libéral au sein de la SdN: il servira de point d'appui au développement rapide de l'OEF et de nombreux organes économiques parallèles. Durant les premières années de son existence, la SdN donnera ainsi naissance à l'Organisation des communications et du transit (1921), à la Commission des questions sociales (1922), à l'Organisation de la coopération intellectuelle (1922), et à l'Organisation de la santé (1923). A ces organisations dites «techniques», qui sont rattachées au Secrétariat, s'ajoute l'Organisation internationale du travail (1919) qui jouit d'un statut autonome[27]. Ces formes institutionnelles sont l'expression d'une démarche coopérative qui ne s'explique

---

26   « There shall be placed under the direction of the League all international bureaux already established by general treaties if the parties to such treaties consent. All such international bureaux and all commissions for the regulation of matters of international interest hereafter constituted shall be placed under the direction of the League » (Pacte SdN, Art. 24, § 1).

27   Voir Greaves 1931; Hill 1946; Loveday 1938; SdN 1930b: 178-312; MacClure 1933; Northedge 1986; Walters [1952]: 177sq. MacClure 1933 constitue un exemple paradigmatique de la SdN pensée comme un organisme de l'internationalisme libéral.

guère par la seule politique de sécurité collective. En outre, l'internationalisme libéral tel qu'il s'institue à Genève va largement au-delà de
l'internationalisme libéral du 19e siècle ; il embrasse les problèmes d'une
manière plus globale que les unions administratives qui n'entretenaient
que très peu de contacts entre elles. L'OEF tente d'intégrer à la fois le
commerce, la finance et la monnaie (sans forcément y parvenir avec
succès), et des conférences telles que Bruxelles (1920) aboutiront à des
résolutions mêlant elles aussi les enjeux relevant de la finance privée,
des finances publiques, de la politique douanière et sociale.

Deuxièmement, les organismes dits « techniques » de la SdN hérite-
ront de nombreux dossiers ouverts par les organisations internationales
avant la Première guerre mondiale et collaboreront avec elles. Dans le
domaine de la propriété intellectuelle en matière industrielle (marques,
brevets), la SdN étend les dispositions existantes : une nouvelle convention pour la protection de la propriété intellectuelle préparée par le
Comité économique sera adoptée en 1925[28]. En matière de barrières
douanières, l'OEF travaille, dans le sillage de la conférence de Gênes
(1922), à la simplification des formalités administratives : une convention est signée en 1924[29]. La circulation des moyens de paiement sera
également concernée : la conférence internationale de La Haye de 1910
n'était pas parvenue à faire adopter une convention pour libéraliser la
circulation des lettres de change, en raison des différences légales entre
le droit continental et la tradition juridique anglo-saxonne. Les travaux
du Comité économique de l'OEF, là aussi, aboutiront à une conférence
internationale (1930) où trois conventions seront signées. Un an plus
tard, la circulation internationale des chèques fera également l'objet
d'accords appliqués par une vingtaine de pays[30]. En matière de lutte
contre la concurrence déloyale, la SdN ne restera pas inactive et elle
étendra les dispositions existantes[31]. Il en va de même dans la sphère de

28   Hill 1946 : 12, 42.
29   Hill 1946 : 41. Une conférence tenue en 1923, qui avait regroupé 36 pays mem-
     bres et non membres de la SdN, avait débouché sur la signature d'une convention
     internationale sur l'uniformisation des formalités douanières.
30   SdN 1942 : 105-106 ; Hill 1946 : 12-13, 43.
31   Avant 1914, certaines conventions internationales régissaient ce domaine, notam-
     ment en matière d'usage abusif de marques ou d'appellations d'origine, mais la
     protection, limitée à quelques pays, s'est avérée restreinte. Les travaux de l'OEF
     ont formé la base d'une convention révisée en matière de protection industrielle
     adoptée à La Haye en 1925 (Hill 1946 : 41-42).

l'arbitrage commercial[32]. L'Organisation des communications et du transit (OCT) s'inscrit elle aussi dans l'élan internationaliste en travaillant à la suppression des obstacles « artificiels » posées par les frontières politiques à la circulation des biens et des personnes : faciliter la navigation commerciale sur les cours d'eau et uniformiser les normes techniques dans les domaines de l'énergie électrique et des chemins de fer figurent parmi ses principales préoccupations[33]. Les procédures statistiques seront également concernées : les activités entamées en 1885 par l'Institut international de statistique établi à La Haye, dont la raison d'être consiste à faciliter la comparaison et à rassembler des informations au niveau international, seront fortement développées par les travaux de la SdN. L'adoption d'une convention relative aux statistiques économiques en 1928 en témoigne, autant que la conférence des banques centrales en vue d'harmoniser les statistiques monétaires (1928)[34].

L'institution d'une organisation internationale du travail dans le traité de paix et, simultanément, dans le Pacte de la SdN, constitue un troisième élément de l'internationalisme libéral sur la longue durée. Même si la revendication trouve ses origines dans le mouvement ouvrier, en l'occurrence dans la première Internationale de 1864, les forces sociales capitalistes n'y sont pas nécessairement opposées : on l'a vu, dans une économie libérale reposant sur un vaste marché global, une organisation réglementant les conditions de travail dans les différentes nations permet d'égaliser les conditions de la production et d'éviter ainsi le *dumping* de la part de pays peu préoccupés par les conditions de travail. En 1944, Friedrich Hayek verra dans ce genre d'activités le rôle idéal de l'Etat : uniformiser les conditions dans lesquelles se développe l'activité économique afin de rendre la compétition et la concurrence optimales[35]. Après l'échec d'une conférence internationale convoquée par la Suisse en 1890, un office international du travail avait tout de même vu le jour en 1901. Les syndicats s'en étaient toutefois tenus à l'écart, considérant l'organisation comme un instrument entre les mains des classes dirigeantes[36].

---

32   Une convention est signée en 1927 entre 23 Etats.
33   Greaves 1931 : 139-158, en particulier 152.
34   Feiertag 2003b : 4 ; Margairaz 2005 ; FRBNY, Fonds Strong, 1116.7, Norman à Strong, 26 octobre 1927.
35   Hayek 1944 : 37.
36   Mathieu 1977 : 50 sq. Sur les antécédents de l'OIT, voir notamment Ghebali 1987 : 21-32.

Aussi, l'OIT verra le jour dans un contexte particulier, dont il sera question plus loin, et qui s'explique autant par la crise de légitimité des élites capitalistes au lendemain de la guerre que par les promesses du patronat à la classe ouvrière, fortement mise à contribution par la production de guerre. Sur ces facteurs propres à l'après-guerre se greffera l'objectif d'une organisation permettant de développer le marché international en uniformisant les conditions de la concurrence. Le traité de paix de 1919, dans sa section consacrée à la constitution de l'OIT, reconnaîtra explicitement le problème de la concurrence déloyale en précisant que « la non-adoption par une nation quelconque d'un régime de travail réellement humain fait obstacle aux efforts des autres nations désireuses d'améliorer le sort des travailleurs dans leurs propres pays »[37]. Le premier ordre du jour de la conférence de 1919 à Washington prévoit ainsi la révision des deux conventions internationales réglementant le travail de nuit des femmes et l'utilisation du phosphore dans l'industrie des allumettes[38]. Lors de cette première conférence, les délégués aborderont également la question d'une application globale de la semaine de 48 heures, ancienne revendication des milieux ouvriers.

On le constate, le rôle de la SdN dans la reconstruction européenne doit être compris dans le développement de l'internationalisme libéral et dans le processus de globalisation du capitalisme en marche dès le 19e siècle, comme en témoigne l'interpénétration des institutions et la continuité des projets. Au-delà de la question pratique consistant à savoir *comment reconstruire?*, l'objet même de la reconstruction affiche désormais plus clairement ses contours: c'est un ordre économique, politique et social qu'il s'agit de rebâtir. A ce titre, l'organisation internationale et la reconstruction s'inscrivent toutes deux dans la dialectique entre le capitalisme et les formes alternatives de la vie économique et politique. En tant que projet social et rapport de pouvoir, l'internationalisme libéral passe ainsi par la constitution d'un discours susceptible de recueillir un assentiment aussi large que possible. Au-delà de la légitimation discursive, l'ordre social international projeté implique également l'organisation des forces sociales concernées à un

---

37 Traité de paix entre les puissances alliées et associées et l'Allemagne, 28 juin 1919, préambule de la partie XIII, section I.
38 Traité de paix entre les puissances alliées et associées et l'Allemagne, 28 juin 1919, partie XIII, annexe à l'art. 426.

niveau transnational, sous la forme d'institutions de socialisation des élites et de reproduction de leur statut. Ces deux aspects de l'internationalisme libéral – pratique rhétorique et structure sociale – font l'objet de la section suivante.

3.2 Discours et structures sociales de l'internationalisme libéral

Discours de l'internationalisme et Pacte de la SdN

La mythologie sociale de l'internationalisme libéral, qui affirme que le libéralisme mène à la paix, n'est pas le produit direct de l'industrialisation. Elle remonte au moins jusqu'aux discours rationalistes des Lumières. Pour Voltaire, le commerce a contribué à rendre libres les citoyens anglais, et le négociant « [qui] donne de son cabinet des ordres à Surate et au Caire [...] contribue au bonheur du monde »[39]. Une même idée est développée par Kant lorsqu'il affirme que l'esprit du commerce est incompatible avec la guerre et qu'il mène à l'union des peuples[40]. Il n'en va pas différemment des utilitaristes tels Bentham, des positivistes (Auguste Comte) ou des idéalistes dans le sillage de Norman Angell et de Leonard Woolf, dont la plupart seront d'ardents défenseurs de la SdN[41]. Loin de se restreindre aux cercles étroits des philosophes ou aux salons feutrés des élites intellectuelles, l'équation idéaliste de l'internationalisme libéral (libéralisme = paix) représente, dans l'élan de l'industrialisation, un discours justificateur de l'ordre social. C'est elle aussi qui occupe l'esprit du président étasunien lorsqu'il présente son projet de Société des Nations en janvier 1918 devant le Congrès : dans ses « quatorze points » destinés à garantir la paix mondiale après le

---

39   Voltaire [1734] : 45 (dixième lettre : « sur le commerce »).
40   Kant [1795] : 81. Sur la pensée kantienne et son influence dans le domaine des relations internationales, voir Huntley 1996 ; Hutchings 1999 et Murphy 1994.
41   Voir notamment le courant libéral-idéaliste de Leonard Woolf et Alfred Zimmern. (Woolf 1917 ; Zimmern 1936). Le fonctionnalisme de Mitrany s'inscrit dans une même rhétorique (Mitrany 1933).

conflit, Wilson souligne que le « seul programme possible » en vue de la paix passe par « la suppression aussi large que possible de toutes les barrières économiques et l'établissement d'une égalité des conditions de commerce parmi toutes les nations consentant à la paix et s'associant à son maintien »[42].

Le discours mythologique du libéralisme comme source de paix se verra institutionnalisé dans le Pacte de la SdN et officiera comme fil rouge de toute l'activité économique genevoise, en particulier la reconstruction de l'Europe. L'influence du président étasunien est à ce titre déterminante. Même si le Congrès ne suivra pas Wilson dans son enthousiasme internationaliste, il n'est pas pour autant le seul aux Etats-Unis à reproduire le discours sur les vertus pacifistes du libéralisme. Le mouvement de l'ancien président Howard Taft, la *League to enforce peace*, créée au début de la guerre, regroupe peu de temps après plusieurs centaines de notables[43]. Wilson est un avocat de longue date du libre échange qu'il juge profitable à l'économie étasunienne et à la diffusion de ses valeurs, et dont il pense qu'il participerait au bonheur mondial : « with the inspiration of the thought that you are Americans and are meant to carry liberty and justice and the principles of humanity wherever you go, go out and sell goods that will make the world more comfortable and more happy, and convert them to the principles of America », s'exclame-t-il en été 1916 devant un congrès d'hommes d'affaires à Detroit[44]. Cet attachement aux valeurs libérales et à l'ordre social qui le sous-tend est d'autant plus marqué que l'internationalisme de Wilson participe également d'une croisade anti-communiste.

Les négociations en vue de la signature du Pacte de la SdN ne se sont pas restreintes à la politique de sécurité collective. Elles ont bien abordé la question du régime économique de l'ordre international d'après-guerre, et par conséquent la nature de l'ordre européen à reconstruire. Le degré d'internationalisme libéral a ainsi figuré à l'ordre du jour des tractations relativement expéditives autour de la rédaction de la Char-

---

42 *The papers of Woodrow Wilson*, vol. 45 : 537. « The programme of the world's peace, therefore, is our programme ; and that programme, the only possible programme, as we see it is this : […] III. The removal, so far as possible, of all economic barriers and the establishment of an equality of trade conditions among all the nations consenting to peace and associating themselves for its maintenance. »

43 Gerbet 1996 : 12 ; Northedge 1986 : 26-27 ; Walters [1952] : 18.

44 *The papers of Woodrow Wilson*, vol. 37, p. 387.

te. La position étasunienne tendait à défendre les dispositions les plus fortes dans le texte constitutif de la SdN, tandis que les négociateurs britanniques se sont montrés plutôt en faveur d'une formule souple, permettant de protéger le commerce à l'intérieur de leur empire[45]. La délégation française a elle aussi souligné le rôle du libre échange dans les négociations, sans toutefois insister pour une codification dans le Pacte. Le mémorandum français du 17 janvier 1919 précise cependant que « if an era of permanent peace is to be inaugurated, it is essential that certain economic principles be adopted, such, for instance, as are embraced in the phrase: *elimination of economic barriers* »[46]. Pour la délégation française, si le libre-échange constitue un objectif à moyen terme, la reconstruction doit cependant pouvoir s'effectuer sous un régime spécial de transition. Ainsi, devant les divergences américano-britanniques autour du degré de libéralisme à institutionnaliser dans la charte, face à la demande française d'un régime de transition, et vu la hâte dans laquelle le texte a été rédigé, seule une formulation vague a été retenue dans l'article 23: « the Members of the League [...] will make provision to secure and maintain freedom of communications and of transit and equitable treatment for the commerce of all Members of the League »[47]. Il n'en demeure pas moins que les parties en présence ont toutes considéré que la SdN devait appartenir à un ordre libéral et participer à sa reconstruction.

Le texte du Pacte ne peut donc être lu comme un plaidoyer explicitement enthousiaste en faveur de l'internationalisme libéral. De là découle probablement l'idée selon laquelle les aspects économiques sont secondaires dans la constitution de la SdN et qu'ils découlent de la politique de sécurité collective. Mais les textes – surtout officiels – sont parfois des masques trompeurs des dynamiques sociales. Aussi, en dépit de – ou grâce à – son imprécision, l'article 23 permettra l'institutionnalisation très rapide de l'OEF. D'ailleurs, le projet de reconstruire un ordre libéral occupe le Secrétariat dès sa naissance, et la première

---

45   Sur cette question, voir Bromley 2004: 13-17; Hill 1946: 18-20.

46   Memorandum de la délégation française, 17 janvier 1919, *The papers of Woodrow Wilson*, vol. 54: 124.

47   Pacte SdN, Art. 23, § 5. Les exigences françaises en vue d'un régime transitoire durant la phase de reconstruction font l'objet de la clause qui conclut l'alinéa : « In this connection, the special necessities of the regions devastated during the war of 1914-1918 shall be borne in mind ».

conférence de la SdN, la conférence de Bruxelles (1920), ne traitera pas de sécurité collective, mais des aspects financiers internationaux qui serviront de base au processus de reconstruction de l'Europe. La SdN y travaille depuis les premiers jours de ses activités[48]. On le voit, les tâches économiques ne constituent pas qu'un sous-produit de la politique de sécurité, et l'internationalisme libéral est au cœur de la toute jeune organisation.

Internationalisme et dialectique temporelle

Si la Société des Nations est l'héritière directe de l'internationalisme libéral et de ses processus institutionnels, la reconstruction de l'Europe devra elle aussi être comprise à l'aune de ce mythe social plus que séculaire. L'équation aux termes de laquelle la paix n'est possible que dans un régime libéral fonde la SdN, et cette dernière œuvre à sa reproduction. Les années vingt marquent cependant la dernière étape de l'internationalisme libéral dans le sens qui lui a été donné ici: les tensions les plus vives traversent ce discours et cet ordre social auquel la crise des années trente mettra fin. Deux contradictions mèneront à la rupture de paradigme la décennie suivante. D'une part, la dialectique des forces sociales est à son apogée: les tendances révolutionnaires qui accompagnent la fin du conflit ont montré les limites de la légitimité d'un discours qui, après la catastrophe humaine de la Grande guerre, peinera à retrouver le lustre d'antan. D'autre part, l'internationalisme libéral est miné par l'affirmation progressive d'une tendance autarcique et inter-

---

48   L'entrée en vigueur du traité de Versailles le 10 janvier 1920 marque le début des activités officielles de la SdN. En février 1920 déjà, le président du Conseil français, Alexandre Millerand, rencontre le secrétaire général adjoint de la SdN, Jean Monnet, pour parler de la conférence financière. Le 13 février, le Conseil vote une résolution habilitant la SdN à mettre sur pied une conférence internationale au sujet de la crise mondiale des finances et des changes (SdN 1930b: 179-180). Au début mars 1920, le Conseil de la SdN décide que la conférence se tiendra à Bruxelles (Mouton 1984: 311-315), et le 20 mars, la Seconde Assemblée vote la résolution permettant au Secrétariat de procéder à des enquêtes en vue de la reconstruction (SdN, lettre circulaire aux différents gouvernements, 20 mars 1922). Un seul mois s'écoule entre l'entrée en fonction du Secrétariat et la décision de tenir une conférence financière.

ventionniste; encore larvée durant les années vingt, elle éclatera en plein jour avec la crise. Au cours de la première décennie post-conflictuelle déjà, les politiques étatiques se montrent beaucoup plus soucieuses qu'auparavant du niveau conjoncturel et tendent à isoler la production domestique des contraintes internationales. En 1946, Martin Hill, ancien haut fonctionnaire de l'OEF, décrira rétrospectivement les années vingt comme « A decade of hesitation […], in which neither of the contending forces of nationalism and internationalism gained a decisive victory »[49]. Cette seconde tension, encore à l'état de chrysalide durant la tentative de reconstruction libérale des années vingt, débouchera la décennie suivante sur le processus autarcique que l'on connaît et qui se lit sur le graphe 3.1 par le net repli de l'internationalisme.

La reconstruction de l'Europe sous l'égide de la SdN ne peut se comprendre que dans cette double dialectique des tensions sociales qui parcourent l'internationalisme des années vingt. Cependant, si le recul historique nous offre le privilège d'observer le nouvel ordre international sur lequel elle débouchera au seuil de la décennie suivante, on se gardera de tout anachronisme: la *grande transformation* des années trente n'a rien d'une « nécessité historique ». Même si elle est l'étape ultime d'une structure sociale ancienne, la reconstruction doit être saisie dans son contexte temporel: elle s'affiche ainsi clairement comme un projet auquel des pans entiers de la société libérale ont adhéré, pensant l'ériger en ordre durable. D'où l'importance de donner une nouvelle légitimité au discours de l'internationalisme libéral et à sa mythologie pacifiste, tous deux fortement ébranlés par la guerre.

La crise de légitimité du discours n'est pas entièrement nouvelle. Avec la montée des impérialismes durant la fin du 19e siècle, l'internationalisme libéral s'est déjà trouvé sous le feu des critiques. La thèse d'Hobson sur le rôle de la finance dans l'impérialisme n'est pas restée sans effet, et les intellectuels marxistes sont à l'avant-garde d'une tendance consistant à faire tomber le masque rhétorique de l'internationalisme libéral[50]. Le journaliste britannique William Stead, déjà mentionné plus

---

49 Hill 1946: 7.
50 Hobson [1902]. Voir notamment l'ouvrage de Lénine [1916], qui présente l'internationalisme du capitalisme monopolistique comme une cause de la guerre. Pour Lénine, l'internationalisme s'explique comme le résultat de la tendance à la baisse du taux de profit, et débouche sur l'impérialisme.

haut, traduit clairement la remise en cause progressive du discours internationaliste: «When we were children, we used to hear much concerning commerce, the white-winged peace-maker, and have only, after a series of disillusions, wakened to the fact that in the present day commerce has become the pretext, if not the cause, for most of our international quarrels», note-t-il dans le compte rendu de son tour des *Etats-Unis d'Europe*[51]. Aussi, face aux multiples remises en cause, et parallèlement aux congrès annuels de la Paix qui se tiendront annuellement dès 1889[52], les élites libérales concourent à légitimer l'idéologie qui sert au mieux leur identité et leurs intérêts. C'est dans cette perspective notamment que s'explique l'émergence d'institutions sociales destinées à développer l'éthique du commerce: à Chicago en 1905, une poignée d'hommes d'affaires fonde le Rotary International dont la constitution souligne clairement l'objectif de «promouvoir des méthodes d'affaires progressistes et honorables»[53]. Dans cette même tendance de légitimation du capitalisme s'explique l'émergence des grandes organisations philanthropiques étasuniennes qui soutiendront et financeront de nombreuses activités de la SdN. La fondation Rockefeller, fondée en 1913, investit une fraction des bénéfices colossaux que son créateur a accumulés dans l'industrie pétrolière pour promouvoir la paix et la science[54]. Quant aux intérêts sidérurgiques, ils permettront de constituer, en 1911, la Fondation Carnegie pour la paix internationale, à laquelle s'ajoute la même année la World Peace Foundation de Boston[55]. Le rôle du commerce et d'un ordre international libéral figure au centre de leur discours idéaliste: «Awake! If businessmen would say the word there would be no more wars», clame une brochure de la World Peace Foundation[56]. La Chambre internationale de Commerce constituée en 1919 entonne la même antienne[57]. La première conférence internationale de la SdN – la conférence financière de Bruxelles (1920) – qui rassemble durant deux semaines des experts financiers du monde

---

51   Stead 1899: 27.
52   On trouve des éléments sur le pacifisme européen chez Grossi 1994.
53   Nicholl 1984: 81. Voir aussi Rosenberg 1982: 111 sq.
54   Voir Collier/Horowitz 1976. Sur le rôle de la Fondation Rockefeller dans le financement des activités économiques de la SdN, voir notamment de Marchi 1991.
55   Voir Berman 1983.
56   Cité in Murphy 1994: annexe 6.
57   Ridgeway 1938.

entier, apparaîtra aux yeux de l'humanité, moins de deux ans après l'armistice, comme la tribune de l'internationalisme libéral et de sa mythologie pacifiste. Qui, mieux que le délégué britannique Henry Bell, directeur général de la Lloyds Bank, illustre ce discours ? Lors des débats sur le commerce international, le banquier souligne son espoir « qu'il ressortira des délibérations de cette conférence que toutes les questions de commerce international sont dominées par celle de la paix durable ». « J'espère », poursuit-il, « que nos débats mettront également en lumière ce principe que le commerce n'est pas, comme on l'a supposé parfois, une forme de conflit ; qu'il est, au contraire, le lien qui doit contribuer au bien-être des nations et à leur bonne entente. Je crains que cette vérité ne soit pas universellement reconnue ». Dans le contexte de la reconstruction européenne, la conférence de la SdN a pour rôle, à ses yeux, de rassurer l'humanité sur les vertus pacifiques du commerce et du libéralisme :

> Quelques esprits s'imaginent peut-être encore que les succès commerciaux d'une nation peuvent nuire aux autres nations ou à l'une d'elles. Vous le savez, Messieurs, tel n'est pas le cas et, dans la mesure où les voix qui s'élèvent ici peuvent être entendues du monde entier, je crois qu'il serait bon d'adresser aux différentes nations un message déclarant que les relations commerciales d'une nation avec une autre permettent à toutes deux de se mieux connaître et de s'aider mutuellement [...]. Le fait, pour un homme, d'entretenir avec ses semblables des relations commerciales, ne constitue pas une occupation avilissante, mais bien une anoblissante carrière. En tirer des avantages, c'est pour le commerçant non pas seulement servir ses intérêts, mais ceux de son pays et ceux du monde entier. C'est précisément, dans la mesure où nos transactions restent scrupuleusement loyales et honnêtes, que nous élevons le degré de bien-être des peuples, nous aidons ceux-ci à se mieux connaître, nous contribuons à assurer la paix du monde pour le plus grand bien de l'humanité[58].

Traversée par le consensus internationaliste des experts financiers, la conférence aboutira à des résolutions ultra-libérales : l'ordre pacifique à reconstruire passe, pour elle, par une « libération » aussi rapide que possible du commerce de tout contrôle, et une suppression de tout obstacle au commerce international[59]. Sept ans plus tard, la conférence

---

58 SdN, comptes-rendus de la conférence de Bruxelles (1920), tome II, compte-rendu des débats, dixième séance publique, jeudi 30 septembre 1920, pp. 93-94.
59 SdN, résolutions de la conférence financière internationale de Bruxelles (1920), résolution de la Commission des monnaies et du change (VI), et résolution de la Commission sur le commerce international (I, II, III).

économique de Genève rappelle le credo avec d'autant plus d'insistance que les Etats ont plutôt tendance à se protéger derrière des barrières douanières toujours plus hautes. Aussi, dans ses résolutions, la conféren-ce de la SdN recommande aux gouvernements représentés (y compris les USA qui ont envoyé une délégation à Genève) de prêter attention aux problèmes économiques que pose le protectionnisme, et se réjouit de l'établissement de principes « reconnus », destinés à éliminer les difficul-tés économiques « qui sont la cause de frictions et de mésententes » dans un monde qui a tout à gagner du progrès pacifique et harmonieux[60].

Si la mythologie de l'internationalisme libéral loue les vertus pacifi-ques du commerce, elle critique en retour toute intervention étatique qu'elle estime être une source de tension. Dans la logique du consensus de Bruxelles, les différentes nations doivent œuvrer, via l'organisation internationale, à uniformiser les conditions pratiques de fonctionne-ment du marché international. Elles sont toutefois tenues de ne pas intervenir directement dans la régulation économique, ni d'entraver les flux *naturels* du commerce: « chaque pays s'efforce de rétablir graduel-lement la liberté du commerce qui existait avant la guerre, en suppri-mant entre autres obstacles les restrictions artificielles et la discrimina-tion des prix », exigent les résolutions de Bruxelles[61].

Les structures sociales transnationales

Le discours de l'internationalisme libéral est avant tout une pratique de forces sociales qui, dans la perspective de la reconstruction européenne, visent à constituer un référentiel dominant susceptible de rassembler un spectre social aussi large que possible. Or, ce projet est – faut-il le sou-ligner? – international. Sa capacité à souder les forces sociales et à organiser les institutions et les formes de l'Etat autour d'un ordre libéral international passe ainsi par des structures sociales permettant de réunir les élites de tous bords. En plus d'une pratique rhétorique, l'internatio-

---

60   Rapport de la conférence économique mondiale de la SdN à Genève (1927), adopté le 23 mai 1927 à l'unanimité à l'exception de l'abstention de l'URSS, publié in SdN 1927: 205.

61   SdN, résolutions de la conférence financière internationale de Bruxelles (1920), résolution de la Commission sur le commerce international (III).

nalisme libéral se présente donc comme une structure transnationale d'élites. Les années vingt et le projet de reconstruction européenne représentent un essor des formes organisationnelles des élites transnationales : en témoignent plusieurs phénomènes tels que le développement du rotarisme[62]. Le Rotary International connaît son essor durant les années vingt et passe de 758 clubs (1920) à 3178 (1929). En 1929, le mouvement dispose de 725 clubs en dehors des Etats-Unis ; même si la Grande-Bretagne représente le principal point d'ancrage en Europe, les principales villes françaises, italiennes, allemandes et suisses ont formé leur club[63]. Le rajout, en 1921, d'un sixième objet à ses statuts en dit long sur la rhétorique internationaliste libérale du Rotary : il demande à ses membres, recrutés pour l'essentiel dans la classe moyenne, d'« encourager et développer le progrès de la compréhension, de la bonne volonté et de la paix internationale à travers une communauté d'hommes d'affaires et de professionnels, unis dans l'idéal du service »[64]. Le développement du rotarisme ne manque pas d'attirer l'attention de Gramsci qui y voit une tentative de légitimer les affaires commerciales en développant un nouvel esprit du capitalisme autour d'un discours justificateur, à savoir « the idea that industry and trade are a social service even prior to being a business and that, indeed, they are or could be a business insofar as they are a *service* »[65].

La constitution de structures transnationales d'élites se lit également dans le vaste réseau de la Chambre internationale de commerce (ICC) créée en 1920, ainsi que dans le cercle plus étroit des conférences de banquiers (Amsterdam 1919) et d'hommes d'affaires (Atlantic City 1919). A l'échelle anglo-saxonne, des groupements transnationaux tels que la Round Table ou le groupe Rhodes-Milner participent du même processus[66]. Enfin, dans un esprit identique, les élites ont débattu, dans les

---

62   Pour le rotarisme, voir Charles 1993 ; Nicholl 1984 et Rosenberg 1982.
63   Rosenberg 1982 : 111-112 ; Charles 1993 : 126-127. Au début des années trente, l'Europe continentale compte plus de 300 clubs.
64   Rosenberg 1984 : 111.
65   Gramsci 1971 : 269.
66   L'ICC est étudiée par Ridgeway (1938) et Rosengarten (2001). Denise Artaud (1978) rend compte de manière détaillée des conférences des banquiers de 1919, et la conférence d'Atlantic City est documentée par Ridgeway (1938). Pour le processus de cartellisation, on consultera Maier 1975. La Round Table et le réseau Rhodes-Milner sont approfondis par van der Pijl (1984, 1998) et Quigley (1981).

coulisses de la conférence de Paix, de la mise sur pied d'une structure sociale transatlantique consacrée à l'étude des relations internationales : initialement destinées à constituer les deux antennes d'une même institution rapprochant les continents, le Council on Foreign Relations (CFR) et le Royal Institute of International Affairs (RIIA) ont cependant conservé leur pleine autonomie[67]. Il n'en demeure pas moins que le projet de Paris s'inscrit dans une perspective internationaliste libérale, comme en témoignera d'ailleurs le poids des élites financières dans la constitution de la branche étasunienne[68]. Les lignes qui suivent développent le processus de transnationalisation des élites qui accompagne la reconstruction européenne ; puis, dans le point suivant, le rôle de l'ICC dans le développement de l'internationalisme et la reconstruction européenne, et en particulier son lien avec la SdN. Enfin, les dernières pages du chapitre permettront de montrer comment la mise en place de l'OEF s'intègre dans l'élan de l'internationalisme libéral.

Trois fonctions permettent de donner du sens à l'affermissement de ces structures sociales. Premièrement, le réseau de socialisation sert à la constitution, la reproduction et la diffusion d'un discours capable d'agir comme un référentiel à un moment particulier de l'histoire tel que la reconstruction européenne. Le rotarisme par exemple veut susciter une identification à une rhétorique de la loyauté et du bien com-

---

67   Voir Parmar (2004) pour une analyse comparée du CFR et du RIIA dès ses débuts.
68   Les acteurs de la finance transnationale étasunienne ont vu dans le CFR un organe central à leur perspective internationaliste, comme en témoigne leur présence dominante parmi les personnalités-clés. Norman H. Davis, Haut responsable de la banque Morgan et ancien secrétaire d'Etat au Trésor est le premier président du Conseil du CFR. Alexander Hemphill, président de la Guaranty Trust Co. dirige son comité financier, tandis que Thomas Lamont, membre fondateur, joue un rôle actif dans le CFR, notamment en plaçant l'éditeur du *New York Evening Post*, un journal contrôlé par Thomas Lamont, à la tête du *Foreign Affairs*, la revue scientifique du CFR. Russel Leffingwell, ancien secrétaire assistant au Trésor qui a rejoint la banque Morgan en 1923 deviendra président du Conseil. A sa mort, il léguera au CFR plus de 6 millions de dollars. Otto Kahn et Paul Warburg, de la banque d'affaires Kuhn & Loeb sont directeurs fondateurs du CFR, et ils se sont entourés pour cette tâche de Paul Cravath, l'avocat de la même banque. Le CFR s'affirme ainsi comme un instrument de toute première importance des élites capitalistes étasuniennes, dans le même élan que la Fondation Carnegie et la League of Nations Association. A ce sujet, voir Frieden 1988 : 73 ; Lamont 1994 : 354 ; Parmar 2004 ; Shoup/Minter 1977 : 14-28. Des indications détaillées sur les responsables du CFR figurent dans l'étude de Shoup/Minter 1977, annexe I.

mun, même si une étude parviendra à la conclusion, en 1935, qu'une large majorité de rotariens admettent ne pas savoir ce qui constitue l'éthique des affaires[69]. Ce discours doit apparaître non pas comme propre à une classe sociale mais aspirer à l'universalité, afin de se diffuser dans le corps social et de rallier à sa cause des couches aussi larges que possibles. Deuxièmement, elles s'expliquent comme un lieu de socialisation des élites au-delà des frontières nationales: cette socialisation passe par la constitution d'un sentiment d'appartenance à une communauté globale. Cette identification sociale est à la base du projet d'harmoniser à un niveau international la ligne de conduite à adopter dans le cadre du processus de reconstruction. Elle peut être comprise comme la conscience que la reconstruction d'un ordre européen et d'un marché commercial et financier supra-étatique ne peut se faire que par le biais d'objectifs communs, véhiculés par des institutions internationales capables d'exercer une influence sur les instances de décision. Une telle structure de socialisation transnationale ne vise pas à lutter contre les tendances nationalistes, mais à ériger une plateforme susceptible de les surmonter et de favoriser l'intégration à une communauté cosmopolite au-dessus de la communauté nationale. Troisièmement, la structure transnationale des élites vise à façonner les institutions domestiques et internationales dans le sens des intérêts véhiculés par les forces sociales qui s'y identifient. Dans le cas de la reconstruction, les élites économiques transnationales parviendront à faire aboutir un vaste programme de stabilisation orthodoxe et de libéralisation des contrôles de changes, rétablissant ainsi des conditions propices à la circulation et à l'accumulation transnationale du capital.

On le voit, la reconstruction européenne ne peut être dissociée ni des discours, ni des processus de structuration sociale qui l'accompagnent, dans cet élan d'internationalisme libéral qui se prolonge durant les années vingt. Les institutions donnent une cohésion idéologique et structurelle aux élites à un niveau transnational et face au reste de la communauté. Rien n'empêche les divisions internes qui sont parfois vives et qui ont trait aux formes mêmes du libéralisme[70]. La raison

---

69 La charte fondamentale du Rotary International affirme « promouvoir et encourager la fierté civique et la loyauté » (point 3), ainsi que « les méthodes d'affaires progressistes et honorables » (point 4) (Nicholl 1984: 81). Sur l'enquête de 1935, voir Rosenberg 1984: 112.

70 Van der Pijl 1998: 111.

d'être de ces formes sociales réside précisément dans le projet de donner une cohésion à des éléments que tout peut opposer. Le Ministre des
Affaires étrangères hollandais Beelaerts van Blokland affirme ainsi en
1929 que «même dans la Chambre de Commerce Internationale il est
parfois difficile de faire abstraction des tendances particularistes et de
laisser libre cours à un esprit d'internationalisme prudent, mais actif»[71]. Il s'agit ainsi de tisser une conscience de groupe tout en contenant les insurmontables divisions[72].

Les structures de socialisation des élites sont d'autant plus importantes pour la reconstruction européenne que le processus passe par
une volonté d'intégrer de nouveaux espaces dans l'*économie-monde*
capitaliste en (re)construction. La chute de l'empire austro-hongrois et
la révolution russe se soldent par une réorganisation complète des réseaux économiques européens. La double monarchie, qui était structurée autour du pôle bancaire viennois, de l'appareil industriel tchécoslovaque et des plaines agricoles hongroises se retrouve à l'issue de la
guerre divisée en entités méfiantes les unes des autres, et dépendantes
des pays riches pour leur ravitaillement et leur reconstruction. Aussi,
dans l'élan d'un projet d'intégration des économies d'Europe centrale
au capitalisme occidental, tous les réseaux d'élites sont à bâtir. Très tôt,
les élites commerciales et financières autrichienne et tchécoslovaque
seront intégrées dans l'ICC: la Tchécoslovaquie est membre dès le départ, et l'Autriche y entre en 1921. L'Allemagne sera acceptée dans le
sillage du plan Dawes et enverra sa première délégation en 1925[73].
Dans tous les cas, l'ICC participe à l'insertion des éléments de la société civile dans un ordre européen que le règlement de la paix à Versailles
a fortement polarisé. Même si la société politique joue un rôle qu'on ne
saurait passer sous silence, l'insertion dans le réseau capitaliste doit
beaucoup aux institutions de la société civile, ainsi qu'aux formes mixtes telles que la SdN.

71   Rosengarten 2001: 33.
72   Il n'est pas sans importance de souligner que l'ICC ne suspendra pas ses activités
      durant la Seconde guerre mondiale.
73   Ridgeway 1938: 21-22, 122-123, 136; Rosengarten 2001: 12, 20.

3.3 ICC et SdN: l'internationalisme de la reconstruction

L'ICC constitue un marqueur déterminant pour l'étude de la reconstruction, à trois niveaux: la constitution du discours internationaliste, la structuration des réseaux d'élites et l'osmose entre la société civile et la SdN. Elle offre par la même occasion un point d'observation de la reproduction du discours internationaliste dans les classes supérieures et dirigeantes. Cette section vise ainsi à montrer, au travers de l'exemple de l'ICC, par quels procédés s'effectue le contact entre les forces sociales libérales et la SdN durant la reconstruction européenne. L'argumentation progressera en trois temps: elle s'arrêtera d'abord sur la constitution du réseau social de l'ICC, pour mettre ensuite en évidence le poids qu'y occupent les représentants de la finance, et s'achever sur les entrelacs institutionnels de l'ICC et de la SdN.

Les élites transnationales et la reconstruction

La Chambre Internationale de Commerce s'affirme après la Grande guerre comme l'une des formes institutionnelles les plus engagées en faveur de l'internationalisme libéral, et elle ne peut être dissociée d'aucune étape du processus de reconstruction. Son histoire demeure cependant très mal connue. Seuls deux ouvrages proposent une analyse substantielle de la première décennie de cette organisation[74]. Avant la guerre, les chambres de commerce nationales se retrouvaient tous les deux ans lors de Congrès internationaux, dont le premier a eu lieu en 1904. Pourtant, ces réunions n'ont jamais abouti à une structure stable et une organisation permanente en mesure de structurer le mouvement. En revanche, la fin de la guerre se traduira par une mise sur pied rapide d'un réseau très dense: le projet doit son origine à une réunion à Paris, en printemps 1919, des membres du Comité des Congrès d'avant-guerre.

---

74 Ridgeway 1938 et Rosengarten 2001. Si l'ouvrage de Ridgeway fourmille d'indications sur le réseau international de l'ICC, il constitue par la même occasion un plaidoyer très engagé en faveur de l'internationalisme libéral. Son auteur, professeur d'histoire à Wells College à la fin des années trente, a directement participé à la constitution de l'ICC et y a été actif durant les premières années. Pour l'histoire de l'ICC, on consultera aussi Magnier 1928, ainsi que Fahey 1921.

Les premiers échanges de vues qui mèneront à l'ICC s'effectuent donc en parallèle au traité de paix et à la constitution de la SdN, pour laquelle les négociations ont lieu en même temps et dans la même ville. En octobre 1919, les milieux économiques alliés se réunissent à Atlantic City avec une double intention : définir la politique des milieux économiques dans la reconstruction européenne, et poser les bases d'une structure internationale permanente destinée à représenter les intérêts privés[75]. On le voit, reconstruction et préoccupations économiques constituent les deux faces d'un même problème. A Atlantic City, un comité placé sous la direction de John Fahey trace les lignes directrices d'une Chambre Internationale de Commerce qui sera officiellement fondée en juin 1920 à Paris[76]. Seuls des représentants belges, britanniques, étasuniens, français et italiens y sont alors représentés. Dans l'esprit des fondateurs, l'objectif est double. D'une part, «démilitariser l'économie», c'est-à-dire libéraliser le système de production après cinq années de production sous contrôle étatique. D'autre part, la dimension internationale de la reconstruction : participer à la reconstruction européenne par une coopération transnationale entre les différents intérêts économiques privés.

L'ICC compte parmi ses membres tant des personnes morales (banques, entreprises industrielles ou commerciales) que des personnes physiques (appelées membres individuels). Elle dispose dans chaque pays membre d'un comité formé d'une dizaine de personnes très en vue dans les affaires internationales. De cinq pays fondateurs, l'ICC passe rapidement à 23 pays membres en 1921, 33 en 1923 et 47 en 1931. Dix ans après sa constitution, il ne manque à l'ICC plus guère que l'Union soviétique et la Chine pour couvrir l'ensemble du monde industrialisé. En 1927, l'ICC compte 2 309 membres individuels et plus de 900 personnes morales[77].

Les trois fonctions dégagées plus haut permettent de comprendre le rôle de l'ICC dans la structure sociale de la reconstruction européenne. Premièrement, le mythe du libéralisme comme source de paix est au cœur de son idéologie : les statuts précisent qu'en remplissant ses diverses tâches, l'ICC doit «contribuer ainsi au maintien de la paix et des

---

75   Ridgeway 1938 : 22.
76   Rosengarten 2001 : 31-33.
77   Rosengarten 2001 : 17, 41-43.

relations cordiales entre les nations»[78]. Ridgeway a intitulé son récit de la genèse de l'organisme «Merchants of peace». En outre, plutôt que de présenter l'ICC comme un *lobby* des milieux financiers et commerciaux, Ridgeway l'érige en acteur libre de toute attache partisane et politique, ne travaillant qu'au «désarmement économique». Les membres du bureau de l'ICC sont ainsi décrits comme des experts et, s'ils ne peuvent faire totalement abstraction de leur quête de profit, ils agissent néanmoins, en toute bonne logique libérale, dans l'intérêt de la communauté dans son ensemble. Pour bien souligner sa dimension apolitique et démocratique, la structure institutionnelle est conçue sur le modèle d'un Etat républicain: selon les termes de Ridgeway, l'ICC dispose des «organes ordinaires de la vie en communauté»[79]. La Chambre elle-même présente son congrès bisannuel comme un «parlement international des affaires»[80].

Deuxièmement, le discours des «marchands de la paix» doit être lu comme un lieu de rassemblement des élites et un véhicule de leur conscience commune. La forme quasi républicaine du mouvement accentue l'idée d'une communauté transnationale souveraine et unie, organisée selon les règles universelles du libéralisme politique et de sa valorisation de l'individu. Aussi, lors de la réunion constitutive de l'ICC, son premier président, Etienne Clémentel, souligne la nature de ce projet destiné à devenir un large réseau de l'amitié, reposant sur la compréhension et l'unité. Dans un même élan, Ridgeway décrit l'ICC comme «a world movement with the dynamics of a party commanding loyalty and demanding action»[81]. Willis Booth, président de l'ICC entre 1923 et 1925, estime de son côté que «les banquiers, les commerçants, les industriels des divers pays ne se [connaissent] pas suffisamment. Nous les mettons donc en contact les uns avec les autres, nous travaillons à ce qu'ils se comprennent et à ce qu'ils s'entendent»[82]. Les statuts de la chambre prévoient d'ailleurs explicitement qu'elle doit «travailler au

---

78   ICC, Statuts et règlements, cité in Magnier 1928: 9.
79   Ridgeway 1938: 7-8. Magnier (1928: 11) souligne avec force que «indépendante des gouvernements, [...] ses décisions sont prises en toute liberté et dégagées de toute considération politique».
80   *La Chambre de commerce internationale* 5-6, juillet-octobre 1925, cité in Magnier 1928: 31.
81   Ridgeway 1938: 4.
82   *La Chambre de commerce internationale* 4, avril 1927, cité in Magnier 1928: 41.

rapprochement et à l'entente des hommes d'affaires et de leurs organisations corporatives »[83]. Le projet de développement d'un sentiment d'appartenance commune est d'autant plus marqué au sein de l'ICC que ses membres sont divisés sur les questions des réparations allemandes et des dettes interalliées. D'un côté, les représentants français – sous l'impulsion du baron de l'acier Eugène Schneider – et belges ne sont pas insensibles à l'obstination du gouvernement français de tirer tous les avantages économiques que le traité de Versailles leur offre ; d'un autre côté, la délégation étasunienne est peu enthousiasmée par l'idée de négocier la dette des ses anciens alliés. Il faudra attendre la fin de 1923 pour assister à une rémission sur la question épineuse des réparations ; la réconciliation des hommes d'affaires au sein de la communauté de l'ICC préfigure d'ailleurs la reconstruction allemande sous l'égide du plan Dawes. Aussi, devant ces divisions qui condamnent tout projet de reconstruction européenne, la structuration des élites autour d'un discours fédérateur, d'institutions consensuelles et de revendications communes s'avère d'autant plus déterminante.

Troisièmement, l'action consensuelle découlant du sentiment d'appartenance illustre le processus par lequel de tels réseaux d'élites parviennent à agir sur la constitution des formes de l'Etat et de l'ordre international. La constitution de l'ICC, on l'a vu, est indissociable de la volonté des milieux d'affaires de figurer au premier plan de la reconstruction européenne. Selon les propos de John Fahey à Atlantic City, l'enjeu consiste à « [...] créer une organisation qui stimule l'effort intellectuel des hommes d'affaires sur ces grandes questions économiques, et qui offre les résultats de cet effort aux gouvernements »[84]. Effort intellectuel et organisation des formes de l'Etat, ces éléments sont au centre de la dimension consensuelle du pouvoir. Même si l'ICC sera surpassée par la tendance protectionniste et autarcique qui va croissant durant les années vingt, son rôle durant cette décennie ne doit pas être négligé. En témoigne sa présence dans la plupart des instances de l'internationalisme libéral de cette période, au premier rang desquelles figurent les institutions oeuvrant à la reconstruction européenne telles que l'OEF, le Comité McKenna, le Comité Dawes et les diverses conférences internationales de la SdN. L'ICC n'a pas de rival pour représen-

---

83   ICC, Statuts et règlements, cité in Magnier 1928 : 9.
84   Rosengarten 2001 : 33.

ter les intérêts économiques à un niveau global et son réseau a connu un essor rapide.

ICC et milieux financiers

Réseau transnational des forces sociales de l'internationalisme libéral, l'ICC ne se limite pas, contrairement à ce que son nom pourrait suggérer, aux élites commerciales. Les milieux financiers y jouent un rôle central, notamment durant les premières années, en raison de l'omniprésence des questions relatives aux réparations, aux dettes interalliées et aux reconstructions monétaires. En 1927, la composition des membres individuels montre qu'un quart (24%) est issu de la finance: sur ses 2309 membres, l'ICC compte alors 556 banquiers[85].

Le monde des banques d'affaires ne dispose d'aucune forme institutionnelle transnationale propre durant les années vingt, de sorte que le Comité financier de la SdN et l'ICC constituent les seuls organismes représentatifs. Les forces sociales proches de la finance sont d'autant mieux représentées à l'ICC que des établissements de poids y figurent, tels que J.P. Morgan, Bankers Trusts & Co, la Banca Commerciale Italiana, ou encore la Banque de Paris et des Pays-Bas, le Crédit Lyonnais et la BUP[86]. En outre, la finance transnationale est déjà présente lors de l'élaboration des projets visant à constituer l'ICC en 1919. Thomas Lamont, le banquier étasunien le plus en vue durant les années vingt, figure dans la poignée d'hommes d'affaires qui échafaudent les premières esquisses d'une chambre internationale de commerce. Partenaire de J.P. Morgan, il évolue dans l'un des établissements les plus engagés dans la reconstruction européenne. Le rôle des élites financières se lit aussi au niveau des organes dirigeants de l'ICC: entre 1923 et 1927, l'organisation est placée sous la tutelle continue de banquiers anglo-saxons. Willis Booth (USA), vice-président de la Guaranty Trust Co New York, dirige la Chambre entre 1923 et 1925. Le Britannique Walter Leaf, président de la Westminster Bank lui succède pour un an, suivi par un autre Britannique, Alan Anderson, ancien directeur suppléant

---

85   Rosengarten 2001: 41-43. En 1939, l'ICC compte 330 établissements bancaires, en plus des banquiers membres à titre individuel.
86   Magnier 1928: 15-16.

de la Banque d'Angleterre et membre du collège des gouverneurs de ce même institut.

Durant les années vingt, l'ICC constituera ainsi le principal réseau des élites financières et de nombreux comités y seront constitués en vue de la reconstruction européenne. Le poids de la finance étasunienne et anglaise y est généralement dominant, reflétant ainsi la prépondérance de ces forces sociales dans l'ensemble du processus de reconstruction européenne. En 1920, lors de la conférence fondatrice de l'ICC, un groupe de douze personnes (dont 9 banquiers) est mis sur pied, dans l'idée d'élaborer des résolutions en vue de la reconstruction[87]. Y figurent notamment Willis Booth et Fred Kent, représentant respectivement la Guaranty Trust Company et la Bankers Trust Company de New York. Les deux banquiers siègent par la même occasion comme délégués de l'Association des banquiers américains. A leurs côtés, Albert Janssen (directeur à la Banque nationale de Belgique) et W. Leaf (président de la Westminster Bank) représentent la finance européenne.

L'architecture institutionnelle de l'ICC ne manque pas non plus de représenter la sphère financière: quatre commissions y sont établies, spécialisées dans les questions liées à l'industrie, au commerce, aux transports et à la finance. C'est à Walter Leaf, président de la Westminster Bank, que revient la présidence de la commission financière qui compte, lors de sa constitution au Congrès de Londres en 1921, 20 membres. Aux cinq délégations alliées auxquelles revient l'initiative de l'ICC s'ajoutent désormais des représentants hollandais, suédois et tchécoslovaque. Le réseau d'élites financières couvre ainsi des pans importants de la finance européenne et étasunienne, et même si la plupart des membres représentent des intérêts relativement secondaires, on note la présence de forces influentes telles que Walter Leaf, Alberto Pirelli, Nelson Jay ou Owen Young.

Enfin, on ne saurait terminer ce tour d'horizon sur le rôle de la finance dans l'ICC sans évoquer la constitution, lors du Congrès de Rome de 1923, d'un comité spécial pour la reconstruction économique européenne. Son émergence s'explique par la conclusion, quelques mois auparavant, des accords en vue de la stabilisation monétaire de l'Autriche, et du succès apparent des premières étapes de reconstruction sous l'égide de la SdN.

---

87   Ridgeway 1938 : 60.

Arthur Salter, directeur de l'OEF, a fait le chemin de la capitale italienne pour résumer, devant les délégués de l'ICC, la nature et la portée des travaux de son organisme. Le Congrès de Rome représente une étape importante du rôle de l'ICC dans la reconstruction : l'organisation y adopte une série de principes financiers destinés à être rappelés auprès des gouvernements. Elle insiste sur la nécessité d'équilibrer les budgets publics en réduisant les dépenses et vise également à la diminution des charges fiscales. Les résolutions exigent la lutte contre l'inflation et l'adoption d'un étalon monétaire commun permettant de garantir des taux de change stables et la libre circulation des capitaux[88]. Le nouvel organisme spécifiquement institué en vue de la reconstruction sera placé sous la direction de Fred Kent (vice-président de Bankers Trust & Co. à New York)[89]. Ce comité a pour objet d'intervenir auprès des gouvernements concernés en vue d'appliquer les principes adoptés à Rome. Ses efforts aboutiront à la constitution des deux organismes en charge de la reconstruction allemande : le Comité McKenna et le Comité Dawes[90]. Le poids des représentants de l'ICC dans ces deux comités, créés avec la bénédiction de la Commission des réparations (CdR), est clair : six des quinze membres sont liés à l'ICC[91].

Nul doute – même si la documentation reste très lacunaire – que le réseau internationaliste de l'ICC, par les personnes qu'il met en interaction et le poids de certains de ses membres (J. P. Morgan & Co avant tout), joue un rôle central dans le processus de reconstruction. Ses liens directs avec la SdN en constituent un second indice.

---

88 Sur les résolutions du congrès de Rome, voir Magnier 1928 : 46-51.
89 FRBNY, 620.2, brochure de présentation de l'ICC (par la section américaine), 1927 ; Ridgeway 1938 : 173-174.
90 Le comité Dawes est chargé d'étudier les moyens d'équilibrer le budget et de stabiliser la monnaie, tandis que le comité McKenna s'occupe de la détermination du montant des avoirs allemands à l'étranger.
91 FRBNY, 620.2, brochure de présentation de l'ICC (par la section américaine), 1927 ; Ridgeway 1938 : 182 sq. Il s'agit de Alberto Pirelli (directeur de la Società Italiana Pirelli), Henry Robinson (président de la First National Bank de Los Angeles), Owen Young (président de General Electric), Mario Alberti (directeur du Credito Italiano Milano), Albert E. Janssen (directeur à la Banque nationale de Belgique), Josiah Stamp (directeur de Nobel Industries Ltd ; directeur de British Cellulose & chemical manufacturing Co.).

ICC et SdN: *interpénétration sociale*

La SdN – en particulier l'OEF – considère l'ICC comme son organe de consultation en matière commerciale. En janvier 1922, un accord est conclu entre le Comité économique de la SdN et l'ICC, aux termes duquel cette coopération est institutionnalisée[92]. Pour le chef de l'OEF, les milieux économiques doivent exprimer clairement leurs intentions à la SdN pour que celle-ci puisse répondre à leurs attentes: « The League can do little to secure the international agreement which the business world wants unless the business world itself, through its own organization [ICC], expresses its wishes and supplies its powerful motive force », explique Arthur Salter[93]. De son côté, l'ICC affirme être en liaison suivie avec les principales institutions internationales actives dans la sphère économique mais, constate l'un de ses principaux observateurs, « c'est surtout avec la Société des Nations que cette collaboration est la plus importante et la plus féconde »[94]. Aussi, lors de la conférence économique internationale de Genève (1927), l'ICC sera représentée par une délégation et ses membres (Boyden et Pirelli) occuperont des positions-clés dans les différentes commissions[95]. Selon les propos de Arthur Salter, l'ICC a en outre joué un rôle « très positif et actif » durant les deux ans de préparation au sein du comité *ad hoc*, en parallèle à de grandes organisations industrielles[96]. Quant aux résolutions de la conférence de Genève, elles seront acclamées lors du Congrès de l'ICC à Stockholm le mois suivant, et l'organisation mettra ses services à disposition[97]: le comité consultatif économique de la SdN,

---

92   Rosengarten 2001: 33-34; Ridgeway 1938: 146, 279.
93   *La Chambre internationale de commerce* 3 (1925), cité par Rosengarten 2001: 34.
94   Magnier 1928: 126. Et de préciser que si l'ICC « a besoin des gouvernements pour la réalisation pratique de ses vœux, [la SdN] doit connaître l'opinion du monde des affaires si elle veut faire œuvre véritablement utile ».
95   SdN, C.E.I. 46, actes de la conférence économique internationale (Genève 4 au 23 mai 1927). R. W. Boyden est vice-président de la commission du commerce et Alberto Pirelli est rapporteur de la commission de l'industrie. Le président de la conférence, G. Theunis, alors ministre d'Etat belge, est proche de l'ICC dont il deviendra président en 1929.
96   Salter 1927: 351. L'ICC est la seule institution engagée dans le comité d'organisation à laquelle Salter fait allusion dans cet article.
97   Salter 1927: 357.

constitué sur la lancée de la conférence économique, fera la part belle aux délégués de l'ICC.

Outre le statut d'organe de consultation dont jouit l'ICC, des liens interpersonnels étroits lient les deux organisations: Albert Janssen (directeur à la Banque nationale de Belgique) est membre du Comité financier de la SdN qu'il présidera de 1922 à 1923; au sein de l'ICC, il figurait au comité qui, lors du congrès constitutif en 1920, planchait sur les premières résolutions en matière de reconstruction européenne. Il figurera également parmi les six délégués de l'ICC au sein des comités McKenna et Dawes pour la reconstruction allemande. Le banquier Giuseppe Bianchini, qui entre au Comité financier en 1922, est membre du conseil italien de l'ICC. La Chambre internationale de commerce est officiellement représentée au sein du Comité consultatif économique de l'OEF mis sur pied après la conférence de Genève (1927) par trois de ses membres: Alberto Pirelli (membre du groupe financier de l'ICC dès 1921, membre du Comité pour la reconstruction de l'ICC et président de l'ICC de 1927 à 1929), Roland Boyden (représentant des USA à la conférence de Bruxelles), et E. Heldring (président de la Chambre de commerce d'Amsterdam). George Theunis (président de la conférence économique de Genève) sera président de l'ICC de 1929 à 1931, et il dirigera le Comité consultatif économique. Enfin, le Comité financier de la SdN et l'ICC partagent certains experts financiers, à l'instar du suédois Gustav Cassel, qui joue un rôle intellectuel non négligeable dans la reconstruction européenne; cet économiste est présent au congrès de l'ICC en 1921 et marque de son influence les débats du groupe financier[98].

Cette abondance de détails permet de dégager trois conclusions décisives. D'abord, l'ICC illustre l'émergence des formes institutionnelles dans la société civile au sein du processus de reconstruction de l'Europe; à ce titre, elle met en évidence le rôle des structures sociales dans la reproduction et la diffusion des normes, et la socialisation des élites autour des discours internationalistes libéraux. L'aspect cosmopolite de l'architecture de l'ICC illustre le projet d'intégrer les élites autour d'un programme transnational consensuel. Les acteurs anglo-saxons occupent néanmoins des positions dominantes, et les milieux économiques étasuniens sont pour l'essentiel à la base de l'ICC; l'enjeu consiste pour

98 Ridgeway 1938: 126.

eux à intégrer des pans entiers des réseaux capitalistes européens dans un processus de reconstruction qui est loin de les laisser indifférents. Puis, le survol des différents comités internes à l'ICC a permis de mettre en évidence le poids décisif des élites financières. Leur volonté de jouer un rôle dans le processus de reconstruction est apparue clairement, dès les premiers mois qui suivent l'armistice, et de façon croissante jusqu'à la stabilisation allemande. Enfin, l'imbrication des réseaux d'élites dans les différentes formes institutionnelles représente la conclusion principale de cette section. L'analyse a permis de montrer comment la société civile et, en son sein, les forces sociales proches des intérêts financiers, parviennent à exercer leur influence sur une organisation intergouvernementale telle que la SdN. La société civile et la société politique affichent une véritable interpénétration.

3.4 La SdN, la reconstruction et les institutions de l'internationalisme libéral

Cette section montre qu'il faut comprendre l'émergence des organismes économiques de la SdN – en particulier l'OEF – dans le sillage de l'internationalisme libéral. Plutôt que de considérer l'OEF comme un « comité technique » rangé parmi les organismes auxiliaires d'une organisation interétatique, l'argumentation le présentera au contraire comme une institution prenant forme et naissance dans le cadre de la structure sociale qui s'affirme au lendemain de la guerre. Il ne s'agit pas de nier le rôle des facteurs proprement étatiques dans l'émergence de l'OEF, mais de mettre ces derniers en perspective, c'est-à-dire de les intégrer dans les mécanismes sociaux plus larges dont ils constituent une expression. Aussi, j'insisterai sur deux aspects complémentaires du processus : d'une part, j'aborderai le rôle de la société civile transnationale dans l'émergence de cette structure. D'autre part, je montrerai comment l'OEF participe de l'idéologie de l'internationalisme libéral. Une telle démarche permet d'intégrer la reconstruction européenne et ses formes institutionnelles dans la longue durée du capitalisme, et de dégager les mécanismes sociaux de reproduction de l'internationalisme.

Du mémorandum des banquiers à la conférence de Bruxelles

L'archéologie des organismes économiques de la SdN fait apparaître l'importance des acteurs de la société civile. A l'instar des formes organisationnelles survolées plus haut, en particulier de l'ICC, l'OEF se comprend comme le fruit d'un engagement conscient d'élites qui s'activent à la mise sur pied des structures institutionnelles permettant une reconstruction libérale. Les réunions de banquiers internationaux durant la seconde moitié de l'année 1919 représentent ainsi une des impulsions les plus décisives de l'émergence de l'appareil économique de la SdN.

Loin de demeurer passifs devant la contestation de l'ordre social et de sa légitimité, et alors que l'Europe connaît une sévère instabilité financière, des banquiers de plusieurs pays se retrouvent à Amsterdam, dès le printemps 1919 déjà, pour unifier leurs positions sur la reconstruction européenne. Dans ce sillage, les 13/14 octobre et 2/3 novembre 1919, deux conférences internationales rassemblent des banquiers auxquels se joignent quelques économistes – Keynes, Bruins et Cassel – invités pour la circonstance[99]. L'initiative émane de deux financiers hollandais: C.E. Ter Meulen, directeur de la Banque Hope & Co., et G. Vissering, président de la banque centrale des Pays-Bas. Ce dernier, ancien président de la Banque de Java et spécialiste de la monnaie chinoise, a laissé derrière lui le témoignage des motivations des financiers réunis à Amsterdam, et des siennes en particulier. En plus des mesures d'austérité budgétaire et monétaire, il préconise la constitution d'une « organisation générale du crédit » à laquelle participeraient presque tous les pays du monde, c'est-à-dire ceux qui disposent de ressources économiques et financières suffisantes. Dans l'idée du financier hollandais, cette organisation doit ni plus ni moins mettre en place et superviser la division internationale du travail. Fidèle apôtre de la doctrine de l'internationalisme libéral, Vissering pousse donc jusqu'à l'extrême l'idée d'un vaste marché global rendu possible non pas par la *main invisible* du laisser-faire, mais par des institutions internationales. Le but de cette organisation reste l'épanouissement de l'initiative individuelle dans un contexte libéral, et le profit s'inscrit au premier rang

---

99 Voir Vissering 1920. On trouve des éléments factuels chez Artaud (1978: 204 sq.) et Silverman (1982: 272-274).

de ses objectifs: «One should in doing so adopt the broad standpoint that [...] we wish, it is true, to do business – for sentimental arguments must not be allowed to influence us here either». Cependant, s'empresse d'ajouter le banquier pour se justifier, en laissant chacun libre dans sa quête de profit, la nouvelle organisation internationale fera coopérer les hommes d'affaires dans la vaste entreprise de reconstruction du monde entier et permettra aux pays appauvris de retrouver leur place dans les marchés mondiaux[100]. Aussi, pour mettre sur pied une telle organisation, de gérer collectivement les gages mis en garantie et d'uniformiser les conditions d'octroi, le banquier hollandais en appelle à une large conférence internationale, seule voie possible selon lui pour la restauration financière internationale et la reconstruction mondiale. Cette réunion, contrairement à la conférence de paix, ne doit pas réunir des représentants étatiques, mais laisser la part belle aux banquiers et autres hommes d'affaires, seuls en mesure de préparer une action commune «towards [the] reconstruction of the world»[101].

Les banquiers qui se sont réunis à Amsterdam sont tous européens si l'on excepte un représentant d'une grande banque d'affaires new-yorkaise, Fred Kent, également représentant de l'American Bankers Association, et bientôt actif au sein des instances financières de la future ICC[102]. Ils ne se sépareront pas sans avoir posé les bases d'une action commune en faveur de la reconstruction européenne: celle-ci prend la forme d'un mémorandum qui sera ultérieurement signé par un large éventail de personnalités très en vue, et soumis à leurs gouvernements respectifs en janvier 1920. Ce *mémorandum d'Amsterdam* porte sur deux points: les signataires appellent à la convocation sans délai – «en raison de l'urgence extrême de la situation» – d'une conférence internationale réunissant des experts financiers afin de définir les bases de la coopération internationale nécessaire à la reconstruction euro-

---

100 Vissering 1920: 27, 38-39.
101 Vissering 1920: 85.
102 Sont présents aux conférences d'octobre et novembre 1919, selon les sources dont nous disposons: E. Gluckstadt (Danske Landmandsbank), R. de Haller (Banque nationale suisse), F. Kent (Bankers Trust Company New York), C.E. Ter Meulen (Banque Hope & Co), G. Vissering (Banque des Pays-Bas), G. Pictet (banque Pictet, Genève), P. Volckmar (Norske Handelsbank), J. van Vollenhoven (Banque des Pays-Bas), M. Wallenberg (Stockholm Enskilda Bank). Voir Artaud 1978: 204-205.

péenne[103]. Le caractère urgent s'explique par l'instabilité politique et sociale qui menace l'édifice social européen durant l'année 1919; d'ailleurs, la publication du mémorandum a été retardée de quelques semaines afin de ne pas donner l'impression que les financiers visent à agir sur les événements politiques qu'a connus l'Europe peu auparavant, à savoir l'écrasement de la révolte spartakiste en Allemagne et du gouvernement de Bela Kun en Hongrie[104]. En outre, le texte pose les bases de la politique à suivre en la matière. En réponse à l'accroissement continuel de la masse monétaire et des charges de l'Etat, la thérapie passe par une discipline budgétaire et monétaire. La consommation doit être réduite, tandis que la production et les impôts sont appelés à augmenter. S'il n'est pas fait promptement usage de ces remèdes, poursuit le mémorandum, il est à craindre que la dépréciation de l'argent ne persiste, «réduisant à néant les économies du passé, et aboutissant d'une façon graduelle, mais sûre, à la banqueroute et à l'anarchie dans tous les pays de l'Europe».

L'intérêt de ce mémorandum pour notre problématique, outre la revendication d'une conférence financière internationale, réside dans l'approche qui est proposée pour la reconstruction: celle-ci ne doit pas se faire en ordre dispersé, où chaque Etat déciderait de son propre programme avec la collaboration d'une banque qui lui fournirait les fonds nécessaires. En lieu et place du laisser-faire, «il y a lieu d'appliquer un programme plus vaste» affirment les signataires; même s'ils ne sont pas très explicites sur la nature de ce projet, il ne fait guère de doute qu'ils songent à une organisation internationale permettant de coordonner les reconstructions et de canaliser les flux financiers entre pays créanciers et débiteurs. Même si l'idée d'une organisation mondiale chargée d'organiser la division internationale du travail n'a probablement convaincu que l'esprit imaginatif de Vissering, c'est néanmoins à une coordination internationale que se réfèrent les financiers, une entreprise qui passe nécessairement par une forme institutionnelle

---

103 Le texte français a été publié par la SdN (SdN 1920a). Pour le texte anglais, voir Vissering 1920.

104 Vissering en personne le mentionne: «the publication of the views of the conference [...] had to be postponed for some time in connection with the political events in various countries, as the conference above all wished to avoid the appearance of exercising any influence whatsoever on these political events» (Vissering 1920: 90).

quelconque dont la nature reste pour le moment indéfinie. Si une action combinée est nécessaire, elle ne doit cependant pas ouvrir la porte
à l'intervention de l'Etat dans la régulation. C'est un vaste marché qu'il
s'agit de reconstruire, à l'abri de l'interventionnisme, et l'organisation
préconisée a pour fonction de permettre l'épanouissement de l'initiative individuelle: «l'assistance devra autant que possible», souligne le
mémorandum, «être donnée sous une forme qui laisse le commerce
national et international [...] à l'abri du contrôle restrictif du Gouvernement». Une idéologie clairement libérale inspire les banquiers, tein-
tée qui plus est d'une rhétorique toute protestante de l'effort, du sacrifice et de la privation[105]. Aussi, c'est sur l'individu que repose toute la
reconstruction: d'une part, l'individu rationnel et maximisateur de la
doctrine libérale, auquel une liberté aussi large que possible doit être
garantie. D'autre part, l'individu laborieux de la culture protestante,
prêt à tous les sacrifices pour son salut et son bien-être: suivant la
formulation des financiers d'Amsterdam, il convient d'encourager les
masses «à fournir l'effort individuel le plus considérable, et en donnant à chacun l'occasion de recueillir une part raisonnable du fruit de
son labeur».

Des signataires de huit nations apposeront leur signature au bas de
ce document. On y trouve notamment des représentants de la société
civile très en vue dans leur pays ou à l'échelon international, tels que le
métallurgiste François de Wendel, le banquier suédois Marcus Wallenberg, le Suisse Gustave Ador, président du Comité international de la
Croix-Rouge, les financiers anglais Charles Addis et Robert Brand, ou
les banquiers étasuniens Paul Warburg ou Jack Pierpont Morgan. Les
professeurs d'économie politique Gustav Cassel, Edwin Seligman, Frank
W. Taussig et Gijsbert W. J. Bruins ont également rejoint le mouvement. A
leurs côtés, la société politique est représentée par un ex-président des
USA, William Taft, un ancien secrétaire d'Etat, Elihu Root, et un ancien ministre suédois des affaires étrangères, A. Wallenberg. La composition sociale des 153 signataires montre clairement le poids prépondérant des financiers, qui comptent à hauteur de 40 %. Les banquiers

---

105 Le texte précise que «[Les] crédits extérieurs [...] ne remplacent en rien les efforts
     et les sacrifices que chaque pays doit fournir, et qui, seuls, lui permettront de
     résoudre ses problèmes intérieurs. Et l'équilibre ne peut être restauré que sous la
     pression énergique des conditions économiques réelles, exercée, comme elle doit
     l'être, sur les individus».

des conférences d'Amsterdam ont cependant pris le soin de faire figurer un éventail aussi large que possible de représentants d'autres groupes sociaux, tels que des commerçants, des industriels, des professeurs et des hommes politiques. Quoi qu'il en soit, l'entreprise émane de banquiers qui tiennent le haut du pavé, en particulier les banquiers anglo-saxons. Sur quinze signataires britanniques, neuf sont banquiers et chacun des principaux établissements d'affaires de la City a répondu à l'appel, à travers des personnalités de poids telles que Charles Addis, Reginald Mc Kenna et Robert Brand, qu'on verra agir dans d'autres contextes de la reconstruction européenne[106]. Du côté étasunien également, on recense dix-neuf acteurs de la finance sur les quarante-quatre signataires, dont J.P. Morgan en personne, et A. Barton Hepburn, président de la Chase National Bank[107].

Les conférences de banquiers et leur mémorandum sont importants à plus d'un titre. Ils illustrent d'une part la propension des élites financières à mobiliser des réseaux transnationaux dans le but d'agir de manière très concrète sur les instances gouvernementales dans le processus de reconstruction. D'autre part, comme la suite des événements en témoigne, ils expriment l'influence de la société civile dans la constitution des formes institutionnelles internationales. En dépit de divergences, les gouvernements concernés se déclareront favorables à l'initiative, dont la responsabilité sera très rapidement confiée à la SdN[108].

---

106 Les neuf banquiers britanniques sont:

Charles Addis	Président de la Hongkong and Shanghai Banking Corporation
Robert Brand	Associé de Lazard Bros. & Co., administrateur de la Lloyds Bank
F.C. Goodenough	Président de la Barclay Bank Ltd.
Edward Grenfell	Associé principal de Morgan, Grenfell & Co. Ltd.
James Inchcape	Président de la National Provincial and Union Bank Ltd.
Robert Kindersley	Associé de Lazard Bros. & Co. Ltd.
Walter Leaf	Président de la London County & Westminster Bank, Ltd.
Reginald McKenna	Président de la London Joint City & Midland Bank, Ltd.
Richard Vassar-Smith	Président de la Lloyds Bank, Ltd.

107 Parmi les principaux banquiers étasuniens, en plus de J.P. Morgan et A. Barton Hepburn, on note:

R.S. Hawes	Président de l'Association des Banquiers américains
James A. Stillman	Président de la National City Bank, New York
Charles H. Sabin	Président de la Guaranty Trust Company, New York
Jacob H. Schiff	Associé de la Banque Kuhn Loeb, New York

108 Sur les désaccords, voir Artaud 1978: 204-221, ainsi que Silverman 1982: 272 sq.

Placée entre les mains de la toute fraîche organisation internationale, cette manifestation semble offrir toutes les garanties de la «neutralité», ce qui n'est pas pour déplaire aux financiers qui revendiquent expressément une réunion d'*experts* financiers, plutôt que de diplomates. Pour le gouvernement français, le recours à la SdN permet de surcroît de faire taire l'opposition de l'Allemagne – qui n'en est pas membre – sur le dossier controversé des réparations[109]. La SdN s'impose ainsi comme la solution idéale pour cette session mondiale des spécialistes de la finance, et les banquiers des réunions d'Amsterdam obtiennent satisfaction sur leur première revendication. L'ambassadeur de France le souligne explicitement dans un courrier au président du Conseil, relatif à la conférence financière de Bruxelles: «L'initiative véritable de la conférence financière n'appartient pas à la Société des Nations, mais à un groupe de financiers représentant principalement les maisons spécialisées dans les affaires de crédit et de change internationaux»[110].

De la conférence de Bruxelles à l'OEF

Fruit de la structure sociale de l'internationalisme libéral, la conférence de Bruxelles participe également à sa reproduction et à la constitution de ses formes institutionnelles. Première du genre à être organisée par la SdN, elle ouvrira ses portes le 24 septembre 1920 dans la capitale belge et réunira 86 délégués de 39 pays, représentant les trois quarts de la population mondiale. Tout en n'étant pas membres de l'Organisation, l'Allemagne et les Etats-Unis y ont envoyé des experts qui ont participé activement aux débats et au vote des résolutions. Enfin, en plus des délégués, tous désignés par leur gouvernement, la SdN a invité à siéger à titre consultatif un représentant de chacun des six organismes dont elle a jugé la présence opportune: l'Institut international du commerce, la Commission des réparations, le Comité international des Crédits de secours, le Conseil suprême économique, le BIT, et l'ICC[111].

---

109 AMAE, série SdN, 1220, note du SFSDN, 23 mars 1920; AMAE, série Y, 267, de Fleuriau à Millerand, 15 avril 1920. Voir aussi AMAE, série SdN, 1220, note du SFSDN, 8 février 1920.
110 AMAE, série Y, 267, de Fleuriau à Millerand, 15 avril 1920.
111 SdN 1920c: 5.

Il est de bon ton depuis la Seconde guerre mondiale de voir dans les conférences de la SdN – notamment la conférence de Bruxelles – l'illustration parfaite de l'échec de la diplomatie multilatérale. Dans une perspective généralement téléologique, et influencée par la catastrophe de la Grande crise, la grande majorité des analyses insistent sur l'impossible mise en œuvre des résolutions. Barry Eichengreen par exemple n'y voit qu'une succession de propositions mort-nées en raison de l'ambivalence étasunienne face aux engagements internationaux, des tensions autour des réparations et des dettes de guerre, ainsi que de conceptions divergentes entre politiciens. Par un effet conjugué, ces désaccords auraient entravé toute coopération internationale durant les années vingt[112]. Pour Dan Silverman également, la conférence ne débouche sur aucune réforme financière et monétaire concrète. De même, pour des historiennes et historiens réalistes, à partir du moment où le gouvernement français est parvenu à empêcher toute discussion de la question particulièrement sensible des réparations, la conférence ne présentait plus qu'un caractère académique destiné à « sauver la face »[113]. Les discours historiques finalistes ne permettent cependant pas de comprendre le rôle de la conférence de Bruxelles dans le projet de reconstruction des années vingt, ni sa place dans le développement de l'internationalisme libéral. En s'inspirant du schéma proposé dans les pages précédentes, l'analyse portera sur trois aspects centraux de la conférence dans le processus internationaliste : d'abord la structure sociale transnationale des élites libérales, puis le discours qui y est véhiculé, et enfin les formes institutionnelles proposées.

Bruxelles n'a rien d'une conférence diplomatique au sens traditionnel du terme. Selon l'injonction des banquiers dans le mémorandum, et conformément à la méthode de travail adoptée par la SdN, les délégués siègent en tant que *techniciens* ou *experts*, et non en tant que représentants de leur gouvernement. Une telle démarche vise à laisser les experts exprimer leurs « opinions personnelles en toute liberté », estime la SdN[114]. Même si la distinction peut sembler artificielle, la conférence a

---

112 Eichengreen 1992 : 157.
113 Silverman 1982 : 278. Mouton 1984. Louis Pauly suggère une analyse qui diffère de l'orthodoxie d'Eichengreen, en montrant que les conférences de la SdN et l'OEF constituent les antécédents du multilatéralisme économique actuel, notamment du FMI (Pauly 1997 : 44-61).
114 SdN 1920c : 5.

Figure 3.2 : conférence de Bruxelles (1920) : composition sociale

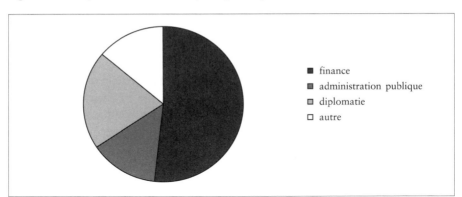

fonctionné comme un cénacle d'experts financiers du monde entier : « le ton, en somme, a été celui d'un congrès d'économistes » résume le rapport de la délégation française[115]. Aussi, les diplomates de la vieille école – à l'instar de l'ambassadeur français Aimé de Fleuriau – semblent quelque peu décontenancés : « Je suis habitué depuis des années à parler au nom de mon Gouvernement à des représentants d'autres gouvernements, et je ne comprends pas ma présence au milieu de soi-disant experts financiers », écrit-il au président du Conseil[116]. Bien que désignés par leur gouvernement, les délégués constituent une assemblée reflétant essentiellement la société civile, et en particulier sa composante financière. Sur les 93 délégués et membres du bureau, 52 % relèvent d'un statut qu'on peut qualifier de « technicien de la finance » : 17 occupent une position dirigeante dans un établissement financier, 9 sont des banquiers centraux, 12 sont employés par un Trésor, et 10 sont conseillers financiers (figure 3.2). Parmi les banquiers, on note la présence des Britanniques R. H. Brand (Lazard), Henry Strakosch (Union Corporation), et Henry Bell (Lloyds), de l'Allemand Franz Urbig (Disconto-Gesellschaft), du Hollandais C. E. Ter Meulen (Hope & Co.) et du Suédois Marcus Wallenberg (Stockholm Enskilda). L'initiateur indirect de la conférence, Gerard Vissering, président de la banque centrale néerlandaise, siège en tant que vice-président aux côtés de Gustave Ador.

115 BdF 1060200109-33, conférence internationale de Bruxelles, note SFSDN 14 octobre 1920.
116 AMAE, série SdN, 1221, de Fleuriau à Leygues, 26 septembre 1920.

Il est important de souligner que les résolutions ne doivent pas être considérées comme le résultat de négociations diplomatiques, mais plutôt comme l'expression d'élites avant tout impliquées dans l'économie politique de la finance transnationale. La composition sociale de la conférence illustre une société civile sélectionnée selon des critères très restrictifs, et même si les « techniciens de la finance » ne représentent que 52 % des délégués, ils tiennent le haut du pavé, comme en témoignent les comptes-rendus des représentants français[117]. Nul doute que le Secrétariat de la SdN a atteint son objectif, lui qui a dès le début insisté sur le caractère *technique* de la manifestation ; cinq économistes de renom avaient d'ailleurs été désignés durant la phase préparatoire pour rédiger des expertises permettant de canaliser les débats autour de lignes de force étroitement financières. Au vu d'une définition aussi restrictive, il n'est guère surprenant qu'aucune délégation n'ait compté un représentant du travail organisé, grand absent de la manifestation. Certes, William Martin représente le Bureau international du travail, mais son statut est purement représentatif et le BIT, comme on le verra plus bas, ne peut guère être considéré comme le porte-parole des milieux ouvriers. Quant aux émissaires des milieux industriels, ils sont très rares. Les nombreux rapports envoyés depuis la capitale belge par Aimé de Fleuriau au président du Conseil français montrent l'hégémonie des acteurs de la finance lors des débats, ainsi que le poids déterminant des intérêts financiers dans les résolutions finalement adoptées :

Parce qu'ils sont des spécialistes dans le maniement des capitaux, mes collègues étrangers ne voient trop souvent le monde que comme la surface sur laquelle circulent ces capitaux. [...] Presque tous sont cependant d'accord dans leur haine du socialisme et même de l'étatisme. La conférence financière est essentiellement réactionnaire et il serait difficile qu'il en fut autrement de la réunion de ceux qui, dans tous les pays sont chargés de la garde des capitaux. Ce caractère s'est accusé pendant la semaine dernière, au point d'inquiéter les représentants de la Société des Nations et quelques-uns de mes collègues, en particulier mes collègues britanniques. Je comprends les appréhensions du Secrétariat Général de la Société des Nations, qui est, en vertu du Pacte, en relations intimes avec le Bureau international du travail. Mais je ne partage pas celles de mes collègues ; le milieu de la conférence financière ne peut être recruté parmi les ennemis du capitalisme et il serait vain de chercher à en dissimuler le caractère[118].

---

117 Voir en particulier AMAE, série SdN, 1220, 1221, et série Y, Bruxelles.
118 AMAE, Série SdN, 1221, de Fleuriau au président du Conseil, 4 octobre 1920.

Le caractère civil de la manifestation est également renforcé par la présence de délégués allemands, autrichiens, hongrois et bulgares. Ressortissants d'Etats vaincus mis au ban de la SdN, ils ont tous les quatre été invités à participer de plein droit à une réunion qui aspire notamment à contrebalancer la logique du pouvoir coercitif dont le Conseil est l'incarnation. Leur présence va largement au-delà du symbole : en intégrant les financiers des nations vaincues dans un milieu social qui ne représente plus des Etats mais des «techniciens», la SdN insiste sur le caractère universel des résolutions qui seront adoptées : ce n'est plus, au terme de ce processus, la société politique qui parle et dicte ses conditions, mais bien la société civile, composée de spécialistes des capitaux plutôt que d'apôtres de la raison d'Etat. L'Allemagne enverra à Bruxelles le vice-président de la Reichsbank, le représentant d'une des principales banques (Diskonto-Gesellschaft) et un secrétaire d'Etat du ministère des finances que rien ne distinguera des autres experts financiers. Pour la première fois depuis 1914, Bruxelles permet ainsi de renouer les liens transnationaux que la guerre avait rompus ; la conférence internationale, au même titre que l'ICC, constitue une première étape de large envergure, permettant de recréer le réseau social sur lequel repose nécessairement la circulation du capital.

Le consensus qui se dégagera à l'issue de deux semaines de débats reflète fidèlement l'internationalisme libéral des élites capitalistes : sa rhétorique est celle d'un marché global, règne de l'initiative individuelle plutôt que de l'interventionnisme étatique. Il préconise la discipline budgétaire et monétaire, et condamne toutes les mesures «artificielles», telles que les indemnités de chômage, qui faussent les mécanismes du marché. Il prône le libéralisme commercial et un système monétaire – l'étalon-or – susceptible d'intégrer les marchés domestiques et de permettre la libre circulation des capitaux. Bruxelles, aux yeux de nombreux commentateurs, n'aurait ainsi débouché que sur une vieille orthodoxie, et se serait montrée incapable de lancer des réformes financières et monétaires concrètes[119]. C'est là également l'avis de certains observateurs, à l'instar d'André Siegfried[120], qui résume les travaux de la commission des finances publiques en ces termes :

119   Voir notamment Silverman 1982 : 278.
120   Chef de la section économique du SFSDN, André Siegfried n'était pas délégué à la conférence, mais siégeait à titre d'expert de la délégation française, composée de

Les conclusions – et il était impossible qu'il en fût autrement – laissent une certaine impression de puérilité : quand on nous dit qu'il faut économiser, restreindre nos dépenses, ne pas dépenser plus que nos revenus réels, etc, nous nous disons que nous n'avions pas besoin de venir ici pour le savoir. C'est un peu de la littérature d'almanach à l'usage des mutualistes et des clients de caisses d'épargne[121].

Dans l'optique adoptée par ce livre, la question ne consiste pas à s'interroger sur la nature originale ou au contraire banale du discours auquel elle est parvenue, mais sur son contenu normatif. Aussi, il n'est pas sans importance de souligner que la doctrine qui y est diffusée, en dépit de son manque d'originalité, consiste en une rhétorique libérale et internationaliste de l'orthodoxie financière et du marché autorégulateur, que les élites visent à légitimer au travers des processus institutionnels de la SdN. La rhétorique de la *sound money* dont le gouverneur de la Banque d'Angleterre, Montagu Norman, se fait le principal porte-voix, se trouve justifiée dans un consensus unissant les élites financières des principaux pays capitalistes ; dans le projet de la reconstruction, ce référentiel discursif constituera, durant les années vingt, un élément primordial de la volonté de souder les forces sociales autour de normes présentées comme universelles. C'est à ce titre que la conférence de Bruxelles, qu'elle soit un « échec » ou une « réussite » s'impose comme une étape importante. Comme le signale un délégué britannique, ancien secrétaire du Treasury, l'intérêt de la réunion et de son rapport sur les finances publiques ne réside pas dans la nouveauté des « remèdes » proposés, mais dans l'affirmation des principes de la « sound finance »[122]. Je n'entre pas ici plus en détail dans cette question qui fait l'objet d'une plus grande attention dans le chapitre 5.

Joseph Avenol (inspecteur des finances), Aimé de Fleuriau (ambassadeur français à Londres) et Pierre Cheysson (commission financière de la CdR). A l'origine, le gouvernement français avait invité Eugène Lefèvre (directeur du Crédit Lyonnais) à faire le voyage de Bruxelles et à présider la délégation française ; le banquier, après avoir obtenu l'ordre du jour établi par la SdN, et ne se sentant pas compétent pour traiter de questions commerciales prévues au programme, s'est retiré et a été remplacé par Pierre Cheysson (AMAE, série SdN, 1220, Lefèvre au Ministre des finances, 27 août 1920). Sur l'attitude du gouvernement français face à la conférence de Bruxelles, voir Mouton 1984.

121 AMAE, série SdN, 1221, Siegfried à Gout, 29 septembre 1920.
122 Chalmers à Chamberlain, 8 octobre 1920, cité par Silverman 1982 : 279.

Outre le réseau d'élites financières qu'elle a placées au centre de l'attention durant deux semaines, et au-delà de l'orthodoxie des résolutions, la conférence participe également de l'internationalisme libéral sur le plan des structures institutionnelles qui y ont vu le jour. L'OEF, qui se situe en première ligne de la reconstruction européenne, y trouve en effet son origine. Dans l'esprit des délégués, la reconstruction européenne et le projet de vaste marché global auquel ils aspirent ne peuvent être le résultat du laisser-faire et de la seule initiative individuelle ou nationale. Des structures institutionnelles sont nécessaires pour agir là où les automatismes du marché sont incapables de mener par eux-mêmes à l'idéal souhaité. La dernière résolution est à ce titre particulièrement explicite:

> Au cours des délibérations, la conférence a constamment été impressionnée par le fait que toutes ou presque toutes les propositions qui lui ont été *soumises exigent jusqu'à un certain point l'intervention de la Société des Nations*. La conférence s'associe unanimement à cette tendance. Elle estime très opportun *d'étendre aux problèmes financiers la coopération internationale que la Société des Nations a inaugurée* et qu'elle s'efforce de promouvoir en vue de l'amélioration de la situation générale et du maintien de la paix dans le monde[123].

Pour répondre au besoin de crédits de reconstruction, la conférence demande ainsi la formation d'un «organisme international» qui superviserait les garanties affectées à la sécurité du crédit et définirait les conditions accompagnant l'avance de liquidités. Elle insiste sur la nécessité de confier l'élaboration de ces plans de reconstruction – appelées «mesures d'exécution» – à un «comité de financiers et d'hommes d'affaires» désigné par le Conseil de la SdN[124].

L'organisme économique auquel aspirent les financiers ne se limiterait pas à l'émission de crédits internationaux dans le but de recons-

---

123   SdN, résolutions de la conférence financière de Bruxelles, IV (commission des crédits internationaux), art. 13. Souligné par MF.

124   SdN, résolutions de la conférence financière de Bruxelles, IV (commission des crédits internationaux), art. 10; voir aussi annexe, § 1-36. Ce système d'obtention de crédits internationaux en vue de faciliter le financement des importations durant la reconstruction est connu sous le nom de *Plan Ter Meulen*, du nom du banquier (associé de Hope & Co., Amsterdam) qui était avec Vissering le co-initiateur des conférences de banquiers de 1919. Le système des crédits internationaux de Ter Meulen est détaillé dans une note 28 octobre 1920. Voir SdN, 1349, CoF, p.-v. et documents, sessions 1-3, document # A.3.

truire les pays sinistrés; il aurait également à remplir différentes tâches menant à la constitution du marché global, des tâches qui s'inscrivent dans le prolongement direct des unions administratives du 19ᵉ siècle. Dans l'élan de la reconstruction, les financiers demandent ainsi à la SdN de promouvoir des réformes destinées à réduire les barrières étatiques qui entravent la circulation transnationale du capital. Ils exigent de la SdN une action en vue (1) de l'unification des diverses législations sur les lettres de change, (2) de la réciprocité dans les conditions faites aux succursales des banques étrangères établies dans les différents pays, (3) de la publication de renseignements financiers internationaux homogènes et comparables, (4) de l'examen des revendications des porteurs de valeurs dont les coupons sont impayés et des mesures propres à assurer la protection de l'épargne, (5) d'une entente internationale au sujet des titres perdus, volés ou détruits, (6) de la création d'une chambre internationale de compensation, et (7) d'un accord international contre la double imposition, afin de ne pas « faire obstacle aux placements internationaux »[125]. On le constate, la proposition d'instituer un organisme économique chargé des crédits de reconstruction participe très clairement de l'internationalisme libéral tel que je l'ai défini, et la reconstruction européenne fait corps avec le projet de réhabilitation d'un marché financier global.

La recommandation de Bruxelles n'est pas tombée dans l'oreille d'un sourd: lors de sa session d'octobre 1920, et en application de la résolution, le Conseil constitue officiellement l'Organisation économique et financière[126]. Ses fonctions, qui seront entérinées par l'Assemblée en décembre, consistent à travailler à l'application immédiate des recommandations de la conférence, à mettre en chantier la prochaine assemblée, et à étudier les problèmes économiques et financiers soumis par le Conseil[127]. Quant à la section financière de l'OEF, dont les membres ont été désignés par le Conseil, elle entame ses travaux en novembre. Lors de sa première séance déjà, elle aborde la question de la reconstruction

---

125 SdN, résolutions de la conférence financière de Bruxelles. Ces points sont énumérés dans l'article XII des résolutions de la commission des crédits internationaux.

126 Elle est alors désignée sous le nom de Commission provisoire économique et financière. En 1923, la quatrième Assemblée de la SdN entérine le mandat de la Commission en lui ôtant son caractère provisoire. Elle devient alors officiellement l'OEF. Sur cette question, voir Hill 1946: 21-23.

127 SdN, Première assemblée, 2ᵉ résolution, 9 décembre 1920.

autrichienne, et propose l'application à ce pays du projet de crédits internationaux du banquier hollandais Ter Meulen, accepté peu auparavant à Bruxelles[128].

Les institutions de l'internationalisme libéral

Formellement liée au Secrétariat, l'OEF a progressivement acquis une grande autonomie au sein de la SdN. En dépendant du Secrétariat, l'organisation se distançait automatiquement de l'Assemblée et surtout du Conseil: alors que ce dernier devait à l'origine approuver les ordres du jour de l'OEF, il relâche peu à peu son emprise, au point qu'en 1929, l'OEF n'est plus tenue de faire avaliser ses rapports par le Conseil avant de les communiquer aux gouvernements ou aux parties intéressées. En 1927, le Comité économique est autorisé à consulter des experts, nommer des comités et mener des études sans autorisation spécifique du Conseil pour tous les travaux qui ont dépassé un stade préparatoire[129]. L'autonomisation de l'OEF trouvera son point culminant avec le déménagement de cette organisation à Princeton pour toute la durée de la guerre, et son transfert dans l'appareil de l'ONU[130]. En bénéficiant d'une forme d'immédiateté face au secrétaire général, l'OEF a gagné une substantielle marge de manœuvre: le très pragmatique Eric Drummond, premier secrétaire général de la SdN, s'est montré relativement peu préoccupé par les institutions «techniques», préférant con-

128 SdN, 1349, CoF, p.-v. et documents, sessions 1-3, 1ère session, 23 novembre au 1er décembre 1920, pt. 10.

129 Hill 1946: 107. Sur l'autonomisation de l'OEF, voir aussi Walters [1952]: chapitre 60.

130 La charte de l'ONU, tout en reproduisant l'idée que la collaboration économique et sociale participe de la politique de sécurité internationale, offre néanmoins à la sphère économique et sociale un statut nouveau: désormais, deux conseils distincts sont prévus, aux attributions bien différentes: d'une part le Conseil de sécurité, d'autre part le Conseil économique et social (Ecosoc). L'autonomisation de la sphère économique avait d'ailleurs déjà été envisagée par le projet de réforme Bruce, que le déclenchement de la guerre avait rendu caduc. Subordonné à l'Assemblée générale, l'Ecosoc est indépendant du Conseil de sécurité, et sa composition nettement plus démocratique. Il fonctionne sur la base du vote majoritaire et peut être considéré comme une forme de contrepartie au statut privilégié des grandes puissances au sein du Conseil de sécurité (Ghebali 1970: 78-82). Les activités financières de la SdN ont en revanche été absorbées par le FMI et la BM.

centrer ses efforts dans les domaines plus proches de la mission première de la jeune organisation. Ancien secrétaire personnel d'Arthur Balfour, il s'est contenté de ne pas contrecarrer l'évolution des institutions
économiques et sociales qui, durant son mandat (1920-1933), ont connu un rapide essor[131]. Eric Drummond avait d'autant moins de raisons
de se préoccuper de l'OEF que celle-ci se trouvait entre les mains d'un
autre Britannique, Arthur Salter, qui s'était bâti une solide réputation
de spécialiste en matière de coopération interétatique durant la guerre :
il avait en effet dirigé le Conseil allié du transport maritime (CATM),
l'organisme stratégique de l'économie de guerre, chargé de l'achemine-
ment du ravitaillement pour tout le camp allié. A Genève, les deux
britanniques sont de surcroît entourés des autres praticiens de la coopération économique internationale que sont Jean Monnet et Bernardo
Attolico, qui ont également transité du CATM à la SdN[132]. Le chef de
l'OEF entretient par ailleurs des contacts étroits avec les figures centrales de la reconstruction européenne, dont Benjamin Strong et Montagu
Norman, beaucoup plus que le secrétaire général. Enfin, l'autonomie
de l'OEF s'exprime également par les liens constitués avec des organismes de la société civile tels que l'ICC, dont on a déjà dit qu'elle était
considérée comme organe de consultation en matière économique.

L'OEF n'est cependant pas un organisme très homogène. Deux entités relativement cloisonnées la forment : le Comité financier et le Comité économique. Tous deux constituent en quelque sorte les origines
respectives de ce qui deviendra après la Seconde guerre mondiale le
FMI et le Conseil économique et social (Ecosoc); en termes d'effectifs
toutefois, aucune comparaison n'est possible avec les institutions héritières. A la fin de 1938, l'OEF comptera 65 fonctionnaires seulement,
auxquels s'ajoutent les experts[133]. Le Comité économique, composé de
dix à quinze membres, a déployé ses activités autour du développement
du libre-échange, mission timidement institutionnalisée dans le Pacte,

---

131   Gerbet 1996 : 109.
132   Sur cette question, voir Salter 1921 et Salter 1961. Voir aussi Zimmern [1936] : 143-
     150. Signalons que des quatre membres de l'exécutif du CATM, trois ont poursuivi
     leur carrière au Secrétariat général de la SdN. Ce détail montre la continuité qui
     caractérise les cadres internationaux à la tête des organisations internationales du
     CATM à la CdR, la SdN, l'OEF et la BRI notamment. Sur cette question, voir Feiertag
     2004.
133   Hill 1946 : 4.

puis clairement affirmée à Bruxelles. Aussi se fixera-t-il les cinq objectifs principaux suivants, qui tous participent du projet internationaliste de reconstruire un vaste marché global : (1) l'établissement d'un « traitement équitable » du commerce de tous les pays, tel que le Pacte le
demande ; (2) la restauration de la liberté de commerce qui prévalait
avant la guerre ; (3) l'abolition des interdictions et restrictions quanti-
tatives en matière commerciale ; (4) la stabilisation des tarifs douaniers
et des classifications ; (5) la conclusion de traités commerciaux à long
terme, sur la base de la clause de la nation la plus favorisée[134]. Aussi, le
Comité économique agit durant les années vingt à contre-courant de la
puissante tendance protectionniste qui traverse le monde, notamment
dans le sillage de la hausse des tarifs étasuniens dès 1921 et 1922, et a
fortiori après l'adoption du tarif Hawley Smoot en 1930[135].

Désignés par le Conseil, les membres du Comité économique agissent cependant en tant qu'experts et ne représentent pas officiellement
leur gouvernement. La société politique y est toutefois nettement dominante : parmi les 25 membres qui ont siégé entre 1920 et 1930, 12
sont des hauts fonctionnaires, 7 sont des légats commerciaux, et seulement 6 représentent directement le milieu des affaires. Cette sous-
représentation de la société civile a d'ailleurs fait l'objet de critiques
lors de la conférence économique de Genève de 1927, de sorte qu'un
nouvel organisme a été accolé au Comité économique : le Comité consultatif économique. Composé de 45 membres, il fait la part belle aux représentants de l'industrie, de l'agriculture et du commerce, qui occupent
18 sièges. Le comité consultatif place de surcroît l'ICC au rang d'organisme membre, tandis que les autres institutions de la société civile ne
sont invitées qu'à titre consultatif[136].

Le Comité financier, deuxième composante de l'OEF, joue un rôle
autrement plus significatif dans le projet libéral de reconstruction européenne. A l'inverse du Comité économique, qui s'inscrit en porte-à-faux

---

134 Hill 1946 : 36-37 ; SdN 1942.
135 Voir Heffer 2003 sur cette question.
136 SdN, OEF, C.192.M.73.1929.II, Report of the Economic Consultative Commit-
     tee, 15 mai 1929. Les quatre organismes invités à titre consultatif sont : L'Alliance
     coopérative internationale (Londres), l'Institut international d'organisation scienti-
     fique du Travail (Genève), la Commission internationale d'agriculture (Paris) et le
     Conseil international scientifique agricole (Rome). Sur le Comité consultatif éco-
     nomique, voir aussi Greaves 1931 : 47-49 ; Walters [1952] : 426.

avec l'évolution protectionniste en matière commerciale, le Comité financier se trouve intégré dans un vaste mouvement de stabilisation monétaire et de libéralisation financière, en faveur desquelles il milite activement. Chargé de l'application des résolutions de Bruxelles, il se trouvera à la tête de plusieurs programmes de reconstruction, à savoir principalement en Autriche et en Hongrie, mais aussi en Bulgarie, en Grèce, en Estonie et à Danzig. Dans cette perspective, il mène des négociations directes avec les gouvernements concernés, ainsi qu'avec leurs banques centrales et les représentants des institutions financières privées. Au-delà des plans de reconstruction, le Comité financier participe à la recherche en matière de politique monétaire et sa Délégation de l'or, constituée en 1928, représente l'effort ultime en vue d'asseoir le nouvel étalon-or et de garantir sa stabilité au moment où les premières fissures sérieuses menacent de renverser l'édifice[137]. En plus de l'élaboration des plans de reconstruction et de la recherche macroéconomique, le Comité financier participe à l'élaboration de conventions internationales, dans l'élan des sept objectifs que les financiers de Bruxelles avaient jugé important de poursuivre. Le Comité s'activera ainsi à la levée des « obstacles » à la circulation transnationale du capital, notamment la double taxation considérée comme un frein aux investissements étrangers. Vu l'ampleur de cette sphère d'activité, un Comité fiscal sera créée en 1928, après sept ans de travaux; constitué d'une quarantaine d'experts, cet organe est devenu une forme de lien entre les différentes administrations fiscales. A la veille de la Seconde guerre mondiale, les travaux en matière de double taxation ont débouché sur la signature de quelque 60 accords bilatéraux visant à faciliter la circulation des capitaux[138].

A l'instar de l'OEF, le Comité financier jouit d'une large autonomie. Même si les délégués sont nommés par leur gouvernement, ils agissent à titre d'*experts* et disposent d'une certaine liberté d'initiative. En tant qu'organe de consultation du Conseil, le Comité n'exerce en théorie aucun pouvoir de décision. Dans la pratique pourtant, son autorité est considérable, surtout après la stabilisation autrichienne. Jacques Rueff, ancien haut fonctionnaire de l'OEF, écrira quelques décennies plus tard

---

137 Pour la Délégation de l'or, voir SdN, CoF, 1456-1462 ; Clavin/Wessels 2004. Le rôle du Comité financier dans la recherche en matière monétaire fait l'objet de notre chapitre 5.
138 Carroll 1944: 173. Voir aussi Hill 1946: 34-35, 138-139.

qu'il « jouissait en Europe d'une exceptionnelle autorité »[139]. Le poids des intérêts financiers qui y sont représentés n'y est évidemment pas étranger. Ainsi, tous les accords conclus entre le Comité financier et les gouvernements en matière de reconstruction ont été approuvés à l'unanimité par le Conseil qui n'y a apporté aucun amendement, un indice qui témoigne de l'autorité et de l'autonomie acquise face à l'organisme représentant la société politique[140].

Dans la longue durée du capitalisme et de ses formes institutionnelles, le Comité financier occupe une place significative : il est la première institution formelle à s'occuper de coopération financière et monétaire internationale à une large échelle. La gouvernance globale de l'étalon-or classique, avant la Première guerre mondiale, n'avait jamais accouché d'une institution permanente au-delà des ententes régionales telles que l'Union monétaire scandinave (1873) et l'Union monétaire latine (1865)[141]. Quant aux conférences monétaires internationales entre 1867 et 1892, elles n'ont jamais abouti à institutionnaliser une coopération à un niveau global[142]. Certes, la seconde moitié du 19e siècle a vu l'apparition de commissions financières internationales, chargées d'exercer un contrôle sur les recettes budgétaires de quelques pays débiteurs et sur leur capacité à s'acquitter du service de sa dette[143]. Si les com-

---

139 Rueff 1977 : 62. Jacques Rueff rejoint la SdN en février 1927 et assumera le secrétariat du Comité financier (un secrétariat qui prépare les dossiers et assure la rédaction des principaux documents) aux côtés de Per Jacobsson, Eliott Felkin et Jan van Walré de Bordes.

140 SdN 1930a : 32.

141 L'Union monétaire scandinave, formée du Danemark, de la Suède et de la Norvège, uniformise la frappe de la couronne. Elle a été en fonction jusqu'à la Première guerre mondiale. Quant à l'Union monétaire latine, qui rassemble à son origine la Belgique, la France, l'Italie et la Suisse, elle a permis une unification du monnayage des pièces d'or et d'argent, favorisant ainsi leur circulation au sein des pays signataires de l'Union. La guerre y mettra également un terme. A ce sujet, voir notamment Einaudi 2001 ; Helleiner 2003a : 133-136, 142-144 ; MacClure 1933 : 61 sq.

142 Gallarotti 1995 : 66-85. Je reviendrai sur ce problème au chapitre 5.

143 Voir à ce sujet Deville 1912. Cinq commissions financières internationales jouent un rôle significatif jusqu'à la Première guerre mondiale (et au-delà) : au Mexique (la Commission franco-anglaise des finances créée en 1864), en Tunisie (la Commission financière de 1869), en Egypte (la Commission internationale de liquidation de 1880 et la Caisse de la Dette publique), en Grèce (la Commission financière internationale de 1898), et au Venezuela (la Commission de contrôle de la dette diplomatique de 1905). Pour la Grèce en particulier, voir le tableau 6.3, ainsi que Kostis 2000.

missaires généraux que la SdN installe dans les pays en reconstruction s'inscrivent dans le prolongement de ces organes financiers internationaux, on ne peut pour autant voir dans ces derniers une volonté de coopération internationale visant à une intégration financière supranationale[144].

Le Comité financier représente ainsi la première organisation internationale active dans ce domaine; il n'est dès lors pas sans importance de souligner que son émergence s'insère dans un projet internationaliste qui passe par une extension des institutions de la gouvernance de l'économie politique internationale.

En termes de composition sociale, le Comité financier porte à son apogée le concept genevois de l'expert financier international (voir tableau 3.1). Bruxelles avait, on s'en souvient, demandé que la reconstruction financière soit confiée à un organisme composé de banquiers et d'hommes d'affaires «de notoriété internationale», afin que les nations appauvries et incapables d'obtenir les liquidités nécessaires à leur reconstruction puissent «inspirer confiance»[145]. Au vu de la composition initiale du comité – et il en ira ainsi pour toute la décennie – l'exigence des financiers de Bruxelles n'est pas restée lettre morte: parmi les onze membres qui se réunissent pour la première fois en novembre 1920, trois sont des représentants d'un ministère des finances, un est vice-gouverneur d'une banque centrale, et sept sont des banquiers actifs au niveau global. Parmi ces derniers, trois joueront un rôle central dans les travaux du Comité financier et figureront encore dans le Comité dix ans plus tard: C.E. Ter Meulen, Marcus Wallenberg et Henry Strakosch.

Le Comité financier, à l'instar de la conférence de Bruxelles, illustre une conception particulièrement étroite de la finance, tenue pour le domaine réservé des banquiers et des experts en finances publiques. L'influence des intérêts financiers transnationaux ne s'exprime pas seulement par la présence des banquiers: encore faut-il signaler les relais

---

144 Kostas Kostis (2000) montre toutefois que dans le cas grec, le contrôle international a mis en place un mécanisme exogène de rationalisation du système financier que la société et l'économie grecques semblaient incapables d'ériger. L'auteur en conclut que la modernisation institutionnelle du pays a été pour ainsi dire «imposée» par les créanciers, sans qu'il ne s'agisse là de la finalité poursuivie.

145 SdN, résolutions de la conférence financière de Bruxelles, IV (crédits internationaux), art. 10 et ann., § 1-2.

Tableau 3.1 : membres du Comité financier (1920-1931)

Finances publiques

S. Arai	Japon	Commissaire financier
Joseph Avenol	France	Ministère des finances
Basil Blackett	Grande-Bretagne	Treasury
Louis de Chalendar	France	Inspecteur des finances
Kengo Mori	Japon	Commissaire financier du Japon à Londres
Jean Parmentier	France	Ministère des finances (directeur MGF)
Teiji Sekkiba	Japon	Délégué à la CdR
Fulvio Suvich	Italie	Sous-secrétaire du ministère des finances
Juichi Tsushima	Japon	Attaché financier du Japon à Londres

Banquiers

M. Balzarotti	Italie	Administrateur délégué du Credito Italiano à Milan
Giuseppe Bianchini	Italie	Banquier, président de l'Association fasciste des banques
Léopold Dubois	Suisse	Président de la Société de banque suisse
José Figueras	Espagne	Directeur de la Banque de Bilbao
Emile Glückstadt	Danemark	Directeur de la Danske Landmandsbank
M. Kempner	Allemagne	Banque Mendelssohn & Co.
Carl Melchior	Allemagne	Directeur de la banque Warburg & Co.
Vilem Pospisil	Tchécoslovaquie	Directeur de la Caisse d'Epargne de Prague, puis Gouverneur de la Banque nationale de Tchécoslovaquie
Jeremiah Smith	USA	Partenaire de Herrick, Smith, Donald & Farley, conseiller de Thomas Lamont (J.P. Morgan)
Henry Strakosch	Afrique du Sud	Président de Union Corporation (Londres)
Carel E. Ter Meulen	Hollande	Partenaire de la banque Hope & Co (Amsterdam)
Carlos Tornquist	Argentine	Banque Tornquist & Cie
Marcus Wallenberg	Suède	Vice-président de la Stockholm Enskilda Bank

Banquiers centraux

Takeshi Aoki	Japon	Représentant de la Banque du Japon
Albert Janssen	Belgique	Directeur de la Banque nationale de Belgique-Administrateur-délégué de la Société nationale de crédit à l'industrie
Omer Lepreux	Belgique	Vice-gouverneur de la Banque nationale de Belgique
Feliks Mlynarski	Pologne	Vice-président de la Banque nationale de Pologne
Otto Niemeyer	Grande-Bretagne	Directeur de la Banque d'Angleterre (dès 1927) et contrôleur du Treasury (jusqu'en 1927)
Nicolai Rygg	Norvège	Président de la Banque nationale de Norvège

Sources : SdN, p.-v. du CoF 1920-1931 ; Journal officiel de la SdN ; Annuaire de la SdN

qu'ils sont susceptibles d'activer dans leurs places financières respectives. La finance britannique a, dès le départ, occupé une position privilégiée. Grâce à ses colonies et en particulier à l'Afrique du Sud, elle dispose de deux délégués, Basil Blackett (à qui Otto Niemeyer succédera rapidement) et Henry Strakosch. Bien qu'il représente l'Afrique du Sud, ce citoyen britannique est établi à Londres d'où il organise le financement d'activités minières au travers de la banque Union Corporation. Par leurs liens étroits avec la City et en particulier avec Montagu Norman, les intérêts capitalistes britanniques seront bien représentés à Genève[146]. On pourrait s'étonner de ne pas y trouver des noms tels que Baring, Hambros, Rothschild ou Schroder. C'est oublier qu'avec Strakosch, la City (et la Banque d'Angleterre) dispose d'un relais de poids, accompagné des représentants du Treasury que sont Blackett et son successeur, Niemeyer. De son côté, Ter Meulen constitue la ramification idéale avec la place financière hollandaise, et sa banque, Hope & Co., dirigera le syndicat responsable de la tranche néerlandaise de la plupart des emprunts de la SdN[147]. Il en va de même pour Marcus Wallenberg dont l'établissement (la Stockholm Enskilda Bank) dirigera la tranche suédoise des emprunts autrichien et hongrois.

Le réseau d'agents de la finance représentés au Comité financier trouve à Londres son véritable point d'appui. C'est en effet la City qui s'engagera le plus activement dans la reconstruction européenne via la SdN, et la Banque d'Angleterre utilisera l'organisme pour diffuser à la fois sa doctrine du *central banking* et le système d'étalon devise-or. Montagu Norman a ainsi rapidement compris le rôle que le Comité financier pouvait jouer dans son grand dessein de coopération des banques centrales, d'autant plus que l'institution formelle qu'il entrevoyait pour concrétiser cette coopération semblait chaque année plus compromise. Au travers de l'organisme genevois, il disposait à la fois de ramifications permettant de drainer des fonds des autres places financières, et d'exercer un contrôle direct sur les banques centrales des pays reconstruits. Aussi n'a-t-il pas manqué d'exercer tout son poids pour étendre la place des financiers proches de sa cause, particulièrement au moment où son influence a commencé à s'effriter suite aux querelles

---

146   Sur les liens entre Strakosch et Norman, voir Cottrell 1997b.
147   Hope & Co. est l'établissement émetteur de la tranche hollandaise pour les plans suivants : Autriche, Hongrie, Bulgarie (I) et Bulgarie (II).

franco-britanniques. Pour cette raison, il invitera Otto Niemeyer, fonctionnaire du Treasury et délégué au Comité financier, à le rejoindre à Threadneedle Street, siège de la banque, «to do League work in particular and other work in general»[148]. Dans la même idée, Norman insistera après de son homologue et ami de la Fed pour qu'un banquier étasunien entre au Comité; l'affaire est conclue à la fin de 1927, et Jeremiah Smith, conseiller de Thomas Lamont (J.P. Morgan), siège désormais à Genève[149].

Dès la mise en chantier du programme de reconstruction autrichienne, l'influence de la City par l'entremise de Montagu Norman est apparue clairement, et Joseph Avenol a cru bon d'alerter les autorités françaises sur le rôle du Gouverneur anglais, «le guide et inspirateur du marché de Londres». Dans un courrier au Ministre des finances en 1922, le délégué français au Comité financier souligne les agissements de Norman dans le drainage de capitaux au profit de la reconstruction tchécoslovaque et – comme il semble l'entrevoir – dans le futur emprunt autrichien[150]. Six ans et sept emprunts de stabilisation plus tard, au moment où le projet de stabilisation roumaine a porté la tension entre la Banque de France et la Banque d'Angleterre à son apogée, Avenol, devenu entre-temps secrétaire général adjoint de la SdN, fait officiellement part au chef de l'OEF du «malaise qui existe à Paris au sujet des opérations financières dirigées par la SdN». La place de Londres a tiré un grand profit des émissions dont elle a dirigé les principales tranches, au point d'avoir créé un «monopole de fait» par la centralisation des capitaux, la direction et le contrôle de la politique monétaire[151]. Son successeur au Comité financier devra lui aussi dresser le constat que les Anglais, représentés par Niemeyer et Strakosch, mais agissant *de facto* pour la Banque d'Angleterre et son gouverneur, exercent une emprise totale et parviennent à y faire prévaloir les intérêts de la City:

---

148 FRBNY, Fonds Strong, 1116.7, Norman à Strong, 8 avril 1927; idem, 17 avril 1927.
149 FRBNY, Fonds Strong, 1116.7, Strong à Norman, 31 août 1927; idem, Norman à Strong 14 septembre 1927.
150 BdF, 1060200110-44, Avenol au Ministre des finances, 12 juin 1922.
151 BdF, 1370200006/10, Avenol à Quesnay, 17 février 1928, au sujet d'un entretien d'Avenol avec Salter.

Ils [les Anglais] ont vu surtout dans le Comité le moyen d'élaborer des projets d'emprunts, bien garantis politiquement et financièrement, faciles à placer sur le marché de Londres et le plus souvent possible, accompagnés d'une sorte de mise en tutelle financière de la Banque d'émission des pays emprunteurs[152].

Enfin, toujours dans le même ordre d'idée, on ne saurait omettre les pages célèbres que le Gouverneur Moreau consacre dans ses mémoires à ce qu'il considère être l'«impérialisme de la Banque d'Angleterre». Si sa perspective reflète à merveille la conception très réaliste et géostratégique de la reconstruction européenne tel qu'elle caractérise les milieux dirigeants français, elle renseigne cependant très mal sur l'approche au contraire anti-étatiste de Montagu Norman. La réaction du gouverneur français illustre cependant l'influence que le marché financier britannique est parvenu à exercer au travers du Comité financier. Selon Moreau, le comité genevois est dominé par l'Angleterre qui aspire, par son entremise, à poser les fondations d'une véritable «domination financière» de l'Europe[153].

L'archéologie sociale de l'internationalisme libéral a permis de dégager deux aspects primordiaux du développement des formes institutionnelles en lien avec la SdN. Premièrement, la présentation de l'OEF comme une construction étatique, résultat des décisions des puissances siégeant au Conseil, pose de sérieux problèmes. S'il ne fait guère de doute que la société politique conserve en dernier ressort un rôle déterminant dans la constitution de l'OEF, la société civile est tout autant active dans l'émergence de cette forme institutionnelle. Les deux ne sont d'ailleurs guère séparables, et participent d'un seul et même processus social, comme nous le verrons dans le chapitre suivant. Pour l'instant, il est nécessaire d'insister sur le poids des acteurs de la finance dans l'émergence de l'OEF: un lien direct mène des réunions de banquiers de 1919 à la conférence financière de Bruxelles, et de la conférence de Bruxelles à l'OEF, destinée à appliquer les résolutions adoptées dans la capitale belge et à servir d'organe permanent pour l'or-

---

152 AMAE, Série SdN, 1162, de Chalendar au directeur du Mouvement général des fonds, 23 décembre 1926.
153 Moreau 1954: entrées du 12 juillet 1926, 29 juillet 1926, 19 octobre 1926, 27 janvier 1927, 5 février 1927, 6 février 1928 (en particulier), 14 février 1928, 20 février 1928.

ganisation de futures conférences financières. En outre, tant dans les conférences de banquiers qu'à Bruxelles, les intérêts de la finance transnationale sont déterminants et ne se trouvent jamais contrebalancés par des forces sociales telles que le travail organisé. Enfin, si la société civile occupe une place centrale dans l'affirmation de ces formes institutionnelles, ce sont souvent les mêmes ténors qui y agissent: Ter Meulen (Hope & Co., Amsterdam) est le co-initiateur des conférences de banquiers, il figure dans la délégation hollandaise à Bruxelles et il se trouve parmi les douze élus du Comité financier. Gerard Vissering, principal animateur – et probable rédacteur – du mémorandum des banquiers occupe la vice-présidence de la conférence belge. Marcus Wallenberg (Stockholm Enskilda Bank), dont on note la présence parmi les banquiers en 1919, figure également à Bruxelles et dans le Comité financier. Aussi, on retrouve à Bruxelles six des neuf banquiers dont on sait qu'ils ont participé aux réunions de 1919. Quant au Comité financier, ses membres ont recrutés presque exclusivement parmi les délégués de la conférence financière: 9 des 11 membres de sa composition initiale[154]. L'internationalisme libéral des années vingt et son réseau d'élites reposent ainsi sur un éventail relativement restreint d'experts financiers qui apparaissent dans plusieurs institutions, à un titre ou à un autre. On a déjà montré l'imbrication de l'ICC et de la SdN, et on pourrait multiplier les exemples en signalant l'interpénétration des Comités Dawes et McKenna, des conférences de Bruxelles, de Gênes et de Genève, pour ne citer que les principales, ainsi que le Conseil de la SdN, son Assemblée et les élites rattachées aux *think tanks* de Chatham House ou de la Round Table. Aussi, l'OEF ne peut être analysée pour elle-même, mais uniquement dans le cadre d'un réseau d'élites qui constitue un tissu transnational serré. Comme le signale Eric Bussière, l'OEF constitue en quelque sorte le «point de rencontre» de multiples entités[155].

La seconde conclusion qui s'impose après l'étude de l'émergence des formes institutionnelles de la reconstruction est l'impossibilité de résumer les instances de la SdN à la politique de sécurité collective pour laquelle elle a été constituée. Dans la longue durée du capitalisme et de ses transitions, ces institutions de gouvernance participent avant tout

---

154 A savoir: Avenol, Kengo Mori, Figueras, Ter Meulen, Pospisil, Strakosch, Tornquist, Wallenberg, Lepreux.
155 Bussière 1993: 303.

de l'internationalisme libéral tel qu'il s'affirme avec l'industrialisation de l'Europe. C'est dans ce contexte que doit être compris le projet social de la reconstruction, et notamment sa dimension consensuelle. Au-delà de ses enjeux diplomatiques et géostratégiques, la reconstruction se présente non pas seulement comme la stabilisation de monnaies dépréciées, mais aussi et avant tout comme le projet de (re)constitution d'un vaste marché global des biens et des capitaux, et de l'ordre social correspondant. Comme les débats et les résolutions de Bruxelles l'illustrent, les élites capitalistes ne font pas de différence entre la stabilisation des monnaies et leur rêve d'un vaste marché financier, où rien ne viendrait entraver la mobilité de leurs capitaux.

4. Reconstruction européenne et libéralisme coopératiste

Une EPH critique portant sur le rôle de la SdN dans la reconstruction de l'Europe passe, on l'a vu, par une analyse de l'objet même de la reconstruction, plutôt qu'une étude des seuls moyens, qui constituent la préoccupation centrale des acteurs. Après avoir situé l'enjeu dans la longue durée de l'internationalisme libéral, l'étude aborde ici une temporalité sociale plus brève, capable de mettre en lumière la dimension novatrice de la reconstruction : le libéralisme coopératiste, réponse à la crise de l'ordre social. La Première guerre mondiale débouche sur une déstabilisation sociale qui influence toute la décennie suivante[1]. Elle se situe à la base du processus de reconstruction et accompagne de près la mise sur pied de la SdN, de sorte qu'on ne saurait en faire l'impasse. Deux dimensions permettent de comprendre la nature de la crise sociale à son niveau global : d'une part, on assiste à une crise de l'Etat au sens large ou gramscien du terme, c'est-à-dire au niveau de la relation entre la société politique et la société civile. La *Weltschmerz* ou *crise de conscience* s'exprime par une remise en cause radicale de la légitimité des élites capitalistes au pouvoir : l'effondrement des empires européens donne lieu à des tendances révolutionnaires communistes, alors que dans les démocraties occidentales, les conflits sociaux mettent aux prises les mouvements de gauche et les élites en place. Cette crise de l'Etat exprime notamment une crise de gouvernance du capitalisme, c'est-à-dire une contestation de la capacité des élites à satisfaire au critère de la prospérité. D'autre part, au-delà d'une ligne de fracture gauche/droite, la perception d'un déclin de la civilisation succède à plusieurs décennies marquées par une idéologie du progrès et de la foi dans la science.

---

1   Voir en particulier l'ouvrage monumental de Charles Maier (1975) qui demeure en dépit de son ancienneté une référence fondamentale. On consultera également l'étude d'Arno Mayer (1967), qui embrasse une perspective temporelle plus étroite. Voir aussi Bertrand 1977 ; Carsten 1972 ; Geary 1981 ; Maier 1987.

Dans son *Recasting Bourgeois Europe*, Charles Maier suggère une double observation : le constat, dans un premier temps, de la crise de l'ordre social à la fin de la guerre, une crise qui s'exprime sous la forme de tendances révolutionnaires et de la remise en cause de l'ordre établi. Puis, dans un second temps, le constat d'une stabilité sociale retrouvée – du moins en apparence – à la fin de la décennie[2]. Si les hiérarchies auxquelles s'intéresse Charles Maier gagnent un semblant de stabilité, il en va de même avec le système monétaire international : dix ans après l'effondrement des changes qui suit l'armistice, l'étalon-or semble rétabli dans l'Europe entière (voir figure 5.1), même si la précarité de ses fondations ne tardera pas à apparaître au grand jour. A l'apogée de cet apparent succès, en mai 1928, Henry Strakosch, expert du Comité financier de la SdN, dresse un bilan positif des efforts : « The achievement is a remarkable one » avance-t-il, avant de saluer l'unanimité avec laquelle le monde « civilisé » a adopté l'or comme étalon international de valeur[3].

Ce chapitre inscrit la SdN et son appareil économique dans cette transition de la crise vers une apparente stabilité sociale, en mettant l'accent sur l'affirmation des procédures de régulation coopératistes sous l'égide de l'organisation internationale. Ces procédures sont analysées comme une forme de gouvernance globale du capitalisme visant au maintien et à la reproduction d'un ordre social. Dans le sillage de l'internationalisme libéral, je montre ainsi le rôle de la SdN dans la stabilisation d'une structure sociale d'accumulation propice à la circulation transnationale du capital. Le processus de reconstruction, en tant que dynamique sociale, est analysé dans ce chapitre comme la constitution d'une nouvelle légitimité susceptible de servir de fondement à l'ordre social. Devant la contestation radicale des hiérarchies, la crise de l'Etat, et la remise en cause du capitalisme, cette légitimité doit reposer sur un mode de régulation global permettant de garantir la prospérité et de souder les forces sociales dans un tout cohérent.

Le coopératisme, sous l'égide de la SdN, est présenté ici comme une des réponses à cette contrainte, en parallèle à l'affirmation d'autres procédures telles que le corporatisme, qui s'exprime plutôt à l'échelle domestique. Ensemble d'instances de coopération entre acteurs sociaux,

2   Maier 1975 : 3-15.
3   SdN, 1323, memorandum Strakosch, 30 mai 1928, p. 10.

le coopératisme se comprend comme un projet d'adaptation de la régulation libérale par la mise en place de procédures visant à contenir les défauts de la logique de marché. Il repose sur un recours à la science et à la rationalisation, considérées comme des moyens d'améliorer non seulement les systèmes de production, mais d'une manière générale toute l'organisation sociale, des bureaucraties étatiques à la production, en passant par les appareils internationaux. L'objectif, là aussi, consiste à contrer les carences du marché livré à lui-même.

4.1 Crise sociale et coopératisme

La crise de l'Etat et du capitalisme au lendemain de la guerre

L'émergence de la SdN s'inscrit dans un contexte global marqué par la remise en cause de l'ordre social et une forte tension entre classes. A la fin de 1917, le pouvoir tsariste a été renversé par la révolution bolchevique. Dès 1918, l'effondrement des empires allemand et austro-hongrois s'accompagne de poussées révolutionnaires multiples. En Allemagne, le mouvement se poursuit jusqu'en mars 1920 par le Putsch de Kapp, et des soulèvements en Saxe et dans la Ruhr. Des révoltes ont lieu également en Autriche dès la fin de 1918: au printemps 1919, la proclamation de la république soviétique hongroise donne de l'élan à la gauche révolutionnaire de Vienne et les principaux leaders sont arrêtés. Quant au régime communiste de Bela Kun, qui avait proclamé la république soviétique hongroise au printemps 1919, il sera renversé à l'initiative des Alliés à la fin du mois d'août. L'Italie est également traversée par des émeutes qui ne parviennent toutefois pas à renverser le pouvoir. En septembre 1920, des usines sont occupées à Milan et à Turin. L'Europe centrale et méridionale n'est pas la seule concernée: dans les démocraties occidentales, des grèves et des troubles traduisent entre 1917 et 1920 la crise des rapports sociaux, à l'instar de la Suisse paralysée par une grève générale en 1918. Tandis que les mineurs et les ouvriers français de la construction s'engagent dans des grèves massives entre 1919 et 1920, un mouvement de délégués syndicaux se développe, exigeant un contrôle démocratique des industries. Même si l'Angleterre semble relativement épargnée par les troubles sociaux, il n'en demeure pas moins que les communistes gagnent des sièges à Glasgow ; entre 1919 et 1923, 35 millions de jours de grève sont dénombrés par année en Angleterre. Autre expression de la crise, les effectifs du travail organisé ne cessent de gonfler durant la guerre et le début des années vingt : les syndicats allemands parviennent à rassembler 9 millions d'adhérents à leur apogée, tandis que l'Espagne, très peu syndicalisée en 1914, voit ses ouvrières et ouvriers inscrits passer de 15 000 à 1 million en quatre ans. L'expansion en Italie est tout aussi significative, et la *Confederazione Generale del Lavoro* (CGL) regroupe plus de 2 millions de membres en 1920[4].

Même si le recul historique permet de relativiser la menace sur l'ordre capitaliste, la répression des mouvements contestataires témoigne de la perception par les élites d'un risque sur l'ordre établi[5]. Or, si la remise en cause des hiérarchies sociales semble s'atténuer vers 1920, le mouvement paraît contenu en 1922 et 1923, notamment par l'affirmation de gouvernements autoritaires comme en Hongrie ou en Italie. Il n'en demeure pas moins que la perception d'un risque se poursuit de manière atténuée durant les premières années de la décennie dans certains pays-clés, comme l'Allemagne et l'Autriche[6]. L'occupation de la Ruhr par les troupes françaises ravive les mouvements sociaux[7], et l'op-

---

4   Geary 1981 : 135.

5   Maier 1975 : 3-15. Voir également Geary 1981 ; Halperin 1997 : 140-144. Si Carsten (in Bertrand 1977) relativise la menace sur l'ordre social, il n'aborde cependant pas la perception de cette menace par les élites, aspect évidemment prioritaire pour une étude de la dynamique sociale au lendemain de la guerre ; voir également le débat qui a suivi sa communication, in Bertrand 1977 : 33-38.

6   En Grande-Bretagne, la menace sur l'ordre social se note dans les plus hautes sphères financières en mai 1921, dans le contexte de la grève des mineurs du charbon. Dans un courrier personnel et confidentiel au Gouverneur de la FRBNY, Montagu Norman signale ainsi que « The coal strike is very bad and that again is political rather than industrial. I suspect too that it is much more closely connected with Soviet activities than most of us have any idea of ». Cette manifestation de la hantise bolchevique est d'autant plus importante que ce courrier traite de la reconstruction autrichienne : même si aucun parallèle explicite ne relie les deux événements, le lien implicite est évident et témoigne de l'importance qui est accordée à la reconstruction autrichienne dans le cadre d'un vaste projet de réhabilitation d'un ordre social capitaliste (FRBNY, Fonds Strong, 1116.2, Norman à Strong, 14 mai 1921, pp. 1-2).

7   Voir l'intervention de Pierre Broué in Bertrand 1977 : 18, 36.

position des sociaux-démocrates autrichiens (adeptes de la lutte des classes) au gouvernement conservateur soutenu par la SdN se prolongera largement au-delà de la réhabilitation de la monnaie.

Dans ce contexte, l'instabilité monétaire – qui culmine dans les hyperinflations allemande (1923) et autrichienne (1922) – n'est pas sans perpétuer une menace désormais plus latente qu'auparavant. Pour les élites financières, la versatilité des prix et des changes représente la source principale de préoccupation : non seulement le capital est érodé par une hausse constante des prix, mais l'instabilité menace de gagner tout l'appareil productif et le tissu social. La crise de l'ordre social est ainsi une cause directe de la mobilisation des élites financières après la guerre. Durant la seconde moitié de 1919, on l'a vu, deux conférences ont réuni des banquiers à Amsterdam et ont abouti à un mémorandum exigeant l'organisation d'une conférence internationale sur la question des changes. Présenté comme un ensemble de mesures à mettre en œuvre au niveau domestique et global, le mémorandum précise que « s'il n'est pas fait promptement usage de ces remèdes, il est à craindre que la dépréciation de l'argent ne persiste, réduisant à néant les économies du passé, et aboutissant d'une façon graduelle, mais sûre, à la banqueroute et l'anarchie dans tous les pays de l'Europe ». Les signataires, dont les banquiers constituent la majorité, insistent en outre dans leur conclusion sur le caractère urgent des mesures à adopter pour éviter les troubles sociaux[8]. Quant à la conférence financière de la SdN à Bruxelles en 1920, elle souligne également l'importance de « l'apaisement à l'intérieur de chaque pays des troubles sociaux »[9].

L'émergence de la SdN et de sa structure économique s'expliquent notamment en réponse à la crise de l'ordre capitaliste et à la contestation du statut des élites. On doit à Arno Mayer d'avoir montré le poids qu'exercent les menaces révolutionnaires dans les négociations du traité de paix à Paris, un traité dont la SdN constitue un élément-clé. L'idée centrale de sa démonstration réside dans le constat que les délibérations sont inséparables du contexte anticommuniste : « precisely because peacemaking and the containment of Bolshevism were so tightly interlocked the one could never be separated from the other », explique-t-il[10]. C'est

---

8   SdN 1920a : memorandum d'Amsterdam reproduit en annexe, p. 275.
9   SdN 1920c : 10.
10 Mayer 1967 : 29.

dans cette conjoncture qu'il faut comprendre le soutien que les Alliés apportent aux *blancs* qui mènent au même moment une guerre civile contre les révolutionnaires en Russie ; le blocus imposé à la Russie et à la Hongrie soviétiques fait sens dans un même élan anticommuniste, et le financement de l'opération militaire destinée à renverser le régime de Bela Kun ne fait pas exception à la règle. Apôtre de la paix et de la sécurité collective, Wilson représente une des forces principales de la réaction anticommuniste. Même si le président étasunien ne voit pas la Russie rouge comme un problème en soi, il redoute la propagation de l'idéologie bolchevique à l'Europe et au reste du monde[11]. Le péril communiste ne se limite pas, pour lui, aux sociétés européennes en crise : l'éclatement de la révolution mexicaine en 1910 avait considérablement durci les relations diplomatiques entre les deux pays, et le nationalisme révolutionnaire de Carranza a peu à peu été considéré par les élites étasuniennes comme le bolchevisme sur sol américain. Après avoir sérieusement envisagé un renversement militaire du gouvernement mexicain, Wilson s'était rabattu sur la diplomatie du dollar pour exercer un contrôle sur son voisin du Sud. En 1918, il autorisait le Département d'Etat à contacter la banque J.P. Morgan dans le but de constituer un consortium bancaire destiné à avancer au Mexique un prêt en échange d'un contrôle des droits de douane et de la nouvelle banque centrale ; des garanties ont également été exigées, permettant de protéger les intérêts étasuniens au Mexique[12].

Si la lutte contre le renversement de l'ordre social capitaliste est indissociable des débats constitutifs de la SdN à Paris, la reconstruction de l'Europe s'inscrira dans une même perspective, bien qu'elle ne se réduise évidemment pas à cette seule dimension. En mai 1921, une délégation d'experts du Comité financier à Vienne fait état sur un ton alarmiste des risques que présente l'Autriche pour l'ordre social de l'Europe entière : « A ce point, c'est la voie ouverte à la dissolution sociale et politique », affirment-ils. Et de poursuivre :

[l]a misère et l'exaspération générales qui en résulteront amèneront avec elles la fin de l'ordre. L'Autriche sera alors la proie mûre pour quiconque se croira en mesure

---

11   Sur Wilson et l'anticommunisme, voir notamment Mayer 1967 : 21.
12   Sur la question mexicaine, voir notamment Rosenberg 1999 : 89-93 ; FRUS 1918, pp. 604-615. Sur la restauration des finances mexicaines et le rôle du banquier Lamont (J.P. Morgan), voir Lamont E. 1994 : 175-186 ; Lamont T. 1923 : 540-542.

de lui montrer le chemin qui la sortira du chaos. La porte vers l'Est sera grande ouverte. Il n'est nul besoin d'insister sur ce qu'une débâcle économique en Autriche signifierait pour l'Europe [...]. Vue sous cet angle, la catastrophe qui menace l'Autriche prend des proportions considérables. Ce n'est pas seulement une question intérieure, c'est une question européenne[13].

Les missionnaires du Comité financier ne sont pas seuls à craindre pour l'ordre social du Vieux continent. Montagu Norman, le banquier central le plus engagé dans la reconstruction, avec son homologue étasunien, voit lui aussi dans l'instabilité de l'Autriche une source potentielle de désordre, susceptible de se répandre comme une traînée de poudre de Moscou à Lisbonne. En décembre 1921, dans un courrier personnel et confidentiel à Benjamin Strong, il insiste sur la situation chaque jour plus désespérée de la petite république alpine : « I don't believe it would take a great deal of financial or political stupidity at the present moment to bring chaos into Austria similar to what we see in Russia ; to break up Germany, and beginning in Portugal to spread revolution right through the Peninsula »[14]. D'où l'importance, dans l'esprit du banquier londonien, de convaincre les milieux financiers new-yorkais – Benjamin Strong avant tout – de drainer les capitaux nécessaires à la reconstruction européenne.

Jusqu'en 1922, les Alliés soutiennent l'Autriche au moyen de crédits qui s'avèrent cependant insuffisants à empêcher l'effondrement à peu près total de la monnaie autrichienne. Aussi, en août 1922, au moment où la Commission interalliée des réparations siège à Londres,

13   SdN, 1071, Comité économique, documents, EFS / A 43-57, tome 2, 1921, A 57, p.-v. de la commission chargée de faire une enquête au sujet de l'application en Autriche de crédits internationaux (Projet Ter Meulen), 10 mai 1921. Le projet est rédigé par Avenol, Drummond-Fraser (délégué pour les crédits internationaux) et Glückstadt.

14   FRBNY, Fonds Strong, 1116.2/2, Norman à Strong, 1er décembre 1921. Voir aussi FRBNY, Fonds Strong, 1116.2/2, Norman à Jay, 2 décembre 1921 : « Both for economic and political reasons Europe is in a very precarious state. All the countries except Russia are keeping on an even keel, but in several, such as Austria, rioting on a large scale for economic reasons is near at hand, and in others, such as Portugal, revolution is knocking at the door ». En août 1922, Norman réitère ses craintes, convaincu que l'Autriche s'effondrera avant la fin de l'année. Quant à l'Allemagne, elle serait à ses yeux au bord de la guerre civile : « nor do I see how a condition very near to civil war can be avoided in Germany », écrit-il à son homologue de la Fed (FRBNY, Fonds Strong, 1116.3, Norman à Strong, 9 août 1922).

le gouvernement conservateur autrichien adresse aux Alliés une véritable lettre de démission: si aucun crédit substantiel n'est immédiatement débloqué en sa faveur, il annoncera au Parlement l'incapacité dans laquelle se trouve tout gouvernement à administrer l'Autriche, et demandera au Parlement de remettre les destinées futures du pays entre les mains des Puissances alliées. «A ces Puissances incombera la responsabilité de toutes les conséquences de cet événement», conclut Vienne en désignant Moscou du regard[15]. Le gouvernement conservateur autrichien a évidemment compris que la menace rouge représentait la meilleure carte à jouer pour attirer l'attention des Alliés. Non sans lucidité, si on en juge par les discussions suscitées à Londres: l'ultimatum autrichien a été pris très au sérieux par le premier ministre britannique Lloyd George, pour qui la situation doit être appréhendée «very carefully». Les communistes, dit-il, «would no doubt try to seize Austria. Then Hungary, Czecho-Slovakia and the neighbouring States would be looking at Austria and at each other, anxious lest their neighbours should seize Vienna; and there would be Italy looking over the Alps to see what was going on». Pour le ministre des Affaires étrangères italien, Schanzer, une Autriche source d'instabilité sociale aux frontières de la Péninsule constituerait une raison pour son pays d'intervenir militairement. Poincaré suggère ainsi une action collective destinée à contenir le foyer d'instabilité qu'est devenu l'Autriche. Devant l'impuissance financière des Alliés, le dossier est définitivement remis à la SdN[16]. On le voit, la remise en cause de l'ordre social et la crainte du communisme constituent bien un élément décisif de la reconstruction européenne jusque dans les plus hautes sphères décisionnelles[17]. Les

---

15   SdN, 1807, Documents du Conseil 1922/II, C 572, Franckenstein (Ministre d'Autriche à Londres) à Lloyd George, 7 août 1922, 13 août 1922.

16   PRO, FO 371, 7339, CdR, p.-v. secret 14 août 1922.

17   Sur les appréhensions face à une possible prise de pouvoir par un mouvement communiste, voir aussi la lettre personnelle manuscrite du ministre des affaires étrangères italien (Schanzer) au premier ministre britannique (Lloyd George): «I am deeply convinced that it would be a terrible [mistake] for all to let Austria precipitate without doing every possible effort to save it. The financial catastrophe may determine in that unhappy country a social revolution the effects of which might extend to the neighbour countries with incommensurable consequences. We might have *bolscevism* [sic] not only in Austria but also in Germany and I doubt whether France and Italy would not also be victims of it» (PRO, FO371, 7340, Schanzer à Lloyd George, 29 août 1922, souligné par Schanzer).

appréhensions, particulièrement marquées chez Lloyd George, traduisent cependant un sentiment largement répandu dans les couches capitalistes, lisible tant dans les discours des banquiers signataires du mémorandum d'Amsterdam, que dans ceux des financiers réunis à Bruxelles. Rétrospectivement – il s'exprime en 1930 – le témoignage de McFadyean, ancien délégué britannique à la Commission des réparations, reflète clairement le rôle de la SdN dans la lutte contre le péril rouge dans la décennie suivant la guerre:

> If in the long run the League of Nations was a political necessity, it has proved that in the last ten years it was absolutely indispensable to preserve that minimum of economic stability without which the material on which statesmen must work would have gone to pieces in their hands. It is easy to forget how near the greater part of Europe was to Bolshevism in the years immediately following the cessation of hostilities. Organized philanthropy was able to deal with the symptoms of disease, but with the drying up of that source and the disappearance of such international bodies as the Supreme Economic Council, the League provided the framework within which the causes of disease could be treated radically. The disease was a derangement of credit, with State finances in disorder and national currencies chasing each other down a primrose path to a bonfire of useless paper[18].

Au sujet de la reconstruction autrichienne en particulier, le même Fadeyan salue le rôle bénéfique joué par la SdN: « [...] the most dangerous centre of infection in Europe [l'Autriche] was thereby immunized for the time being »[19].

Les tendances révolutionnaires et la contestation sociale au lendemain de la Grande guerre ne peuvent cependant se résumer à un conflit de classes; une telle schématisation donnerait une image simpliste d'une crise sociale beaucoup plus profonde et complexe. La principale faiblesse de l'œuvre monumentale d'Arno Mayer réside probablement dans un réductionnisme historique à la lutte des classes, qui empêche de rendre compte de l'ampleur de la remise en cause des structures sociales et culturelles. Aussi, dans une perspective plus large, la société occidentale se heurte pendant et après le conflit à une véritable crise de civilisation, dont l'Autriche sert d'exemple paradigmatique. Vienne, toujours perçue au tournant du siècle comme une capitale de la civilisation occidentale grâce à des figures telles que Hugo von Hofmannsthal, Sigmund Freud,

18   McFadyean 1930: 76.
19   McFadyean 1930: 77-78.

Gustav Mahler, ou Joseph Schumpeter. Ces figures souvent, plus populaires souvent à l'étranger que dans la capitale danubienne, traduisent le rayonnement intellectuel d'une Vienne *fin de siècle* pétrie de bon goût bourgeois. Or, la cité impériale s'est transformée en quelques années en un lieu de misère et de déchéance. Dans son ouvrage sur la stabilisation autrichienne, Jan Walré de Bordes, haut fonctionnaire de l'OEF, décrit la famine qui règne dans les rues de l'ancienne capitale[20], et quelques années plus tard, Arthur Salter, directeur de l'organisation, se rappelle du tableau de 1922: « Vienna [...] was a tragic scene. Its great streets empty of traffic; its shops closed; its people of all classes, including scholars of wide reputation, remnants of the older aristocracy and once prosperous businessmen, were visibly starving »[21].

La guerre n'a pas seulement fragilisé les bases de l'ordre social; elle s'est également traduite par une remise en cause de la croyance dans le progrès de l'humanité. Le déclin de la civilisation s'exprime notamment par la publication, en 1918, de l'ouvrage d'Oswald Spengler, *Le déclin de l'Occident*. Lorsqu'il édite en 1923 une version révisée de cette monumentale philosophie de l'histoire, l'auteur précise qu'il l'a rédigée pendant la période de « misère et l'écœurement » de la guerre, et son traducteur anglais attribue l'énorme succès de l'édition allemande aux conditions d'après-guerre[22]. Comme le signale Jo-Anne Pemberton, l'ouvrage de Spengler figure parmi les exemples les plus parlants de la littérature de crise de cette époque[23]. Tant sur les plans littéraire, psychanalytique que cinématographique, la rhétorique du déclin de la civilisation fait alors office de discours sur la crise de la modernité. Paul Valéry en fournit l'illustration littéraire dans ses lettres publiées en 1919: « nous autres, civilisations, savons maintenant que nous sommes mortelles », écrit-t-il[24]. Le diagnostic de Sigmund

---

20   Walré de Bordes 1924: 7.
21   Salter 1961: 176.
22   Spengler [1923]: xiv. La rédaction de l'ouvrage s'étend entre 1907 et 1917. Pour le traducteur, le succès commercial d'un ouvrage aussi complexe (90 000 exemplaires vendus en huit ans) s'explique par les circonstances de sa publication: « Its very title was so apposite to the moment as to predispose the higher intellectuals to regard it as a work of the moment » (préface du traducteur, Spengler [1923]: ix).
23   Pemberton 2002: 312. Voir aussi Hartog 2003: 23-24.
24   Initialement publiées dans l'*Athenaeum*, les lettres de Paul Valéry sont reproduites dans la *Nouvelle Revue Française* d'août 1919.

Freud ne fait pas exception à la règle. Son *Malaise dans la civilisation* (1929), dresse le portrait d'une civilisation désormais minée par sa propre tendance autodestructrice, engendrant ainsi un sentiment de culpabilité :

> les hommes d'aujourd'hui ont poussé si loin la maîtrise des forces de la nature qu'avec leur aide il leur est devenu facile de s'exterminer mutuellement jusqu'au dernier. Ils le savent bien, et c'est ce qui explique une bonne part de leur agitation présente, de leur malheur et de leur angoisse[25].

Dans son film culte *Metropolis* (1927), Fritz Lang illustre certains aspects de cette crise de la civilisation et des rapports entre classes. La société industrielle ultra-moderne et disciplinaire de Joh Fredersen repose sur une combinaison de rationalisation scientifique et de hiérarchie sociale. La science et la technique, loin de représenter un idéal de progrès comme au siècle précédent, fonctionnent désormais comme une source d'oppression. Bâtie sur des fondations sociales et idéologiques instables, ainsi que sur une légitimité contestée, Metropolis est susceptible à tout moment d'être renversée par la révolution. Le film s'achève ainsi sur un message quasi mystique de réconciliation entre classes, une réconciliation présentée comme la seule issue possible à l'instabilité sociale et à l'anéantissement de la civilisation moderne. A sa manière, *Metropolis* anticipe de plusieurs années le régime d'accumulation fordiste de l'après Seconde guerre mondiale : productivité et compromis de classes, telle sera la réponse à une crise sociale que les années vingt ne parviendront à résoudre.

La crise de société n'est pas propre à une classe sociale en particulier ; elle traverse tout le tissu social, comme en témoigne le rapport du Labour Party de janvier 1918 : ce programme de reconstruction fait reposer ses revendications sur le constat de la « fin d'une civilisation » à laquelle la guerre est susceptible de mener. Aussi, la reconstruction ne doit pas porter uniquement sur quelques pièces de la machine sociale, précise ce programme, mais viser la société dans son ensemble[26]. Robert Cecil, chef de la délégation britannique à la conférence de Paix de Paris, puis délégué au Conseil de la SdN, constitue probablement le meilleur exemple de la perception d'une crise qui, loin de se réduire aux hiérarchies

---

25   Freud [1929] : 107.
26   Labour 1918 : 3.

sociales, touche toute la civilisation[27]. Comme dans la rhétorique du parti travailliste britannique, les deux aspects de la crise participent chez lui d'une même dynamique, celle du déclin de la civilisation industrielle de la seconde moitié du 19e siècle. Une seconde guerre représenterait pour cet apôtre de la SdN la fin définitive de la civilisation occidentale, d'où l'importance d'une structure institutionnelle susceptible de rétablir l'ordre et la stabilité. « Who can doubt », demande-t-il en 1923, « that new wars will mean the destruction of economic civilization, that they will mean the loss of all the achievements of art and culture, and a return to the barbarism of the seventh and eighth centuries ? »[28]. Son compatriote et directeur de l'OEF exprime les mêmes craintes dans ses *Mémoires* : la guerre y est présentée comme la principale menace sur la civilisation occidentale. Pendant le conflit, une des espérances les plus vives du futur haut fonctionnaire de la SdN consistait à ne pas voir le monde anéanti par une ruine totale. Aussi, avec la victoire, poursuit Arthur Salter, « there was in the League of Nations a fairer prospect, of constructing a rampart against further wars which the forces of evil could not again surmount »[29]. Dans un même ordre d'idée, Vissering, le banquier central hollandais à l'origine des réunions d'Amsterdam, qui mèneront à la conférence de Bruxelles, est préoccupé par le déclin moral qui atteint non seulement la Russie gagnée par la gangrène du communisme, mais également les démocraties capitalistes. Dans son appel à la mobilisation internationale, il décrit un monde décadent corrompu par le « péché », et attribue la déchéance à trois « fléaux » de l'humanité « which should be written everywhere in letters of fire as a fearful warning: IGNORANCE – HESITATION – SELFISHNESS »[30]. Dans cette allusion biblique au Livre de Daniel, le banquier hollandais associe le déclin de la civilisation

27 Sur Robert Cecil, voir Raffo 1974. Voir aussi Cecil 1934, 1936.
28 Cecil 1923: 40.
29 Salter 1961: 173.
30 Vissering 1920: 8. Un autre banquier central, Norman, semble également parti en croisade pour la sauvegarde de la civilisation occidentale. Dans la biographie qu'il lui consacre en 1932, Paul Einzig précise que ses amis et admirateurs « consider him the saviour of civilization, who has consolidated Europe, and has prevented post-war economic chaos from leading to collapse and Bolshevism » (Einzig 1932: 2). Dans le même ordre d'idée, l'ancien secrétaire au Treasury (USA), A.W. Mellon, affirmait devant le *Ways and Means Committee* de la Chambre des représentants que « The countries of Europe must be restored to their place in civilization » (cité in Moulton/Pasvolsky 1932: 379-380).

chrétienne à la chute de l'empire assyrien que Dieu a condamné pour ses actes sacrilèges. Les métaphores bibliques ne sont pas un simple hasard : même si elles relèvent avant tout de la socialisation de leur auteur, elles renvoient également aux références culturelles qu'il s'agit de préserver.

La perception d'une crise de civilisation se lit d'ailleurs explicitement dans les discussions de Bruxelles. A l'issue d'une guerre dévastatrice en hommes et en ressources, qui a ébranlé la confiance dans le modèle de la civilisation capitaliste occidentale, le rassemblement, pour la première fois depuis 1914, de représentants des belligérants et des neutres y est décrit comme un heureux présage. Le rapport de la conférence précise à ce titre que «[la conférence] inaugure […] une ère nouvelle de coopération et de bonne volonté *qui assurera le maintien de la civilisation*»[31]. Les armes ne sont pas les seules menaces montrées du doigt à Bruxelles : la «passivité» du travailleur mine tout autant une civilisation industrielle. Les élites financières ne manquent donc pas de fustiger une production industrielle au-dessous de la normale, et accompagnée «de ces grèves fréquentes» qui aggravent la situation ; elles exigent ainsi une croissance de la productivité des travailleurs et en appellent au «devoir patriotique de tout citoyen» de contribuer «de tout son effort» à accroître le bien-être collectif[32]. Le rapport de la conférence souligne ainsi la nécessité de rétablir «le désir et la volonté de travailler» qui, en plus de garantir la paix sociale et internationale, assurera le maintien de la civilisation[33]. On le voit, au lendemain de la guerre, la crise de civilisation ne s'exprime pas que dans la perception d'une décadence due à la guerre, mais aussi dans une rhétorique dénonçant la passivité de l'ouvrier, plus préoccupé à organiser la prochaine grève qu'à œuvrer activement au bonheur mondial et à la sauvegarde de la civilisation matérialiste du 19e siècle[34]. Quant à l'étalon-or,

---

31   SdN 1920c, rapport de la conférence, p. 10. Souligné par MF.
32   Résolution V de la commission des circulations monétaires et du change et résolution X de la commission des finances publiques. SdN 1920c : 24.
33   SdN 1920c, rapport de la conférence, p. 10.
34   Le 22 mai 1924, lors d'une conférence à Chatham House au cours de laquelle il présente la reconstruction hongroise par la SdN, Arthur Salter mentionne plusieurs des «pires craintes» qui avaient hanté la période après l'armistice, et qui entre-temps se sont avérées «irréelles ou exagérées». Parmi celles-ci figure précisément, outre la peur du bolchevisme, l'«aversion pour le travail» («disinclination to work»). Conférence publiée par le RIIA (Salter 1924).

on ne sera pas surpris de voir sa dépouille dans ce cortège de lamenta-
tions: institution centrale et primordiale de la civilisation menacée, son
rétablissement constitue une priorité. Dans un article de 1933, l'économiste britannique J. H. Jones estime qu'avant la guerre, l'étalon-or « was
among the things taken for granted as an element of Western civilisation »[35]. Reconstruire l'Europe et sa civilisation, comme le chapitre
suivant le montrera, c'est avant tout réanimer coûte que coûte les vertus magico-religieuses du métal jaune.

Entre « paradis perdu » et « nouvel ordre »

La reconstruction de l'Europe s'inscrit dans ce contexte social et culturel
traversé par la remise en cause des hiérarchies et la perception d'un
déclin de la civilisation libérale moderne: elle vise dès lors au rétablissement d'un ordre social et économique conçu comme la charpente
d'une civilisation entière[36]. L'enjeu consiste ainsi à réinventer une forme
de régulation qui permette de surmonter la crise. La réorganisation du
système social capitaliste s'articule autour de deux idées fortes[37]. D'une
part, les élites européennes, confrontées à la remise en cause de leur
statut, sont incitées à créer une nouvelle légitimité, susceptible de servir
de point d'appui à l'ordre de la reconstruction. D'autre part, elles sont
placées devant la nécessité de satisfaire au critère de la prospérité. Au
sein de cette double contrainte, la reconstruction exprime ainsi une
dialectique de la structure et de l'innovation: sur la rhétorique classique
de l'internationalisme libéral du 19e siècle se greffera une régulation
coopératiste nouvelle, dont la SdN constituera une pièce essentielle.

Dans la longue durée de l'internationalisme libéral, la reconstruction de l'Europe apparaît ainsi comme la quête d'une forme de régula-

---

35   Jones 1933: 551.
36   Gerard Vissering y fait explicitement allusion dans son commentaire du mémo-
     randum d'Amsterdam, qui est à l'origine de la conférence financière de Bruxelles
     et de l'OEF: « The main object [du mémorandum] was however to express in
     most urgent terms the general desire that a great international conference should
     be called together, in order to thus lay the foundation for a broader international
     cooperation *towards the reconstruction of the greatly shaken social edifice in
     practically every country* » (Vissering 1920: 90, souligné par MF).
37   Sur cette question, voir Maier 1987: 161.

tion capitaliste permettant de reconstituer le marché global auquel la guerre a mis un terme. Aussi la fin de la guerre s'accompagne-t-elle de discours idéalisateurs sur l'ordre social perdu. Du point de vue des élites dirigeantes, le 19ᵉ siècle est alors construit comme une période de paix, de bien-être et de stabilité, et il sert de référentiel à la reconstruction. La conceptualisation de l'étalon-or sera amplement influencée par cette nostalgie. Dans le contexte de crise sociale, cette mythification du passé par les élites capitalistes traduit le projet de souder les forces sociales autour d'un idéal de stabilité et de prospérité. A l'instar de Vissering, Arthur Salter, le chef de l'OEF, est très inspiré par des métaphores bibliques qui servent à appuyer sa rhétorique économique : il conçoit la mission de son organisme comme la recherche du paradis perdu dont la civilisation a été expulsée par l'épée de feu qu'est la guerre :

> It was therefore natural that the first effort of reconstruction after the war should have been directed, in nearly all countries, not to changing the main structure of either society or its economic and financial framework, but to repairing and rebuilding on the old foundations and to the old design. By comparison with 1919 the world of 1913 seemed to most of us a paradise from which we had for a time been excluded by a flaming sword. It seemed a sufficient goal for our efforts to win our way back to what we lost[38].

Salter traduit un sentiment qu'il n'est de loin pas le seul à partager au sein des couches privilégiées. Dans *Les conséquences économiques de la paix* (1920), Keynes considère la Première guerre mondiale comme un coup fatidique porté à un âge d'or et, lui aussi, alors qu'il n'est pas encore « keynésien », cherche la meilleure manière de rétablir la discipline budgétaire, un étalon monétaire stable, un régime commercial et financier libéral, et l'ordre social correspondant. L'utopie d'un retour à un idéal du 19ᵉ siècle se trouvera codifiée dans les résolutions de la conférence financière de Bruxelles (1920), qui demandent explicitement le rétablissement de la liberté de commerce telle qu'elle existait auparavant, et le retour des nations à « leur régime monétaire d'avant guerre »[39]. La nostalgie des élites capitalistes d'une époque supposée sereine et fastueuse n'a d'égale que leur volonté d'abattre les mesures étatistes érigées durant le conflit. La guerre, on le sait, s'était en effet traduite par une suspension progressive de l'ordre libéral. L'effort de

38   Salter 1961 : 193.
39   SdN 1920c : 25.

guerre totale avait mené à un contrôle relativement large de la production à l'échelon domestique et, au niveau international, le ravitaillement au sein du camp allié avait été placé sous un contrôle étatique international[40]. Aussi, une fois la paix conclue, la tendance dominante au sein du camp allié consiste en une « démilitarisation de l'économie », comme l'exprime une formule très en vogue à ce moment. J'ai déjà souligné cet objectif qui fait l'objet de la réunion des hommes d'affaires à Atlantic City en 1919 et qui figure parmi les raisons d'être de l'ICC[41]. Le gouvernement français fera long feu en tentant de maintenir en place les structures coopératives de la guerre ; du côté anglo-saxon, il s'agit au contraire de rétablir ce que les élites considèrent comme l'âge d'or. Impuissant, Jean Monnet assistera au démantèlement de l'organisation qu'il s'était attelé à bâtir durant la guerre, aux côtés d'Arthur Salter, et pour laquelle il voyait un rôle central dans la gouvernance de la reconstruction[42]. A peine démobilisé, et peu avant d'être désigné secrétaire général adjoint de la SdN, Jean Monnet déplore ainsi « la reconstitution dans chacun de nos pays de systèmes politiques qui n'étaient que la poursuite, une fois fermée la parenthèse de la guerre, des règles et des coutumes des vieilles démocraties parlementaires »[43].

La volonté d'un « retour à la normale » a incité certains à ne voir dans la reconstruction européenne qu'un projet réactionnaire, dont la concrétisation passerait par l'application d'un programme libéral traditionnel « à l'anglaise »[44]. Cette interprétation n'est pas étrangère à une certaine habitude consistant à présenter le bilan de la SdN comme un « échec » : l'idéalisme libéral de Genève serait demeuré sans force devant les hautes vagues du protectionnisme et du nationalisme. Ce

---

40   Sur cette question, voir Salter 1921.

41   Ridgeway (1938 : 4) décrit en ces termes la volonté de déréglementation au lendemain de la guerre « The newly founded ICC became the center of a movement by liberal business men which had as its objective the overthrow of the surviving wartime domination by governments of international economic relations ».

42   Monnet 1976 : 85-86.

43   Monnet 1976 : 91. Sur le démantèlement des mesures de contrôle, voir Armitage 1969 ; Kuisel 1984.

44   A ce sujet, voir notamment Northedge (1986 : 166-167) et Nussbaum (1954 : 256). Pour Arthur Nussbaum, « The economic policies of the League were guided by the philosophy of economic liberalism of the English type, sponsoring measures conducive to freedom of commerce and to economic cooperation ».

discours traditionnel décrit une SdN à la fois impuissante et à contre-courant de son époque. C'est à cette vision classique que ce chapitre offre une alternative. Si la reconstruction sous l'égide de la SdN vise bien à retrouver un ordre libéral, comme en témoignent les métaphores du paradis perdu, elle ne peut se résumer à cette seule composante, ni dans ses méthodes, ni dans ses objectifs. Elle doit ainsi être comprise dans la modernité de l'organisation sociale des années vingt dont elle constitue à la fois un reflet et un processus actif. Le discours de la reconstruction consiste ainsi également en une rhétorique de la moderni-té et du changement. «Paradis perdu» d'un côté et «nouvel ordre» de l'autre : la transition à laquelle participe la SdN est une tension entre l'ancien et le nouveau, à l'instar de *Metropolis*, qui associe les figures antiques de la Tour de Babel et du Moloch à la cité ultra-moderne d'une ère dominée par la technologie et le savoir. Nostalgique de l'époque victorienne et edwardienne, Arthur Salter conçoit ainsi, dans un même élan, le rôle de la SdN en matière économique comme la construction d'un «nouvel ordre mondial»[45], et la jeune organisation incarne pour lui la chance d'édifier «on the shattered foundations of the older world a new and better one, with not only stable peace but increasing and assured prosperity»[46]. La SdN conçoit ainsi sa contribution dans le domaine économique comme l'application de méthodes «which repre-sent an advance on those that were in use before the war», affirme le chef de l'OEF pour appuyer sa rhétorique de la modernité[47]. Quant à la conférence de Bruxelles, point de départ de la reconstruction euro-péenne par la SdN, elle prétend elle aussi inaugurer «une *ère nouvelle* de coopération et de bonne volonté»[48]. Ces pratiques discursives ne doivent pas être vues comme de simples effusions verbales sans intérêt, mais au contraire comme des marqueurs d'un sens commun, en même temps que des démarches justificatives d'un projet social. La quête de l'ancien permet de légitimer le processus de reconstruction en idéali-sant un ordre social stable et ses références identitaires; elle apparaît ainsi comme une réponse au discours révolutionnaire et à la contestation socialiste. En parallèle, les métaphores de la modernité expriment le

---

45   Arthur Salter, discours à Prague, 4 octobre 1928, cité par Pemberton 2002 : 314.
46   Salter 1961 : 173.
47   SdN 1930b : 178.
48   SdN 1920c : 10. Souligné par MF.

projet de réinventer de nouvelles formes de régulation du libéralisme, susceptibles de faire face à la crise de légitimité du capitalisme et de mener au but visé par Arthur Salter : la prospérité.

4.2 La SdN et le pouvoir du coopératisme

Corporatisme et coopératisme

L'émergence de la régulation corporatiste au lendemain de la guerre est bien connue des spécialistes de l'histoire sociale internationale, tels que Charles Maier, Michael Hogan, Emily Rosenberg, Joan Wilson ou Melvyn Leffler[49]. Même s'il n'est pas une invention propre à l'après-guerre, le corporatisme prend cependant une importance particulière durant les années vingt dans la mesure où il s'érige en véritable procédure de gestion politique des conflits sociaux. Comme le souligne Robert Cox, il s'inscrit dans le sillage du développement du mode de production bipartite – qui repose sur un système de négociation entre le patronat et le travail organisé – dont il deviendra après la guerre une forme d'extension[50]. Sur le plan organisationnel, le corporatisme se réfère à un mode de régulation qui repose sur des groupes fonctionnels officiellement reconnus, tels que le travail organisé, le commerce, ou l'agriculture. Dans un tel système, les mécanismes institutionnels de régulation et de coordination cherchent à intégrer les groupes dans un tout organique : les élites des secteurs privé et public coopèrent et concluent des arrangements afin de garantir la stabilité et l'harmonie de l'ordre social[51].

Le corporatisme plonge ses racines dans la mobilisation du capital et du travail dans le cadre du système de production intensive durant la guerre. Le travail organisé s'est alors trouvé intégré dans un système de

---

49   Voir Hogan 1977 ; Maier 1975 ; Leffler 1979 ; Rosenberg 1982 et Wilson J. 1971. On trouvera des développements supplémentaires chez Hogan 1981, 2004 ; Maier 1987 ; Rosenberg 1999.

50   Cox 1987 : 74-78. Robert Cox utilise le concept de *tripartisme* pour désigner cette forme organisationnelle des rapports de production, qui se présente comme un développement historique du *bipartisme* après la guerre.

51   Hogan 2004 : 138.

négociation et de compromis placé sous l'égide de l'appareil étatique. De surcroît, alors que les gouvernements revendiquaient des compétences toujours plus larges dans la régulation des prix, du travail et des matières premières, ils ont transféré cette responsabilité à des représentants du travail, de l'agriculture ou de l'industrie, réunis dans des organismes de supervision[52]. Or, même si l'après-guerre et le processus de reconstruction européenne sont marqués par un désir de « démilitarisation économique », les procédures corporatistes n'ont pas été totalement écartées pour autant. Que ce soit dans le cas des Etats-Unis, étudiés par Michael Hogan, de la Grande-Bretagne, passé en revue par Keith Middlemas, ou de pays tels que l'Allemagne, l'Italie et la France, objets de l'étude de Charles Maier, le corporatisme d'après-guerre est une procédure visant à réorganiser le système de production libérale pour en contenir les effets secondaires, source de déstabilisation sociale[53].

La SdN n'a jamais été véritablement intégrée dans l'étude des formes corporatistes de la régulation. Charles Maier néglige presque totalement l'organisation internationale, et Michael Hogan n'y prête qu'une attention secondaire[54]. Même si on ne peut en aucune manière parler de corporatisme en rapport avec les procédures mises en place par Genève, il faut cependant mettre en évidence un système d'arrangement institutionnel qui s'en inspire, et qui permet de situer la SdN dans l'organisation globale des rapports de production. J'utiliserai ainsi le concept de *coopératisme* pour désigner la dimension globale – et pas seulement domestique – du phénomène. La substitution de coopératisme à corporatisme ne traduit cependant pas qu'un changement d'échelle : il permet également de développer d'autres formes de régulation qui ne passent pas nécessairement par des arrangements consensuels entre forces sociales, des arrangements auxquels le corporatisme tend parfois à se réduire. Le coopératisme procède aussi, on le verra, par l'exclusion, c'est-à-dire par une sélection des forces sociales investies de compétences régulatrices.

---

52 Cox 1987 : 75 ; Maier 1975 : 11.
53 Pour l'Angleterre, voir Middlemas 1979. Une formule élégante permet à l'auteur de définir le corporatisme comme le processus par lequel des groupes d'intérêts sont considérés comme *governing institutions*.
54 Un article plus récent de Maier (2000) comble cette lacune et inscrit le corporatisme dans une perspective internationale.

Le coopératisme peut se comprendre comme un discours et une forme de régulation de l'économie politique globale qui affirme que les forces du marché sont à elles seules incapables de mener à un état de stabilité et de prospérité[55]. Dans le mode de régulation coopératiste, le système social de production doit être ajusté afin d'encourager la coordination et l'organisation rationnelle de la production, et de contenir les effets négatifs du laisser-faire, de plus en plus considéré comme une source de conflits. Le coopératisme se fond entièrement dans l'idéologie idéaliste propre aux années vingt et à la SdN en particulier. Tout comme l'état de nature est une source de conflits qu'une confédération kantienne d'Etats républicains peut transcender, la coopération des forces sociales dans le cadre de la production permet d'écarter le spectre des conflits politiques ou militaires, et d'accroître l'efficacité du marché global. Quatre aspects du coopératisme permettent d'en cerner la nature et les enjeux. Pour les tenants de cette approche, dont la SdN deviendra l'incarnation, la coordination des acteurs sociaux à un niveau international est nécessaire au bon fonctionnement du libéralisme, tant dans la sphère de la société civile qu'entre la société civile et la société politique. En outre, le coopératisme passe par la reconnaissance de groupes fonctionnels qui accèdent à un statut officiel: la SdN coopère par exemple avec l'ICC qu'elle considère comme l'organe représentatif des milieux d'affaires internationaux. L'OIT fait office d'institution illustrant les intérêts du travail organisé (même si dans la pratique elle représente autant le patronat que le monde ouvrier). De plus, à l'instar du corporatisme, le libéralisme coopératiste vise à contourner les organes représentatifs traditionnels de la société – les parlements, voire parfois les administrations étatiques – afin de confier certains aspects de la régulation à des instances de négociation parallèles. Enfin, la régulation coopératiste idéalise l'organisation rationnelle, scientifique et apolitique des activités. La rationalisation est elle-même conçue, en parallèle à la coopération et en son sein, comme une des démarches permettant d'améliorer le libéralisme et d'en accroître les vertus.

Le coopératisme des années vingt ne doit toutefois pas être confondu avec les formes de corporatisme qui se développeront durant les années trente. Même si la régulation valorisée passe par la coopération

---

55   Sur l'influence de la guerre dans la conception du marché et l'émergence du coopératisme, voir Fior 2008.

des forces sociales représentées par leurs institutions, le rôle de l'Etat ne consiste pas à agir directement sur le niveau d'activité économique. Le mode de régulation demeure celui d'un marché qui est supposé mener à l'état d'équilibre et au plein emploi des facteurs de production par ses propres «lois», sans l'intervention directe de l'Etat dans la création de la demande. Une telle définition keynésienne de la régulation serait anachronique pour les années vingt, qui mettent en valeur des instances coopératistes au sein d'un modèle libéral d'inspiration néo-classique. Le coopératisme vise plutôt le contraire: en favorisant les processus d'arrangement, il permet d'éviter l'intervention directe de l'Etat et son contrôle sur la production et la répartition des richesses. Il constitue une sorte de garde-fou contre l'intrusion publique, et se présente comme un dispositif d'affermissement ou de consolidation des procédures de marché. Le coopératisme préconisé par la SdN incarne un paradoxe central qui, à sa manière, traduit tout le désarroi dans lequel se développe la réflexion de la SdN en matière macroéconomique au lendemain de la guerre: le marché global, souvent considéré comme obéissant à ses propres automatismes, doit être en quelque sorte organisé par les acteurs économiques pour fonctionner de façon optimale. Ces derniers ne se substituent pas aux mécanismes du marché (qui sont destinés à demeurer), mais y interviennent pour en juguler les effets néfastes. Le système monétaire d'étalon devise-or, dont la SdN se fait la missionnaire, constitue une illustration parfaite de ce paradoxe: l'autorégulation du marché repose en fait sur une étroite coopération des banques centrales, et une maîtrise active des fluctuations de prix.

La SdN a souvent été interprétée comme une créature de l'étatisme, notamment par l'opinion publique étasunienne qui l'a considérée avec mépris. Principale figure du libéralisme fonctionnaliste, David Mitrany saluait certes ses activités économiques et sociales, mais il y voyait, une fois ses espoirs déçus, une vieille relique de la régulation interétatique; d'autres libéraux, à l'instar de Norman Angell, demeuraient réservés face à une institution dont ils déploraient les lignes trop nationalistes[56]. Entre 1919 et 1920, un débat avait surgi lors de l'établissement de la nouvelle organisation: devait-elle obéir à une logique de type «nationaliste» et représenter des Etats, ou au contraire développer une méthode

---

56   Mitrany 1933, [1943]; Angell 1935.

de travail plus fonctionnaliste, et mettre en connexion des administrations? L'approche étatiste l'avait finalement emporté, et la SdN a été conçue de sorte à n'entamer en rien les souverainetés nationales dont elle reconnaissait au contraire la légitimité dans sa charte[57]. Pourtant, dans le sillage de la mise sur pied de l'appareil économique et des organismes autonomes, le coopératisme – sorte d'alternative, très édulcorée, au fonctionnalisme – est devenu un mode de fonctionnement important, bien que peu visible, de la jeune institution.

SdN et coopératisme: le tripartisme

Les formes institutionnelles coopératistes dans la sphère de la SdN peuvent se schématiser autour de trois différentes modalités, présentées ici comme des cas-type: le *tripartisme*, le *bilatéralisme* et le *coopératisme privé*. Dans la pratique, les formes de coopératisme ont tendance à s'interpénétrer, à intégrer plusieurs formes à la fois, ou à évoluer dans le temps. Le coopératisme *tripartite*, le plus clairement institutionnalisé au sein de l'appareil genevois, trouve sa plus forte expression dans l'OIT. Comme l'insinuent les articles correspondants du Traité et du Pacte, l'organisation du travail repose sur l'idée que, laissé à lui-même et à ses forces prétendument automatiques, le marché rend les ouvrières et les ouvriers victimes de conditions de travail inhumaines, susceptibles de surcroît de mener à des troubles sociaux et à gonfler les rangs de l'opposition communiste. Ses effets néfastes doivent donc être contenus, au niveau global, par une organisation internationale permettant d'améliorer les conditions de travail. A l'image des arrangements sociaux de production mis en place durant la guerre, l'OIT adoptera une architecture institutionnelle tripartite: Etat – travail – patronat[58]. La conférence internationale (Parlement) sert d'organe législatif où chaque Etat membre est représenté par quatre délégués: deux représentants du gouverne-

---

57   Sur le débat qui oppose en 1919 et 1920 les tenants du fonctionnalisme et les adeptes du principe national, voir Dubin 1983. Le principe national est implicitement reconnu dans les articles 10 et 11 du Pacte.

58   L'idée d'une telle représentation tripartite a été suggérée par Leonard Woolf en 1916, et reprise par la délégation anglaise lors de la rédaction de la charte de l'OIT. Voir Ghebali 1987: 30; Woolf 1916.

ment, un représentant des employeurs et un représentant du travail[59]. C'est au gouvernement qu'incombe la responsabilité de désigner les deux représentants de la société civile ; il le fait toutefois en accord avec les organisations représentatives[60]. L'architecture de l'organe législatif de l'OIT – un organe qui, tel un parlement national, symbolise les forces sociales de la nation réunies en une assemblée souveraine – traduit la logique coopératiste tripartite en marche au sein de la SdN : la recherche d'arrangements entre le patronat et le monde ouvrier, sous l'égide et l'impulsion de l'Etat. En plus du tripartisme, la logique institutionnelle de l'OIT reflète une logique bilatérale où la société civile est placée en face de la société politique : les délégués gouvernementaux (2 au total) représentent le même poids que les délégués de la société civile (1 + 1). Cette procédure d'arrangement, qui confère le même poids aux deux composantes de l'Etat, s'exprime ainsi sous la forme d'un dialogue au sein duquel la société politique est en tout temps capable de faire contrepoids à la société politique, et vice versa.

Si l'OIT n'est pas directement en charge des stabilisations monétaires et des plans d'ajustement structurels, elle joue cependant un rôle non négligeable dans le projet de reconstruction à quatre niveaux. Premièrement, elle rassemble les forces sociales dans un ensemble de procédures de négociation et d'arrangements destinés à garantir la stabilité sociale, composante centrale de tout le projet de reconstruction. Certes, des considérations « éthiques » ne sont pas absentes du projet de l'OIT, mais dans le cadre des négociations de Versailles, c'est avant tout la stabilité de l'ordre social qui permet de comprendre l'acceptation, par les élites dirigeantes, d'un tel organisme. Comme le signale Malcolm Delevingne, membre britannique de la délégation chargée de la législation internationale du travail à la conférence de paix à Paris, « le monde du travail attendait et exigeait des réformes de grande portée. Il

---

59   Traité de paix entre les puissances alliées et associées et l'Allemagne, 28 juin 1919, Partie XIII, art. 389, § 1. Le Traité prévoit en ces termes l'organisation tripartite : « La conférence générale des représentants des Membres [de l'OIT] sera composée de quatre représentants de chacun des Membres dont deux seront des Délégués du Gouvernement et dont les deux autres représenteront respectivement, d'une part, les employeurs, d'autre part, les travailleurs ressortissant à chacun des Membres ». Dans la charte de la SdN, l'OIT relève de l'article 23, § a.

60   Sur les structures de l'OIT, voir Bonvin 1998 : 65-68 ; Cox/Jacobson 1974 : 103-105.

avait réclamé que ces réformes soient insérées dans les clauses du traité de paix. Bien que cela fût impossible, il n'y avait aucune volonté, de la part des principaux gouvernement du moins, de ne pas prendre en considération ces revendications; et les menaces de possibles émeutes ouvrières les incitaient à traiter la matière de toute urgence »[61]. Le banquier étasunien Henry Robinson, président de la First National Bank de Los Angeles et délégué de l'ICC au sein du comité de financiers chargés de la reconstruction allemande, affirme lui aussi l'importance de l'OIT, « one of the best ways of holding back Bolshevism and various forms of socialism »[62]. Dans la stratégie des élites capitalistes, une telle organisation a également pour objet de diviser le mouvement ouvrier, opération qui n'a pas été vaine: en intégrant la contestation ouvrière dans une procédure coopérative aux côtés des représentants du capital, l'OIT a permis de scinder le mouvement ouvrier entre une tendance radicale (communiste) et une tendance modérée (social-démocrate), contribuant ainsi d'autant plus à affaiblir le péril bolchevique et à contenir la contestation de gauche[63].

Deuxièmement, dans la perspective d'une reconstruction susceptible de s'étendre sur plusieurs années et de demander des sacrifices et une participation intensive de la classe ouvrière, il était déterminant, en 1919, de mettre sur pied une procédure capable de souder les forces sociales. Dès la fin de la guerre en effet, il est clair pour les élites capitalistes que la reconstruction devait passer par une adaptation de l'appareil productif en fonction de critères de performance accrus, tels qu'ils ont déjà été mis en œuvre durant la guerre. Les années vingt se traduisent en effet par une intensification de la taylorisation du travail, un processus que la SdN encourage, comme en témoigne la conférence économique de Genève (1927). Par ailleurs, en 1920, les élites financières préconisent une maîtrise de l'instabilité monétaire qui passe par une politique déflationniste dont personne n'ignore les conséquences néfastes sur le niveau de vie. La conférence financière de Bruxelles fait ainsi clairement référence aux sacrifices auxquels chaque classe devra consentir: «toutes les classes, les classes riches en particulier, doivent

---

61   Traduit et cité par Bonvin 1998: 19.
62   Préface à l'ouvrage de Paul Périgord (1926) sur l'OIT. Voir aussi Murphy 1994: 159.
63   Voir Maier 1967: 9; Polanyi [1944].

être préparées à accepter volontairement des charges même anormales pour sortir de la situation actuelle [...]. Il est un devoir patriotique de tout citoyen de pratiquer la plus stricte économie et de contribuer de tout son effort à accroître le bien-être collectif», précise une résolution[64]. Les sacrifices à consentir dans l'effort de reconstruction sont sévères – et source de conflits – pour les structures économiques et sociales allemande, autrichienne, hongroise et bulgare, qui en plus de leur propre reconstruction, sont soumis au paiement de réparations aux Alliés. Cette situation met leur classe ouvrière d'autant plus à contribution.

Le poids de la reconstruction qui pèse singulièrement sur les couches sociales défavorisées des Etats vaincus rend ainsi d'autant plus importante leur intégration dans les institutions coopératistes. Dans cette perspective, l'une des principales préoccupations des élites britannique et française consistera à faire entrer l'Allemagne et l'Autriche dans l'OIT, notamment afin de présenter le tripartisme comme une procédure légitime de la reconstruction[65]. Mais il s'agit aussi de compenser la mise à l'écart de ces pays par la logique punitive de Versailles: soumis à des charges que Keynes décrira comme insupportables et dangereuses, les classes ouvrières allemandes, autrichienne ou hongroises sont susceptibles de s'opposer à toutes les mesures que la reconstruction d'un marché global peut rendre nécessaires. Aussi s'agit-il d'intégrer le monde ouvrier dans des institutions coopératistes qui lui donnent voix au chapitre et lui font miroiter des possibilités d'agir sur les modalités de la reconstruction. Maintenue au ban de la SdN en 1919, l'Allemagne rejoindra l'Assemblée et le Conseil genevois en 1926 seulement[66]. L'Autriche, grâce à la procédure de reconstruction, sera admise en 1920, au même moment que la Bulgarie, et la Hongrie patientera jusqu'en 1922. Contrairement à la SdN, l'OIT accueillera l'Allemagne et l'Autriche dès sa première conférence en 1919, marquant ainsi symboliquement la réconciliation des vaincus et des vainqueurs; au-delà des symboles, ce geste illustre le projet de légitimer les procédures de

64 SdN, 1920c: 21-22, résolution X de la commission des finances publiques, adoptée à l'unanimité.
65 Cox 1987: 183.
66 Sur les relations entre les Alliés, la SdN et l'Allemagne, voir Walters 1952: 277-282.

reconstruction dans toutes les couches sociales concernées, et la présence de délégués allemands à la conférence de Bruxelles participe d'un même projet consensuel.

Troisièmement, comme on l'a déjà esquissé, l'OIT occupe une place non négligeable dans le coopératisme de la SdN qui la considère comme l'organisation défendant le travail : elle est officiellement représentée à Bruxelles par William Martin qui ne siège cependant qu'à titre consultatif. En 1927 en revanche, lors de la conférence économique mondiale de Genève, ses représentants siègent au même titre que les autres experts, et notamment aux côtés des délégués de l'ICC. Grâce notamment à l'activisme de son directeur, Albert Thomas, l'OIT s'est rapidement imposée comme l'institution experte dans la sphère du travail. Ancien syndicaliste et ministre de l'armement durant la guerre, Albert Thomas constitue une illustration parfaite de la pensée coopératiste des années vingt[67]. Pour ce socialiste adepte du réformisme français, la lutte des classes ne peut contribuer à une amélioration de la condition ouvrière. Seule une négociation entre ouvriers et patrons permet de satisfaire les intérêts de chacun. A cette « loyauté entre les classes », comme il l'appelle, doit se greffer une réorganisation de la production qui repose sur une législation du travail favorable à la productivité[68]. La philosophie que cette figure internationale du travail a tenté d'insuffler à l'OIT relève précisément de cette « conscience d'être des *modernes* », pour adopter la formule de Richard Kuisel, une conscience qui passe notamment par une certaine forme d'organisation et de « discipline collective »[69].

Enfin, quatrièmement, on ne saurait négliger le rôle de l'OIT dans la recherche macroéconomique. Ce volet des activités est propre au Bureau international du travail (BIT), secrétariat de l'organisation et gouvernement tout-puissant d'une institution que Robert Cox n'hésite pas à qualifier de « monarchie limitée »[70]. La production d'études en matière, notamment, de cycles conjoncturels, de chômage, ou de conditions de travail va quantitativement et qualitativement largement au-delà des publications du Comité financier dans le domaine qui est

---

67   Sur Albert Thomas, voir Guérin 1996 ; Fine 1977 ; Rebérioux/Fridenson 1974.
68   Thomas à Romanet, industriel grenoblois, 1er mai 1923, cité par Guérin 1996 : 53-54.
69   Kuisel 1984 : 146.
70   Cox 1974. C'est l'analyse des structures d'influence au sein de l'organisation qui pousse Robert Cox à qualifier l'OIT de « limited monarchy ».

le sien[71]. Même si les deux organismes ne collaborent que peu, certaines recherches sont explicitement prises en considération au sein de l'OEF. Dans le domaine financier et monétaire toutefois, le Comité financier influence plus le BIT que le contraire, comme en témoigne l'adoption progressive de points de vue très orthodoxes par une organisation destinée à représenter – notamment – les préoccupations ouvrières[72].

SdN et coopératisme privé

Le tripartisme illustre au niveau global la logique corporatiste qui caractérise le processus de reconstruction d'après-guerre tel qu'on l'observe, pour l'essentiel, aux USA, en Grande-Bretagne en Allemagne, en Italie et en France. A l'échelle de l'OIT, le tripartisme consiste, on l'a vu, en une forme relativement sophistiquée de régulation libérale. Par son idéologie de coopération des forces sociales, il adopte toutes les caractéristiques de la conceptualisation gramscienne du pouvoir, c'est-à-dire un projet de cohésion des catégories sociales et des institutions, où la domination des rapports de production est rationalisée par un discours qui incorpore un consensus entre un groupe dominant et un groupe subordonné[73]. Dans un ordre hégémonique, le groupe dominant accepte certaines concessions qui ne condamnent cependant pas le rapport de pouvoir: comme le précise Robert Cox, «the language of consensus is a language of common interest expressed in universalist terms, though the structure of power underlying it is skewed in favor of the dominant groups»[74].

Si le tripartisme s'est présenté comme une démarche opportune pour intégrer le mouvement ouvrier à la reconstruction européenne, tous les aspects du processus ne se résument pas à cette seule forme. Le

---

71   Sur le rôle du BIT en matière de recherche scientifique, voir Endres/Fleming 2002, ainsi que le chapitre 5. L'OIT publie notamment une revue, l'*International Labour Review*.

72   BIT, Etudes et Documents Série C (Chômage), N° 13, Le problème du chômage. Quelques aspects internationaux 1920-1928, Rapport présenté à la douzième session de la conférence internationale du travail (mai-juin 1929).

73   Gramsci 1971: 161. Cox [1977]: 421.

74   Cox [1977]: 421.

coopératisme des années vingt passe ainsi par une deuxième procédure que l'on peut désigner par le concept de *coopératisme privé*, et qui s'exprime tant dans le domaine industriel (cartels internationaux) que dans la sphère monétaire. A l'image du tripartisme, le coopératisme privé repose sur le constat que le marché, livré à ses prétendus automatismes, ne peut garantir l'ordre et la prospérité, et il doit par conséquent être *guidé*. Or, si l'intégration corporatiste était la formule consensuelle idéale pour réconcilier les forces sociales, c'est au contraire l'exclusion qui préside au coopératisme privé. La coopération, en matière monétaire, est considérée comme relevant de la seule compétence des banques centrales appelées à établir des procédures communes sans intervention extérieure. Selon l'orthodoxie libérale prônée par la SdN et les milieux financiers, la monnaie se porte d'autant mieux lorsqu'elle est placée à l'abri des intrusions intempestives des Etats, et loin des revendications syndicalistes et « politiques » des milieux ouvriers. L'entre-deux-guerres est ainsi caractérisé par une idéologie de la coopération des banques centrales, dont le gouverneur de la Bank of England est le principal apôtre – mais très certainement pas le seul[75]. Profondément marquée par l'influence de la finance londonienne et par la conférence de Gênes (1922), l'OEF et en particulier son Comité financier appliqueront l'idéologie de la coopération des banques centrales à tous les niveaux de leurs activités. Au plan de la conceptualisation axiomatique, les travaux dominants, notamment ceux de l'économiste suédois Cassel, posent la coopération des acteurs monétaires comme une condition de base de la reconstruction monétaire. Au niveau plus pratique des plans de stabilisation, les banques centrales sont bâties selon le modèle britannique du *central banking*, qui ne se limite pas aux systèmes monétaires des pays stabilisés par la SdN, mais s'étend d'une manière générale à toute l'Europe, Allemagne comprise[76]. Le mépris de Norman envers l'Etat et sa doctrine de la coopération monétaire sont bien connus. Son grand dessein d'organisation économique et financière, qu'il considère comme l'œuvre du 20e siècle, doit se faire sous la forme d'une coopération purement privée. Les hommes et les institutions

---

75   Clarke 1967 reste une référence essentielle à l'étude de la coopération des banques centrales durant les années vingt, ainsi que Eichengreen 1992.

76   Sur la doctrine du *central banking*, qui sera détaillée plus loin, voir Cottrell 1997; Feiertag 1999.

politiques sont à ses yeux incapables de prendre en charge une telle organisation avec suffisamment de compétence et de continuité. C'est donc aux banques centrales, et à elles seules, qu'incombe la tâche : « de telles banques », résume le compte-rendu d'un entretien du gouverneur de la Banque de France, Moreau, avec Norman

> tireraient leur pouvoir de leur accord entre elles. Elles réussiraient à faire sortir du domaine politique les problèmes essentiels pour le développement de la prospérité des nations : la sécurité monétaire, la distribution du crédit, et le mouvement des prix. Elles empêcheraient ainsi les luttes politiques intérieures de nuire à la richesse des nations et à leurs progrès économiques[77].

On le voit, dans cette optique, seule la coopération des acteurs privés permet le rétablissement du marché autorégulateur global et la prospérité, une idée très populaire dans les milieux financiers de l'entre-deux-guerres où règne un scepticisme prononcé face à tout interventionnisme étatique.

SdN et coopératisme bilatéral

Aux côtés du coopératisme tripartite et privé, le bilatéralisme est la troisième forme de procédure coopératiste mise en œuvre par la SdN dans l'élan de la reconstruction de l'Europe. Il s'exprime dans une architecture qui reflète une logique de régulation sociale entre la société civile d'un côté, et la société politique de l'autre. Contrairement au tripartisme, dont le langage institutionnel marquait le projet de négociation entre des forces antagonistes de la société civile (ouvriers et patronat), le bilatéralisme participe d'une démarche différente : la société civile y est représentée sans distinguer les antagonismes sociaux qui la traversent ; dans le coopératisme bilatéral en effet, ce ne sont pas les divergences politiques qui doivent être surmontées, mais c'est le savoir neutre et expert des praticiens de la société civile qui doit pouvoir s'exprimer. Celle-ci se réduit ainsi souvent à une représentation restrictive, à l'instar du Comité financier où ne siègent que des experts

---

77 Moreau 1954 : 137. A ce sujet voir aussi Wapler 1999. Dans un courrier du 13 octobre 1920, Norman en appelle à « un monde dans lequel les banquiers centraux prendraient la relève des hommes politiques et par une constante coopération serviraient la communauté toute entière » (cité et traduit par Wapler 1999 : 683).

de la finance. Le bilatéralisme caractérise les principales procédures coopératistes mises en œuvre au cœur de la SdN, et notamment au niveau de l'OEF. Dans cette forme de régulation, la société politique est représentée par le Conseil, espace de délibération des gouvernements, ou plus exactement de certains gouvernements, en l'occurrence les Etats vainqueurs flanqués de quelques représentants divers. A l'intérieur de ce cénacle, les figurants ne siègent qu'à titre de porte-parole de leur gouvernement, et se laissent guider par un processus décisionnel découlant de l'appareil étatique auquel ils appartiennent et qu'ils représentent. Aussi, lorsqu'un délégué s'exprime, c'est un gouvernement qui parle. Selon la logique de la souveraineté nationale, chaque Etat peut y exercer son droit de veto, procédure qui laisse à chacun le loisir de bloquer toute décision. Jean Monnet l'exprime non sans humour lorsqu'il décrit une séance du Conseil: «Comme à l'habitude, le représentant anglais, lord Balfour, semblait dormir. Quand vint son tour [de voter], il se leva et dit simplement: *Le gouvernement de Sa Majesté est contre*, puis il reprit sa somnolence. La question était réglée»[78].

Une toute autre logique caractérise les formes institutionnelles de la société civile dans l'appareil de la SdN: les délégués qui siègent dans les instances de l'OEF sont certes désignés par les gouvernements, mais ils ne les représentent pas: leur statut est celui d'un expert. Certes, chaque expert entretient des liens plus ou moins étroits avec l'appareil étatique du pays dont il est ressortissant, mais l'OEF n'est pas un lieu de négociation interétatique. Il faut plutôt y voir un espace de délibération et de négociation officiellement présenté comme l'expression du savoir apolitique de la société civile. Ses membres représentent les domaines «financier», ou «économique», voire «technique», et c'est de ce savoir expert que découle la légitimité d'un organisme non démocratique. Trois caractéristiques permettent de mieux cerner la nature de ce système. Premièrement, sur un plan formel, l'organisme représentant la société civile ne dispose d'aucun pouvoir de décision. En tant qu'organe de consultation, il donne son avis, mène un travail de recherche, élabore des plans de reconstruction, ou négocie parfois des arrangements avec les gouvernements intéressés. Toute décision formelle relève en dernier ressort du Conseil exclusivement. Deuxièmement, les experts sont fréquemment issus du monde des af-

78   Monnet 1976: 113.

faires et de la finance, une tendance qui ira croissant durant la décennie. Au sein du Comité financier, les banquiers ont toujours constitué une large majorité (voir tableau 3.2). Enfin, les méthodes de délibération sont différentes. Contrairement au Conseil, où chaque Etat peut exercer un droit de veto et bloquer toute décision, l'OEF procède selon une démarche consensuelle. Une partie minoritaire se plie au point de vue de la majorité et les décisions sont présentées comme l'expression d'une unanimité. Cette fiction – en plus d'éviter les blocages dont souffre le Conseil – s'explique par la rhétorique d'universalité du savoir expert : comme la légitimité du Comité financier repose sur l'expérience et la neutralité de ses membres, un avis unique doit en émerger, faute de quoi cette forme institutionnelle ne remplirait tout simplement pas sa fonction de détentrice de vérité suprême, libérée de toute préoccupation politique.

Le bilatéralisme de la SdN présente une innovation par rapport à la régulation de l'internationalisme libéral caractéristique du 19ᵉ siècle. Certes, sur un plan formel, les unions administratives ressemblent en tous points à leur héritière : elles sont constituées selon une architecture en trois modules : l'assemblée, le comité ou la commission permanente (le Conseil dans le cas de la SdN) et le secrétariat. Trois différences essentielles permettent cependant de distinguer l'OEF des organisations internationales créées dans le sillage de l'UIT. D'abord, tant les comités que les bureaux sont composés de représentants de la société politique, et non de banquiers ou d'industriels supposés agir en tant qu'experts, comme au sein de l'OEF. Puis, l'appareil administratif est extrêmement restreint, et placé sous la supervision du pays qui héberge le siège de l'organisation. Enfin, le rôle du secrétariat se restreint à la collecte d'information, et il ne mène pas de négociations directes avec des gouvernements, contrairement au Comité financier. Aucune recherche scientifique n'y est menée. D'ailleurs, le secrétariat ne compte généralement qu'une petite poignée de fonctionnaires ; dans le cas de l'UIT, l'une des plus importantes institutions, les frais de personnel permanent du secrétariat ne dépassent pas 50 000.– francs suisses[79].

Le bilatéralisme ne doit pas être conçu comme une dualité opposant le pouvoir d'un côté au « non pouvoir » de l'autre, c'est-à-dire au « technique », au « pratique », voire au « fonctionnel », comme dirait

---

79   Voir Lyons 1963 : 29-35, 40.

Mitrany. Schématiquement, il s'exprime au contraire comme une dialectique de deux formes différentes de pouvoir, le pouvoir coercitif d'un côté – tel qu'il se trouve incarné dans le traité de Versailles – et le pouvoir disciplinaire de l'autre, celui de la normalisation du discours et du consentement dans la société civile.

Coopératisme et pouvoir

Réponse à la crise sociale au lendemain de la guerre, et doctrine de base où s'incarne le projet de reconstruction européenne dans sa dimension globale, le coopératisme s'exprime par une réorganisation des modalités d'exercice du pouvoir au sein du tissu social. Ce processus se traduit notamment par une redéfinition de la dialectique entre le *privé* et le *public*. La guerre a très certainement tracé la voie de cette évolution en plaçant l'organisation sociale de la production sous l'égide de l'Etat. Dans cet élan, comme le souligne Charles Maier, des compétences très larges ont été attribuées aux délégués de l'industrie, du travail et de l'agriculture, coordonnés par des comités officiels et d'autres organes de supervision[80]. Le coopératisme de la guerre a ainsi brisé certains tabous interventionnistes et, si le retour à la normale figure au premier rang des préoccupations une fois les armes déposées, des vestiges de la guerre influenceront les formes institutionnelles domestiques et globales de la reconstruction. Aussi, dans le cadre du tripartisme de la SdN, la limite entre les sphères *privée* et *publique* est entièrement brouillée : la société civile et la société politique s'interpénètrent dans une procédure de négociation où l'Etat intervient dans la régulation du travail, et où la société civile participe directement, au moyen de ses organes représentatifs, à l'élaboration de la législation. L'interpénétration relève en outre d'une reconnaissance officielle du patronat et du monde ouvrier comme des organismes structurés, disposant de représentants légitimes et officiels, parlant au nom d'un groupe social entier. Les émissaires de la société civile ne représentent dès lors plus des intérêts étroitement « privés » mais bien le point de vue d'une couche entière de la société, et leur statut n'est pas loin de devenir public.

---

80   Maier 1975 : 11.

Le coopératisme privé, dont la coopération des banques centrales offre une bonne illustration en dépit de divergences manifestes, participe d'une même logique d'enchevêtrement. Par un discours de l'efficacité et de la stabilité, ce mode de régulation écarte la création monétaire de la sphère publique pour la mettre entre les mains d'acteurs privés appelés à coopérer à l'écart de l'Etat. L'autonomisation des banques centrales dans le sillage des programmes de stabilisation de la SdN et du principe du *central banking* ne relève pas d'un rapport de force entre le *privé* et le *public*, mais d'un arrangement mutuel: c'est l'Etat qui délègue une compétence publique – la monnaie et sa politique – à une instance en apparence privée. Dans cette rhétorique de gouvernance, l'enjeu consiste à confier la monnaie non pas au politique et à ses luttes néfastes de pouvoir, mais à des institutions présentées comme «neutres» et «expertes»: les banques centrales. Mais on ne saurait être mystifié par cet artifice: l'appareil étatique garde généralement un droit de regard plus ou moins prononcé sur le domaine crucial de la gestion monétaire en nommant l'organe de direction des banques centrales, et il peut en tout temps nationaliser l'institution comme plusieurs pays le feront au lendemain de la Seconde guerre mondiale. En conférant une tâche communautaire à une régulation privée, l'autonomisation des banques centrales et leur coopération dans le cadre de la reconstruction procèdent, dans ce cas aussi, d'une forme de coopératisme visant à brouiller la distinction du *privé* et du *public*. Aussi, alors que le tripartisme reposait sur l'intégration consensuelle des forces sociales dans l'effort de reconstruction, le coopératisme privé agit, lui, par une procédure d'exclusion et d'insularisation, consistant à soustraire la création monétaire de tout arrangement entre forces sociales. Par une rhétorique néoclassique qui présente la monnaie non pas comme un lien social, mais comme une marchandise d'autant plus *saine* qu'elle est entre les mains de banques centrales, les forces sociales dominantes parviennent à transférer à la société civile un pan entier du système social de production. Le coopératisme représente dès lors une démarche stratégique au moyen de laquelle pourra s'exercer la discipline budgétaire et financière de la reconstruction.

Enfin, en matière de coopératisme bilatéral, une même logique de brouillage est mise en place: la société politique – le Conseil dans le paysage institutionnel de la SdN – délègue à certains représentants de la société civile – l'OEF – la responsabilité de négocier des aspects importants de l'économie politique internationale, en l'occurrence les reconstructions ou le système monétaire. Certes, la société politique garde en dernier ressort la compétence d'accepter ou de refuser les plans qui lui sont soumis par le Comité financier. Il n'en demeure pas moins que les experts, notamment les représentants de la finance trans-nationale, parviennent à influencer de manière décisive les modalités de la reconstruction en définissant les priorités, en élaborant les pro-grammes d'ajustement structurel, et en participant à la constitution du régime de vérité dans le domaine macroéconomique. Ici également, en s'immisçant dans la régulation globale, les acteurs représentant des intérêts privés remplissent des fonctions qui vont largement au-delà de leurs prérogatives d'avant-guerre. Il en va de même avec l'ICC qui, considérée par la SdN comme son organe de consultation, participe de cette interpénétration de deux sphères sociales. Dans une perspec-tive comparable, la logique inhérente aux conférences financières et économiques de la SdN traduit la forme la plus aboutie du coopéra-tisme bilatéral: figures hybrides du coopératisme, les délégués repré-sentent à la fois les sphères sociales *privées* et *publiques*, et la *société civile* autant que la *société politique*. Selon la procédure mise en pla-ce par la SdN, les représentants à ce genre de manifestation sont pour l'essentiel désignés par leur gouvernement; la composition des confé-rences se présente ainsi comme une illustration du principe national. Cependant, la logique de ces conférences veut que les délégués ne siè-gent pas au nom de leur pays, mais qu'ils représentent leur propre sa-voir, et qu'ils agissent en vertu de la compétence d'*experts internatio-naux* qui leur est conférée par la SdN. En d'autres termes, l'intérêt *national* s'efface derrière l'intérêt *international*, avec lequel il se trouve engagé dans une sorte de duo symbolique dont émane l'«opinion pu-blique mondiale», figure transcendantale de la fusion de l'intérêt natio-nal et du savoir neutre. L'expert, tel qu'il évolue dans les conférences financières et économiques de la SdN est un être double; il est *société civile* et *société politique*, reflet du *privé* et émissaire du *public*. Cette schizophrénisation des délégués n'est pas sans décontenancer certains qui, à l'instar du diplomate français Aimé de Fleuriau, s'interrogent sur leur statut:

> Je ne suis donc plus, d'après la définition adoptée, par le Conseil de la Société des Nations et adoptée par la conférence, qu'un Français choisi par le Gouvernement français en raison de sa compétence en matière de finances internationales. C'est

une fiction comme une autre, et je ne sais si elle donnera de bons résultats dans les rapports internationaux. Elle pèse certainement sur la conférence qui est et sera peut-être jusqu'au bout dans l'incertitude de son dessein[81].

Ces différents exemples montrent que si l'interaction entre le *privé* et le *public* se trouve au cœur des processus institutionnels et discursifs de la reconstruction, les deux sphères ne sont pas dissociables mais constituent au contraire une seule et même dynamique sociale. Un mode de régulation doit se comprendre comme l'articulation des instances d'action *présentées* comme *privées* ou *publiques* dans le discours dominant. La séparation de ces deux domaines ne traduit aucune distinction naturelle ou inévitable, mais relève au contraire d'une construction discursive qui participe de la pratique même du pouvoir. Dans cette perspective, le concept de *forme de l'Etat* (relation entre société politique et société civile) transposé à un niveau global est central à notre étude de l'institution. En brouillant les limites du *privé* et du *public* et en reconfigurant le rapport entre société civile et société politique, le coopératisme de la SdN – à l'instar du corporatisme de son époque – propose une nouvelle forme historique du capitalisme, véritable réponse à la crise sociale et à la double nécessité qui en découle : rétablir la légitimité contestée des élites capitalistes et satisfaire au critère de prospérité par le truchement d'un nouveau mode de régulation capable de corriger les défauts du marché autorégulateur. Le coopératisme de la SdN se lit ainsi comme une manifestation du capitalisme global marqué par la conscience et le discours d'une nécessaire organisation du marché – qui culminera avec le keynésianisme des années trente et de l'après-guerre – tout en maintenant la gouvernance au sein de procédures libérales. Si l'Etat intervient de manière croissante dans le mode de régulation des années vingt, ce n'est pas pour agir directement sur la demande et sur le niveau conjoncturel, mais afin de contrer les effets contreproductifs du laisser-faire, et dans le but de coordonner les acteurs sociaux au sein du marché. Le coopératisme participe ainsi d'une réhabilitation du marché autorégulateur accompagné de procédures qui permettent d'en corriger les carences, à l'écart d'une intervention directe de l'Etat dans la production et le niveau d'activité. Aussi, la forme de coopératisme suggérée par la SdN confère à certaines forces sociales une solide marge de

81   AMAE, Série SdN, 1221, de Fleuriau à Leygues (pdt. du Conseil, Ministre des affaires étrangères), 26 septembre 1920. Voir aussi DDF II.

manœuvre, englobée dans une rhétorique idéaliste de coopération et de compétence technique. Exemples paradigmatiques de cette tendance, la conférence financière de Bruxelles et son avatar – le Comité financier – témoignent d'une très grande liberté d'action attribuée à la finance transnationale dans l'élaboration des modalités de reconstruction et dans la définition des normes du vrai.

Coopératisme et crise des formes sociales représentatives

Si le coopératisme constitue un enjeu en termes de rapports entre forces sociales, il se traduit également par la réorganisation des canaux traditionnels de l'expression politique. Le parlementarisme peut être considéré comme la première victime du corporatisme et du coopératisme. En confiant à des instances tripartites, bilatérales ou privées le soin de définir des arrangements conformes aux forces sociales qui y sont représentées, le coopératisme contourne les instances représentatives des démocraties parlementaires. Le monde « safe for democracy » dont Wilson se faisait l'apôtre a rarement aussi mal mérité son nom. Or, le libéralisme coopératiste s'affirme au moment même où le parlementarisme s'est largement étendu sur le plan spatial : l'Allemagne, l'Autriche et la Hongrie deviennent des démocraties où la gauche, à l'exception de la Hongrie, a désormais voix au chapitre ailleurs que dans la rue. C'est donc au moment même où le parlementarisme s'étend que le coopératisme relègue certains arrangements sociaux au sein d'instances extra-parlementaires. Dans des domaines tels que la monnaie, on ne peut s'empêcher d'interpréter l'évolution coopératiste comme une volonté d'isoler certains enjeux essentiels de tout contrôle démocratique.

Sur le plan formel, le coopératisme ne signifie pas la mise à l'écart des instances représentatives : les parlements restent responsables de l'approbation des programmes de stabilisation, à l'instar du parlement autrichien, où un débat long et tendu a opposé les sociaux démocrates d'Otto Bauer aux conservateurs du chancelier Ignaz Seipel[82]. Les parle-

---

82   On en trouve des compte-rendus détaillés dans les rapports d'ambassadeurs. Voir notamment AMAE, série SdN, 1227-1228, en particulier 1228, Pontalis à Poincaré, 27 novembre 1922.

ments demeurent également responsables de l'adoption des conventions de l'OIT ou de l'autonomisation de la banque centrale. En revanche, le lieu de négociation et de conclusion des arrangements sociaux s'est partiellement déplacé vers des formes institutionnelles tripartites, bilatérales ou privées non élues. Ces dernières exercent en outre une influence considérable en établissant l'*agenda*, c'est-à-dire en définissant l'ordre des priorités. Le coopératisme participe ainsi à la crise générale du parlementarisme durant l'entre-deux-guerres. C'est probablement dans la volonté de contrebalancer ce déficit démocratique qu'il faut comprendre le souci de l'OIT de constituer des instances qui reproduisent aussi fidèlement que possible la logique parlementaire : sa conférence fait office de Parlement désigné selon une double représentativité (Etats et forces sociales). La procédure de vote se fonde sur le principe de l'égalité des délégués (1 délégué = 1 voix) et, comme dans un organe législatif, la majorité, simple ou qualifiée, suffit à l'adoption d'un texte. Quant au conseil d'administration (le BIT), il est l'exécutif de l'organisation, et il fait office de gouvernement[83].

C'est par un double mécanisme que s'opère la *dépolitisation* des procédures de négociation entre forces sociales : d'une part, en les transférant à des instances non élues, perçues par l'opinion publique comme étant relativement lointaines des lieux traditionnels de la machine sociale et des médias. Rares sont celles et ceux qui connaissent l'existence et le rôle du Comité financier de la SdN, d'autant plus que ses séances ont toujours lieu à huis clos. D'autre part, la dépolitisation des procédures de négociation s'opère par leur transfert à des instances qui en désamorcent la charge politique : en convoquant des conférences d'*experts* plutôt que des débats de forces sociales contradictoires, la SdN transforme les procédures législatives en un processus mobilisant désormais la *compétence*, la *raison* ou l'*expérience* des délégués. Les cénacles qui rassemblent des spécialistes de la finance, du commerce ou de la santé sont désormais présentés comme des substituts aux négociations politiques, considérés comme désuètes et inefficaces. Comme je l'ai signalé plus haut, la conférence de Bruxelles est composée pour l'essentiel de financiers privés ou publics, et n'accueillera qu'un seul représentant du travail, qui n'y figure de surcroît qu'à titre consultatif. Si elle débouchera sur un consensus largement répercuté par les médias

---

83   Voir notamment Bonvin 1998 : 65-66.

et ultérieurement considéré comme la base de la procédure de reconstruction, la conférence ne manque cependant pas de susciter des remous au sein du monde du travail. Albert Thomas, le très actif directeur de l'OIT, adressera ainsi quelques jours après la conférence une lettre sévère au secrétaire général de la SdN, Eric Drummond, dans laquelle il fait état des «vives protestations que m'ont adressées les représentants des syndicats au sujet de la résolution de la conférence Financière de Bruxelles condamnant les subsides accordés par l'Etat aux ouvriers chômeurs [...]. Je ne sais, poursuit-il, sur quels faits la conférence de Bruxelles a appuyé sa résolution, mais il est possible d'apporter de nombreux arguments en sens contraire»[84]. La plainte d'Albert Thomas fera long feu: négociées à l'écart des instances représentatives légitimes, les résolutions de Bruxelles serviront de base idéologique à la reconstruction, au mépris des processus démocratiques.

4.3 Coopératisme et doctrine de la rationalisation

« Messieurs, nous sommes ces médecins »: *le mythe de l'expert*

En réponse à la crise sociale des lendemains de la guerre, le coopératisme mis en œuvre au sein de la SdN – et tout particulièrement dans la reconstruction européenne – repose sur une idéologie et sur une rhétorique centrale: la doctrine de la rationalisation et son corollaire, le mythe de l'expert[85]. Si la maîtrise des effets indésirables du laisser-faire

---

84 SdN, 1349, CoF, p.-v. et documents, sessions I à III, novembre 1920 à mars 1921, Albert Thomas à Eric Drummond, 9 novembre 1920. Le directeur de l'OIT se réfère à la résolution de la commission des finances publiques qui stipule que « La conférence, tout en reconnaissant les difficultés pratiques que pourra rencontrer parfois la mise en vigueur immédiate de ces principes, estime néanmoins que les Gouvernements doivent renoncer, dans le plus bref délai possible, à toutes les mesures contraires aux lois économiques et d'un effet purement artificiel qui masquent à la population la véritable situation économique d'un pays. Parmi ces mesures il faut comprendre: a) [...] la continuation des subsides de chômage qui démoralisent l'ouvrier au lieu de stimuler l'esprit de travail » (Voir SdN 1920c: 19).

85 Sur la doctrine de la rationalisation, voir Maier 1987: 19-69; ainsi que Kuisel 1984: 145-170.

passe par la coopération des acteurs, c'est parce qu'elle assure l'épanouissement des ressources du savoir, de la technique et de la rationalisation. Dans l'imaginaire de la SdN, contourner les formes représentatives traditionnelles et isoler les enjeux internationaux des débats politiques stériles permettent de les confier à des instances où ne règne plus le conflit destructeur d'intérêts égoïstes, mais la quête apolitique du progrès par la raison, la science et l'expérience. Dans le prolongement du taylorisme en vogue à cette époque, le coopératisme participe d'une idée générale selon laquelle la science et l'organisation améliorent le fonctionnement du marché[86].

En réponse à la rupture sociale des lendemains de la guerre, le coopératisme et la doctrine de la rationalisation expriment tout particulièrement la crise de l'Etat capitaliste[87]. Tandis que pour les forces sociales de gauche l'Etat représente plus que jamais le lieu de la domination capitaliste, les élites libérales redoutent, elles, les tensions qui la parcourent. Le développement des alternatives corporatistes ou coopératistes doit ainsi se lire comme une réponse à la crise de l'Etat, et une volonté d'en redéfinir la forme et la légitimité autour du savoir expert de la société civile. Montagu Norman exprimait cette conception lorsqu'il prônait, on l'a vu, un monde dans lequel les banquiers centraux prendraient la relève des hommes politiques et serviraient la communauté entière par leur coopération permanente. Une même conception de l'Etat paralysé par les tensions politiques s'exprime dans le projet de Vissering d'une conférence internationale qui serait à l'écoute du savoir apolitique des banquiers et des économistes plutôt qu'aux ordres contreproductifs et intéressés des hommes d'Etat :

---

86   Voir notamment Maier 1975 : 12. Cette tendance est particulièrement prononcée aux USA, notamment sous l'influence du secrétaire d'Etat au commerce puis président Herbert Hoover. Voir à ce sujet Leach 1993 : 352-368. En Allemagne, Rathenau illustre la même tendance sous une forme accrue. Dans les termes de Charles Maier, il incarne le rêve d'un ordre industriel post-compétitif reposant sur les promesses de la technologie et de l'organisation. A ce sujet, voir aussi Hogan 1977 : 1-12.

87   C'est dans cette même tendance que s'inscrit le *Redressement français* durant la seconde moitié des années vingt, et notamment le rôle d'Ernest Mercier. Cette forme de *néo-capitalisme* ou *néo-libéralisme*, pour adopter la terminologie de Richard Kuisel (1984 : 164 sq.), élabore une vaste liste de réformes telles que le renforcement des pouvoirs du gouvernement et de l'administration au détriment du Parlement, la rationalisation de la production, et la consommation de masse.

An international conference, on a broad basis, must now therefore be made possible, not in the first place in order to lay down terms of peace and indemnities, but in order to prepare a common action towards reconstruction of the world. *Not generals and statesmen must here be heard in the first place, but economists and bankers*[88].

Du côté des forces sociales de gauche règne une même conception du progrès par l'organisation rationnelle et la science. Le Labour Party conclut son programme de 1918 sur la reconstruction par un éloge de la science, considérée comme la source du droit international et son corollaire, la paix :

Good Will without knowledge is Warmth without Light. Especially in all the complexities of politics, in the still underdeveloped Science of Society, the Labour Party stands for increased study, for the scientific investigation of each succeeding problem, for the deliberate organisation of research, and for a much more rapid dissemination among the whole people of all the science that exists […]. If Law is the Mother of Freedom, Science, to the Labour Party, must be the Parent of Law[89].

Coopération et savoir, telles sont les deux lignes directrices de la rhétorique genevoise en matière de reconstruction européenne. Tel est également le discours sous-jacent de l'architecture institutionnelle dont les formes reflètent la doctrine de la rationalisation : le savoir revendique désormais des espaces où il peut agir et contrebalancer le politique. A côté d'un Etat en crise de légitimité, la société civile veut des points d'appui d'où imposer ses exigences sur la reconstruction. Gerard Vissering, le gouverneur de la banque centrale hollandaise, n'a que cette idée en tête lorsqu'il en appelle, en 1920, à une conférence financière internationale réunissant non des diplomates, mais des banquiers et des hommes d'affaires qui se substituent aux politiques pour en exécuter le travail selon des méthodes inspirées par la raison. Dans l'architecture de la SdN, l'OEF et en particulier le Comité financier, forum de banquiers pour l'essentiel, ne trouvent leur légitimité que dans l'affirmation du savoir vrai.

La doctrine de la rationalisation située au cœur du coopératisme s'exprime ainsi par l'émergence d'une nouvelle figure dans le paysage institutionnel international : l'expert international. La crise de l'Etat et la valorisation des procédures coopératistes rationnelles en font un

88   Vissering 1920 : 85. Souligné par MF.
89   Labour 1918 : 18.

personnage-clé, le seul, selon E. H. Carr à jouir d'une certaine estime dans les corridors du Palais des Nations :

> Bureaucrats, and especially diplomats, were long regarded with suspicion in League of Nations circles; and it was considered that the League would contribute greatly to the solution of international problems by taking them out of the reactionary hands of foreign offices[90].

En soi, le personnage de l'expert international n'est pas une spécificité historique des lendemains de la guerre : en 1815, le Congrès de Vienne avait établi une commission de statisticiens afin de guider les diplomates dans leur grande réorganisation des frontières européennes. Dès la seconde moitié du 19e siècle, les organisations de l'internationalisme libéral avaient placé les experts au centre de leurs activités[91]. Cependant, pour autant qu'on puisse en juger, l'expert y restait dépendant des procédures diplomatiques dont découlaient les arrangements au sein des unions administratives. La reconstruction européenne des années vingt présente un tableau très différent : l'expert y joue un rôle actif dans la définition des grandes orientations. L'origine de l'expert financier international peut se comprendre de plusieurs manières : pour Olivier Feiertag, son émergence est liée à l'«échappatoire» de la conférence de Paix qui a reporté dans le domaine des relations financières internationales l'«impossible règlement diplomatique du conflit». Sa compétence technique aurait ainsi très vite paru indispensable à l'organisation des relations entre Etats au sein du cadre juridique imposé par le traité de Versailles[92]. Sur un plan plus large, l'expert financier international fait également sens dans la rhétorique coopératiste et positiviste du moment : l'idéologie de la compétence technique et neutre l'érige en figure centrale d'une reconstruction que l'on veut rendre efficace en la déchargeant des tensions politiques si vives durant les années vingt.

L'expert financier se trouve ainsi au centre de la reconstruction européenne sous l'égide de la SdN : à la conférence financière internationale de Bruxelles (1920), on l'a vu, les délégués sont certes nommées par les gouvernements, mais dans le discours de la SdN, ils siègent en tant qu'experts et s'expriment à titre individuel :

---

90   Carr [1939] : 17.
91   Hill N. 1929 : 37-43 ; Murphy 1994 : 62 sq.
92   Feiertag 2003a : 1.

> Les membres de la conférence [...], bien que désignés par leurs Gouvernements respectifs, se sont réunis en qualité d'experts et non pas comme porte-parole d'une politique officielle. Ils avaient été choisis parmi les personnalités connues pour leur science des affaires, tant dans le domaine privé que dans le domaine public. Les conditions dans lesquelles ils avaient été nommés leur ont permis de faire pleinement bénéficier la conférence de leur expérience et d'exprimer leurs opinion personnelles en toute liberté,

affirme l'organisation[93]. Il n'en va pas différemment lors de la conférence économique mondiale de 1927[94], ou dans le cadre de l'OEF. La « science des affaires », pour adopter la terminologie genevoise, dépeint ainsi une reconstruction relevant du seul domaine du savoir objectif universel, et n'hésite pas à désigner l'opération au moyen de métaphores médicales. Aussi, dans son discours d'ouverture de la conférence de Bruxelles, le ministre belge des finances Léon Delacroix dépeint le monde comme un malade, fatigué par de longues souffrances, qui s'est décidé à réunir, en une « suprême consultation », les « sommités médicales du pays et de l'étranger », dont il attend l'avis objectif « comme un arrêt sans appel ». « Messieurs, nous sommes ces médecins. La situation de ce malade est celle de nos populations éprouvées », poursuit le ministre[95].

C'est dans ce contexte également qu'il faut comprendre l'affirmation du fonctionnalisme, qui entretient une relation ambiguë avec la SdN, comme nous l'avons mentionné plus haut. Ce mode d'interprétation et d'organisation du social propose en quelque sorte de contourner l'Etat pour mieux le dompter. Pour Mitrany[96], qui constitue la référence des débuts du fonctionnalisme dans la sphère des relations internationales, un état de paix internationale ne peut pas être atteint par la voie traditionnelle des relations interétatiques. Ces dernières portent en effet sur des problèmes politiques insolubles et sont paralysées par la logique de pouvoir des Etats. Dans une logique toute kan-

---

93   SdN 1920c: 5. Voir aussi AMAE, Série SdN 1220, note SdN, 19 août 1920: « On pense que cette méthode permettra d'enregistrer les meilleurs avis du monde, abstraction faite des préoccupations nationales, et tendra, au lieu d'accentuer les différences des manières de voir nationales, à créer un jugement mondial sur les différents problèmes qui se posent ».

94   Salter 1927: 351.

95   SdN 1920b: Vol. II, p. 4.

96   Mitrany 1933, [1943]. Sur la pensée de Mitrany dans le contexte internationaliste de l'entre-deux-guerres, voir Navari 1995, et Braillard 1985.

tienne, il considère que la politique étrangère, les affaires militaires et d'une manière générale les enjeux autour de la guerre et la paix sont mal servis lorsqu'ils sont placés dans les mains des gouvernants. C'est donc par une coopération dans les domaines pratiques qu'un progrès vers la paix pourra être atteint. Mitrany milite ainsi pour une forme de coopération fonctionnelle dans des domaines tels que la santé, les transports, l'économie ou la culture. L'institutionnalisation de la coopération est conçue comme un facteur de progrès, et les fonctionnalistes préconisent de focaliser la coopération sur les besoins pratiques des individus, en attribuant ce rôle à des techniciens et des experts.

Si, dans l'imaginaire positiviste et universaliste de la SdN, le savoir représente le meilleur conseiller du politique, il se situe dans notre problématique au cœur de la reconstruction. En permettant au *privé* et au *public* de s'interpénétrer dans une régulation coopératiste, la doctrine de la rationalisation fait de l'expert international un personnage à double visage, expression d'un Janus des temps modernes : il présente une face à la fois *privée* et *publique*, il symbolise la société civile et la société politique, il est banquier et diplomate. Le caractère hybride de la figure de l'expert a été notée par plus d'un commentateur : Paul Einzig a très pertinemment intitulé sa biographie du Gouverneur de la Banque d'Angleterre *Montagu Norman, a study in financial statesmanship*. Dans un même élan, Edward Lamont a raconté le parcours de son grand-père, partenaire de la principale banque d'affaire étasunienne, J. P. Morgan, en le présentant comme *The ambassador from Wall Street*[97].

Au-delà de l'OEF et des conférences financières ou économiques, la doctrine de la rationalisation s'exprime également par la constitution, en 1922, de l'Organisation de coopération intellectuelle (OCI), ancêtre de l'UNESCO[98]. Cette « League of minds », comme l'appelle Malcolm Davis, a pour but de constituer un réseau d'échange entre professeurs, artistes, scientifiques, auteurs et membres, d'une manière plus générale, de professions intellectuelles. Elle réunit dès sa création des sommités telles qu'Henri Bergson, Albert Einstein, Konrad Lorenz, Marie Curie, Gilbert Murray ou Gonzague de Reynold, et ne peut être dissociée des aspects épistémiques dont participe la reconstruction européenne. On peut ainsi comprendre l'OCI à deux niveaux. D'une part,

---

97 Einzig 1932 ; Lamont 1994.
98 Sur l'OCI, voir Davis 1944 ; SdN 1930 : 313 sq. ; Walters 1952 : 190-192.

elle ambitionne de créer une sensibilité mondiale à l'internationalisme pacifiste et à l'idéologie de la coopération, ainsi qu'à développer le sentiment d'appartenance à une seule et unique communauté. A l'instar de la reconstruction européenne qui vise un système monétaire international libéral et le rétablissement d'un marché global, l'OCI participe d'un projet de développement de formes artistiques *dénationalisées*, capables de servir de métaphores à une communauté universelle. En réponse au constat selon lequel l'artiste a souvent été utilisé, au 19e siècle, à des fins de propagande nationaliste, la SdN veut se faire le promoteur d'un patriotisme mondial. L'hymne officiel de la SdN, qui sera adopté en 1921, décrit ainsi le monde comme « one brotherland » et insiste sur l'attachement à des valeurs universelles[99]. D'autre part, l'OCI vise à renforcer le rôle de l'intellectuel, source de progrès scientifique susceptible d'assurer la paix. Par son savoir objectif, l'expert parvient à relativiser la prépondérance du politique dans la construction d'un ordre mondial nouveau; il devient ainsi le contrepoids nécessaire du diplomate dans le vaste effort de sécurité collective.

En dehors de la constellation institutionnelle de la SdN, la doctrine de la rationalisation trouve également son expression dans le projet de mise en place d'une structure transatlantique destinée à promouvoir une connaissance scientifique des relations internationales et des causes de la guerre[100]. Si un tel *think tank* fait sens dans le projet d'internationalisme libéral et sa structure sociale transnationale, comme je l'ai déjà signalé, il s'inscrit également dans le rationalisme universaliste de la reconstruction. En dépit de l'échec d'une institution unique dotée de deux antennes, Londres et New York, le Royal Institute of International Affairs et le Council on Foreign Relations se destinent tous deux à développer les sciences de la politique internationale, de l'économie et de la jurisprudence. Comme le prévoit son programme, le CFR s'attache à encourager « by scientific and impartial study, a better understanding of international problems, and an intelligent American foreign policy »[101]. En 1927, la Suisse assistera elle aussi à la fondation,

---

99 Pemberton 2001: 86.
100 Voir la section 3.2.
101 Council on Foreign Relations, Program of Studies 1929, cité in Groom/Olson 1991: 59. Sur le CFR et le RIIA, voir Groom/Olson 1991: 59-60; Parmar 2004; Shoup/Minter 1977.

à quelques pas de la SdN, de l'Institut universitaire de hautes études internationales. Comme en témoigne sa localisation, la nouvelle institution offrait une opportunité idéale pour le développement du savoir en matière de relations internationales et la formation des futures élites internationales par une interpénétration de la sphère du savoir et du monde pratique. William Rappard, chef de la Section des mandats à la SdN, recteur de l'université de Genève et membre du Conseil exécutif de l'Institut universitaire de hautes études internationales témoigne de la proximité de deux institutions destinées, dans l'esprit de leurs concepteurs, à établir la paix par l'étude scientifique des problèmes internationaux et leur résolution méthodique[102].

Reconstruction et rationalisation industrielle

Si la doctrine de la rationalisation s'inscrit dans le projet d'une reconstruction coopératiste mobilisant le savoir universel, elle s'exprime également dans l'organisation des systèmes de production. Dans l'élan d'une guerre qui s'est traduite par l'extension des techniques industrielles, la reconstruction intensifiera l'effort de réorganisation de la production. En 1920, les financiers de la conférence de Bruxelles aboutissent à la conclusion que l'activité industrielle doit être structurée de sorte à « favoriser le rendement maximum à la fois du capital et du travail » ; pour les experts, « c'est de cette façon seulement que sera rendu possible l'établissement de ces conditions d'existence que chaque nation considère comme un devoir d'assurer aux peuples »[103]. La discipline budgétaire et monétaire inhérente aux programmes de reconstruction constituera un moyen essentiel pour agir sur l'accroissement de la productivité. Par la réduction du personnel, les services de l'Etat – au même titre que les chemins de fer et les autres régies – sont incitées à mettre en œuvre une organisation « scientifique » du travail. De même, la discipline monétaire déflationniste imposée par la politique de stabilité du capital exerce une pression sur le système de production dont les coûts doivent être continûment réduits. Enfin, en ouvrant les économies domestiques à la libre circulation des capitaux, les reconstructions

---

102 *Annuaire de la Société des Nations* 1920-1927, p. 999.
103 Résolutions de la conférence financière internationale de Bruxelles ; SdN 1920c : 11.

alourdissent l'endettement des entreprises industrielles, et les poussent à moderniser leur infrastructure technique afin de réduire les prix de revient. On le voit, la reconstruction européenne participe de la rationalisation et de la diffusion des techniques du taylorisme et de l'organisation scientifique du travail.

La rationalisation des méthodes de production dans le discours de la SdN est encore peu lisible au début de la décennie. Sans doute faut-il y voir la conséquence d'une définition très restrictive de la notion de reconstruction, qui se résume généralement à la maîtrise des budgets publics, à la stabilisation monétaire, et au démantèlement des barrières douanières. Dès le milieu de la décennie en revanche, la doctrine de la rationalisation figure au centre des débats. En témoigne notamment la constitution en 1926, au sein de l'appareil genevois, de l'Institut international d'organisation scientifique du travail (IIOST), dont le financement provient de sources essentiellement privées[104]. Affilié à l'OIT, cet organisme est destiné à promouvoir le management scientifique en Europe et à en étudier les conséquences sociales[105]. Dans un rapport de 1929, il souligne l'existence, selon lui, d'une tendance mondiale préconisant le remplacement des aléas du laisser-faire par « a planned and scientifically ordered progress towards higher levels of material prosperity »[106]. La place de la doctrine de la rationalisation dans le processus de reconstruction trouvera sa reconnaissance principale lors de la conférence économique mondiale de Genève en 1927, qui en proclame à l'unanimité les « avantages » et appelle à des efforts urgents pour l'élargissement de la coordination des efforts dans ce domaine[107]. Dans l'es-

---

104 Cet institut est plus connu sous son nom anglais d'International management Institute (IMI). Voir à ce sujet Guérin 1996: 62; Murphy 1994: 175; Pemberton 2002: 318. Parmi les principaux « mécènes » de l'IIOST figurent Seebohm Rowntree, Edward Filene et la fondation Rockefeller.

105 La charte fondatrice de l'IIOST se trouve dans ILO 1927: annexe V. L'article 4 stipule: « The Institute shall have as its objects to collect and distribute information concerning management in its various aspects, to carry on research and surveys bearing on the problems of management, to bring persons and institutions specially interested in the problems of the scientific organisation of production and distribution into contact with one another, and to assist appropriate national and international institutions in their work in the interest of scientific management ».

106 Cité in Pemberton 2002: 318.

107 SdN 1927, résolutions de la conférence économique mondiale, Genève 1927, chapitre 3 (industrie)/III.

prit des experts, l'organisation scientifique ne se limite pas à la dimension industrielle de la production, mais s'étend au contraire au commerce et à la finance, et touche tout le système social de production[108]. Trois objectifs sont visés. Pour la communauté dans son ensemble, la rationalisation doit offrir une élévation et une stabilité du niveau de vie. Pour le consommateur, elle garantira des prix bas et des biens adaptés aux nécessités. Enfin, les différentes catégories de producteurs bénéficieront d'une rémunération croissante de leur capital et d'une meilleure distribution du profit. Certes, les inconvénients pour la main-d'œuvre doivent être pris en considération, notamment le risque de chômage; mais dans l'ensemble, les bienfaits de la méthode scientifique de production compenseront les effets néfastes en améliorant les conditions de travail et en réduisant le coût de la vie.

Plusieurs processus sociaux permettent de comprendre l'affirmation du discours genevois sur l'organisation scientifique de la production dès le milieu de la décennie. Les conséquences de la reconstruction européenne représentent un facteur non négligeable: au fur et à mesure que se met en place la discipline monétaire et budgétaire inhérente à la logique de stabilisation, la contrainte d'une réduction des coûts de production se fait plus pesante. Aussi, lorsqu'au milieu de la décennie, plus de la moitié de l'Europe a réinstauré une convertibilité métallique, la question des coûts apparaît au grand jour[109]. Qu'elle soit placée sous l'égide de la SdN ou non, la reconstruction s'exprime par les mêmes pressions sur l'appareil de production: la politique de taux d'intérêts élevés, destinée à maîtriser l'inflation des moyens monétaires, pousse les coûts de fabrication à la hausse. De même, la politique de taux de change forts handicape les exportations de nombreux pays européens, et incite ces derniers à diminuer leurs coûts pour compenser les effets du change. Pris en tenaille entre ces deux contraintes, l'appareil de

---

108 La conférence économique définit la rationalisation ainsi: « The methods of technique and of organisation designed to secure the minimum waste of either effort or material. It includes the scientific organisation of labour, standardisation both of material and of products, simplification or processes and improvements in the system of transports and marketing » (SdN 1927: 192). Recommendations, III, 1b, p. 193. Pour la conception du BIT en matière de management scientifique, voir ILO 1927, annexe I.

109 Sur l'adhésion des pays européens à la politique de stabilité et au nouvel étalon-or, voir la figure 5.1.

production sert en quelque sorte d'amortisseur: les coûts de production doivent être réduits pour faciliter les exportations. Les marchés domestiques saturés rendent la contrainte d'autant plus pesante. Aussi, la rationalisation de l'appareil de production s'est probablement affirmée dès le milieu de la décennie de reconstruction comme un procédé d'absorption de la pression financière de la stabilisation[110]. En recommandant l'adoption de méthodes scientifiques d'organisation du travail, la conférence économique de la SdN de 1927 s'inscrit donc dans le prolongement logique de la conférence financière de Bruxelles (1920) et sa politique de discipline financière[111].

L'Autriche, qui fait l'objet d'un plan de reconstruction placé sous l'égide de la SdN, constitue une illustration parfaite de la répercussion de la politique de stabilisation sur l'appareil de production. Comme le signale d'ailleurs un rapport du BIT de 1927, le processus de rationalisation dans ce pays est dû «to a large extent to the economic reorganisation which has taken place simultaneously with financial stabilisation»[112]. A l'instar de l'Europe entière, une série d'institutions s'y sont créées dans l'idée d'étudier et de promouvoir une rationalisation du système productif: au sein de la fédération autrichienne des industries, un *Ausschuss für Wirtschaftliche Betriebsführung* est fondé en 1924, consacré exclusivement à la recherche, à l'information et à l'application de nouvelles méthodes. A cet organisme se joindra en 1926 le Comité autrichien de standardisation. En 1927, le gouvernement constitue un comité central destiné à coordonner et intensifier les efforts entrepris jusque-là de façon dispersée au sein des organisations industrielles[113].

Au-delà de l'organisation rationnelle du travail, la conférence économique mondiale de 1927 se penchera également sur une autre réponse apportée à la maîtrise des coûts de production: la cartellisation.

---

110 Sur la question de la rationalisation, voir notamment Maier 1975: 516-545; Maier 1987: 166-167. Dans une perspective rhétorique, voir Pemberton 2002: 321-330.

111 On pourrait, il est vrai, également considérer la relation inverse: en mettant à contribution le facteur capital, le processus de rationalisation s'est répercuté sur la nature même des besoins de financement. Plutôt que le capital à court terme drainé sur le marché monétaire, la restructuration du processus de production a ainsi fait appel à des fonds à plus long terme, et donc aux marchés financiers.

112 ILO 1927: 75.

113 ILO 1927: 75, 216, 261. L'organisation centrale est constituée à Vienne sous le nom de *Oesterreichische Hauptstelle für wirtschaftliches Schaffen*.

Si les experts ne parviendront à aucune résolution unanime sur cette forme de coopératisme privé, il n'en demeure pas moins que la rationalisation par le biais des ententes industrielles présente, pour beaucoup, une issue souhaitable : en organisant la production et la distribution à l'abri des forces de la concurrence, une telle démarche est censée permettre une meilleure utilisation des infrastructures et une limitation des fluctuations de l'activité économique[114]. Certes, le processus de cartellisation internationale n'est pas une spécificité des années vingt, ni une conséquence de la reconstruction seulement ; il n'en demeure pas moins qu'un processus déjà en marche dès le 19e siècle trouve dans ce contexte un terreau particulièrement propice à son essor[115]. Terushi Hara et Akira Kudo estiment que c'est au sein du processus de reconstruction d'après-guerre que la mise en place de cartels internationaux atteint son apogée historique[116]. Durant les années vingt, on assiste ainsi entre autres à la conclusion d'un cartel international pour l'alcali (1920), l'aluminium (accord de 1901 renouvelé en 1923), les tuyaux de fonte (1924), les lampes électriques (1925), le cuivre (1926), l'acier (1926), la potasse (1926), les colorants (1927), l'azote (1929), les appareils électriques (1930)[117]. L'Entente internationale de l'acier (EIA) de 1926 constitue un des exemples les plus éloquents d'une tentative de gestion internationale concertée de la production. Au-delà d'une politique anticyclique pour la branche, les sidérurgistes allemands visent par cette forme de coopération à maîtriser les coûts de production[118]. Dans le contexte d'une politique de stabilisation monétaire déflationniste, rendue encore plus accablante par le poids des réparations, la reconstruction passe ainsi par la conclusion d'ententes susceptibles d'endiguer les effets de la concurrence.

---

114 SdN 1927, résolutions de la conférence économique mondiale, Genève 1927, chapitre 3 (industrie)/IV (accords industriels internationaux).

115 Selon les résolutions de la conférence économique mondiale de 1927, les accords industriels internationaux se sont « recently considerably developed and have attracted close attention from those sections of the community whose interests are affected by them and from the public opinion of the various countries » (SdN 1927).

116 Hara/Kudo 1992 : 1.

117 Pour le détail, voir Barjot 1994 ; Bussière 1994 ; Hara 1994 ; Kudo/Hara (eds) 1992 ; Soutou 1995 : 221 ; UNO 1947 ; Wurm 1993.

118 Sur l'EIA, voir Bussière 1992 : 287-299.

On ne saurait toutefois être aveuglé par la mystique d'efficacité ma-
nageuriale de la SdN et de ses experts internationaux. Certes, le socialiste Albert Thomas, directeur de l'OIT, milite activement en faveur de
la rationalisation de la production[119]; en outre, à la fin de la décennie,
une génération de porte-parole modérés du travail organisé croient aux
avantages d'une collaboration avec le patronat[120]. Si la rhétorique de
la rationalisation s'exprime souvent comme une panacée profitant à
toute la machine sociale, de l'ouvrier au consommateur en passant par
l'homme d'Etat, le banquier et le patron, elle masque en fait une tension sociale qui ne manquera pas de s'exprimer durant les années vingt.
La réduction des coûts de production par l'organisation scientifique du
travail se traduit souvent par une discipline accrue sur le travailleur,
ramification ultime sur laquelle repose tout le processus. La réduction
de la pénibilité est fréquemment contrebalancée par une intensification
des cadences de travail et par un asservissement de l'ouvrier. De *Metropolis* aux *Temps modernes*, le cinéma de l'entre-deux-guerres a érigé en
symboles ces gestes systématisés d'ouvriers réduits à l'état de machines. Dans un texte célèbre, *Americanisme et fordisme*, Gramsci s'inter-
roge sur les effets de cette tendance à laquelle il ne se montre pas opposé par principe; il en note cependant les conséquences en termes
d'exploitation économique de la main-d'œuvre, et au niveau de la normalisation des comportements. Le travailleur est désormais soumis à
une discipline morale et sexuelle qui vise à le rendre compatible avec sa
position au sein d'une chaîne de production complexe, dont il ne peut
constituer un maillon déficient[121]. L'économie politique de la reconstruction s'exprime, on le voit, jusque dans l'usine, et la dialectique des
forces sociales est une dimension élémentaire de la transition.

---

119 Voir la préface d'Albert Thomas au rapport du BIT de 1927 sur le management
scientifique en Europe (ILO 1927: v-xii): «[...] is it not a noble gospel to pro-
claim that work can be organised in such a way that the individual shall be subject
to less fatigue and shall enjoy more ample leisure, that factories can be run so as to
avoid the waste of natural resources and to lessen human toil, that trades and
industries can be organised on lines that will secure a more plenteous supply of
commodities to the consumer, and that the national economic systems, and even
the international economic system, based on the cooperation of peoples, can also
be so organised that the whole of humanity will be guaranteed that stability of
employment and a standard of life which are the tokens of a higher civilisation?».
120 Maier 1987: 167.
121 Gramsci 1971: 279-318. Voir en particulier pp. 301-306.

Doctrine de la rationalisation, organisation scientifique du travail, cartellisation, Institut international de management… : tous ces aspects s'inscrivent dans une logique du coopératisme et de ses conséquences discursives et sociales : en répondant à la crise de légitimité par une réorganisation du mode de régulation, les élites capitalistes ont placé la logique rationaliste et son corollaire, l'expert international, au cœur du processus de reconstruction. Le coopératisme, la doctrine de la rationalisation et l'expert international participent ainsi d'une même tendance.

4.4 SdN, coopératisme et américanisme

Le coopératisme et son corollaire, la doctrine de la rationalisation, ne sont pas spécifiques à la SdN. Ils s'inspirent, comme le montrent les travaux de Charles Maier, d'un mode de régulation corporatiste mis en chantier par les élites européennes pour rétablir l'ordre social et asseoir leur domination après la crise de légitimité de la Grande guerre. Dans le cas du capitalisme étasunien, c'est un même corporatisme qui habite l'élaboration de la politique étrangère et, d'une manière générale, la diffusion d'un ensemble de représentations et d'un mode de régulation libéral. On parlera d'«américanisme» pour désigner une influence à la fois discursive et matérielle qui débute, à n'en point douter, à la fin du 19ᵉ siècle, mais qui franchira une étape décisive avec l'affirmation du centre financier new-yorkais durant la guerre[122]. Ce chapitre veut ainsi montrer qu'au travers de la mise sur pied du mode de régulation coopératiste, la finance étasunienne s'est vue exercer un rôle très influent sur le continent européen en reconstruction, et a entretenu avec la SdN des liens étroits, que la mythologie isolationniste de l'histoire diplomatique réaliste tend à négliger.

---

122 Pour l'étude des discours du libéralisme étasunien et leur diffusion dans l'économie politique globale, voir essentiellement les ouvrages d'Emily Rosenberg (Rosenberg 1982, 1999). L'américanisation de l'Europe après la Première guerre mondiale est notamment abordée par Costigliola 1984 : 167-183.

Le capitalisme corporatiste de l'américanisme

La politique étrangère étasunienne après la Grande guerre fait l'objet d'une littérature aussi vaste que cosmopolite, et il n'est pas question ici d'entrer dans les débats qui l'animent[123]. Face à des approches souvent très statocentriques[124] ou néo-institutionnalistes[125], Michael Hogan a développé une analyse globale qui permet de donner tout son sens au rôle de la finance transnationale étasunienne au sein de l'économie politique internationale[126]. Comme le signale l'historien, cette approche à laquelle il attribue le label de *corporatiste* vise à considérer le système international non pas comme la simple addition d'institutions autonomes, d'Etats en compétition ou d'alliances rivales, mais comme un complexe défini par des impératifs à la fois domestiques et internationaux[127].

Dans l'élan de Charles Maier, Michael Hogan montre que le développement d'une tendance corporatiste dans la société étasunienne répond à la crise du capitalisme. Au lendemain de la guerre se développe la conception selon laquelle les comportements compétitifs du laisser-faire sont source de conflits. Dans un monde de plus en plus interdépendant, une intégration corporatiste serait nécessaire. Un interventionnisme étatique dans l'économie est cependant jugé vain, car il mènerait à une politisation contreproductive. Le corporatisme repose ainsi sur une dialectique où l'initiative individuelle reste la base du système économique, mais où ce sont les démarches des acteurs sociaux – représentés par leur groupe fonctionnel – qui doivent être coordonnées. Cette coopération passe notamment par la mobilisation de toutes les ressources du savoir et de la science, en vue d'un contrôle sur les mécanismes du marché. En réaction à l'orthodoxie réaliste statocentrique qui a largement contribué à développer le mythe de l'isolationnisme de la politique étrangère étasunienne, Michael Hogan a montré que, tant dans l'administration démocrate de Wilson que dans celles, républicaines, de Harding et Coolidge, la politique poursuivie vise à encourager les acteurs économiques à coopérer à titre privé: c'est aux

---

123 McKercher (2000) offre un survol de l'historiographie récente sur l'entre-deux-guerres.
124 Par exemple Schuker 1988 et Silverman 1982.
125 Notamment Frieden 1988.
126 Voir notamment Hogan 1977, [1988] et 2004.
127 Hogan 2004: 147-148.

élites et à leurs institutions fonctionnelles que revient l'allocation optimale des ressources, la rationalisation de l'appareil de production, et
l'accroissement de la prospérité. La responsabilité de l'Etat se limite
ainsi à coordonner l'effort de coopération : il fournit l'information et
les services nécessaires, défend des groupes d'intérêts, et promeut les
structures de négociation. En plaçant de larges responsabilités dans les
mains de groupes d'intérêts organisés, le corporatisme, a donné l'impression d'un désengagement des autorités face aux questions internationales, d'où la mythologie isolationniste de l'école réaliste.

Dans l'imagination de ses promoteurs américains, la reconstruction
européenne ne doit donc pas être conçue comme une démarche étatique orchestrée par la diplomatie, mais comme une entreprise privée.
Cette conception repose notamment sur l'idée selon laquelle des programmes de reconstruction dirigés par l'Etat susciteraient des compli-
cations politiques dangereuses – à l'instar de la politique européenne
qui aurait débouché sur la guerre mondiale – et que seul l'engagement
désintéressé d'hommes d'affaires et de financiers garantit une reconstruction libre de toute préoccupation politique[128]. Aussi, lorsque le
secrétaire d'Etat au commerce (Hoover) demande au Gouverneur de la
Federal Reserve Bank (Strong) de s'engager activement dans un plan de
coopération financière avec l'Europe centrale et orientale, il insiste sur
le caractère nécessairement privé d'une telle opération de reconstruction, afin d'éviter les « pièges » politiques : « Such a plan [reconstruc-
tion] should be welcomed [...] and its consummation through the process of business and economic life would avoid infinite pitfalls of
international political action »[129]. Cette conception corporatiste des élites
capitalistes étasuniennes ne leur est pas propre : elle correspond de très
près à la vision de nombreux banquiers européens qui, à l'instar de
Norman, Vissering, et des financiers de l'ICC, préconisent une coopération internationale entre banquiers et hommes d'affaires, pour contourner les querelles nuisibles des diplomates.

Dans ce contexte, la reconstruction de l'Europe figure en bonne place
parmi les préoccupations des élites internationalistes étasuniennes. Avant
l'échec de l'adhésion à la SdN devant le Sénat, le mémorandum de
Norman H. Davis et Thomas Lamont au président Wilson du 15 mai

---

128 Hogan 1977 : 1-37 ; Hogan 1987 : 4-9 ; Rosenberg 1982 : 120-121, 138-160.
129 FRBNY, Fonds Strong, 013.1, Hoover à Strong, 30 août 1921.

1919 pose déjà les bases d'une régulation coopératiste privée de la reconstruction[130]. En pleine négociation du traité de paix, le sous-secrétaire d'Etat et le banquier soulignent dans ce document essentiel le risque de révolution que présente la situation économique de l'Europe, et les conséquences « désastreuses » qui pourraient s'en suivre. En outre, avancent-ils, la prospérité étasunienne et la survie de nombreuses industries dépendent étroitement des exportations. Ces deux ensembles de facteurs placent dès lors la reconstruction de l'Europe au premier rang des préoccupations des USA. Pas question en revanche d'intervenir à l'échelon gouvernemental : les principes préconisés dans le mémorandum soulignent explicitement que les crédits à l'Europe « should, so far as possible, be extended through the normal channels of private enterprise ». Le modèle préconisé est loin du Plan Marshall mis en chantier après le conflit suivant. Pour coordonner cette entreprise privée, Lamont et Davis suggèrent la constitution d'un « petit comité spécial » composé de banquiers et d'hommes d'affaires, chargé de la coordination des crédits qui devront être accordés par les canaux bancaires et commerciaux. Ce comité non gouvernemental, poursuit le mémorandum, doit rester en contact étroit avec les investisseurs aux USA. Du côté étasunien, il s'agit de créer un large groupe de financiers, dont les dirigeants travailleront à l'unisson avec les intérêts commerciaux et industriels. Comme pour insister sur la nature coopératiste de ce plan, Lamont et Davis rappellent que les financiers étasuniens devront « (a) act in cooperation with the Special European Committee, and (b) coordinate the American investment public in broad plans for meeting the European situation ». Quant au gouvernement des Etats-Unis, il se contentera de donner son accord général par la voix du Treasury[131].

On le voit, dans l'esprit du banquier international le plus en vue à Wall Street et dans celui de l'administration Wilson, la coopération des acteurs privés figure au centre de la reconstruction européenne. Ce mode de régulation ne s'explique pas comme une volonté des banquiers de surmonter le refus d'entrer à la SdN, mais comme une conception originale du fonctionnement du marché, conçue bien avant l'apparent re-

---

130 Thomas Lamont et Norman Davis ont été désignés pour figurer en tant que représentants du Treasury Department dans la commission étasunienne chargée de négocier la paix à la conférence de Paris.

131 Memorandum secret Lamont/Davis, annexe à la lettre de Lamont à Wilson, 15 mai 1919. Reproduit in *Woodrow Wilson and world settlement*, document # 51.

pli isolationniste, et mis en chantier dans le contexte de crise sociale que l'on sait. L'émergence de l'ICC à Atlantic City à la fin de 1919 s'inscrit dans une même tendance coopératiste privée des élites étasuniennes: on ne sera pas surpris de constater que la Chambre de commerce des USA est à l'origine de l'initiative d'Atlantic City, en particulier les internationalistes tels que Thomas Lamont et Edward Filene[132]. Refusant de confier la reconstruction européenne aux mains de l'Etat, les milieux financiers et commerciaux mettent sur pied des formes institutionnelles de nature privée, et l'ICC constitue à ce titre la forme organisationnelle idéale. Bien mieux que la SdN, considérée comme le symbole d'un étatisme contreproductif, l'ICC offre l'opportunité d'une coopération privée entre la finance et le commerce, représentés par leurs principaux dirigeants dans des instances de coordination à la fois domestiques et internationales. L'idéologie du coopératisme privé figure ainsi au cœur de la philosophie de la reconstruction que les promoteurs veulent insuffler à l'ICC. Le sidérurgiste français Eugène Schneider résume en ces termes les propos du gouverneur du Federal Reserve Board à Atlantic City: «Je suis donc convaincu que le problème des crédits à l'Europe, dans la mesure où il concerne l'Amérique, est du ressort de l'initiative et de l'entreprise privées»[133].

Dans le contexte des années vingt, le banquier devient le symbole du coopératisme privé de la reconstruction; aucun n'exemplifie mieux que Thomas Lamont, associé de J.P. Morgan, cette figure hybride du banquier-diplomate étasunien[134]. Avec Benjamin Strong, gouverneur de la Federal Reserve Bank de New York, il devient un des principaux promoteurs de la reconstruction européenne, qu'elle soit placée sous l'égide de la SdN ou non. Emprunt autrichien, plan Dawes, prêt à la France et à la Grande-Bretagne...: la Maison Morgan figure à la tête des principales émissions d'emprunts de reconstruction. Avec l'exemple de l'opération autrichienne à l'appui, Lamont estime que la participation de sa banque relève d'une «public duty»[135]; si elle est une tâche

---

132 Ridgeway 1938: 22. L'initiative porte également la marque de E.G. Miner, A.C. Bedford et E.H. Goodwin.

133 Schneider cité in Rosengarten 2002: 32.

134 Sur Thomas Lamont, voir notamment Hogan 1981; Lamont E. 1994; Lamont T. 1951.

135 Propos de Thomas Lamont devant un Comité du Sénat en 1931, cité par Hogan 1981: 14.

publique, la réussite du plan de stabilisation orchestré par la SdN n'est cependant pas le triomphe des diplomates, mais, dit-il, le succès des « simples hommes d'affaires », qui peuvent prendre en main des problèmes économiques internationaux complexes en raison de leur compétence d'«experts techniques» libres de toute contrainte politique[136]. Si Thomas Lamont symbolise la tendance corporatiste du capitalisme internationaliste étasunien, en particulier la finance, il constitue également l'un des meilleurs exemples de l'internationalisme libéral et des institutions qui émergent au lendemain de la guerre. N'a-t-il pas donné à son autobiographie – *Across World Frontiers* – un titre qui évoque le rêve d'un monde intégré qui traverse les frontières étatiques, à l'instar du marché global auquel il aspire? Dans les vastes réseaux imbriqués des élites capitalistes, il joue ainsi un rôle important, sans toutefois occuper des positions très en vue. A la réunion des hommes d'affaires à Atlantic City en 1919, il promeut la Chambre internationale de commerce, dont il est l'un des pères fondateurs, sans jamais toutefois y occuper une position dirigeante[137]. A Paris, la même année, Thomas Lamont soutient le projet d'institution scientifique transnationale qui aboutira au Council on Foreign Relations, sans jamais entrer dans ses organes dirigeants, se contentant d'y placer des proches et de verser des liquidités[138].

La SdN a ainsi trouvé en Lamont un de ses plus fervents défenseurs sur le nouveau continent: dans un monde interdépendant où les distances s'estompent, où «Londres et Berlin sont plus proches de New York [...] que Buffalo un siècle en arrière», la SdN est pour lui l'instrument le plus efficace pour régler les tensions et coordonner un développement source de paix[139]; durant les années vingt, il figure parmi les généreux donateurs de la League of Nations Association, qui défend la cause genevoise aux USA[140]. Aussi, en 1920, devant la frilosité du candidat Harding à la Présidence, il rompt publiquement avec son long engagement en faveur du Parti républicain pour soutenir les démocrates[141]. Très tôt, Lamont a compris que la SdN pouvait, par le biais

---

136 Lamont 1923: 539.
137 Ridgeway 1938: 22, 56.
138 Shoup/Minter 1977: 13, 17, 18, 94, 105; Frieden 1988.
139 Lamont cité par Hogan 1981: 12.
140 Kuehl/Dunn 1997: 155.
141 Lettre de Thomas Lamont au *New York Evening Post*, s.d. [1920], reproduite in Lamont 1951: 218.

de ses organismes « techniques », jouer un rôle significatif dans la reconstruction européenne. Le banquier s'est montré ainsi très critique
lorsque son gouvernement a pris la décision de n'envoyer à la conférence financière de Bruxelles qu'un délégué officieux. Par ailleurs, il voyait
dans les nouvelles institutions qui se mettaient en place – notamment
l'OEF et en particulier le Comité financier – les opportunités idéales
pour mettre en œuvre la politique coopératiste et satisfaire les intérêts
commerciaux et financiers étasuniens[142].

SdN, USA et reconstruction : le désengagement participatif

Le survol des tendances corporatistes au sein de la société étasunienne
au lendemain de la guerre permet de situer le coopératisme de la SdN
dans un contexte qui s'étend largement au-delà des frontières européennes. Pourtant, on le sait, si de nombreux pays américains – tels le
Canada, l'Argentine, le Brésil ou le Chili – ont siégé dès le début dans
les organes mis en place à Genève, les USA n'ont jamais adhéré formellement à l'Organisation. Le rejet d'une institution jugée trop proche d'une
logique étatiste et destinée à servir d'instrument de puissance des vainqueurs, la crainte d'un engagement dans l'imbroglio politique européen, le refus d'assumer, comme le dit E.H. Carr, un leadership mondial offert par un « consentement presque unanime », constituent autant
d'arguments mobilisés dans l'historiographie traditionnelle pour justifier un retour apparent aux « vieilles traditions » isolationnistes étasuniennes. Aussi, privée de la principale puissance mondiale, du pays le
plus riche et le mieux placé pour assurer la réconciliation des vainqueurs et des vaincus, la SdN aurait été condamnée dès le début à
l'impuissance. Telle est du moins l'interprétation classique.
     Construite sur la base de prémisses statocentristes des théories or-
thodoxes des relations internationales et de l'histoire diplomatique, une
telle approche ne permet toutefois pas de rendre compte de l'implication de la finance et des élites étasuniennes dans la reconstruction
de l'Europe, et du rôle de la SdN. Une fois définie non pas comme un
club d'Etats mais comme un rapport social, la SdN dévoile les liens
complexes qui la relient à la finance transnationale étasunienne. Je

142 Hogan 1981 : 12.

développe ici l'idée d'un *désengagement participatif* pour rendre compte du processus en apparence contradictoire par lequel les USA se retirent formellement d'un projet qui à l'origine leur est propre, tout en intervenant de manière informelle, officieuse et oblique dans certaines procédures et certains arrangements durant les années vingt. En observant l'économie politique globale sous l'angle des rapports de forces sociaux, la SdN apparaît ainsi comme un lieu ou s'expriment des intérêts propres à certaines fractions sociales étasuniennes intégrées dans des réseaux transnationaux. Par extension, l'institution globale se présente comme un processus au moyen duquel ces forces sociales parviennent à exercer un rôle notoire en marge de tout engagement formel et lisible. Par le concept de *désengagement participatif*, je veux ainsi mettre en évidence l'implication indirecte de la finance transnationale étasunienne sur les reconstructions orchestrées par la SdN. Aussi, si Thomas Lamont déplorait en 1920 le refus de s'engager dans une institution qui aurait placé les acteurs financiers étasuniens en rapport direct avec l'OEF et la reconstruction, il a très certainement réalisé, deux ou trois ans plus tard, qu'une certaine influence pouvait s'exercer en marge de toute participation officielle. En témoigne l'article qu'il publie quelques semaines après le succès de l'emprunt autrichien – dont il a négocié les modalités et dirigé la tranche émise à New York – où il attribue la réussite de l'émission à l'étroite collaboration entre le Comité financier et les investisseurs : le comité genevois a conçu le plan de reconstruction et les banquiers ont effectué l'emprunt, de sorte qu'ensemble, écrit Lamont, « they have restored a nation's confidence in itself »[143].

Cette influence s'explique avant tout par la très grande homologie des structures institutionnelles de négociation, à savoir le brouillage des limites entre *société politique* et *société civile* au sein du corporatisme et du coopératisme. En transformant les financiers en soi-disant *experts* ou *diplomates*, le coopératisme de la SdN ouvre la porte à des influences qui vont largement au-delà des pays membres. Aussi assiste-t-on à une véritable osmose dans les instances de la société civile au sein et à l'extérieur de la SdN. C'est ainsi au niveau de la société civile que s'exerce l'influence des élites capitalistes étasuniennes sur l'organisation internationale, et non dans ses rouages diplomatiques. Cette « participation » s'exprime de quatre manières différentes. Premièrement,

---

143 Lamont 1923 : 539-540.

au niveau des institutions internationales considérées par la SdN comme des organes de consultation : l'ICC occupe une position appréciable
dans la définition des lignes générales des programmes de reconstruction et des politiques économiques préconisées, notamment au travers
des intérêts financiers qui y sont largement représentés. Or, la finance
transnationale étasunienne est loin de demeurer passive au sein de ce
porte-parole de l'internationalisme libéral : c'est un banquier de Wall
Street, Willis H. Booth (Vice-président de la Guaranty Trust Company
New York et membre de l'American Bankers Association), qui préside
l'ICC de 1923 à 1925, au moment stratégique où les principales reconstructions sont mises en œuvre. De même, au sein de son Comité
des finances, l'ICC fait siéger des banquiers de poids tels que Nelson
Dean Jay (Morgan & Co.) et Owen D. Young (directeur de Bankers
Trust & Co.). Enfin, ce sont également deux financiers influents qui
siègent au comité de reconstruction de l'ICC : Fred I. Kent, vice-président de la Bankers Trust Co. New York en est le président, et parmi les
membres on note la présence de Willis H. Booth[144].

Les conférences internationales offrent aux élites étasuniennes la
deuxième source d'influence. Peu après le rejet de l'entrée des USA dans
la SdN, Washington n'a pas jugé opportun d'envoyer à Bruxelles un
représentant officiel. Boyden y siégeait donc à titre d'expert officieux.
Rien, cependant, ne le distinguait des autres experts qui, comme lui, ne
représentaient pas un Etat mais, selon la rhétorique de la SdN, leur
opinion personnelle et leur compétence. Le représentant a ainsi prononcé son discours, participé aux travaux des commissions, et voté les
résolutions au même titre que les autres délégués[145]. Il en va de même
lors de la conférence économique de Genève (1927) ainsi que lors d'une
dizaine de conférences internationales jusqu'à la fin de 1928[146]. Cette
ambiguïté traduit le *désengagement participatif* caractéristique de l'atti-

144   Voir le chapitre 3.3.
145   SdN 1920b.
146   *Annuaire de la Société des Nations* 1920-1927, pp. 738-758. Hudson (1929 : 18-
      19) et Walters (1952 : 350) en dressent la liste. Au niveau économique et financier,
      les USA sont présents, hormis la conférence financière internationale de Bruxelles
      (1920) et la conférence économique mondiale de Genève (1927), aux conférences
      de 1927 et 1928 sur les restrictions à l'importation et à l'exportation, à la confé-
      rence internationale sur la double imposition et l'évasion fiscale (1928), et à la
      conférence internationale sur les statistiques économiques de 1928. De nombreux
      traités et conventions conclus lors de ces réunions ont été signés et ratifiés par les USA.

tude étasunienne : d'une part, la présence de délégués des USA est annoncée publiquement comme une simple observation officieuse des débats, alors que dans la pratique, la participation est souvent très engagée. Le juriste de Harvard, Manley Hudson, n'hésite pas à écrire en 1929 que

> The appointments [de représentants étasuniens aux conférences] were always carefully safeguarded, however, and they were camouflaged with various formulae tending to indicate that the official action of the United States was not official. [...] [these formulae] served for some years as a bridge between Washington and Geneva[147].

Troisièmement, au-delà des organismes représentatifs et des conférences, les instances propres à la SdN, notamment l'OEF, offrent une opportunité supplémentaire d'influence[148]. La reconstruction hongroise par la SdN dès 1923 constitue à ce titre l'illustration la plus claire de l'engagement des élites financières étasuniennes dans les procédures de l'organisation internationale : le commissaire général de la SdN à Budapest, chargé de veiller à l'application du plan, est un ressortissant des Etats-Unis, Jeremiah Smith, de même que son adjoint (Royall Tyler). Les programmes de la SdN en faveur de la reconstruction grecque offrent tout autant de lisibilité à l'influence étasunienne : Henry Morgenthau est président de la commission à laquelle sera confiée la supervision de la reconstruction en 1923, et deux autres compatriotes lui succéderont jusqu'à la fin de la décennie[149]. Une influence similaire, quoique plus tardive, se met en place dans les cénacles économiques de l'OEF : après la conférence économique de 1927, Lucius R. Eastman est nommé parmi les membres du Comité économique[150] ; en outre, le nouveau Comité consultatif, destiné à représenter la société civile d'une manière plus large, ouvre ses rangs à quatre délégués des USA[151]. Le

147 Hudson 1929 : 18-19.
148 Au-delà de l'OEF, les activités de la SdN offrent d'autres occasions à une participation étasunienne. John Bassett Moore est par exemple juge de la Cour permanente, Norman Davis président du comité chargé de négocier le statut de Memel, et l'Organisation de coopération intellectuelle admet plusieurs représentants des USA (Walters 1952 : 349). En revanche, Washington se tiendra à l'écart de l'OIT jusqu'en 1934.
149 En février 1925, Charles P. Howland succède à Henry Morgenthau dans le cadre du plan de la SdN de 1924. En octobre 1926, le programme de stabilisation permet à Charles Eddy de prendre la présidence (SdN 1930a : 67).
150 Hill 1946 : 50. Walters 1952 : 426.
151 Il s'agit de Roland Boyden, Robert Olds, Edward Sumner et Alonzo Taylor. SdN, C.192.M73.1929.II, report of the Economic consultative Committee, 15 mai 1929.

Comité financier n'échappera pas à la tendance osmotique de la société civile étasunienne d'agir au sein des rouages de la SdN: comme je l'ai déjà signalé, ce cercle très restreint de financiers transnationaux s'ouvrira en 1927 à un banquier étasunien, l'ancien commissaire général à Budapest Jeremiah Smith. Proche de la banque J.P. Morgan où il œuvre en tant que conseiller juridique, et ami intime de Thomas Lamont, Smith entre au Comité financier aussi discrètement que ses compatriotes agissent au sein des conférences de la SdN: à titre individuel, et loin de toute attache politique qui pourrait faire croire à un engagement des USA[152]. Benjamin Strong a insisté sur la circonspection qui doit accompagner la nomination du banquier dans le cénacle genevois, afin qu'il ne soit associé ni à la Fed, ni à une quelconque autre démarche étasunienne; en réponse, Arthur Salter, le chef de l'OEF, l'a rassuré que «The announcement of Jeremiah Smith's appointment was perfectly discreet and nothing that we have issued could tend in any way to provoke an unfavourable or other reaction in America»[153].

Tableau 4.1: tranches d'emprunts de la SdN souscrites par des banques aux USA

Date d'émission	Pays emprunteur	Banque	Montant de la tranche émise	% tranche USA dans le total de l'emprunt
Juin 1923	Autriche	J. P. Morgan & Co.	$ 25 000 000.–	16%
Juillet 1924	Hongrie	Speyer & Co.	$ 7 500 000.–	12%
Décembre 1924	Grèce (I)	Speyer & Co.	$ 11 000 000.–	19%
Décembre 1926	Bulgarie (I)	Speyer & Co. Blair & Co. J. H. Schroder Banking Corporation New York	$ 4 500 000.–	28%
Juin 1927	Estonie	Hallgarten & Co.	$ 4 000 000.–	54%
Janvier 1928	Grèce (II)	Speyer & Co. The National City Co. National City Bank of NY	$ 17 000 000.–	46%
Décembre 1928	Bulgarie (II)	Speyer & Co. J. H. Schroder Banking Corporation New York	$ 9 000 000.–	34%
		Total	*$ 78 000 000.–*	*21%*

Source: selon SdN 1945

152 Sur les liens entre Smith et Lamont, voir Lamont E. 1994. Voir aussi Lamont T. 1951: 83-4. Jeremiah Smith est également partenaire de Herrick, Smith, Donald & Farley.
153 FRBNY, Fonds Strong, 1116.7, Strong à Norman, 31 août 1927. Idem, Salter cité in Norman à Strong, 14 septembre 1927.

L'entrée de Smith au Comité financier n'est qu'un exemple tardif qui confirme et couronne un processus en marche depuis plusieurs années, c'est-à-dire principalement depuis l'émission de l'emprunt autrichien. Rétrospectivement, s'il faut y voir un élément symbolique, il n'en reflète pas moins la pénétration de la haute finance nord-américaine dans les rouages de la SdN. Dans cette perspective, depuis les négociations de la reconstruction autrichienne jusqu'au plan de stabilisation de la Bulgarie en 1928, l'influence étasunienne s'exprimera à un quatrième niveau, probablement le plus significatif bien que peu visible : les conditions structurelles imposées aux pays reconstruits en échange des facilités financières. Les emprunts ne sont en effet émis sur les différentes places financières – essentiellement New York et Londres – que si les bénéficiaires concernés ajustent leur système économique aux critères imposés par le plan d'ajustement structurel : la réduction des dépenses publiques, l'adoption des principes du *central banking*, l'introduction de l'étalon-or et, dans le même élan, l'orthodoxie monétaire et la libéralisation des flux de capitaux[154]. Or, à l'exception des deux emprunts de la SdN en faveur de Danzig, qui demeurent un monopole britannico-hollandais, la finance étasunienne a participé à toutes les émissions effectuées dans le cadre d'un programme de reconstruction de la SdN (voir tableau 4.1). En moyenne, la proportion des tranches étasuniennes s'élève à 21% des émissions patronnées par Genève, et atteint dans certains cas – tels les seconds emprunts bulgare et grec – une part supérieure à 40%. Les établissements Speyer et J.P. Morgan participent le plus activement aux émissions.

On le voit, à l'exception du cas relativement marginal de l'Etat-ville de Danzig, le pouvoir de la finance new-yorkaise s'exerce sur toutes les émissions patronnées par la SdN, et va de pair avec celles des autres centres financiers, avant tout Londres. Par ce biais, une influence directe est exercée par les élites capitalistes étasuniennes sur l'établissement des programmes de reconstruction de l'OEF, et par ricochet sur l'ajustement structurel des pays concernés ; comme le signale Thomas Lamont au sujet du plan autrichien, « American interests have been ex-

---

154 Sur le rôle de Lamont dans la négociation des conditions de l'emprunt autrichien, voir Lamont 1923 : 537-540 : « we [leading investment interests of America and of Great Britain] indicated that should drastic measures be taken to stop inflation, to cut down government expenditure and increase government income, then, and only then, could we see the possibility of a sound loan [...] ».

ceedingly active »[155]. L'entrée de Jeremiah Smith au Comité financier en 1927 ne fera que confirmer une influence qui va croissant depuis l'emprunt autrichien et qui se traduit de façon similaire dans les programmes de reconstruction en dehors de la SdN, à l'instar de la stabilisation allemande. Au niveau des lignes de force des programmes de stabilisation, rien ne distingue les conceptions new-yorkaises du consensus de Bruxelles : dans un cas comme dans l'autre, le pouvoir disciplinaire de la reconstruction libérale s'exprime sous la forme de l'orthodoxie monétaire et de l'austérité budgétaire. Le retour à l'étalon-or est considéré de part et d'autre comme une condition *sine qua non* de l'obtention de liquidités, et la politique du *central banking* diffusée par la SdN s'inspire d'une logique anglaise très proche des conceptions étasuniennes : la libéralisation du système financier destinée à permettre la circulation du capital se trouve au cœur des préoccupations. Enfin, à l'image du corporatisme et de la « privatisation » de la politique étrangère des USA, le consensus de Bruxelles repose sur le rôle de la société civile dans les programmes de reconstruction : ce sont des financiers qui établissent les programmes de reconstruction au sein du Comité financier, plutôt que la société politique, et les ressources financières sont, elles aussi, avancées par la haute finance qui en a préalablement défini les conditions. En résumé, sans que les USA ne figurent au Conseil de la SdN, l'influence du capitalisme étasunien dans l'économie politique de la reconstruction est considérable. Cet engagement dans les institutions de la société civile à Genève est ainsi confirmé en 1924 par le secrétaire d'Etat Charles E. Hughes à l'occasion de la convention républicaine à New York, ville emblématique de l'internationalisme libéral étasunien :

There is no more difficulty in dealing with the organization of the League in this way for the purpose of protecting our interests or furthering our policies than there would be in dealing with the British Empire. Because several nations have formed an organization of which we are not a part is no reason why we cannot cooperate in all matters affecting our proper concern. We simply adjust our forms of contact and negotiation to the existing conditions. The matter of real importance is with respect to the subjects we take up. We do not take up subjects which involve political entanglements. We do not take up subjects which would draw us into matters not approved by American sentiment[156].

155 Lamont 1923 : 540.
156 Cité par Hudson 1929 : 21-22.

Martin Hill, ancien haut responsable au sein de l'OEF, note lui aussi en 1946 que l'absence des Etats-Unis s'est à peine fait sentir au sein cet organisme : « The non-universality of the League was, in itself, scarcely a major handicap to the work of the Organization [OEF], since the United States and certain other non-members cooperated with the Organization almost as fully as member states »[157]. La politique de *désengagement participatif* présente ainsi un compromis entre les forces sociales incitant à un repli domestique, notamment les milieux du commerce, et les forces plus intéressées à un engagement participatif dans la reconstruction, au premier rang desquelles se situent les milieux de la finance transnationale, représentant la place financière new-yorkaise. Elle illustre cependant aussi la contradiction plus large, dans le processus de reconstruction européenne, entre des forces poussant à l'internationalisme et d'autres incitant à une participation accrue de l'Etat dans la protection des marchés domestiques et du niveau d'emploi. Les années vingt portent cette tension à son apogée et la *Grande transformation* de Polanyi doit être considérée comme la réinvention d'un nouvel équilibre entre les tendances internationalistes et les tendances domestiques : le libéralisme *enchâssé* tel qu'il s'échafaudera après la Deuxième guerre mondiale entérinera précisément le projet social d'un internationalisme libéral nouveau, soucieux de protéger le niveau d'activité domestique contre les chocs de l'internationalisation.

Le *désengagement participatif* montre également l'importance de considérer la SdN non pas – à l'instar des modes de savoir orthodoxes – comme un assemblage d'Etats représentés par leur gouvernement, mais comme un rapport social : il s'étend à des forces de l'économie politique globale qui vont largement au-delà des Etats membres officiellement représentés. Par son architecture coopératiste ouverte à la société civile internationale, la SdN s'est trouvée au cœur d'un réseau de forces sociales actives dans le projet de reconstruction européenne autour de la discipline du capital et ses politiques orthodoxes, et on ne peut exclure les élites capitalistes de ce réseau institutionnel. Elles se manifestent d'ailleurs très clairement dans la constitution du savoir autour de l'étalon-or, objet du prochain chapitre.

---

157 Hill 1946 : 8. Arthur Salter (1961 : 195) souligne également le rôle des USA en dépit de leur non adhésion.

5. SdN et pouvoir du savoir: mythologie et consentement

Ce chapitre analyse le rôle de la SdN dans le développement, la diffusion et l'institutionnalisation de la mythologie de l'étalon-or au lendemain de la guerre. Rares sont les thématiques de l'histoire économique qui ont suscité autant de débats que l'étalon-or[1]. L'essentiel des recherches aborde toutefois son objet sous l'angle de la performance : comment expliquer le « succès » de ce système monétaire international durant le dernier tiers du 19e siècle et, à l'inverse, quels sont les facteurs qui expliquent son échec au début des années trente ?[2] Que ce soit sous la plume de politologues, d'économistes ou d'historien/nes, l'étalon-or classique est vu comme un enjeu analytique primordial, dans la mesure où la compréhension de la stabilité monétaire et de la croissance économique de la fin du 19e siècle est susceptible de livrer des enseignements dans la quête actuelle d'un SMI investi des mêmes vertus. Certes, après la révolution keynésienne et les travaux ultérieurs de Robert Triffin notamment, la conception classique d'un système fonctionnant automatiquement grâce aux mécanismes d'ajustement par le marché (mouvements d'or et masse monétaire) n'a plus cours[3]. Loin d'être abandonnée, la perspective de la performance a cependant été reformulée dans une autre interrogation : si ce ne sont pas les automatismes qui ont fait fonctionner le système, comment expliquer son « succès » ? C'est ainsi une approche par la performance qui continue de monopoliser les travaux dominants sur l'étalon-or au 19e siècle. Les recherches se concentrent non plus sur les effets bénéfiques des mécanismes auto-régulateurs, mais sur la capacité de l'étalon-or à imposer une discipline

---

1   Pour une présentation des principaux courants et des textes fondamentaux, voir Eichengreen/Flandreau 1997.
2   Parmi les principaux textes récents illustrant cette approche, voir en particulier Bordo/MacDonald 2003 ; Bordo/Rockoff 1996 ; Eichengreen 1992 ; Mouré 2002 ; Schuker 2003.
3   Triffin [1964].

budgétaire et monétaire qui serait la source de la stabilité économique et financière du 19ᵉ siècle, et respectivement de l'instabilité des années vingt et début trente[4].

5.1 Transition sociale et pouvoir: le mythe de l'étalon-or

Etalon-or et mythologie

En marge du débat sur la performance, on a assisté à l'affirmation d'un courant plus préoccupé par les fondements idéologiques de l'étalon-or. C'est Karl Polanyi qui, en 1944, a apporté la principale contribution à cette perspective[5]. En présentant l'étalon-or comme l'une des quatre principales institutions du 19ᵉ siècle, Polanyi a montré que ce système monétaire a permis d'étendre à l'échelle globale une logique de marché autorégulateur reposant sur la division fictive de l'économique et du politique inhérente à la doctrine libérale. Dans des perspectives épistémologiques et méthodologiques différentes, plusieurs travaux ont insisté sur la dimension idéologique de l'étalon-or. Marcello de Cecco y a vu une superstructure classique mise en place par des Etats soucieux des intérêts de la classe dirigeante[6]. Barry Eichengreen et Peter Temin ont récemment insisté sur les effets néfastes de cette idéologie, qui a non seulement propagé la crise vers la périphérie mais également entravé la reprise économique par ses effets déflationnistes[7]. La fonction sociale de cette doctrine à la fin de la guerre et son lien avec le projet de la reconstruction restent cependant mal explicités.

Dans l'élan des développements sur la longue durée de l'internationalisme libéral et sur la crise de l'ordre social au lendemain de la guerre, ce chapitre veut montrer le lien entre le développement de la mythologie autorégulatrice de l'étalon-or et le processus social de la reconstruction. En insistant sur l'idéalisation du passé propre à la mythologie, je

4   Voir notamment les travaux de Michael Bordo en collaboration avec divers auteur/es.
5   Polanyi [1944].
6   De Cecco 1984. Voir notamment p. 12 sq., 61.
7   Eichengreen / Temin 2000.

veux souligner le rôle social de cette pratique discursive au sein de l'entreprise de reconstruction de l'ordre socio-économique. La mythologie de l'étalon-or ne s'explique pas uniquement comme la reproduction d'une pensée libérale ou néoclassique dominante, mais avant tout comme une pratique de pouvoir destiné à agir dans le présent et en particulier dans le processus de reconfiguration sociale. La thèse centrale de ce chapitre expose ainsi l'argument selon lequel la mythologie autorégulatrice de l'étalon-or se développe, essentiellement sous l'influence des élites financières anglo-saxonnes, au moment d'une crise de l'ordre social, et notamment à un moment où s'affirment des contre-modèles susceptibles de remettre en cause l'ordre établi. La mythologie de l'étalon-or constitue une articulation centrale du projet social de la reconstruction, en l'occurrence une légitimation discursive de la rationalité du marché. Sa portée sociale peut se lire à trois niveaux différents de la réhabilitation européenne : premièrement, il s'agit de diffuser une vision idéalisée du passé destinée à décrédibiliser tout discours hétérodoxe sur l'organisation internationale de la production et le SMI. Deuxièmement, cette rhétorique repose sur une mythologie de l'âge d'or destinée à servir de référentiel collectif, c'est-à-dire de processus d'intégration sociale autour d'un discours consensuel dominant. Enfin, troisièmement, le discours doit s'accommoder au présent en admettant une adaptation minimale du modèle idéalisé aux circonstances historiques spécifiques, afin de devenir opérationnel dans le processus de reconstruction du système monétaire international.

Le mythe d'un système monétaire autorégulateur n'est pas une construction sociale du 19e siècle. Il se bâtit essentiellement au moment où l'étalon-or est mort et où les segments sociaux qui en ont le plus bénéficié durant le 19e siècle tentent de le ressusciter : l'Angleterre avant tout, et son aristocratie de la haute finance concentrée dans la City. Comme l'affirme Marcello de Cecco, « The still current mythology about the pre-1914 gold standard has been created by post-war eulogists of that system »[8]. Il se construit à un moment où l'ordre social est profondément bouleversé, et où une menace plane sur le capitalisme et l'influence des élites. Sa production ne peut donc être détachée du processus de transition, et elle s'intègre pleinement dans le projet libéral de

---

8   De Cecco 1984 : 60, 127.

reconstruction. Dans un article qui suit de peu l'effondrement de l'étalon-or en 1931, Charles Walker revient sur les origines de cette mythologie et note qu'au 19ᵉ siècle, la science économique n'a pas développé une théorie très aboutie de l'étalon-or vu que le système monétaire international fonctionnait comme un mécanisme bien huilé, et ne soulevait guère d'interrogations ; « we have no very clear contemporary description of the machine just before the war », note l'économiste anglais. En revanche, l'après-guerre est pour l'essentiel responsable des énoncés réducteurs et idéalisés qui ont accompagné la conceptualisation théorique[9]. En réponse à la menace sur l'ordre social, l'émergence du mythe est donc à comprendre comme la tentative de légitimation et d'idéalisation du mode de fonctionnement d'un ordre ancien, et il devient l'élément discursif central sur lequel reposera le modèle conservateur de reconstruction et de stabilisation.

Ce chapitre procède par plusieurs étapes. Dans un premier temps, l'argumentation développera les procédures d'affirmation de la mythologie de l'étalon-or à la fin de la guerre, dans les milieux de la finance transnationale britannique, et insistera sur le contenu normatif de cette idéologie. Puis, l'exposé s'attachera à développer le rôle des experts internationaux cooptés par la SdN dans le développement et la diffusion du mythe au sein du processus de reconstruction. Une troisième étape permettra de comprendre que la mythologie autorégulatrice masque en fait des enjeux profondément politiques. Il s'agira de montrer en quoi les normes produites ne sont pas uniformes ou socialement neutres comme on pourrait le penser en suivant certaines approches classiques, mais localisées au sein de groupes sociaux spécifiques, qui réagissent de manière asymétrique aux normes diffusées. Enfin, dans un dernier temps, nous nous interrogerons sur la constitution – imparfaite – d'un consensus autour du fonctionnement de l'étalon-or.

Antagonisme social et production mythologique

On a vu qu'à maints égards, un nouvel ordre social européen semble en gestation dans les troubles politiques, économiques et sociaux violents qui accompagnent la fin de la guerre. Or, à la fin des années vingt, la

---

9   Walker 1934 : 196-197.

structure sociale et géopolitique capitaliste a été restaurée, même si elle reste une structure fragile et contradictoire si on en juge par l'ampleur de la crise à laquelle elle va conduire. D'un côté, on observe durant les derniers mois du conflit la constitution d'un modèle hétérodoxe et émancipatoire lié aux forces sociales de gauche. Ce modèle ne doit pas être conçu comme une entreprise coordonnée et aboutie de contestation, finalisée dans un document qui en constituerait la synthèse, mais comme un ensemble de revendications, de mouvements sociaux et de propositions en vue d'une nouvelle organisation de la production et de l'ordre social. La force de ce mouvement repose sur le compromis nationaliste d'«union sacrée» qui avait marqué l'entrée en guerre et l'effort de guerre: la gauche s'était systématiquement ralliée en 1914 aux élites et avait voté les crédits militaires, cautionnant ainsi ce qu'elle considérait à maints égards comme une guerre capitaliste; de même, elle a activement participé à l'effort de production au cours du conflit et elle s'est trouvée intégrée avec le patronat dans un système de négociation et de planification sous l'égide de l'Etat[10]. Aussi la gauche se trouve-t-elle en situation de force relative une fois le conflit en phase d'achèvement, et capable d'exiger un poids accru dans la société. On assiste ainsi en Europe à une tendance très large visant à la transformation des scrutins électoraux vers le système proportionnel, et à l'abandon des scrutins majoritaires qui aboutissaient à une sous-représentation systématique de la gauche dans les parlements nationaux.

Au-delà du soutien apporté aux forces conservatrices durant la guerre, le poids de la gauche se traduit également par des mouvements politiques d'intensités très variables, tels que le renversement du pouvoir en Russie, des révolutions communistes éphémères ou des grèves générales et autres démonstrations revendicatrices généralement disciplinées. Ainsi, au moment même où, en janvier 1918, Wilson rend publique sa vision libérale et conservatrice de paix mondiale en quatorze points devant le Congrès américain, le Parti travailliste anglais élabore son programme de reconstruction. Ce dernier exprime un idéal qui ne serait pas la simple réanimation de la régulation du 19e siècle et de ses institutions, telles que l'étalon-or, mais une refonte de l'ordre social dans son ensemble[11]. Qu'on ne se méprenne pas sur le sens de ce document: il y a tout lieu de

---

10 Maier 1975: 11.
11 Labour 1918.

penser que, sur fond de vacarme des armes, il est passé inaperçu ou presque. S'il nous intéresse à ce stade, c'est uniquement en tant que marqueur de l'alternative telle qu'elle s'affirme dans le mouvement de contestation de l'ordre social à la fin de la guerre. Pour les travaillistes anglais, c'est toute la société britannique qui doit être repensée d'une façon globale: « The view of the Labour Party », affirme le programme dès son début, « is that what has to be reconstructed after the war is not this or that Government Department, or this or that piece of social machinery; but, so far as Britain is concerned, society itself ». La gauche souligne en particulier le système individualiste de la production capitaliste, basée sur la propriété privée et l'exploitation de la main-d'œuvre. Elle dénonce également la glorification du darwinisme social utilisé comme une justification de l'ordre établi, l'inégalité qu'il produit ainsi que la dégradation morale et spirituelle. Le Labour ne veut donc pas relancer la lutte compétitive pour les moyens de survie, mais un « new social order » reposant sur une coopération planifiée de la production et de la distribution au profit de tous, sans distinction de nationalité, de race, de classe ou de sexe. Le projet réclame ainsi l'établissement de salaires minimums, le maintien du pouvoir d'achat des salaires, des indemnités de chômage, le financement de programmes publics de grands travaux permettant la création d'emplois, la nationalisation de secteurs tels que les chemins de fer, les mines et la production électrique. Le Labour Party insiste également sur des prélèvements fiscaux accrus sur le capital, le contrôle démocratique de l'industrie, et, en ce qui concerne la Grande-Bretagne, l'abolition de la Chambre des Lords. On le voit, la vision socialiste de la reconstruction, à ses débuts, passe par une refonte sociale qui confère un rôle accru à l'Etat, instance de redistribution des richesses et régulateur de la conjoncture et des conditions de travail.

En face, on assiste à la constitution du discours orthodoxe sur la reconstruction, celui précisément qui, pour contrer les poussées contestataires, produira un imagerie idéalisée de la régulation du 19e siècle, une imagerie qui se traduira essentiellement par la rhétorique du marché autorégulateur, de l'étalon-or et de l'orthodoxie monétaire. La cristallisation des discours et des forces sociales autour de programmes divergents est d'autant plus importante qu'elle s'opère dans une étroite coïncidence temporelle: janvier 1918 est également le mois durant lequel la Grande-Bretagne met sur pied le comité Cunliffe. Ce comité, reflet parfait de la réaction orthodoxe en matière de stabilisation, est constitué pour étudier les bases de la politique monétaire britannique de l'après-guerre. Sans doute n'est-il pas inutile de se pencher sur les travaux de ce comité, formé presque uniquement de banquiers: ses rapports sont à l'origine de la construction idéalisée de l'étalon-or. Il servira en outre de source d'inspiration aux experts chargés de la stabilisation durant les années vingt, et constituera l'argumentaire de base de la stabilisation de la livre.

Peu de temps après sa constitution, le comité Cunliffe publie, le 15 août 1918, son « First Interim Report »[12]. Loin de constituer une tentative de réfléchir à un nouveau système monétaire sur la base des conditions monétaires, financières et politiques du moment, le rapport est fortement réactionnaire: il veut trouver dans la prétendue « réussite » du SMI au 19e siècle la source d'inspiration de la politique d'après-guerre. Sa première partie est ainsi entièrement consacrée à une étude du fonctionnement de l'étalon-or avant la guerre, et la seconde livre les lignes générales du retour à cette politique. Le Rapport Cunliffe voit l'origine de l'« âge d'or » et la clé d'un SMI stable dans un modèle développé par Hume au milieu du 18e siècle: le *price-specie flow*. Cette théorie, qui conçoit les flux économiques internationaux comme un ensemble d'automatismes et les compare à la circulation naturelle des fluides soumis à la force de gravité, repose sur la théorie quantitative de la monnaie transposée à un niveau international[13]. Elle postule que la balance des paiements tend mécaniquement vers un état d'équilibre. Schématiquement, le modèle montre que lorsqu'un pays connaît un déficit de sa balance commerciale, la différence doit être payée en or. La masse monétaire est ainsi réduite, et elle entraîne dans son sillage une baisse des prix. Devenu à nouveau plus compétitif, le pays verrait sa balance commerciale rétablie. Dans le cas inverse, un pays à solde commercial positif assisterait à un afflux d'or, une augmentation des prix et en conséquence une perte de compétitivité. Une légère innovation est toutefois apportée par Cunliffe au modèle originel: les mouvements de

---

12   Committee on Currency and Foreign Exchanges after the War, first interim report. Je me réfère à l'édition de ce rapport par Gregory (1964: 334-365). Le même auteur reproduit le rapport final, qui ne remet pas en cause les conclusions du rapport intermédiaire, mais développe des aspects qui avaient été provisoirement écartés.

13   Hume [1741/2]: 319-320. Sur le modèle humien, voir Eichengreen/Flandreau 1997 et Eichengreen 1992: 32-33.

capitaux à court terme, entraînés par la régulation des balances des paiements. Pour le comité, la banque centrale, avec son taux d'escompte, assure le bon fonctionnement du système dans les périodes de déficits ou de bénéfices durables de la balance. Ce rapport, de façon symptomatique, ne s'écarte pas de l'orthodoxie quantitativiste et autorégulatrice telle que Hume l'a pensée. Si la banque centrale intervient par son taux d'escompte, c'est uniquement pour permettre aux mécanismes autorégulateurs de s'épanouir pleinement. Il ne faut évidemment pas y voir le moindre signe de politique économique ou conjoncturelle.

De manière plus concrète, le rapport stipule que, dans les situations de déficits momentanés de la balance des paiements, il devient plus profitable d'exporter de l'or; l'ajustement s'effectue ainsi mécaniquement, selon le modèle traditionnel. Toutefois, dans les situations où la balance commerciale est négative sur le long terme, la banque centrale hausse son taux d'escompte, ce qui réduit les moyens de paiement en circulation, baisse la demande et exerce une pression à la baisse sur les prix. La réduction des prix rend les marchandises plus concurrentielles, effaçant ainsi le déficit de la balance des paiements. Les mêmes « forces » agiraient en sens inverse en cas de balance commerciale positive. L'idée humienne et sa vision « hydraulique » se retrouvent intactes dans ce modèle : l'équilibre général est atteint par des mécanismes autorégulateurs, apolitiques, et toute intervention extérieure, hormis le taux d'escompte, est exclue. Dans les termes mêmes du rapport Cunliffe, « there was therefore *an automatic machinery* by which the volume of purchasing power in this country was continuously adjusted to world prices of commodities in general »[14].

Si on regarde de plus près le comportement discrétionnaire de la Banque d'Angleterre durant le 19e siècle, ainsi que le rôle des facteurs politiques dans la conduite de la politique monétaire et les tensions qui traversent l'étalon-or, la légèreté avec laquelle le Cunliffe Committee bâtit une rhétorique idéalisée de la régulation du 19e siècle n'est pas sans soulever des questions. Elle en dit long en tous cas sur la tendance consciente ou inconsciente des milieux de la finance transnationale à institutionnaliser un discours qui va dans le sens de leurs objectifs et fonctionne comme un véritable opérateur de pouvoir. Comme les recherches de Flanders tendent à le montrer, il faut sans doute voir dans

---

14   First Interim Report (Gregory 1964 : 337). Souligné par MF.

cette idéalisation «an intense desire on the part of the [Cunliffe] Committee, as representative members of the British Establishment, to return to the *status quo ante bellum*, as completely and quickly as possible »[15]. Le comité Cunliffe n'est pas le seul à s'être penché sur la question du système monétaire de la reconstruction: le gouvernement britannique a nommé un autre organe, le Committee on Financial Facilities after the War, qui publie son rapport en décembre 1918. Composé, à l'instar de Cunliffe, de représentants de la City pour l'essentiel, il préconise lui aussi un retour à l'étalon-or[16]. Quoi qu'il en soit, c'est sur une telle conceptualisation d'un étalon-or automatique, tendant vers un équilibre général bénéfique pour tous, que le comité Cunliffe échafaude ses propositions de stabilisation de la livre. Or, c'est une approche similaire qui sera finalement préconisée lors de la conférence financière de Bruxelles patronnée par la SdN, et c'est une perspective semblable qui caractérisera les travaux de l'OEF dans le cadre des programmes de stabilisation.

La construction de ce mythe de l'étalon-or à la fin de la Première guerre mondiale autour de Hume est d'autant plus intéressante que ses bases théoriques n'ont à peu près plus rien de comparable[17]. D'abord, le modèle humien raisonne sur la base d'une économie qui se résume aux échanges de marchandises, alors que dès la seconde moitié du 19e siècle, on assiste à la montée en puissance des flux transnationaux de capitaux, tels que par exemple les investissements britanniques en Europe et dans son empire, les emprunts russes émis sur la place financière parisienne, les investissements directs dans le système industriel et bancaire en Europe centrale, ou dans l'empire ottoman. Une économie fortement financiarisée a donc succédé à une économie plutôt commerciale. Puis, l'émergence des banques centrales dotées d'un monopole d'émission se propagent, des banques qui agissent directement sur la relation entre les réserves monétaires et la politique de crédit, jouant ainsi un rôle central dans les flux internationaux de capitaux. Enfin, il faut noter la transformation profonde des structures du capitalisme et des mécanismes d'échanges et de prix: les entreprises industrielles et bancaires se sont lancées durant le 19e siècle dans un processus de

---

15   Flanders 1989: 82-83.
16   Boyce 1988: 175-176.
17   Voir à ce sujet Eichengreen 1992: 32-33.

fusion et de cartellisation, menant à ce que Hilferding a désigné par le concept de *capital financier*[18]. Le capitalisme des grands *trusts* et des monopoles exerce un tel contrôle sur la production et la distribution, que les prix n'ont en aucune mesure l'élasticité que la vision mythologique veut bien leur prêter. Malgré tout, 150 ans après, ce modèle humien détient le pouvoir, comme le précise Eichengreen « d'hypnotiser les esprits des économistes »[19].

Mythologie et pouvoir: la logique sociale de l'ajustement

C'est devenu un lieu commun aujourd'hui d'affirmer que l'étalon-or n'a pas fonctionné de manière aussi automatique et mécanique qu'on l'a longtemps prétendu. Il n'est pas nécessaire de citer l'abondance de travaux qui le démontrent, et moins encore d'en reproduire l'argumentation en détail[20]. Schématiquement, on peut résumer le dispositif narratif du mythe, tel qu'il se construit à la fin de la guerre, autour de trois points. Premièrement, l'étalon-or en tant que système monétaire international aurait fonctionné « harmonieusement », c'est-à-dire qu'il aurait été caractérisé par des qualités que les économistes néoclassiques jugent primordiales: taux de changes stables, et prix stables sur la longue durée. Deuxièmement, ce succès serait dû à l'automaticité du système, ou plus exactement aux mécanismes autorégulateurs qui auraient mené systématiquement à l'équilibre général, objectif idéalisé de l'approche néoclassique. Enfin, l'automaticité de l'étalon-or reposerait sur la couverture métallique (qui permet la convertibilité, en tout temps, d'une monnaie en son équivalent en or et vice versa) et la liberté des mouvements internationaux d'or, assurant tous deux un ajustement permanent de la balance des paiements.

Le discours de l'étalon-or peut être analysé comme une construction mythologique dans la mesure où il tend à dépolitiser les phénomènes économiques en leur substituant un modèle automatique fait de schémas naturels tirés tout droit de la physique. C'est à ce titre que, sur le plan de sa logique interne, il est un processus de pouvoir. L'étalon-or tel

---

18 Hilferding 1910.
19 Eichengreen 1992: 32.
20 Voir notamment les travaux de Triffin, de Cecco, Eichengreen, Flandreau, Gallarotti, Helleiner.

qu'il est pensé durant les années vingt est le fondement d'un système monétaire international ouvert et unifié, on dirait aujourd'hui d'un système *global*, laissant la plus large marge de manœuvre possible aux acteurs économiques transnationaux. Sur le plan de la finance, il vise la stabilité des monnaies entre elles (taux de changes), condition nécessaire à la circulation des capitaux à une vaste échelle[21]. Sur le plan commercial, il a pour objectif de faciliter les paiements d'opérations marchandes internationales en levant les entraves aux règlements et en garantissant la prévisibilité des coûts de transaction. En son cœur réside donc l'objectif suprême de la stabilité de la monnaie exprimée par rapport aux autres monnaies, elles-mêmes trouvant leur valeur dans la relation au métal. Or, la stabilité des monnaies les unes par rapport aux autres n'est pas acquise une fois pour toutes. L'irrégularité des soldes des balances des paiements constitue une forme de menace sur la stabilité monétaire. Un déficit de la balance des paiements se traduirait par une sortie d'or ou de capitaux destinés à régler la balance. Un tel déséquilibre n'est évidemment pas supportable à long terme : une adaptation doit s'effectuer à un endroit ou un autre pour rétablir l'équilibre entre entrées et sorties de capitaux et garantir ainsi la stabilité de la monnaie. Les économistes parlent d'*ajustement* pour désigner le processus par lequel une économie s'adapterait structurellement pour rééquilibrer ses flux extérieurs et retrouver un état d'équilibre. Or, c'est précisément dans cette notion d'ajustement que réside l'enjeu principal de l'étalon-or lorsqu'on l'analyse comme une construction mythologique d'un système harmonieux.

Dans la doctrine de l'étalon-or, on l'a vu au travers du modèle de Hume et sa réinterprétation par Cunliffe, l'ajustement est le jeu des « forces automatiques » du marché. Il s'effectue nécessairement au niveau domestique comme son but est de maintenir la stabilité monétaire du système international. C'est ainsi par les prix que s'opèrerait l'ajustement. Or, la baisse des prix n'est pas une simple formalité, rapide, indolore, sans conséquences sociales et profitable en termes de pouvoir d'achat : elle est au contraire le reflet d'un processus déflationniste qui a pour objectif de réduire les coûts de production et notamment de

---

21   Selon les termes du rapport Macmillan : « The primary object of the international
      gold standard is to maintain a parity of the foreign exchanges within narrow
      limits » (Committee on Finance and Industry 1931 : 19).

baisser en parallèle le niveau des salaires, paramètre central des coûts de production. Dans un même élan, l'ajustement « automatique » se reflète également sur la demande (ou la consommation) qui doit se rétracter, à l'image de toute l'activité économique qui doit passer par un « bain de jouvence » déflationniste dans le but de retrouver l'équilibre originel. L'ajustement s'accompagne donc nécessairement de chômage. En d'autres termes, si la monnaie et la valeur du capital (et sa mobilité) sont garanties, l'activité domestique et le niveau d'emploi devront, eux, absorber tous les chocs de l'ajustement.

Qui dit automaticité dit évidemment absence de toute entrave aux mécanismes de l'ajustement. L'adaptation des coûts de production, et essentiellement la baisse des salaires, ne doivent être empêchées par aucune mesure « artificielle ». Le chômage doit demeurer un mécanisme d'ajustement nécessaire du processus, et la consommation doit pouvoir suivre librement les fluctuations sans être dérangée. Dans la mythologie, l'étalon-or est incompatible avec une intervention étatique sur la conjoncture. On le voit, au niveau même du discours de l'étalon-or, les métaphores mécanistes d'un système prétendument harmonieux et apolitique masquent en fait une profonde dynamique de pouvoir : en termes d'ajustement, l'automatisme – loin d'être socialement neutre – repose en fait sur l'activité domestique, l'emploi et la production. C'est à ce niveau que doivent être absorbés les chocs d'un système qui veut garantir la mobilité du capital et sa valeur.

Dynamiques internationales et domestiques de l'étalon-or

Au-delà de sa logique interne, l'étalon-or, conçu comme une pratique discursive sur le fonctionnement de l'économie, doit être considéré comme une mythologie pour différentes raisons historiques. D'abord, hormis le cas particulier de la Grande-Bretagne, il n'a rien d'une institution solidement ancrée dans la continuité historique, puisqu'il n'a duré qu'un tiers de siècle, voire moins si l'on tient compte du moment auquel certains pays ont adopté l'étalon-or. L'Inde n'abandonne l'étalon-argent qu'en 1898, et d'une manière générale la périphérie n'est vraiment entrée dans l'étalon-or qu'au début du 20e siècle. Deuxièmement, l'étalon-or n'a pas empêché la transmission internationale de crises financières, au contraire, il les a rendues possibles au 19e siècle comme d'ailleurs il les rendra possibles dès 1928. La crise de Baring en 1890 constitue une célèbre illustration de la propagation internationale des chocs monétaires, et témoigne de l'extrême fragilité de la place financière britannique[22]. De plus, l'étalon-or n'a pas empêché des suspensions de convertibilité. Les Etats-Unis (1862), l'Argentine (1880), le Brésil (1889) et d'une manière générale toute l'Amérique latine durant le dernier tiers du 19e siècle ont levé la convertibilité pour des durées plus ou moins longues[23]. Sans doute faudrait-il plutôt argumenter l'inverse, c'est-à-dire que loin d'empêcher les suspensions de la convertibilité, l'étalon-or explique les chocs financiers et monétaires qui ont nécessité sa suspension. Quatrièmement, contrairement aux prétendues vertus autorégulatrices dont le mythe est investi, c'est l'action discrétionnaire des autorités nationales qui caractérisait les opérations de l'étalon-or tant en période «normale» qu'en temps de crise. Les opérations de stérilisation des afflux d'or, qui selon Nurkse sont la cause de l'échec de l'étalon-devise-or, sont tout aussi nombreuses sous l'étalon-or[24]. De nombreux historiens, dont Marcello de Cecco, ont mis en évidence le «dirigisme» au cœur de la pratique de l'étalon-or[25]. Enfin, même si les prix sont destinés à effectuer l'ajustement, ils tendraient selon le modèle à demeurer stables si les mécanismes autorégulateurs ne sont pas entravés, comme le modèle tend vers une situation d'équilibre. Or, les prix montrent au contraire de fortes variations au 19e siècle. Entre 1849 et 1873, l'augmentation des prix de gros au Royaume-Uni s'élève à 51%; puis, durant le dernier quart de siècle, ils baissent à raison de 45%, tandis que durant les 17 années précédant la guerre, une augmentation de 39% caractérise à nouveau l'évolution des prix de gros.

22   La Banque Baring s'était lourdement engagée dans des emprunts publics argentins. Sa liquidité est ainsi mise en doute au moment où parviennent à Londres les nouvelles de la révolution argentine, et la crise ne tarde pas à toucher la place financière londonienne dans son ensemble. Le retrait de liquidités et la perte de confiance dans la livre sterling produisent alors une hémorragie des réserves monétaires de la Banque d'Angleterre. C'est finalement la Banque de France et la Reichsbank qui serviront de prêteur en dernier ressort pour préserver la place financière britannique de la banqueroute (Eichengreen 1992: 49-50).
23   Eichengreen 1992: 54-65; Young 1925.
24   C'est la thèse défendue par Bloomfield en 1959; voir Eichengreen 1992: 36.
25   De Cecco 1984. Marc Flandreau (1996) montre comment les banques centrales européennes sont parvenues à contenir les effets des flux de capitaux sur leur système monétaire.

La volatilité à court terme bat elle aussi en brèche toute affirmation de stabilité des prix sous l'étalon-or[26]. Aussi, les affirmations de Cassel au sein de la Délégation de l'or du Comité financier de la SdN, selon lesquelles les prix étaient stables dans la longue durée sous l'étalon-or classique (1850-1910), ne vont pas sans poser problème: même si en effet le volume monétaire a augmenté en moyenne annuelle de 2,8% pendant cette période et que le niveau des prix semble être comparable aux deux extrémités temporelles, des fluctuations massives ont eu lieu sur le court terme[27].

Si l'étalon-or est un mythe en terme de processus d'ajustement étudié sous l'angle de la performance macro-économique, il est aussi un mythe en terme de dynamique sociale, tant macro-sociale (à l'échelle géographique) que micro-sociale (au sein d'une économie domestique). Au niveau macro-social (ou géographique), le mythe conçoit l'or comme un système universel. Les études montrent au contraire que les créanciers internationaux – avant tout la Grande-Bretagne, cœur du système monétaire international avant la Grande guerre – ont été mieux servis que les débiteurs, à savoir les pays de la périphérie, essentiellement l'Amérique du Sud. En d'autres termes, les économies industrielles ont eu des expériences plus satisfaisantes que les pays de la périphérie spécialisés dans les produits du secteur primaire. Selon Triffin, les économies de la périphérie ont connu des taux de changes beaucoup plus fluctuants et les processus d'ajustement se sont avérés nettement moins «automatiques» et beaucoup plus coûteux en termes sociaux que les économies du centre[28]. Eichengreen estime que le système a fonctionné aux dépens des membres les plus faibles[29]. Gallarotti montre lui aussi le statut privilégié des pays du centre qui parviennent à attirer des capitaux à un moindre coût, tandis que la périphérie doit appliquer des taux élevés – et par conséquent dépressifs sur l'investissement et le niveau d'activité – pour éviter la fuite des capitaux vers le centre. Le mouvement des capitaux sous l'étalon-or aurait créé une structure internationale de l'ajustement où les pays du centre font systématique-

26   Aglietta 1990: 27, 34.
27   SdN, C.375.M.161.1930.II, Gold Delegation of the Financial Committee, First Interim Report, 8 septembre 1930, pp. 71-78, 86-87.
28   Triffin [1964]: 147.
29   Eichengreen 1990b: 291.

ment reposer le poids du processus sur les pays de la périphérie, véritables d'amortisseurs : « The periphery functioned as a kind of stabilizing force or safety valve for adjustment in the gold club : it was a vent for surplus capital when gold-club external positions were strong, and a source of capital when external positions turned in and adverse direction », avance Gallarotti[30].

Au niveau micro-social (domestique) également, l'étalon-or incarne de vives tensions. Loin d'être « socialement neutre », l'étalon-or marque une dynamique de différentes forces en opposition et correspond en fin de compte à la capacité d'un groupe social de créer un consensus aussi large que possible. Comme le souligne Jeffry Frieden, « countries' choices to go on or off gold were made in the context of often bitter debates among groups in society that had vested interests for or against the fixed-rate standard »[31]. Les économies qui ont introduit la convertibilité-or de manière continue ou partielle ont toutes connu des conflits d'intérêts entre groupes sociaux plus ou moins marqués. En Grande-Bretagne, à l'issue des guerres napoléoniennes déjà, la City et les intérêts des marchands et des financiers actifs au niveau international (favorables à une monnaie stable) l'emportent sur les industries domestiques et les milieux agricoles, plutôt favorables à une monnaie dépréciée. Cette coalition aboutit à l'institutionnalisation de l'étalon-or en deux étapes, la restauration de la convertibilité (1819) d'une part, et le célèbre Bank Charter Act de 1844 d'autre part, qui sépare le département commercial du département d'émission[32]. Cette quasi constitutionnalisation de l'orthodoxie monétaire n'est probablement pas étrangère au développement de la place financière londonienne durant le 19e siècle, et à la persistante domination de la livre comme monnaie internationale par excellence avant la guerre. Elle permet sans doute aussi de comprendre pourquoi l'essor de la finance britannique durant le dernier tiers du 19e siècle s'accompagne d'un déclin parallèle de l'activité commerciale[33]. Il en va de même en Allemagne et en Scandinavie, où les milieux de la finance et du commerce international, partisans de monnaies non dépréciées, l'emportent.

30   Gallarotti 1995 : 37-48, 42.
31   Frieden 1993 : 147.
32   Broz 1997 : 61 sq. ; Frieden 1993 : 147-148 ; Helleiner 2003a.
33   Cassis 1988 : 411 sq.

Dans le cas argentin en revanche, on note un changement d'orientation monétaire en faveur de la demande intérieure. Cette évolution s'était faite sous la pression des groupes sociaux liés aux producteurs, qui revendiquent une politique monétaire plus axée sur le niveau économique domestique, et susceptible de combattre la baisse des prix[34]. Fortement orientée vers la production agricole, l'Argentine connaît en effet dès les années 1870 une crise économique qui pèse lourdement sur les prix agricoles. L'étalon-or sera abandonné en 1880 et la convertibilité ne sera retrouvée *de facto* que 20 ans plus tard.

Les Etats-Unis constituent l'un des exemples les plus parlants de ce rapport de force, qui s'est cristallisé autour de l'épisode bien connu des *greenbacks*[35]. Aux USA comme dans les pays européens, un conflit persistant oppose depuis au moins 1832 les milieux de la banque et de la finance actifs au niveau transnational, localisés dans le nord-est, aux producteurs industriels et aux milieux agricoles orientés sur le marché intérieur; les premiers sont plutôt créanciers, favorables à la stabilité et à la prévisibilité de la monnaie, les seconds débiteurs. Pendant la guerre civile, une monnaie papier est introduite, les fameux *greenbacks*, et l'étalon-or est suspendu au moment où les prix montent. C'est au terme du conflit que les tensions atteignent leur apogée. Le Treasury mène une politique de stabilisation du dollar visant à réduire la masse monétaire pour restaurer la convertibilité-or à sa parité originale. En réaction à cette politique déflationniste, un *Greenback movement* se constitue parmi les producteurs d'acier de Pennsylvanie qui voient leurs débouchés sur le marché domestique se réduire au fur et à mesure de la restriction des moyens de paiement, et la concurrence internationale de plus en plus marquée. Ils entraînent dans leur sillage toute une série d'acteurs sociaux eux aussi favorables à une dévaluation, dont les milieux bancaires attachés à ces secteurs industriels domestiques, les milieux agricoles, et finalement le domaine de l'extraction minière d'argent. La coalition parviendra facilement à s'imposer en 1874 au Congrès en faisant voter un texte favorable à une politique inflationniste. Le mouvement se transforme en *Greenback Party* dont le programme s'articule autour de la dévaluation et d'une politique monétaire de taux de change

---

34   Eichengreen 1992: 59-60; Frieden 1993: 153.
35   Sur les *greenbacks*, voir Boyer/Coriat 1984; Carruthers/Babb 1996; Frieden 1993: 148-153; Gallarotti 1995: 66 sq.

flexibles. Même si le Congrès vote le retour à l'or en 1879, le mouvement ne disparaîtra pas pour autant, la dépression de la fin des années quatre-vingts dynamisant les revendications des milieux agricoles. Il faudra attendre la première année du vingtième siècle pour qu'un consensus s'installe autour de la convertibilité-or, et que l'argent-métal soit écarté. Au bout du compte, ce sont pas moins de quarante ans de divergences sociales qui aboutissent à un étalon-or ancré tardivement dans les pratiques monétaires américaines.

Ces exemples laissent apparaître des lignes de partage systématiquement identiques : les milieux de la haute finance, accompagnés généralement du commerce international, s'opposent aux secteurs domestiques de la production industrielle, de l'agriculture, et souvent des banques qui les financent. Le survol de ces quelques cas illustre également à quel point le discours idéalisé tend à occulter les profondes tensions sociales inhérentes à l'étalon-or, afin de le faire apparaître comme un processus socialement homogène et harmonieux. Aussi, ce mythe est précisément le lieu symbolique du rapport de pouvoir tel qu'il s'échafaude dans le processus de transition qui accompagne la fin de la Première guerre mondiale, et dans lequel la SdN s'insère activement. Construction discursive idéalisée et idéologisée du passé, il fonctionne comme un opérateur de pouvoir dans le présent. Or, en tant précisément que mythe, il a l'énorme facilité de se diffuser rapidement dans les différentes couches sociales (mêmes celles qui *a priori* lui sont étrangères) et d'acquérir la légitimité dont il doit s'investir. Lieu d'expression du pouvoir, le mythe a pour fonction de produire un rapport de consentement entre ce qu'on peut appeler son cœur (couches sociales proches de la finance transnationale) et les fractions sociales qui sont progressivement acquises à la cause (les acteurs économiques au sens plus large, et une partie de la gauche).

5.2 Savoir et pouvoir: SdN, reconstruction et dynamique sociale

Etalon-or et, marché et Etat: le discours orthodoxe face aux alternatives

La version mythique de l'étalon-or se construit au moment où la macro-économique – qui toutefois n'apparaît pas encore sous ce nom – commence à se distinguer comme champ distinct de la science économique. Cette évolution est profondément liée aux circonstances historiques du moment: l'abandon de l'étalon-or avec la Première guerre mondiale, l'inflation durant le conflit et l'immédiat après-guerre, les taux de changes flottants durant la première moitié des années vingt et, d'une manière générale, les nombreuses questions liées au processus de stabilisation monétaire de l'Europe. Cette situation de transition est marquée par le poids que prend la SdN dans les discussions économiques et monétaires. Alors que ces débats se confinent avant la guerre aux cercles universitaires ou initiés et pénètrent parfois dans les salons feutrés de la diplomatie, l'entre-deux-guerres fait apparaître une véritable structure supranationale de recherche et de diffusion en matière de théories et de politiques économiques et monétaires[36]. Or, initialement, la SdN n'est pas conçue comme un organe international de recherche en matière macro-économique; l'émergence toutefois très rapide de ce secteur d'activité se comprend dans le projet d'internationalisme libéral et de coopératisme dont la SdN est issue.

Durant les années vingt, la grande majorité des travaux du Comité financier et de ses experts internationaux portent sur la reconstruction européenne, étudiée sous un angle étroitement monétaire: les enjeux sociaux ne sont pas pris en compte dans la réflexion théorique, et moins encore dans les programmes mis en chantier. L'objectif consiste à retrouver l'état d'équilibre qui aurait caractérisé la régulation du 19e siècle et à créer ainsi les conditions d'un retour à l'étalon-or. Pour les experts de

---

36   Pour l'étude des conférences monétaires internationales durant le 19e siècle voir Gallarotti 1995 et Reti 1998. Sur le rôle de la SdN et en particulier du BIT dans la recherche en matière économique, voir Endres/Fleming 2002. On consultera également lement Hill 1946, Salter 1961 et Loveday 1938 et, pour des travaux plus récents, de Marchi 1991 et Pauly 1997.

l'OEF, le rétablissement de ce système monétaire et de ses automatismes entraînera mécaniquement dans son sillage le rétablissement de la production et la résorption du chômage. La SdN livre elle-même la synthèse parfaite de cet argument dans l'un des derniers rapports précédant son remplacement par l'ONU, un rapport rédigé par Royall Tyler, qui a œuvré au sein du Comité financier entre 1924 et 1938[37] :

> Les experts qui se consacrèrent à la tâche de la reconstruction visaient évidemment à rétablir l'automatisme qui avait régné, pendant des générations, jusqu'à la Première guerre mondiale, et qui avaient permis un accroissement considérable de la richesse et du bien-être. Selon eux, le seul moyen de faire renaître la prospérité était de revenir à la liberté de mouvement des personnes, des marchandises et des capitaux, à travers les frontières[38].

Ainsi, dans l'étude des cycles autant que dans l'analyse de la politique monétaire de la stabilisation, les experts de la SdN font preuve d'orthodoxie, une orthodoxie particulièrement prononcée au sein du Comité financier. Le paradigme dominant des travaux menés en vue des programmes d'ajustement structurel repose sur la théorie quantitative de la monnaie. Cette théorie, version précoce du monétarisme dominant durant le dernier tiers du 20e siècle, s'appuie sur des postulats positivistes tirés des sciences naturelle. Elle vise à démontrer dans quelles conditions la variation des moyens de paiements s'exprime mécaniquement sur les variables que sont les prix et les taux de change. Walré de Bordes, qui figure parmi les experts les plus influents de la reconstruction, s'est ainsi inspiré de l'évolution de la masse monétaire autrichienne pour « prouver » la validité de cette théorie[39]. Henry Strakosch, et en particulier Gustav Cassel, participent eux aussi à la reproduction de cette théorie et à son institutionnalisation dans les programmes de la SdN[40]. Adeptes du quantitativisme, les experts de la SdN se montre-

---

37   Royall Tyler a occupé les fonctions de commissaire général adjoint à Budapest (1924-1926), puis de représentant des commissaires fiduciaires de l'emprunt de la Société des Nations (1926-1928), et enfin de représentant du Comité financier à Budapest (1931 à 1938). Voir SdN 1945 : 5.

38   SdN 1945 : 18.

39   Walré de Bordes 1924.

40   La théorie quantitativiste semble avoir particulièrement inspiré les experts britanniques du Comité financier. Les économistes français, à l'instar de Bertrand Nogaro, n'ont pas témoigné d'un attachement aussi dogmatique à cette doctrine (voir à ce sujet Silverman 1982 : 43). Charles Gide également, dans ses « notes sur

ront donc soucieux des moyens de paiement en circulation; et comme
le retour à l'étalon-or passe, pour eux, par la maîtrise des prix, c'est la
politique du crédit qui sera placée au cœur des plans de reconstruction.

Tant pour les experts du Comité financier que pour ceux du BIT[41],
le problème central à résoudre est donc celui de l'instabilité des monnaies et des prix, situations qui menacent toute la structure sociale de
l'après-guerre. Cette instabilité trouverait sa source dans des politiques
monétaires et budgétaires laxistes, se soldant par des émissions excessives
de liquidités non couvertes par de l'or et donc inconvertibles. Il s'agit
donc de résorber les déficits budgétaires et de restaurer un étalon-or
qui inspire la confiance, condition nécessaire à l'établissement de taux
de changes stables. En parallèle, les banques centrales doivent mener
une politique stricte, axée sur la stabilité des prix. C'est cette stabilité
qui mènera finalement à recréer un climat de confiance dans les affaires,
à favoriser la sécurité des investissements et des placements, et à retrouver une situation de plein-emploi des facteurs de production. En d'autres
termes, un état d'équilibre sera *automatiquement* atteint en disciplinant des politiques budgétaires et monétaires. Pour Henry Strakosch,
les reconstructions opérées sous l'égide de la SdN reposent sur la conception fondamentale qu'un équilibre dans les affaires économiques d'un
pays est possible « only if monetary stability is established, which, in
turn, postulates an assured equilibrium in financial affairs »[42]. Cependant, la stabilité des prix et des monnaies n'est pas suffisante à elle

---

la situation financière et monétaire » rédigées en vue de Bruxelles, partage certes
l'idée générale que l'inflation doit être réduite. L'économiste français s'empresse
toutefois de signaler que « sur ce point, j'estime que les économistes en général, et
mes savants collègues aussi, se montrent un peu sévères. L'inflation n'est pas une
maladie aussi grave qu'on le dit dans l'enseignement classique » (SdN, R496, memorandum Charles Gide). Cet avis nuancé n'empêche pas Gide de se prononcer
en faveur d'une politique déflationniste. En dépit (ou à cause?) de leur position
plus mesurée, l'influence des économistes français sur la SdN est très faible.

41   Pour la position du BIT en matière de stabilité monétaire, voir notamment
     BIT, Etudes et Documents Série C (Chômage), N° 13, Le problème du chômage.
     Quelques aspects internationaux 1920-1928, Rapport présenté à la douzième ses-
     sion de la conférence internationale du travail (mai-juin 1929).

42   SdN, 1323, F 532, memorandum Strakosch 30 mai 1928. A ce sujet, voir égale-
     ment SdN, 1380, memorandum Niemeyer du 28 août 1925, accepté par le Comi-
     té financier le 3 septembre 1925.

seule pour mener à l'état d'équilibre. Un maximum de libéralisme financier et commercial doit être en outre garanti pour relancer la croissance et résorber le chômage. Dans cette perspective, l'étalon-or s'affiche comme un objectif de première importance pour imposer la discipline budgétaire et monétaire que les forces sociales de la finance transnationale préconisent, ainsi que pour libéraliser le circuit d'accumulation du capital.

La stabilité des prix, il convient de le signaler, constitue un élément relativement nouveau par rapport au discours sur l'étalon-or classique dans lequel l'ajustement s'effectuait précisément par la mobilité des prix[43]. Elle s'explique dans un premier temps par les circonstances historiques que représente la forte inflation issue de la guerre ainsi que par les risques que les élites capitalistes y ont vu pour l'ordre social ; dans un second temps, elle ne peut être détachée de la phase déflationniste qui caractérise la crise dès 1920. Il n'est pas inutile à ce titre de citer la suite de l'analyse que propose Strakosch en matière de stratégie stabilisatrice : « Monetary stability, in other words, was conceived to be an indispensable pre-requisite of economic restoration, and, with it, of ordered social and tranquil political conditions ». Aussi, si le modèle auquel se réfèrent d'une manière générale les experts du Comité financier est bel et bien la vision mythique de l'étalon-or classique, leur travail consistera à le réinterpréter pour le rendre compatible avec les circonstances propres à la reconstruction : devant le manque d'or et sa répartition

---

43   Il n'y a pas lieu ici d'entrer plus en détail dans la problématique du rôle des fluctuations des prix dans le processus d'ajustement. Signalons très schématiquement que par l'objectif de stabilité des prix et du pouvoir d'achat de l'or, le Comité financier introduit une sorte de contradiction dans la doctrine orthodoxe, une contradiction que Hayek ne manquera pas de reprocher à Cassel et Hawtrey au début des années trente. Si au début des années vingt il semble que le comité est plutôt acquis à l'objectif d'une stabilité des prix, la Délégation de l'or, au tournant de la décennie, reviendra à une forme plus classique. Par ailleurs, les principales banques centrales sont restées assez sceptiques face à la possibilité ou le bien-fondé d'une stabilité des prix. Dans la pratique, Montagu Norman mène une politique active de baisse des prix pour réajuster les coûts de production au taux de change face au dollar, ce qui ne l'empêche pas de se déclarer préoccupé par les tendances déflationnistes en Europe (FRBNY, Fonds Strong, 1116.7, Norman à Strong, 28 novembre 1927). De son côté, Strong doute de la capacité des banques centrales à agir de façon décisive sur le niveau des prix (FRBNY, Fonds Strong, 1116.8, Strong à Norman, 27 mars 1928 ; Boyce 1987 : 167, 288 sq.).

désormais inégale, la conceptualisation élargira la base monétaire aux devises-or (dollar et livre), devenant ainsi un étalon devise-or. En outre, il intégrera l'objectif de stabilité des prix évoqué plus haut, plaçant ainsi les banques centrales au cœur du processus. Le système monétaire international devient dès lors un étalon-or *géré*, dans lequel le fonctionnement des mécanismes autorégulateurs est rendu possible par l'action discrétionnaire des banques centrales. Isolées de l'emprise étatique, les banques centrales deviendront l'élément-clé de la régulation économique, jouant en quelque sorte le rôle de soupape entre l'économie domestique et l'intégration globale. Leur fonction consiste à appliquer une politique monétaire orthodoxe, étape obligée vers l'équilibre automatique des balances de paiement et l'accès tout aussi automatique au plein-emploi. Il n'est dès lors pas étonnant que le banquier central et le financier privé constituent les deux figures idéalisées du mode de régulation des années vingt: le premier garantit le bon fonctionnement du SMI, et le second fournit les liquidités nécessaires à la reconstruction.

Acquis à l'idée que la stabilité monétaire et son corollaire – la libre circulation des capitaux – mènent automatiquement au plein-emploi, les économistes de la SdN (BIT compris) sont ainsi hostiles à une politique interventionniste sous la forme, par exemple, de travaux publics sur le long terme. Ils se montrent également peu favorables à toute intervention conjoncturelle par la redistribution fiscale ou une politique monétaire encourageant les investissement par une politique de taux d'intérêts bas[44]; la politique monétaire « saine » constitue l'unique réponse au chômage, du moins jusqu'à la fin des années vingt. Or, sans qu'on puisse pour autant déjà parler de politique keynésienne, le rôle de l'Etat dans les politiques d'emploi et la création de la demande via des travaux d'utilité publique sont des idées déjà courantes avant la guerre, et elles seraient même bien établies dans la tradition de Cambridge à la fin des années 1920. Foxwell, le malheureux rival de Pigou à la succession de Marshall avait pris la défense de telles mesures et Pigou lui-même n'y aurait pas été insensible. D'autres économistes tels que Bowley et Lavington ont aussi suggéré une telle démarche anti-cyclique[45]. Un point de vue similaire apparaît dans certains programmes de la gauche européenne qui portent sur les politiques de reconstruc-

---

44   Endres/Fleming 2002: 82 sq.
45   Laidler 1999: 103-104.

tion de l'après-guerre. Les sociaux-démocrates autrichiens en fourniront une illustration très claire, autant que le rapport de janvier 1918 du Parti travailliste britannique, déjà évoqué plus haut :

> It is now known that the Government can, if it chooses, arrange the public works and the orders of National Departments and Local Authorities in such a way as to maintain the aggregate demand for labour in the whole kingdom (including that of capitalist employers) approximately at a uniform level from year to year[46].

Dans le même ordre d'idée, la conférence internationale du travail, qui est l'Assemblée des représentants de l'OIT, vote en 1926 une résolution qui souligne le rôle de l'Etat dans la lutte anticyclique ; le texte demande « l'exécution des travaux publics suivant un rythme compensateur de celui des fluctuations de l'industrie privée »[47]. Ce n'est donc pas faute d'options contraires que la réaction orthodoxe milite avec autant de conviction pour un retour au marché autorégulateur, mais avant tout en raison des considérations d'ordre financier que certaines forces sociales tentent de faire prévaloir et de légitimer au travers d'un discours consensuel. L'enjeu consiste précisément à occuper le terrain épistémique afin de contenir le développement potentiel d'alternatives. Cette démarche visant à affirmer l'orthodoxie libérale est d'autant plus significative qu'elle s'exprime dans un contexte de remise en cause des doctrines classiques. La position de certains travaillistes anglais, telle qu'elle s'exprimera notamment en 1924 par la proposition de nationaliser la Banque d'Angleterre, constitue un marqueur de cette crise de l'orthodoxie. Dès le début des années vingt, l'aile gauche du Labour est en effet animée par l'activité de radicaux indépendants qui s'inscrivent en rupture avec l'orthodoxie : H. N. Brailsford par exemple, rédacteur du principal journal du parti, s'oppose régulièrement à la politique monétaire déflationniste prônée par Cunliffe[48].

Dans la conception du Comité financier, la stabilité à laquelle doit mener la reconstruction européenne se confond avec un idéal de

---

46 Labour 1918 : 8. De telles prises de position sont fréquentes au sein du parti travailliste jusqu'en 1922, avant que l'adoption d'une ligne plus orthodoxe ne rejette ces propositions en marge du débat (voir Hancock 1970 : 118 sq.).

47 BIT, Etudes et Documents Série C (Chômage), N° 13, Le problème du chômage. Quelques aspects internationaux 1920-1928, Rapport présenté à la douzième session de la conférence internationale du travail (mai-juin 1929).

48 Boyce 1988 : 180.

l'équilibre général quasi spontané : le plein-emploi des facteurs de production est naturellement atteint grâce aux mécanismes autorégulateurs du marché. Il s'avère ainsi vital, dans cette approche naturaliste de l'économie, de ne pas entraver le champ d'action des opérateurs financiers et de laisser s'épanouir les mécanismes de stabilisation. Le marché est ainsi conçu comme une procédure rationnelle, dans la mesure où il se définit comme la somme d'individus atomisés agissant « au mieux de leurs intérêts », comme le veut l'expression. En séparant de la sorte *marché* et *Etat*, considérés comme deux sphères sociales distinctes, les experts du Comité financier opposent en même temps *rationalité* et *irrationalité*. En tant qu'agent perturbateur des mécanismes autorégulateurs, l'Etat s'identifie à un acteur irrationnel face à la rationalité du marché. Cette conception de la chose publique apparaît très clairement dans la démarche de personnalités telles que Montagu Norman, qui voue un mépris aussi profond que légendaire à l'Etat. Dès lors, l'interventionnisme qui est préconisé ne porte pas sur l'Etat, mais sur la société civile, c'est-à-dire sur les acteurs du marché (coopératisme).

Comme on le verra plus bas, les résolutions de la conférence de Bruxelles sont claires en matière d'intervention étatique : cette dernière ne fait que « fausser » les lois de l'économie et de l'ajustement. Ainsi, à titre d'exemple, les indemnités de chômage sont perçues comme étant contre-productives et la conférence demandera leur abandon. De leur côté, les plans de reconstruction de l'Autriche et de la Hongrie insistent sur la nécessité de réduire les dépenses budgétaires consacrées notamment à l'assistance sociale. Le Comité financier se montrera également très réticent devant les dépenses budgétaires demandées par l'Autriche et la Hongrie en vue de grands travaux tels que le développement du réseau ferroviaire et son électrification. Même si de telles mesures permettraient de réduire le chômage, les experts du Comité financier redoutent les effets sur la stabilité de la monnaie et nient tout effet conjoncturel. Comme le soulignent Endres et Fleming, pour un économiste tel que Hawtrey (dont l'influence sur la SdN est notoire), il est préférable de baisser le taux d'intérêt pour favoriser l'investissement privé, car les travaux publics seraient mal managés, improductifs et ne serviraient qu'à justifier l'adoption de mesures contre le chômage[49].

---

49   Endres / Fleming 2002 : 84.

On le voit, l'établissement des normes autour de la politique de stabilisation est profondément conservatrice voire réactionnaire, et s'inscrit dans la logique sociale de la mythologie autorégulatrice. Aussi, l'effondrement du système monétaire international entre 1929 et 1931 n'est pas mis sur le compte des effets dévastateurs de la discipline financière sur l'activité économique, mais bien au contraire sur les entraves au fonctionnement des mécanismes automatiques. Le rapport que Nurkse rédige pour la SdN en 1944 conclut que la responsabilité incombe aux banques centrales, en particulier la Banque de France, en raison de l'adoption de mesures discrétionnaires. Par leur intervention, ces banques seraient allées à l'encontre des forces correctrices qui tendaient naturellement à restaurer l'équilibre de la balance des paiements[50]. Certains experts de la très orthodoxe Délégation de l'or du Comité financier étaient déjà parvenus à ce verdict en 1932 et avaient proposé une nouvelle reconstruction internationale de l'étalon-or empreinte d'encore plus d'austérité, seule voie, selon eux, pour un retour à la prospérité[51].

Cassel et la reconstruction européenne

Dans la perspective de la réunion de Bruxelles, la SdN, demande une expertise à cinq économistes : le Suédois Cassel, le Britannique Pigou, le Français Gide, le Hollandais Bruins et enfin l'Italien Pantaleoni[52]. Selon les propos de Walter Layton, qui dirige alors l'OEF, la désignation d'un certain nombre d'experts pour la phase préparatoire de la conférence répond à la crainte que les différentes délégations ne représentent que « the individual national point of view rather than the world point of view ». Afin de libérer la conférence financière de toutes préoccupations « politiques », elle a donc choisi un certain nombre d'experts sur la base de leur réputation internationale de « leading economists »[53]. L'organisation leur a demandé de soumettre des propositions prélimi-

---

50   SdN 1944.
51   SdN, CoF, Délégation de l'or, F/Gold/89, Rapport de Cassel, Mant, et Strakosch, janvier 1932.
52   SdN, R496, International financial Conference.
53   SdN, documents du Conseil, 1792, 5th meeting of the advisory Committee on matters relating to the International financial Conference, Paris, 5th July 1920, p. 8.

naires servant de base aux travaux de la conférence[54]. Ces experts ont ainsi orienté dès le départ l'agenda de la conférence et la manière dont les problèmes ont été posés. Leurs travaux respectifs ont abouti à un mémorandum synthétique commun, dont les grandes lignes préfigurent les conclusions de la conférence, à savoir la stabilisation des prix, la réduction des dépenses budgétaires et des subsides gouvernementaux, la hausse des taux d'intérêts « qui ne correspondent pas à la rareté réelle des capitaux », et enfin le rétablissement des échanges commerciaux « normaux » entre les différents pays[55].

Parmi les experts qui, à un titre ou un autre, agissent dans le cadre monétaire de la SdN, Cassel (1866-1945) exerce l'influence la plus significative. L'économiste suédois a laissé relativement peu de traces dans le monde académique de la période qui suit la *grande transformation*. Et pour cause, son apport à la théorie économique se limite à une réadaptation des mécanismes humiens de l'auto-ajustement des balances commerciales, un mécanisme auquel il a insufflé sa théorie de la parité des pouvoirs d'achats (PPP). En revanche, son influence sur les travaux de la SdN durant le début des années vingt est déterminante. Ses développements sur la parité des pouvoirs d'achat, un concept qui n'a rien de vraiment nouveau – cette idée était déjà discutée par les mercantilistes[56] – tombe en effet à pic : à un moment où les taux de change, par contraste avec l'avant-guerre, sont devenus totalement mouvants, le recours à un procédé permettant de calculer une parité entre deux monnaies devenait séduisant dans le cadre du retour à un SMI global. Cassel devient ainsi un économiste très écouté dans les milieux concernés par la stabilisation et les questions monétaires, problématiques très en vogue durant les années vingt ; selon l'*Encyclopédie Britannica*, l'économiste suédois doit sa réputation internationale à son activité au sein de la SdN, ce qui en dit long sur le rôle de cette dernière dans la fabrication sociale de l'expert et du savoir. Son influence au sein de l'organisation se traduit par sa position d'expert lors des conférences de Bruxelles et de Gênes, ses mémorandum pour la conférence économique de la SdN à Genève (1927), sa présence influente dans la Délé-

---

54 SdN, documents du Conseil, 1792, Layton à Pigou et Cassel, 18 mai 1920.
55 SdN, International financial Conference, Paper No. XIII, Monetary problems (1) introduction and joint statement of economic experts, 6 juillet 1920.
56 Etner 2000 : 284.

gation de l'or du Comité financier. Les travaux rédigés en vue de la conférence de Bruxelles permettent de se faire une idée très précise de la contribution de l'économiste suédois à la mythologique de l'étalon-or et de son influence pratique : les plans de reconstruction de la SdN s'inspirent directement de ces travaux[57].

Cassel offre l'un des exemples les plus clairs de la vaste entreprise de restauration du marché autorégulateur dès la fin de la Première guerre mondiale. Sur un autre plan, il s'inscrit pleinement dans la logique d'entre-deux-guerres, et sa forte dimension coopératiste. L'étalon-or doit, pour lui, être restauré, dans la mesure où il est le meilleur moyen pour laisser les mécanismes automatiques s'épanouir pleinement. Par ce procédé, les balances des paiements et les taux de change atteignent automatiquement leur situation d'équilibre :

> if a country buys more from another than it sells to it, the balance must be paid in some way ; say, by export of securities or by loans in the other country. Thus the balance of payments must on the whole equalise itself, and there is no reason for a definite alteration in the rates of exchange[58].

Ce mécanisme ne fonctionne toutefois, avertit Cassel, qu'à deux conditions. D'une part, les prix doivent être stables ; c'est en effet à l'inflation, et à elle seule, qu'il faut attribuer une variation du taux de change, vu que la balance des paiements s'équilibre automatiquement. D'autre part, le mécanisme équilibreur ne peut fonctionner que si la liberté de commerce est garantie.

En matière de stabilité des prix, une politique monétaire « saine » doit être poursuivie, afin de réduire la demande en période inflationniste. Les taux d'escompte – que Cassel juge insuffisants en 1920 comme durant toute la guerre – doivent donc être augmentés. Ce n'est que par une réduction de la consommation « artificielle » que les mécanismes automatiques du marché pourront être réanimés. En matière de politique budgétaire, la démarche vise obligatoirement un même objectif stabilisateur. L'Etat doit réduire ses dépenses et empêcher la création de

---

57   SdN, R496, International financial Conference. Par commodité, je renvoie à une édition de 1921 (Cassel 1921) regroupant les deux mémorandums (juin 1920, septembre 1921) que Cassel a rédigés à l'intention du Comité financier en vue de la stabilisation de l'Europe.

58   Cassel 1921 : 47-48.

demande « artificielle ». A ce titre, toute mesure visant à baisser les prix du pain (mesures fréquentes durant les années vingt, notamment en Autriche où on assiste à Vienne à des scènes de famine après la guerre) et toute subvention aux transports en commun, aux postes, et à toute autre entreprise publique doit être abolie. L'Etat doit aussi supprimer l'assistance aux chômeurs (« a cessation of all unnecessary direct subsidies to the unemployed ») et réduire ses dépenses militaires[59]. L'économiste suédois est évidemment conscient qu'un tel processus d'ajustement signifie à la fois chômage et pression sur les salaires. Le danger réside toutefois pour lui dans la propension des gouvernements, sous l'influence de « false philanthropic ideas », de subventionner des travailleurs en leur offrant des indemnités de chômage[60]. Enfin, l'Etat doit s'abstenir de toute tentative de mettre sur pied des programmes de grands travaux, tels que construction de routes ou d'infrastructures ferroviaires, dans le but de créer du travail pour les chômeurs. Une telle entreprise ne ferait que créer une demande « artificielle » de capital, donc une consommation excessive, et se traduirait en dernier ressort par une tendance inflationniste. En d'autres termes, seule une politique monétaire et budgétaire d'austérité (c'est-à-dire « saine ») permet de stabiliser le niveau des prix. Ces prix une fois stabilisés et indexés à l'or, les taux de changes « naturels » parviennent à s'établir par eux-mêmes, par le simple mécanisme de la PPP. En libéralisant de surcroît la circulation des biens et des capitaux, la reconstruction économique sera possible et le système économique atteindra obligatoirement son état d'équilibre et de plein-emploi des facteurs de production. Il est donc important que chaque pays ait accès aux marchés mondiaux. « An economic recovery of the world will be best secured by the greatest freedom of the world's trade and by the complete abolition of every form of discrimination between products in regard to their country origin »[61]. Désinflation et libre circulation du capital et des marchandises : tels sont, en résumé, la conception de reconstruction de Cassel et son programme en vue de la mise en place du marché autorégulateur.

Si Cassel, à l'image du Comité financier, illustre l'adhésion au discours du marché autorégulateur, il n'en représente pas moins une se-

59   Cassel 1921 : 57.
60   Cassel 1921 : 61-62.
61   Cassel 1921 : 89.

conde caractéristique de la reconstruction: le coopératisme. Cette dimension constitue le principal apport novateur dans l'idéologie quantitativiste et mécaniste de l'orthodoxie libérale. J'ai présenté le coopératisme comme un projet spécifique du capitalisme de l'après-guerre, dont l'objectif vise à mettre en place un certain nombre de procédures d'arrangements coopératifs afin de corriger les effets du marché livré à lui-même. Dans l'idéologie du marché autorégulateur et de ses prétendus mécanismes d'ajustement monétaire, la coopération peut apparaître comme une contradiction: que reste-t-il des automatismes si la main visible de l'homme-expert s'immisce dans les rouages du marché? Or il n'en est rien. La doctrine orthodoxe du Comité financier développe les démarches coopératistes dans le but, précisément, de permettre aux soi-disant mécanismes du marché de déployer leurs effets. Le coopératisme monétaire n'a rien d'une planification à large échelle de la monnaie telle qu'on la verra apparaître dès le début des années trente, sous la plume notamment d'anciens quantitativistes orthodoxes tels que Basil Blackett dans son *Planned Money*[62]. Il s'insère au contraire dans une logique classique et vise à corriger les «défauts» du système et à permettre la reproduction de la logique monétaire classique dans une situation historique nouvelle.

Cassel distingue deux moments nécessaires de coopération en matière monétaire. D'une part, lorsque les prix ont tendance à augmenter – à l'instar du début de l'année 1920 – l'offre de crédit doit être diminuée afin de resserrer l'activité économique et permettre à la déflation de déployer ses effets. Or, contenir l'inflation des moyens de paiement implique une diminution des investissements. Pour que cette opération se déroule dans les meilleures conditions et que les (rares) crédits disponibles soient attribués aux opérations les plus productives, les banques commerciales doivent coordonner leur politique: «the direction which investments take and the purposes for which fresh capital is required should be carefully watched. A certain selection will be necessary and for this purpose the co-operation of the whole business community, and particularly of the banks, is required» avance Cassel. L'expert de la SdN argumente ainsi en faveur d'un coopératisme privé tel qu'il est défini plus haut, c'est-à-dire une procédure de négociation entre acteurs *privés* afin de permettre la reproduction du système financier, et

---

62   Blackett 1932.

afin d'éviter toute intrusion de l'Etat dans la gestion financière[63]. La coopération s'avère également nécessaire pour éviter la tendance inverse, c'est-à-dire la baisse des prix ou, vu sous un autre angle, l'augmentation du pouvoir d'achat de l'or. Cassel voit à vrai dire dans cette évolution le principal problème de l'étalon-or une fois reconstruit. Il anticipe à ce titre de deux ans les débats qui auront lieu à la conférence financière de Gênes en 1922. Pour l'économiste suédois, le rétablissement de l'étalon-or fait courir le risque que les banques centrales se lancent dans une course pour l'acquisition de réserves métalliques. Vu le manque de métal et sa mauvaise répartition géographique, la concurrence des instituts d'émission aboutirait à augmenter le prix de l'or. Une coopération monétaire est donc nécessaire pour éviter des dévaluations qui seraient dès lors nécessaires pour réajuster le métal à son pouvoir d'achat. Cassel préconise ainsi que les banques centrales n'augmentent pas démesurément leurs encaisses en or et coopèrent en vue d'éviter une telle concurrence: «the stabilisation of the value of gold will clearly require, in the coming years, a close co-operation of all countries»[64]. L'auteur va jusqu'à espérer la conclusion d'un accord international, à l'instar de celui que Gênes proposera et que Norman ne parviendra jamais à conclure. Indépendamment de la concurrence des instituts d'émission, Cassel suggère une coopération internationale en vue de juguler le problème du manque d'or. La production de métal jaune, constate-t-il, est insuffisante pour satisfaire les quelque 2,8 % de croissance annuelle du besoin d'or. Or, une telle réduction de la demande de métal n'est pas possible sans une entreprise concertée de large envergure: «we clearly must do something to stabilise the value of gold, and this is certainly not possible without a rational regulation of the monetary demand for gold», juge l'économiste[65].

Pour réguler le SMI et permettre à ses mécanismes automatiques de déployer leurs effets bénéfiques, Cassel en appelle à la constitution d'un comité monétaire international. Il insiste sur la nécessaire participation des Etats-Unis à une telle entreprise coopératiste destinée à organiser au niveau global la répartition des besoins en or et à juguler la hausse du pouvoir d'achat du métal. Les délégués de ce comité n'agiraient

---

63   Cassel 1921: 141.
64   Cassel 1921: 81.
65   Cassel 1921: 84-85.

toutefois pas en tant que représentant de leur pays ; dans le plus pur style coopératiste et rationaliste de la reconstruction, Cassel demande que seuls des experts soient représentés dans cet organe, experts qui feraient profiter la communauté internationale de leur savoir et de leur expérience apolitique. « The creation of such a committee would be a sign of the willingness of the world to solve its monetary difficulties by mutual understanding and action along common lines. The feeling that the time is ripe for such action is visibly growing stronger day by day », conclut-il[66].

L'économie politique de l'étalon-or

L'étalon-or et sa mythologie se situent donc au centre de la rhétorique du marché autorégulateur dont la SdN se fait le promoteur. Il s'agit à ce stade de montrer comment, au lendemain de la guerre, la reconstruction de l'étalon-or se traduit par un projet d'organisation socio-économique spécifique, en l'occurrence la valorisation d'une régulation et d'un ordre social reposant sur la logique de marché et le pouvoir du capital au détriment d'autres formes de régulation. Cette économie politique de l'étalon-or propre à la reconstruction permettra ainsi de constater la différence profonde qui le sépare du système monétaire du 19e siècle.

Si le mythe exige l'apparence de la neutralité pour s'imposer, il l'opère au travers du discours de l'automaticité du processus d'ajustement, une automaticité qui est au cœur de la pensée des experts de la SdN en matière de cycles économiques et de politique monétaire. La rhétorique de la neutralité est déterminante dans la mesure où elle doit montrer que la monnaie n'est pas mise au service d'une politique économique particulière, correspondant aux intérêts d'un groupe social spécifique, mais bien au contraire confiée à une instance neutre, garante de l'« intérêt général ». Ainsi, placer la monnaie entre les mains de l'or et des prétendus automatismes qui en découlent permet d'entretenir l'illusion que la monnaie est détachée des dissensions sociales et œuvre indépendamment au bien de tous, riches ou pauvres, dans un vaste jeu à somme positive. Norman n'est sans doute pas très éloigné de cette idée lorsqu'il

---

66   Cassel 1921 : 153-154.

répond à Churchill, qui évalue le bien-fondé du retour à l'or, que « the Gold Standard is the best *Governor* that can be devised for a world that is still human, rather than divine »[67].

Or, c'est bien là que réside l'économie politique de l'étalon-or. En affirmant confier la monnaie (et par extension des pans entiers de la régulation économique) aux seules forces mécaniques, les milieux financiers et la SdN visent à créer un garde-fou contre les intrusions intempestives de l'Etat dans la sphère de la gestion monétaire, et à confier la monnaie à une banque centrale privée et indépendante, dont l'objectif n'est pas la politique économique, la croissance ou l'emploi, mais plutôt la stabilité du capital. Dans ce sillage, le discours de l'autorégulation permet de justifier le libéralisme des flux internationaux de capitaux, condition sans laquelle l'ajustement ne pourrait s'effectuer, et de condamner toute mesure visant à exercer un contrôle sur la spéculation financière internationale. L'orthodoxie budgétaire et toute la rhétorique de la rigueur, comme source de crédibilité, constitue un second axe central du discours de la SdN, et s'inscrit dans ce qui constitue véritablement l'économie politique de l'étalon-or : un projet qui s'avère être le cadre idéal pour les acteurs de la finance transnationale, par opposition aux forces sociales plutôt favorables à une monnaie organisée en fonction de préoccupations domestiques et conjoncturelles.

Le but qui est désormais attribué à l'étalon-or, au lendemain de la guerre, n'a plus qu'un lointain rapport avec le 19e siècle. La mythologie a en quelque sorte redéfini l'étalon-or autour d'un nouveau mode de régulation macroéconomique. Si l'étalon-or se veut désormais disciplinaire (face à l'Etat et la monnaie), il contraste singulièrement avec sa fonction ancienne, plus portée sur le développement macroéconomique. Les recherches récentes montrent en effet que loin d'avoir voulu discipliner l'Etat et la monnaie, l'étalon-or classique avait au contraire permis et favorisé leur affirmation respective. Eric Helleiner a étudié le lien étroit entre la constitution de l'Etat-nation et la mise en place de l'étalon-or. D'abord, l'adhésion au système de convertibilité relevait fréquemment du prestige national et de la volonté de rivaliser avec la puissance économique dominante que fut le Royaume-Uni ; elle s'inscrit

---

67   Réponse de Norman aux 8 points de Churchill, 2 février 1925, reproduit in Moggridge 1972 : annexe 5.

ainsi dans un projet d'émancipation nationale sous la bannière publique plutôt que de discipline de l'Etat. L'iconographie qui fleurit sur la monnaie fiduciaire traduit particulièrement bien le souci nationaliste inhérent à l'adoption d'un signe monétaire destiné à servir de facteur de cohésion et de grandeur nationale. En outre, l'adoption de la convertibilité-or, pour les Etats à industrialisation tardive, a été conçue comme un moyen délibéré d'attirer des capitaux étrangers en vue notamment d'investissements dans le secteur public (les transports par exemple). Enfin, en unifiant le système monétaire et en centralisant la gestion de la monnaie auprès de banques centrales dotées d'un monopole d'émission, l'étalon-or du 19e siècle a singulièrement accru la capacité d'exercer une politique qu'on qualifierait aujourd'hui de macroéconomique[68]. En d'autres termes, l'étalon-or a participé de la construction de la nation, de l'Etat et de ses prérogatives. Il se situe, comme le montre Samuel Knafo, à l'origine de la constitution du système monétaire international moderne qui, par la mise en place des instruments de gestion monétaire sous l'égide de l'Etat, marque une rupture significative avec la situation antérieure[69].

Dans le même ordre d'idée, si l'étalon-or des années vingt servira de véhicule à une politique de discipline budgétaire, il n'en allait pas ainsi au siècle précédent. Marc Flandreau et Jacques Le Cacheux ont montré que les déficits budgétaires sont monnaie courante au 19e siècle, dans des proportions de surcroît colossales, sans que l'étalon-or n'ait été déstabilisé. A contre-courant des approches classiques des économistes, les deux auteurs en viennent d'ailleurs à inverser les termes du débat en demandant si ce n'est pas la stabilité de l'étalon-or qui aurait permis l'accumulation de dettes publiques[70]. A titre de comparaison, les ratios de déficit sont pour la majorité des pays supérieurs au seuil de 60 % (endettement/PNB) imposé par le traité de Maastricht[71].

---

68   Voir Helleiner 2003a et 2003b. Dans une même perspective, Alan Milward voit deux raisons dans l'abandon du bimétallisme au profit du monométallisme : un soutien à la politique commerciale extérieure et un facteur de développement économique par l'attrait de capitaux. Selon l'auteur, « The choice of the gold standard was not, [...] in the international economy as a whole, a conservative but a dynamic one » (Milward 1996 : 90).
69   Voir Knafo 2006.
70   Flandreau/Le Cacheux 1997 : 531.
71   Flandreau/Le Cacheux/Zumer 1998.

Ces différents constats s'accommodent très mal de la pensée mytho-logique telle qu'elle s'affirme après la guerre : tant au niveau des auto-matismes, de la discipline budgétaire que du contrôle de l'appareil éta-tique, l'économie politique de l'étalon-or tel qu'il est reconstruit s'inscrit en rupture avec sa référence classique. A l'émancipation de l'Etat cor-respond désormais la maîtrise de ses sphères de compétence. Aux in-vestissements publics se substitue l'intensification de la logique des marchés financiers. Aux déficits budgétaires succède une idéologie de la rectitude et, dans certains cas, de sévères réductions budgétaires menées à des fins déflationnistes. L'invention du mythe, on le voit, masque derrière sa rhétorique une économie politique profondément modifiée, et l'étalon-or tel que la SdN le conçoit n'a plus qu'un très lointain rapport avec son référent originel. Certes, les objectifs de base sont identiques (taux de change stables, convertibilité), mais le cadre institutionnel du capitalisme dans lequel les deux étalons-or sont en-châssés et le mode de régulation qu'ils mettent en place ne sont plus guère comparables. Cette approche va ainsi à l'encontre des démonstra-tions néoclassiques pour qui l'échec de la reconstruction de l'étalon-or découle de la politisation de la politique monétaire après la guerre[72]. Cette position orthodoxe pose, en effet, de sérieux problèmes, tant dans l'analyse de l'étalon-or classique, lui aussi indissociable d'enjeux politiques domestiques, que dans celle de l'étalon-or de l'entre-deux-guerres, dont la raison d'être porte précisément sur une émancipation du politique.

On le voit, le discours de l'étalon-or relève avant tout d'une rhéto-rique de pouvoir et de pratiques politiques. Le contraste entre le 19e siècle et les années vingt montre que étalon-or ne peut guère être conçu com-me un régime, c'est-à-dire comme la convergence d'opérateurs autour d'un certain nombre de règles et de principes qui permettent aux pro-cédures de marché de mener à un état d'équilibre. L'étalon-or, c'est ce

---

72   Bordo/Schwartz 1996 et Eichengreen 1992 par exemple. Si elle veut dégager les difficultés que pose le modèle eichengreenien, mon analyse va aussi à l'encontre de Bordo, dont les travaux tendent eux aussi à réanimer la vision libérale et auto-matique de l'étalon-or au travers de la notion de crédibilité. Pour lui, le fonction-nement de l'étalon-or reposait sur sa capacité à agir comme indicateur de discipli-ne budgétaire et monétaire. Il aurait ainsi permis aux pays de la périphérie d'attirer du capital sur la base de la seule confiance ainsi produite aux investisseurs. Voir Bordo 1995 ; Bordo/Rockoff 1996 ; Bordo/MacDonald 2003.

qu'on en pense et ce qu'on en fait: son économie politique s'explique ainsi non pas dans une approche mécaniste de l'économie, mais par la mise en évidence des paramètres culturels, sociaux et politiques qui lui donnent sens, en tant qu'institution, à un certain moment de l'histoire. L'insistance sur les mécanismes automatiques et harmonieux, l'imagerie de l'état d'équilibre, la focalisation sur la performance, et la mise à l'écart des tensions sociales qu'il engendre représentent autant de facettes de l'apparence d'universalité ou d'«intérêt général» dont une institution sociale telle que la monnaie doit se revêtir pour accéder à la légitimité[73]. L'inscription sociale de la SdN dans ce mécanisme ne peut dès lors être détachée d'un processus politique, à savoir la définition des normes dominantes au cours du processus de reconstruction d'un ordre social capitaliste. La partie suivante a ainsi pour objectif de montrer comment l'organisation internationale – par le biais des conférences internationales et des plans de reconstruction – permet la mise en application de l'idéologie du marché autorégulateur et de l'étalon-or dans le processus de reconstruction.

5.3 Stabilisation, pouvoir et dynamique sociale

SdN, consensus de Bruxelles et normalisation du savoir économique

C'est notamment au travers des deux conférences internationales de Bruxelles et de Gênes que la logique orthodoxe de la reconstruction s'imposera dans les esprits. Dans la plupart des approches, les conférences de Bruxelles et de Gênes sont qualifiées d'«échecs», en raison de leur incapacité à mettre sur pied un système de coopération durable, aboutissant à la création de biens publics. Pour Eichengreen – je l'ai signalé dans le chapitre 3 – ces réunions n'auraient pas permis de conclure un accord sur les problèmes monétaires internationaux, à savoir les dettes de guerre et les réparations. Elles marqueraient également l'échec d'une coopération internationale systématique sur le plan monétaire. Il ne fait guère de doute que si on juge les conférences internationales

---

73   Aglietta/Orléan 1982: 86, 113 sq.

patronnées par la SdN de manière rétrospective et en fonction d'un critère de performance, on est en droit de s'interroger sur l'efficacité de ces réunions dans la création d'un système monétaire stable sur la longue durée. L'enjeu porte cependant sur la capacité de l'organisation internationale, via ce genre de manifestations, de diffuser des normes dominantes et de créer des conditions propices à un groupe social en particulier, indépendamment des résultats quantifiables mesurables en termes d'outputs. Or à ce niveau, il apparaît que la SdN a étroitement œuvré à la diffusion et l'hégémonisation de normes qui ont constitué le fil rouge du projet des années vingt, à savoir le retour au marché autorégulateur et le mythe qui le sous-tend. En témoigne l'application relativement fidèle des résolutions de Bruxelles dans les différents projets de reconstruction européenne – qu'elle soit placée sous l'égide de la SdN ou non – et le retour à l'étalon-or, ou du moins à sa forme hybride des années vingt.

Etape déterminante de l'internationalisme libéral de la reconstruction, la conférence de Bruxelles est analysée ici sous l'angle de la constitution de la norme du vrai dans le domaine de la régulation monétaire internationale. La conférence est ainsi saisie à deux niveaux qui ne sont séparés qu'à des fins analytiques. D'une part, elle participe d'une procédure de convergence sociale des élites financières de 39 pays autour de la rhétorique du marché autorégulateur et ses formes institutionnelles. Les résolutions, adoptées à l'unanimité des financiers présents, témoignent de l'importance donnée à la (re)constitution globale du circuit transnational du capital. D'autre part, la conférence se comprend aussi comme un processus de normalisation qui dépasse les limites des élites financières, notamment via la presse.

Les résolutions adoptées par la conférence peuvent se comprendre comme un code de conduite orthodoxe, directement inspiré du mythe autorégulateur, tant en matière de finances publiques que de politique monétaire. Pour reprendre la terminologie d'un délégué français, « la conférence a témoigné qu'elle restait fidèle aux vieux principes de l'économie politique orthodoxe : conservatrice et anti-étatiste »[74]. Même s'il figure en bonne place parmi les résolutions, on aurait tort de concevoir le retour à l'étalon-or comme le but *en soi* des élites financières à Bruxelles ; l'objectif central réside dans la volonté de discipliner l'Etat et

---

74   AMAE, Série SdN, 1221, Siegfried à Gout, 8 octobre 1920.

les dépenses publiques afin de stabiliser la monnaie et la valeur du capital. L'étalon-or se présente ainsi comme un moyen d'ajuster la forme de l'Etat en conséquence, et de réactiver les canaux de la circulation globale du capital. Les résolutions s'ouvrent ainsi sur la question des finances publiques. Dans ce chapitre, la conférence est unanime à souligner la « nécessité de rétablir des finances saines », c'est-à-dire la suppression des déficits budgétaires[75]. Cet objectif passe dans un premier temps par la réduction des dépenses à tous les niveaux. L'augmentation des impôts n'est suggérée que comme mesure annexe, au cas où les budgets ne parviennent pas à l'équilibre par les coupes dans les dépenses.

Il est important d'inscrire l'ensemble des propositions dans le grand dessein de restauration libérale de l'après-guerre, et principalement dans la *réactivation* des forces autorégulatrices du marché. Sur ce plan, la conférence préconise à l'unanimité que les gouvernements renoncent dans les plus bref délais « à toutes les mesures *contraires aux lois économiques* et d'un *effet purement artificiel* qui masquent à la population la véritable situation économique ». Parmi ces mesures, la conférence souligne en particulier deux aspects. D'une part, elle condamne la diminution « artificielle » du prix du pain et des autres produits d'alimentation, ainsi que du charbon et des autres matières premières, obtenue par le biais de subsides. Elle s'en prend également aux allocations de chômage qui « démoralisent l'ouvrier au lieu de stimuler l'esprit de travail »[76]; sur ce point, la conférence rejoint les nombreux économistes libéraux qui, à l'instar de Jacques Rueff, voient dans toute mesure visant à venir en aide aux sans-emploi une « cause du chômage permanent »[77]. D'autre part, la conférence demande la suppression des subventions aux services publics et leur rentabilisation selon une stricte logique commerciale. Les termes parlent d'eux-mêmes : la vision du monde est bien celle du marché autorégulateur qui dicte des prix jugés « naturels » et laisse s'épanouir de prétendues « lois économiques » qui s'expriment au travers du marché. Toute intervention de l'Etat, notamment

---

75   SdN 1920, résolutions de la conférence de Bruxelles, I/1.

76   SdN 1920, résolutions de la conférence de Bruxelles, I/5, souligné par MF.

77   Rueff [1931]. Cet article développe un raisonnement, déjà présenté en 1925, relatif au chômage en Grande-Bretagne. Pour Rueff, lorsque les salaires atteignent le même niveau que les allocations, les agents économiques préfèrent toucher une indemnité plutôt que travailler, à supposer que les prix soient stables. En cas de déflation, selon la même logique, la *dole* génère un chômage croissant.

les indemnités de chômage, n'a que des vertus perverses sur les mécanismes qui mèneraient automatiquement à l'état d'équilibre[78]. Il en va
de même des grèves «fréquentes» qui ne feraient qu'aggraver la situation économique[79].

Dans le domaine des monnaies et des changes, la conférence, avec la
même unanimité, préconise l'austérité la plus aboutie, c'est-à-dire une
gestion monétaire libre de toute pression étatique, et axée sur la seule
stabilité des prix – pudiquement appelée «politique financière de prudence». L'objectif doit être la restauration de l'étalon-or, à des parités à
définir et pas nécessairement similaires à celles de 1914. La conférence
n'exclut pas les politiques déflationnistes destinées à retrouver le pair
d'avant-guerre; mais plutôt que d'attirer textuellement l'attention sur
les risques d'une telle démarche sur le niveau de l'emploi, elle préfère
inciter à la plus grande prudence afin d'éviter les perturbations dans le
commerce et le crédit «qui pourraient avoir des résultats désastreux».
Pour garantir le fonctionnement de l'étalon-or et laisser s'épanouir les
soi-disant mécanismes stabilisateurs automatiques des marchés financiers, la conférence demande de lever les mesures de contrôle en matière de flux de capitaux. «*Toute tentative en vue de limiter les fluctuations des changes en établissant un contrôle artificiel des opérations
est vaine et nuisible*», s'exclament les financiers pour qui ces tentatives
«faussent le marché» et «tendent à éliminer les correctifs naturels à de
telles fluctuations». La conférence poursuit son plaidoyer en faveur
d'un régime financier global entièrement libéralisé en signalant que
l'ingérence de l'Etat dans la circulation du capital et le change «tend à
entraver cette amélioration des conditions économiques d'un pays qui
seul[e] peut assainir et stabiliser le change»[80].

---

78   Cette résolution n'a pas manqué de susciter des remous au sein de la SdN, en
     particulier au BIT. Dans une lettre de protestation au secrétaire général, Albert
     Thomas fait état des «vives protestations que m'ont adressées les représentants
     des syndicats au sujet de la résolution de la conférence financière de Bruxelles
     condamnant les subsides accordés par l'Etat aux ouvriers chômeurs». Sans mettre
     entièrement en cause la position des banquiers, le socialiste français déplore néan-
     moins que la résolution, «dans sa forme où elle est rédigée, est d'un caractère trop
     absolu pour être justifiée» (SdN, CoF, 1349, EF6, Thomas à Drummond, 9 no-
     vembre 1920).
79   SdN 1920, résolutions de la conférence de Bruxelles, II/5
80   SdN 1920, résolutions de la conférence de Bruxelles, II/3; II/8-9; II/15.

Enfin, troisième volet de la conférence, les résolutions en matière de commerce s'inscrivent dans la même logique de retour à un marché autorégulateur: la conférence a exprimé le vœu que chaque pays rétablisse graduellement la liberté du commerce qui existait avant la guerre en supprimant, «entre autres obstacles», «les restrictions artificielles et la discrimination des prix». Par ailleurs, la conférence demande que les Etats privatisent les secteurs du commerce qu'ils auraient nationalisé pour les besoins de la guerre, arguant que «l'initiative et l'expérience [des particuliers] sont un instrument très supérieur pour le relèvement économique du pays»[81].

La SdN et la diffusion du savoir

Si la conférence vise à souder les élites capitalistes – et en l'occurrence les forces sociales proches de la finance – autour de dispositifs rhétoriques consensuels susceptibles de servir de base à la constitution d'un vaste marché pour le capital, elle aspire également à gagner à sa cause des pans plus larges de la société. Au-delà des seules conférences, et pour promouvoir l'ensemble de ses activités, Genève met un accent particulier sur la répercussion de ses activités dans la presse. Une centaine de journalistes accrédités sont en situation permanente à Genève pour rendre compte des conférences, des réunions du Conseil ou des sessions de l'Assemblée[82]. De plus, un département spécial du Secrétariat – la section d'information – ne s'occupe que des relations avec la presse. Outre les fréquentes conférences de presse, elle prépare à son intention toutes sortes de communiqués, de rapports *verbatim* des discours, et elle met à disposition tous les documents utilisés par le Conseil et l'Assemblée. La section d'information n'a pas pignon sur rue qu'à Genève: la SdN entretient également des bureaux à Berlin, Paris, Londres, Rome et Tokyo, ainsi que des centres d'information en Amérique latine[83]. Cette infrastructure du savoir et de sa diffusion est un phénomène nouveau dans l'évolution des organisations internationales depuis le 19e siècle: la diffusion du discours internationaliste non pas

---

81   SdN 1920, résolutions de la conférence de Bruxelles, III/3; II/5.
82   SdN 1930b: 406.
83   SdN 1930b: 410 sq.

auprès des seules élites mais dans les couches les plus larges de la population fait partie des objectifs d'une institution qui agit aussi et avant tout sur un plan normatif et consensuel. Ainsi, en 1927, la SdN convoque une conférence internationale de la presse à Genève, dans le but de définir une politique commune sur le rôle des medias dans les affaires internationales. Selon son président, Lord Burnham, propriétaire du *Daily Telegraph*, ce congrès est le plus important jamais organisé sur des questions telles que la censure, la rapidité de circulation des nouvelles et le traitement des journalistes à l'étranger[84].

La diffusion du savoir tel qu'il est produit et légitimé au sein de la SdN ne s'opère pas par le seul truchement des conférences et de leur retentissement immédiat dans la presse. A l'instar des organisations internationales contemporaines, la SdN mène en parallèle une colossale entreprise d'information et de vulgarisation par le biais de ses publications. Persuadée de son importance dans le travail d'« éducation des masses » et convaincue que la transparence des décisions constitue une source supplémentaire de paix, l'organisation publie un vaste éventail de rapports et de documents produits dans le cadre de ses activités. Qu'elles soient destinées à un large public ou au contraire un lectorat spécialisé, les publications de la SdN sont vendues dans les librairies et trouvent place dans les bibliothèques publiques ou universitaires. Dès la fin des années vingt, le volume des documents imprimés et rendus publics est tel que plusieurs guides et répertoires sont établis, dans le but de guider les chercheurs et les bibliothécaires dans ce que Hans Aufricht qualifie de « jungle ». Son *Guide to League of Nations publications*, paru en 1951, offre la première compilation de l'ensemble du travail d'information de la SdN et représente près de 700 pages de références bibliographiques. Dans le domaine exclusivement économique et financier, l'inventaire des documents genevois pour les seules années 1927 à 1930 représente quelque 190 pages[85].

La mise en place de *Radio Nations* s'inscrit dans cette même volonté d'« éducation [...] de l'opinion publique mondiale », pour adopter un concept utilisé à la conférence de Bruxelles[86]. Si, pour plusieurs raisons

84   Greaves 1931 : 154 ; SdN 1930b : 408.
85   Voir aussi SdN 1935.
86   Voir les art. I/9 et II/7 qui évoquent respectivement « l'éducation financière de l'opinion publique mondiale » et la nécessité « d'éclairer l'opinion publique ». Sur la mise en place de Radio Nations, voir Fleury 1983.

auxquelles la neutralité suisse n'est pas étrangère, la station ne commencera à émettre qu'au début des années trente, après plus de dix ans de travaux, *Radio Nations* traduit néanmoins le projet internationaliste des années vingt consistant à construire l'assentiment des masses au moyen des avancées de la technologie moderne. Comme le signale Armand Mattelart, la guerre a affiné les stratégies de contrôle de l'information et on assiste après le conflit à un essor de l'«ingénierie du consensus». Sur fond de doctrine de la rationalisation, la décennie voit l'émergence de nouveaux modes de gouverner en temps de paix. Les premiers traités de sociologie des médias et de l'opinion publique – notamment le célèbre *Public Opinion* de Walter Lippmann (1922) – constituent des marqueurs éloquents de cette tendance à laquelle la SdN n'est pas étrangère[87].

Dans la même perspective, des organisations locales diffusent et vulgarisent le message internationaliste de la SdN au niveau domestique; elles se regroupent dans une structure faîtière, la Federation of League of Nations. Au Royaume-Uni, La League of Nations Union représente un des mouvements populaires les plus influents et les plus structurés de cette constellation, et il n'est pas inutile de s'y attarder pour comprendre la normalisation sociale du savoir. Issue de la fusion de deux organisations pacifistes, cette union rassemble plus de 400 000 membres à son apogée, en 1931[88]. Loin d'être une organisation réservée aux élites intellectuelles ou économiques britanniques, la League of Nations Union recrute une part importante de ses membres dans des milieux ouvriers, où elle semble être la plus active: Robert Cecil, ancien ministre Tory, note le succès des rassemblements dans les districts ouvriers et la relative tiédeur des milieux aisés[89]. Cependant, même si l'organisation semble bien implantée dans les milieux défavorisés, sa direction est placée dans des mains nettement plus conservatrices. Robert Cecil, Vicomte de Chelwood, le propriétaire terrien patricien qui dirige les activités de l'organisation jusqu'en 1925, est avant tout préoccupé par la préservation de l'empire britannique et semble obsédé par les conséquences qu'un nouveau conflit entraînerait sur l'ordre social[90]. Il

---

87   Mattelart 2005: 26-28.
88   Boyce 1987: 26-27.
89   Cecil 1936: 83-85.
90   Boyce 1987: 26-27.

figure d'ailleurs, aux côtés de son successeur, Gilbert Murray, parmi les membres de l'organisation secrète Rhodes-Milner, dont l'objectif premier consiste à préserver et à renforcer l'empire britannique, et dont les ramifications interpersonnelles avec la SdN sont nombreuses[91]. Quant au financement de la League of Nations Union, il émane pour l'essentiel des milieux fortunés qui ont certainement bien compris le rôle que cette institution pouvait jouer dans la défense de l'ordre social, tout en promouvant le discours libéral internationaliste et pacifiste de la SdN. Les activités des organismes tels que la League of Nations Union insistent notamment sur la sensibilisation de la jeunesse aux idéaux de Genève. Plusieurs centaines de conférences sont organisées annuellement, et de nombreux articles de presse paraissent à l'instigation de l'union.

SdN et élites financières : origines locales d'un pouvoir global

Avec l'étude de la conférence de Bruxelles et du pouvoir mythologique du discours de l'étalon-or, j'ai mis en évidence les forces sociales les plus actives dans le processus de reconstruction de l'étalon-or : les acteurs de la finance, en particulier la finance transnationale. L'étude de la composition sociale du Comité financier et des instances de l'internationalisme libéral avait permis de dégager l'influence primordiale jouée par les milieux financiers britanniques. Le poids de la City dans l'émergence de la mythologie autorégulatrice est également apparu dans l'analyse du discours du comité Cunliffe. Cette section analyse plus en détail le milieu social qui exerce une telle influence sur la SdN et la reconstruction européenne.

L'autorité de ces acteurs s'explique en grande partie par l'évolution caractérisant l'ère libérale de la fin du 19e siècle : le poids croissant des activités financières internationales, et en parallèle l'influence grandissante des représentants de la finance dans l'organisation sociale britannique. Depuis les années 1870, l'Angleterre – cœur de ce que Braudel appelle une *économie-monde* – assiste à une augmentation continue de la proportion des invisibles dans sa balance des paiements[92]. Le Royaume-

91   Sur cette question, voir Quigley 1981.
92   Cassis 1988 : 411 sq.

Uni voit en particulier ses exportations nettes de capitaux augmenter fortement durant les trois années qui précèdent 1914: alors qu'entre 1890 et 1910, le volume net de capitaux exportés se situait, en moyenne annuelle, entre 360 et 437 millions de dollars, ce montant passe à plus de 1 000 millions de dollars entre 1911 et 1913[93]. Autant dire que la structure sociale du pouvoir tend à s'organiser et à graviter de plus en plus autour des élites financières transnationales. Cain et Hopkins montrent qu'au tournant du siècle, la «présence financière», sous toutes ses formes, domine la politique dans le gouvernement de l'empire, et donne à l'Angleterre une solide influence au-delà[94].

Dans l'économie politique globale de la finance, le centre de l'*économie-monde* tend à s'affirmer comme le point de convergence des aspects à la fois matériels et sociaux du crédit, et met en interaction tant les individus et les firmes, que les gouvernements. C'est sur cette structure sociale du crédit que se greffe la dimension matérielle du recyclage du capital, c'est-à-dire le transfert de moyens de paiement des zones de surplus vers les zones en recherche de capital. En ce sens, le marché financier ne doit pas être défini ici dans une perspective classique friedmanienne, à savoir comme un simple lieu de rencontre de la demande et de l'offre de crédit. Sur les plans sociaux, idéologiques et politiques, la City est beaucoup plus qu'un marché: il faut y voir ce que Randall Germain appelle des «structured sets of social practices in which wealth and power are created, appropriated, and then used in particular ways»[95]. Dans la longue durée du capitalisme, on comprend mieux l'autorité qu'adoptent ces forces sociales au moment où il est question d'une réorganisation politico-économique telle que la stabilisation d'après-guerre: elles disposent à la fois du prestige, du savoir-faire, des réseaux institutionnels et d'un pouvoir épistémique.

Le Cunliffe Committee et sa composition sociale sont de bons marqueurs de l'influence à la fois domestique et globale des élites financières britanniques. Institué par le Treasury et le Ministry of Reconstruction pour étudier les différents problèmes susceptibles de se poser dans les domaines monétaires et financiers après la guerre, l'organisme est placé sous la direction d'un des principaux ténors de la City: Cunliffe,

---

93   ONU 1949: 18.
94   Cain/Hopkins 1993: 3 sq.
95   Germain 1997: 21-22, 24.

un ancien directeur (1895-1913), puis Deputy Governor (1913-1918) de la Banque d'Angleterre. Qu'on ne se méprenne pas sur le statut de cette dernière : la « Vieille dame » n'est pas une institution publique veillant à atteindre une forme d'« intérêt général » par la conciliation de divers intérêts antagonistes. Comme le souligne Youssef Cassis, ses directeurs « sont dans leur grande majorité recrutés parmi les associés des maisons commerciales et financières les plus en vue de la City » et tous s'activent au premier chef par le maintien de la prédominance de la place financière de Londres[96]. La banque représente ainsi avant tout les intérêts qui constituent son *Court of directors*, c'est-à-dire la haute finance des Baring, Rothschild, Hambros, Morgan Grenfell et Lazard Brothers[97]. Aux côtés de son président, le comité Cunliffe comprend presque uniquement des représentants, à un titre ou à un autre, du monde de la finance privée ; y figurent notamment Farrer, directeur de Baring, et Addis, administrateur de la Banque d'Angleterre et manager de la Hongkong and Shanghai Bank. Enfin, il faut ajouter à ce groupe de banquiers un représentant du Treasury (Bradbury) et Pigou, le très en vue professeur d'économie politique de Cambridge et accessoirement expert de la SdN[98]. Quant aux témoins entendus lors des auditions de la commission, ils émanent presque tous de la City, et les très rares voix divergentes n'ont pas fait l'objet de la moindre mention dans le rapport préliminaire[99]. Vu le lien très fort qui lie les intérêts de ces financiers avec le prétendu « âge d'or » de la finance britannique, il n'est guère étonnant que le comité Cunliffe participe aussi directement à la constitution du mythe de l'étalon-or et refuse la prise en compte de toute alternative. Certes, le comité Cunliffe n'a pas seul voix au chapitre ; les autres organismes « experts » immédiatement engagés dans le processus de stabilisation britannique sont cependant tous largement dominés par la City, et ne remettent pas la *doxa* en cause[100].

---

96 Cassis 1988 : 411 sq.
97 Boyce 1987 : 31. En 1924-1925, parmi les 26 membres du *Court* (y compris le gouverneur), au moins 15 sont liés au milieu de la finance transnationale, et 5 au commerce et assurances. Deux au maximum peuvent être considérés comme des industriels (Pollard 1970 : 13-14).
98 Gregory 1964 : 334-365.
99 Boyce 1988 : 175.
100 C'est le cas du comité Bradbury ainsi que du Committee on Financial Facilities after the War. Sur cette question, voir Pollard 1970 : 1-26 ; Boyce 1988 : 174 sq.

Il ne saurait être question d'entrer ici dans le détail des débats académiques sur l'histoire sociale de la City; d'innombrables travaux font le tour de l'émergence de cette élite dès 1880 environ, et son affirmation au lendemain de la guerre[101]. La cohésion de ce groupe social doit en revanche être soulignée ici, dans la mesure où elle participe de son influence dans le processus normatif de la reconstruction via la SdN. En suivant Green, ont peut dégager plusieurs facteurs qui permettent de comprendre cette cohérence depuis la fin du 19e siècle. D'abord, les activités financières connaissent une forte centralisation: les banques commerciales – sur lesquelles s'appuie l'aristocratie financière – ont progressivement concentré leurs activités dans la capitale où elles constituent un tissu serré de relations sociales. S'ajoute à ce processus l'autorité exercée par la Banque d'Angleterre sur le monde de la finance transnationale. Système monétaire étroitement *managé*, l'étalon-or au 19e siècle conférait à la Vieille dame une influence déterminante sur la création du crédit[102]. A ces facteurs socio-institutionnels s'ajoute une dimension plus idéologique qui s'exprime par une éthique de *gentleman* reproduite dans l'aristocratie financière britannique, à savoir un ensemble de valeurs qui servent de facteur d'intégration à cette force sociale. C'est au sein de cette morale que s'expriment les principaux axes de la rhétorique en matière de gouvernance économique et financière: libéralisme, étalon-or et discipline budgétaire. Plus que tout autre secteur, le monde financier britannique se caractérise, jusqu'à la Seconde guerre mondiale, par un refus marqué de tout interventionnisme étatique dans l'activité financière. Alors qu'un vent contraire se lève dans plusieurs milieux, la City reste dogmatiquement opposée à toute ingérence qu'elle considère comme étant «politique»[103]. Cet attachement au libéralisme s'exprime également par une volonté de maintenir le rôle pivot de l'Angleterre dans un ordre marchand dominé par la livre sterling. D'où un penchant quasi totémique en faveur de l'étalon-or, associé à l'âge d'or de la finance britannique avant la guerre.

---

101 Voir en particulier Cassis 1984; Daunton 1992; Green 1992. Pour l'entre-deux-guerres, voir Boyce 1987. On trouve également quelques indications dans les papiers réunis par Michie et Williamson (2004), en particulier Cassis 2004.
102 Green 1992: 195-198.
103 Sur cette question, voir en particulier Newton 2003: 147-151.

L'affirmation de l'influence de la City ne se comprend pas seulement par le renforcement des activités financières sur fond de déclin industriel; elle passe également par le relais institutionnel qu'est le Treasury. Organisme particulièrement influent après la guerre, il sert pour ainsi dire de courroie de transmission entre la City et l'appareil étatique[104]; peut-être faudrait-il plutôt le décrire comme l'espace social où la City et l'Etat s'interpénètrent. Le rôle du Treasury dans la diffusion de la rhétorique de la City et sa mise en application peut se comprendre de deux manières: d'une part, les hauts responsables des finances délèguent tout ce qui concerne la politique monétaire et la stabilisation à la Banque, jugée plus en mesure de suivre ces dossiers «techniques». Certains hauts fonctionnaires du Trésor reconnaissent d'ailleurs leur ignorance en matière de politique du taux de change et du crédit, et se reposent entièrement sur l'avis de Norman[105]. D'autre part, les hauts responsables du Treasury sont pour beaucoup issus d'un même processus de socialisation que l'aristocratie de la City. Milieu très exclusif, le Treasury recrute ses membres auprès des anciens étudiants des meilleures écoles classiques d'Oxford. Comme le souligne Robert Boyce, rien dans leur formation ne les prédispose à considérer les avantages d'une intervention publique dans la régulation économique. Il sont, comme leurs homologues de la City, d'ardents adeptes d'une approche économique très classique – le fameux *Treasury view* – à savoir que l'Etat «could do nothing to improve upon the allocation of resources through the market system»[106]. Le dogmatisme d'Otto Niemeyer en constitue une excellente illustration, autant que son transfert du Trésor à la Banque

---

104   Voir notamment Boyce 2004. Pour Sidney Pollard, «The decisions of the monetary authorities in this period [1920s] cannot become fully intelligible until it is realized that they were dominated by a narrow section of the City, the section concerned with international finance, both long-term and short-term, and by its spokesman and representative, the Bank of England. No matter how ingenious and how valid its attempts might have been to present policies favourable to itself as policies favourable to the national interest, this section, like all other special interest groups in the economy, was primarily concerned with fostering its own specific advantage» (Pollard 1970: 12-13).

105   Boyce 1987: 30; Green 1992: 202. C'est en particulier le cas de Richard Hopkins s'exprimant devant le comité Macmillan. Ramsay MacDonald a également annoncé durant la crise de la livre en 1931 qu'il ne connaissait rien aux questions monétaires et se trouvait obligé de solliciter des avis tels que ceux de Norman.

106   Boyce 1987: 30-31.

en 1927, un transfert qui, entre autres choses, témoigne de l'interpénétration sociale des deux institutions.

Ce dispositif normatif très britannique, qui forme le noyau dur de la pensée économique de la SdN, et qui sera vulgarisé lors des conférences financières et finalement mis en application dans les plans de reconstruction du Comité financier, n'est de loin pas familier à toutes les élites européennes, bien au contraire. La norme ultra-libérale de la City entre en effet en collision avec des traditions beaucoup plus interventionnistes en Europe continentale et en particulier en Europe centrale et orientale, et crée ainsi une véritable dialectique entre le centre et la périphérie. Le rôle de l'organisation internationale dans la diffusion des normes s'exprime dans cette tension entre le modèle, qui finira par s'imposer via les reconstructions, et l'alternative développée dans les marges. Dès le 19e siècle en effet, l'Europe centrale et orientale a attribué un rôle nettement plus marqué à l'appareil étatique dans la régulation économique, sans pour autant rester en marge de l'étalon-or. Alors que le développement industriel britannique s'est appuyé sur une politique économique de libre échange, l'industrialisation allemande ou austro-hongroise s'est beaucoup plus inspirée des politiques interventionnistes voire semi-protectionnistes préconisées par Friedrich List par exemple[107]. Dès la fin du 19e siècle, la Hongrie, par exemple, adopte des dispositions légales destinées à favoriser le développement industriel. Selon Ránki et Tomaszewski, c'est le manque de capital qui a incité l'Etat à intervenir de manière plus marquée dans l'utilisation des ressources. La démarche se serait traduite par une proportion d'entreprises étatiques plus importante que dans la sphère occidentale, ainsi qu'une politique douanière plus protectionniste. Le ministre conservateur des finances autrichien, qui mettra en application le programme genevois, se heurtera également à cette différence de traditions politiques dans la gouvernance économique :

> Les anglo-saxons sont persuadés que l'Etat doit se limiter à un petit nombre de tâches administratives, et laisser à l'initiative individuelle beaucoup des responsabilités qui sont chez nous prises en main par l'Etat [...]. Mais la transformation d'une collectivité publique importante dans des limites plus étroites a des limites tangibles. Des particularités historiques et des spécificités nationales jouent un grand rôle[108].

107 Sur cette question, voir notamment Ránki/Tomaszewski in Kaser/Radice 1986 : II, 4.
108 Kienböck 1925 : 129.

Cependant, l'adoption des plans de reconstruction de la SdN marquera un changement partiel de cap: la réforme de l'Etat dans le sillage des programmes reflète l'adhésion à des normes beaucoup plus influencées par la conception anglo-saxonne, sans que le nationalisme économique ne disparaisse pour autant, surtout en Hongrie. En terme de régulation monétaire toutefois, les pays reconstruits se soumettront à la logique très britannique de la SdN, seul moyen pour eux d'accéder aux moyens financiers étrangers susceptibles de financer leur reconstruction.

Dynamique sociale et pouvoir du consentement

L'adhésion progressive à l'étalon-or figure parmi les phénomènes les plus marquants de la reconstruction européenne. Observateur averti de ce processus, Polanyi relève dans un raccourci un peu péremptoire que « le caractère essentiel de l'étalon-or pour le fonctionnement du système économique international de l'époque était l'unique dogme qui fût commun aux hommes de toutes les nations et de toutes les classes, de toutes les appartenances religieuses et de toutes les philosophies sociales »[109]. Même si, comme on va le voir, le consensus masque en fait des divergences, il n'en demeure pas moins qu'il s'est imposé de façon très large, tant sur le plan spatial qu'au niveau infra-social[110].

Or, on le sait, la guerre avait au contraire débouché sur une crise de légitimité des élites et de l'ordre social qui avait battu en brèche l'institution de l'étalon-or. Le programme de reconstruction des travaillistes britanniques de janvier 1918, la socialisation de l'économie autrichienne entre 1919 et 1920, ou le dirigisme étatique des premières années de la reconstruction hongroise après l'échec de l'épisode communiste marquent tous l'adhésion à des modes de régulation incompatibles avec l'idéologie autorégulatrice du mythe. Pendant les années vingt cependant, l'orthodoxie traverse toute l'Europe, dans l'élan de la conférence de Bruxelles et des premières stabilisations sous l'égide de la SdN, de sorte qu'en 1929, il n'y a plus guère que l'Espagne qui n'ait pas rejoint le SMI (voir figure 5.1).

109 Polanyi [1944]: 48
110 Cairncross et Eichengreen (2003: 29) soulignent également que ce désir de restaurer les arrangements financiers d'avant-guerre « did not reflect any peculiar British failing; the belief that exchange rates should be restored to *normal* was shared worldwide ».

Figure 5.1 : stabilisations monétaires en Europe (1919-1931)
Note : en gris : stabilisation de facto. En noir : stabilisation légale

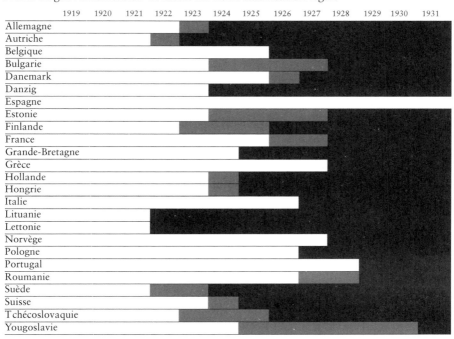

Source : Annuaire statistique de la SdN ; SdN 1945 ; SdN 1946

L'adhésion consensuelle au dogme métalliste se comprend également par l'intérêt croissant d'un public toujours plus large aux questions financières. Au lendemain de la guerre, le monde de la bourse et de l'argent fait de plus en plus partie de l'univers mental. Aux Etats-Unis, la décennie voit la démocratisation des marchés des valeurs, et un accès croissant de la *middle-class* aux transactions sur titres[111]. Quant aux enjeux internationaux de la sphère financière, ils occupent sans discontinuer le devant de la scène, depuis la négociation des traités de paix jusqu'à la crise[112]. Les quotidiens ouvrent leurs éditions sur les débats de banquiers du monde entier réunis à Bruxelles[113], tandis que la question des réparations et des

111   Wilkins 1999 : 275.
112   Andrew McFadyean le note en 1930 (McFadyean 1930 : 71).
113   C'est notamment le cas de quotidiens autrichiens qui, à l'instar de la *Reichspost*, suivent les débats de Bruxelles de près. La presse autrichienne des années vingt est pour l'essentiel disponible en ligne (<http://www. anno.onb.ac.at>).

dettes interalliées figure au centre des préoccupations. Au niveau domestique, la guerre a incité un public très large à devenir créancier de l'Etat : les campagnes en faveur des *Liberty loan* aux Etats-Unis ou les *Bons de la défense nationale* en France ont sensibilisé le public aux enjeux financiers. Ainsi, en transformant les épargnants en investisseurs dans les emprunts publics, la guerre et l'après-guerre ont préparé le terrain de la rhétorique de la monnaie stable et de la rigueur budgétaire.

Si la finance a profité de la guerre pour pénétrer des cercles plus larges de la société, elle n'a pas pour autant perdu de son mystère. Les élites de la finance transnationale semblent au contraire cultiver la mystique qui entoure leurs activités et leur vocable souvent abscons[114]. Car si le savoir est pouvoir, entretenir l'ignorance est un mode de gouvernance : la rhétorique techniciste permet, en fin de compte, de maintenir l'illusion que les enjeux monétaires se résument à des questions complexes du ressort des seuls spécialistes. Même – ou surtout ? – face au Treasury, la Banque d'Angleterre garde un flou volontaire sur la nature de ses activités, incitant ainsi les hauts fonctionnaires du Trésor à accepter l'avis de Threadneedle Street comme parole d'Evangile. Dans son histoire de la Banque d'Angleterre, Richard Sayers note que ses dirigeants « ont cultivé de façon délibérée une mystique qui au mieux brouillait les esprits, au pire intimidait ceux qui devaient prendre des responsabilités politiques »[115].

Quoi qu'il en soit, le consensus en matière monétaire ne se conquiert pas sur le terrain de la pédagogie bancaire mais bien au contraire sur une combinaison de mystique et de morale. C'est en effet notamment au moyen d'un discours éthique que le consensus se gagne en matière monétaire, surtout dans les pays du centre. En tant que rapport social, la monnaie participe en effet de la constitution des discours sur l'ordre social et la mythologie nationale. Dans cette perspective, le retour à l'étalon-or – et son cortège de déflation, de baisse des salaires et de la consommation – sont rhétoriquement construits autour d'une morale du sacrifice, de l'austérité et de la rigueur. En Angleterre particulièrement, la dévaluation est présentée par les élites capitalistes comme une manifestation de dégradation spirituelle. Elle sert d'image inversée du prestige britannique d'avant-guerre, associé à l'étalon-or et au rayonnement de la City sur la finance mondiale. Aussi, dans la phase de crise de

114 Green 1992 : 202.
115 Sayers 1976 : II, 387. Voir également Green 1992 : 202.

civilisation dont j'ai déjà parlé, le discours de la rigueur est particulièrement porteur. L'étalon-or devient ainsi le symbole du progrès et de la
civilisation occidentale : « l'or est à l'heure actuelle l'étalon nominal du
monde civilisé », proclament les banquiers réunis à la conférence de la
SdN à Bruxelles[116]. Strakosch considère lui aussi le métal jaune comme
étalon de valeur du monde qui s'est émancipé de son état de nature, et
Norman y voit un test de la force financière de la nation, et « a mystical
symbol of all that was finest in the struggle of mankind to better its lot
on earth »[117]. Dans la rhétorique financière des années vingt, l'épithète
de *sain* (ou *sound*) accompagne ainsi presque systématiquement chaque
évocation de la politique monétaire et financière idéale. La rhétorique
médicale et ses métaphores thérapeutiques figurent parmi les tirades
favorites de la City. Robert Kindersley, directeur de Lazard Brothers,
justifie son soutien à l'étalon-or en arguant que « we have got to take our
medecine, and I believe that it is healthy that we should »[118]. Pour Courtney Mill du *Times*, fidèle porte-parole des banquiers, « a rise in Bank rate
acts like a medicine on the economic organism. Its purging effects may
be unpleasant for the patient, but the purging is none the less necessary
to bring the patient back to health »[119]. La discipline de l'étalon-or devient
le synonyme de santé morale, devant laquelle aucun sacrifice n'est trop
dur. Quant à la « cure » déflationniste, elle s'apparente à un véritable rite
de purification, destinée notamment à s'affranchir de l'« impur » que
représente l'intervention étatique dans la « naturalité » des mécanismes
autorégulateurs.

Pour Henry Strakosch, l'apôtre infatigable de la cause métallique et
relais entre la City et la SdN, il est ainsi remarquable de constater la
spontanéité et le consentement avec lesquels chaque pays a adopté
l'étalon-or : il note « the unanimity with which practically the whole of
the civilised world has elected to adopt gold as its standard of value ».
Selon cet expert influent du Comité financier,

This development is the result not of any international convention or other international
action, but of the individual choice independently made by each of the countries

---

116 SdN, résolutions de la conférence financière internationale de Bruxelles, II/7.
117 SdN, 1323, F 532, memorandum Strakosch 30 mai 1928, p. 11. Norman cité par
        Silverman 1982 : 52-53.
118 Kindersley cité in Pollard 1970 : 18.
119 Courtney Mill cité par Boyce 1987 : 60-61.

concerned. It is true that the international conferences at Brussels and at Genoa had advocated the general adoption of the Gold standard, but the resolutions passed by these conferences were binding on none of the countries participating in them. They were perfectly free to adopt whatever monetary standard seemed to them best[120].

On aurait tort cependant de se laisser guider par ceux-là même à qui le consensus profite et qui œuvrent à sa diffusion. Si l'idéologie de l'étalon-or s'est progressivement installée dans les esprits au point de devenir un référentiel hégémonique, elle n'en cache pas moins des divergences. La construction du consensus passe précisément par une pratique rhétorique consistant à nier la légitimité (voire l'existence) d'alternatives. L'*illusion* d'un consensus participe pleinement de la constitution d'un discours dominant. Les étapes menant à la stabilisation de la livre sterling entre 1918 et 1925 offrent une illustration très claire de la constitution du consentement autour de l'orthodoxie monétaire de l'étalon-or, et du recours à l'illusion de l'unanimité à des fins de pouvoir. Le comité Cunliffe, on l'a dit, n'avait accueilli dans ses rangs que des financiers acquis à la cause du retour à l'or. En marge des nombreux banquiers auditionnés par le comité figuraient tout de même deux représentants de l'industrie : les délégués de la Chambre de commerce de Manchester et de la Fédération des industries britanniques (FBI)[121]. Comme le montre Robert Boyce, la FBI a mis en garde contre toute pression déflationniste destinée à améliorer le change, une pression que l'industrie ne pourrait surmonter selon elle. Le comité Cunliffe a préféré ignorer cette opinion et présenter ses recommandations comme un avis unanime[122]. L'organe faîtier des industriels anglais n'a pas baissé les bras et a exigé, en été 1921, en pleine crise économique, une nouvelle enquête sur la politique monétaire qui tienne compte des avis de l'industrie et du travail organisé. Sa demande – autant que celle formulée en octobre – a été rejetée par le gouvernement[123]. De

120 SdN, 1323, F 532, memorandum Strakosch 30 mai 1928, p. 11.
121 Créée en 1916, la FBI connaît un essor spectaculaire durant la fin de la guerre, de sorte qu'en 1920, 1 392 associations commerciales y sont rattachées, et environ 20 000 firmes. Si elle reste relativement peu lisible dans le paysage institutionnel britannique, elle constitue néanmoins le véritable porte-parole de l'industrie (Boyce 1987 : 9).
122 Voir Boyce 1988 : 175. Dans son rapport final de 1919, le comité Cunliffe reconnaît les critiques adressées à l'encontre de ses propositions, mais refuse de les remettre en question (committee on currency and foreign exchanges after the war, Final report 1919, reproduit in Gregory 1964 : 366).
123 Boyce 1988 : 178-179. Voir également Boyce 1987 : 37 sq., 51.

même, au sein du Chamberlain-Bradbury Committee, constitué en 1924 pour étudier les modalités précises de la stabilisation sur la base des conclusions du comité Cunliffe, les points de vue des différents représentants économiques ne sont de loin pas uniformes[124]. La FBI a saisi l'occasion pour rappeler que le processus d'ajustement aurait des conséquences fâcheuses sur le commerce et l'emploi, et administrerait « a severe check » sur les exportations. Elle a également mis en garde contre les risques sociaux d'une politique déflationniste, précisant que l'ajustement par la baisse des salaires « would [...] seriously increase the difficulty of maintaining industrial peace »[125].

Il n'en demeure pas moins que si une opposition à la rhétorique dominante des élites financières existe bel et bien, sa lisibilité reste peu marquée. Hormis la FBI, rares sont les organismes représentatifs de la production ou les autres corporations à s'opposer ouvertement à la politique monétaire. Le travail organisé, essentiellement préoccupé par des questions industrielles, peine à montrer le moindre intérêt pour les enjeux de politique monétaire. En outre, l'opposition semble bien éphémère face au monopole du discours économique verrouillé entre les mains du Treasury et de la Banque, tous deux relayés par les principaux médias[126]. Divisée, mal organisée, et embarrassée par l'impression de défendre un intérêt purement sectoriel, la FBI en viendra finalement à reconnaître la légitimité suprême des intérêts de la finance. Après la stabilisation, la fédération des industries britanniques découragera ses membres de critiquer l'étalon-or, et la chambre de commerce de Londres, qui était elle aussi divisée sur la question, finira par affirmer son soutien[127]. Quant à Keynes et McKenna, les deux principaux opposants de la stabilisation de la livre à son cours d'avant-guerre, ils ne feront pas le poids face aux ténors de la *dear money* que sont Niemeyer, Norman ou Hawtrey. Devant le mur de l'orthodoxie, leurs discours apparaîtront comme hésitants, et l'image de partisans de l'inflationnisme que les élites financières s'efforcent de leur attribuer contribue à les délégitimer[128].

---

124 Sur la question et sur la stabilisation de la livre, voir Moggridge 1972 qui demeure une référence essentielle, à côté de Boyce 1987.
125 Cité in Moggridge 1972 : 37 sq.
126 Boyce 1988 : 179-180, 184-188.
127 Boyce 1987 : 136.
128 L'avis de Montagu Norman sur Keynes est éloquent. Lors d'une conversation avec Shepard Morgan, il affirme qu'il ne lirait pas le *Tract on Monetary Reform*

La position de la gauche européenne constitue également un marqueur de l'établissement d'un consensus dans l'immédiat après-guerre. On a vu par l'exemple du programme de reconstruction du Labour de janvier 1918 à quel point ce parti se prononçait en faveur d'une version radicalement nouvelle de la régulation socio-économique. Le programme d'autres partis socialistes européens abonde dans le même sens, notamment dans les pays reconstruits sous l'égide de la SdN comme l'Autriche[129]. Or, la gauche ne tardera pas à se scinder dans l'immédiat après-guerre, et la frange social-démocrate se ralliera pour l'essentiel à l'orthodoxie en matière de reconstruction. Ainsi, en 1922, le programme du Labour Party semble avoir perdu ses idéaux de nouvel ordre social, et l'attitude critique du parti face à la SdN se modère sensiblement[130]. En 1924, les travaillistes anglais finiront par adopter le rapport Cunliffe, entérinant ainsi officiellement une conception monétaire orthodoxe destinée à rassurer le public qui douterait des compétences du Labour à assumer la responsabilité gouvernementale ; le second cabinet travailliste au pouvoir dès juin 1929 ne remettra pas non plus en cause le dogme monétaire[131]. De même, en dépit de quelques considérations préliminaires critiques sur la quasi absence d'opposition à la politique financière menée par la Bank of England et le Treasury, le Labour Party, lors du Congrès de Birmingham d'octobre 1928, reste attaché à des conceptions classiques d'austérité monétaire, et ne voit guère que la collaboration entre les banques centrales pour atténuer les douleurs infligées à la classe

---

que l'économiste anglais vient de faire paraître, car il le sait par avance partisan d'une doctrine inflationniste (voir FRBNY, Fonds Strong, 320.241, Shepard Morgan à Strong, 23 janvier 1924). La position de Hawtrey sur les partisans d'une monnaie *managée* s'inscrit dans une même perspective. Un chapitre entier de son *Trade and Credit* dénigre l'inflationnisme et ses apôtres. Il s'en prend en particulier à Thomas Attwood qui, au milieu du 19e siècle déjà, défendait l'idée d'une monnaie gérée (voir Hawtrey 1928 ; Helleiner 2003a).

129   Voir notamment Bauer [1919] et Pasteur 2003.
130   Winkler 1994 : 91-92. A la gauche du parti travailliste, une poignée de radicaux indépendants sont en revanche adeptes d'une politique économique alternative, et s'opposent vigoureusement à la rhétorique du rapport Cunliffe et à la politique déflationniste. C'est de ce milieu qu'émanera, en 1924, la résolution visant à nationaliser la banque d'Angleterre (Boyce 1988 : 180).
131   Cairncross et Eichengreen (2003 : 31) estiment que le renforcement de la livre en 1924 peut notamment être attribué à l'acceptation des résolutions de Cunliffe par le gouvernement travailliste.

ouvrière[132]. Comme le suggère Tomlinson, la politique économique du Labour durant les années vingt n'est pas très différente des politiques libérale et conservatrice et leurs conceptions de la stabilisation[133]. Il n'en va pas différemment des autres partis sociaux-démocrates européens, qui opteront pour le dogme libéral[134]. L'adhésion au discours du marché autorégulateur structuré autour de l'étalon-or était d'autant plus facile à obtenir que l'opposition socialiste n'est pas parvenue à proposer une alternative à l'orthodoxie quantitativiste défendue par la SdN.

Cette situation plonge ses racines dans une série de facteurs qui se combinent au lendemain de la guerre et permettent l'affirmation de l'orthodoxie métalliste. D'abord, comme le soulignent Ernesto Laclau et Chantal Mouffe, on n'observe pas de véritable projet hégémonique du côté des sociaux-démocrates. Après avoir renoncé à développer un large front de lutte démocratique, cette force sociale se limite à représenter les intérêts des ouvriers: «social democracy found itself powerless to alter the social and political logic of the State apparatuses», estiment-ils[135]. Puis, à un niveau plus doctrinaire, la pensée économique des mouvements sociaux-démocrates – à l'instar du *Capital* – implique une forme classique de la monnaie et de la valeur dont Marx ne s'est pas affranchi[136]. A l'instar des néoclassiques, Marx estime que la valeur est exogène et qu'elle n'est pas l'expression d'une interaction sociale[137]. Il en découle un attachement à une politique monétaire métalliste censée garantir le pouvoir d'achat de la monnaie. Pour la gauche en effet, il vaut mieux que la monnaie soit entre les bras de l'or qu'entre les mains de la bourgeoisie, qui pourrait l'utiliser dans le sens de ses propres intérêts; la gauche aurait très bien pu faire sienne la métaphore de Norman selon laquelle l'or est le meilleur gouverneur d'une société qui n'est pas divine. Enfin, même si la classe ouvrière peut trouver avantage à des politiques monétaires plus expansionnistes visant le niveau d'activité et des politiques budgétaires plus axées sur la demande que sur la déflation, d'autres préoccupations sociales rendent sa position difficile à défendre. Les

132 SdN, CoF 1326, F 590, note du 20 novembre 1928.
133 Tomlinson 2000: 54.
134 Notermans 2000: 71-72.
135 Laclau/Mouffe 1985: 73-74.
136 Polanyi 1944: 48; Aglietta/Orléan 2002: 12.
137 Voir Marx [1867]. Le début du *Capital* suggère une définition ontologique de la valeur autour de deux concepts: la valeur d'usage et la valeur d'échange.

personnes au bénéfice d'une rente, ainsi que les victimes du chômage soutenues par une indemnité, sont à court terme préoccupés par la stabilité de la monnaie. En défendant une politique monétaire plus souple, la gauche risque de s'aliéner des pans entiers de son électorat. Ainsi, la gauche européenne n'offrira guère d'alternatives à l'orthodoxie monétaire : ni les sociaux-démocrates autrichiens d'Otto Bauer, ni les travaillistes anglais durant leurs deux passages au pouvoir, ni le Cartel des gauches qui finit par rappeler Poincaré, ni les socialistes suisses qui attendront le milieu des années trente pour revoir clairement leur position sur cette question[138]. L'opposition socialiste à la politique « bourgeoise » de reconstruction sous l'égide de la SdN se limite à la politique des réparations et des dettes interalliées, sans attaquer le cœur de l'hégémonie, ni la mythologie dont elle se nourrit[139]. Cette situation illustre le processus par lequel la constitution d'un savoir hégémonique freine la recherche et la diffusion d'alternatives.

En résumé, si le mythe de l'étalon-or s'impose durant les premières années d'après-guerre et s'il servira de toile de fond scientifique et idéologique au programme de reconstruction, ce n'est donc pas au terme d'une prise en compte d'alternatives, mais essentiellement par un processus de légitimation d'un mythe construit dans le cadre d'un processus de contrôle social. Les circonstances du moment (situation désespérée des finances publiques européennes et déstructuration des réseaux d'échanges) ont créé un terreau propice au développement d'un tel discours, un discours dont l'influence est de surcroît facilitée par la position ambiguë de la gauche en matière de politique monétaire. Quant au rôle de la SdN dans ce processus, il est loin des visions réductrices des perspectives libérales ou idéalistes axées sur la stabilisation monétaire comme un « bien public » international ou un jeu à somme positive. L'organisation internationale apparaît plutôt comme un moment dans le processus de constitution d'une hégémonie consensuelle autour d'un savoir qu'elle contribue à normaliser. Le rôle de la SdN, dans son projet de stabilisation, réside ainsi dans l'interaction des rapports de production et des normes. Elle doit être comprise comme le vecteur d'un processus de pouvoir qui passe par la production de la norme du vrai.

---

138 Sur la position des socialistes suisses en matière de politique monétaire, voir notamment Fior 2002 : 103-104.
139 Wrynn 1976 : 36.

6. SdN et pouvoir du capital: discipline financière et constitutionalisme

Un bilan s'impose à cette étape de l'argumentation. L'inscription de la SdN – en particulier de l'OEF – dans la longue durée de l'internationalisme libéral a permis de mettre la reconstruction européenne en relation avec le dessein libéral d'un vaste marché global, rendu possible par l'action d'organisations internationales. Après la catastrophe de la guerre, ce projet passe par l'établissement de tissus sociaux et institutionnels susceptibles d'en véhiculer les discours et d'agir sur la constitution appropriée des formes de l'Etat. Dans un second temps, j'ai insisté sur la spécificité historique de la reconstruction européenne sous l'égide de la SdN en la situant dans un mode de régulation coopératiste novateur; au travers de différentes modalités d'interpénétration de la société civile et politique, reposant notamment sur la diffusion d'une doctrine de la rationalisation, la reconstruction a montré la réponse qu'elle apporte à la crise de l'ordre social: re-légitimer le capitalisme par la coopération des acteurs du marché. Le chapitre précédent a ensuite permis de saisir comment, dans cette reconstruction passant par la redéfinition d'un ordre social, la SdN a participé à l'émergence d'une mythologie autour de l'étalon-or; ce dispositif discursif et sa rhétorique de forces autorégulatrices ont posé les bases du consensus de Bruxelles, et servi de prémisse aux différents programmes de reconstruction de l'OEF. Le chapitre qui s'ouvre ici s'inscrit dans le prolongement direct de l'argumentation en analysant la réorganisation institutionnelle propre à la transition de l'après-guerre: il montre les modalités pratiques par lesquelles s'opèrent la configuration des formes de l'Etat et de son appareil. La notion de *discipline financière* sera développée pour illustrer les procédures par lesquelles les formes de l'Etat sont remodelées sous l'influence des forces sociales proches de la finance transnationale.

Ce chapitre présente la reconstruction européenne sous l'égide de la SdN comme un processus social intrinsèquement politique, et offre une approche différente des démarches qui ne thématisent pas suffisamment la nature idéologique de la reconstruction, et qui préfèrent adopter un point de vue interne, concentrant leur critique sur des aspects tels que le manque de crédibilité, l'absence de coopération ou l'impossible règlement des dettes interalliées et des réparations. Je commence par situer mon argumentation par rapport à l'orthodoxie actuelle, d'inspiration eichengreenienne; je montrerai comment la crédibilité découle d'une discipline monétaire et financière dictée en dernier ressort par le pouvoir du capital. La deuxième section appliquera la notion de discipline à la configuration des institutions préconisée par la reconstruction, et situera les plans de la SdN dans cette logique de pouvoir. La discipline monétaire et budgétaire fera l'objet des deux sections suivantes, qui passeront en revue la constitution de nouvelles banques centrales destinées à appliquer une politique monétaire orthodoxe, susceptible de renforcer les logiques de marché et de discipliner l'Etat. Dans son ensemble, ce chapitre montre comment les formes de l'Etat et les modes de régulation normalisés sous l'égide de la SdN sont le résultat de l'institutionnalisation d'un certain régime de vérité et que, en tant que tel, ils constituent une possibilité parmi d'autres.

6.1 Pouvoir du capital et discipline

L'orthodoxie de la crédibilité et de la coopération

Les travaux pionniers de Barry Eichengreen ont abouti, dès le début des années 1990, à asseoir une approche orthodoxe de l'étalon-or et de la reconstruction du système monétaire international autour de deux concepts principaux: la crédibilité et la coopération[1]. Dans les pages qui suivent, je développe plus en détail l'argumentation de l'historien-

---

1   Voir en particulier Eichengreen 1990a, 1992. Dans une même perspective, voir Simmons 1994. Les travaux de Michael Bordo s'inspirent d'une même logique, concentrée toutefois sur la notion de crédibilité: voir Bordo 1995; Bordo/Rockoff 1996; Bordo/MacDonald 2003. Rudiger Dornbusch (1992) et Julio Santaella (1992, 1993) mettent eux aussi l'accent sur la SdN comme *technologie de crédibilité*.

économiste afin d'exposer clairement les enjeux du débat et les points sur lesquels l'EPH peut offrir une alternative.

L'ouvrage fondamental de l'historien-économiste ne s'est pas limité à mettre en doute la pertinence de la TSH et de son explication de l'instabilité de l'entre-deux-guerres : il a également battu en brèche le modèle humien du rééquilibrage automatique de la balance des paiements par les flux d'or et l'ajustement des prix. Or, à la mythologie mécaniste des flux en marche permanente vers un état d'équilibre, Eichengreen a substitué un autre automatisme : celui de la *spéculation stabilisatrice*. C'est elle, en effet, qui permettrait de comprendre pourquoi les mouvements croissants de capitaux durant le dernier tiers du 19ᵉ siècle n'ont pas déséquilibré le SMI, mais l'auraient au contraire stabilisé. Les deux spécificités historiques que constituent la *crédibilité* et la *coopération* expliquent ainsi le succès de l'étalon-or au 19ᵉ siècle, et leur absence durant l'entre-deux-guerres fournit la raison de l'échec de sa reconstruction.

Selon Eichengreen, la *crédibilité* dont l'étalon-or classique bénéficiait a permis aux opérateurs économiques d'anticiper rationnellement le comportement de la banque centrale : en cas de faiblesse momentanée de la livre, la Banque d'Angleterre aurait nécessairement haussé son taux d'escompte pour défendre la monnaie. Aussi, prévoyant la hausse des taux, les opérateurs auraient fait affluer des capitaux (à l'affût d'une meilleure rémunération et dans la perspective d'un gain de change), rééquilibrant ainsi la balance des paiements et stabilisant le taux de change. Pour Barry Eichengreen, l'ajustement ne s'effectue donc pas par les prix ni par les flux d'or (comme dans le modèle de Hume), mais à un niveau strictement financier : confiants envers l'engagement de la banque centrale à défendre la parité, à maintenir son encaisse, et à assurer la convertibilité, les opérateurs ont en quelque sorte stabilisé le système par leurs flux de capitaux. D'où le concept de *spéculation stabilisatrice*, qui nous place cependant devant un paradoxe difficilement soluble : la *crédibilité* de cet engagement explique pourquoi il a rarement été testé. La démonstration a ceci de gênant pour l'historienne ou l'historien que moins le mécanisme est vérifié sur le plan empirique (par des occurrences historiques), plus il est vérifié logiquement ! Quoi qu'il en soit, une seconde caractéristique vient se greffer sur la *crédibilité*. L'institution de l'étalon-or ne s'est en effet pas reproduite sans la moindre difficulté. Aussi, dans les situations de crises financières, la *coopération* internationale aurait permis de remettre le système à flot. La crise de Baring (1890) serait l'exemple paradigmatique de la coopération des banques centrales, au même titre que la déroute de la livre en 1906. En jouant le rôle de prêteur en dernier ressort, les banques centrales sont venues à la rescousse de la Banque d'Angleterre pour lui avancer les liquidités nécessaires au rétablissement de son crédit.

Si le système monétaire de l'entre-deux-guerres n'a pas acquis la stabilité de son prédécesseur, et si la reconstruction européenne n'a été qu'une « façade », selon le terme d'Eichengreen, la cause se situerait dans l'échec du rétablissement de ces deux conditions. L'absence de crédibilité trouve son origine essentiellement dans l'entrée en jeu des forces de gauche au lendemain de la guerre : l'introduction du système électoral proportionnel, en renforçant considérablement la représentation socialiste dans les parlements, aurait « politisé » la gestion monétaire et condamné les anticipations rationnelles des opérateurs économiques, désormais sceptiques face aux engagements de l'Etat et des banques centrales. En conséquence, le capital n'a plus circulé durant les années vingt avec les mêmes vertus stabilisatrices qu'il manifestait au 19e siècle[2]. Le déficit de *crédibilité* rendait ainsi la *coopération* d'autant plus importante, dans la mesure où elle aurait permis de stabiliser le système sur une autre base et créer une nouvelle forme de crédibilité. Or, les disputes internationales sur les dettes de guerre et les réparations auraient empêché un accord sur les enjeux monétaires qu'ils impliquent, et les cadres conceptuels divergents sur le fonctionnement de l'étalon-or auraient définitivement condamné toute coopération. Dans

---

2   Beth Simmons (1994) a étudié cette question plus en détail. Au moyen de modèles mathématiques, elle parvient à la conclusion que trois variables politiques semblent avoir affecté la crédibilité des gouvernements en matière de politique monétaire et auraient joué un rôle critique dans les fuites de capitaux et les déficits de balances des paiements :
1. la stabilité politique et la longévité des gouvernements ;
2. le statut des banques centrales : les instituts indépendants iraient de pair avec des entrées de capitaux et des soldes fortement positifs de la balance des paiements, au contraire des banques centrales « manipulables » ;
3. l'agitation ouvrière (« labour unrest »), c'est-à-dire les mouvements de grève.
A ces trois variables corrélées avec la crise de crédibilité s'ajoute une quatrième qui n'est que partiellement explicative : le rôle des gouvernements de gauche. La gauche n'est pas nécessairement associable avec la fuite de capitaux, mais « clairement et de manière décisive » avec une détérioration de la balance des paiements.

ce contexte, les conférences de Bruxelles et de Gênes sont décrites comme
des « échecs » et la reconstruction n'aurait jamais été autre chose qu'une
façade[3].

Sur quels aspects de la régulation internationale la coopération aurait-
elle dû porter, et dans quel but ? Barry Eichengreen observe un double
problème : un problème de *liquidité* et un problème d'*ajustement*. Le
problème de *liquidité* porte sur la mauvaise répartition de l'or et, partant, sur la tendance des banques centrales souffrant de réserves insuffisantes à hausser leur taux d'intérêt pour attirer du métal au détriment
des autres instituts d'émission. En procédant de la sorte, elles ont restreint les moyens de paiement et enclenché une tendance déflationniste.
Quant à l'*ajustement* des balances des paiements, il n'a pu s'effectuer :
en témoignent la perduration du solde positif de la balance française et
la balance déficitaire de la Grande-Bretagne. Bref, la solution à ce double problème passait par la coopération : en termes de *liquidité*, la coopération internationale aurait permis une expansion monétaire dans
les pays à balance des paiements bénéficiaire et une baisse des taux
d'intérêts. En plus, la coopération aurait dû viser à une baisse des taux
de couverture des pays en manque d'or, évitant ainsi à ces derniers
d'engager une politique déflationniste. En termes d'*ajustement*, la coopération aurait dû être menée en vue d'une redistribution des réserves
monétaires des pays en surplus en faveur des pays en déficit. Eichengreen ne nie pas qu'une certaine coopération a bien eu lieu durant les
années vingt. Elle constitue cependant une forme d'illusion, masquant
mal les problèmes qui éclateront au plein jour dès 1927.

Absence de *crédibilité* et échec de la *coopération* : telles seraient les
causes de l'« échec » de la reconstruction d'un système monétaire international durant les années vingt, et la SdN, dans ce contexte, n'est
qu'une petite pièce de ces rouages déficients. La démonstration de Barry
Eichengreen, aussi documentée et stimulante soit-elle, n'est pas sans
susciter de sérieux doutes. Dans l'introduction de ce livre, trois difficultés générales ont été mises en évidence : un idéal-type normatif (le
libéralisme et l'ajustement par le marché), une conceptualisation insa-
tisfaisante du *politique*, et le caractère contrefactuel et anhistorique de
la démonstration. Sur ces problèmes viennent, à ce stade de l'analyse,
se greffer trois autres objections. Premièrement, en ce qui concerne la

---

3   Sur Bruxelles et Gênes, voir Eichengreen 1992 : 154-162.

reconstruction des années vingt, l'argumentation est tautologique et elle repose sur l'idée que la crédibilité et la coopération auraient permis de constituer un SMI stable. Impossible à appuyer ou critiquer sur un plan historique, puisqu'il est contrefactuel, l'argument n'offre comme seul angle d'attaque que l'étude de sa pertinence dans le contexte du 19e siècle. Or, à ce titre, les travaux récents montrent les sérieuses faiblesses de la thèse de la *spéculation stabilisatrice*: si les forces sociales de gauche ont incontestablement moins de pouvoir de contestation parlementaire au 19e siècle qu'après la guerre, la politique monétaire était loin d'être immunisée contre tout enjeu socio-politique, comme le prétend Eichengreen[4]. L'étalon-or et les banques centrales ont généralement été pensées et utilisées à des fins inséparables de rapports de pouvoir: le monopole d'émission était notamment lié au maintien de taux d'intérêts bas, afin d'alléger le poids de la dette. De plus, un grand nombre de gouvernements ont poursuivi des politiques d'industrialisation en attendant de la banque centrale des facilités pour développer l'activité agraire, commerciale et industrielle. En outre, en dépit d'un engagement formel à maintenir la convertibilité et le taux de change, les banques centrales ont parfois été incitées à adopter des mesures informelles en vue de restreindre la convertibilité[5]. L'étalon-or classique semble donc incarner des enjeux de pouvoir. Une autre objection peut être formulée à l'encontre de la thèse de la *spéculation stabilisatrice*: elle masque une contradiction insurmontable. Comment expliquer en effet que les flux internationaux de capital incarnent tantôt des vertus stabilisatrices, tantôt des tendances inverses? Eric Helleiner et Samuel Knafo offrent une alternative qui permet de surmonter cette difficulté: la stabilité relative de l'étalon-or ne se comprend pas par les prétendues vertus stabilisatrices des mouvements de capitaux dans un environnement monétaire crédible, mais par le rôle actif des institutions monétaires telles qu'elles se développent au 19e siècle, notamment en réaction à l'expansion de la monnaie fiduciaire. C'est donc essentiellement la modernisation des structures monétaires et leurs interventions dans la régulation qui permettent de comprendre le SMI et sa stabilité.

---

4   Pour cette critique, voir en particulier Flandreau/Le Cacheux/Zumer 1998, notamment pp. 12-13.
5   Helleiner 2003a; Knafo 2003. Voir également Flandreau 1996.

Deuxièmement, l'argument de la coopération ne résiste guère mieux à l'analyse : outre le flou qui entoure ce concept, il se heurte à de sérieux problèmes. La coopération au 19e siècle n'est certainement pas aussi significative que Barry Eichengreen le prétend. Certes, dans des cas particuliers tels que la crise de Baring, les banques centrales sont venues à la rescousse de la Banque d'Angleterre. Faut-il pour autant parler de coopération ou plutôt d'intérêts bien compris ? Le concept de coopération ne fait sens que s'il désigne une situation où les banques centrales sont animées d'objectifs communs qui convergent sur une forme d'institutionnalisation, formelle ou informelle. Or, d'une manière générale, le 19e siècle se présente plutôt comme l'échec des tentatives de codification de la coopération monétaire : aucune des conférences internationales destinées à unifier les pratiques monétaires n'a débouché sur un initiative concrète, faute d'accord trouvé sur des enjeux fondamentaux[6]. Comme le montre Marc Flandreau, les banques centrales sont loin de partager les mêmes points de vue, et l'étalon-or se comprend beaucoup mieux par le manque de coopération que le contraire[7]. Alain Plessis avait lui aussi déjà relevé, en 1982, que l'étalon-or à partir de 1880 s'explique par la « diversité des politiques suivies

---

6   Sur les conférences monétaires, voir l'ouvrage de Gallarotti (1995), qui développe une approche par la théorie des régimes, ainsi que l'étude de Reti (1998), qui procède par la théorie des jeux et la théorie de la stabilité hégémonique. Quatre conférences internationales ont lieu durant le dernier tiers du 19e siècle. En 1867, après la signature de l'UML, Napoléon projette d'étendre l'union, notamment aux nations industrielles avancées ; si une résolution est bien signée au terme de la conférence, aucun gouvernement ne la ratifiera. En 1878, dans le sillage de la guerre civile et ses implications monétaires (voir chapitre 5.1), les milieux sociaux qui défendent le bimétallisme parviennent à faire adopter une loi invitant le gouvernement étasunien à convoquer une conférence internationale en vue de la remonétisation de l'argent. Devant le refus de l'Allemagne de participer à une conférence qui remettrait en cause son adhésion à l'étalon-or, et par ricochet devant les doutes des partenaires économiques principaux du Reich, la conférence débouche sur un échec total. Il en va de même pour les conférences de 1881 et 1892, visant elles aussi à instituer un régime bimétallique. Pour Gallarotti, les relations entre instituts d'émission ne peuvent être comprises comme une forme de coopération, dans la mesure où elles se limitent à des arrangements bilatéraux *ad hoc* et, lorsque des syndicats bancaires plus significatifs émergent, ils se réduisent à des objets provisoires (Gallarotti 1995 : 80).

7   Pour une approche sceptique de la coopération monétaire au 19e siècle, voir Flandreau 1997 et Gallarotti 1995.

par les banques centrales», et que la coopération relève moins de la convergence sur une doctrine commune que d'intérêts bien compris[8]. Aussi, le rôle de la coopération dans la stabilité de l'étalon-or au 19e siècle semble pour le moins discutable, et l'argument d'un manque de coopération durant les années vingt voit par la même occasion sa pertinence s'éroder. D'ailleurs, les années vingt marquent, par contraste avec le 19e siècle, un développement substantiel de la coopération: celle-ci s'exprime dans cette nouvelle configuration de l'étalon-or spécifique à l'après-guerre[9]. Certes, aucun accord n'a pu être trouvé sur les points particuliers qu'Eichengreen a dégagés (liquidité et ajustement), mais l'essentiel des programmes de stabilisation monétaires jusqu'en 1928, qu'ils soient placés sous l'égide de la SdN ou non, est le fruit de la coopération des banques centrales. Bref, on le constate, la coopération ou son absence – en dépit du nombre de recherches qu'elle a inspiré depuis quelques années – n'est pas un outil intellectuel suffisant pour la compréhension des systèmes monétaires du 19e siècle et de l'entre-deux-guerres.

Le troisième problème se situe au cœur de la perspective développée ici: le courant orthodoxe tend à considérer la *crédibilité* et la *coopération* comme des procédures nécessairement positives et n'en problématise pas la dynamique de pouvoir. La pensée dominante découle d'une approche libérale de l'économie politique internationale, qui considère sans distinction historique que la coopération représente un jeu à somme positive menant à la constitution d'un *bien public*. Le traitement réservé à la contestation de gauche après la guerre, ainsi que, d'une manière générale, la «politisation» de la politique monétaire en disent long sur la tendance à interpréter la collaboration comme une démarche neutre et nécessairement bénéfique: dans sa conclusion, Barry Eichengreen préconise d'ailleurs une politique en vue de «modérer» l'opposition de groupes d'intérêts particuliers à des initiatives prises dans l'«intérêt de la coopération internationale»[10]. En quoi des concepts en apparence aussi anodins que *crédibilité* et *coopération* peuvent-ils véhiculer une telle charge politique?

---

8   Plessis 1982: 22. L'auteur explique le soutien que la Banque de France apporte à la Banque d'Angleterre par le souci d'éviter la répercussion sur le prix de l'argent en France qu'aurait entraîné une crise extérieure.

9   A ce sujet, voir aussi Mouré 2002: 146.

10   Eichengreen 1992: 399.

L'approche eichengreenienne conçoit la *crédibilité* comme la capacité des opérateurs économiques à prévoir le comportement d'un gouvernement ou d'une banque centrale. Une telle anticipation repose sur deux conditions minimales : le *lock-in* et la *dépolitisation*. Le *lock-in* désigne l'engagement pris par un gouvernement ou une banque centrale à suivre une ligne politique fixe, peu importent les circonstances. Il se traduit généralement par l'adoption d'un dispositif légal ou informel destiné à verrouiller cette promesse, tel qu'une loi monétaire qui oblige la banque centrale à mener une politique de stabilité et de convertibilité, à l'instar du 19ᵉ siècle et des années vingt. La *dépolitisation* désigne une procédure par laquelle la crédibilité est recherchée, et le cas échéant rétablie, en isolant les engagements du gouvernement et de la banque centrale de toute ingérence extérieure. L'enjeu consiste, en d'autres termes, à confiner la politique monétaire dans un dispositif de gestion qui la met le plus possible à l'abri des politiques macroéconomiques. Tant le *lock-in* que la *dépolitisation* passent par des procédures de régulation spécifiques : la continuité de la politique budgétaire et monétaire s'exprime par l'adoption et l'institutionnalisation d'une politique de discipline qui sera d'autant plus crédible que son verrouillage sera fort. Dans le cas des reconstructions sous l'égide de la SdN, on verra que les programmes prévoient des dispositions particulièrement rigoureuses. C'est d'ailleurs la rigueur de ces mesures de *lock-in* qui incitent parfois à conclure au succès des plans de stabilisation de la SdN[11]. En plus de la discipline, les procédures de régulation par le marché permettent d'isoler les politiques budgétaire et monétaire des enjeux sociaux, et de les confier à des mécanismes en apparence « neutres ». La politique de crédibilité s'inscrit donc, on le voit, dans le projet de séparation des sphères économique et politique mise en évidence par Polanyi : en soumettant des pans entiers du système social à des procédures de marché, elle vise à isoler certains enjeux des cadres sociaux de négociation pour les soumettre à des procédures de régulation propres à certaines forces sociales.

Quant à la *coopération*, elle s'inscrit dans la droite ligne du mécanisme de crédibilité qui vient d'être décrit : le mode de régulation global axé sur la stabilité du capital est susceptible de traverser des phases d'instabilité, c'est-à-dire des déséquilibres de la balance des paiements,

---

11   Voir Dornbusch 1992 ; Santaella 1992, 1993.

des crises de taux de change, voire une hémorragie de réserves monétaires. L'intervention coordonnée d'autres acteurs (banques nationales
ou commerciales) s'avère ainsi cruciale lorsqu'il s'agit de venir en aide
à une monnaie en crise, voire à une banque centrale qui ne parvient
plus à faire face aux demandes de conversion. La coopération, en d'autres
termes, représente la garantie ultime d'un système monétaire international axé sur la stabilité du capital et sa libre circulation. Elle permet
de reproduire le système monétaire et le mode de régulation qui, sans
elle, ne parviendrait pas à surmonter les crises qui le menacent. Elle
assure la confiance des investisseurs en leur permettant d'espérer que
même si les flux de capitaux déstabilisent le SMI (la crise de Baring par
exemple), le système reprendra son cours normal et les capitaux con-
serveront leur stabilité et leur liberté de mouvement. En tant qu'instrument de crédibilisation d'un SMI libéral, la coopération est donc inséparable d'enjeux de pouvoir.

*Institutionnalisation et reproduction de la discipline financière :
la crédibilité*

Si le défaut de crédibilité, à en croire Barry Eichengreen, a empêché de
rebâtir un système monétaire stable et durable, il n'en demeure pas
moins qu'elle représente un objectif principal des reconstructions de la
SdN. En réorganisant les systèmes monétaire et budgétaire, l'organisation internationale vise à asseoir la confiance des investisseurs, et partant la crédibilité des politiques adoptées. La confiance est en effet la
condition de base de la réussite de l'emprunt qui doit permettre le financement de chaque reconstruction : si les garanties de stabilité devaient susciter de doutes auprès des investisseurs, il va sans dire que
l'obtention des liquidités serait compromise, au même titre que tout le
programme de reconstruction. « Si les prêteurs n'ont pas confiance,
tout le plan de reconstruction de l'Autriche s'écroulera », affirme Arthur Balfour, le représentant britannique au Conseil, en janvier 1923[12].
Au-delà des emprunts de stabilisation, la crédibilité est également un
ingrédient primordial pour faire affluer les capitaux nécessaires à la

12   SdN, 1469, Sous-Comité autrichien du Conseil, p.-v. 1922-1926, 2ᵉ session,
      1ᵉʳᵉ séance, 29 janvier 1923.

rationalisation de l'appareil productif : la reconstruction, on le verra, ne repose ne effet pas sur des ressources publiques mais uniquement sur le crédit privé. La crédibilité se présente ainsi comme l'élément de base de la discipline exercée sur les politiques monétaire et budgétaire.

La discipline financière consiste en un ensemble de dispositifs et de comportements mis en œuvre dans le but d'établir la confiance des investisseurs et la crédibilité des institutions. Elle se manifeste, dans l'économie politique de la reconstruction, à deux niveaux : au niveau *monétaire*, elle désigne une politique visant la stabilité du capital et sa mobilité, et se concrétise par la séparation de la banque centrale de toute influence de l'Etat, l'introduction d'un système monétaire reposant sur l'or, et une garantie de convertibilité. Ces trois aspects figurent au cœur de tous les programmes de la SdN, et servent de base au consensus de Bruxelles. Au niveau *budgétaire*, la discipline financière tend à empêcher les déficits, à réduire le niveau des dépenses et des investissements publics, et elle préconise une fiscalité propice au rendement du capital. Là aussi, les programmes de la SdN s'inspirent fortement de ces règles, qui sont à l'origine de la réorganisation des services publics (monopoles et chemins de fer) selon une logique commerciale.

La discipline financière peut se comprendre comme une forme historique de pouvoir du capital, un pouvoir qui s'exprime selon deux modalités complémentaires et indissociables : la première est *comportementale* et la seconde *structurelle*[13]. La dimension comportementale désigne la capacité, consciente ou non, d'un individu ou d'une institution à agir dans le sens de la constitution d'un environnement favorable au capital. On peut y voir, par exemple, le rôle joué par les experts de la SdN qui théorisent le processus de transition monétaire et légitiment le fonctionnement rationnel du marché sous la forme d'un ensemble de mécanismes menant à l'équilibre général. Un grand nombre d'institutions agissent également dans la définition des politiques orthodoxes, au premier rang desquelles figurent, à n'en point douter, la Banque d'Angleterre, la plus active dans la configuration globale des institutions en accord avec les intérêts des forces de la finance transnationale. Dans le même ordre d'idée, l'OEF se distingue par son engagement déterminé dans la conception et l'application de plans de reconstruction orthodoxes. Cette

---

13   Sur la dialectique action/structure du pouvoir du capital, voir Gill 1990 : 112-114.

dimension comportementale du pouvoir disciplinaire permet ainsi de comprendre le rôle d'individus tels que Norman ou Vissering, dont l'implication ne s'explique pas sur un plan uniquement structurel.

La discipline financière ne se limite pas aux seuls aspects comportementaux auxquels l'histoire classique des relations internationales tend à conférer l'origine principale – sinon unique – du changement historique. Ils doivent être intégrés dans le contexte plus large du pouvoir structurel du capital tel qu'il s'affirme dans la définition d'un environnement normatif et la configuration des rapports de force. Les flux massifs de capitaux transnationaux entraînent des effets à la fois macro- et microéconomiques, tout particulièrement durant les années vingt. Au plan macroéconomique, la libéralisation des changes a entraîné dans son sillage une concurrence internationale en vue de conserver ou d'attirer les capitaux nécessaires à la reconstruction ou à l'industrialisation – voire, dans le cas allemand, également au paiement des réparations. Les pressions ainsi engendrées sur les taux de change et les taux d'intérêts se répercutent directement sur les conditions d'obtention du crédit et les coûts de revient. A l'échelle budgétaire, le pouvoir structurel du capital mobile tend à exercer une pression à la baisse sur l'imposition du capital : sa fluidité incite en effet ceux qui le détiennent à privilégier les environnements plus performants en termes de rendement et fuir ainsi des systèmes fiscaux plus préoccupés par une redistribution des richesses ou le financement de l'industrialisation par l'impôt. Dans le sillage des plans de reconstruction de la SdN, la libéralisation du circuit du capital et la mise sur pied de politiques disciplinaires visant sa stabilité, en d'autres termes l'intensification des logiques de marché, tendent clairement à accroître les pressions structurelles du capital sur les politiques publiques : en ouvrant les marchés au capital anglo-saxon à court terme, les systèmes économiques de l'Europe centrale tenteront de s'ajuster aux pressions ainsi engendrées, en l'occurrence, à la rentabilité et à la stabilité. A ce titre, le processus d'internationalisation financière des années vingt, même s'il se développe dans un contexte historique différent, n'est pas sans lien avec la financiarisation qui accompagnera le processus néolibéral de la fin du siècle. Comme le souligne Stephen Gill au sujet des années 1970 et 1980, les flux transnationaux de capitaux et le renforcement de la mobilité du capital ont intensifié la nécessité, pour les gouvernements, placés en situation de compétition pour attirer le capital étranger, « to provide an appropriate business climate for overseas investors. A state will be judged in terms of its comparative hospitality to foreign capital »[14].

A l'échelle microéconomique, le pouvoir structurel du capital s'exprime directement sur les entreprises et la force ouvrière. En favorisant les entreprises dégageant les plus grandes marges bénéficiaires, il exerce une pression sur les coûts de production. S'il tend à stimuler l'innovation et la modernisation de l'appareil industriel, il se traduit également sur la productivité de la main-d'œuvre, sa rémunération et les conditions de travail. C'est dans un tel contexte qu'il faut comprendre la forte contestation socialiste de l'opposition autrichienne au chancelier conservateur Seipel, ainsi que les nombreux débrayages et autres protestations qui, en Angleterre, culmineront lors de la grève de 1926. Aussi, on le voit, la politique régissant la monnaie et le crédit, la fiscalité et les domaines de compétence de l'appareil étatique, ainsi que la structure de production sont fortement influencés par l'effet structurel de la discipline financière. En ouvrant les systèmes sociaux à la circulation transnationale du capital, la SdN tend à développer la logique disciplinaire du marché et à soumettre des pans entiers de la société à la logique transnationale d'accumulation.

Institution globale et discipline financière

L'organisation internationale occupe ainsi une position significative dans le processus disciplinaire. D'une part, son extériorité apparente face aux enjeux domestiques lui confère une légitimité qui repose sur un semblant de « neutralité » ou d'« objectivité », ce qui facilite la mise en œuvre des mesures destinées à assurer la confiance et la crédibilité. Les économistes et les historiens d'inspiration néolibérale qui se sont penchés récemment sur les programmes d'ajustement de la SdN ont développé des outils conceptuels souvent très sophistiqués pour mesurer cette *technologie de crédibilité*. Au moyen de modèles mathématiques inspirés de la littérature sur le FMI, Julio Santaella a montré, je l'ai dit, que le recours à une « intervention extérieure » – la SdN – constitue un facteur important de la restauration de la confiance et de la crédibilité. Le succès de la SdN s'expliquerait par la machinerie mise en place pour

---

14   Gill 1990: 113-114.

garantir un nouveau régime en matière fiscale et monétaire. Ces démarches en vue de l'établissement de « sound and sustainable public finances » auraient été vaines si la SdN n'avait disposé de cette technologie que sont les dispositifs de contrôle par le biais de commissaires généraux et autres conseillers des banques centrales[15]. Dans le cas de la Hongrie, le Comité financier souligne que le rôle de l'emprunt qu'il coordonne est une première étape en vue de l'aménagement de conditions propices à l'arrivée, dans un second temps, de capitaux privés. Le rôle de la SdN consiste donc à établir la « stabilité » et la « sécurité » :

> Il est vrai que le pays a besoin de capital liquide, afin de développer ses ressources nationales, mais les fonds nécessaires à cet effet doivent provenir, non d'un emprunt consenti au Gouvernement et gagé sur les revenus publics, mais d'opérations à caractère privé, fondées sur les perspectives de développement économique de la Hongrie. La stabilité et la sécurité qui résulteront de l'application du projet permettront que le capital étranger soit attiré par ces perspectives de développement économique[16].

Outre son extériorité conçue comme une source de crédibilité, l'organisation internationale peut agir dans le sens d'une affirmation de la discipline financière grâce à sa nature supranationale et à sa logique internationaliste. Dans la mesure où la reconstruction vise à recréer les conditions propices au circuit transnational du capital et à son corollaire disciplinaire, la SdN joue un rôle important dans l'homogénéisation des modalités et des réglementations internationales permettant la mobilité du capital. Il n'est pas question de rappeler ici l'inscription de la SdN dans l'internationalisme libéral, sinon pour en souligner le rôle dans l'uniformisation des dispositifs disciplinaires. Nous verrons ainsi plus en détail la diffusion, par l'entremise des plans genevois, de la doctrine du *central banking* dans la constitution des banques d'émission européennes. L'organisation internationale permet de déployer trois mécanismes principaux. En s'inspirant de la démonstration de Michel Foucault sur l'invention des formes modernes de la discipline, on pourrait parler de mécanismes *panoptiques* pour désigner les processus de *surveillance*, de *sanction* et de *structuration* inhérents au pouvoir financier[17].

15   Santaella 1992 : 83-86. Voir aussi Santaella 1993. Voir également Dornbusch 1992.
16   SdN, 1309, Documents du CoF, F 120, rapport du CoF au Conseil, 3 janvier 1924 (C.772 (1). M 317 (1) 1923.II).
17   Voir notamment Foucault 1975 : 228-264 et Foucault 1997 : 21-36. Si l'œuvre du philosophe constitue un apport décisif à la compréhension de la reconfiguration

La *surveillance* désigne l'ensemble des moyens mis en œuvre pour augmenter la crédibilité d'un système économique en développant la visibilité de ses caractéristiques. Cette forme de transparence est établie dans le but de permettre sa comparaison avec d'autres; en dernier ressort, elle a pour but de faciliter aux investisseurs le choix d'une zone géographique de placement aussi propice que possible, et ainsi de développer le mécanisme disciplinaire. La surveillance par la visibilité s'est développée très tôt dans la sphère de la SdN: à Bruxelles déjà, une résolution a été votée à l'unanimité, demandant qu'«en vue de stimuler l'attention du public, [...] la plus grande publicité possible [soit donnée] à la situation financière de chaque Etat». Le «public», on l'aura compris, désigne avant tout le capitaliste. En témoigne la suite de la résolution qui souligne explicitement l'intérêt porté à la fiscalité: la conférence demande à la SdN de communiquer régulièrement l'exposé des prévisions budgétaires et un état semestriel des recettes et dépenses. Les financiers demandent en outre que «les Etats [soient] priés de transmettre des renseignements aussi complets que possible sur les systèmes d'impôts existants». Enfin, dans son troisième alinéa, la résolution finit par dévoiler cet objectif de surveillance et de comparabilité des différentes performances des marchés financiers: «A l'aide des informations ainsi recueillies, la Société des Nations pourrait préparer des brochures qu'elle publierait périodiquement. Ces brochures exposeraient la situation financière des différents Etats sous une forme qui les rendrait comparables et ferait connaître les différents systèmes d'impôts en vigueur»[18]. La demande des financiers ne restera pas lettre morte: dans le sillage de cette

---

des formes du pouvoir à l'époque moderne – en particulier le passage du pouvoir souverain au pouvoir disciplinaire, elle n'est pas sans poser certains problèmes à l'étude de la civilisation industrielle. Si, comme le souligne l'auteur, «la croissance d'une économie capitaliste a appelé la modalité spécifique du pouvoir disciplinaire» (Foucault 1975: 258), il n'en demeure pas moins que la conceptualisation du changement historique souffre de l'absence d'une théorie du pouvoir du capital en rapport avec la constitution des normes. L'émancipation foucaldienne de toute orthodoxie marxiste offre certes l'avantage de proposer une critique de la société en dehors de tout cadre matérialiste, au risque toutefois de ne parvenir à expliquer l'affirmation de la bourgeoisie pourtant présentée par Foucault comme la classe dominante dès le 17e siècle (Foucault 1975: 258 et Foucault 1997: 29). A ce sujet, voir Gill 2003: 121, ainsi que l'importante contribution de Joseph 2004.

18   Conférence financière internationale de Bruxelles, résolutions de la commission des finances publiques (IX).

résolution, des *mémorandums sur les finances publiques* seront régulièrement publiés par la SdN, ainsi que leurs équivalents en matière de
monnaie et de banques centrales[19]. Deux ans plus tard, la conférence
financière de Gênes insistera à nouveau sur l'importance d'obtenir « les
renseignements les plus complets [...] si l'on veut créer et maintenir la
confiance »[20]. Le développement significatif de la statistique internationale constitue un marqueur évident de la fonction de surveillance que la
SdN endosse dans l'élan de la reconstruction. Si, aux niveaux domestiques, la statistique a fortement contribué à l'affirmation de l'Etat administratif et gestionnaire moderne, elle participe tout autant de l'intégration globale. En outre, ce mécanisme disciplinaire de la surveillance
confère à la SdN une quasi-fonction d'agence de cotation financière :
plus une économie institue un *climat* d'investissement propice, plus elle
sera valorisée dans la documentation distribuée auprès des banquiers.

Les mécanismes de *sanction* découlent de la visibilité, et consistent
en un ensemble de dispositifs permettant au marché de pénaliser un
système financier qui n'appliquerait pas de manière suffisamment stricte
la discipline du capital. En accentuant la mobilité du capital au sein
d'un espace rendu plus transparent par les mécanismes de visibilité, le
libéralisme financier génère ainsi des effets structurels. En 1927 par
exemple, la Foreign Policy Association publie, dans son bulletin d'information, une étude comparative des différents emprunts émis en Europe après la guerre, sous l'égide de la SdN ou non. Le cours en bourse
des différentes tranches permet aux investisseurs de choisir parmi ceux
qui inspirent le plus confiance au marché, à l'instar de l'emprunt allemand qui affiche la plus forte marge d'appréciation. Si les emprunts
autrichien et hongrois semblent eux aussi inspirer la confiance des investisseurs, les émissions bulgare, estonienne et grecque ne semblent
guère recueillir la faveur des marchés qui s'y intéressent nettement moins.
Dans l'ensemble toutefois, la recherche insiste sur le caractère haute-
ment profitable des emprunts genevois face aux autres : « These loans
[League of Nations] have proved desirable not only from the altruistic
standpoint, but also from the point of view of profit »[21]. L'Allemagne

---

19 *Memorandum on public finance* (diverses années) ; *Memorandum on currency
    and central banks* (diverses années).
20 Résolutions de la conférence de Gênes, commission des finances, XVIII.
21 Foreign Policy Association, Information Service (III), no 20, 9 décembre 1927.

s'est heurtée en 1927 à une situation qui traduit avec une clarté particulière le mécanisme de sanction: immédiatement après la suspension des réductions fiscales accordées au capitaux étrangers, la Reichsbank observe un arrêt net des prêts à long terme. Suite au reflux des réserves métalliques, Schacht est alors contraint de faire rétablir l'exemption fiscale, et les émissions d'obligations reprennent immédiatement[22].

Enfin, le pouvoir disciplinaire du capital ne peut être dissocié d'un processus de *structuration* globale des institutions, des systèmes de production et des flux financiers au sein de l'espace capitaliste en reconstruction. La *structuration* consiste en un double mouvement d'homogénéisation et de hiérarchisation. En termes d'homogénéisation, la discipline du capital se traduit par une tendance à rendre les systèmes monétaires et financiers compatibles: les mesures de contrôle des changes seront, dans le sillage de la reconstruction, progressivement levés, à des degrés et des rythmes certes très différents. Le système britannique du *central banking* sera diffusé dans tous les pays faisant l'objet d'un programme de la SdN et au-delà. J'ai déjà mentionné également le projet d'uniformiser les statistiques fiscales et monétaires afin de permettre leur comparaison pour faciliter la mobilité du capital et sa rentabilité maximale. Dans ce contexte, force est de souligner également la tendance uniforme – mais à des degrés variables – de la rationalisation des appareils de production dans l'Europe industrialisée. Le processus d'homogénéisation découle de l'intensification de la mobilité du capital transnational et de la concurrence financière. Toutes deux se traduisent, au travers du mécanisme de sanction du marché, par une tendance à l'intégration des conditions de rentabilité. En incitant à uniformiser le *climat* d'investissement, la discipline financière réduit les alternatives à l'orthodoxie.

Si la discipline tend à l'intégration, elle génère dans un même processus une hiérarchisation et une catégorisation. Par ses programmes de stabilisation, l'OEF aspire à intégrer les économies dans le système unifié d'étalon devise-or décidé à Gênes (1922), au moyen notamment du *central banking*; elle ne vise cependant pas à placer les différents pays sur un pied d'égalité. Le nouveau système monétaire, beaucoup plus que son prédécesseur, hiérarchise les économies en deux catégories au moins: alors que l'étalon-or autonomisait chaque marché financier

---

22   Balderston 1995: 165-166; Feinstein/Temin/Toniolo 1995: 33.

national en appuyant la monnaie sur son encaisse métallique, l'étalon devise-or crée des monnaies du *centre* et des monnaies de *périphérie*. Au centre de cette *économie-monde* restructurée après la guerre figurent la livre sterling et le dollar, deux monnaies convertibles en or[23]. Les monnaies de seconde zone reposent, elles, sur une encaisse composée à des degrés variables de métal et de devises-or (dollar et livre sterling). Le système monétaire d'après-guerre, à la reconstruction duquel la SdN participe activement, crée un système de castes monétaires: d'un côté, les monnaies fortes, adossées à l'or, d'un autre côté, les monnaies «moins fortes», qui s'appuient sur une encaisse dont la valeur dépend directement de la capacité de New York et de Londres de maintenir la convertibilité. Mais surtout, le système de Gênes permet de canaliser les réserves monétaires en devises des pays reconstruits vers les deux places financières, et par conséquent d'exercer une influence sur la politique monétaire de banques centrales plus dépendantes qu'auparavant. Enfin, la hiérarchisation des places financières renforce le poids de la City et de Wall Street dans les émissions d'emprunts à long terme, livre sterling et dollar devenant les monnaies de référence. Pour paraphraser une maxime orwellienne bien connue, la discipline financière de l'étalon devise-or rend certains pays beaucoup plus égaux que d'autres.

6.2 Discipline globale et logique locale

Les programmes internationaux de stabilisation:
une reconstruction privée

Entre 1920 et 1931 – entre la conférence financière de Bruxelles et l'effondrement monétaire de l'Europe centrale – la SdN a mis en œuvre neuf plans de reconstruction dans six pays différents (voir tableau 6.1 et 6.3). Le premier programme – de loin le plus lent dans sa gestation et le plus complexe en termes de procédures diplomatiques – a été conclu

---

23   La livre sterling est stabilisée et convertible dès 1925. Sur cette question, voir Moggridge 1972; Boyce 1987.

avec le gouvernement autrichien en octobre 1922[24]. Dans cet élan, un modèle très proche a été appliqué à la Hongrie peu de temps après. Ces deux programmes internationaux sont les premiers à avoir été appliqués dans le cadre de la reconstruction européenne et ils serviront d'exemple à ceux qui seront élaborés hors du cadre de la SdN. Le Comité financier se concentrera ensuite sur des opérations de moindre envergure, à savoir deux plans de stabilisation combinés à des programmes d'établissement de réfugiés (Grèce I et Bulgarie I), ainsi que des réformes monétaires et budgétaires à Danzig (I et II) et en Estonie. Puis, vers la fin de la décennie, deux programmes de reconstruction d'une ampleur à nouveau plus significative seront appliqués à la Grèce et à la Bulgarie, dans le but de stabiliser leurs monnaies et d'effectuer des réformes budgétaires et monétaires (Grèce II et Bulgarie II)[25].

Tous les plans de la SdN plongent leurs racines dans la conférence financière de Bruxelles (1920) qui a posé le cadre normatif de la reconstruction et, je l'ai déjà montré, institué l'OEF. Sur la base de ce consensus, le Comité financier a conçu une procédure d'action qui consiste à agir simultanément à deux niveaux: monétaire et budgétaire (voir figure 6.1). Au plan *monétaire*, les programmes exigent la séparation de la banque centrale et de l'appareil étatique ou, en d'autres termes, l'autonomisation de la politique monétaire. De plus, ils prévoient que la banque centrale soit investie d'un monopole d'émission, qui lui confère un contrôle étendu sur toute la création monétaire. Enfin, les plans de la SdN procèdent au retour à l'étalon-or et fixent une politique de convertibilité et de stabilité monétaire. Ces trois aspects – autonomie, monopole et stabilité – forment le contenu du volet monétaire de la reconstruction, et s'expriment dans le concept de *central banking* élaboré durant les années vingt.

---

24   Les trois protocoles signés à Genève le 4 octobre 1922 figurent dans SdN 1926c: 137-150.

25   Je n'entre pas ici dans les détails des plans de reconstruction qui ont été analysés ailleurs. Ils ont notamment fait l'objet d'une synthèse par la SdN en 1945, qui couvre également les activités de l'OEF durant les années trente (SdN 1945). Pour l'étude des cas particuliers, voir les notes au fil de cette section, ainsi que le tableau 6.3.

Tableau 6.1 : programmes de reconstruction de la SdN (1920-1931)

Programme de reconstruction	Acceptation du programme	Emission de l'emprunt	Montant nominal d'émission ($)[26]
Autriche	1922	1923	156 000 000.–
Grèce I	1923	1924	59 000 000.–
Hongrie	1924	1924	62 000 000.–
Danzig I	1925	1925	7 000 000.–
Bulgarie I	1926	1926	16 000 000.–
Estonie	1926	1927	8 000 000.–
Danzig II	1927	1927	9 000 000.–
Grèce II	1927	1928	37 000 000.–
Bulgarie II	1928	1928	27 000 000.–
Total			*$ 381 000 000.–*

Source : archives SdN

La discipline monétaire s'accompagne d'une démarche parallèle sur le plan *budgétaire*. Celui-ci doit être équilibré et son éventuel déficit ne doit pas être financé par la banque centrale. Des réformes fiscales et administratives fondamentales doivent être entreprises, au même titre qu'une réorganisation des services publics et sociaux. Or, si la politique monétaire peut faire l'objet d'une réorientation radicale d'un jour à l'autre, il n'en va pas de même avec le budget : pour le Comité financier, une période de transition est inévitable, pour effectuer les restructurations nécessaires sans entraver la discipline monétaire. Cette transition, aussi radicale soit-elle, ne doit pas dépasser deux ans. Un financement extérieur est ainsi nécessaire pour couvrir les déficits budgétaires durant la période de réorganisation de l'Etat : d'où l'émission d'un emprunt de stabilisation sur les marchés financiers internationaux. Ces emprunts ne sont donc pas destinés, à l'origine, à financer des travaux d'infrastructure ou à surmonter les conséquences sociales de la transition. Ils n'ont pour but que d'éponger les déficits budgétaires de la réorganisation en évitant l'émission de nouveaux moyens de paiment[27]. D'une manière

26   Le taux de change entre le dollar et la livre sterling est calculé aux cours de $4.61 (juin 1923), $4.33 (juin 1924), $4.78 (décembre 1924) et au cours de stabilisation de la livre à $4.86 pour les émissions ultérieures.

27   Danzig constitue une exception à la règle, ce qui s'explique par le statut particulier de cette ville-Etat, placée sous la responsabilité de la SdN. Les deux emprunts

plus large, ils ont également pour fonction de donner un signal qui atteste la stabilité monétaire d'un pays auprès des investisseurs et de les encourager à y placer des capitaux. Dans l'esprit de la SdN en effet, le financement de la reconstruction appartient aux milieux financiers qui, en fournissant les liquidités, permettront la réorganisation de l'appareil de production; leur confiance et le crédit du pays représente ainsi une condition essentielle de la réussite des plans d'ajustement structurel.

La reconstruction européenne telle que les financiers de la SdN la conçoivent est donc une initiative en quelque sorte «privée»: une fois les conditions propices établies par la coopération internationale, c'est à l'initiative individuelle et aux investisseurs d'accorder aux collectivités publiques et aux entreprises les fonds nécessaires au développement des infrastructures et à la réhabilitation de l'appareil de production. Puis, les mécanismes autorégulateurs sont supposés mener naturellement à la croissance. Le programme initial de la reconstruction autrichienne est clair sur ce point, et il entérine une vision autorégulatrice propre à tous les autres plans: «Si une politique financière appropriée est adoptée et poursuivie, la situation économique de l'Autriche s'équilibrera par augmentation de la production et affectation d'une grande partie de la population à des travaux économiques», estiment les experts du Comité financier[28]. Le programme hongrois fait montre d'une même philosophie:

> le Comité financier n'a aucune hésitation à recommander que, comme dans le cas de l'Autriche, toutes les opérations financières pour lesquelles la Société assume une responsabilité quelconque doivent se proposer uniquement de porter remède à la situation budgétaire et, par conséquent, financière. [...] Le rôle essentiel du projet envisagé est de créer la base nécessaire sur laquelle la reconstruction économique pourra se faire.[29]

---

de réfugiés (Grèce I et Bulgarie I) servent également au financement d'infrastructures liées à leur établissement. Dans le cas de l'Autriche et de la Hongrie, les surplus de l'emprunt seront ultérieurement partiellement investis dans des travaux d'utilité publique.

28 SdN, 1467, CSCA 4, Réponse du Comité financier aux questions du Comité d'Autriche du Conseil, 8 septembre 1922, point 6.

29 SdN, 1309, documents CoF, F120, reconstruction financière de la Hongrie.

Figure 6.1 : schéma général des programmes de reconstruction

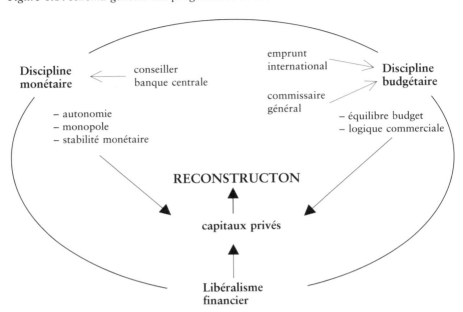

Cette *privatisation* de la reconstruction découle tout droit des tendances coopératistes inhérentes à la reconstruction, et en particulier du corporatisme étasunien : pour Washington, on s'en souvient, il n'est pas question en effet d'engager l'Etat dans une telle entreprise, qui doit être du seul ressort des investisseurs. Aussi, la levée des contrôles de changes, c'est-à-dire le *libéralisme financier*, est un passage obligé de la reconstruction : d'une part, elle permet l'arrivée de ressources pour les investissements et le redressement de l'économie. D'autre part, les flux de capitaux sont censés générer des effets stabilisateurs sur la masse monétaire et le taux de change. Même si la libéralisation des changes ne figure pas toujours explicitement dans les programmes de reconstruction de l'OEF, ils en découlent logiquement : la politique de convertibilité et de stabilité monétaire des nouvelles banques centrales ne fait sens que dans cette optique. Un étalon-or sans un régime libéral pour la circulation du capital n'aurait aucune raison d'être.

La logique des programmes genevois peut ainsi se résumer en une transition brève vers la discipline monétaire et budgétaire et vers la libre circulation du capital. Deux ans sont généralement prévus pour la réalisation des réformes profondes préconisées par les programmes et pour atteindre le résultat escompté : le rétablissement de l'équilibre budgétaire. Au-delà de deux ans, le retour de la confiance et les mécanismes autorégulateurs doivent permettre un essor économique du pays reconstruit. Par leur orientation vers la discipline monétaire et budgétaire, les programmes de la SdN visent donc à restaurer la confiance des investisseurs et la crédibilité d'un pays par une procédure de discipline de l'appareil étatique. Cependant, même si dans l'esprit du Comité financier la reconstruction est l'œuvre du capital privé et si le rôle de la SdN se limite à l'assainissement monétaire et budgétaire durant une phase très brève, les programmes genevois entraînement des effets profonds dans la réorganisation de l'Etat sur le long terme. Par le biais de la discipline monétaire et de la politique de stabilité du change, c'est toute la politique fiscale et budgétaire de l'Etat qui est concernée. La forme de l'Etat, définie comme le rapport entre la société civile et la société politique, se trouve ainsi au centre du processus : en réduisant les domaines de compétence de l'Etat, les plans de reconstruction confèrent à la société civile et en particulier aux acteurs de la finance une part prépondérante dans la régulation.

Tableau 6.2 : émissions d'emprunts de stabilisation internationaux en Europe (1920-1931)

Pays	Emission	Nominal ($)[30]	
Allemagne	1924	$ 200 000 000.–	
Belgique	1926	$ 100 000 000.–	
Italie[31]	1926	$ 90 000 000.–	
Pologne	1927	$ 72 000 000.–	
Roumanie[32]	1929	$ 71 000 000.–	
Total (non SdN)		*$ 533 000 000.–*	*58%*
Rappel : total SdN		*$ 381 000 000.–*	*42%*

30   Les montants ne tiennent pas compte des crédits transitoires des banques centrales, accordés entre la conclusion d'un programme de stabilisation et la mise à disposition des liquidités de l'emprunt.

31   Il s'agit de l'emprunt émis par J. P. Morgan en 1926, qui sert de base à la stabilisation *de facto*. La stabilisation *de jure* sera acquise l'année suivante au moyen d'un crédit bancaire à court terme (de Cecco 1995 : 122-123).

32   Le prêt roumain, d'un montant total de $ 101 millions, inclut une tranche achetée par une entreprise suédoise en guise de paiement du monopole de la production d'allumettes. Le montant effectif de $ 71 000 000.– figure dans le tableau, tel que Meyer (1970 : 134) le calcule.

Les plans établis par l'OEF jouent un rôle déterminant dans la reconstruction européenne après la guerre, comme le confirment deux aspects. Premièrement, mesurés en termes quantitatifs, ils représentent près de 42 % de l'ensemble des emprunts de stabilisation émis sur les places européennes et à Wall Street entre 1920 et 1931 (voir tableau 6.2). Cet indice, aussi important qu'il est pour saisir le rôle de la SdN dans la reconstruction européenne, ne saurait toutefois occulter le fait que les plans de la SdN s'appliquent à des pays à population relativement faible. Leur poids industriel en Europe est de surcroît secondaire. L'Allemagne, l'Italie et la Pologne représentent sur ce plan des enjeux nettement plus significatifs. En revanche, même si les programmes genevois ne concernent guère les poids lourds de l'économie européenne, leur importance est déterminante précisément par l'intérêt secondaire qu'ont pu présenter ces pays aux investisseurs étrangers. En organisant leur reconstruction, la SdN a permis d'intégrer dans les flux financiers internationaux des économies a priori situées en marge du système. En outre, la forte proportion de ces économies dans le volume total des emprunts de reconstruction témoigne de l'importance des moyens financiers déployés pour venir à la rescousse d'économies particulièrement ébranlées, à l'instar de l'Autriche et de la Hongrie.

Deuxièmement, très discutés dans les milieux financiers et diplomatiques, les plans de la SdN ont servi d'exemple et de modèle aux différents schémas mis en chantier ultérieurement par la coopération directe des banques centrales, des financiers et des diplomates. Comme le signale la SdN elle-même en 1930,

> The League's financial work [...] had a considerable effect on international relations where internal financial disorder affected external relations; it has been studied by banking circles; its purposes and effects are known through the so-called League loans to the investing public of the world; it has influenced those responsible for the public finances of other countries in certain respects, it has served as a model and created precedents; and its broad results are widely known[33].

Loin de n'être qu'une promotion des « succès » genevois, cette analyse traduit la très large connaissance parmi les élites financières et diplomatiques des *League loans* qui ont inauguré une nouvelle procédure de la coopération internationale. Dans le sillage de l'Autriche et de la Hon-

---

33   SdN 1930a : 8.

grie, des plans inspirés d'une même logique seront appliqués à l'Allemagne (1924), à la Belgique (1926), à l'Italie (1927), à la Pologne (1927) et à la Roumanie (1929)[34]. Pour différentes raisons, la SdN n'a pas été invitée à coordonner toutes les reconstructions : certains gouvernements (Pologne, Portugal) redoutaient la perte de souveraineté inhérente au contrôle exercé par le commissaire général, personnage très influent et très en vue, comme le cas de l'Autriche l'illustrera plus bas. Dans d'autres situations (Allemagne), la question sensible des réparations empêchait une démarche qui aurait entamé les compétences de la Commission des réparations et, partant, affaibli l'influence du gouvernement français[35]. Enfin, la Roumanie – et dans une moindre mesure la Pologne – ont fait l'objet des querelles entre la Banque de France et la Banque d'Angleterre, la première soupçonnant la seconde d'utiliser le Comité financier pour asseoir une « politique de puissance » en Europe[36]. D'une manière générale par ailleurs, en jouant le rôle de *money doctor* au chevet de l'Autriche et de la Hongrie, toutes deux en proie à des phases d'hyperinflation, la SdN passait pour la solution ultime d'Etats au bord de la ruine, et dont le gouvernement, à l'instar de l'Autriche, était prêt à abdiquer. Cet ensemble de raisons explique pourquoi la SdN n'a pas été mobilisée pour la reconstruction de toute l'Europe.

Le programme de reconstruction allemand, même s'il s'effectue officiellement à l'écart de Genève, est fortement influencé par la logique mise en place pour l'Autriche et la Hongrie. Le chef de l'OEF, Arthur Salter, figure d'ailleurs dans le comité Dawes chargé de la stabilisation, à titre secret cependant en raison de son affiliation à la SdN. Aux côtés des banquiers et industriels anglo-saxons que sont Charles Dawes, Owen Young et Josiah Stamp, le chef de l'OEF a pu transmettre l'expérience du Comité financier et prêter son talent de rédacteur pour noyer les questions en suspens et ficeler le projet de sorte à le rendre présentable

---

34 Pour une présentation générale et comparative des plans belge, italien, polonais et roumain, voir Meyer 1970. On complétera cette étude par des travaux plus récents de de Cecco (1995), et Mouré (2003).

35 Sur la question de la reconstruction allemande, voir Costigliola 1984 : 111-127. McNeil 1986, 1993 ; Schuker 1988.

36 Voir à ce sujet Feiertag 1998 ; Girault 1979 ; Marguerat 1988 ; Mouré 2003, ainsi que les pages correspondantes du journal du Gouverneur de la Banque de France (Moreau 1954).

devant l'opinion publique[37]. Pour Otto Niemeyer, le très influent haut fonctionnaire du Trésor britannique, il ne fait guère de doute que:

> Whatever else may be said about the League, it is undeniable that the one outstanding success in the popular view of the League activities has been its reconstruction schemes. If it were not for these schemes, there would be no Austria or Hungary today; and there would certainly be no Dawes Plan, for that Plan grew in the atmosphere of the success of the League schemes; in many of its details [it] was inspired by League experience; and [it] was actively pushed by precisely those people who had been instrumental in the League schemes[38].

Le plan Dawes vise en effet le même double objectif que la SdN, à savoir la stabilité monétaire et l'équilibre budgétaire, le tout au travers d'une discipline stricte. Celle-ci est d'autant plus stricte dans le cas allemand que les réparations n'ont pas été suspendues, comme en Autriche, ni réduites à la portion congrue comme en Hongrie: le plan Dawes s'est au contraire attaché à échelonner des paiements dont on sait le caractère extravagant. En termes de discipline monétaire, les nouveaux statuts de la Reichsbank, élaborés sur la base du plan Dawes, renforcent l'indépendance de la banque centrale et réduisent considérablement l'influence du gouvernement dans la désignation des dirigeants. D'autre part, au sein de l'institut d'émission, un *Conseil général* est institué, composé d'une moitié de membres étrangers, disposant notamment de la compétence de nommer le président et les membres du directoire. Le contrôle externe est renforcé par la présence d'un commissaire chargé de la surveillance de l'émission, un commissaire dont les statuts prévoient qu'il ne peut être de nationalité allemande[39]. Enfin, une série d'autres stabilisations internationales ont reproduit le modèle genevois et allemand. En Belgique, en Pologne, en Italie et en Roumanie, les plans mis en œuvre visent tous, selon des modalités rela-

---

37 Schuker 1988: 180.
38 Niemeyer à Sargent, 21 mars 1927, cité par Recker 1976: 163. Meyer 1970: 15 estime également que ce sont les expériences de la SdN en Autriche et en Hongrie qui ont servi de ligne directrice aux plans subséquents. C'est également l'avis d'Anne Orde (1990: 144): « The method eventually applied to Austria at the end of 1922, of a scheme of financial reform worked out by League of Nations experts and supervised by a League-appointed controller with extensive powers [...] held the field for the next few years, even influencing the arrangements made for Germany in 1924 ». Voir aussi Costigliola 1984: 113-114.
39 Sur cette question, voir Holtfrerich 1988: 120-121.

tivement diverses, l'équilibre budgétaire, la convertibilité et la stabilité monétaire[40]. Quant au système de contrôle, dont l'ampleur et la visibilité ont incité certains gouvernements à se détourner de la SdN, ils seront généralement réintroduits sous une forme allégée. En Allemagne, le plan Dawes installe un « agent général des réparations » chargé notamment de superviser l'utilisation de l'emprunt : Parker S. Gilbert, un financier précédemment partenaire de Cravath, Henderson & deGersdorff, et proche de J.P. Morgan, sera désigné pour remplir cette tâche[41]. En Pologne, un conseiller étasunien sera nommé auprès du gouvernement, en la personne de Charles Dewey, banquier privé de Chicago et secrétaire adjoint au Trésor. Le programme de stabilisation du Leu prévoit lui aussi qu'un conseiller étranger siège au directoire de la Banque nationale roumaine, responsabilité confiée à Charles Rist, sous-gouverneur de la Banque de France[42].

Les contextes socio-politiques de la discipline globale

Même si les programmes de reconstruction de la SdN visent un objectif commun et se traduisent par la mise en place de mécanismes disciplinaires similaires, ils plongent tous leurs racines dans des circonstances particulières qui accompagnent leur émergence. Les pages suivantes visent ainsi à inscrire ces spécificités dans l'économie politique globale de la reconstruction européenne.

Autriche

Les plans appliqués à l'Autriche et à la Hongrie font sens dans le contexte de la situation jugée respectivement, par la SdN, de « désespérée » et « très sérieuse »[43]. L'hyperinflation qui, jour après jour, réduit les

---

40   Le cas roumain présente une exception sur un point : le prêt international autorise le gouvernement à investir la moitié dans le développement d'infrastructures de transport. Voir à ce sujet Meyer 1970 : 133-134.

41   Parker Gilbert est secrétaire adjoint du Treasury des Etats-Unis de 1920 à 1921, puis sous-secrétaire jusqu'en 1923. A ce titre, il est un proche de Russel Leffingwell, partenaire de J.P. Morgan (McNeil 1986 : 29).

42   Meyer 1970 : 83, 94-95, 135.

43   SdN 1930a : 39.

deux monnaies à du papier sans valeur est considérée comme une source de désordre social autant qu'une menace économique. Port de première importance dans le commerce danubien, mais également cœur financier de l'ex-empire austro-hongrois, Vienne abrite des banques qui disposent d'un vaste réseau de filiales dans tous les Etat successeurs et continuent à financer une part importante du commerce[44]. De plus, vu les relations étroites qui ont été nouées entre l'activité bancaire et industrielle, Vienne est une véritable porte d'entrée dans le système économique d'un espace qui dépasse largement les frontières de la nouvelle république. Stabiliser la monnaie permet donc d'investir dans un réseau financier très dense qui pénètre toute l'Europe centrale et orientale. De plus, dans la perspective de la diplomatie française, très préoccupée, on le sait, par une politique de sécurité à l'égard de l'Allemagne, le but consiste à éviter à tout prix que l'Autriche ne tombe dans l'orbite allemande ; reconstruire un pays économiquement autonome et socialement stable s'affiche ainsi comme une priorité[45]. Dans ce contexte, le système administratif, financier et productif autrichien est appelé à se soumettre à une réorganisation profonde, susceptible de transformer un empire de 50 millions d'habitants en une république alpine qui en recense moins de 7 millions, dont un tiers pour la seule capitale[46].

Les considérations touchant l'ordre social occupent elles aussi une place importante dans le processus de reconstruction ; j'ai déjà montré que la peur d'une déstabilisation de la région et notamment la crainte du péril bolchevique étaient au cœur des décisions prises en plus haut lieu en été 1922. Dès la fin de la guerre déjà, la menace sur l'ordre

---

44 PRO, T 160/57, Memorandum de William Goode, 13 décembre 1920.

45 AMAE, série SdN, 1224-1230 sont riches en correspondances sur cette question. Voir aussi DDF 1920 (I) n° 52, Note de Allizé sur la politique française en Autriche, 26 janvier 1920 : « C'est pour prévenir ces dangers, source de conflagrations futures, que nous devons faciliter par toutes les mesures dont nous disposons le relèvement de la nouvelle Autriche et par là fortifier l'influence occidentale au cœur de l'Europe centrale, à Vienne même. Il deviendra de plus en plus évident que c'est la république d'Autriche qui peut seule constituer une base d'action, aussi bien pour la politique d'union que nous voulons faire prévaloir parmi les Etats successeurs de l'ancienne monarchie, que pour la politique de défense contre les entreprises du germanisme politique [...] ».

46 *Statistisches Jahrbuch für die Republik Österreich*. En 1923, la population de la république autrichienne s'élève à 6 543 000 habitants dont 1 865 000 résident à Vienne.

social sert de contexte aux nombreuses tentatives de résoudre la question autrichienne. En 1920, le chancelier de l'Echiquier demande à la CdR quelles seraient les conséquences d'un refus d'aide directe à l'Autriche. La réponse du délégué britannique et président de la section autrichienne, William Goode, est claire : les provinces tenteraient de se rattacher à la Bavière – ou, dans le cas du Vorarlberg, à la Suisse – ou à s'autonomiser. Devant une telle situation, l'Italie interviendrait militairement pour occuper le Tyrol et Salzbourg et obtiendrait une frontière commune avec l'Allemagne. Quant à Vienne, dont on a déjà signalé la coloration socialiste, ses dirigeants feraient probablement appel « à leurs amis politiques hongrois » afin de protéger la capitale d'une occupation par la Tchécoslovaquie. De plus, l'armée autrichienne, considérée comme acquise à la cause bolchevique, se rangerait dans le camp de *Vienne la rouge* et parviendrait à attirer la sympathie du mouvement bolchevique tchécoslovaque. En substance, écrit le haut responsable de la CdR, « The Bolsheviks would naturally spare no pains or money to profit by the unrest in Austria and to utilise her excellent geographical situation as a centre for propaganda and action in order to create a solid Bolshevik bloc from the Baltic to the Danube ». Certes, toutes sortes de variantes sont possibles, mais une chose semble certaine à William Goode : la situation autrichienne est susceptible d'entraîner soit une nouvelle guerre en Europe, soit la recrudescence du « bolchevisme européen »[47].

L'instabilité autrichienne s'explique notamment par la faiblesse des gouvernements de la jeune république durant ses trois premières années. En 1922, Seipel, le leader des chrétiens-sociaux, parvient à grouper les forces non socialistes et à constituer un gouvernement majoritaire au parlement. Son cabinet ne parvient cependant pas à s'affirmer face à la puissante opposition sociale-démocrate, animée par des ténors tels qu'Otto Bauer et Karl Renner. Sur cette précarité politique se greffent les conséquences d'un isolement économique face aux Etats successeurs. Anciens greniers de l'empire et de son énorme capitale, des pays tels que la Hongrie ne permettent plus d'alimenter une Autriche désormais obligée de se procurer sur les marchés internationaux le ravitaillement alimentaire qui fait défaut à sa population. Au début de 1922, une spirale hyperinflationniste se met en marche à laquelle la

---

47   PRO, T 160/57, note de William Goode, 22 novembre 1920.

perspective d'un emprunt international mettra un terme avec la signature des protocoles en octobre.

La situation autrichienne a alarmé très tôt les milieux diplomatiques et financiers occidentaux. Dès 1920, plusieurs plans sont élaborés dans le but de reconstruire la jeune république et son système économique[48]. Convaincu de la menace sérieuse sur l'ordre social autant que des perspectives commerciales et financières, le très actif président de la section autrichienne de la CdR, William Goode, avait élaboré un programme ambitieux. L'organisation des anciens alliés le refusera en raison de sa trop forte mise à contribution des deniers publics : la reconstruction, dans l'optique des élites anglo-saxonnes, doit être le fruit de la coopération des milieux financiers. Dans le sillage de cet échec, Louis Loucheur élabore un système reposant sur le capital privé : son échec s'explique, lui, par le manque de confiance des investisseurs face à des garanties jugées insuffisantes. Quant au plan de crédits internationaux Ter Meulen, dévoilé lors de la conférence financière de Bruxelles, il tentera lui également de drainer en faveur de l'Autriche des fonds privés soumis à un contrôle placé sous l'égide de la SdN : il échouera devant le refus de certains gouvernements de céder leurs droits au titre des crédits de relèvement. Devant la montée des troubles sociaux – qui s'expriment notamment par les manifestations de mécontentement de la population en décembre 1921 – et le début d'un engrenage hyperinflationniste, seul un plan radical placé sous l'égide de la SdN parviendra à satisfaire à la fois les milieux financiers et un gouvernement conservateur autrichien prêt à abdiquer. Pour les milieux occidentaux, il s'agit là de la dernière chance de préserver la stabilité de cette région danubienne et d'asseoir la légitimité d'un gouvernement conservateur, seul capable de garantir un ordre social capitaliste.

Hongrie

En Hongrie, pays bâti autour d'une économie agricole et d'une élite recrutée parmi les propriétaires fonciers, les enjeux bancaires occupent une part moins importante dans la mise sur pied de la discipline monétaire et budgétaire. Ils ne sont pas pour autant absents : la Hongrie mène une politique d'industrialisation qui nécessite des capitaux et son réseau

---

48 Pour un survol des différents plans élaborés dès 1920 pour l'Autriche, voir Piétri 1970 : 28-55.

bancaire, héritage de l'empire, est bien établi. Les préoccupations en matière d'ordre social sont cependant tout aussi présentes[49]. La Hongrie traverse une période très agitée après l'effondrement de l'empire austro-hongrois[50]. En mars 1919, le mouvement communiste proclame la république et la dictature du prolétariat ; les Alliés, par l'intermédiaire des troupes roumaines, mettent rapidement fin au régime de Bela Kun. Suit alors une période relativement chaotique, sans formation véritable d'un Etat, caractérisée par une succession de gouvernements éphémères. Parvenu au pouvoir en mars 1920 dans le sillage de la *terreur blanche*, le régent Miklós Horthy établit un régime à caractère autoritaire, anti-libéral, anti-parlementaire et anti-socialiste. Seule une minorité dispose du droit de vote (27% de la population adulte en 1922, contre 39% en 1920)[51]. A la tête du gouvernement formé en avril 1921, István Bethlen joue un rôle déterminant dans la Hongrie des années vingt qu'il traverse au pouvoir de bout en bout[52]. Issu d'une riche famille de propriétaires terriens de Transylvanie, il forme en 1919 le comité anti-bolchevique qui participe au renversement de la dictature soviétique de Bela Kun. Selon Ignác Romsics, le régime bethlenien se présente comme une restauration de l'ancienne structure de pouvoir des élites dirigeantes, à savoir un compromis entre grands propriétaires, haute bourgeoisie, propriétaires

---

49   En témoignent notamment les entretiens que mène Hanotaux (Délégué français à la SdN, chef du SFSdN) avec Benès (Ministre des affaires étrangères tchécoslovaque) en septembre 1923, au sujet de la reconstruction hongroise : dans le compte-rendu qu'il adresse au ministère, il écrit que « Cette région [l'Europe centrale] est profondément ébranlée, et elle le sera plus encore dès que les suites de la catastrophe économique qui touche à son terme fatal en Allemagne apparaîtront : le Reich se divisera, la Prusse orientale et la Saxe seront en proie à l'anarchie bolcheviste ou socialiste ; la Bavière se séparera, avec une tendance marquée à se joindre ultérieurement à l'Autriche. Ce serait un grand danger : car de là repartirait, un jour, une reconstruction de l'Allemagne autour de la Bavière devenue centre d'une grande Mittel-Europa. A moins que l'anarchie bolcheviste ne l'emporte ; et ce serait un mal plus grand encore. Pour échapper à ce double péril par contagion, il est capital que l'Europe centrale soit consolidée et contrôlée le plus rapidement possible [...]. Nous avons déjà la main sur l'Autriche : il faut mettre, maintenant, la main sur la Hongrie » (AMAE, série SdN 1247, Hanotaux au MAE, 24 septembre 1923).

50   Pour l'histoire hongroise de l'après-guerre, voir notamment Hoensch 1984 ; Romsics 1995.

51   Hoensch 1984 : 112.

52   Il sera premier ministre jusqu'en août 1931. Au sujet de Bethlen, voir la biographie de Ignác Romsics (1995).

terriens *(gentry)* et échelons supérieurs de l'armée et de l'Etat. Un sentiment anti-démocratique commun soude cette alliance qui ôte toute influence à la petite bourgeoisie, à la paysannerie et à la classe ouvrière[53]. Le régime s'appuie notamment sur la formation d'un nouveau parti, coalition de composantes multiples de la contre-révolution formée des libéraux et de la droite radicale[54].

Si le régime bethlenien semble s'être stabilisé dès 1922, la situation économique mine cependant rapidement la constitution de l'Etat et la consolidation du régime. Des dépenses importantes sont occasionnées, d'une part, suite à la mise sur pied de l'appareil étatique, de la police et de l'armée. D'autre part, des liquidités substantielles sont absorbées par la politique de développement industriel placée sous l'égide de l'Etat. Les prêts commerciaux à court terme et à taux d'intérêt bas, ainsi que les exemptions d'impôts, génèrent des dépenses qui sont financées par l'émission d'argent frais[55]. La perte de confiance dans la monnaie ne tarde pas à s'exprimer par une spirale inflationniste. Si, dans le cas hongrois, la très large classe de propriétaires terriens n'y voit pas d'objection – la hausse des prix facilite le remboursement des hypothèques levées sur leurs propriétés – la classe ouvrière fait en revanche les frais d'une perte considérable de pouvoir d'achat. Le processus de paupérisation est rapide, et la seule ville de Budapest compte alors entre 100 000 et 150 000 chômeurs susceptibles de présenter un risque social considérable[56]. C'est dans ce contexte de menace que Bethlen fait appel à la SdN, qui était parvenue quelques mois auparavant à empêcher la chute du gouvernement de Seipel et à asseoir l'autorité des conservateurs autrichiens face à l'opposition socialiste[57]. Si, pour Horthy et Bethlen, l'intervention de la SdN permet de se prémunir contre la remise en cause de l'ordre social, les chancelleries occidentales ne voient elles non

53   Romsics 1995 : 216. Voir aussi David 2001 : 232-233.
54   David 2001 : 232.
55   Pour une analyse du nationalisme économique en Europe de l'Est, voir David 2001 : 234-236.
56   Hoensch 1984 : 108, 115.
57   Le 22 avril 1923, le gouvernement hongrois dépose une demande officielle à la CdR en vue de la levée des hypothèques découlant du traité de Trianon, de sorte à pouvoir utiliser ces revenus comme garantie d'un prêt international. Pour les détails des procédures diplomatiques et financières précédant la signature des protocoles en mars 1924, voir la description d'Arthur Salter (SdN 1926b : 9-27).

plus guère d'intérêt au renversement d'un régime qui, s'il n'est pas un prototype de démocratie libérale, permet de maintenir la stabilité politique et reste très ouvert aux investissements étrangers. Un plan calqué sur celui de l'Autriche sera très rapidement mis en chantier en Hongrie: suite à l'appel du gouvernement hongrois en avril 1923, une enquête sera menée par le Comité financier à Budapest en novembre. Elle débouchera sur un rapport qui servira de base à la reconstruction[58]. La signature des protocoles, en mars 1924, marquera le lancement du programme et l'émission d'un emprunt international en juillet.

Grèce et Bulgarie

Les premiers prêts octroyés à la Grèce et à la Bulgarie ne relèvent officiellement pas de la logique de stabilisation décrite plus haut. Bien que liées au financement d'infrastructures destinées aux réfugiés, ils constituent en fait des stabilisations masquées. Le premier emprunt grec trouve son origine directe dans l'afflux de réfugiés après la défaite militaire en Asie Mineure (septembre 1922), et s'inscrit dans le sillage de la convention de Lausanne relative à l'échange de populations. La Grèce a vu affluer près de 1,3 million de réfugiés dans un pays dont la population représente guère plus de trois à quatre fois ce nombre[59]. Le Comité financier a élaboré un programme, approuvé par le Conseil en septembre 1923, en vertu duquel un emprunt sera émis dont le produit devra servir à l'établissement des expatriés. La Bulgarie connaît également des arrivées de réfugiés par vagues successives: 64 000 avaient quitté la Macédoine et la Thrace grecques en 1913, puis à nouveau 55 000 en 1919, pour la plupart des paysans à la recherche de terres[60]. En octobre 1925, la tension monte entre les deux pays et le début de conflit nécessite l'intervention de la SdN[61]. L'enquête menée par Genève aboutira à la conclusion que la présence de réfugiés près de la frontière a déclenché les tensions[62]. Aussi le premier programme de l'OEF vise-t-il

---

58   SdN, C.772 (1).M.317(1).1923.II, rapport du CoF au Conseil, 20 décembre 1920.
59   SdN 1930a; SdN 1945: 84-85. Sur la question de l'afflux de réfugiés, voir Richter 1990: 82-91.
60   SdN 1945: 115.
61   Sur cette question, voir Garcés 1995: 7.
62   Pasvolsky 1930: 91.

la construction d'habitations rurales, l'achat d'outillage et l'aménagement des terres, afin d'établir les migrants.

Plusieurs éléments permettent cependant de constater que ces deux programmes vont bien au-delà de l'opération humanitaire. En témoigne, premièrement, l'intérêt précoce du Comité financier pour la situation monétaire et l'économie bulgare, un intérêt qui précède l'afflux de réfugiés de 1922[63]. Deuxièmement, ils sont accompagnés de conditions qui en font des plans partiels de stabilisation. Par le protocole signé entre le gouvernement hellénique et la SdN, Athènes s'engage à équilibrer son budget et à ne pas recourir, par conséquent, au crédit de la banque centrale. Le programme n'opère certes pas de réforme monétaire formelle, mais il va sans dire que, libre de toute pression gouvernementale, la banque centrale peut mener une politique visant à contrôler l'émission[64]. Dans le cas bulgare, l'emprunt en faveur des réfugiés contraint le gouvernement à opérer une révision des statuts de la banque centrale, afin d'imposer une politique monétaire qui garantit la stabilité de l'emprunt international[65]. Si la banque bulgare conserve le statut officiel d'institution publique, la réforme orchestrée par la SdN la transforme dans les faits en une banque d'émission correspondant à l'orthodoxie imposée aux autres instituts. Aussi, en prescrivant une politique de discipline monétaire, le programme genevois agit indirectement sur la politique budgétaire qui, faute de crédit de la banque centrale, devra être équilibré. Troisièmement, l'accord passé avec la SdN en vue de l'émission d'un emprunt prévoit qu'une fraction des ressources ainsi drainées sera affectée au remboursement de dettes d'avant-guerre, en l'occurrence des créances de porteurs de bons du Trésor bulgare émis en France en 1912 et 1913. Le capital rentier est donc directement intéressé à l'emprunt, autant d'ailleurs que les gouvernements qui ont conditionné l'émission au paiement des réparations[66].

De son côté, le gouvernement bulgare y trouve également des intérêts qui dépassent l'assistance aux réfugiés: l'emprunt a servi d'argument au drainage international de fonds en faveur de l'économie agricole du pays, de la construction de routes et de lignes de chemin de fer. En Grèce

---

63   SdN, 1075, Comité économique et financier provisoire, EFS 246/A. 145, note de l'OEF sur la situation financière et économique de la Bulgarie, [février 1922].
64   SdN 1945 : 87-88, 99.
65   SdN 1945 : 131.
66   Pasvolsky 1930 : 100, et surtout 160 sq. ; SdN 1945 : 116.

et en Bulgarie, les programmes de stabilisation ne peuvent pas être séparés des préoccupations liées à l'ordre social. Pour obtenir l'appui de la finance occidentale, le gouvernement bulgare d'Alexandre Tsankov n'a en effet pas hésité à brandir l'argument du risque que pouvaient présenter ces populations paupérisées au milieu des Balkans : des extrémistes macédoniens ou communistes y recruteraient facilement des adeptes, présentant ainsi une menace non seulement pour la Bulgarie, mais pour l'ensemble des Balkans, zone instable par excellence. En 1923, les communistes bulgares s'insurgent contre le gouvernement de Tsankov qui n'hésitera pas à recourir à la force, et exploitera la situation pour renforcer le caractère autoritaire du régime. Une escalade de violence en début 1925 culminera dans l'attentat contre une cathédrale de Sofia visant le roi et son cabinet. L'attentat – qui épargnera ses cibles mais coûtera la vie à 120 personnes – sera le point de départ, selon l'historien R. Crampton, de la plus sauvage répression que la Bulgarie ait connu, se soldant notamment par l'arrestation de plusieurs milliers de personnes[67]. Moins d'un an après, l'enquête du Comité financier proposera l'émission de l'emprunt international dont la portée, on le constate, est multiple. Les propos d'Arthur Salter attestent la préoccupation d'ordre social commune à tous les programmes de reconstruction : pour le chef de l'OEF en effet, ces réfugiés plongés dans une situation précaire « forment une masse toute prête à se joindre à n'importe quelle force révolutionnaire et destructrice et représentent donc une menace pour l'ordre social »[68]. Il n'en va pas autrement en Grèce où, comme le montre Nicolas Bloudanis, les milieux britanniques ont pris conscience du danger de révolution sociale durant la première moitié de 1923. L'aide financière anglaise s'explique notamment, selon l'auteur, par cette prise de conscience du danger pour l'ordre établi[69].

Dans cet élan, peu de temps après, des programmes de reconstruction « classiques » d'une portée plus large seront appliqués à ces deux pays : ils viseront explicitement l'équilibre budgétaire et la stabilisation monétaire, par la réorganisation des banques centrales selon le principe

---

67 Crampton 1987 : 102-103.
68 SdN, C.569.M.211.1926.II, plan d'établissement des réfugiés bulgares, exposé général, 5 octobre 1926, p. 5.
69 Bloudanis 1989 : 247. La position des milieux diplomatiques britanniques se traduira également par une attitude relativement favorable à la dictature de Pangalos, qui présenterait pour eux – à tort – l'avantage d'un régime stable.

appliqué à toute la reconstruction européenne. En Bulgarie, des critères stricts avaient été imposés par les milieux britanniques lors du premier prêt: ce dernier était conditionné à l'abandon du pouvoir par le premier ministre Alexandre Tsankov, remplacé par Andrei Liapchev[70]. Beaucoup plus ouvert aux investissements étrangers que son prédécesseur, Liapchev négociera le second emprunt qui ancrera la monnaie à l'or et facilitera l'intégration du pays dans le système capitaliste international. En Grèce, les liquidités drainées lors du premier emprunt s'épuiseront rapidement. Aussi, après la chute de la dictature du général Pangalos en été 1926, et la formation d'un gouvernement de coalition en décembre, le gouverneur de la Banque nationale de Grèce fait le tour des capitales européennes pour obtenir un second prêt[71]. Le régime libéral et son ouverture à l'orthodoxie budgétaire et monétaire permettent une entrée en matière nettement facilitée à Genève, qui salue les dispositions du nouveau gouvernement, chargé de stabiliser un pays qui sort de la dictature[72]. Les conditions imposées par l'OEF et par Norman – représentant les principaux bailleurs de fonds que sont Hambros Bank et Erlangers – sont alors nettement plus sévères que lors du premier emprunt: la Grèce doit impérativement assainir son budget, constituer une nouvelle banque centrale indépendante de l'Etat, et stabiliser la drachme face à l'or[73].

70　Crampton 1987: 102-3. SdN, C.569.M.211.1926.II, 5 octobre 1926, p. 5.
71　Kostis 1999: 702. Pour un panorama général de la reconstruction grecque, voir Mazower 1991a: 73-112.
72　SdN, Rapport du CoF du 14 juin 1927, reproduit in SdN, C.556.M.198.1927.II, p. 15.
73　SdN, C.556.M.198.1927.II, Greek stabilisation and refugee loan, protocol and annexes, 14 novembre 1927. Sur le rôle de Hambros en Grèce depuis la seconde moitié du 19e siècle, voir Minoglou 2002. L'auteure montre que durant la décennie qui suit la Grande guerre, la Grèce est devenue la «chasse gardée» de Hambros. Les emprunts de la SdN dans ce pays feront la part belle aux intérêts de cette banque. En marge, la banque d'affaire britannique dirigera le syndicat d'émission de deux emprunts majeurs, le premier en 1928 (£4000000), destiné à la mise en place d'une banque agricole et au financement d'un programme de construction routières, et le second en 1931 (£4600000) permettant de financer des infrastructures. Sur les relations économiques anglo-grecques, voir aussi Bloudanis 1989. Ce dernier montre que l'Angleterre fournit 48% des capitaux empruntés par la Grèce entre 1922 et 1932 (p. 239). Quant à la CFI, elle constitue un moyen de pression important: indirectement liée aux créanciers (car composée de fonctionnaires nommés par le gouvernement britannique), elle contrôle le service de la dette et son affectation.

Danzig

A l'instar des emprunts bulgare et grec en faveur des réfugiés, les deux prêts octroyés à Danzig s'inscrivent dans une logique de reconstruction aux enjeux multiples, notamment pour la finance britannique. Ancien territoire prussien placé par le traité de Versailles sous la protection de la SdN, Danzig recourt, au lendemain de la guerre, au mark allemand pour ses transactions financières et commerciales[74]. En revanche, elle fait partie du territoire douanier polonais et se trouve structurellement intégrée dans cette économie. Dès 1921, le Comité financier est confronté au problème monétaire de Danzig: faut-il adopter la monnaie polonaise? La démarche n'est guère recommandable, aux yeux du Comité financier, vu que le mark polonais se déprécie alors plus rapidement que la monnaie allemande. Quant à la solution consistant à opter pour une monnaie distincte, elle ne présente guère d'issue non plus: Danzig est une ville-port dont les activités sont par essence internationales, et nécessitent ainsi une monnaie à circulation internationale. Seul le mark allemand présente alors (encore) un tel avantage. Dès 1922 en revanche, avec l'effondrement de la monnaie allemande, Danzig décide d'émettre sa propre monnaie, le gulden[75].

Outre ses problèmes monétaires, la ville libre se trouve en difficulté financière dès la fin de la guerre, et ne parvient pas à équilibrer son budget: au chômage, aux secours alimentaires et aux déficits des chemins de fer s'ajoutent les charges découlant du traité de paix, à savoir les frais d'occupation et le rachat des biens appartenant à l'empire allemand. La levée par la CdR des charges inhérentes au Traité s'avère insuffisante pour permettre à Danzig d'émettre un emprunt international. Aussi, le Comité financier estime qu'une reconstruction selon les lignes du consensus de Bruxelles est nécessaire. En septembre 1923, la ville obtient le droit de procéder à une réforme monétaire et une banque centrale autonome ouvre ses portes en 1924, après l'émission de

---

74 Sur le rôle de la SdN dans la supervision de la ville-Etat de Danzig, voir notamment Walters [1952]: 90-91.
75 SdN, p.-v. CoF 6 septembre 1921; SdN, 1073, Comité économique, EFS 148/A92, Situation financière de la ville libre de Danzig [août 1921] (Rapport Nixon), ainsi que SdN, 1073, Comité économique, EFS 148, rapport sur la situation financière de la ville libre de Danzig [août 1921] (Rapport Per Jacobsson). Pour un survol de la réforme monétaire danzikoise voir Ramonat 1979: 170-173.

son capital sur les marchés financiers[76]. Elle maintiendra le florin danzikois stable par rapport à l'or jusqu'à l'introduction du contrôle des
changes en 1931. En mars 1925, le Conseil de la SdN approuve un
emprunt émis à Londres, par la British Overseas Bank et Helbert Wagg
& Co., emprunt destiné à des travaux de développement des infrastructures portuaires et électriques[77]. La nature particulière de ce programme, destiné à financer des infrastructures plutôt qu'à stabiliser le
budget, s'explique par les conditions imposées par les banques britanniques : une clause leur permet de se retirer au cas où la SdN refuse son
intermédiation dans l'émission du prêt[78].

Le premier prêt ne permettra pas à Danzig d'équilibrer son budget,
notamment en raison de la crise économique en Europe centrale durant
l'année 1925. La stabilité financière semble ainsi menacée, et suscite
par ricochet une perte de confiance dans la stabilité monétaire. L'OEF
entre alors à nouveau en scène pour lancer un programme de stabilisation « traditionnel », passant par des réductions budgétaires de 10 % et
une diminution du nombre de fonctionnaires. En parallèle, le plan genevois propose l'émission d'un emprunt à long terme destiné à stabiliser la monnaie et à permettre des investissements. Subordonné à l'adoption préalable des mesures préconisées par Genève, le second prêt ne
sera émis qu'en 1927, une fois le Comité financier satisfait des réductions budgétaires. Aux banques britanniques de la première émission
se joindra un syndicat néerlandais[79].

Ville de moins de 400 000 habitants, Danzig représente pourtant un
enjeu non négligeable, et sa reconstruction ne relève pas de l'anecdote.
Avec l'adhésion, en janvier 1922, au territoire douanier polonais, le
port de Danzig – véritable nœud ferroviaire – devient un centre com-

---

76   Pour les lois du 20 novembre 1923 sur la réforme monétaire de Danzig, signées à
     Genève, voir SdN 1306, F 60, projet de réforme monétaire, rapport Volkmann,
     1er juillet 1923 ; SdN, 1309, F 120 (loi sur l'introduction du Gulden ; loi sur la
     banque d'émission ; privilège d'émission). Voir aussi SdN 1945 : 144-145.

77   SdN, C.204.M.63.1925.II, Danzig Municipal Loan, résolutions, 14 mars 1925,
     p. 5. Pour le détail des dépenses, voir les rapports de l'administrateur de l'em-
     prunt, C.281.1926.II, C.249.1927.II, C.224.1928.II, C.177.1929.II,
     C.211.M.99.1930.II, C.230.M.98.1931.II.A.

78   SdN, C.151.1925.II, Rapport Avenol et Salter, 13 mars 1925. Voir aussi
     C.204.M.63.1925.II, Danzig Municipal Loan, IV : contract for the Danzig muni-
     cipal loan, art. 32.

79   SdN 1945 : 149-150.

mercial essentiel pour une zone économique de quelque 30 millions d'habitants. Principal accès maritime de la Pologne, il permet à l'économie de ce pays de s'intégrer dans les échanges de toute l'Europe du Nord[80]. En témoigne la multiplication par quatre du tonnage de marchandises qui y transite pour l'exportation entre 1925 et 1931[81]. L'enjeu danzikois n'est cependant pas que commercial : les importations polonaises sont généralement payées au moyen d'effets libellés en mark allemands et consignés à destination de banques de Danzig. Aussi la ville est-elle devenue le principal marché de la monnaie polonaise[82]. Le développement des activités commerciales européennes et son versant financier passent donc par l'établissement d'un marché monétaire dans la ville baltique, ce qui se traduit par la constitution d'une monnaie propre, placée entre les mains d'une banque centrale acquise à la doctrine de la *sound money*. L'ouverture en juillet 1921 d'une bourse de valeurs marque une première étape vers l'autonomisation financière et monétaire de la ville. Le rapport de l'OEF rédigé par Avenol en février 1922 préconise une indépendance monétaire afin de détacher la monnaie de toute fluctuation étrangère[83]. Susceptible de devenir un centre commercial important, notamment pour le commerce du charbon, et une place financière pour les transactions régionales, Danzig s'inscrit dans l'ensemble du processus de reconstruction européenne, d'où l'importance qui lui est accordée par le Comité financier.

Les milieux de la City occupent les positions stratégiques des opérations financières : ils contrôlent à eux seuls les prêts accordés à Danzig, en particulier par l'intermédiaire de la British Overseas Bank et de Helbert Wagg & Co. La Grande-Bretagne entretient une relation particulière avec Danzig. A Paris, lors des négociations de la paix, Lloyd George avait combattu pour maintenir une certaine autonomie à la ville, moins pour protéger sa population germanophone que pour y développer un point d'appui des activités commerciales britanniques dans la zone baltique. Les troupes de la Couronne avaient d'ailleurs

---

80 Un second port polonais se développe durant les années vingt, le port de Gdynia, qui ne rivalisera toutefois avec Danzig qu'après 1930. Voir Epp 1983 : 199.
81 Epp 1983 : 199.
82 SdN 1945 : 143.
83 SdN, 1075, documents du Comité économique, A140, Rapport Avenol [février 1922].

occupé Danzig au début de février 1920, dans l'idée d'écarter la ville de toute influence allemande[84]. Quant à la finance étasunienne, elle ne s'est pas détournée du port de la Baltique. Même si elle n'a pas participé aux emprunts de la SdN, elle y investira des capitaux une fois la monnaie stabilisée, afin de développer les infrastructures commerciales et portuaires[85].

Enfin, comme dans le cas de l'Autriche et de la Hongrie, les préoccupations en termes d'ordre social ne semblent pas absentes des considérations du Comité financier. Au moment où le mark allemand s'effondre, la situation financière de la ville devient telle qu'elle risque de ne plus pouvoir payer les ouvriers employés dans les ateliers maritimes et ferroviaires. La situation menace de paralyser toute l'activité de la ville[86]. De plus, le Comité financier craint que si elle ne parvient pas à s'autonomiser monétairement et à équilibrer son budget, Danzig verrait la crise s'intensifier et le nombre de chômeurs augmenter. Pour le Haut commissaire, l'ordre social de la ville serait perturbé, menaçant ainsi l'ensemble du commerce avec la Baltique. A la question de savoir quel risque les chômeurs présentent, Richard Haking répond en septembre 1922 que le nombre de chômeurs reste certes faible pour le moment, mais que la situation est en passe de devenir beaucoup plus sérieuse: «il y a des éléments communistes à Danzig qui ne manqueront pas de profiter d'une période de chômage», affirme-t-il devant le Comité financier[87].

---

84 Epp 1983: 189-190. Londres parviendra notamment à faire passer ses exigences en nommant le Haut commissaire de la SdN, Richard Haking.

85 Le 25 juillet 1927, un prêt de $ 4,5 millions est octroyé par un consortium bancaire dirigé par Blair & Co. pour une durée de 25 ans. Voir Clark 1998: 96-97. Etablissement financier de second rang, la banque Blair illustre cependant la tendance à l'internationalisation des marchés financiers durant les années vingt. Elle participera ainsi activement à la stabilisation polonaise et roumaine, et on la verra agir (voir plus loin) à la création de la Banque hypothécaire de Sofia en 1928. Sa stratégie passe, en 1926, par l'ouverture d'une filiale en France, la Blair foreign corp., d'où Jean Monnet, fraîchement dévoyé du Secrétariat de la SdN, épaulera l'établissement étasunien à s'intégrer dans les flux financiers entre les USA et l'Europe. Voir à ce sujet Bussière 1999.

86 SdN, p.-v. du CoF, 4 septembre 1922.

87 SdN, p.-v. du CoF, 4 septembre 1922.

Estonie

République de quelque 1 100 000 habitants, occupés par l'agriculture pour les deux tiers d'entre eux, l'Estonie représente un enjeu relativement accessoire dans l'économie politique de la reconstruction européenne. Secondaires en termes quantitatifs, les investissements étrangers représentent cependant une part significative du capital-action des entreprises industrielles estoniennes. Le capital britannique y est de surcroît majoritaire : les trois quarts des engagements étrangers en 1926, à en croire les statistiques lacunaires à disposition[88]. L'intérêt des milieux industriels britanniques semble s'être porté en premier lieu sur le textile, mais la finance n'a pas été négligée : par le truchement de la British Overseas Bank et de la Bank of Scotland, la Grande-Bretagne exerce un contrôle considérable sur le système bancaire de la république balte[89]. Etat constitué, après la guerre, d'anciens territoires russes, l'Estonie s'intègre dans une politique occidentale visant à rétablir la stabilité dans les territoires de l'ex-empire tsariste. Le soutien des Alliés et de la SdN reste cependant modeste[90]. L'Estonie représente pour notre problématique une excellente illustration de la divergence de perspective en matière de reconstruction entre l'OEF – c'est-à-dire le consensus de Bruxelles – et des pratiques locales alternatives. La Banque centrale estonienne, l'Eesti Pank, est un institut public, placé sous le contrôle d'un Etat qui vise un développement industriel. L'institut d'émission se montre ainsi très libéral face aux entreprises manufacturières, qui obtiennent des crédits à des conditions avantageuses. En dépit de cette politique peu orthodoxe, l'Estonie ne connaît pas de déséquilibre budgétaire ni d'inflation après 1922. La monnaie, qui n'est pas rattachée à l'or et libérée de tout objectif de stabilité, fluctue dans des limites toutefois restreintes[91]. En revanche, la difficulté économique réside dans l'immobilisation des crédits industriels suite à la crise des débouchés de la production textile. Le gouvernement demande ainsi à la SdN, à la fin de l'année 1924, une expertise sur sa situation économique, que l'OEF

---

88   Hinkkanen-Lievonen 1984 : 264 ; Raun 2001 : 126.
89   Hinkkanen-Lievonen 1984 : 264-268.
90   Raun 2001 : 125.
91   SdN, C.240.M.92.1925.II, Report of the Financial Committee of the League of Nations on the economic and financial situation of Esthonia, 25 mars 1925. Pour la cotation du dollar à Tallin, voir p. 6.

confiera à Joseph Avenol (secrétaire général adjoint et ancien membre du Comité financier) et à Alexandre Loveday (directeur des études économiques)[92]. Sans surprise, les experts préconisent un programme qui se résume très brièvement: une banque centrale indépendante de l'Etat et du ministère des finances doit être constituée, selon le modèle appliqué à l'Autriche, à la Hongrie et à Danzig. La nouvelle banque doit strictement limiter ses activités « to the essential duties of such an institution », et éviter toute avance à l'industrie et à l'agriculture. En outre, le programme de stabilisation propose une redéfinition des priorités économiques, à savoir une concentration sur l'économie agricole. L'équilibre budgétaire – déjà acquis en Estonie – est dûment rappelé par l'OEF. Aussi, on le voit, le programme de reconstruction prône l'abandon pur et simple du développement industriel sous la protection de l'Etat. En autonomisant la banque centrale et en la privant de toute politique d'industrialisation, l'OEF veut réserver à l'Estonie un avenir strictement agricole. Même si, entre temps, la situation budgétaire et monétaire s'est améliorée, la question des crédits immobilisés n'est pas résolue, et, à la fin de 1926, Tallin et la SdN signent les protocoles qui ouvrent la voie au plan de reconstruction genevois[93]. La banque centrale est privatisée et sa gestion s'opèrera désormais selon les principes du *central banking*. Le mark estonien est stabilisé par rapport à l'or, et une nouvelle monnaie, la couronne, remplace l'ancien Eestimark. Le changement d'objectif est ainsi institutionnalisé: à la politique d'industrialisation succède une politique de stabilité monétaire. Un contrôleur de la SdN siègera auprès de la nouvelle banque centrale afin de surveiller l'application des mesures de discipline.

---

92   SdN, C.240.M.92.1925.II, Report of the Financial Committee of the League of Nations on the economic and financial situation of Esthonia, 25 mars 1925.
93   SdN, C.227.M.89.1927.II, Banking and currency reform in Estonia.

6.3 Discipline monétaire et transition institutionnelle

SdN et émergence du central banking: *contrôler le crédit et discipliner l'Etat*

Lorsque W.H. Clegg, gouverneur de la toute récente banque centrale sud-africaine, s'adresse à Norman en été 1924 pour être conseillé en matière de littérature sur les banques centrales, Threadneedle Street ne peut que déplorer l'absence de tout « manuel » sur la question: « It is quite time that a good book was written on Central Banks, but what is still more required is a good book on Central Banking, and its possible future development. It is a pity you have not time to write it », lui répond la Banque d'Angleterre[94]. En guise d'ouvrage de référence, Londres ne parvient guère à mentionner que la somme de Charles Conant, *A History of Modern Banks of Issue*, dont la première édition a paru en 1896, et le matériel publié en 1911 par la commission monétaire américaine en vue de la constitution de la Réserve Fédérale[95]. La réponse a dû paraître bien décevante à Clegg: dans un cas comme dans l'autre, le banquier n'a guère trouvé une approche synthétique sur le métier de banquier central, mais au contraire un assemblage d'histoires – fort intéressantes au demeurant – des banques d'émission nationales des origines jusqu'au début du 20e siècle.

Moins de quatre ans plus tard, en 1928, paraît sous la plume de Cecil Kisch et Winifred Elkin l'ouvrage dont Clegg rêvait sans doute, une analyse thématique de l'activité des banques d'émission modernes, de leurs instruments monétaires, de leurs relations avec les marchés financiers et avec l'Etat. Son titre est aussi concis que novateur: *Central Banks*[96]. Quant à sa préface, elle ne porte pas la signature d'un professeur d'université mais du banquier central le plus en vue durant les années vingt, Montagu Norman, qu'on sait particulièrement peu porté sur ce genre d'exercice, lui qui voue un certain mépris à l'égard des théoriciens. On ne manquera pas d'y voir un indice clair

---

94 Osborne à Clegg, 28 août 1924, cité in Cottrell 1997: 33.
95 Ce rapport consiste en un survol des systèmes monétaires russe, austro-hongrois, hollandais et japonais; voir National Monetary Commission 1911; Conant 1915.
96 Kisch/Elkin 1928.

Tableau 6.3 : plans de stabilisation mis en œuvre par la SdN (1920-1931) et contrôle externe

Pays	Année de stabilisation de facto	Emission emprunt	Montant emprunt (nominal £)	Commissaire général	Réduct. des employés d'Etat	Banque centrale	Contrôleur banque centrale	Central banking statut jurid.	monopole d'émis.	objectif principal
Autriche	1922	1923	33 782 558.-	1922-1926	100 000	Nouvelle	1923-1926	Privé	Oui	Stabilité mon.
Hongrie	1924	1924	14 386 583.-	1924-1926	15 000 / 40 000[1]	Nouvelle	1924-1926	Privé	Oui	Stabilité mon.
Grèce I	1928	1924	12 300 000.-	1923-1926[2]	-	-	-	-	-	-
Danzig I	1923	1925	1 500 000.-	1925-[3]	-	Nouvelle	-	Privé	Oui	Stabilité mon.
Bulgarie I	1924	1926	3 327 596.-	1926-1931	-	Réorganisation	-	Mixte[4]	Oui	Stabilité mon.
Estonie	1924, 1927	1927	1 523 708.-	-	-	Réorganisation	1927-1930	Privé	Oui	Stabilité mon.
Danzig II	1923	1927	1 900 000.-	1925-[5]	10%[6]	-[7]	-	-	Oui	Stabilité mon.
Grèce II	1928	1928	7 557 903.-	1926-1930[8]	-[9]	Nouvelle	1928-1931	Privé	Oui	Stabilité mon.
Bulgarie II	1928	1928	5 528 799.-	1928-1931	10 000	Réorganisation	1928-1931	Privé	Oui	Stabilité mon.

Selon : Archives SdN ; SdN 1945, 1930a, 1946 ; Conant 1969 ; Kisch/Elkin 1928

1   Le rapport du Comité financier de janvier 1924 (C 772 (1) M 317 (1) 1923 II) prévoit la réduction du personnel de 10 000 fonctionnaires en plus de ceux qui ont déjà reçu un préavis de congé ; au total, le Comité financier a ainsi exigé la mise en congé de 15 000 personnes. Suite aux injonctions du CoF, le gouvernement hongrois dépassera les conditions imposées et se séparera de 40 000 fonctionnaires (LoN 1926b : 31, 122).

2   Assumé par l'Office autonome pour l'établissement des réfugiés (OAER) et la Commission financière internationale (CFI) fondée en 1898, après la guerre gréco-turque. Un commissaire général de la SdN aurait fait double emploi avec la CFI qui fonctionnait déjà depuis plusieurs années, et représentait les principaux gouvernements intéressés, à savoir la France, la Grande-Bretagne et l'Italie (SdN 1945 : 84-101). L'OAER est sous le contrôle du Conseil de la SdN. Face à la SdN, la Grèce a pris en outre l'engagement d'équilibrer son budget par tous les moyens.

3 Placée sous la protection de la SdN, la ville libre de Danzig abrite un Haut commissaire permanent, chargé de statuer en première instance sur toutes les contestations qui viendraient à s'élever entre la ville libre et la république polonaise au sujet du traité de Versailles ou des accords complémentaires. A ses côtés, la SdN a nommé un commissaire fiduciaire membre du Comité financier (Ter Meulen), chargé d'inspecter les comptes de la municipalité et de surveiller l'utilisation du produit de l'emprunt (SdN 1945 : 141-151).

4 La Banque nationale de Bulgarie présente un statut public (capital détenu par le gouvernement) qui se trouve en transition jusqu'à la réorganisation de 1928, marquant une émancipation de l'institut d'émission. Avant la réforme de 1928 imposée par la SdN, l'influence gouvernementale s'exprimait notamment par la nomination du gouverneur et des deux vice-gouverneurs par décret royal, au même titre que la moitié du conseil d'administration. C'est la réforme de 1926 qui, pour la première fois, et dans le sillage du premier prêt de la SdN à la Bulgarie, ouvrait les portes du conseil d'administration à des représentants de la société civile (Conant 1969 : 792 ; Kisch/Elkin 1928 : 24, 26, 34). Les réformes seront intensifiées dans le cadre de l'emprunt de stabilisation de 1928 (voir plus bas).

5 Voir note 3.

6 Le Comité financier a estimé que les mesures à prendre passaient par une réduction globale des dépenses de 10 %, les traitements et charges sociales étant considérées comme trop lourdes et les fonctionnaires trop nombreux (SdN 1945 : 147).

7 Nouvelle banque centrale privée dans le sillage de la stabilisation de 1923.

8 Voir note 2 : aucun changement n'a été porté au système de contrôle. Le gouvernement hellénique s'est engagé à fournir au Conseil des rapports trimestriels sur sa situation budgétaire (SdN 1945 : 85-101). Le contrôle est en outre exercé par un conseiller étranger auprès de la banque centrale, dont la nomination n'incombe pas à la SdN. Enfin, le gouvernement hellénique et la banque de Grèce envoient des représentants aux sessions du Comité financier pour compléter verbalement les rapports fournis au Conseil.

9 Le protocole signé par le gouvernement grec et la SdN ne précise pas les modalités exactes de la stabilisation budgétaire qui est laissée à la libre appréciation d'Athènes. Le gouvernement s'engage toutefois à équilibrer le budget et à ne pas l'augmenter jusqu'en 1930, même si les dépenses sont couvertes. L'emprunt sert ainsi à rembourser des arriérés budgétaires (SdN, C.556.M.198.1927.II, Greek stabilisation and refugee loan, protocol and annexes, 14 novembre 1927, p. 7, 19).

de l'importance que le gouverneur a attribué à cet ouvrage, le premier dans son genre à traiter de manière systématique du rôle d'une
banque centrale[97]. Fruit du sens commun de son époque, ce livre est
déterminant: il cristallise, huit ans après Bruxelles et au terme du processus de stabilisation, toute la pensée en matière de gestion monétaire telle qu'elle s'est constituée au lendemain de la guerre, dans le
processus de reconstruction[98].

Un changement significatif a donc eu lieu entre le début et la fin des
années vingt, dont la littérature spécialisée offre un reflet éloquent:
l'émergence du *central banking* dans son acception moderne. Trois axes
permettent de définir ce concept dont l'appellation est forgée au lendemain de la guerre. Le *central banking*, en tant que doctrine d'une gestion monétaire « saine », vise l'autonomie, le monopole et la stabilité.
L'autonomie consiste en un ensemble de dispositions visant à placer la
banque centrale à l'abri de toute influence de l'Etat et de ses instances
représentatives, et de lui conférer un statut d'institution privée. Par
monopole, on entend l'attribution du droit d'émettre de la monnaie à
la seule banque centrale plutôt qu'à plusieurs instituts placés en situation de concurrence *(free banking)*. Enfin, la stabilité désigne une politique monétaire axée sur la stabilité de la monnaie par rapport à l'or et
aux autres monnaies. Quelques aspects secondaires viennent se greffer
sur ces trois éléments de base, notamment la gestion des opérations de
paiement de l'Etat, dans le détail desquelles je n'entre pas[99]. En soi, le
concept n'incarne rien de vraiment nouveau: le Bank Act de 1844 s'ins-
pirait largement de ces trois principes lorsqu'il préconisait de réorganiser la Banque d'Angleterre en deux départements distincts, l'un commercial et l'autre monétaire, afin d'assurer la couverture monétaire et
la stabilité. En revanche, trois aspects donnent au *central banking* une
portée nouvelle durant les années vingt.

---

97 Tout porte à croire que cette préface est la seule contribution de Norman à la
    littérature en matière de *central banking* jusqu'au début des années trente. Cette
    hypothèse est confirmée par les recherches menées par Paul Einzig en vue de la
    biographie du gouverneur (Einzig 1932: 76).

98 La tendance se poursuit avec la rédaction par Hawtrey ([1932]) d'un essai au titre
    éloquent: *The art of central banking*.

99 Sur la notion de *central banking* dans son acception moderne, voir notamment
    Cottrell 1995, 1997; Holtfrerich/Reis/Toniolo 1999; Sayers 1976: 153 sq.

Le contexte historique, premièrement, confère à l'activité des banques centrales une dimension originale: en participant au processus de « démilitarisation » économique, elle visent à retrouver l'autonomie perdue au début des hostilités et à la renforcer. A ce titre, elles se trouvent devant une situation d'évolution des prix qui est étrangère au 19ᵉ siècle. Juguler l'inflation voire – dans certains cas tels que la Grande-Bretagne ou la Suisse – mener une politique déflationniste leur confère un rôle nettement plus affirmé qu'avant la guerre. Avec la fin de la guerre, le rôle disciplinaire de l'étalon-or – et partant de la banque centrale – se trouve ainsi renforcé. Deuxièmement, l'élargissement des réserves monétaires aux devises-or, par le passage en apparence anodin de l'étalon-or vers l'étalon devise-or, contribue à l'élargissement de leur marge de manœuvre; à partir du moment où – à l'instar du cas bien connu de la Banque de France dès la fin de la décennie – un institut d'émission détient un volume substantiel de devises, il est en mesure d'exercer une pression substantielle sur les autres instituts. Enfin, troisièmement, le *central banking* dans sa version d'après-guerre aspire à une répartition géographique nettement plus large. Modèle optimal de gestion de la monnaie fiduciaire et du nationalisme monétaire, il est destiné, dans l'esprit de ses promoteurs les plus actifs, à être répandu comme la bonne parole. Norman tente de l'inculquer aux partenaires qu'il veut faire entrer dans l'orbite de la Banque d'Angleterre, et la SdN le place au cœur de tous ses programmes de reconstruction, de Vienne à Sofia en passant par Budapest, Athènes et Tallin. Expression du nationalisme monétaire issu du 19ᵉ siècle, le *central banking* s'intègre parfaitement dans le projet d'un internationalisme libéral dont il est le corollaire[100]. Ce n'est pas un hasard si la conférence de Bruxelles débouche sur une résolution demandant la constitution d'une banque centrale dans les pays qui n'en disposeraient pas. Le projet normanien d'une « confédération » des banques centrales, tel qu'il a été décrit plus haut, reflète lui aussi l'extension internationale du *central banking*[101]: comment coordonner des politiques monétaires nationales toujours plus nombreuses si elles ne sont pas standardisées sur la base d'un schéma commun?

---

100 Polanyi [1944]: 261.
101 Voir le chapitre 4.2.

On le constate, le *central banking*, dans sa signification historique propre aux années vingt, s'inscrit certes dans le prolongement des pratiques britanniques de régulation monétaire héritées du 19e siècle, mais il se trouve empreint d'une portée inédite. Plus qu'auparavant, la dimension disciplinaire en occupe le cœur; ceci explique probablement aussi sa disparition dans le sillage de la crise et dans le mode de régulation plus keynésien qui émergera après la Seconde guerre mondiale, symbolisé par la nationalisation de la Banque de France et de la Banque d'Angleterre. Dans le contexte de la reconstruction européenne cependant, sa portée est nouvelle et la discipline de l'Etat qu'il véhicule doit être comprise dans les aspects multiples de la réorganisation des formes de l'Etat au lendemain de la guerre. Par ailleurs, on ne peut le dissocier de l'introduction progressive des scrutins électoraux selon le système proportionnel et de l'extension du suffrage universel: en donnant à la gauche une présence accrue dans les organes représentatifs, le nouveau système démocratique rendait d'autant plus nécessaire, dans l'esprit des élites financières, l'intensification de la discipline de l'Etat et la mise en place de garde-fous dans le domaine de la gestion monétaire. Isoler les banques centrales de toute influence «politique» (c'est-à-dire de la gauche) et discipliner l'Etat, tel est le cœur du *central banking*. Montagu Norman ne s'en cache pas dans la brève préface qui ouvre le *Central Banks* de Kisch et Elkin: «It seems evident that the limitations imposed on new or reorganised Banks during the last few years [1920-1927] arise more from the fear and mistrust of political interference than from the needs of Central Banking as such», écrit-il[102].

Après avoir montré l'originalité historique du *central banking* tel que la SdN l'applique dans ses programmes de reconstruction, il est possible d'aborder de plus près sa nature et sa logique interne. Je développe ici ses trois aspects centraux que sont l'autonomie, le monopole et la stabilité. Condition de base du coopératisme privé, l'autonomie consiste en un garde-fou visant à empêcher l'Etat d'utiliser l'institut d'émission dans le contexte d'un déficit budgétaire ou d'une politique macroéconomique. En outre, l'autonomie et son corollaire, le coopératisme privé entre banques centrales, permettent de contourner les instances représentatives et d'écarter la sphère monétaire de toute intrusion des organes démocratiques. C'est dans ce double contexte que

---

102 Préface de Norman in Kisch/Elkin 1928: vi.

doit se comprendre la logique de l'autonomie des banques centrales. L'autonomie porte sur plusieurs aspects. Premièrement, les banques centrales sont constituées en institutions privées, obéissant au statut de société anonyme. Leur capital action se trouve dès lors placé entre les mains de particuliers et des dispositions empêchent que l'Etat en soit actionnaire. Deuxièmement, l'autonomie s'exprime également dans la désignation des organes dirigeants. Un gouvernement dispose générale-ment – c'est le cas dans toutes les reconstructions opérées par l'OEF – d'une certaine influence dans le choix des organes dirigeants, tantôt dans la désignation du gouverneur, tantôt dans celle du président. Une fois nommés en revanche, les organes dirigeants doivent être à l'abri de toute ingérence étatique. Pour Kisch et Elkin, cette procédure permet de garantir l'«intérêt collectif» en permettant une forme de compro-mis entre les détenteurs du capital et le gouvernement[103]. Enfin, troi-sièmement, des dispositions statutaires empêchent généralement la banque centrale d'avancer des liquidités au gouvernement ou aux col-lectivités publiques, ou restreignent sévèrement cette possibilité. Dans les cas de l'Autriche et de la Hongrie, qui contiennent les dispositions les plus restrictives, la banque nationale peut escompter des effets d'en-treprises dépendant de l'Etat (chemins de fer…) à la seule condition que ces entreprises sont gérées de manière indépendante et selon des règles commerciales (c'est-à-dire dégagent un bénéfice). Quant au gou-vernement, il ne peut avoir recours à la banque, sauf s'il paye l'équiva-lent en or ou en monnaie-or, ce qui dans les faits relève plus de la conversion que de l'avance[104]. La banque centrale estonienne est auto-risée à effectuer des avances qui seront toutefois limitées à 1/6e du reve-nu annuel prévu par le budget de l'Etat et doivent être liquidées à la fin de l'année fiscale durant laquelle les avances ont été consenties; il en va de même en Grèce où les avances temporaires doivent être remboursées au plus tard trois mois après la fin de l'année fiscale[105]. Ces disposi-tions ne diffèrent guère de celles qui accompagnent d'autres opérations de reconstruction où, à l'instar de l'Allemagne, les prêts à court terme

---

103 Kisch/Elkin 1928: 55.
104 SdN, 1467, CSCA 17, statuts de la Banque nationale d'Autriche, articles 50 et 51; Kisch/Elkin 1928: 34.
105 SdN C.227.M.89.1927.II, Banking and currency reform in Estonia, statuts de la banque centrale art. 51, § 11; C.556.M.198.1927.II, Greek stabilisation and re-fugee loan, statuts, art. 55 § 11; Kisch/Elkin 1928: 34-35.

doivent être liquidés à la fin de l'exercice[106]. Strictes d'une façon générale, ces mesures le sont d'autant plus dans le cas de pays ayant connu
une phase d'hyperinflation ; l'Autriche et la Hongrie constituent à cet
égard l'exemple le plus abouti de l'autonomie de la banque centrale
face à l'Etat. Les reconstructions opérées sous l'égide du Comité financier sont les plus sévères dans ce domaine. L'indépendance dans sa forme la plus «pure» ne figure explicitement dans les lois régissant les
banques centrales que pour les programmes supervisés par la SdN[107].
Autonomie ne signifie toutefois pas isolement. En observant de près les
pratiques des banquiers centraux durant les années vingt, un paradoxe
saute aux yeux : tout en promouvant l'indépendance de leur institut, les
gouverneurs tiennent régulièrement à consulter leur gouvernement lors
de décisions importantes. A l'exception de Montagu Norman, dont le
mépris à l'égard du politique ne semble disputé par aucun de ses homologues, tous entretiennent des contacts étroits avec leur ministre, à l'instar de Benjamin Strong qui, comme le confirme Chandler, s'est systématiquement soucié d'obtenir l'aval du Treasury[108].

Deuxième caractéristique du *central banking*, le monopole n'est pas,
lui non plus, une invention des années vingt ; il s'inscrit, d'une manière
générale, dans l'essor de la monnaie fiduciaire au cours du 19e siècle et
dans la volonté de soumettre sa création à un contrôle plus étendu.
Aussi, la décennie qui suit la Grande guerre marque l'apogée du monopole d'émission, et la SdN n'est pas entièrement étrangère à sa diffusion.
L'expérience étasunienne de la crise de 1907 reste très présente dans
l'esprit des élites financières : au début du siècle en effet, le système
monétaire des Etats-Unis repose sur un grand nombre de banques dotées
chacune d'un droit d'émission et d'une encaisse métallique propres.
Elles se trouvent toutes, de surcroît, orientées vers des enjeux économiques locaux plus que vers une politique de coordination des réserves.
Aussi, lorsque la crise financière éclate en mars 1907, plusieurs institutions financières se trouvent en rupture de liquidités, et la rigidité couplée à l'éclatement du système financier entraîne son effondrement.
Comme le précisent Kisch et Elkin, la dispersion des réserves monétaires
empêchait de venir en aide aux établissements devant faire face à un

---

106 Holtfrerich 1988 : 120.
107 De Cecco 1994 : 8.
108 Voir Chandler 1958, ainsi que de Cecco 1995 et Toniolo 1988.

manque de liquidité. En réponse à cette crise, la constitution du système de la Réserve fédérale vise à concentrer les réserves et à contrôler le marché monétaire, afin de maîtriser une nouvelle turbulence financière[109].

Comment expliquer l'insistance sur le monopole d'émission dans un système financier où la création monétaire est de manière croissante, notamment en Angleterre, le fait des banques commerciales agissant sur la base de leurs dépôts[110] ? En plus de la volonté de centraliser les réserves monétaires pour pouvoir intervenir plus efficacement en cas de crise systémique (rôle de prêteur en dernier ressort[111]), plusieurs raisons permettent de comprendre la fonction du monopole dans la logique disciplinaire. D'une part, il permet dans la plupart des cas d'exercer une pression indirecte sur la création des dépôts des banques commerciales. Au moyen du taux d'intérêt, la banque centrale tente en effet d'influencer la mise à disposition de liquidités aux banques et par conséquent leur création de crédit ; par ce biais, elle vise à exercer une action sur la circulation monétaire dans son ensemble[112]. Dans les années vingt, le taux d'intérêt constitue ainsi un levier essentiel de la politique monétaire, surtout dans les pays reconstruits par la SdN, où des restrictions empêchent le recours à l'instrument de l'*open market* pour des raisons de discipline budgétaire. Aussi, la conférence de Bruxelles parle du taux d'escompte (intérêt) comme « le régulateur naturel – et le plus efficace – du volume et de la distribution du crédit »[113]. Dans l'esprit des experts financiers de la reconstruction, la politique du taux

109 Conant 1969 : 698-721 ; Kisch/Elkin 1928 : 6-7.
110 La monnaie scripturale ne constitue pas la base principale de la création monétaire, notamment en France : les années vingt se traduisent par une croissance de la monnaie scripturale, qui passe de 37 % de la masse monétaire (1920) à plus de 50 % (1930). Quant aux années trente, elles correspondent à l'apogée de la monnaie fiduciaire. Voir Bouvier 1973 : 45 sq.
111 Cette fonction est considérée par Hawtrey comme la principale raison d'être d'une banque centrale : « The Central Bank is the *lender of last resort*. That is the true source of its responsibility for the currency » (Hawtrey [1932] : 116, c'est Hawtrey qui souligne). Durant les années vingt, l'accent n'est pas mis avec autant d'insistance sur cette fonction ; Norman n'y fait par exemple aucune allusion explicite dans son *épitome* qui présente la banque centrale comme la banque des banques (point f) sans indication complémentaire sur cette fonction.
112 C'est notamment l'un des arguments principaux de Hawtrey ([1932] : 150sq).
113 Conférence financière de Bruxelles (1920), commission de la circulation monétaire, résolution IV.

d'intérêt, couplée au monopole d'émission de billets, permet donc à la banque centrale d'exercer un contrôle sur l'ensemble de la création monétaire, et elle ne se trouve pas entravée dans sa politique par la concurrence de plusieurs banques d'émission pratiquant chacune une politique de taux différente. Le monopole s'avère dès lors être une pièce essentielle du dispositif disciplinaire.

D'autre part, l'argument du monopole est brandi par les experts financiers qui redoutent la concurrence entre banques d'émission que permet un système décentralisé de *free banking*. En encourageant une émission excessive de billets, ce dernier contribuerait à stimuler l'inflation et fragiliserait le système monétaire par l'émission de liquidités non couvertes. Durant une grande partie de l'entre-deux-guerres, le Canada constitue ainsi l'un des derniers exemples où les moyens de paiement ne sont pas soumis à l'autorité d'un seul établissement d'émission, mais à quinze banques dotées chacune de ce droit[114]. D'aucuns ne manquent pas de déplorer cet état de fait qui va à contre-courant du consensus de Bruxelles, à l'instar de ce parlementaire, défenseur de la cause du monopole dans le dominion nord-américain, qui déplore en 1934 la mise en circulation de billets par des escrocs dont la véritable place devrait être en prison plutôt qu'en effigie sur un billet de banque[115]. Si elle ne fait pas l'unanimité en Amérique du Nord, la doctrine du monopole jouit d'un très large consensus en Europe au lendemain de la guerre. Dans le contexte de la crise du capitalisme et de la réponse coopératiste qui lui est donnée, les élites financières aspirent à confier la création monétaire à des mains expertes – celles des banquiers centraux – plutôt qu'aux seules lois du marché. Ralph Hawtrey ne décrit-t-il pas, en 1932, le *central banking* comme l'exercice d'une sagesse « aussi scientifique que la recherche de la vérité »[116]? Permettre à une

---

114   Kisch/Elkin 1928: 6, 75. Ce système prendra fin en 1935, lors de la fondation de la Banque du Canada.

115   Bourassa cité in Helleiner 2003a: 154.

116   Hawtrey [1932]: vi. L'idée du prêteur en dernier ressort ne peut être attribuée à Hawtrey, même si ce dernier semble être l'inventeur du concept. Avant lui, Bagehot – dans son *Lombard Street* (1873), ouvrage de référence en la matière – avait popularisé le principe en justifiant la nécessité d'apporter des liquidités aux banques insolvables afin d'arrêter la propagation d'une crise financière (voir Bagehot [1873]: 25-33). Francis Baring (1797) et Henry Thornton (1802) avaient à vrai dire déjà suggéré cette fonction (voir Olszak 1998: 49; Rist [1951]: 422 sq.).

multitude de banques commerciales d'émettre chacune de son côté ses propres billets va à l'encontre du souci de rationalisation, d'efficacité et de progrès propre aux années vingt. Dans un contexte monétaire instable, victime de poussées inflationnistes parfois aiguës, et destiné à être rebâti selon des principes universels et «scientifiques», la concurrence monétaire risquerait de fragiliser un système qu'on veut voir reposer sur des bases solides.

Un dernier facteur permet de comprendre le consensus autour du monopole d'émission: le système d'étalon devise-or. Dans l'esprit de Norman et de la conférence financière de Gênes, le *gold exchange standard* nécessite une coopération des banques centrales, comme nous le verrons plus bas. Aussi, la présence de banques centrales fortes, exerçant un contrôle sur le marché et les réserves monétaires, se présente comme une condition *sine qua non* d'un système monétaire fortement centralisé, où les établissements d'émission sont supposés coordonner leurs politiques. Dans ce contexte, les résolutions de la conférence de Gênes soulignent dans le deuxième article déjà l'importance d'établir une banque centrale d'émission dans chaque pays[117]. Beaucoup plus que son prédécesseur, l'étalon devise-or suppose donc un monopole d'émission pour permettre la reproduction du système monétaire international.

Le monopole, on le voit, est une étape obligée dans la politique de discipline monétaire inhérente à la reconstruction européenne, et donc dans la réhabilitation du circuit transnational d'accumulation. Dans les débats monétaires anglais de la première moitié du 19e siècle, la *currency school* et la *banking school* avaient convergé sur la nécessité d'une banque centrale détenant le privilège de l'émission. Seuls les adeptes du *free banking* défendaient le principe d'une liberté bancaire dont ils jugeaient le côté autorégulateur préférable à l'intervention extérieure d'une banque centrale. Les différentes crises financières, qui avaient obligé la Banque d'Angleterre à agir en prêteur en dernier ressort, donnèrent progressivement raison aux adeptes du monopole[118]. Déjà très

---

117 Conférence économique et financière de Gênes (1922), rapport de la commission financière, art. 2.

118 Sur les débats entre doctrines monétaires durant le 19e siècle, voir notamment Béraud/Faccarello 1992: 554-577, ainsi que Rist [1951]: 418 sq. Après la loi de 1844, des dispositions strictes régissent l'émission des concurrentes de la Banque d'Angleterre, telles que l'interdiction de toute nouvelle banque d'émission et le plafonnement de l'émission des instituts existants, de sorte que les banques con-

avancée au moment où la guerre éclate, l'évolution se trouvera affermie dans le contexte de la réhabilitation européenne, où les banques centrales reconstruites par la SdN, entre autres, disposent toutes du privilège d'émission. Si, au 19ᵉ siècle, le monopole visait surtout à l'exercice d'un contrôle accru sur l'émission et à la stabilisation du système monétaire, sa signification est plus large dès les années vingt, où il englobe tout le processus de discipline de l'Etat. Il faudra attendre le développement des thèses néolibérales et notamment les travaux de Friedrich Hayek au milieu des années soixante-dix pour assister au retour d'un discours militant en faveur du démantèlement du monopole des banques centrales et de la circulation parallèle de plusieurs monnaies – domestiques ou étrangères – placées en concurrence.

Troisième aspect du *central banking*, la politique de stabilité monétaire constitue l'objectif ultime de la discipline imposée à l'Etat. Les résolutions de Gênes s'ouvrent ainsi sur un article stipulant que « [l]a condition essentielle de la reconstruction économique de l'Europe » est que chaque pays parvienne à stabiliser la valeur de sa monnaie »[119]. L'ensemble des dispositions subséquentes s'articule autour de ce principe de base. Bruxelles en faisait également le cœur de son discours. L'objectif de la stabilité dans la logique du *central banking* a dû sembler tellement évidente à Norman qu'il n'a pas même pris le soin de faire figurer explicitement cet objet dans son projet de charte monétaire. En revanche, l'objectif final de la discipline est institutionnalisé de manière très lisible dans les statuts des nouvelles banques d'émissions établies par la SdN : toutes ou presque contiennent une clause verrouillant la politique monétaire en fonction d'un objectif de stabilité du taux de change[120]. Ce troisième aspect de la doctrine monétaire inhérent à la reconstruction s'exprime sous deux aspects différents. D'une part, la banque centrale doit constituer et maintenir une couverture monétaire appropriée et suffisante pour l'émission fiduciaire ; c'est

---

currentes finiront par disparaître. Quant à la Banque de France, elle connaîtra la concurrence des banques départementales jusqu'en 1848. Si le monopole est alors attribué à l'institut central, il sera à nouveau débattu lors du rattachement de la Savoie à la France. Sur cette question, voir Bouvier 1968.

119 Conférence économique et financière de Gênes (1922), rapport de la commission financière, art. 1.

120 Voir le tableau 6.3.

elle qui affermira la confiance des investisseurs dans la valeur de la monnaie, et qui permettra les opérations sur le marché des changes dans le but de stabiliser le cours. D'autre part, la banque d'émission est tenue, afin de maintenir le change, de faciliter les flux internationaux de capitaux : dans un système ouvert, les mesures de contrôle se traduiraient par une perte de crédibilité et, partant, une crise du cours.

Si les banques centrales de la reconstruction européenne sont constituées autour de ce principe visant la stabilité du capital et sa libre circulation, c'est, aux yeux des experts financiers, en raison de ses vertus stabilisatrices : seule une politique de discipline monétaire stricte axée sur le maintien de l'encaisse métallique et sur la convertibilité permet la reconstruction. On le constate, dans la logique disciplinaire des années vingt et son constitutionalisme, les intérêts du capital sont supposés mener automatiquement à un état d'équilibre.

Consensus de Bruxelles et doctrine du central banking

La SdN joue un rôle significatif dans le développement de la doctrine du *central banking*. C'est à Bruxelles, en effet, que le concept s'est cristallisé autour de sa signification moderne. Dans cet élan, le Comité financier en deviendra un fidèle apôtre. Comme le précisent Kisch et Elkin, « the independence of the Bank of Issue was a cardinal feature of the League of Nations reconstruction schemes for Austria and Hungary, and the League's Financial Committee have remained strong advocates of independent Central Banks »[121]. Peu avant la réunion des financiers cependant, le principe a déjà servi de modèle à la constitution de la nouvelle banque de réserve sud-africaine. Les modalités de mise en place de ce « prototype » ne sont pas sans importance, ne serait-ce qu'en raison du principal instigateur de l'entreprise : Henry Strakosch, future figure dominante du Comité financier, délégué sud-africain à la conférence de Bruxelles, et ami de Montagu Norman[122]. Outre les ramifications interpersonnelles, l'exemple permet d'éclairer les motivations

---

121 Kisch/Elkin 1928 : 17.
122 Sur la constitution de la South African Reserve Bank, voir l'article de Henry Strakosch publie dans *The Economic Journal* en 1921 (Strakosch 1921). Voir également Cottrell 1997.

sous-jacentes du *central banking*. Henry Strakosch est très engagé en Afrique du Sud. Après avoir entamé sa carrière à la City en 1891, le financier est mandaté en 1895 par un groupe de banquiers britanniques pour liquider un syndicat en Afrique du Sud. Il rejoint ensuite un établissement de financement minier, A. Goerz & Co., firme dont il deviendra le directeur. Au début de la guerre, il transfère le siège de cette banque à Londres et la rebaptise Union Corporation. Il en deviendra le président en 1924[123]. Entre temps, son statut de banquier et de mineur dans le Transvaal lui confère une influence déterminante dans la constitution de la nouvelle banque centrale sud-africaine. Créée en 1920, celle-ci a pu servir de cas-type aux financiers de Bruxelles. Les garde-fous institutionnels destinés à éviter l'intrusion intempestive de l'Etat y sont particulièrement développés dans le but, dit Strakosch, d'éviter l'exercice par l'Etat de son « droit souverain à l'inflation ». Aussi, sur les onze membres du conseil d'administration, trois seulement sont nommés par l'Etat; les autres seront désignés par les actionnaires puisque, nous explique le financier, « History furnishes abundant proof that the control of central banking institutions is more soundly exercised by private citizens than by Governments ». Enfin, la désignation du gouverneur de la banque est attribuée au gouverneur général de l'Union sud-africaine[124]. En plus de l'autonomie, le nouvel établissement bénéficie du monopole d'émission et ses réserves monétaires doivent lui permettre de mener une politique de stabilité. Enfin, préfiguration partielle des résolutions de Gênes de 1922, la banque est appelée à entretenir des liens étroits avec d'autres établissements d'émission. Une représentation est ouverte à Londres pour entretenir des contacts permanents avec la City[125]. Le rôle de Londres dans le commerce de l'or du Transvaal n'est sans doute pas étranger à cette étroite collaboration entre les deux instituts. Enfin, pour montrer l'importance des liens avec la City

---

123   Cottrell 1997: 30. Sur le lien entre Norman et Strakosch, voir FRBNY, Fonds Strong, 1116.7, Norman à Strong, 28 novembre 1927. Norman présente Strakosch comme « a gold producer with general financial interests », et comme le principal soutien dans la mise en place de la banque de réserve sud-africaine. « Full of public spirit, genial and helpful » poursuit Norman pour décrire l'homme qui lui sert de conseiller et de relais au CoF. « I have probably told you that if I had been a Dictator he would have been a Director here years ago », conclut le gouverneur.

124   Strakosch 1921: 174.

125   Strakosch 1921: 175.

et gagner la confiance des investisseurs, un haut responsable de la Bank of England est élu gouverneur, W. H. Clegg.

Si la constitution de la première banque selon les principes modernes du *central banking* montre l'émergence de cette doctrine très tôt après la guerre, Bruxelles en marquera cependant l'institutionnalisation et la diffusion dans l'opinion publique. La réunion internationale des financiers organisée par la SdN représente le cadre où, pour la première fois, on utilise le concept de *banque centrale* dans son sens moderne[126]. La conférence parle ainsi de « banques centrales d'émission » (« central banks of issue ») à plus d'une reprise, et les résolutions cristallisent le concept[127]. Les trois fonctions étudiées plus haut apparaissent clairement dans le texte final qui, par sa fixation anti-inflationniste, confère aux banques centrales une importance prépondérante. La conférence demande ainsi que le modèle d'une banque centrale dotée d'un monopole d'émission soit répandu de manière uniforme, notamment dans les économies qui – à l'instar du Canada – fonctionneraient encore sur la base du *free banking* : « dans les pays où il n'existe pas de banques centrales d'émission, il devrait en être créée une », demande une résolution de la commission des circulations monétaires et du change. De plus, ces institutions doivent bénéficier de la plus large autonomie face à l'Etat : « les Banques et particulièrement les Banques d'émission devraient être soustraites à toute influence politique et gérées uniquement en s'inspirant des principes d'une politique financière de prudence », exige la même commission dans son article III. Enfin, des dispositions résolument monétaristes – ou quantitativistes, pour éviter un anachronisme – confèrent à ces institutions la tâche de contenir la masse monétaire voire de la réduire, dans l'idée de juguler l'inflation. Comme les gouvernements détiennent fréquemment des dettes flottantes issues de la guerre (forme de circulation latente), il s'agit pour eux de les transformer en emprunts publics à long terme ou de les rembourser, afin de permettre à la banque centrale d'exercer son influence sur la création monétaire sans interfé-

---

126 L'hypothèse de Philipp Cottrell (1997: 32-33) selon laquelle le concept dans son sens moderne n'y est pas utilisé et émanerait au contraire des discussions entre Norman et Strakosch durant l'hiver 1920-1921 ne résiste guère à une lecture attentive des résolutions.

127 Notamment les résolutions de la commission des circulations monétaires et du change, art. IV et art. XIV. Le rapport de la conférence recourt à la même terminologie (SdN 1920c: 13).

rences « politiques ». Enfin, une logique de stabilité monétaire doit être institutionnalisée par un retour progressif à l'étalon-or, soit à la parité d'avant-guerre – auquel cas une déflation prudente est recommandée – soit à une nouvelle parité[128].

On le constate, Bruxelles débouche sur une conception moderne d'un *central banking* destiné à servir de modèle universel à la reconstruction européenne. Par son insistance sur le monopole d'émission et sur l'autonomie de la banque centrale, le consensus de Bruxelles vise à créer des institutions fortes – à l'instar du modèle anglais – exerçant un contrôle aussi large que possible sur la création monétaire domestique. Seule une banque centrale dotée d'une telle influence est susceptible de discipliner l'Etat par une politique monétaire stricte, axée sur la stabilité du capital. Aussi, Bruxelles ne croit pas à un système monétaire international différent d'un assemblage de monnaies territoriales sévèrement contrôlées : les financiers rejettent l'idée d'une monnaie internationale ainsi que celle d'une unité internationale de compte[129]. Peu après, le Comité financier refusera également la proposition d'Avenol visant à une stabilisation des monnaies non convertibles au moyen d'une union monétaire basée sur un « dollar européen », sorte d'Euro avant l'heure[130]. Le modèle dominant, dans le contexte de la reconstruction européenne, repose sur une banque centrale forte, capable d'exercer une rigueur monétaire et de discipliner l'Etat.

Si la conférence de Bruxelles a institutionnalisé le concept de *central banking* dans son contexte et son sens moderne, il ne fait guère de doute que la Banque d'Angleterre – en particulier Norman – en a fait son principal cheval de bataille. Peu après la conférence, et dans le sillage d'échanges réguliers avec Strakosch, il couche sur le papier les

---

128 Résolutions de la conférence financière de Bruxelles, II, art. 14 ; II, art. 3 ; II, art. 8 et 10.

129 Résolutions de la conférence financière de Bruxelles, II, art. 12.

130 Voir Helleiner 2003a : 142. Une même idée sera soumise en 1923 par le successeur d'Avenol au CoF, Jean Parmentier. Directeur du Mouvement général des fonds de janvier 1921 à mars 1923, cet ancien adjoint à l'Inspection générale des finances s'inscrit dans un premier temps dans la mouvance orthodoxe qui prône le retour à l'ancienne parité du franc. A partir du printemps 1922, devant la crise des finances publiques et l'incapacité allemande à remplir ses obligations financières, il prône une stabilisation à une parité qui évite les dangers de la déflation. Voir Blancheton 150-151, 220-224.

principes qu'il juge primordiaux pour le fonctionnement d'une telle institution. Le célèbre *épitome*, comme son auteur se plaisait à l'appeler, a été adressé à plusieurs banquiers centraux dans l'idée de stimuler la discussion autour du rôle d'une banque centrale[131]. Benjamin Strong y rajoutera trois alinéas, caractéristiques du système de la Réserve fédérale, qui est plus porté sur la surveillance des banques commerciales que la doctrine monétaire anglaise[132]. Le document insiste sur l'indépendance de la banque centrale, mais il ne se réfère pas explicitement au monopole et à la politique de stabilité monétaire, tant ces objectifs allaient de soi; il accorde ainsi plus de place à des enjeux secondaires dans lesquels je n'entrerai pas, notamment l'absence de succursale en dehors du pays d'origine et le principe d'exclusivité. L'émergence du *central banking* moderne après la guerre et sa cristallisation lors de la conférence de la SdN à Bruxelles en 1920 constituent une première étape de la configuration des institutions et de la forme de l'Etat dans le cadre du processus de reconstruction. Le constitutionalisme propre à cette transformation se complètera rapidement d'un second aspect, propre lui aussi à la reconstruction: la coopération des banques centrales. Apparue dès l'été 1921, dans les milieux financiers britanniques (Norman et Hawtrey en ont été des adeptes), la coopération touchera de près les banques centrales établies par la SdN.

Coopératisme privé et central banking

La coopération des banques centrales figure à n'en point douter parmi les problématiques les plus étudiées par l'historiographie actuelle sur les années vingt: dans le sillage de l'ouvrage pionnier de Stephen Clarke paru en 1967, nombreuses ont été les recherches à s'interroger sur l'existence ou non d'une coopération, ses formes, ses succès et ses échecs. Barry Eichengreen, on l'a vu, impute la débâcle de la reconstruction à l'incapacité des gouvernements et des banques centrales à mettre sur pied un régime coopératif permettant le fonctionnement du SMI. Dans

---

131 On trouve une version imprimée de l'*épitome* dans les annexes de l'histoire de la Banque d'Angleterre par Sayers (1976, volume III, annexe 10).

132 FRBNY, Fonds Strong, 1116.2/2, Norman à Strong, 17 février 1921; 1116.2/3, épitome, février 1921. Voir aussi de Cecco 1994: 4-5.

une perspective différente et historiquement plus large, Eric Bussière et Olivier Feiertag fondent eux aussi l'histoire des relations monétaires internationales de l'époque contemporaine sur « un constat d'échec en longue durée, des années 1920 aux années 1970, de la coopération monétaire internationale »[133]. Je n'entre pas ici dans le débat autrement que pour le mettre en lien avec mon argumentation, à savoir l'institutionnalisation, dans le cadre de la reconstruction, de mécanismes disciplinaires et le rôle de la SdN[134].

L'approche (néo)libérale en matière de coopération des banques centrales pose deux problèmes. Le premier découle d'un mode de connaissance qui s'apparente à ce que Robert Cox appelle les « problem-solving theories », c'est-à-dire à une démarche qui « prend le monde tel qu'elle le trouve », avec son ordre social, ses rapports de pouvoir et ses institutions, comme le cadre donné à l'analyse[135]. Sur la base de ces prémisses, l'analyse étudie le fonctionnement de la coopération et les raisons de son éventuelle faillite ; dans certains cas, à l'instar de Barry Eichengreen, ce mode de savoir se conclut sur une série de recettes permettant de tirer les leçons du passé et de servir utilement à une coopération efficace dans le présent. Considérée comme un fait « allant de soi », la coopération n'est pas problématisée en termes de rapports de pouvoir ou de dialectique de forces sociales : elle est un jeu à somme positive qui permet, lorsqu'elle se concrétise, d'assurer la régularité des flux financiers et de mettre sur pied un système monétaire international libéral et stable. A qui profite-t-elle le plus ? Quel est son projet social et économique ? Quels rapports sociaux permet-elle d'institutionnaliser et de reproduire ? Autant de questions qui demeurent dans l'ombre. Le second problème de cette perspective réside dans le déficit d'historicisation dont souffre l'analyse de la coopération : en valorisant la coopération de manière atemporelle, le courant dominant de tendance néo-institutionnaliste ne parvient guère à montrer sa fonction sociale dans un mode de régulation historiquement spécifique. Arrangement institutionnel nécessairement bénéfique,

---

133 Bussière/Feiertag 1999 : 677.
134 Pour la coopération des banques centrales durant les années vingt, les ouvrages de base sont Clarke 1967 ; Meyer 1970 ; Rowland 1976. Pour des contributions plus récentes, voir principalement Bussière/Feiertag 1999 ; Cottrell 1997 ; Debeir 1987 ; de Cecco 1995 ; Eichengreen 1984, 1992, 1995 ; Feiertag 1999 ; Flandreau 2003 ; Mouré 1992, 2002 : 6-179 ; Péteri 1992, 2002 ; Temin 1989.
135 Cox [1981] : 88 sq.

la coopération fait sens en dehors de sa structure sociale, c'est-à-dire du régime social d'accumulation qui la produit et qu'elle permet de (re)produire. Une EPH critique refuse de valoriser la coopération, et s'intéresse plutôt à dévoiler sa logique sociale dans une matrice historique spécifique : à titre d'exemple, dans un contexte disciplinaire tel que la reconstruction européenne, la coopération monétaire prend une toute autre signification que la coopération des banques centrales dans le mode de régulation de type keynésien et son libéralisme « enchâssé » mis en place après la Seconde guerre mondiale : forme nouvelle d'internationalisme, le libéralisme « enchâssé » vise certes à une expansion capitaliste internationale et une coopération des instituts d'émission, mais en permettant à chaque Etat de se prémunir contre les chocs externes liés à cette intégration. Dans ce contexte, la coopération monétaire s'accommode de contrôles des changes tels que Keynes les a préconisés lors de la constitution du FMI. De même, cette forme de coopération n'empêche pas des politiques conjoncturelles actives.

Plusieurs historiens ont en revanche mis le doigt sur la dimension politique de la coopération des banques centrales durant les années vingt. Marcello de Cecco montre par exemple l'importance qu'elle revêt dans la logique de pouvoir des pays du centre (USA, Grande-Bretagne, France et Allemagne) par rapport aux nations de la périphérie, en l'occurrence l'Italie[136]. Mon approche vise cependant à intégrer la coopération monétaire dans la logique d'une économie politique globale qui insiste sur la dialectique des forces sociales plutôt que sur une perspective statocentrique. A ce titre, elle relève d'une logique de régulation qui vise à attribuer des compétences aussi larges que possible aux acteurs de la société civile, et aboutit à contourner les instances représentatives. Le contexte de crise de l'Etat et du capitalisme qui accompagne la fin de la guerre contribue à développer cette forme de coopératisme qui se justifie par le recours à la rationalisation et à la « science monétaire », et se traduit par un discours qu'on veut consensuel autour du rôle néfaste de l'Etat dans la régulation monétaire. Dans cette section, l'analyse montrera ainsi en quoi la coopération monétaire constitue un élément-clé de la discipline et de son constitutionalisme.

On attribue fréquemment l'idée de la coopération des banques centrales à Norman et aux milieux financiers britanniques. Les premières

---

136 De Cecco 1995 ; Dans une même perspective voir aussi Feiertag 1999a.

mentions d'un tel projet remontent cependant à Strong et Cunliffe: au début de 1916, le gouverneur de la Réserve fédérale de New York et son homologue de la Banque d'Angleterre en ont posé les bases dans un mémorandum commun[137]. Déjà avant l'entrée en guerre des USA, Strong n'entretenait aucun doute sur la nécessité de se préoccuper de la situation financière internationale d'après-guerre, et d'adopter un processus coopératif en vue de la reconstruction. Le projet transatlantique ne se limitait pas à un axe New York – Londres, mais prévoyait également l'intégration de la Banque de France[138]. A sa manière, il reflète le rôle de la Première guerre mondiale et de ses mécanismes coopératifs dans la mise en place des arrangements internationaux à l'issue des hostilités, autant que les réticences des élites capitalistes à l'égard d'une régulation régie par les seules lois du marché. Même si l'idée ne lui appartient pas, Norman s'érigera en défenseur fervent de la coopération monétaire, dont il fera, avec le *central banking*, son cheval de bataille. Dès l'été 1921, il en discute à New York avec Pierre Jay, président de la FRBNY, en parallèle à d'autres questions telles que la reconstruction autrichienne et le relèvement européen d'une manière générale[139]. Il faut attendre la conférence de Gênes en 1922 pour que la question soit publiquement débattue lors d'une conférence réunissant les élites financières à grande échelle.

La conférence de Gênes, contrairement à Bruxelles, n'est pas du ressort de la SdN. L'ombre genevoise n'a cependant pas cessé de planer sur la réunion. L'OEF a mis ses spécialistes à disposition: parmi les neuf experts de la commission financière, quatre sont membres du Comité financier[140]. En outre, les experts réunis dans la capitale ligure, en partie les mêmes que lors de la réunion précédente, ne se sont guère émancipés du consensus de Bruxelles. Gênes reproduira fidèlement le *mantra* des élites financières transnationales, en y ajoutant la nouveauté de la coo-

---

137   Voir Chandler 1958: 247 sq.

138   FRBNY, fonds Strong 1000.9/1 memorandum E. O. Moore sur l'entretien entre Strong et Salter, 25 mai 1928; idem, memorandum Strong sur ses discussions à la Banque de France, 27 mai 1928.

139   FRBNY, fonds Strong, 320.114, Strong à Jay, 29 août 1921. Pour les entretiens de Norman à New York, voir tout le dossier 320.114.

140   Il s'agit de Basil Blackett, Joseph Avenol, Henry Strakosch et Giuseppe Bianchini. Parmi les autres membres, on note la présence de Gustav Cassel et Gerard Vissering, tous deux très proches du CoF.

pération. En témoignent les résolutions adoptées qui reproduisent fidèlement la doctrine du *central banking*. Ainsi, des banques d'émission affranchies « de toute influence d'ordre politique » doivent être établies dans chaque pays et dotées du monopole. Gênes insiste à ce titre sur l'importance d'instituer une banque centrale forte, dont les initiatives ne seraient pas entravées, et rappelle l'objectif d'une stabilisation sur la base d'un étalon commun, grâce à une politique de stabilité du taux de change[141]. Plus que Bruxelles, Gênes revendique la nécessité d'un marché monétaire libre et l'application d'une politique de libéralisme financier. Dans l'esprit des experts, la reconstruction européenne doit être du ressort du capital privé, et non de moyens coordonnés au niveau étatique. Comme Bruxelles l'avait déjà proclamé, c'est l'initiative privée des investisseurs qui remettra l'Europe sur ses pieds : « La restauration de l'Europe dépend du rétablissement des conditions auxquelles les crédits privés et notamment les capitaux disponibles pourront affluer librement des pays qui, grâce à leur excédent de fonds sont en mesure de consentir des prêts vers les pays qui ont besoin de l'aide de l'étranger », affirme une résolution de la commission des finances. Sur ce point comme sur d'autres, cette dernière a suivi l'avis des experts consultés, qui ont recommandé « une liberté complète dans le domaine des changes ». Dans ses résolutions, la commission financière ira encore plus loin pour verrouiller les intérêts du capital transnational, en affirmant que toute proposition tendant à entraver la liberté du marché des changes ou à violer le secret des relations entre les banquiers et leurs clients « doit être absolument condamnée ». On le constate, non seulement les financiers insistent pour une mise en place d'un régime favorable à la circulation transnationale du capital, mais ils revendiquent par la même occasion des mesures permettant de placer leurs opérations sous le sceau du secret, et d'échapper ainsi au fisc. Cette revendication témoigne de toute l'importance des préoccupations de la finance transnationale dans la reconstruction. Enfin, comme si les dispositions adoptées jusque-là étaient insuffisantes, une résolution supplémentaire insiste sur la prohibition nécessaire du contrôle « artificiel » des opérations de change sous quelque forme que ce soit. Jugé « vain et nuisible », un tel contrôle « devrait être aboli le plus tôt possible »[142].

141 Résolutions de la conférence de Gênes, rapport de la commission financière, résolutions 2, 4, 11/5 et 11/7.
142 Résolutions de la conférence de Gênes, rapport de la commission financière, résolutions 11/1c, 11/4, 13, 14, 16.

Si Gênes n'innove guère dans ce qui a trait aux trois éléments principaux du *central banking*, elle fait preuve de plus d'originalité dans le domaine des réserves monétaires et de la coopération. En raison de la crainte des milieux financiers britanniques d'une dispersion de l'or et, partant, d'un manque de métal pour asseoir la livre, la conférence accouche d'un nouveau système de réserves, l'étalon devise-or. Ce *gold exchange standard* repose sur une structuration hiérarchique du système monétaire selon deux catégories : les deux centres financiers principaux, Londres et New York voient leur monnaie garantie par des réserves métalliques, tandis que les monnaies de la périphérie, pour économiser l'or, sont tenues de constituer des encaisses comprenant des devises-or : livre sterling et dollar. Plus polarisé que son prédécesseur autour du double centre d'une *économie-monde* en transition, ce système implique une interdépendance accrue des marchés monétaires, en particulier pour la City qui dispose de beaucoup moins de métal que Wall Street. Des conversions de réserves en or sont en effet susceptibles de déstabiliser la livre, comme la fin de la décennie le montrera lors de l'affermissement du marché monétaire français. D'où l'importance de la coopération des banques centrales : pour les financiers de Gênes, il s'agit désormais de coordonner les politiques en matière de réserves afin que le flux des règlements internationaux n'occasionne pas de contrecoups déséquilibrants. C'est essentiellement en matière de taux d'intérêts que les banques centrales sont supposées s'accorder, afin d'éviter qu'une concurrence dans la constitution des réserves monétaires se traduise par une surenchère des taux[143].

Aussi la conférence préconise-t-elle une coopération en deux temps : à court terme, c'est-à-dire dans le cadre de la reconstruction économique et de la stabilisation des monnaies, la politique des taux doit être harmonisée par « la pratique d'une coopération constante entre les banques centrales d'émission [...] [qui] donnerait la possibilité de coordonner la politique suivie en matière de crédit sans entraver la liberté d'aucune banque ». Dans le long terme, une convention monétaire in-

---

143 FRBNY, fonds Strong, 1116.3, Resolutions concerning cooperation, juin 1922.
Les projets de Norman en vue d'une institutionnalisation de la coopération montrent l'importance attribuée à un échange confidentiel d'information entre banques centrales au sujet du taux d'escompte, des mouvements d'or et de la stabilité des taux de change (principe n° 3).

ternationale est prévue pour centraliser et coordonner les demandes d'or et éviter les variations du pouvoir d'achat du métal. Cette tâche sera attribuée en 1929 au Comité financier qui constituera pour la circonstance une Délégation de l'or; cette dernière sombrera en même temps que l'étalon-or au début de la décennie suivante[144].

Dans un projet coopératiste fortement empreint des conceptions britanniques de la reconstruction monétaire, la SdN joue un rôle significatif[145]. On a déjà signalé la forte présence, parmi les experts de la commission financière de la conférence, des membres de l'OEF, dont Basil Blackett et Henry Strakosch, deux figures de poids. Y figurent également Gustav Cassel, dont le rôle dans l'élaboration de la doctrine du Comité financier a déjà été signalé, ainsi que Gerard Vissering, l'instigateur des conférences d'Amsterdam et par extension de celle de Bruxelles. Le cercle relativement restreint des élites financières se retrouve dans une conférence qui s'inscrit dans le droit chemin des manifestations précédentes, et l'interpénétration du Comité financier et de la finance britannique y apparaît plus clairement que jamais. L'OEF ne se contente pas de mettre ses experts à disposition: elle intégrera fidèlement la doctrine de l'étalon devise-or dans ses programmes de reconstruction et dans leur portée coopératiste. Toutes les banques centrales faisant l'objet d'un programme de la SdN disposent dans leurs statuts de clauses leur permettant de constituer des réserves monétaires en or et en devises-or[146].

L'économie politique de la coopération peut se résumer en trois points: hiérarchie, autonomie et crédibilité. Premièrement, en visant à rabattre les réserves métalliques sur New York et Londres, la coopération aboutit à renforcer le rôle de la livre sterling et du dollar comme monnaies de réserve et de compte. Les prêts et les crédits libellés dans ces deux monnaies les plus fortes seront ainsi nettement privilégiés. Aussi, par ses plans de reconstruction qui font entrer l'un après l'autre les pays de l'Europe centrale dans le système de l'étalon devise-or, la

---

144 Résolutions de la conférence de Gênes, rapport de la commission financière, résolutions 3 et 9.

145 Selon les propos de Hawtrey en 1925: «from the beginning to the end the plan embodied in the resolutions [of Genoa] was an English one», mémorandum du 4 février 1925 cité in Péteri 2002: 35.

146 Voir par exemple pour l'Autriche: art. 1 des statuts; l'Estonie: art. 59; la Grèce: art. 62.

SdN initie un mouvement qui permet de renforcer l'influence des milieux financiers anglo-saxons, et notamment de soutenir la tentative de la City de retrouver le lustre d'antan. Loin d'être un processus horizontal et égalitaire, la coopération – en dépit de sa rhétorique idéaliste – fonctionne au profit de certaines forces sociales localisées au cœur du système capitaliste en transition. Deuxièmement, le pouvoir de la coopération se lit également par un verrouillage de l'autonomie des instituts d'émission face aux gouvernements: dans une reconstruction que les élites voient être du ressort du capital privé plutôt que de programmes engageant des fonds publics et dirigés par les gouvernements, la coordination des banques centrales se présente comme le substitut nécessaire à l'action des diplomates. La diplomatie des banques centrales devient la procédure privilégiée de la reconstruction européenne. Dans l'esprit de Norman, on l'a vu, la coopération des banques centrales doit se substituer à la logique de pouvoir des diplomates; il en appelle selon ses propres mots à « un monde dans lequel les banquiers centraux prendraient la relève des hommes politiques et par une constante coopération serviraient la communauté toute entière »[147]. C'est dans cet esprit que Threadneedle Street noue très tôt des liens avec la Reichsbank – dès 1921 – à un moment où les diplomates français et anglais poursuivent leur politique d'isolement de l'Allemagne au travers de la Commission des réparations. Aussi, lors de ses discussions à la Fed durant l'été 1921, au moment où s'échafaude sa doctrine coopératiste, Norman inscrit à l'ordre du jour la nécessité d'une reconstruction financière en précisant: « how to be divorced from politics. The League as a pivot for this purpose or alternatively an International Commission or Consortium ».[148] La SdN s'intègre donc très tôt dans ses plans en vue d'une coopération monétaire qui permette de contourner le politique, et de consolider ainsi le pouvoir des forces sociales de la finance transnationale.

La coopération des banques centrales doit également être analysée sous son aspect discursif, en lien avec les mécanismes disciplinaires de la crédibilité et de la sanction: loin de s'apparenter à une pratique semi-confidentielle de banquiers centraux soucieux d'agir dans la discrétion, elle relève au contraire d'une démarche visant à affirmer la confiance

---

147 Norman à Clegg, 13 octobre 1920, cité par Wapler 1999: 683.
148 Norman cité par Cottrell 1997: 35.

des investisseurs. La conférence de Gênes a permis de diffuser l'idée de la coopération monétaire dans l'opinion publique, autant que des ouvrages ultérieurs, dont Kisch et Elkin qui en vantent les mérites, ou plus tard Paul Einzig qui résumera le rôle prépondérant de Norman dans cette pratique qu'il juge propre aux années vingt et à la reconstruction[149]. En créant l'illusion d'une coordination des pratiques monétaires en matière de réserves et de liquidité, la coopération permet de rassurer les opérateurs financiers sur la fermeté des monnaies stabilisées, et contribue à développer l'assurance que même en cas de crise d'un système financier, les banques centrales agiront en tant que prêteur en dernier ressort et viendront à la rescousse d'une monnaie en difficulté. Aussi, la rhétorique de la coopération, en renforçant la crédibilité du système monétaire international, aboutit à faciliter la circulation transnationale du capital, et à permettre l'accumulation au sein d'une structure capitaliste qu'on présente comme stable.

Qu'elle soit une « réussite » ou un « échec », la coopération dans le contexte disciplinaire de la reconstruction est avant tout un instrument de pouvoir que le courant dominant tend à occulter. Rétrospectivement, c'est-à-dire, comme le fait Barry Eichengreen, en observant les années vingt depuis la crise de la décennie suivante, il ne fait guère de doute que la coopération monétaire n'est pas parvenue à maintenir le SMI. Il n'en demeure pas moins que de 1922 à 1928, c'est sur elle que repose l'adoption successive des programmes de reconstruction et la stabilisation des monnaies. Comme le signalent Kisch et Elkin en 1928, « The progressive restoration of the gold standard in Europe, though an act of official policy in each country concerned, is being achieved in a large measure by the cooperation of central banks »[150]. Dans un courrier à Strong, Norman reconnaît d'ailleurs en 1925 que les buts d'une réunion formelle des banques centrales sont dans une large mesure atteints[151]. Conformément aux intentions des financiers, les capitaux privés ont afflué vers les pays à reconstruire, ils ont permis de stabiliser leur monnaie, de compenser leur balance des paiements déficitaire, d'équilibrer les budgets dans la plupart des cas, et ont permis à Londres et New York de financer la reconstruction européenne. Un tel diagnostic,

---

149 Kisch/Elkin 1928: 146 sq.; Einzig 1932: chapitre VIII.
150 Kisch/Elkin 1928: 148.
151 FRBNY, Fonds Strong, 1116.5, Norman à Strong, 11 mai 1925.

pour un observateur en 1928, semble peu compatible avec un verdict d'«échec» de la coopération. Aussi, on le constate, c'est certainement ailleurs que doit se chercher une explication de la crise des années trente: en refusant de considérer *a priori* la coopération comme un jeu à somme positive, et en thématisant au contraire le contenu des arrangements coopératifs et les tensions qu'ils sont susceptibles de générer, une EPH débouchera sur une meilleure compréhension de l'échec de la reconstruction et de la crise. Là ne réside cependant pas l'objet de cette partie; pour l'instant, il s'agit d'observer de plus près comment, dans le cadre des plans de la SdN, les banques centrales sont configurées selon la logique de discipline du capital.

Constitutionalisme monétaire: les banques centrales de la reconstruction

Dans la voie tracée par la SdN à Bruxelles, onze banques centrales européennes seront constituées ou réorganisées par la SdN: l'Autriche, la Hongrie, l'Allemagne, la Belgique, la Pologne, l'Italie, la Roumanie, Danzig, la Grèce, la Bulgarie, et l'Estonie. Au travers de ses plans autrichien et hongrois, la SdN a donné le ton à un mouvement qui se prolongera jusqu'au terme de la décennie. En été 1927, le Conseil de la SdN entérinera cette logique en acceptant le rapport du Comité financier qui rappelle «les grands principes dont l'expérience a prouvé la valeur et qu'il importe d'appliquer, si l'on veut assurer le fonctionnement satisfaisant d'une banque centrale d'émission à qui incombe la responsabilité de maintenir la stabilité de la monnaie»[152].

152 SdN, C.336.M.110.1927.II, rapport au Conseil sur les travaux de la 27ᵉ session du Comité, 8-14 juin 1927, p. 3. Selon ce rapport, ces principes comprennent (a) l'indépendance de la banque centrale, (b) le monopole d'émission, (c) la limitation des opérations de la banque à des opérations d'emprunt et d'escompte à court terme qui se liquident elles-mêmes, (d) la réduction de la dette publique auprès de la banque et la limitation précise des nouvelles avances à consentir à l'Etat, (e) la centralisation des transactions monétaires de l'Etat et des entreprises d'Etat auprès de la banque nationale, (f) la constitution d'une couverture appropriée et suffisante pour une émission fiduciaire unifiée (cf. aussi SdN 1930a: 51).

Autriche[153]

Première du genre à voir le jour d'après le modèle de Strakosch appliqué en Afrique du Sud, la Banque nationale d'Autriche ouvre ses portes le 2 janvier 1923[154]. Au même titre que l'institut d'émission hongrois, elle voit son autonomie très fortement institutionnalisée, afin de marquer une rupture claire avec l'ancienne banque austro-hongroise qui avait été largement sollicitée pour la couverture des déficits budgétaires. Comme le suggère Jan van Walré de Bordes, haut fonctionnaire de l'OEF, il était question de la rendre « as independent as possible of the Government »[155]. Aussi, la Confédération autrichienne est empêchée de recourir aux ressources de la nouvelle banque, même pour des avances à court terme qui se liquident dans l'année[156]. Les organismes publics ne peuvent obtenir des liquidités qu'en versant, en échange, la contre-valeur en or ou en devises-or. L'influence sur les organes est régie de façon stricte : aucun acteur politique n'a le droit de faire partie du Conseil, ni les fonctionnaires fédéraux, ni les parlementaires, ni même les membres des Diètes provinciales[157]. Si le président de la banque est désigné par le chef de l'Etat (dans les faits par le chancelier), c'est pour agir cependant de manière autonome, durant un mandat relativement long – en l'occurrence de cinq ans (voir tableau 6.4). Les membres du directoire sont, eux, désignés par le Conseil de banque, auquel reviennent les principales compétences. Le gouvernement peut nommer un commissaire d'Etat qui a le droit d'assister, à titre d'observateur, aux séances des différents organes de la banque (assemblée générale, conseil et directoire) ; cette fonction ne donne cependant lieu à aucun droit de vote, ni de veto, et sa seule fonction consiste à surveiller l'application des lois et des dispositions qui réglementent le fonctionnement de la banque[158]. A l'origine, le projet de statuts soumis par l'Autriche

153 Le tableau 6.3 dresse un panorama des dispositions institutionnelles des reconstructions présentées dans les pages suivantes.
154 Sur la Banque nationale autrichienne, voir Conant 1969 : 758-760 ; Kisch/Elkin 1928 ; SdN 1926a ; Piétri 1970 ; Sokal/Rosenberg 1929 ; Walré de Bordes 1924.
155 Walré de Bordes 1924 : 44.
156 Pour les statuts de la banque centrale autrichienne, voir SdN, CSCA 17, octobre-décembre 1922, ainsi que SdN 1926a.
157 Statuts de la Banque d'Autriche, articles 50, 26.
158 Statuts de la Banque d'Autriche, articles 45-47, voir aussi Sokal/Rosenberg 1929 : 121.

prévoyait que la désignation des directeurs généraux soit confirmée par le gouvernement. Peu compatible avec l'idéologie du *central banking*, cette disposition ne recueillera guère les faveurs du Comité financier : « La disposition actuelle prévoyant que la nomination des directeurs et des directeurs-adjoints élus en Assemblée générale exige la confirmation du Gouvernement fédéral, doit disparaître », ont estimé les experts financiers[159].

En décembre 1922, en dépit des mises en garde du commissaire général de la SdN à Vienne (Alfred Zimmerman), du directeur de l'OEF et du Comité financier, le chancelier autrichien désigne Richard Reisch, un ancien ministre des finances, à la présidence de la nouvelle banque. L'irritation est vive dans les milieux bancaires britanniques et au Comité financier. Norman, Niemeyer et Strakosch s'élèvent contre une nomination qui à leurs yeux ne garantit pas suffisamment l'autonomie de l'institut, et mine la confiance des investisseurs à quelques semaines de l'émission de l'emprunt international. Pour eux, un banquier étranger aurait dû occuper la présidence de la nouvelle institution, et surtout pas un ancien ministre autrichien des finances[160]. Particulièrement menaçant, l'expert britannique du Comité financier estime avec Norman que dans ces circonstances, « nothing can be done for Austria »[161]. La veille de la nomination de Reisch, l'expert français du Comité financier intervenait encore auprès du commissaire général à Vienne sur la nécessité de faire nommer une personnalité étrangère : « the inauguration of the Bank will give no reliable guarantee without the assistance of a foreign President », affirmait Avenol à Zimmer-

---

159   SdN, 1467, CSCA 4a, réponse du CoF aux questions du Comité d'Autriche du Conseil, 8 septembre 1922.

160   PRO, FO 371, 7344, voir notamment télégramme Keeling à FO, 21 décembre 1922 : « I accordingly saw Chancellor and Minister of Foreign Affairs this morning and discussed question with them [...]. I told them that the [...] whole success of present reconstruction scheme obviously depended on being able to raise money and that could only be done by establishing confidence in financial circles abroad. City attached great importance to Bank of Issue being quite free from internal or external politics. Appointment of Austrian would immediately give rise to fear that there had been no real break with old traditions of inflation ». Voir également FO à Keeling 22 décembre 1922 ; Akers-Douglas à FO 22 décembre 1922, Voir également Piétri 1970 : 98-99.

161   PRO, FO 371, 7244, télégramme Niemeyer à Salter, 23 décembre 1922.

man[162]. Le représentant de la SdN à Vienne, accusé de ne pas prêter suffisamment d'attention aux intérêts financiers britanniques, est l'objet de vives critiques de la part de Niemeyer, auquel la double casquette d'expert du Comité financier et de quasi-représentant de la City confère une autorité considérable. Le lendemain de la désignation de Reisch, Niemeyer transmet littéralement les directives de la City au chef de l'OEF :

> You should not allow the Austrians to misconceive the situation. They have to face not the League nor governments, but foreign lenders, as we told them in November and repeatedly since. Foreign lenders must have facts, not merely programmes. So far the Austrian government has been late in passing its laws and has done little else; the bank with a neutral governor is not established. [...] Show this to Commissioner General[163].

Très à l'écoute des intérêts de la City, le commissaire général de la SdN n'avait pourtant pas manqué de rappeler au gouvernement autrichien l'importance qu'attachent les milieux financiers britanniques à la désignation d'un président étranger, et avait plaidé dans ce sens à plusieurs reprises[164]. Quoi qu'il en soit, même avec un président autrichien anciennement ministre – mais, il faut le signaler, directeur d'une grande banque viennoise pendant plusieurs années avant son arrivée à la tête des finances autrichiennes – l'institut d'émission n'est pas tombé dans l'orbite du gouvernement. Conformément au programme de la SdN, Reisch a mené une politique de discipline monétaire à l'abri de toute intrusion ; en dépit de la crise endémique et d'une balance commerciale en détérioration constante, la stabilité monétaire dictera la politique de l'institut d'émission jusqu'à l'effondrement du système financier en 1931. L'autorité principale émane en fait plutôt de la finance viennoise, particulièrement influente dans le *General Rat*. Cet organisme reflète la

---

162 PRO, FO 371, 7344, télégramme Avenol à Zimmerman, 21 décembre 1922. La diplomatie française partage le point de vue de la City sur l'importance d'une présidence étrangère pour garantir la crédibilité du programme de reconstruction ; c'est notamment le cas du président du Conseil, Poincaré, qui écrit au ministre français à Vienne que « La décision du gouvernement autrichien [...] sera du plus mauvais effet sur les marchés étrangers et risque de compromettre l'émission des emprunts », AMAE, série SdN, 1228, Poincaré à Pontalis, 22 décembre 1922.
163 PRO, FO 371, 7344, télégramme Niemeyer à Salter, 22 décembre 1922.
164 BofE, OV 28/54, Strakosch à Norman, 30 décembre 1922.

Tableau 6.4 : nomination des organes dirigeants des banques centrales

Banque	Titre	Procédure de désignation	Durée
Autriche	Président	Par le président de la république sur proposition du gouvernement fédéral	5 ans renouvelables
Hongrie	Gouverneur	Par le chef de l'Etat, sur proposition du ministre des finances	5 ans
Grèce	Gouverneur	Elu par l'assemblée générale des actionnaires, doit obtenir l'aval du gouvernement	5 ans renouvelables
Bulgarie	Gouverneur Vice-gouverneurs	Par décret royal, sur proposition du ministre des finances	7 ans et 5 ans renouvelables
Estonie	Président	Par le gouvernement	5 ans renouvelables

Source : archives SdN

tendance corporatiste qui accompagne d'une manière générale toute la reconstruction européenne : composé de treize membres, le conseil général de la banque doit comprendre au minimum un représentant de chaque force sociale du pays. L'article 22 en recense six, à savoir le milieu des banques d'affaires, les banques d'épargne, l'industrie, le commerce, l'agriculture, et le travail organisé (la « classe ouvrière », précisent les statuts). En dépit de cette approche corporatiste – dans laquelle, il faut le signaler, les cercles bancaires sont représentés deux fois – le poids principal reste exercé par les milieux financiers, plus nombreux que les autres représentants[165].

Hongrie

Une même autonomie a été attribuée par l'OEF à la banque centrale hongroise qui ouvre ses guichets en 1924[166]. Dans l'élan de l'émancipation nationale, la Hongrie avait créé en 1921 un institut d'émission d'Etat afin de s'affranchir de l'ancienne banque austro-hongroise. Placé sous le contrôle du ministère des finances, cet organisme finançait les déficits publics dans un pays qui menait depuis plusieurs années une politique d'industrialisation sous la protection de l'Etat[167]. C'est une

165 BofE, OV 28/59, Zimmermann à Norman, 10 juillet 1924.
166 Sur la Banque nationale hongroise, voir Bácskai 1997 ; Conant 1969 : 758-761 ; Kisch / Elkin 1928 ; SdN 1926b ; Péteri 2002 ; Siklos 1994.
167 Schubert 1999 : 209.

logique diamétralement opposée que préconisera Genève: dans son rapport de décembre 1923 qui sert de base à la reconstruction, le Comité financier exige une banque centrale obéissant au statut de société anonyme, entièrement indépendante du gouvernement et dévouée à la seule mission de maintenir stable la valeur de la couronne[168]. Les experts financiers prévoient ainsi que ni l'Etat, ni les provinces, ni les municipalités ne pourront émettre des billets, la banque centrale détenant le monopole d'émission pour tout le pays. En outre, aucune collectivité publique ne pourra emprunter à la banque. Dans l'esprit de l'OEF, l'autonomie doit être affermie par l'attribution à l'institut de compétences aussi larges que possible dans la désignation de ses dirigeants: «le Conseil d'administration [...] doit être soustrait à toute influence politique et aucune influence gouvernementale ne doit s'exercer dans l'administration de la banque»[169].

Les statuts adoptés en juin 1924 reflèteront point par point la logique disciplinaire du Comité financier[170]. Le gouvernement hongrois, institutionnellement mis à l'écart de la politique monétaire, verra sa compétence réduite à la désignation du gouverneur. Les deux vice-gouverneurs doivent, eux, être élus parmi les treize membres du Conseil, dont le choix découle de la seule compétence des actionnaires. Le chef de l'Etat confirme certes les nominations, mais il ne dispose dans les faits d'aucune influence vu que toutes sont du ressort des actionnaires[171].

---

168 SdN, C.772(1)M.317(1).1923.II, F 120, Reconstruction financière de la Hongrie, rapport du CoF au Conseil, 20 décembre 1923, partie V, art. 6 et 3. Voir aussi SdN 1926b.

169 SdN, C.772(1)M.317(1).1923.II, F 120, Reconstruction financière de la Hongrie, rapport du CoF au Conseil, 20 décembre 1923, partie V, art. 7.

170 Une divergence est à signaler, qui n'a d'ailleurs pas manqué de créer des frictions entre la SdN et Budapest. Au moment de l'émission du capital de la Banque de Hongrie sur les marchés financiers, les souscriptions n'ont pas permis de distribuer auprès des investisseurs la totalité du capital; le gouvernement hongrois a ainsi pris une partie des titres, 10% environ. Pendant plusieurs années, comme le souligne un rapport de la SdN, le commissaire général de la SdN à Budapest et le CoF «firent des démarches pressantes auprès du Gouvernement hongrois pour l'inviter à se dessaisir de ces actions». Ces injonctions n'ayant rencontré aucun succès, l'Etat est resté propriétaire des titres (SdN 1945: 54).

171 A l'instar de l'Autriche, le gouvernement désigne deux commissaires qui ont le droit de participer aux séances de la banque; leur compétence se réduit à veiller à ce que la banque agisse en conformité avec la loi et les statuts (article 45 et 46 des statuts); voir Kisch/Elkin 1928: 274.

Contrairement à l'Autriche, où la procédure chaotique de désignation du président a jeté un froid pour le restant de la décennie, l'élection du gouverneur de la banque centrale hongroise se déroulera dans une ambiance feutrée. A la différence de son homologue viennois, Alexander Popovics n'a pas traversé la période d'hyperinflation aux rennes du ministère des finances mais en tant que gouverneur de l'institut d'émission public. Auparavant, après un passage au ministère des finances de 1908 à 1912, il avait été gouverneur de la Banque austro-hongroise, une position occupée jusqu'à la fin de la guerre[172]. Dès le printemps 1924, Genève et la City voient en Popovics le candidat idéal pour mettre sur pied et diriger le nouvel institut d'émission durant ses premières années. De retour en avril d'une mission à Budapest pour le compte du Comité financier, Strakosch est allé convaincre les banquiers de la City d'appuyer ce choix qu'il juge opportun[173]. Cet appui une fois acquis, le banquier et expert du Comité financier invite le premier ministre hongrois à désigner Popovics à la tête du nouvel institut, arguant du soutien dont il dispose dans les milieux financiers britanniques. Dans un courrier à Bethlen – à qui incombe la désignation du gouverneur – Strakosch souligne la nécessité de nommer un homme qui inspire la confiance non seulement en Hongrie, mais aussi à la finance londonienne: «Since my return to London, I have had an opportunity of discussing this particular question with the personages of the official and financial world whose co-operation is essential to the success of the League's plan, and I was glad to find that they are no less anxious than I am myself that Mr. Popovics should be installed in the position in question», lui écrit-il[174].

Configurée par la SdN selon l'idéologie du *central banking* et de sa logique de discipline monétaire – l'article premier des statuts stipule que la banque doit mener une politique de stabilité et préparer la voie à l'introduction de la convertibilité – la banque centrale hongroise sera à ses débuts placée sous le contrôle quasi direct de Threadneedle Street. Selon un accord passé entre Norman et Popovics, destiné à demeurer secret, Londres est en effet en droit d'intervenir et d'exiger une hausse

---

172 PRO, FO 371, 11373, Barclay à Chamberlain, 15 novembre 1926, p. 7.
173 BofE, OV 33/71, Strakosch à Popovics, 10 avril 1924. Sur la nomination de Popovics, voir Péteri 2002: 89.
174 BofE, OV9/435, Strakosch à Bethlen, 10 avril 1924.

du taux d'intérêt de l'institut hongrois[175]. L'accord trouve son origine immédiate dans la difficulté d'attribuer les tranches de l'emprunt de reconstruction tel que la SdN l'a conçu. Devant la réticence des banques étasuniennes à souscrire au montant qui lui leur a été attribué initialement, Norman a décidé d'avancer 4 millions de livres, pour une durée de trois ans maximum, sur la part de l'emprunt qui ne pourrait être placé[176]. Cette avance lui a ainsi permis d'exiger en contrepartie un contrôle particulièrement large sur la politique monétaire hongroise, aussi longtemps que l'avance ne serait pas remboursée.

Le principal instrument de la politique monétaire se trouve ainsi entre les mains de Norman, grâce à la bienveillance de la SdN. Il est difficile de définir le rôle précis du Comité financier dans la conclusion de cet accord; tout porte à croire cependant qu'elle s'est faite avec l'aval tacite, sinon explicite, de la majorité des membres, à supposer qu'ils aient tous été consultés. Aux côtés de Norman, Niemeyer et Strakosch ont participé activement à sa préparation; c'est d'ailleurs Strakosch en personne qui télégraphie à Popovics, l'enjoignant de venir signer le texte définitif à Londres[177]. De plus, à la fin mai, il adressait au commissaire général de la SdN à Budapest une copie de la version provisoire, et demandait son accord formel[178]. Le directeur de l'OEF, Arthur Salter, a lui également été informé de l'accord moins d'une semaine plus tard[179]. D'autres raisons incitent à penser que le texte, alors qu'il était déjà prêt le 30 mai, était connu dans de larges milieux: le ministre français à Budapest y fait clairement référence dans un courrier au Quai d'Orsay[180]. Bref, on le constate, la majorité du Comité

---

175 BofE, OV 33/37, ainsi que OV 9/435, accord Norman-Popovics du 14 juin 1924. Voir Péteri 2002: 89-95.

176 AMAE, série SdN, 1251, Carbonnel à MAE, 6 juin 1924.

177 BofE, OV 9/ 435. Voir également OV 33/37, ainsi que OV 33/71.

178 SdN, C 111, Strakosch à Smith, 5 juin 1924. C'est Norman qui a insisté pour obtenir une version signée par Smith des deux mémorandum constituant l'accord (BofE, OV9/435, Norman à Strakosch, 19 juin 1924). Aussi, Strakosch a fait usage de son statut d'expert du CoF pour obtenir l'aval formel du commissaire général de la SdN, probablement pour lui donner un aspect plus ou moins officiel, et pour éviter au gouverneur d'intervenir directement auprès d'un haut fonctionnaire de la SdN qui ne lui est redevable d'aucun compte.

179 SdN, R 413, Strakosch à Salter, 4 juin 1924.

180 AMAE, série SdN, 1251, Carbonnel à MAE, 6 juin 1924. Voir également la note du MAE au ministère des finances, Londres, Rome, et Washington, 16 juillet 1924.

financier devait à n'en point douter être conscient que son programme ôtait toute marge de manœuvre aux dirigeants hongrois ; certains de ses membres ont participé très activement à cette soumission de la politique monétaire hongroise aux intérêts financiers britanniques.

L'OEF avait d'autant moins de raisons de s'opposer à cet accord qu'il s'inscrit dans la logique de la coopération monétaire institutionnalisée à Gênes, sous une forme, on l'aura compris, beaucoup plus coercitive. S'il en reflète le contenu, cet arrangement traduit également la dynamique de pouvoir inhérente au coopératisme. Une première disposition porte sur la monnaie par rapport à laquelle la couronne hongroise devra être stabilisée : la livre sterling[181]. En Autriche, le contrôle de la situation avait échappé à Norman, l'institut d'émission ayant décidé de stabiliser la couronne face au dollar, afin de ne pas être tributaire du cours fluctuant de la livre. Aussi, poursuivant sa mission de réhabilitation de la livre en tant que monnaie principale des transactions financières mondiales, Norman ne pouvait laisser la stabilisation hongroise lui filer entre les doigts. A un moment où la livre n'est pas encore stabilisée à son cours d'avant-guerre, cette première disposition oblige la banque hongroise à ajuster sa devise au cours de Londres et ainsi à revaloriser sa monnaie au même rythme que la livre. Par la même occasion, le sterling se trouve raffermi, dans la mesure où Budapest est contraint de constituer ses réserves en livres plutôt qu'en dollars, et d'entretenir ses balances sur la place londonienne. Une seconde disposition de l'accord concerne le taux d'intérêt, pour lequel, on l'a dit, la Banque d'Angleterre dispose désormais d'un droit de veto destiné à durer aussi longtemps que l'avance n'est pas convertie en parts de l'emprunt ou remboursée[182]. Si l'accord écrit limite ainsi la durée de ce droit de veto à trois ans, les financiers londoniens et genevois ont cependant déjà pris leurs dispositions au cas où ce contrôle leur échappait ; sans doute craignent-ils que Budapest rembourse l'avance britannique de manière anticipée, afin de se soustraire aux contraintes de

---

181   BofE, OV 9/435, accord Norman-Popovics, 14 juin 1922, art. 2 : « The standard with reference to which the National Bank of Hungary will pursue the policy of stabilisation enjoined in article 1 […] to be the Pound Sterling ».

182   BofE, OV 9/435, accord Norman-Popovics, 14 juin 1922, art. 4 : « So long as any part of the Advance remains outstanding the National Bank of Hungary to be prepared on the recommendation of the Bank of England to increase their minimum rate of discount ».

l'accord. Aussi, selon les propos de Strakosch au commissaire général de la SdN, Norman a négocié le droit d'exiger une prolongation du veto sur le taux d'intérêt même en cas de remboursement de l'avance, afin de protéger les intérêts financiers britanniques ; la Banque d'Angleterre estime en effet que l'absence de dispositions permettant d'assurer un taux d'intérêt élevé est la faiblesse principale du programme de la SdN[183]. Cette seconde mesure vise ainsi à garantir la valeur des obligations et des crédits britanniques : pour la City, l'enjeu consiste à se prémunir contre une politique monétaire trop « laxiste » en matière de taux d'intérêt, afin de renforcer la confiance des investisseurs et de consolider la valeur boursière des obligations hongroises.

Grèce, Bulgarie, et Estonie

Dans les autres programmes de reconstruction dirigés par la SdN, des dispositions similaires mènent à un constitutionalisme propre aux intérêts du capital, et institutionnalisent une logique disciplinaire. La Banque nationale de Bulgarie fonctionne depuis 1879 comme une institution publique et agit sous la supervision du ministère des finances. A côté de ses activités d'émission, elle peut avancer des crédits à long terme à l'Etat, aux municipalités et aux entreprises industrielles[184]. Malgré deux tentatives de privatiser l'institut, la loi de 1885 consacre finalement les principes fondamentaux de la vie économique bulgare que sont le caractère public de la banque centrale et l'absence de fonds étrangers dans son capital[185]. Le contexte idéologique de la reconstruction et l'intervention de la SdN mettront un terme à la gestion publique de la monnaie. Le premier prêt de la SdN pour l'établissement des réfugiés permet d'imposer une première série de réformes qui marquent le début de la transition de la banque vers un statut calqué sur le *central banking*. Suite aux réformes opérées par la SdN en 1926, la Banque reste *de jure* une institution publique, mais elle acquiert un statut autonome grâce à une séparation du ministère des finances. D'autre part, elle n'a plus le droit d'accorder des crédits à des institutions publiques et doit réduire son champ d'activité à l'escompte à court terme de papiers

183 SdN, R 413, Strakosch à Salter, 4 juin 1924.
184 Sur la Banque nationale bulgare, voir Conant 1969, 792-793 ; Pasvolsky 1930 : 101-135 ; SdN 1945 : 126-131.
185 Avramov 2003 : 197. Voir également Berov 1995 : 386-390.

commerciaux. Son but, de surcroît, consiste désormais à maintenir la stabilité de la monnaie : la banque centrale doit ainsi détenir une encaisse en or et en devises-or qui s'élèvera à 40% de la circulation.

Au moment où les dispositions accompagnant le premier emprunt entrent en vigueur, les finances publiques bulgares sont presque en équilibre et le cours du lev est stable depuis 1924. Durant l'année 1927 en revanche, la situation se détériore et, profitant des négociations que la Grèce mène au même moment avec l'OEF, la Bulgarie fait appel à la SdN pour obtenir de nouvelles liquidités et pour négocier un programme de stabilisation. Un second emprunt sera accordé à condition qu'en échange, des réformes supplémentaires soient réalisées en vue de la stabilité monétaire et budgétaire. En dépit de résistances, la banque centrale sera alors privatisée et un contrôleur étranger se chargera de veiller à sa complète autonomie face à l'Etat, ainsi qu'à la poursuite d'une politique monétaire garantissant la stabilité de la monnaie[186]. Le Comité financier interviendra également pour libéraliser la circulation du capital en Bulgarie : avant les réformes imposées par Genève en échange de l'emprunt, l'institut disposait d'un monopole des transactions en devises, une situation qui dans les faits, vu le statut public de la banque, instituait un contrôle des changes. Selon les termes de l'accord passé entre la Bulgarie et la SdN, le monopole doit être aboli dans les six mois qui suivent la stabilisation légale de la monnaie[187]. Comme dans les cas autrichien et hongrois, un compromis corporatiste est insufflé aux organes dirigeants, désormais libres de toute attache avec les instances représentatives de l'Etat. Parmi les onze membres du conseil de direction, quatre devront être désignés par la société civile, en l'occurrence par les chambres de commerce, le Conseil de la bourse, les sociétés coopératives urbaines et les organisations agricoles. La Bulga-

---

186 La privatisation de la banque centrale bulgare n'ira pas sans difficultés, en raison de la résistance du gouvernement et du parlement bulgare ; pour éviter un échec de tout le programme de reconstruction, une concession a été octroyée sous la forme de la vente progressive du capital-action de l'institut, à l'origine entre les mains du gouvernement, auprès du public et des investisseurs. A la fin de la décennie, il semble que le capital n'ait pas encore été entièrement cédé. Voir Avramov 2003 : 199 ; Pasvolsky 1930 : 135.

187 SdN, C.338.M.96.1928.II, protocole du 10 mars 1928, art. IV, § 10. L'article stipule que l'abolition peut s'effectuer ultérieurement à condition que le conseiller étranger désigné par la SdN donne son accord.

rie a posé certaines difficultés au Comité financier, en raison de sa résistance à l'application rigoureuse des principes du *central banking*. Les banquiers de l'OEF reprocheront ainsi en 1930 à l'institut d'émission de mener un politique laxiste en matière de crédit: trop proche de l'influence gouvernementale, la banque centrale ne limiterait pas ses opérations d'escompte à des papiers commerciaux qui se liquident par eux-mêmes. De son côté, le gouvernement est également remis à l'ordre et sommé de prendre « sans retard [...] les mesures [...] destinées à renforcer la position de l'institut d'émission »[188].

Les réticences de la Bulgarie à se soumettre au modèle américano-britannique prôné par l'OEF trouveront un parallèle en Grèce, où la nouvelle banque centrale peinera à s'affirmer face au gouvernement[189]. Epargné par le premier plan genevois qui se préoccupait essentiellement de la stabilisation budgétaire, l'institut d'émission grec a pratiqué le crédit industriel et public avec largesse. Aussi, les accords élaborés par la SdN en septembre 1927 prévoient une adaptation du système monétaire aux standards du consensus de Bruxelles: autonomie, monopole et stabilité[190]. Sur le plan de la désignation des organes dirigeants, une autonomie particulièrement prononcée a été institutionnalisée, conférant à la banque centrale un degré inhabituel d'indépendance face au gouvernement. Ce dernier nomme le premier gouverneur et le gouverneur adjoint; en revanche, les futures nominations à ces postes seront du ressort des seuls actionnaires, et le gouvernement verra sa compétence réduite à l'approbation de leur choix[191]. Les experts de l'OEF ne sont toutefois pas parvenus à imposer une transformation de l'institut d'émission existant – la Banque nationale de Grèce – en une banque centrale conforme à la *doxa* genevoise. Au terme des négociations du programme de reconstruction, le Comité financier a accepté

---

188 SdN 1945: 127.

189 Sur les réformes grecques, voir Bristoyannis 1928; Kisch/Elkin 1928; Kostis 1999; SdN 1945: 98-106. Sur le rôle de Jacques Rueff, voir son autobiographie (Rueff 1977: 61-68).

190 SdN, C.556.M.198.1927.II, Greek stabilisation and refugee loan, protocoles 1927, protocole du 15 septembre 1927 signé au nom du gouvernement hellénique par le Ministre des finances, M. Caphandaris, art. IV.

191 SdN, C.556.M.198.1927.II, Greek stabilisation and refugee loan, protocoles 1927, protocole du 15 septembre 1927, annexe IV, statuts de la Banque de Grèce adoptés le 10 novembre 1927, art. 29.

de détacher de l'institut d'émission ses fonctions de banque centrale et de créer une nouvelle banque d'émission : la Banque de Grèce. La Banque nationale a ainsi poursuivi ses activités en tant que principale banque commerciale du pays. Face à l'emprise de la Banque nationale sur les crédits commerciaux et par conséquent sur les taux d'intérêt, la nouvelle banque d'émission n'est pas parvenue à imposer son autorité sur le marché monétaire[192]. Bien que conforme à la logique de *central banking*, l'institut créé par le Comité financier s'est trouvé marginalisé. Il n'en demeure pas moins que la monnaie a été stabilisée sur la base de l'étalon devise-or et que la discipline exercée sur les finances publiques a non seulement permis de stabiliser le budget, mais également de dégager un solde excédentaire, en dépit des lourdes charges découlant du service de la dette[193].

L'Estonie, enfin, ne fait pas exception à la règle et adoptera une réforme monétaire conforme au modèle. Si le capital-action est placé entre les mains du gouvernement au moment de la réforme de l'Eesti Pank, le Comité financier exige qu'il soit progressivement écoulé auprès des investisseurs et entièrement distribué dans le marché au plus tard deux ans après l'adoption des nouveaux statuts[194]. La procédure de désignation des organes dirigeants exprime elle aussi le souci de placer la banque centrale à l'abri de l'influence publique, ou du moins de la contenir : le président de la banque est nommé par le gouvernement, et il a la compétence de désigner deux directeurs. En revanche, les actionnaires élisent les sept autres directeurs qui constituent le directoire, marquant ainsi leur contrôle sur la politique de l'institut. Aussi, à l'instar de l'Autriche, de la Hongrie et de la Bulgarie, l'affranchissement de la banque centrale face aux organes démocratiques est compensé par une démarche corporatiste typique de la reconstruction, destinée à représenter les diverses forces sociales. Dans son programme de reconstruction, l'OEF avait en effet demandé que le directoire représente divers intérêts économiques. Quatre corporations ont ainsi le droit d'exprimer leur avis

192 Kostis 1999 ; Mazower 1991b ; SdN 1945 : 102-103.
193 SdN, A.41.1930.II, sessions du Conseil, annexes, rapport du CoF au Conseil, p. 1556, 24 septembre 1930. Voir aussi SdN 1945 : 106, 98. En avril 1932, en pleine crise financière internationale, la Banque de Grèce lève la convertibilité afin d'enrayer l'hémorragie des réserves monétaires.
194 SdN, C.227.M.89.1927.II, Banking and currency reform in Estonia, 25 mai 1927, partie II, rapport du Comité financier du 8 décembre 1926.

sur la politique de la banque, et peuvent proposer un candidat au directoire : l'industrie, le commerce, l'agriculture ainsi que les milieux ouvriers et les mouvements coopératifs[195]. En dépit de ce compromis corporatiste, l'objectif fixé par les statuts demeure la stricte stabilité monétaire. La tâche première, précise l'article 2, consiste à garantir la valeur en or des billets et, dans ce but, à exercer un contrôle sur la circulation monétaire et sur le crédit. On a déjà vu que la réforme monétaire estonienne constitue un changement de cap significatif de la politique du gouvernement en matière de développement industriel : auparavant, l'Eesti Pank agissait en tant que banque d'Etat dans le cadre d'un programme destiné à faciliter les crédits à l'économie. Aussi, dans la mesure où une partie de ces créances se sont trouvées non solvables, le Comité financier a pris soin d'institutionnaliser des dispositions empêchant l'Etat de recourir à la banque centrale pour stimuler l'économie et l'emploi : les avances à court terme de la banque son limitées à 1/6e des revenus de l'Etat budgétés pour l'année en cours, et elles doivent être remboursées au plus tard trois mois après la clôture de l'année fiscale[196]. La nouvelle banque centrale, par sa politique axée sur la stabilité monétaire, discipline l'Etat et empêche désormais toute politique de développement économique sous l'égide du gouvernement.

Surveillance et confiance : les sources externes de la discipline

Le verrouillage institutionnel de la discipline monétaire par le biais des statuts et par les dispositions des protocoles n'ont toutefois pas été jugés suffisants pour garantir la crédibilité des pays reconstruits et susciter la confiance des investisseurs anglo-saxons. Aussi, une seconde disposition institutionnelle a été mise en place dans le cadre de la transition monétaire de nombreux Etats, qu'ils fassent l'objet d'un plan de la SdN ou non. Sur ce point également, le Comité financier a donné le ton au moyen de ses deux programmes, qui servent de modèle à la

---

195 SdN, C.227.M.89.1927.II, Banking and currency reform in Estonia, 25 mai 1927, partie VII (a), statuts de l'Eesti Pank, art. 25 ainsi que 52 § 7.

196 Article 51, § 11. La Banque est également autorisée à acheter des titres du gouvernement ou garantis par le gouvernement, jusqu'à concurrence cependant d'un montant ne devant pas dépasser le capital souscrit de la banque.

stabilisation allemande notamment: un conseiller étranger siégera au sein de la banque centrale durant les premières années de la stabilisation, afin de surveiller la mise en place des nouveaux mécanismes monétaires et la conformité de la politique au *central banking*. A l'exception de Danzig – déjà soumise à la supervision d'un Haut commissaire de la SdN – tous les programmes de l'OEF imposeront un tel *adviser*[197]. Dans l'économie politique de la reconstruction, le rôle de ce renforcement externe se comprend de deux manières: il vise d'une part à rassurer les élites financières transnationales sur la politique de stabilité monétaire poursuivie par la banque centrale et, en particulier, sur le verrouillage des mécanismes de stabilité sur le long terme. La rigueur de ces dispositifs s'explique d'autant mieux que les emprunts de reconstruction et les prêts accordés ultérieurement parviennent à maturité à une échéance de plus de vingt ans parfois. D'autre part, dans la logique du coopératisme privé analysé plus haut, les *advisers* sont un moyen, pour la finance londonienne, d'asseoir la coopération avec la Banque d'Angleterre et de garantir l'adoption de mesures permettant le renforcement de la livre sterling. Qu'il s'agisse du taux d'intérêt ou de la politique des balances monétaires entretenues à Londres, la Vieille dame vise, au travers des émissaires qu'elle impose aux pays reconstruits par l'entremise de la SdN, à s'assurer d'une stabilisation monétaire qui fonctionne au profit de la livre et de la City. A ce titre, en particulier dans le cas hongrois, où la banque centrale est de surcroît liée par un accord qui lui ôte presque toute marge de manœuvre, le conseiller fait office de courroie de transmission avec les milieux financiers londoniens, sous le couvert de la SdN.

Dans les principaux cas – Autriche et Hongrie – des compétences étendues sont institutionnalisées: le conseiller, qui participe aux réunions des organes de la banque, dispose d'un droit de veto suspensif contre toute mesure qui irait à l'encontre de la stabilité monétaire. En dernier ressort, c'est le Conseil de la SdN qui doit trancher tout diffé-

---

197 En ce qui concerne la Grèce, aucune disposition formelle n'a été insérée dans les protocoles, et aucune mesure ne figure dans les statuts de la Banque de Grèce. En revanche, des arrangements ont été conclus entre le gouvernement grec et le CoF avant l'adoption du programme de reconstruction, en vue de la désignation d'un conseiller. Dans la pratique, précise la SdN, ses prérogatives ne se distinguent en rien des autres *advisers* (SdN 1930a: 51).

rend qui lui serait soumis[198]. Les dispositions statutaires restituent toutefois de manière trop formelle l'autorité de l'*adviser* : son influence dans la pratique au quotidien de l'activité monétaire, son rôle dissuasif et le lien qu'il rend visible avec les fournisseurs de capitaux anglosaxons lui confèrent *de facto* un rôle difficile à cerner. Cette emprise informelle s'exprime notamment, autant qu'on puisse en juger, par l'absence de tout recours officiel au droit de veto durant la période concernée par cette étude. Cependant, la correspondance nourrie, en particulier entre la Banque de Hongrie et la Banque d'Angleterre, témoigne d'une surveillance continue sur la politique monétaire hongroise.

C'est l'échec des tentatives britanniques d'imposer un président étranger à la nouvelle banque centrale autrichienne qui a incité Norman à exiger par la suite la présence d'un conseiller auprès du directoire. Les statuts de l'institut ont été modifiés en conséquence, et le modèle autrichien – qui s'est avéré être beaucoup moins problématique sur un plan politique et tout aussi efficace qu'une présidence étrangère – a été intégré dès le début dans les programmes ultérieurs. En Autriche, l'*adviser* est doté de compétences substantielles. D'une part, son accord est requis pour toutes les décisions qui touchent aux relations de la Banque avec le gouvernement. Par une telle disposition, il est en mesure non seulement de filtrer les échanges entre les deux instances, mais également de renforcer l'autonomie de l'institut face à l'Etat. D'autre part, en matière de taux d'intérêt – instrument principal de gestion monétaire en l'absence de politique d'*open market* – le conseiller est en droit de proposer une modification du taux d'escompte au Conseil de la banque. Même si, en fin de compte, la décision appartient au Conseil, cette disposition illustre le caractère informel de l'influence du conseiller, qui est susceptible d'agir sur tous les rouages institutionnels de la Banque nationale d'Autriche[199]. Toutes les tentatives du conseiller pour élever le taux d'intérêt ne se sont pas traduites par un succès, d'où

---

198 SdN 1930a : 50sq. ; voir également SdN, C.772(1).M.317(1).1923.II, Reconstruction financière de la Hongrie, rapport du CoF F120, 20 décembre 1923. Dans le cas de la Bulgarie et de l'Estonie, aucun pouvoir de veto n'a été prévu *de jure* ; aussi, en référence à la clause générale concernant les différends entre le conseiller et le directoire ou le conseil d'administration, la décision finale repose sur la cour suprême du pays concerné ; SdN 1930a : 50.

199 Statuts de la BCA, articles 85, 124-130. SdN, 1467, CSCA 17. Voir aussi Piétri 1970 : 100-101.

l'irritation de Montagu Norman qui regrettera par la suite de ne pas avoir institutionnalisé des dispositions suffisamment fortes. Ainsi, lors de la crise bancaire viennoise de 1924, les requêtes du conseiller resteront d'abord sans succès : soucieuse d'épargner aux industries une crise de liquidités, la banque aspire plutôt à éviter une austérité monétaire[200]. Cependant, face à l'insistance de Norman pour un resserrement monétaire, la Banque d'Autriche finit par obtempérer et adapte progressivement son taux de 9 à 12%, puis à 15% au mois d'août 1924[201].

Si Norman n'était pas parvenu à imposer le candidat britannique à la tête de l'institut autrichien, il parviendra en revanche à fait nommer au poste de conseiller une personne compatible avec les vues de la City, en l'occurrence le Suisse Schnyder von Wartensee, directeur général de la Banque nationale helvétique[202]. A Vienne, le contrôle exercé sur l'institut d'émission se prolongera jusqu'en été 1929. Initialement destinée à être levée en même temps que le commissaire général de la SdN, la surveillance monétaire a été prolongée sur demande expresse du Comité financier[203], soucieux de voir la politique monétaire maintenir le cap de la stabilité dans un contexte de crise économique et de chômage, et d'assurer ainsi la valeur des obligations.

Mieux que l'Autriche, le cas hongrois atteste que le conseiller jouit de larges compétences, sinon officielles du moins officieuses[204]. Harry Siepmann, le jeune Anglais que la SdN a désigné pour y officier, recon-

---

200   BofE, OV 28/27, Schnyder von Wartensee à Norman, 6 février 1924 ; voir aussi OV 28/59, Zimmermann à Norman, 10 juillet 1924. Sur l'attitude de la Banque d'Autriche durant cette phase, voir SdN 1926a : 90-98.

201   Berger 1982 : 472-473.

202   AMAE, série SdN, 1230, Pontalis à Poincaré, 20 mai 1923 ; PRO, FO 371, 8541, Norman et Niemeyer à Zimmermann, 28 avril 1923. Le Suisse Schnyder von Wartensee (en place entre mai 1923 et mai 1924) sera suivi par le Hollandais Anton van Gyn (mai 1924 à janvier 1926) et le Britannique Robert C. Kay (jusqu'à juin 1929).

203   SdN, 1313, documents du CoF (mars à décembre 1925), F253/C541, Dates et conditions de la terminaison du contrôle, rapport du CoF, 9 septembre 1925. Le renforcement du statut du conseiller auprès de la banque centrale s'explique essentiellement comme un substitut à la levée du commissaire général, et par conséquent à un transfert des mécanismes externes de discipline au sein de l'appareil monétaire.

204   Sur le rôle du conseiller externe auprès de la Banque nationale hongroise, voir Péteri 202 : 97-119.

naît que la banque se trouve dans les faits placée entre les mains de trois personnages-clés : le président (Popovics), le responsable du département d'émission, et lui-même[205]. Expert financier britannique, Siepmann a débuté sa carrière au Treasury en 1912, notamment en tant qu'assistant de Basil Blackett, le responsable des affaires financières du gouverneur d'Inde. Sa nomination comme *adviser* auprès de la banque centrale hongroise doit tout aux ténors anglo-saxons du Comité financier et au gouverneur : cette nomination a été suggérée au commissaire général de la SdN à Budapest, Smith, par MM. Norman, Strakosch et Niemeyer, lit-on en effet dans une correspondance ministérielle française[206]. Conseiller à Budapest jusqu'en 1926, il deviendra l'un des personnages les plus proches de Norman, et entrera alors au service de la Banque d'Angleterre. Sa tâche, il faut le souligner, est d'autant plus aisée que l'accord passé entre Norman et Popovics place déjà la politique monétaire largement sous le contrôle de la Threadneedle Street. Par ce double mécanisme de surveillance externe, la City parvient à influencer la politique du taux d'intérêt hongrois de sorte que la valeur des obligations y est garantie : lorsqu'il est question de modifier le taux, Siepmann télégraphie ainsi directement à Norman pour lui demander son aval, comme en mars 1925 : « Management proposes to reduce bank rate next Thursday to 11 %. I should be inclined to do so. Have you any objection ? »[207]. On le constate, l'imposition d'un expert extérieur, au-delà des « conseils » que ce dernier a pu dispenser aux instituts en transition vers le *central banking*, montre la pénétration de la finance transnationale jusqu'au cœur de la régulation monétaire des économies restructurées par la SdN.

---

205 BofE, OV 33/37, Siepmann à Norman, 30 décembre 1924.
206 AMAE, série SdN, 1251, Note du MAE au Ministre des Finances et à Londres, Rome, et Washington, 16 juillet 1924.
207 BofE, OV 33/38, Siepmann à Norman, 24 mars 1925.

6.4 Discipline budgétaire et transition institutionnelle

La SdN et le discours de la rectitude budgétaire

Dans le contexte de la reconstruction européenne, la politique budgétaire constitue le second moyen mis en place pour discipliner l'Etat, en
parallèle à l'austérité monétaire. Si le néolibéralisme de la fin du 20ᵉ
siècle a largement popularisé l'idéologie de l'orthodoxie budgétaire, il
ne l'a pas inventée: les lendemains de la Grande guerre s'ouvrent eux
aussi sur une rhétorique de la discipline budgétaire qui, dans certains
cas, va beaucoup plus loin que son équivalent actuel. Dans cette section, je montre que les dispositifs de la SdN en matière de politique
budgétaire doivent être compris dans le cadre d'un projet d'ajustement
structurel qui vise à défendre les intérêts des forces sociales proches des
élites financières transnationales.

On le sait, la reconstruction au sens où la SdN la comprend n'est
pas conçue de sorte à donner à l'Etat un rôle moteur dans le processus,
ni au niveau de la création des moyens de paiement nécessaires aux
investissements, ni en termes de coordination des opérations. Elle est
au contraire pensée selon une doctrine classique qui postule que les
mécanismes du marché, pour peu qu'ils soient corrigés par les opérateurs, mèneront à l'état d'équilibre. Elle passe ainsi par la seule initiative individuelle et le capital privé (voir figure 6.1). Créer les conditions favorables au capital privé devient dès lors la condition principale.
Aussi, assurer la *crédibilité* des systèmes budgétaires et gagner la *confiance* des marchés financiers visent tous deux à faire affluer l'argent
nécessaire. Cette conception implique d'une part l'abolition de tout
déficit budgétaire, puisque celui-ci constitue une menace sur la stabilité
monétaire et par conséquent sur la valeur des capitaux. D'autre part, le
constitutionalisme propre à la reconstruction s'exprime par une fiscalité propice à la circulation du capital: pour déployer ses effets bénéfiques sur l'augmentation et la rationalisation de la production, le capital dernier ne doit pas être entravé dans sa circulation et bénéficier au
contraire de conditions favorables. Empêcher le déficit et ajuster la
fiscalité dans l'intérêt des activités financières ne suffisent pas à définir
la notion de discipline budgétaire. Dans le projet genevois de reconstruction, l'enjeu porte également sur le statut des entreprises publiques

(mines et industries) et des monopoles (chemins de fer, postes et télé-communications). Si la SdN n'oblige pas les gouvernements à s'en dé-faire, elle impose cependant une gestion commerciale, c'est-à-dire l'obli-gation de dégager un résultat d'exploitation bénéficiaire.

Globalement, la démarche relève d'une volonté de réduire les sphè-res d'activité de l'Etat, et de confier au marché des compétences essen-tielles de la création de richesse et de la reproduction économique. La démarche ainsi conçue empêche une politique de reconstruction qui donnerait à des instances étatiques à la fois les compétences et les moyens en matière de développement économique. Enfermées dans un corset budgétaire rigide, les collectivités publiques voient leur capacité à fi-nancer des investissements productifs fortement réduite, comme dans le cas de l'Autriche et de la Hongrie par exemple. Au-delà de la marge de manoeuvre en matière d'investissements, la réduction du rôle de l'Etat s'exprime également dans la difficulté de mener une politique sociale permettant d'amortir non seulement les inégalités sociales, mais aussi – et surtout – les effets souvent dévastateurs de la reconstruction.

On le voit, la reconstruction européenne sous l'égide de la SdN doit être comprise comme un phénomène beaucoup plus large et complexe qu'une réduction « normale » et sans alternative des déficits budgétaires, destinée à « assainir » les finances publiques dans une phase d'extrême instabilité monétaire. Pour comprendre la logique et les mécanismes de pouvoir inhérents au processus, nous devons adopter une perspective qui permette de mettre en lumière la logique sous-jacente de l'orthodo-xie budgétaire; c'est ainsi le rôle social et économique de l'Etat qui se trouve au centre du problème. A ce titre, la discipline budgétaire ne peut se dissocier du projet internationaliste d'un vaste marché soumis à des mécanismes « naturels » d'ajustement, censés coordonner des initia-tives individuelles par une « main invisible ». La discipline budgétaire traduit ainsi la dialectique de l'ordre social qui se pose de manière si vive au lendemain de la guerre: alors que l'Europe connaît une tendance à l'affirmation de l'« Etat social »[208] – une tendance déjà en marche à la fin du siècle précédent – les élites capitalistes transnationales tentent de contenir un mouvement susceptible d'affaiblir leur assise sociale. Le

---

208 Voir notamment Tálos/Wörister 1994. D'une manière générale, toute l'Europe centrale et orientale connaît une hausse continue des dépenses budgétaires durant l'entre-deux-guerres. Voir Kaser/Radice 1986: 165 sq.

cas de l'Autriche est à ce titre éloquent: si la coalition favorable aux sociaux-démocrates a permis, entre 1918 et 1920, d'ouvrir un vaste chantier social et, partant, de promouvoir une refonte substantielle du rôle de l'Etat et des mécanismes de redistribution, le programme de reconstruction dicté par le Comité financier préconise le retour à des pratiques pour le moins antagonistes.

Dans une approche hétérodoxe de l'EPH, la reconstruction s'explique comme une démarche nécessairement liée à une pratique discursive sur la discipline budgétaire, et à un ensemble d'idées et de métaphores destinées à légitimer des finances « saines » et à diaboliser le déficit. Le sens commun ainsi développé vise à décrédibiliser toute alternative aux réductions budgétaires et à diffuser une rhétorique aussi consensuelle que possible sur les vertus bénéfiques de l'austérité. Le discours du déficit s'apparente ainsi à un mécanisme de construction d'une hégémonie sociale et de l'ordre institutionnel qui l'accompagne[209]. Une fois de plus, le consensus de Bruxelles, qui sert de référence idéalisée des formes institutionnelles de la reconstruction européenne, nous permet de comprendre la conception dominante des milieux financiers en matière de politique budgétaire. Selon la rhétorique bruxelloise de l'orthodoxie financière, le rôle de l'Etat se limite à l'établissement de conditions propices à l'activité économique, c'est-à-dire à garantir une monnaie stable et à maintenir une fiscalité qui n'handicape pas la production. Le rapport de la conférence résume lapidairement le rôle de l'Etat en ces termes: « Créer des conditions favorables à la production, telle est la limite de l'action des Gouvernements ou de tout autre organisme »[210]. Le diable, c'est donc le déficit budgétaire: « Tout pays qui accepterait dans ses finances le principe du déficit budgétaire s'engagerait sur la pente dangereuse qui mène tout droit à la ruine. Pour échapper à ce danger, aucun sacrifice n'est trop lourd », affirme de façon péremptoire la commission des finances publiques dans sa deuxième résolution adoptée à l'unanimité. En faisant vivre l'Etat au-dessus de ses moyens, le déficit budgétaire provoque une augmentation du crédit et de la circulation fiduciaire, et présente ainsi une menace directe sur le niveau des prix. Quant à la diminution du pouvoir d'achat des mon-

---

209 Sur la construction sociale du discours de la rectitude fiscale à la fin du siècle, voir notamment Sinclair 2000.
210 Rapport de la conférence financière de Bruxelles, SdN 1920c: 9.

naies ainsi générée, elle entraîne une instabilité des taux de changes. Pour les milieux de la finance transnationale réunis à Bruxelles, le péril a donc deux visages : d'une part la valeur du capital, et de l'autre, l'incertitude relative à la libre circulation des capitaux.

Si chaque Etat est responsable de sa propre politique budgétaire, les *money doctors* de Bruxelles voient toutefois trois remèdes principaux aux maux des lendemains de la guerre. Premièrement, l'équilibre budgétaire passe par une réduction des dépenses d'armement. Deuxièmement, les gouvernements doivent renoncer aux subsides de chômage ; non seulement ceux-ci contribuent à creuser les déficits publics, mais ils s'avèrent de surcroît contre-productifs puisque, on l'a vu, ils démoralisent l'ouvrier au lieu de stimuler l'esprit de travail. Enfin, les dépenses publiques doivent être réduites en renonçant à subventionner les services publics tels que les chemins de fer, les postes et autres monopoles ou entreprises d'Etat, afin qu'ils vivent de leurs propres ressources. L'équilibre budgétaire passe donc par des coupes opérées au niveau des dépenses essentiellement. Une fois que tous les efforts auront été entrepris dans ce sens et qu'il devait s'avérer impossible de ramener les dépenses « dans les limites où elles peuvent être couvertes par les recettes ordinaires », le déficit pourra être comblé par l'impôt[211].

La politique budgétaire de la reconstruction européenne

En matière de politique budgétaire également, les programmes de reconstruction de la SdN sont calqués sur la philosophie bruxelloise. La discipline budgétaire s'est probablement trouvée renforcée par les épisodes d'hyperinflation qu'ont traversés l'Autriche et la Hongrie entre 1921 et 1923, avant l'intervention de l'organisation internationale, et par le caractère particulièrement chaotique des finances publiques. Les plans du Comité financier prévoient une phase de stabilisation de deux ans ; au terme du processus, le budget doit non seulement être équilibré, mais dégager un bénéfice. L'emprunt international qui accompagne les plans de reconstruction sert ainsi à éponger les déficits durant la phase de transition, dans la mesure où la banque centrale, désormais indépendante

---

211 Résolutions de la conférence de Bruxelles (1920), commission des finances publiques, résolutions 2, 3, 5, 6.

de l'Etat, n'est plus en droit de lui avancer des liquidités. Durant ce laps de temps particulièrement bref, un vaste éventail de mesures sont destinées à être appliquées : réorganisation de l'appareil administratif, réduction du nombre de ministères, suppression ou fusion de services, et restructuration ou privatisation d'entreprises publiques. Les plans fixent ainsi le nombre d'employés de l'Etat qui seront licenciés. En outre, les prestations sociales doivent être revues, et enfin, la fiscalité réorganisée[212].

Le Comité financier fixe des plafonds budgétaires, ou en d'autres termes, un niveau maximal de dépenses pour la période de stabilisation. Par cette démarche, le gouvernement se voit imposer une ligne de conduite qui vise à réduire le train de vie de l'Etat, beaucoup plus qu'à se procurer des moyens via une réorganisation fiscale. La logique genevoise consiste ainsi avant tout à contenir l'Etat et à en réduire les sphères de compétence. Ainsi, l'Autriche se voit imposer un budget ordinaire plafonné à 350 millions de couronnes-or au terme du programme de stabilisation de deux ans ; cette limite sera revue à la hausse en septembre 1924 en raison de l'impossibilité de réorganiser l'Etat dans un corset aussi restrictif. La Hongrie subit un destin comparable : ses dépenses sont limitées à 400 millions de couronnes-or, un objectif qui s'avèrera tout aussi irréalisable. En 1924, la Grèce doit équilibrer son budget à un niveau non défini, mais en signant le plan de stabilisation de 1927, le gouvernement s'engagera à plafonner le budget à son niveau initial pendant deux ans, puis à le maintenir équilibré au-delà[213]. A Danzig, le Comité financier impose une réduction des dépenses de 10 %, sans spécifier les modalités, mais fixe le budget à une limite qui ne devra pas être dépassée pendant deux ans[214]. Il est d'avis que les traitements et les charges sociales y sont trop élevés, et les fonctionnaires trop nombreux[215]. Genève fera ainsi patienter la ville balte durant un an avant de l'autoriser à émettre son emprunt international, arguant du fait que les mesures prises pour rétablir la stabilité comportaient essentiellement des accroissements d'impôts plutôt que des réductions de dépenses. En Bulgarie également, un plafond budgétaire est imposé pendant

212   Pour un aperçu synthétique du volet budgétaire des programmes, voir tableau 6.3.
213   SdN, C.556.M.198.1927.II, Greek stabilisation and refugee loan, protocole du 19 septembre 1924, art. VI, et protocole du 15 septembre 1927, art. V.
214   SdN 1945 : 147.
215   Sur les exigences du CoF en matière de réduction du personnel, voir Ramonat 1979 : 177.

deux ans, au même titre qu'une réduction de 10 000 employés de l'administration et des entreprises d'Etat[216]. L'analyse portera ici essentiellement sur la reconstruction autrichienne et hongroise, dans la mesure où elles sont plus largement documentées et parce que leur portée politico-économique suscite des enjeux plus marqués qu'ailleurs[217].

En Autriche, le programme initial de reconstruction élaboré par l'OEF[218] – un programme qui sert de référence à la signature des protocoles et de base à la réforme structurelle – impose au gouvernement des coupes particulièrement drastiques : il s'agit ni plus ni moins de réduire le budget fédéral (en termes réels) de plus de 35 % en deux ans. Le programme prévoit notamment une diminution des dépenses salariales de 30 %, et un abaissement substantiel de l'assistance sociale. Lorsqu'on l'observe de près, ce programme n'est pas sans soulever des questions primordiales sur les intentions des banquiers de l'OEF : outre la rapidité avec laquelle le budget doit être amputé, la liquidation du nombre de fonctionnaires s'accompagne non pas d'une augmentation des charges sociales (où figurent les indemnités de chômage), mais par une baisse de ces dernières. Sans doute faut-il voir là de la part des financiers une application pratique de l'idée bruxelloise selon laquelle les indemnités de chômage démoralisent l'ouvrier plutôt que de susciter son envie de travailler. Quoi qu'il en soit, elle trahit la volonté implicite de faire reposer la charge de l'ajustement sur la classe ouvrière et la classe moyenne, sans pénaliser le moins du monde le rendement du capital. L'emprunt de stabilisation en témoigne, lui qui est conçu au même moment de sorte à dégager un taux de rendement annuel de 8 %[219].

---

216 La Bulgarie connaît depuis 1922 une croissance des dépenses ordinaires, entièrement couverte cependant par les revenus. Après un épisode déficitaire, l'intervention de la SdN se solde par un bénéfice des comptes substantiel, obtenu non par une hausse des ressources fiscales, (qui restent en moyenne stables), mais par une compression des dépenses. SdN, *memorandum on public finance* ; SdN 1945 : 123 sq. ; Pasvolsky 1930 : 138.

217 Seule l'Estonie ne se verra pas imposer des réductions budgétaires vu que son budget est équilibré au moment où elle fait appel à la SdN. Le plan de reconstruction porte ainsi essentiellement sur la stabilisation monétaire.

218 SdN, 1467, sous-comité autrichien du Conseil, documents, 1922, CSCA 4. Le programme initial consiste en un ensemble de réponses du Comité financier aux questions adressées par le sous-comité autrichien du Conseil. Reproduit in SdN 1926a : 173-188.

219 Voir tableau A1 en annexe.

Le plan de reconstruction une fois établi, le Comité financier envoie une délégation à Vienne pour élaborer avec le gouvernement les aspects pratiques du programme. Quatre banquiers (Strakosch, Sarasin, Pospisil et Janssen) y côtoient deux représentants de finances publiques (Avenol et Niemeyer) et un sénateur italien (Ferrari) qui présidait la délégation de son pays à la conférence de Bruxelles. La délégation de financiers, qui par sa composition représente fidèlement les bailleurs de fonds[220], rédige avec le gouvernement autrichien la loi de reconstruction, qui prévoit dans le détail les réformes à entreprendre[221]. A leur arrivée, les financiers genevois ne trouvent pas une Vienne calme et optimiste quant aux perspectives que lui promet la reconstruction: le rapport du Comité financier évoque au contraire les «violentes controverses entre partis» qu'ils jugent inévitables étant donné qu'un programme fiscal de cette nature «atteint profondément les intérêts de toutes les classes de la population». Les enjeux des négociations avec le gouvernement du chancelier conservateur Seipel ont porté essentiellement sur le niveau des revenus fiscaux: jugeant les prévisions des ministres trop élevées, le Comité financier impose une baisse du volume budgétaire, arguant que la période de reconstruction «ne manquera pas d'éprouver fortement [la] capacité économique» du pays. Pour la délégation en effet, «les réductions de dépenses [doivent] être le résultat certain des réformes, dont l'application progressive [peut] avoir lieu sans aléas, conformément à un programme établi à l'avance»[222]. Plusieurs raisons permettent de comprendre l'ampleur des réformes entreprises en Autriche. D'une part, son appareil étatique était structuré pour gérer un empire de 50 millions de sujets; certes, une

---

220 A l'exception des USA, qui ne disposent pas encore de représentant au CoF, la délégation comprend un représentant des principaux milieux financiers engagés dans l'emprunt international: la Grande-Bretagne (Strakosch et Niemeyer), la Tchécoslovaquie (Pospisil), la France (Avenol), l'Italie (Ferraris), la Suisse (Sarasin), et la Belgique (Janssen). Les seules places financières non représentées sont la Suède et la Hollande, dont les tranches figurent parmi les plus faibles (voir tableau 6.8).

221 Loi fédérale du 27 novembre 1922 relative aux mesures destinées à assurer le relèvement financier et économique de la république d'Autriche (Wiederaufbaugesetz), SdN, 1467, sous-comité autr. du Conseil, CSCA 17, ann. III.

222 SdN, 1467, sous-comité autrichien du Conseil, documents 1922, CSCA 17, Rapport de la Délégation provisoire de la Société des Nations à Vienne, 18 octobre au 15 décembre 1922, p. 11.

part importante des fonctionnaires actifs dans les provinces ont été repris par les Etats successeurs, mais il n'en demeure pas moins qu'après l'effondrement de l'empire, l'organisation des ministères et de l'administration se trouvait peu appropriée à une république de désormais 6 millions et demi d'habitants. C'est cependant surtout un second aspect de la reconstruction qui nous concerne ici et qui figure au centre des préoccupations du Comité financier : entre 1918 et 1920, l'Autriche a considérablement développé ses infrastructures sociales et, partant, le rôle de l'Etat dans la régulation économique s'est accru[223].

Le tableau 6.5 montre comment les réformes budgétaires prévues se répercutent sur les dépenses : parmi les principaux postes budgétaires touchés par les réductions figurent les frais de l'administration, les allocations au personnel et les chemins de fer. Le service de la dette – où apparaissent les intérêts de l'emprunt de stabilisation – est prévu à hauteur de plus de 20 % du total des dépenses, soit plus que les pensions, les indemnités de chômage et les œuvres sociales. Quant aux recettes fiscales, que l'hyperinflation avait à peu près anéanties, le Comité financier exige qu'elles soient plus que doublées de sorte que, après deux ans d'une cure radicale, le budget autrichien finisse par dégager un solde positif. Il est par ailleurs prévu qu'au terme de la troisième année, le bénéfice atteigne un montant pour le moins substantiel, en l'occurrence plus de 25 % des dépenses. Bref, inutile de s'attarder plus longtemps sur les prévisions budgétaires de la SdN ; ce budget – qui n'est que l'expression chiffrée des réformes structurelles imposées – traduit une transformation de l'appareil étatique aussi radicale que brutale. Cet ajustement structurel est d'autant plus profond que le budget est censé dégager un bénéfice considérable dans une période de crise économique généralisée, rendue plus douloureuse encore par la reconstruction d'une économie anéantie par la guerre et le morcellement de l'empire.

---

223 Voir à ce sujet Tálos 1995 et Tálos/Wörister 1994. Bauer [1919] résume la mise en place des premières mesures de l'« Etat social » autrichien après la révolution. Voir le prochain chapitre.

Tableau 6.5 : budget autrichien selon le programme de reconstruction
(en millions de couronnes-or)

	1er octobre 1922	1er juillet 1923	1er juillet 1924	1er juillet 1925
Dépenses				
Service de la dette	31	48	84	101
Pensions et indemnités	41	55	64	62
Armée	52	43	32	26
Œuvres sociales	40	35	29	26
Administration	272	235	185	155
Allocations au personnel	50	33	17	–
Redistribution aux communes et provinces	15	42	64	69
Chemins de fer (déficit)	147	72	23	–
Monopoles et entreprises d'Etat (déficit)	22	15	5	–
Divers	18	–	–	–
Total dépenses	*688*	*578*	*502*	*439*
Recettes	231	420	525	558
Résultat	*-457*	*-158*	*22*	*119*

Source : SdN 1467, CSCA 17, annexe 6

Si le programme de réforme fixe des objectifs budgétaires, il ne prévoit cependant pas le détail des mesures d'ajustement structurel, pour lesquelles le gouvernement est responsable et dispose – j'y reviendrai – des pleins pouvoirs. D'une façon générale, le programme dicte cependant des lignes générales à suivre : le nombre de ministères sera ramené à huit, les services administratifs réorganisés et leur nombre réduit. Les entreprises et monopoles du service public doivent être gérés de sorte à dégager des profits, et la fiscalité revue à la hausse, essentiellement par une croissance de la fiscalité indirecte. D'une manière générale, c'est le rôle de l'Etat qui figure au centre des mesures d'économies : comme le spécifie le programme, « les fonctions exercées jusqu'ici par l'Etat, qui ne répondraient pas de façon prépondérante à des nécessités vitales de l'Etat, de la population ou de parties considérables de cette population, seront supprimées ou, tout au moins, cesseront d'être exercées à titre de services publics »[224]. Dans le domaine

224 SdN, 1467, sous-comité autrichien du Conseil, documents 1922, CSCA 17, annexe III, Loi fédérale du 27 novembre 1922 (loi de reconstruction), section A, art. 3, §4.

des prestations sociales, l'Etat n'a désormais plus le droit de financer des projets sociaux tels que, par exemple, la construction d'habitations, politique chère aux sociaux-démocrates[225]. De même, les organes représentant le personnel – adoptés immédiatement après la guerre, durant la période de coalition sociale-démocrate et sociale-chrétienne – devront être pris en charge par le personnel uniquement. Toujours dans le domaine social, les offices pour personnes handicapées (très nombreuses après quatre ans de guerre) doivent être réduits ou supprimés, autant que les écoles spéciales et les foyers. En matière d'éducation, les frais d'inscription aux écoles et aux universités seront augmentés, et le nombre des écoles secondaires publiques réduit: il est nécessaire, précise le programme de reconstruction, d'effectuer une « réforme de l'administration des établissements d'éducation fédéraux, en vue de réaliser le plus d'économies possibles et d'augmenter les recettes », sans toutefois renier le principe fondamental en vertu duquel « il convient d'assurer une instruction et une éducation appropriée aux enfants bien doués sans égard à la situation de fortune de leurs parents »[226]. Pour concrétiser ces réductions de dépenses, le Comité financier exige la diminution de 100 000 fonctionnaires et employés de l'Etat fédéral en deux ans, soit plus de 36 % de la masse salariale[227]. En dépit d'un certain retard par rapport au rythme dicté par l'OEF, le gouvernement autrichien parviendra néanmoins à se séparer de 96 000 personnes jusqu'à l'été 1926[228]. Si on ajoute à ce chiffre les licenciements opérés ultérieurement, les effectifs nets de l'appareil étatique seront amputés de 112 000 employés entre 1922 et 1931[229].

---

225 Loi de reconstruction, annexe, pt. B, article 11.
226 Loi de reconstruction, annexe, pt. C.
227 SdN, 1467, sous-comité autrichien du Conseil, documents 1922, CSCA 17, Rapport de la Délégation provisoire de la Société des Nations à Vienne, 18 octobre au 15 décembre 1922, p. 11.
228 SdN 1926a: 87, 122-123. La répartition montre que les services publics ont connu les coupes principales:

Administration centrale	24 %
Entreprises d'Etat et monopoles	22 %
Chemins de fer	54 %

229 En tenant compte des chiffres de Stiefel (1988: 82), qui note la mise en congé de 16 000 personnes entre l'été 1926 et la fin de 1931.

Tableau 6.6: budget hongrois selon le programme de reconstruction
(en millions de couronnes-or)

	1ère moitié 1924	1924	1925	1926
Dépenses:				
Service de la dette	8,6	37,6	58,2	65,6
Réparations (traité de paix)	7,3	7,0	7,0	6,0
Armée	52,2	68,8	69,6	69,5
Ministère de l'intérieur	22,4	36,7	38,2	36,6
Ministère des finances	21,8	30,5	33,0	31,4
Ministère de l'éducation	19,1	35,0	39,9	39,1
Autres départements	39,7	53,2	56,3	53,1
subventions à des entités administratives autonomes	56,0	20,2	20,2	20,4
pensions	34,4	50,6	60,9	63,6
investissements	16,4	12,0	12,0	12,0
Monopoles et entreprises d'Etat (déficit)	76,3	28,0	24,0	0
Total dépenses	*354,2*	*379,6*	*419,3*	*397,3*
Revenus	178,6	294,6	359	410,4
Résultat	*-175,6*	*-85,0*	*-60,3*	*13,1*

Source: SdN 1926b: 111

La Hongrie ne fait pas exception à la règle. Après la signature de protocoles sur la base d'un plan de stabilisation, une délégation du Comité financier se rend à Budapest pour négocier avec le gouvernement de Bethlen les modalités de la reconstruction[230]. Sur les six experts de la délégation genevoise chargée de ces travaux, cinq sont issus du milieu de la finance privée (les banquiers Strakosch, Bianchini, Ter Meulen, Pospisil et Wallenberg), et un seul représente les finances publiques (Avenol). La loi de reconstruction et son programme détaillé une fois convenus, le parlement hongrois l'adoptera et confiera au gouvernement des pouvoirs spéciaux, comme en Autriche[231]. Dans un Etat qui n'est déjà pas particulièrement réputé pour son libéralisme politique,

230 SdN, C.772(1).M.317(1).1923.II, Reconstruction financière de la Hongrie, 20 décembre 1923.
231 Loi sur le rétablissement de l'équilibre budgétaire (loi de reconstruction) du 27 mars 1924. Les dispositions principales de ce texte sont résumées in SdN 1926b: 105-112.

la loi négociée avec les banquiers de la SdN confère à Bethlen des pouvoirs exorbitants. Son article 2 prévoit explicitement que les mesures de réduction budgétaire nécessaires à l'application du programme pourront être exécutées même si elles sont en contradiction avec les lois existantes[232]. Le gouvernement aura ainsi le champ entièrement libre pour diminuer le nombre de fonctionnaires et baisser les rémunérations. Il aura également les compétences pour diminuer les subventions sur la farine qui permettent de réduire le prix du pain. Le temps de travail pourra être allongé et les contributions aux communes revue à la baisse. En matière de fiscalité, la loi confère au gouvernement des compétences autoritaires pour réorganiser les impôts.

Tandis que l'Autriche s'était vu imposer une cure d'amaigrissement radicale, le Comité financier se montrera plus mesuré à l'égard de la Hongrie. D'une part, il faut le dire, son administration n'est pas aussi disproportionnée au lendemain de la chute de l'empire. D'autre part, en dépit de l'épisode communiste de Bela Kun, l'état social n'a pas été développé dans les mêmes proportions que dans la république alpine. Sur l'ensemble de la période de stabilisation, le budget est ainsi prévu avec une légère hausse de 10 % environ (tableau 6.6). Cette augmentation est toutefois trompeuse : si, dans les dispositions du Comité financier, le budget admet une croissance durant les deux premières années de la stabilisation – durant lesquelles des dépenses inévitables doivent être prises en compte – il est destiné à baisser dès la troisième année. En Hongrie, le nombre de fonctionnaires a également été revu à la baisse : en plus des licenciements déjà réalisés, le gouvernement doit se séparer de 15 000 employés en deux ans, un chiffre qui sera nettement augmenté sous la pression ultérieure de la SdN. Le Comité financier a cependant reconnu que les rémunérations ne permettaient plus aux employés de l'Etat de vivre décemment, d'où le surcroît de charges durant les deux premières années[233]. Comme en Autriche, les réductions budgétaires touchent particulièrement les entreprises et les monopoles du service public qui sont désormais contraints de dégager un bénéfice. En revanche, le poste destiné à couvrir le service de la dette

---

232 Loi de reconstruction, article 2, §1.
233 Iván Berend note que l'inflation a particulièrement réduit le pouvoir d'achat en Hongrie : entre 1921 et 1924, les prix sont multipliés par 8, tandis que les salaires ne progressent que de 3,5 % (Berend 2001b : 163).

passe de 2 % à 16 % des dépenses totales, et les pensions sont prévues avec plus de largesse qu'en Autriche. Devant l'impossibilité de procéder à des coupes supplémentaires à celles déjà opérées précédemment par le gouvernement, c'est ainsi au niveau des revenus que s'effectue l'ajustement budgétaire hongrois. Les impôts devront être substantiellement augmentés.

Services publics et logique commerciale

En Autriche comme en Hongrie, l'essentiel des mesures d'ajustement passe par la réorganisation des entreprises d'Etat. Les transformations imposées par les financiers de la SdN constitueront autant de points de discorde avec des gouvernements réticents à lâcher des pans entiers de leurs compétences. Derrière le souci de stabilisation budgétaire se cache en effet une autre logique prônée par Genève: l'extension des sphères sociales obéissant à une régulation par le marché, corollaire de la discipline imposée à l'Etat. Lors de ses débats autour des programmes de reconstruction, le Comité financier avait songé à plusieurs reprises à privatiser les services publics que sont les transports et les communications. En septembre 1922, le représentant anglais Basil Blackett observe « qu'en définitive, aucun chemin de fer ne doit avoir le droit d'exister s'il est en déficit »[234]. Si l'OEF n'imposera finalement pas une privatisation, les dispositions institutionnalisées iront largement dans le sens de l'application d'une logique de marché aux services de l'Etat. L'ensemble des services publics (chemins de fer, postes, téléphones, télégraphes…) doivent ainsi être transformés sous la forme d'entreprises certes intégrées dans la sphère collective, mais obéissant à une logique commerciale. Les Autrichiens parleront de «Kommerzialisierung» des entreprises publiques pour désigner l'obligation dans laquelle elles se trouvent désormais de dégager un bénéfice.

La reconstruction autrichienne offre une illustration éloquente de ce processus de marchandisation sous le couvert de l'équilibre budgétaire: dans le programme décidé par l'OEF, la rentabilisation s'applique à toutes les entreprises d'Etat, à savoir: les postes, les télégraphes, les téléphones, les chemins de fer fédéraux, les monopoles tels que les sali-

---

234 SdN, 1351, p.-v. CoF, sessions 8-9, 9 septembre 1922.

nes et la régie des tabacs, l'administration des forêts, les exploitations minières fédérales, ainsi que « d'autres services ayant surtout un caractère économique »[235]. Les chemins de fer autrichiens subiront ainsi une réforme radicale[236]. Dans ce pays montagneux, le réseau ferroviaire dense permet de desservir et de ravitailler des zones faiblement peuplées, et représente un poste important du budget fédéral[237]. Le 1er octobre 1923, les chemins de fer adoptent un statut de régie autonome qui les soustrait de toute ingérence gouvernementale. Selon le ministre des finances, on a voulu ainsi – à l'instar de la nouvelle banque centrale – éviter que « les membres du comité directeur [des chemins de fer] soient placés en relation immédiate avec le gouvernement »[238]. Aussi, après plusieurs hausses des tarifs et une réduction drastique du personnel, les chemins de fer autrichiens dégagent un profit[239]. Il n'en va pas différemment avec les postes, télégraphes et téléphones. Privés désormais de subvention fédérale – « no further subsidy is being paid to it » résume le ministère des finances – ils fonctionnent sur une base commerciale[240]. Après une réduction des infrastructures et du personnel, doublée d'une hausse du prix des prestations, ces services publics dégagent un bénéfice de plus de 23 millions de couronnes-or[241].

En Hongrie, le très libéral Comité financier a accueilli avec peu d'enthousiasme la politique de nationalisme économique mise en chantier par le gouvernement de Bethlen; ce dernier avait certes convenu de se défaire des usines métallurgiques appartenant à l'Etat, et de les céder au secteur privé. Au grand désespoir du Comité financier, ces entreprises demeureront sous le contrôle étatique; les comptes publics montrent en revanche que l'exploitation de l'ensemble des entreprises d'Etat hon-

235 Loi de reconstruction, annexe à art. 2 de la section A.
236 En vue de cette réorganisation, le Commissaire général à Vienne a mandaté l'économiste britannique William Acworth pour étudier l'ensemble de la question et soumettre un rapport servant de base aux travaux.
237 Kienböck 1925: 56.
238 Kienböck 1925: 57. La seule intervention de l'Etat se limite à la prise en charge d'environ la moitié des versements au titre de pensions aux anciens employés mis en congé. SdN 1926a: 104, 107. Selon les comptes ultérieurs de l'Etat fédéral, des investissements ont également été effectués via le budget public.
239 Le déficit qui apparaît aux comptes (voir tableau 6.9) concerne les paiements effectués dans le cadre de l'accord sur la Südbahn, ainsi que d'autres subventions.
240 SdN 1926a: 107.
241 SdN 1926a: 118.

groises – poste, banque postale, chemins de fer, entreprises métallurgiques, forêts et mines – travaillent sur une base commerciale et finissent par équilibrer leurs comptes[242].

Les emprunts internationaux et la discipline budgétaire

Le placement d'emprunts de stabilisation sur les marchés financiers constitue, selon les termes de la SdN, la « poutre maîtresse » des programmes de reconstruction[243]. Contrairement au FMI et à la Banque mondiale établis après la Seconde guerre mondiale, la SdN et son Comité financier ne disposent d'aucune ressource propre pour la reconstruction. Les sommes nécessaires à l'ajustement structurel doivent donc être directement empruntées auprès des bailleurs de fonds. Dans la logique coopératiste des années vingt, les fonds ne proviennent cependant pas des gouvernements mais des investisseurs; seul le capital privé mobilisé par des initiatives individuelles est censé permettre la reconstruction européenne. Aussi, la SdN fait office de lien entre les Etats en reconstruction et les places financières occidentales, et elle prend en charge les fonctions de coordination et de contrôle.

Officiellement, les emprunts internationaux sont investis d'une fonction temporaire et limitée: ils doivent éponger les déficits budgétaires pendant les deux ans que dure la transition vers l'équilibre des finances publiques, sans mettre en danger la stabilité monétaire. Ils ne revêtent en d'autres termes à l'origine – à l'exception de Danzig – aucune fonction macroéconomique et se limitent au domaine budgétaire. Contrairement à la reconstruction suivante, et à la philosophie du Plan Marshall, les prêts des années vingt visent à réduire le niveau des dépenses et de la consommation, et s'intègrent dans une logique purement déflationniste; ils s'accompagnent d'ailleurs de politiques monétaires d'austérité. Leur logique dépasse toutefois largement la fonction officielle de stabilisateurs budgétaires. D'une part, ils attestent la soumission des Etats reconstruits à une politique de discipline, et visent ainsi à renforcer leur crédibilité face aux marchés internationaux censés financer la reconstruction. Cotées dans les bourses des principales places bancaires

---

242 Voir le tableau 6.11.
243 SdN 1945: 21.

occidentales et objet d'analyses dans la presse financière, les obligations doivent inspirer la confiance des banquiers dans un « climat » d'investissement sain, tant monétaire que fiscal. D'autre part, les emprunts internationaux sont conçus comme des instruments de pression durant la transition budgétaire. Tous les programmes de reconstruction échafaudés par Genève prévoient en effet l'utilisation des fonds ainsi drainés comme un moyen permettant d'imposer les réformes de l'Etat : les gouvernements n'obtiennent en effet des liquidités qu'à la seule condition de se soumettre au programme de l'OEF et au contrôle permanent sur l'avancement de la reconstruction. D'où la présence de commissaires généraux de la SdN, dont le rôle consiste à surveiller l'ajustement structurel et à débloquer des fonds aussi longtemps que les gouvernements se soumettent aux programmes.

Cette dernière fonction traduit très certainement la portée principale des emprunts de stabilisation. Plusieurs économistes et représentants politiques autrichiens, toutes tendances confondues, ont d'ailleurs douté de la nécessité d'un emprunt qui ne serait pas destiné à l'origine à des investissements, mais uniquement à éponger un déficit temporaire. Otto Bauer (chef de file des sociaux-démocrates), Ludwig von Mises (le célèbre représentant du libéralisme autrichien avant Friedrich Hayek), Alexander Spitzmüller (ancien ministre du commerce de l'empereur et dernier gouverneur de la banque centrale austro-hongroise), Gustav Stolper (l'économiste libéral) ou Walter Federn (de tendance libérale) niaient tous la nécessité financière d'un tel emprunt et avaient mis en garde contre les conditions qui l'accompagnent[244]. Pour le Comité financier et les milieux anglo-saxons en revanche, le prêt remplit une tâche cruciale, car il ouvre la voie à un appareil de contrôle qui met directement en contact les places financières avec les gouvernements des pays en reconstruction, le tout sous l'égide et avec la bénédiction de la SdN. Sauf l'Estonie, dont la stabilisation porte exclusivement sur la monnaie, tous les Etats qui font l'objet d'un programme de la SdN sont soumis à un contrôle selon des modalités très proches (voir tableau 6.7).

---

244 Stiefel 1988 : 143. Otto Bauer signalait encore le 14 octobre 1922 lors du congrès du parti social-démocrate qu'un emprunt extérieur n'est pas une nécessité, appelant ainsi à un programme endogène de reconstruction (Bauer [1922] : 459-487). Voir aussi chez Benay 1998 la reproduction de l'article de Gustav Stolper dans *Der österreichische Volkswirt*, 14 (49-50), septembre 1922, pp. 1190-1191.

La forme du contrôle extérieur a fait couler beaucoup d'encre lorsque, dans le cadre du premier programme conçu par la SdN, il a fallu songer au système à mettre en place à Vienne. La proposition consistant à établir un comité de représentants des gouvernements concernés a été rejetée, notamment par Norman, qui ne voulait pas entendre parler d'une surveillance «politisée». L'idée d'un comité composé des prêteurs n'a pas rencontré plus de succès, notamment auprès de Jean Monnet qui jugeait inconcevable qu'un Etat «moderne» et «civilisé» soit placé sous la tutelle d'un contrôleur capitaliste[245]. Le compromis finalement adopté reflète toutes les caractéristiques de la démarche coopératiste. Le commissaire général ne devra représenter ni la société politique, ni la société civile; il sera désigné par le Conseil de la SdN mais s'occupera avant tout des intérêts des bailleurs de fonds. Figure hybride marquant l'interpénétration du *privé* et du *public*, le commissaire général agit comme un expert «désintéressé» auquel l'image universaliste de la SdN confère un surcroît de légitimité.

Les commissaires ont pour mission générale de superviser la transition institutionnelle des pays en reconstruction et de s'assurer qu'elle se déroule conformément aux accords; ils font également office de conseillers dans l'exécution des réformes[246]. Leur rôle vise plus précisément à agir sur les deux fronts que sont, d'une part, l'équilibre budgétaire et, d'autre part, la sécurité de l'emprunt et de ses revenus. En matière budgétaire, les émissaires de la SdN sont seuls compétents pour débloquer les fonds drainés par les emprunts. Bien que responsables de l'émission et du service annuel de la dette, les gouvernements n'ont en d'autres termes pas d'accès direct à ces ressources destinées à couvrir leurs déficits transitoires. Le commissaire dispose ainsi d'une compétence particulièrement large et peut refuser toute avance à un gouvernement qui ne respecterait pas les termes des programmes de reconstruction. L'emprunt, on le voit, constitue le principal levier pour agir sur la réorganisation de l'Etat, et la personne qui en contrôle le maniement dispose d'une influence considérable. A un second niveau, le commissaire général dispose d'un droit de surveillance sur les revenus de l'Etat.

---

245 Piétri 1970: 63-64.
246 SdN, 1467, CSCA 16, projet de note résumant les pouvoirs et fonctions du contrôle [Autriche], octobre 1922.

Tableau 6.7 : commissaires de la SdN et compétences

	Titre	Désignation	Durée du contrôle	Compétences[247]
Autriche	Commissaire général (Zimmermann)	Conseil SdN	1922-1926	a. contrôle le budget de l'Etat via la mise à disposition des liquidités de l'emprunt b. contrôle les revenus de l'Etat (douanes et monopoles)
Hongrie	Commissaire général (Smith)	Conseil SdN	1924-1926	a. contrôle le budget de l'Etat via la mise à disposition des liquidités de l'emprunt b. contrôle les revenus de l'Etat (douanes et monopoles)
Grèce	– 4 commissaires (exécutif de l'OAER) – CFI (3 représ.)[248]	Conseil SdN (pdt. et vice-pdt. de l'OAER)	1923-1930	a. l'OAER contrôle entièrement l'affectation du produit des emprunts b. la CFI contrôle les revenus de l'Etat affectées en garantie[249]
Bulgarie	Commissaire (Charron)	Conseil SdN	1926-1940	a. ne contrôle que l'affectation du produit de l'emprunt (I et ¼ de II) b. contrôle une partie des recettes (via I)
Danzig	Haut commissaire (permanent) Comm.fiduciaire	Conseil SdN	1925-	a. ne contrôle que l'utilisation de l'emprunt (I) b. contrôle les recettes de la Municipalité (garantie de l'emprunt I)

Sources : Archives SdN ; SdN 1930a ; SdN 1945

Avec les plans de la SdN, une partie des recettes de l'Etat échappent en effet à ce dernier et se trouvent placées entre les mains du commissaire : ce sont les produits des douanes et des monopoles, assignées au service de l'emprunt et fonctionnant comme garantie. Ces revenus sont versés sur un compte spécial placé entre les mains du commissaire. Celui-ci prélève les liquidités nécessaires au paiement des intérêts et de l'amortissement, et verse ces sommes directement aux syndicats bancaires responsables des tranches. Ce prélèvement une fois effectué, le solde éventuel est remis au gouvernement[250]. Le tableau 6.7 synthétise les dispositifs de contrôle institutionnalisés par la SdN.

247 La lettre a. renvoie au contrôle exercé sur la libération des fonds, tandis que la lettre b. concerne le prélèvement des revenus au titre de service de l'emprunt. Les chiffres *I* et *II* renvoient aux deux emprunts grec et bulgare.

248 La CFI, établie à Athènes en 1898, est constituée depuis la guerre de trois membres représentant les gouvernements français, anglais et italien.

249 Il s'agit des revenus des douanes, monopoles, droits de timbre, taxe sur les alcools, ainsi que tous les surplus des revenus déjà assignés à la CFI antérieurement au Protocole. SdN, C.556.M.198.1927.II, Greek stabilisation and refugee loan, protocole du 15 septembre 1927, art. V et annexe.

250 SdN 1930a : 44-46.

Souvent très en vue, comme en témoigne l'exemple autrichien, les commissaires généraux sont donc des personnages-clés de la reconstruction européenne. Ils assurent la rémunération des emprunts auprès des marchés financiers, et ils exercent une pression sur les réformes budgétaires. Dans les cas autrichien et hongrois, des dispositions particulièrement fortes ont été prévues: le commissaire général est autorisé à retenir tous les paiements effectués par le compte des douanes et des monopoles si le plan de réformes budgétaires et monétaires n'est pas exécuté selon les engagements du gouvernement. Il dispose par ailleurs d'un droit de veto qu'il peut opposer à toute mesure susceptible de réduire la valeur des garanties à l'emprunt. On le constate, les intérêts des bailleurs de fonds sont bien protégés par la SdN.

Parmi ces bailleurs de fonds, les établissements anglo-saxons arrivent systématiquement en tête des principales émissions sous l'égide de la SdN (tableau 6.8). La part cumulée de Wall Street et de la City dépasse largement la moitié des tranches, quand elle ne couvre pas la totalité de l'opération, comme dans le cas de l'emprunt grec de stabilisation de 1928. Du côté étasunien, J.P. Morgan & Co. et Speyer & Co. ont pris l'essentiel des tranches émises en Amérique du Nord pour les écouler auprès de leur clientèle. Dans les syndicats qu'ils dirigent figurent – à l'instar du consortium mis sur pied par J.P. Morgan pour l'Autriche – des établissements de poids tels que la First National Bank, Kuhn & Loeb, la National City & Co. ou Bankers Trust[251]. Quant à la City, elle voit certains de ses acteurs financiers les plus influents se porter acquéreurs de la tranche britannique: Baring Bros. & Co., N.M. Rothschild, Henry Schroder & Co. se montrent parmi les plus intéressés, à côté de la Banque d'Angleterre elle-même, qui a dirigé l'émission de l'emprunt autrichien. On le voit, dans l'économie politique de la reconstruction, les commissaires généraux de la SdN sont destinés à garantir des intérêts particulièrement influents dans l'architecture financière internationale.

251 Prospectus de la tranche étasunienne de l'emprunt de reconstruction autrichien, 11 juin 1923.

Tableau 6.8 : banques émettrices des principaux emprunts de reconstruction de la SdN

Autriche	Grande-Bretagne	Banque d'Angleterre	42 %
Emprunt garanti	USA	J. P. Morgan	16 %
du gouvernement	Tchécoslovaquie	pas d'émission publique	10 %
autrichien (1923-1943)	Autriche	consortium autrichien	8 %
	France	Banque de Paris & des Pays-Bas	7 %
	Autres		17 %
Hongrie	Grande-Bretagne	Baring Bros., N.M. Rothschild,	
Emprunt d'Etat		Henry Schroder	55 %
du Royaume de	USA	Speyer	12 %
Hongrie (1924-1944)	Italie	Banca d'Italia	12 %
	Suisse	Union financière	8 %
	Autres		13 %
Grèce	Grande-Bretagne	Hambros ; Erlangers	54 %
Emprunt du gouvernement	USA	Speyer ; The National City (NY) ;	
hellénique (1928-1968)		National City Bank (NY)	46 %
Bulgarie	USA	Speyer ; Henry Schroder (NY)	34 %
Emprunt de stabilisation	Grande-Bretagne	Ottoman Bank (Londres) ;	
du Royaume de Bulgarie		Henry Schroder ; Stern Bros	27 %
(1928-1948)	France	Banque de Paris & des Pays-Bas ;	
		BUP, Société Générale ; Comptoir	
		national d'Escompte, Crédit	
		Lyonnais ; Crédit Mobilier	19 %
	Italie	Banca commerciale Italiana	6 %
	Suisse	Crédit Suisse	5 %
	Autres		9 %

Source : SdN 1945

Les commissaires de la SdN et les intérêts de la finance transnationale

Si les compétences des commissaires sont aussi stratégiques, on ne sera pas surpris de constater que leur désignation n'a pas été laissée au hasard, et que les milieux financiers y ont joué un rôle substantiel. Les commissaires généraux sont nommés par le Conseil de la SdN, mais le Comité financier joue le rôle prépondérant dans leur choix. Arthur Salter, Otto Niemeyer et Henry Strakosch ont fait office de courroie de transmission entre Genève et la City pour coopter des commissaires compatibles avec les marchés financiers. Pour Vienne, la SdN a désigné Alfred Zimmermann, bien connu des milieux financiers puisqu'il avait siégé dans la délégation hollandaise de la conférence de Bruxelles, aux côtés du banquier Ter Meulen. Sa compatibilité avec l'orthodoxie financière a été confirmée par ses fonctions précédentes de maire de Rotterdam, où il aurait gagné selon certains une réputation d'adversaire farouche du socialisme[252]. Après avoir enquêté sur les différents candidats envisageables pour la tâche, l'OEF a arrêté son choix sur ce Hollandais qui recueillait les faveurs de la City: « Zimmermann is strongly supported by Blackett and Norman », écrivent Jean Monnet et Arthur Salter au président du Conseil de la SdN, Arthur Balfour[253].

Les milieux financiers ont également pu dicter leur préférence dans la désignation du commissaire général à Budapest, une fonction qui sera attribuée à Jeremiah Smith, avocat financier de Boston et ami proche de Thomas Lamont, associé de J.P. Morgan, pour qui il travaille[254]. A l'origine, le Treasury britannique – en l'occurrence Otto Niemeyer – penchait pour un autre candidat, Frederick Adrian Delano. Ancien vice-président du système de la Réserve fédérale étasunienne de 1914 à 1918, Delano offrait l'avantage d'être un banquier, au contraire de son rival, qui n'est « que » avocat financier, bien que proche de Morgan et Lamont[255]. Un message téléphonique d'Arthur Salter fera cependant rapidement changer l'avis de Niemeyer: Smith a en effet fait savoir qu'il était « strongly recommended by Boyden, Norman Davis, Jay and Lamont »[256]; « the last three, poursuit-il, definitely and strongly prefer him to Delano »[257]. La nouvelle une fois tombée, le secrétaire général de la SdN, Eric Drummond, s'adresse aux membres du comité hongrois du Conseil pour les inviter à donner leur soutien au candidat de J.P. Morgan, le bailleur de fonds pressenti: « les milieux financiers les plus autorisés en Amérique partagent nettement cet avis […]. Je regrette les inconvénients de ces changements, mais il est évidemment d'une très grande importance d'avoir une personnalité acceptée par les milieux financiers les mieux qualifiés »[258]. Peu après, Arthur Salter expliquera le choix de Smith dans des termes très clairs:

> As our main object in getting an American was to facilitate negotiations for the loan in America, it is clearly of the utmost importance that we should have a Commissioner-General who is acceptable in American financial circles, and particularly to

---

252 Costigliola 1984: 114.
253 PRO, FO 371, 7343, télégramme, Monnet et Salter à Balfour, 4 novembre 1922.
254 BofE, OV9 / 433, télégramme, Cadogan au FO, 15 mars 1924.
255 BofE, OV9 / 433, Niemeyer à Lampson, 18 mars 1924.
256 Pierre Jay est président de la Réserve fédérale de New York, et Norman Davis, ancien banquier, est secrétaire adjoint au Treasury étasunien.
257 BofE, OV9 / 433, Note Niemeyer, telephone message from Salter [fin mars 1924].
258 AMAE, fonds SdN, 1250, Drummond aux membres du comité hongrois du Conseil, 24 mars 1924.

Mr. Lamont. As Mr. Lamont very definitely thinks Smith is better than Delano, I fear it would prejudice our negotiations a good deal if we offered the post to Delano first [...]. As the case of the British Government, it is not, I think, that they have any definite knowledge or view themselves as to either candidate, but they are extremely anxious that the person appointed should be acceptable in American financial circles, as that will have an influence both on the American issue, and, by reaction, on the English one[259].

La cooptation de Jeremiah Smith illustre clairement le rôle de la finance étasunienne – en l'occurrence l'influence de Thomas Lamont – sur les décisions de la SdN. Jusqu'à l'échelon du président du Conseil et du secrétaire général de l'organisation, les banquiers sont en mesure de faire prévaloir leur choix dans des décisions cruciales de la régulation sociale.

Réforme de l'Etat et divergences autour de la discipline budgétaire

Si les réformes du système monétaire ne présenteront guère de problème majeur au Comité financier et aux milieux financiers anglo-saxons, la transition budgétaire n'ira pas sans difficultés[260]. Les réformes radicales ont permis de contenir les dépenses, tandis que du côté des recettes, les impôts ont dégagé plus de liquidités que ne le prévoyaient les budgets du Comité financier (tableau 6.9). En d'autres termes, les budgets tant autrichien que hongrois se sont très rapidement stabilisés, mais à un niveau supérieur aux exigences des programmes de reconstruction. Les plafonds imposés n'ont donc pas été respectés. Cette situation inattendue posait deux problèmes à la SdN : d'une part, son programme d'amaigrissement de l'Etat et de ses compétences se trouvait entravé par l'afflux de recettes fiscales plus élevées que les prévisions. Si le déficit constituait

---

259 AMAE, fonds SdN, 1250, Salter à Clauzel, 27 mars 1924.
260 Au niveau monétaire, des tensions naîtront entre la Banque d'Angleterre et la Banque nationale autrichienne entre l'été 1924 et le printemps 1925. Le différend porte sur deux points principaux : (1) la politique d'achat de devises comptabilisées en dehors des réserves de la banque (Kostgeschäft), (2) la politique de lutte contre l'inflation. Ce second point traduit toute la différence de conceptions entre Vienne et Londres. Pour Norman, le risque de hausse des prix constitue la principale menace sur la monnaie autrichienne et toutes ses démarches visent à dicter une politique déflationniste au moyen du taux d'intérêt. Pour Vienne au contraire, une politique de l'argent cher risquerait de déprimer encore plus une économie qui tourne au ralenti en raison du coût excessif de l'argent. A ce sujet, voir surtout BofE, OV 28/59, ainsi que Piétri 1970 : 140-143.

une aubaine pour les financiers genevois, car il leur fournissait l'argument idéal pour exiger des coupes budgétaires, le bénéfice budgétaire les privait d'une justification importante pour leur discipline de l'Etat. D'autre part, en dégageant des bénéfices aussi rapidement, l'Autriche et la Hongrie se dispensaient de recourir à l'emprunt. En perdant sa raison d'être, ce dernier privait par la même occasion le Comité financier et le commissaire général de tout instrument de pression: impossible désormais de marchander les liquidités contre des coupes dans les dépenses étant donné que les gouvernements autrichien et hongrois n'avaient plus besoin de recourir aux liquidités de l'emprunt pour équilibrer leur budget. «[Le gouvernement] n'a temporairement plus besoin de l'argent de Zimmermann et celui-ci perd son meilleur moyen de pression qui consistait à ne lâcher des fonds que contre engagement de réformes», regrette Pierre Quesnay, bras droit du commissaire à Vienne[261].

Tableau 6.9: dépenses de l'Etat autrichien (1923-1925)
(en millions de couronnes-or)[262]

	1923	1924	1925
Dépenses			
Service de la dette	51	95	75
Pensions et indemnités	55	118	112
Armée	43	45	48
Œuvres sociales	44	51	65
Administration	154	187	207
Allocations au personnel	41	27	4
redistribution aux communes et provinces	73	113	179
Chemins de fer (déficit)[263]	132	28	12
Monopoles et entreprises d'Etat (déficit)	23	16	4
Divers	–	–	–
Total dépenses	616	680	706
Recettes	556	738	810
Résultat	-60	58	104

Sources: SdN 1926a: 110-111

261 PRO, T 160/59, dossier #14, Quesnay à Felkin, 16 janvier 1924.
262 Dépenses ordinaires sans les investissements.
263 Le déficit ne concerne pas les chemins de fer autrichiens, mais la Südbahn et d'autres subventions.

En dépit d'une stabilisation budgétaire rapide, le Comité financier n'est donc pas satisfait de la tournure des événements. En décembre 1923, les rapports du commissaire général à Vienne adoptent un ton plus dur pour dénoncer une stabilisation à un niveau trop élevé, et le manque de coupes budgétaires[264]. Pierre Quesnay s'est efforcé de « réparer l'arme de pression financière » mais, selon ses propres termes, « elle est ébréchée ». Il ne reste plus guère que la menace du prolongement du contrôle aussi longtemps que l'Autriche ne ramène pas son budget au plafond imposé par la SdN, ou l'exigence d'un remboursement de l'emprunt[265]. Le directeur de l'OEF, Arthur Salter, préconise ainsi d'insister auprès du commissaire général pour faire comprendre à l'Autriche que même stabilisé à un niveau supérieur, le budget ne correspond pas pour autant aux engagements pris à l'égard de la SdN. Il demande ainsi à Zimmermann de supprimer tout versement de liquidités de l'emprunt aussi longtemps que le budget n'est pas ramené au niveau fixé par le programme[266].

Le gouvernement conservateur de Seipel voit la situation financière de l'Autriche sous un autre angle. Selon le ministre des affaires étrangères, le but du programme de la SdN, en l'occurrence la réalisation de l'équilibre budgétaire, est atteint. Ce résultat a été obtenu grâce à « une compression radicale et simultanée de toutes les dépenses de l'Etat ». Des dépenses afférentes à des travaux et à des mesures de première nécessité ont parfois dû être supprimées, de sorte que les économies réalisées entravent le fonctionnement de l'appareil étatique et « affectent également la vie économique » du pays. Pour le gouvernement, le plafond budgétaire imposé par la SdN est tout simplement irréalisable. Le gouvernement autrichien demande ainsi de pouvoir maintenir le budget à

---

264 SdN, rapport du commissaire général de la SdN à Vienne. Voir aussi Piétri 1970: 107.

265 PRO, T 160/59, dossier #14, Quesnay à Felkin, 16 janvier 1924.

266 PRO, T 160/59, dossier #14, memorandum Salter, 18 février 1924. Dans le même ordre d'idée, voir la position du Treasury britannique qui considère « the present scale of Austrian expenditure with growing concern » et insiste auprès du commissaire général pour que le niveau des dépenses soit ramené aux exigences du programme (PRO, FO 371, 9651, Memorandum, Treasury, 1er mars 1924). En fin mai 1924, le Treasury (Niemyer) insiste auprès du Foreign Office pour que la pression sur Vienne ne soit pas relâchée et le budget réduit au niveau de dépenses fixé par le CoF: « The Austrian Government have not carried out the programme of economy agreed by them with the League; their taxation is clearly far too high » (FO 371, 9651, Niemeyer au FO, 30 mai 1924).

l'équilibre atteint, et d'utiliser les ressources de l'emprunt pour des investissements productifs. Au lieu de réduire les dépenses, l'Autriche suggère d'utiliser ces moyens à des fins conjoncturelles, afin de stimuler la relance économique et de contribuer à résorber le chômage[267].

Le Comité financier ne l'entend pas de cette oreille et reste attaché aux termes précis de son programme. Pour les banquiers genevois, la situation autrichienne ne suscite pas encore la confiance voulue, une confiance dont dépend la prospérité du pays. Aussi la discipline budgétaire doit-elle être poursuivie en dépit des résultats positifs : « nous nous sentons tenus d'insister pour que la réforme administrative soit poursuivie d'urgence, car sans cette réforme, ni le monde, ni nous-mêmes ne pourrions être assurés que l'équilibre budgétaire sera maintenu »[268]. De nombreux points restent insatisfaisants, aux yeux du Comité financier. D'une part, le progrès n'a pas été suffisant dans le domaine de la restructuration administrative : seules 66 000 personnes ont été licenciées à ce stade sur les 100 000 exigées. De plus, les pensions de retraite sont jugées « exceedingly generous » et doivent être réduites. Quant aux revenus fiscaux, ils sont incertains et trop élevés. Certains impôts doivent être baissés, notamment, exige le Comité financier, l'impôt sur le chiffre d'affaire des banques *(Bankenumsatzsteuer)* et l'impôt sur les transactions de capitaux *(Valutenumsatzsteuer)*. D'une manière générale, il s'agit de réduire la taxation des entreprises afin de renforcer la compétitivité des firmes autrichiennes sur le marché mondial. En d'autres termes, concluent les banquiers genevois, le gouvernement serait mal avisé de négliger « le besoin urgent d'entreprendre immédiatement des réformes radicales »[269]. Quant à l'emprunt, il est hors de question de l'utiliser à des fins autres que celles pour lesquelles il a été émis, à savoir couvrir le déficit budgétaire : donner à une partie des sommes une affectation différente reviendrait à violer les promesses faites aux obligataires. Aussi longtemps que la SdN est d'avis que les ressources sont nécessaires à la réduction budgétaire, les modalités d'utilisation de l'emprunt ne seront pas remises en cause[270].

267 SdN, 1311, documents du CoF, F186, I.A, lettre du ministre autrichien des affaires étrangères au commissaire général de la SdN, 10 mars 1924.
268 SdN, 1310, documents du CoF, F 161, rapport du CoF et du commissaire général au Conseil de la SdN, 14 juin 1924.
269 SdN, 1310, documents du CoF, F 162, rapport confidentiel du CoF, 14 juin 1924.
270 SdN, 1310, documents du CoF, F 161, rapport du CoF et du commissaire général au Conseil, 14 juin 1924.

Face à l'impuissance du commissaire général à utiliser le prêt comme un instrument de la discipline budgétaire, le Comité financier se verra obligé de lâcher quelque peu la pression sur les finances autrichiennes. En septembre 1924, un nouvel accord est signé, qui amende le programme de reconstruction de 1922 et allège le système de contrôle[271]. Cependant, si le gouvernement de la république alpine dispose désormais d'un plafond rehaussé et d'une marge d'investissements de 50 millions de couronnes-or sur l'emprunt de la SdN, il s'engage à poursuivre une série de réformes dictées par Genève. En particulier, les licenciements doivent se prolonger pour atteindre l'objectif de 100 000 fixé à l'origine. D'autre part, la fiscalité doit être réduite ; les banquiers du Comité financier ne s'en prennent toutefois pas aux impôts sur la consommation, qui frappent lourdement la population, en particulier les classes à bas revenu. Ce sont au contraire les prélèvements sur les activités financières qui doivent être réduites, afin de supprimer les obstacles à la circulation du capital transnational. Ainsi, selon les propos du Comité financier, les impôts sur le chiffre d'affaire des banques et sur les transactions financières « rendent inutilement chers à la fois le capital étranger et le capital autrichien ; ils sont essentiellement condamnables dans leur principe parce qu'ils réduisent la vitesse de circulation des capitaux »[272]. Les réformes fiscales opérées par le gouvernement feront presque entièrement disparaître les impôts sur le capital quelques mois plus tard[273]. Dans le même ordre d'idée, l'OEF exige une modification de la législation visant à faciliter les émissions d'obligations en les exonérant de taxes sur les intérêts, et en réduisant considérablement les droits de timbre sur les papiers-valeurs. Il demande

---

271 SdN, 1311, documents du CoF, F 179, rapport du 8 septembre 1924, et F 186, accord du 16 septembre 1924.
272 SdN, 1311, documents du CoF, F 186, rapport du CoF et du commissaire général, 15 septembre 1924.
273 Réalisée dans le sillage du programme de la SdN, la réforme fiscale autrichienne présente l'évolution suivante dans le domaine de la fiscalité indirecte (selon Stiefel 1988 : 11) :

	1923	1929
Impôt sur les titres et papiers-valeurs	20 %	0,3 %
Impôt sur les titres en monnaies étrangères	11 %	0,0 %
Impôt sur le chiffre d'affaire des banques	16 %	0,1 %
Impôts sur la consommation	53 %	99,6 %
Total impôts indirects	100 %	100 %

Tableau 6.10 : évolution des dépenses publiques (budget fédéral) en Autriche (1913-1931)

	1913	1924	1925	1926	1927	1928	1929	1930	1931
Dépenses du budget fédéral p/r au PNB (%)	18,5%	14,2%	14,0%	15,6%	16,7%	16,9%	16,5%	19,8%	22,5%
Evolution des dépenses (p/r à l'année précédente)		+10%	+3%	+15%	+14%	+6%	+1%	+15%	+2%

Selon : SdN 1926a ; Kernbauer 1995 : 562 ; Stiefel 1988 : 2, 20

également une réduction de la fiscalité des entreprises et des dispositions permettant de contenir les prélèvements d'impôts par les provinces et les communes. En ligne de mire figure la municipalité de Vienne, contrôlée par les sociaux-démocrates, qui y poursuivent une politique que la SdN juge incompatible avec la reconstruction.

Les nouveaux accords ne mettent pas pour autant l'Autriche à l'abri des pressions de la SdN. En dépit d'un budget équilibré et de plus en plus bénéficiaire, le Comité financier, en parallèle au Treasury britannique, réitère ses exigences en vue d'une compression des dépenses et d'une baisse des recettes fiscales[274]. « Austria is no longer the favoured child of foreign finance », conclut Niemeyer devant le refus – ou l'incapacité ? – du gouvernement autrichien de soumettre son budget à la cure d'amaigrissement ordonnée par le Comité financier[275]. Aussi, en dépit des pressions de toutes parts, gouvernement français compris[276],

---

274   PRO, T 160/59, #19, Niemeyer à Chamberlain, 19 février 1925.
275   PRO, T 160/59, #19, Niemeyer à Lampson, 24 février 1925.
276   Un mythe tenace veut que les milieux diplomatiques et financiers français ont fait preuve de « laxisme » budgétaire et monétaire dans les différentes reconstructions européennes. Le Treasury britannique s'en fait souvent l'écho, autant que des historiens tels que Richard Meyer par exemple (1970 : 100-137). Comme le démontre Philippe Marguerat (1988 : 483), une grande rigueur caractérise la Banque de France dans le cadre du plan de reconstruction roumain. Les cas autrichien et hongrois ne font pas exception à la règle : les directives du gouvernement français à ses délégués à Genève en témoignent clairement. A titre d'exemple, les instruction envoyées en février 1925 au délégué au CoF, Louis de Chalendar, précisent ainsi : « Il a été rappelé à M. de Chalendar que la crise politique que traverse actuellement l'Autriche a uniquement pour point de départ une résistance sourde mais continue à l'exécution des réformes imposées par la Société des Nations […]. Dans ces conditions, M. de Chalendar devra, tout en usant de tous les ménagements de forme, se montrer très ferme à l'égard du ministre des finances

la SdN se trouve finalement placée devant un fait accompli. Après une étude de la situation économique du pays[277], elle finit par alléger son système de contrôle : en déchargeant le commissaire général de sa fonction de contrôleur du budget, la SdN réduit ses fonctions à une vérification de l'utilisation du solde de l'emprunt. En juin 1926, le système de contrôle est suspendu et le commissaire quitte ses fonctions[278].

Même si le programme de l'OEF n'a pu être réalisé dans les limites budgétaires qu'il prévoyait, et en dépit des multiples injonctions de toutes parts exigeant du gouvernement autrichien qu'il exécute ses engagements au pied de la lettre, les objectifs des milieux bancaires et du Comité financier ont été largement atteints. Le budget a été équilibré et a rapidement dégagé des bénéfices. L'administration publique a été entièrement refondue, et au moment où le commissaire général rentre à Genève, le gouvernement autrichien s'est séparé de 96 000 fonctionnaires sur les 100 000 exigés par le programme. Les entreprises d'Etat fonctionnent selon une logique commerciale et dégagent des profits, à l'exception du cas particulier de la Südbahn. Les prélèvements fiscaux sur le capital et les transactions financières ont été abolis, et la fiscalité des entreprises a été allégée. Le contrôle des flux financiers (contrôle des changes) a été levé, et la nouvelle monnaie autrichienne, le schilling, passe désormais pour le « dollar des Alpes »[279]. La part des dépenses publiques fédérales dans le PNB autrichien représente un meilleur indicateur du rôle de l'Etat que le simple total des dépenses qui figure dans la ligne de mire du Comité financier. Comme le montre le tableau 6.10, les dépenses publiques sont contenues dans des proportions restreintes entre 1924 et le début de la crise en 1929. En 1924, elles se situent même largement au-dessous de leur niveau d'avant-guerre, et elles ne dépassent le niveau de 1913 qu'à partir du milieu de 1930. C'est essentiellement la dépression économique dès la fin de la décennie

---

d'Autriche et lui donner l'impression très nette que le Gouvernement français entend que l'œuvre de relèvement entreprise par la Société des Nations doit être poursuivie jusqu'au bout. » (AMAE, série SdN, 1232, note du 4 février 1925).

277 SdN, C.440(1).M.162(1).1925.II, La situation économique de l'Autriche, rapport présenté au Conseil de la Société des Nations par W.T. Layton et Charles Rist, 19 août 1925.

278 SdN, C.797, résolution du Conseil de la SdN du 9 décembre 1925 ; SdN, C.385, Terminaison des fonctions du commissaire général, 16 juin 1926.

279 L'expression est empruntée à Yeager 1981 : 48.

et l'effondrement financier de l'Europe centrale en 1931 qui marqueront une hausse de cette proportion.

La Hongrie présente un tableau très proche de l'Autriche : le budget y a été équilibré plus rapidement que les prévisions de la SdN, grâce aux impôts indirects qui représentent une part très importante de la structure fiscale hongroise (tableau 6.11). A l'été 1924, soit six mois après la mise en chantier du programme de stabilisation, les dépenses sont entièrement couvertes par les revenus ; des bénéfices seront dégagés au terme de la première année. A l'instar de l'Autriche, le Comité financier perdait ainsi l'instrument de contrôle et d'influence que lui offrait l'emprunt. Il lui faudra ainsi régulièrement intervenir pour réduire les dépenses d'un budget pourtant positif, et se résoudre à accepter l'utilisation de l'emprunt pour des investissements. En juin 1925 par exemple, le Comité déplore le dépassement du plafond budgétaire, malgré l'équilibre financier, et demande la poursuite des réformes structurelles et des licenciements, ainsi qu'une baisse des impôts[280]. Les employés de l'Etat paieront ainsi un lourd tribut à la reconstruction : si le plan de l'OEF prévoyait initialement 15 000 suppressions de postes en plus des licenciements déjà opérés précédemment par les différents ministères, le gouvernement portera le nombre des réductions à plus de 40 000, soit 20 % du total des fonctionnaires inscrits au budget de 1923/1924, afin de satisfaire les critères d'ajustement imposés par la SdN[281]. En mars et en décembre 1925, le Comité financier insistait en effet qu'en dépit des 25 000 mises en congé déjà effectuées, d'autres postes doivent encore être supprimés pour comprimer le budget dans les limites prévues[282]. En mars 1926, le Comité précise qu'il a dû fréquemment attirer l'attention sur l'importance que présentent, « pour l'avenir des finances publiques de la Hongrie », une diminution « considérable » du nombre des fonctionnaires d'Etat ; il en appelle à des réductions de fonctionnaires plus « radicales », qui seraient « à la fois possible et auraient un avantage incontestable pour la situation financière future de la Hongrie »[283].

280 SdN, C.335(I)M116.1925(II), rapport du CoF du 8 juin 1925.
281 SdN 1926b : 122.
282 SdN, C.100.1925.II, rapport CoF du 10 mars 1925 ; SdN, C.803.M.279.1925.II, rapport du CoF sur sa session du 3 au 8 décembre 1925.
283 SdN, 1471, sous-comité hongrois du Conseil, documents, C.148.1926.II, rapport du CoF du 8 mars 1926.

Tableau 6.11: finances publiques en Hongrie (en millions de couronnes-or)[284]

	1924/1925	1925/1926	1926/1927	1927/1928	1928/1929
Dépenses	868	990	1 079	1 169	1 271
Revenus	928	1 067	1 209	1 250	1 280
Monopoles et entreprises d'Etat (bénéfice)	-20	-4	2	-2	1
Résultat	60	76	130	81	9

Source: selon Berger 1982: 543

Comme en Autriche, et en dépit de l'humeur souvent maussade du Comité financier, les résultats obtenus en Hongrie correspondent de près aux objectifs des programmes: le budget est équilibré beaucoup plus rapidement que prévu (en dépit d'un plafond supérieur), les fonctionnaires sont congédiés dans des proportions supérieures aux exigences, et les entreprises d'Etat, soumises à une logique de profit, couvrent leurs frais. Quant aux capitaux étrangers, ils affluent abondamment dans le système financier hongrois, conformément aux schémas genevois de la reconstruction via le capital privé. Quelles que soient les divergences apparentes entre le gouvernement des pays reconstruits et la SdN, force est donc de constater la conformité des ajustements structurels avec les injonctions des milieux financiers. D'ailleurs, en 1945, l'ancien adjoint du commissaire général à Budapest et représentant du Comité financier dans la ville danubienne soulignera dans son rapport de synthèse sur les plans de reconstruction de la SdN que ces derniers se sont exécutés «avec une précision presque surnaturelle, et bien en deçà des délais prévus»[285].

---

284 Des méthodes de calcul différentes empêchent de comparer le total des dépenses avec les prévisions contenues dans les programmes du CoF (tableau 6.6).
285 SdN 1945: 180.

7. Institution globale, reconstruction et asymétrie sociale

Les parties précédentes ont examiné les processus au moyen desquels l'organisation internationale, conçue comme un rapport social, permet à certaines forces de reconfigurer les discours dominants et la structure institutionnelle en accord avec leurs conceptions ou leurs intérêts. L'analyse a également mis en évidence les procédures par lesquelles les discours sur l'ordre économique et social sont légitimés et deviennent des référentiels au-delà de l'entité sociale qui les a investis initialement. Dans une économie politique en transition, l'institution globale contribue ainsi à remodeler les rapports sociaux, à adapter et institutionnaliser les discours dominants, et à développer le constitutionalisme qui en découle. Si l'organisation internationale occupe une place prioritaire dans cette opération de restructuration/stabilisation des rapports de forces, elle est également inséparable d'une asymétrie sociale. Les différents acteurs économiques et les groupes sociaux ne sont pas touchés de manière uniforme par le processus de (re)construction, et la transition produit ainsi des inégalités. Ce chapitre développe l'argument selon lequel l'institution globale, dans une situation de transition du capitalisme, est indissociable d'une dialectique entre forces sociales. Faute d'avoir pu canaliser cette asymétrie dans un ordre social consensuel et capable de gérer les contradictions économiques, la reconstruction s'est accompagnée de tensions sans cesse croissantes.

Le chapitre est articulé en trois volets. Dans un premier temps, l'analyse portera sur le segment ultime de la logique de reconstruction de la SdN durant les années vingt : l'afflux de capitaux transnationaux et les vertus stabilisatrices qu'ils sont supposés revêtir, ou en d'autres termes leur prétendue propension à financer la réorganisation des systèmes de production et à générer une relance économique. Puis, l'attention portera sur une première tension inhérente à l'asymétrie sociale de la reconstruction : la dialectique entre l'économie financière et l'économie réelle (production et services). On constatera que si le capital trouve des opportunités de placement très profitables, il n'est pas sans générer des effets macroéconomiques allant à l'encontre des prétendues propriétés « stabilisatrices » que les programmes de reconstruction et la pensée libérale lui confèrent. Nous aboutirons ainsi au constat que ses retombées, en termes d'emploi et de développement économique, sont très discutables, et font reposer l'essentiel des coûts de la transition structurelle sur le système de production. Dans un troisième temps, l'asymétrie sera étudiée dans sa dimension sociopolitique. L'analyse s'intéressera à la reconfiguration de l'ordre social dans le sillage des programmes de la SdN, et au soutien apporté aux forces conservatrices dans la (re)construction d'un ordre propice aux intérêts du capital.

Aussi, ce chapitre propose une connaissance de la reconstruction européenne qui insiste sur des aspects parfois négligés par les approches classiques de l'histoire des relations internationales ou de l'EPI orthodoxe. D'abord, elle évite les pièges des approches réalistes ou libérales en conceptualisant le pouvoir de façon plus complexe et complète, et permet d'associer l'organisation internationale aux relations de production sur lesquelles, en tant que rapport social, elle s'appuie. Puis, l'économie politique historique proposée ici placera l'organisation internationale en lien direct avec les conditions matérielles d'existence et la vie quotidienne des individus, et évite ainsi de réduire la narration historique à la production d'un tableau des élites. Par ses effets sur l'emploi, sur les conditions de travail, ou sur la répartition de la charge fiscale, l'organisation internationale est intégrée dans la constitution de l'environnement social d'un spectre très large de la société. Enfin, ma perspective permet d'insister sur l'émergence, dès le départ, de tensions macroéconomiques et socioéconomiques dans le projet de la reconstruction européenne. Elle évite ainsi de considérer cette dernière comme une réussite à laquelle un élément externe – le krach de Wall Street et la crise subséquente – aurait malencontreusement mis un terme[1]. En insistant sur les contradictions inhérentes au projet de reconstruction, je montre l'émergence, dès le début et de manière croissante, des tensions qui aboutiront à son échec dès la fin de la décennie.

---

1   C'est le cas, explicitement ou implicitement, des approches orthodoxes de Dornbusch (1992), Nötel (1986), Piétri (1970) ou Santaella (1992, 1993).

7.1 Reconstruction privée et circuit transnational du capital

La SdN et la libéralisation du système financier

Expression du libéralisme coopératiste, la reconstruction européenne est dès l'origine destinée à être le résultat de l'initiative individuelle et de l'argent privé. On a vu que le rôle de l'Etat, dans un tel projet, se résume à la mise en place de conditions structurelles favorables aux investissements. Pour les financiers réunis à Bruxelles, l'objectif consiste à instituer un climat garantissant la crédibilité des systèmes financiers et la confiance des investisseurs. La fonction primordiale conférée aux capitaux transnationaux s'est manifestée par une rhétorique orthodoxe de la discipline monétaire et de l'austérité budgétaire, étudiées dans le chapitre précédent. Elle se double cependant d'une troisième mesure nécessaire à l'arrivée des liquidités : la libéralisation du circuit transnational du capital. Il s'agit en d'autres termes de crédibiliser les systèmes financiers et de gagner la confiance des investisseurs en garantissant une mobilité maximale du capital : qu'il s'agisse de liquider les investissements, de transférer des bénéfices ou d'exploiter un climat financier plus propice, les systèmes de contrôle des changes doivent être abolis. Cette libéralisation des mouvements financiers n'est pas propre aux seuls programmes de la SdN, mais figure au centre du consensus de Bruxelles et caractérise l'ensemble de la reconstruction européenne. Le coup d'envoi en a été donné par la Grande-Bretagne en 1919, lors de la levée des mesures légales. L'embargo tacite sur les exportations de capitaux placé sous le contrôle de la Banque d'Angleterre sera lui aussi suspendu une fois la livre stabilisée[2]. Au fur et à mesure que les pays européens instituent l'étalon-or, les dispositions contrôlant

2   Sur la levée du contrôle des changes et la législation britannique en matière de régulation des investissements étrangers, voir Atkin 1970. Pour l'embargo de la Banque d'Angleterre et ses effets sur les flux britanniques de capitaux, voir Attard 2004 ; Boyce 1987 : 95 ; Burk 1992 ; Orde 1990 : 311 ; Sayers 1976, III : 310-313. L'efficacité de l'embargo est sujette à de sérieux doutes. Sayers fait état de chiffres de la Midland Bank qui affichent des prêts étrangers à long terme gravitant entre £ 80 et 140 millions chaque année de 1920 à 1929. Durant les trois années précédant la stabilisation de la livre, ces nouveaux prêts étrangers s'élèvent à plus de £ 130 millions par année, soit plus de $500 millions (Sayers 1976 III : 310-311).

les changes sont supprimées. La France représente le dernier marché financier significatif à abolir son contrôle en 1928[3].

La délégation du Comité financier qui séjourne à Budapest en mars 1924 négocie avec les autorités hongroises une libéralisation progressive du système financier[4]. Les garanties obtenues sont d'autant plus fortes que la nouvelle banque centrale milite activement pour un démantèlement des entraves au circuit du capital[5]. Aussi, à peine plus d'un an après la mise en chantier du programme de reconstruction, et après avoir été prié à plus d'une reprise d'accélérer la procédure, le gouvernement hongrois abroge le décret sur le contrôle des changes[6]. Il n'en va pas différemment en Autriche, où le conseiller auprès de la banque centrale et le commissaire général œuvrent en vue d'une suppression aussi rapide que possible de l'office de contrôle des changes, « so that the entire liberty of the exchange-market could again facilitate all business-transactions and induce foreign capital to make not only temporary but also investments at a long term », s'exclame le conseiller suisse auprès de la banque centrale[7]. En mars 1925, une ordonnance du ministère des finances lève les derniers obstacles et établit la liberté des changes[8]. Désormais entièrement perméables aux investisseurs transnationaux, les systèmes financiers des pays stabilisés sous l'égide de la SdN – et l'Allemagne participe du même processus – verront affluer des volumes relativement importants de capitaux, comme le préconisaient les programmes de stabilisation. Mesurés en fonction de la capacité économique des pays reconstruits, les investissements prennent généralement l'aspect d'afflux massifs, en tous cas en Hongrie, en Autriche et en Allemagne. Les taux de rendement extraordinairement élevés à

3   Sur le cas français, voir notamment Debeir 1976.
4   SdN 1926b: 26.
5   AMAE, Série SdN, 1252, Carbonnel à Briand, 3 octobre 1925.
6   SdN 1926b: 223. Le décret sur le contrôle des changes est abrogé en octobre 1925. Pour un aperçu de la nouvelle législation hongroise en matière d'investissements, voir PRO, BT 11-40, memorandum Lenart, 10 mai 1929. Voir aussi à ce sujet les rapport Smith 17 (p. 4) et 19 (p. 3). Dans sa session n° 27, le Conseil avalise la demande formulée par le CoF exigeant une levée du contrôle des changes (SdN, C 772(I)M317(I)1923(II), F120, rapport CoF, p. 415).
7   FRBNY, dossier Autriche, Schnyder von Wartensee à J. H. Case (Deputy Governor), 24 octobre 1923.
8   SdN, 1313, documents du CoF, F253, p. 6, annexe au rapport du CoF au comité d'Autriche du Conseil.

Vienne, à Budapest ou à Berlin, la forte demande de capitaux en Europe centrale, et les mesures disciplinaires institutionnalisées sous l'égide de la SdN permettent de comprendre comment ces zones périphériques d'une *économie-monde* en transition sont devenues des marchés lucratifs – bien que secondaires – pour le recyclage des capitaux du centre.

Aussi, lorsque se posera la question de la reconstruction européenne après la guerre suivante, la SdN notera que « le plan de reconstruction de l'Autriche [et] celui de la Hongrie, aboutirent, dans ces deux pays, à la stabilisation et [...] les transformèrent en centres d'attraction pour les capitaux à investir et les prêts à court terme »[9]. Le volume des fonds ne suffit cependant pas à conclure au succès de la reconstruction ; encore s'agit-il de cerner de plus près la nature des capitaux (court terme, long terme, investissements directs), et les secteurs économiques dans lesquels ils ont été engagés. La section suivante dresse ainsi un tableau analytique des investissements étrangers dans les pays faisant l'objet de programmes du Comité financier. Inutile de souligner la difficulté d'une telle opération : avant la crise des années trente, les flux transnationaux de capitaux sont très mal documentés, et leur volatilité rend toute comptabilité malaisée. La libéralisation des années vingt est d'ailleurs largement responsable de la situation : en abolissant les dispositifs de contrôle, la reconstruction européenne écarte dans un même élan toute possibilité pour les gouvernements ou les banques centrales de savoir précisément la nature et le volume de l'endettement extérieur.

Engagements à long terme

Les engagements financiers à long terme s'inscrivent dans le sillage des emprunts de stabilisation de la SdN dont la fonction – hormis la couverture temporaire des déficits budgétaires et l'imposition d'un dispositif de contrôle – consiste à gagner la confiance des marchés financiers. La rapidité avec laquelle les emprunts de stabilisation ont été souscrits témoigne clairement de l'engouement des investisseurs anglo-saxons pour ces obligations : l'emprunt autrichien a été vendu en quelques minutes sur les places londonienne et new-yorkaise. A Wall Street, la totalité des souscriptions a dépassé de cinq fois le montant de la

---

9   SdN 1945 : 177.

tranche émise[10]. L'emprunt hongrois a suscité une même frénésie : à Londres, en une heure et demie, la tranche britannique a été couverte à hauteur du double de son nominal[11]. Si un tel enthousiasme semble traduire la confiance des investisseurs et la force des dispositions disciplinaires instituées par la SdN, il n'en demeure pas moins que les banques émettrices, J. P. Morgan en tête, n'ont cessé de faire planer des doutes sur leur participation, essentiellement pour durcir les modalités d'émission et bénéficier de conditions plus favorables.

Malgré le succès indéniable des emprunts de stabilisation, force est de souligner le caractère relativement timide des engagements ultérieurs à long terme. Le système financier anglo-saxon s'est montré peu intéressé par ces placements. Les milieux industriels et financiers viennois n'ont cessé de rappeler la pénurie de capitaux à long terme. La rareté de telles disponibilités est d'autant plus problématique que l'accumulation domestique est particulièrement modeste dans des pays où le capital a été anéanti par l'hyperinflation. Les experts du Comité financier soulignent ainsi en 1925 le besoin pressant d'octroyer aux industries autrichiennes des facilités à long terme, elles seules permettant d'assurer une reconstruction de l'appareil de production et des infrastructures[12]. Le problème est particulièrement aigu en Bulgarie, qui ne parviendra pas à drainer des investissements à long terme en dehors des deux émissions de la SdN. Le tableau 7.1 illustre le phénomène. En Autriche, une fois les tranches de l'emprunt genevois émises, les prêts ont tendance à se tasser et, hormis en 1927, ils ne dépassent guère les 20 millions de dollars par an ; en 1929, alors que la finance étasunienne a définitivement tourné le dos au marché européen, l'Autriche ne parvient à attirer qu'à peine plus de 10 millions. Des avoirs pourront être drainés en 1930, lorsque le gouvernement autrichien émettra un emprunt public destiné à couvrir les dépenses d'investissements, des dépenses réduites à néant ou presque pendant la stabilisation.

10   PRO, FO 371, 8542, Autriche 1923, Chilton (ambassade britannique à Washington) au FO, 15 juin 1923. Voir aussi Burk 1989 : 141.
11   FRBNY, 1116.4, Strong à Norman, 9 juillet 1924 ; AMAE, Série SdN, 1251, note SFSdN du 27 août 1924.
12   SdN [Layton/Rist] 1925 : 149.

Tableau 7.1: afflux de capitaux étrangers à long terme (1922-1930)

	Autriche en mio. de $	Hongrie en mio. de $	Bulgarie en mio. de $
1922			0,7
1923	130,1	2,7	1,1
1924	64,9	44,5	1,0
1925	22,5	9,9	0,4
1926	22,2	21,6	17,2
1927	47,6	45,5	7,5
1928	18,4	45,0	22,3
1929	13,6	28,8	5,8
1930	62,0	56,0	5,9
total	381,3	253,9	61,9

Sources: Autriche: selon annuaire statistique de la SdN; Nötel 1984: 156; Stiefel 1988: 294 (estimation du ministère des finances). Hongrie: Berend/Ránki 1965: 277; Berend/Ránki 1985: 49; Péteri 2002: 138. Bulgarie: calculs sur la base de Nötel 1974 et Pasvolsky 1930: 175

Durant la seconde moitié de la décennie, la Hongrie semble plus appréciée des milieux financiers étrangers, sans qu'on puisse véritablement parler d'un afflux de capitaux à long terme. Entre 1925 et 1929, quelque 38 emprunts sont émis au profit d'entreprises et de collectivités hongroises[13]. Les investissements étasuniens à long terme débutent par un emprunt de la Société des forges de Rimamurány, qui permettra la réorganisation et la modernisation de la principale entreprise métallurgique hongroise[14]. En 1925/6, un consortium de 48 villes hongroises draine 16 millions de dollars pour le développement de leurs infrastructures, et la ville de Budapest fera de même en 1927. Le tableau A3 en annexe, qui dresse la liste des principales émissions étrangères, permet de constater que la presque totalité des fonds proviennent des places anglo-saxonnes. Jusqu'en 1927, les Etats-Unis occupent largement le terrain par le biais d'investisseurs tels que les banques Speyer, F.J. Liessman, Marshall Field, ou Bankers Trust. Vers la fin de la décennie, la City prendra le relais grâce aux emprunts d'électrification de la ville de Budapest par Whitehall Trust, ou l'achat de bons du Trésor

13   Berend 2001c: 170-172.
14   Berend/Ránki 1985: 47.

Tableau 7.2 : affectation des emprunts à long terme (Autriche et Hongrie)

	Hongrie (%)	Autriche (%)
gouvernement central	25,2 %	57,4 %
provinces et communes	24,6 %	20,6 %
agriculture	31,1 %	
propriétaires fonciers	7,8 %	
banques		10,1 %
industrie	11,3 %	11,9 %
	100,0 %	100,0 %

Sources : Hongrie : Péteri 1995 : 20. Autriche : Stiefel 1988 : 284

Note : Hongrie : emprunts émis entre 1924 et 1929 ; Autriche : état de l'endettement à long terme en 1932

par Rothschild, Baring et Schroder. Mesurés sur l'ensemble de la décennie, les investissements à long terme se répartissent à raison de 44 % pour les USA et 40 % pour la Grande-Bretagne. La Hollande et la Suisse se partagent l'essentiel des autres émissions, d'une portée secondaire[15].

En Autriche, les milieux anglo-saxons arrivent largement en tête également. L'attitude peu conciliante de Norman à l'égard de la république alpine et la stabilisation du schilling autrichien face au dollar plutôt qu'à la livre expliquent la prépondérance étasunienne. National City Bank, F. J. Lissman, Morgan Livermore ainsi que Baker, Kellogs & Co. deviennent ainsi les principaux créanciers à long terme de la place viennoise. L'Alpine Montangesellschaft, la plus grande entreprise métallurgique autrichienne, obtient des liquidités de F. J. Lissman, au même titre que les entreprises électriques du Tyrol ou la province de Basse Autriche. Quant à la municipalité de Vienne, qui se finance essentiellement par l'impôt, elle recourra à un emprunt à Wall Street en 1927 à hauteur de 30 millions de dollars, émis par la National City Bank (tableau A2 en annexe).

En plus de la faiblesse des emprunts par rapport à la demande de liquidités à long terme, on notera également la part prépondérante des collectivités publiques parmi les débiteurs : la moitié des émissions étrangères hongroises et plus des trois quarts des émissions autrichiennes drainent des capitaux en faveur de villes, de provinces ou de l'Etat.

15 Péteri 1995 : 180.

Cette situation s'explique par la propension des milieux financiers anglo-saxons à privilégier la sécurité des emprunts publics, gagés sur les recettes fiscales, au détriment des emprunts privés qui n'offrent pas les mêmes garanties. Ce sont ainsi essentiellement des infrastructures telles que le réseau de transport routier ou ferroviaire qui sont développées, ainsi que, en Autriche, les installations de production hydroélectrique. En Hongrie, une part importante des emprunts profitent à l'agriculture, c'est-à-dire pour l'essentiel à l'achat de terres et de domaines[16]. Le tableau 7.2 montre la répartition des emprunts à long terme entre les collectivités publiques et les débiteurs privés.

La répartition des investissements marque ainsi la deuxième caractéristique des capitaux à long terme, en plus de leur pénurie. Le tissu industriel est pour ainsi dire déserté par les investisseurs qui lui préfèrent la sécurité des obligations publiques: moins de 12% des capitaux drainés par les programmes de la SdN servent à la réhabilitation de l'appareil industriel. Alors que le financement domestique est particulièrement onéreux, comme nous le verrons plus tard, l'appareil de production autrichien et hongrois n'a pour ainsi dire pas pu lever les fonds nécessaires à sa restructuration et à sa modernisation. En tout état de cause, les industries de pays reconstruits par la SdN n'ont pu compter que sur les disponibilités domestiques, dégagées par la lente reprise de l'accumulation du capital dans le système bancaire, ou sur les crédits à court terme systématiquement renouvelés et immobilisés à long terme. En Hongrie, les recherches d'Iván Berend et György Ránki montrent que seul le quart des investissements productifs (tous confondus) durant les années vingt ont été financés depuis l'étranger, l'essentiel provenant du système financier hongrois[17]. Dans un contexte international dominé par la reconversion de l'économie de guerre et la doctrine de la rationalisation, et au moment où des charges financières énormes pèsent sur les pays en reconstruction (service de la dette et réparations[18]), le financement à long terme de l'appareil productif par les plans de la SdN est donc à peu près inexistant. Or, ces investissements jouent un rôle crucial dans un effort de reconstruction; ils doivent non seulement permettre à l'appareil de production de retrouver une place

16   Berend/Ránki 1965: 278.
17   Berend/Ránki 1965: 278.
18   En Autriche, contrairement à la Hongrie et à la Bulgarie, les réparations ont été suspendues pour 20 ans.

parmi les exportations mondiales et de compenser les importations, mais aussi d'assurer le service de la dette, ainsi que de créer des possibilités d'emploi pour les dizaines de milliers de fonctionnaires mis en congé par les programmes de stabilisation.

Reconstruction et spéculation : la domination du court terme

En revanche, si les capitaux ont bel et bien afflué dans les pays en reconstruction, c'est essentiellement sous la forme de crédits à court terme. Les banques anglo-saxonnes – au même titre que certains établissements helvétiques, hollandais ou français par exemple – mettent en pension certaines de leurs disponibilités pour une durée qui ne dépasse généralement pas quinze jours à trois mois. Ce capital spéculatif, ou *call money*, constitue une caractéristique essentielle de toute la reconstruction européenne, également en Allemagne où il a pris des proportions énormes. Quelle que soit son utilisation, son effet sur la reconstruction est problématique : s'il est utilisé selon sa fonction initiale, c'est-à-dire financer des opérations qui se liquident par elles-mêmes au bout de quelques jours, il ne contribue guère à la réorganisation d'un tissu économique ou à la rénovation d'infrastructures. S'il est systématiquement renouvelé et immobilisé à long terme, un changement des conditions monétaires internationales est susceptible de conduire le système financier du pays entier vers une crise de liquidité.

Volatile par essence et discret par nature, le capital à court terme ne laisse que peu de traces, de sorte qu'une évaluation revêt toujours un caractère plus ou moins arbitraire. Aussi, si les suppressions des contrôles des changes ont stimulé ce genre de transactions, elles ont également ôté aux banques centrales tout moyen de se faire une idée précise du risque que l'endettement à court terme faisait courir au pays. Le tableau 7.3 reproduit, pour la Hongrie, les estimations effectuées par la banque centrale, et, pour l'Autriche, un ordre de grandeur élaboré selon la balance des paiements. Les chiffres – en plus de reposer sur des estimations probablement sous-évaluées – expriment en outre uniquement l'afflux net de crédits tel qu'il apparaît en fin d'année. Ils ne renseignent donc pas sur les transactions effectuées en cours d'année qui sont nettement plus élevées : en 1925 par exemple, les estimations disponibles renseignent qu'un total brut d'environ $46 millions entrent en

Tableau 7.3 : capitaux à court terme (afflux net) en Autriche et Hongrie (1922-1930)

	Autriche		Hongrie	
	en mio. $	en % de l'afflux total de capitaux	en mio. $	en % de l'afflux total de capitaux
1922				
1923	62,1	32,3%		
1924	136,8	67,8%	5,8	11,5%
1925	75,4	77,0%	17,3	63,6%
1926	98,7	81,6%	20,1	48,2%
1927	59,5	55,6%	53,5	54,0%
1928	95,0	92,3%	72,6	61,7%
1929	101,9	88,2%	77,8	73,0%
1930			68,5	55,0%
Total	629,4		315,6	

Sources : Hongrie : Péteri 2002 : 138, 145. Autriche : Nötel 1984 : 156 (estimations pour 1924, 1926-1929 selon balance des paiements)

Hongrie, ne laissant derrière eux qu'un solde net de quelque 17 millions[19]. La série chiffrée indique donc avant tout une tendance de l'accumulation de l'endettement à court terme d'année en année. On observe ainsi que les capitaux à court terme viennent largement en tête des engagements. En Autriche, sur l'ensemble de la décennie, ils représentent environ le double des capitaux à long terme, emprunt de la SdN compris. La Hongrie offre une image identique, même si la proportion semble plus favorable aux créances à long terme (pour la situation en fin de décennie, voir tableau 7.4).

Plusieurs facteurs permettent de comprendre cette prépondérance du crédit à vue. D'abord, il s'intègre dans la conception anglo-saxonne du rôle des banques dans l'économie, à savoir un financement commercial à court terme plutôt qu'un engagement industriel à long terme – même si les crédits à vue ont souvent été immobilisés à long terme[20]. De plus, outre la préférence bien connue pour la liquidité, les capitaux à court terme offrent aux capitalistes du centre des avantages substantiels dans le contexte de la reconstruction européenne. D'une part, les taux d'intérêt, très élevés sur les marchés de l'argent des pays reconstruits par la

19   Le chiffre est emprunté à Berend/Ránki 1985 : 47.
20   Ingham 1984 ; Vitols 2002 : 174.

SdN, dégagent une rémunération à court terme particulièrement profitable. A Vienne, en 1925, une banque peut mettre en pension des liquidités à 12 %, si on tient compte des commissions de toutes sortes[21]. Or, au même moment, le rendement effectif des obligations à long terme aux USA varie entre 4 et 5 %, et en Grande-Bretagne il se situe vers 4,5 %[22]. Dans ces conditions, on comprend que la mise en pension à Vienne ou à Budapest d'avoirs à court terme, aussi liquides que rémunérateurs, devient un placement privilégié. D'autre part, dans un contexte international de transition, caractérisé par une tendance à la baisse de la fiscalité sur le capital, un engagement à long terme priverait l'investisseur de la possibilité d'exploiter tous les avantages financiers de marchés voisins. Seuls des engagements à court terme permettent ainsi de réorienter les placements vers les climats d'investissement les plus profitables et de faire jouer la concurrence monétaire et fiscale. Enfin, on note également des réticences à investir dans l'appareil industriel autrichien et hongrois, considérés comme moins prometteurs que les entreprises allemandes qui recueillent les faveurs des investisseurs anglo-saxons; ne restent donc pour Vienne et Budapest que les capitaux spéculatifs.

Tableau 7.4: structure de l'endettement extérieur d'après-guerre (fin 1930)

	Long terme		Court terme[23]		Total (mio. $)
	mio. $	%	mio. $	%	
Autriche	382,9	61 %	246,6	39 %	629,5
Hongrie	340,6	45 %	416,2	55 %	756,8
Bulgarie	68,3	65 %	36,9	35 %	105,2

Sources: Autriche: Stiefel 1988: 284, 292; Berend/Ránki 1974: 224. Hongrie: Berend/Ránki 1974: 225-6. Bulgarie: Berend/Ránki 1974: 228; AMF, 32306, rapport Institut für Konjunkturforschung; Nötel 1974: 84

Notes: Hongrie: valeurs pour l'été 1931; Bulgarie: endettement public seulement, y. c. réparations

21   SdN [Layton/Rist] 1925: 127.
22   *Annuaire statistique de la SdN.* USA: obligations municipales: 4,09 %, services publics: 5,06 %, obligations industrielles: 5,06 %. Grande-Bretagne: consols (taux nominal 2½ %): 4.44 %.
23   L'importance relativement secondaire des créances à court terme s'explique par le reflux amorcé dès la fin de l'année 1930, dans le sillage du krach de Wall Street. C'est précisément ce reflux qui – sur le court terme – explique l'effondrement financier et monétaire de l'Europe centrale.

Aussi, si les économies autrichienne et hongroise peineront à se procurer des fonds à long terme permettant un financement de la reconstruction sur une base solide, elles ne rencontreront en revanche aucune difficulté à se procurer des liquidités à court terme, qu'elles peuvent obtenir dans des quantités qui dépassent leurs possibilités d'emploi[24]. Les banques autrichiennes et hongroises sont d'ailleurs d'autant plus incitées à se financer à l'étranger que les taux d'intérêts y sont plus favorables que sur le marché domestique. En raison notamment de la discipline monétaire exercée par les banques centrales, les taux domestiques sont supérieurs aux conditions offertes par les banques étrangères. Le crédit à court terme de Londres ou de New York offre donc le moyen le moins cher pour le refinancement des grandes banques en Europe centrale. Ce type d'investissements est rendu d'autant plus aisé par l'étroite proximité des systèmes financiers autrichien et hongrois avec leurs créanciers anglo-saxons. A l'instar du cas très connu de la Creditanstalt autrichienne, les grandes banques universelles entretiennent en effet toutes des relations étroites avec Londres ou New York. Certaines – comme l'Anglo-Austrian Bank – sont d'ailleurs entièrement placées sous le contrôle étranger, comme on le verra plus bas. Cette interpénétration constitue un canal privilégié du circuit de recyclage du capital anglo-saxon, et un facteur primordial d'endettement du système financier de l'Europe centrale. Le phénomène n'est pas nouveau : avant la guerre déjà, les banques viennoises servaient d'intermédiaire grâce à leurs relations étroites avec les prêteurs désireux de placer leurs fonds dans l'industrie autrichienne. Après la guerre cependant, le volume des liquidités à court terme semble avoir augmenté dans des proportions significatives, si on en croit le rapport de la SdN préparé par W. Layton et Charles Rist[25]. Aussi, en 1925 déjà, trois ans après la stabilisation de la monnaie, la moitié des actifs des grandes banques viennoises est constitué en monnaies étrangères[26]. Sachant que ces liquidités peuvent en tout temps être retirées, l'endettement du système bancaire se bâtit sur une structure très instable.

Quoi qu'il en soit, la reconstruction européenne sous l'égide de la SdN offre aux milieux capitalistes anglo-saxons, ainsi qu'aux banques

24   C'est Layton et Rist qui le précisent (SdN [Layton/Rist] 1925 : 127).
25   C'est à la même conclusion qu'aboutissent les recherches statistiques de Feinstein et Watson (1995 : 99 sq.).
26   SdN [Layton/Rist] 1925 : 36.

suisses ou hollandaises notamment, des opportunités particulièrement lucratives pour faire fructifier leurs capitaux aux meilleures conditions. La décennie de reconstruction correspond ainsi à une phase d'endettement extérieur à la fois rapide et substantiel. En Autriche, l'endettement extérieur d'après-guerre représente à lui seul, en 1930, près de 41 % du PNB annuel. Quant à la Hongrie, plus endettée et économiquement moins développée, ses créances d'après-guerre se mesurent à hauteur de 84 % du PNN[27]. Au moment où la crise financière éclate à Vienne en 1931, les pays reconstruits par la SdN – au même titre que l'Allemagne – se retrouvent lourdement endettés, et incapables de satisfaire le service de leurs créances. Le tableau 7.4 présente une photographie du niveau et de la structure de cet endettement d'après-guerre à la fin de 1930, quelques semaines donc avant l'effondrement financier de l'Europe centrale.

Reconstruction et dépendance: les investissements directs

Une troisième forme de flux de capitaux participe du processus de reconstruction sous l'égide de la SdN: les prises de participations dans le capital-action de banques et d'entreprises industrielles. L'émission d'actions sur les marchés anglo-saxons est en effet susceptible de drainer des capitaux à long terme qui peuvent être immobilisés dans des nouveaux investissements destinés à adapter l'appareil de production. Les chiffres à disposition témoignent cependant du caractère secondaire de ce genre d'engagements, du moins sur un plan quantitatif. En Hongrie, les investissements directs bruts s'élèvent à environ $60-80 millions entre 1924 et 1931; de ce montant, quelque $40 millions sont réexportés en dehors de la Hongrie, de sorte que l'afflux net ne semble pas dépasser les 20 à 40 millions de dollars après la stabilisation monétaire. Le total des investissements directs en Hongrie en 1931 s'élève ainsi à quelque $60 millions[28]. L'Autriche offre un tableau similaire; durant les six ans qui suivent la stabilisation, seuls 32 millions de dollars parviennent sous forme d'engagements directs, et l'association autrichienne des banques évalue le total des participations étrangères en

27   Les indicateurs du revenu national sont empruntés à Mitchell 1998: 908.
28   Berend/Ránki 1974: 236; Nötel 1986: 270 sq.

1926 à \$53 millions[29]. La Bulgarie ne fait pas exception à la règle: le flux net d'investissements directs s'établit autour de 10 millions de dollars, soit une fraction insignifiante des capitaux à long terme investis dans ce pays[30]. En termes strictement quantitatifs, ces capitaux étrangers ne sont donc guère en mesure de financer de larges investissements dans le système économique. Le marché financier domestique reste dès lors le principal acquéreur de nouvelles actions: les émissions de capital sur les places étrangères ne représentent pas plus de 21 % de l'ensemble des émissions hongroises entre 1926 et 1929[31].

Si les investissements directs ne peuvent guère être considérés comme un facteur de financement de la reconstruction, ils revêtent en revanche, sur un plan qualitatif, une importance considérable. En raison de la configuration particulière des liens entre le système bancaire et le système industriel en Europe centrale, les prises de participations dans quelques grandes banques de Vienne, de Budapest ou même de Sofia offrent la possibilité d'exercer une influence sur tout le système industriel. Le contrôle exercé, dès la fin du 19e siècle, par les banques viennoises sur le tissu productif de tout l'empire est bien connu[32]. Déjà dense avant la guerre, ce réseau s'est encore étendu durant les phases d'inflation qui succèdent aux hostilités: le manque de capital incite en effet les entreprises industrielles à se tourner vers les banques pour y trouver un soutien financier[33]. En 1921, les grandes banques universelles de l'ancienne capitale de l'empire contrôlent ainsi 44 % des sociétés anonymes dans le secteur de l'industrie métallurgique autrichienne, et 45 % du secteur de l'industrie électrique. La production de papier est placée entre les mains des établissements financiers à raison de 67 %, et l'industrie sucrière 38 %[34]. Chacune des grandes banques viennoises dispose d'un épais portefeuille industriel, et participe activement à la gestion des

29   SdN, *Memorandum on international trade and balances of payments*, vol. I (1913-1927) et II (1927-1929). Les chiffres de la SdN sont très certainement sous-évalués. Il n'en demeure pas moins que pour les 6 ans qui suivent la stabilisation, les investissements directs ne dépassent selon toute vraisemblance pas \$40 millions.

30   Nötel 1986: 270 sq.

31   Berend 2001c: 174.

32   Voir notamment à ce sujet März 1981; Mosser/Teichova 1991; Natmessnig 1998; Weber 1991.

33   März 1981: 532-533.

34   Berger 1995: 411.

entreprises par le biais des conseils d'administration. L'exemple de la principale banque viennoise, la Creditanstalt, est éloquent: alors que le fleuron du système financier autrichien contrôlait 102 entreprises industrielles avant la guerre, 136 sont placées sous son contrôle en 1923, sans parler des participations minoritaires ou indirectes[35]. Au moment où la crise éclate, plus de 60% de l'industrie autrichienne appartient au réseau de la Creditanstalt[36]. Aussi, une prise de participation dans une grande banque autrichienne ou hongroise ouvre la voie à une influence substantielle sur le tissu industriel: elle facilite le placement et la surveillance de crédits à court terme, et permet d'exercer un contrôle sur l'affectation des bénéfices des entreprises.

L'immédiat après-guerre et les épisodes inflationnistes ont créé le contexte idéal pour le renforcement du contrôle étranger. L'achat de l'Anglo-Austrian bank et de la Länderbank, et le transfert de leur siège respectivement à Londres et à Paris, constituent les marqueurs les plus significatifs d'une tendance à pénétrer le marché financier autrichien et, par extension, ses lointaines ramifications dans tous les pays de l'ex-empire[37]. La chute des taux de change présentait alors aux capitalistes étasuniens, britanniques et français l'opportunité de s'engager à bon compte dans le capital d'entreprises, ou d'augmenter leur participation. Cette tendance, qui s'est ralentie avec la stabilisation monétaire, ne s'est pas pour autant éteinte En janvier 1924 par exemple, la Länderbank, filiale de Paribas, discute d'un projet visant à «étendre [sa] zone d'influence [...] en Europe centrale» par le rachat de trois banques en Autriche, en Serbie et en Bosnie[38].

Aussi, jusqu'en 1931, les milieux financiers occidentaux assoient substantiellement leur contrôle sur l'économie de l'Europe centrale au moyen de prises de participations soigneusement conçues. La crise financière et l'impossibilité de rapatrier les bénéfices tirés des investisse-

---

35   März 1981: 536 sq. Selon Teichova, qui se base sur une étude du ministère des finances, la Creditanstalt détient, à la fin de 1929, 163 sociétés anonymes (Mosser/Teichova 1991: 140 sq.).

36   Part de la Creditanstalt dans le total cumulé du capital des SA autrichiennes (Mosser/Teichova 1991: 140).

37   Sur l'Anglo-Austrian Bank, voir Natmessnig 1998; Teichova 1979. Au sujet de la Länderbank, voir Bussière 1996; Piétri 1985.

38   Paribas, 3-CABET-1/18, p.-v. de la séance du comité de direction du 14 janvier 1924.

Figure 7.1: participations étrangères dans les banques autrichiennes en 1913 et 1923 (en % du capital action)

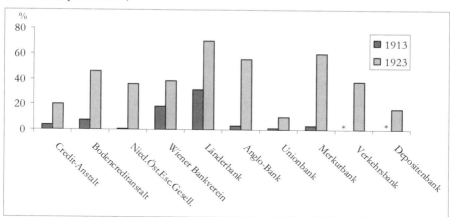

* = pas de données disponibles

Source: selon Berger 1995: 400; März 1981: 443

ments directs mettront un terme à l'expansion de ces engagements; on assistera alors à un reflux[39]. L'influence des milieux financiers occidentaux après la guerre peut être clairement mesurée en Autriche: alors qu'à la veille du conflit, les participations étrangères ne représentaient que 10 % en moyenne du capital-action des banques, la proportion passe à 30 % en 1923[40]. La figure 7.1 montre le contrôle croissant exercé sur le système bancaire autrichien durant les quatre années qui suivent la fin des hostilités. Durant la première année de stabilisation autrichienne (1923), les banques de la City renforcent leur présence dans le tissu financier de la jeune république. Pour les établissements viennois, la cherté du crédit imposé par la discipline monétaire de la reconstruction les incite en effet à se tourner vers les marchés londonien et new-yorkais, dans l'espoir de drainer les liquidités nécessaires à leur réseau industriel. Or, pour faciliter l'obtention de crédits, elles offrent en échange une participation à leur capital action et à leur conseil d'administration. Schroder & Co. (Londres), en partenariat avec J.P. Morgan, a acquis des actions du Boden Kredidtanstalt; la London & Provincial Bank, assistée par Lazard Brothers, ont de leur côté pris

39   Nötel 1986: 269.
40   März 1981: 443.

position dans la Creditanstalt, tandis que Lloyds Bank et Hambro faisaient de même auprès de la Niederösterreichische Escompte-Gesellschaft. Le ministre britannique à Vienne résume ainsi dans son rapport de l'année 1923 que « nearly all the larger banks [...] and some of the so-called middle banks have succeeded in getting important foreign banks to buy blocks of their shares, and the connection thus brought about also facilitates credits »[41].

La Creditanstalt constitue le principal marqueur de l'influence des élites capitalistes anglo-saxonnes dans le système financier et industriel de l'Europe centrale. Par le biais des augmentations de capital successives entre 1920 et 1927, la banque viennoise drainera des capitaux sur les places anglo-saxonnes. Par la même occasion, les banques anglaises et étasuniennes prendront pied dans le principal établissement viennois qui sera abondamment fourni en crédits à court terme. En 1920, la première augmentation de capital y fait entrer la banque new-yorkaise Kuhn, Loeb & Co., et la Guaranty Trust & Co., qui dispose d'un siège au conseil d'administration. Avec la reprise des actifs de l'Anglo-Austrian Bank en 1925, et l'achat d'actions par la Prudential Assurance Company deux ans plus tard, l'influence de la City s'accentue continuellement[42]. Dans le conseil d'administration siègent ainsi des personnalités très engagées dans la reconstruction européenne et dans le Comité financier de la SdN: Otto Niemeyer et Henry Strakosch. Le banquier hollandais membre du Comité financier, Ter Meulen, est lui aussi concerné de près par les affaires financières autrichiennes. D'une part, sa banque (Hope & Co) est entrée dans le capital de la Creditanstalt en 1921; d'autre part, il dirige l'Amstelbank, une filiale de la Creditanstalt aux Pays-Bas[43]. La présence de ces experts de la SdN dans le conseil de la principale banque autrichienne montre à quel point les programmes de reconstruction genevois ne peuvent être dissociés des stratégies des milieux financiers transnationaux en vue de constituer un ordre économico-politique conforme à leurs intérêts.

---

41   PRO, FO 371, 9653, Autriche 1924, Akers-Douglas (Vienne) à MacDonald, rapport 1923.

42   En 1931, un tiers au moins de la Creditanstalt est détenu par des investisseurs étrangers (Weber 1995b: 341-342).

43   AMAE, série SdN, 1236, Rapport Lamarle, 26 novembre 1928. Voir également Stiefel 1988: 146.

Bien qu'en retrait, les milieux financiers français ne sont pas absents de l'Autriche; filiale de Paribas, la Länderbank dispose d'un réseau bancaire et industriel très étendu. La «francisation» de cette banque autrichienne au lendemain de la guerre constitue d'ailleurs un enjeu majeur de la diplomatie française, désireuse de lutter contre l'influence de l'Allemagne en Europe centrale[44]. En 1919, cet établissement contrôle – en plus de ses propres succursales – 13 banques, réparties en Autriche, en Hongrie, en Galicie, en Croatie, en Roumanie, en Bulgarie et en Allemagne. A ces maisons financières s'ajoutent 38 entreprises industrielles. Cinq lignes de chemins de fer figurent également dans son portefeuille, et autant de maisons d'assurance[45].

En Hongrie, les capitaux anglo-saxons sont engagés dans tous les principaux établissements bancaires. La Banque générale de crédit hongrois (BGCH), principale banque du pays, fait office de tête de pont entre les marchés financiers anglo-saxons, français et hongrois[46]. Si la banque dépend principalement de la BUP jusqu'à la Seconde guerre mondiale, les milieux financiers anglais n'y sont pas absents. En 1928, 21% du capital de la BGCH est reprise par une maison londonienne en collaboration avec la branche londonienne de Rothschild. Parmi la centaine de banques qui avancent des crédits, cette dernière est d'ailleurs le principal bailleur de fonds[47]. Quant au réseau de participations auquel un contrôle de la banque donne accès, il est à l'image du développement du capital financier en Europe centrale: l'empire industriel de la BGCH consiste en quelque 75 participations majoritaires dans des entreprises réparties non seulement en Hongrie, mais dans toute l'Europe centrale et balkanique[48]. A côté de ses intérêts traditionnels dans l'industrie minière et dans la construction de machines, la banque s'est

---

44   Paribas, 3-CABET-1/5, lettre de la Banque de Paris et des Pays-Bas, Jacques Guns-
        burg & Cie et de la Banque industrielle de Chine à Cellier, directeur du MGF,
        7 novembre 1919. Lettre de la Banque de Paris et des Pays-Bas à Klotz, ministre
        des finances, 10 novembre 1919. Voir aussi DDF, série 1920 à 1932, vol. I.
45   Paribas, 3-CABET-1/21, sociétés filiales du groupe Länderbank, s.d. [1919].
46   Sur la BGCH, voir Bussière 1983; Ránki 1983.
47   Ránki 1983: 363-364.
48   BUP, 841/#150, Rapport du Conseil d'administration de la BGCH, 1920. Voir
        aussi BUP 796/162/#794, Rapport de l'Union européenne industrielle et financière,
        bureau de Budapest, 20 octobre 1930.

engagée après la guerre dans le secteur textile et l'industrie électrique, et occupe une position centrale dans l'économie hongroise[49].

La Bulgarie illustre le même phénomène, même si les enjeux y sont moindres en raison de l'orientation essentiellement agricole du pays : après la guerre, on assiste à une vague de prises de participations stratégiques, sans que le volume de capitaux engagés ne soit très significatif pour la reconstruction[50]. Les établissements étrangers profitent de la dévaluation de la monnaie bulgare pour acquérir des participations à bas prix. Si le mouvement se trouve ralenti une fois la monnaie stabilisée, il ne cessera pas pour autant : entre 1924 et 1929/31, les sept principales banques où le capital transnational est engagé voient la participation étrangère multipliée par trois, notamment en raison d'acquisitions d'entreprises industrielles. Selon Alexandre Kostov, les banques étrangères ont définitivement imposé leur domination sur le système de crédit durant la décennie. Le système économique bulgare ne fait pas exception au modèle général du capital financier de l'Europe centrale, de sorte que les établissements bancaires s'y trouvent également à la tête d'un vaste réseau industriel. Avec les prises de participations étrangères dans le capital des principales banques, ce sont ainsi des pans entiers de l'appareil de production qui se retrouvent sous influence externe : au début de la décennie déjà, quelque 90 entreprises industrielles importantes pour l'économie bulgare sont ainsi placées sous contrôle étranger, soit environ 40 % de la production industrielle et quelque 55 % à 60 % des exportations. Certaines branches sont presque entièrement contrôlées par ces groupes financiers[51]. Dans le secteur bancaire, en 1928, sept des dix principaux établissements bulgares dépendent de maisons étrangères[52]. Si les financiers français sont les plus actifs dans l'immédiat après-guerre, les milieux anglo-saxons pren-

---

49 Parmi les principales participations du groupe figurent la SA Générale hongroise de charbonnages à Budapest (Totis) ; la SA des charbonnages hongrois d'Urikány-Vallée du Zsil à Budapest ; la Bauxite-Trust SA à Zürich ; la Ganz et Compagnie, Danubius ; la société anonyme de construction de locomotives, wagons, machines et chantiers navals ; la SA des aciéries hongroises, Budapest. Voir BUP 796/162/ #794, Rapport de l'Union européenne industrielle et financière, bureau de Budapest, 20 octobre 1930.

50 Sur les participations étrangères en Bulgarie, voir Berov 1999 ; Kostov 1999.

51 Berov 1999 : 21.

52 Kostov 1999 : 68-69.

dront rapidement le relais. Lors de la création, en 1928, de la Banque hypothécaire de Sofia, les fonds proviennent majoritairement de Blair & Co., Chase Securities (New York), et de Lazard (Londres)[53]. L'influence grandissante de la finance anglo-saxonne va ainsi de pair avec le retrait progressif des banques françaises dans les Balkans[54].

On le voit, les investissements directs ne constituent certes, sur le plan quantitatif, qu'une part négligeable des flux de capitaux entraînés par la reconstruction ; ils reflètent en revanche une réorganisation substantielle des rapports de pouvoir entre les places financières du centre et la périphérie. Dans ce contexte, si le mouvement de participations débute bien avant l'intervention de la SdN, la reconstruction permet aux milieux financiers essentiellement anglo-saxons d'asseoir leur contrôle sur le système financier de l'Europe centrale : la stabilité monétaire désormais verrouillée par des dispositions contraignantes, une discipline budgétaire étroitement surveillée par l'OEF, un libéralisme financier à peu près total et une fiscalité du capital et des transactions particulièrement complaisante transforment les participations dans le système économique de l'Europe centrale en une affaire profitable, susceptible de dégager des bénéfices intéressants.

7.2 Transition financière et dialectique macroéconomique

La section précédente a permis de tracer les grandes lignes de l'afflux de moyens financiers – essentiellement anglo-saxons – dans le sillage des programmes de la SdN, ainsi que la structure générale de l'endettement qui en résulte. Deux questions essentielles doivent être abordées à ce stade, qui feront l'objet des deux sections suivantes : la dialectique macroéconomique et la dialectique sociale de la reconstruction européenne. En termes macroéconomiques – objet de cette section – l'enjeu porte sur les effets structurels de l'afflux de capitaux transnationaux : dans la logique de reconstruction privée défendue par Genève, on le sait,

---

53   Berov 1999 : 21-23 ; Kostov 1999 : 75. L'Amsterdamsche Bank et la BUP, ainsi que la Banque belge pour l'étranger figurent parmi les autres investisseurs.
54   Plessis/Feiertag 1999 : 223.

la libéralisation des systèmes financiers et les investissements de capitaux privés sont censés mener, par le jeu de l'initiative individuelle coordonnée par la « main invisible » du marché, vers une réhabilitation du
système de production, et vers une croissance économique générale.

Peut-on considérer que les systèmes de production ont été réajustés
de manière à assurer un équilibre entre les intérêts financiers (rendement du capital transnational) et les intérêts liés à la fraction productive du capital (économie réelle) ? La démarche suggérée ici refuse une
prémisse de type marxiste selon laquelle les investissements étrangers
seraient nécessairement défavorables à l'économie domestique ; en dépit de la relation de pouvoir inhérente au crédit, on est en droit d'ad-
mettre *a priori* que l'afflux de capitaux privés dans le processus de
reconstruction peut être à l'origine d'une relance économique, d'un
développement de la production et de l'emploi, et d'un accroissement
du niveau matériel d'existence. Seul le contexte historique permet de
comprendre les effets structurels du capital. La reconstruction de l'Europe et le plan Marshall deux décennies plus tard en fournissent une
illustration suffisamment connue[55].

Les perspectives orthodoxes de l'historiographie des années vingt
saluent l'essor économique qui, selon elles, caractériserait la seconde
moitié de la décennie. Certaines croient pouvoir y déceler un véritable
boom économique. En se basant sur des indicateurs globaux tels que la
croissance du PNB, l'augmentation des dépôts bancaires ou l'accumulation domestique de capital, de telles études concluent, à l'instar de la
SdN elle-même, au succès des programmes de reconstruction[56]. Cette
section débouche sur un constat différent : en termes macroéconomiques, on observe que la reconstruction et son asymétrie génèrent des
tensions croissantes entre les intérêts financiers transnationaux et le
système de production domestique des pays reconstruits. Si les intérêts

---

55   Voir Hogan 1987, qui demeure une référence principale pour la compréhension du
      plan Marshall. Pour une perspective comparatiste des deux reconstructions, voir
      également l'article de Charles Maier ainsi que le débat qu'il a suscité avec Charles
      Kindleberger et Stephen Schuker (Maier 1981 ; Schuker/Kindleberger 1981).
56   Les travaux de Rudiger Dornbusch et de Julio Santaella offrent de parfaites illus-
      trations de cette orthodoxie (Dornbusch 1992 ; Santaella 1992, 1993). Dans une
      perspective historiographique plus classique, Boross (1994) présente elle aussi la
      Hongrie en plein essor économique, autant sous l'effet de l'inflation que de la
      stabilisation.

des élites financières transnationales situées au centre de l'économie politique internationale sont puissamment verrouillés par les dispositifs institutionnels de la reconstruction, il y a tout lieu de penser que le niveau d'activité économique et l'emploi sont plutôt les victimes du processus. D'une manière générale, la reconstruction se présente ainsi comme un transfert de la charge macroéconomique de la rentabilisation du capital sur le secteur productif. Au plan social, les forces proches du travail deviennent ainsi les principaux amortisseurs de ce qu'il faut considérer comme la crise latente de la reconstruction. Cette dimension macroéconomique est abordée sous trois angles différents: dans un premier temps, l'étude portera sur la nature de l'endettement étranger et sur ses effets dans le processus de reconstruction du système de production. Puis, l'accent sera déplacé vers l'utilisation des programmes de reconstruction pour imposer le paiement de créances d'avant-guerre et leur répercussion sur la balance des paiements. Enfin, je montre que les intérêts du capital transnational s'accompagnent d'une logique de reconstruction déflationniste qui pénalise particulièrement le niveau d'activité et se traduit par une croissance continue du chômage[57].

Reconstruction, coût du capital et vertus de l'endettement

Conditions et nature de l'endettement

Les conditions auxquelles les capitaux de la reconstruction sont négociés représentent une première source de tension macroéconomique. Si les taux nominaux des capitaux à long terme se situent généralement entre 6½ % et 7½ %, les cours d'émission et les commissions transforment finalement les prêts en des opérations particulièrement coûteuses. Les emprunts de la SdN permettent de s'en rendre compte, et encore faut-il signaler que leurs conditions figurent parmi les moins onéreuses. La dernière colonne du tableau A1 (en annexe) renseigne sur les charges effectives de l'emprunt de la SdN dont les gouvernements créanciers doivent supporter le poids: dans les principaux cas – Autriche et

---

57   Il va sans dire que l'asymétrie n'est pas propre à la reconstruction, mais concerne d'une manière générale tout mode de régulation. L'hyperinflation a elle aussi engendré des effets extrêmement contrastés sur les différents groupes sociaux, notamment les petits rentiers, les petits épargnants et les chômeurs.

Hongrie – le coût de rémunération annuel s'élève à quelque 10 % des liquidités obtenues, en raison du cours extrêmement bas auquel l'emprunt est remis au gouvernement, et des frais de toute sorte qui s'y ajoutent. La Hongrie, qui a obtenu les conditions les plus défavorables de la part de ses créanciers anglo-saxons, doit rémunérer annuellement son emprunt de stabilisation à raison de plus de 10 % de la valeur effectivement reçue. Il en va de même pour les émissions ultérieures en Autriche qui coûtent à leur bénéficiaire entre 9 et 11 % pour les emprunts de 1925[58]. Les contradictions inhérentes à la logique de reconstruction privée expliquent largement cette situation : d'une part, le jeu de l'offre et de la demande – la seconde dépassant largement la première – place les banques anglo-saxonnes dans une situation qui leur permet d'imposer des conditions onéreuses à leurs débiteurs. D'autre part, la concurrence entre les pays en reconstruction provoque une surenchère de la part des économies délaissées par les capitalistes : l'Autriche et la Hongrie, pour rivaliser avec l'Allemagne, se voient contraintes de maintenir leurs taux sensiblement au-dessus des conditions en vigueur chez leur voisine.

Un coût du capital aussi élevé suscite évidemment des problèmes considérables dans un contexte de reconstruction. Les emprunts doivent dégager un profit rapide capable non seulement de rémunérer le capital dans les conditions qu'on vient de décrire, mais également de l'amortir. La reconstruction s'inscrit ainsi dans une logique de profit aussi immédiat que substantiel. Or, cette pression structurelle du capital n'est pas sans soumettre l'ensemble du système de production à des tensions ingérables, sans parler des investissements dans les infrastructures publiques telles que les transports et les communications, qui représentent la très grande majorité des cas, mais ne se traduisent pas par un rendement immédiat. Les débiteurs se voient ainsi obligés de souscrire à de nouveaux emprunts ou à des crédits pour assurer le service de la dette. D'où la flambée de crédits à court terme destinés notamment à faire fonctionner l'endettement à long terme[59].

58   SdN [Layton/Rist] 1925 : 127.
59   Pasvolsky 1930 : 248 souligne ce facteur également pour la Bulgarie, qui est pourtant moins concernée par l'endettement à long terme.

Tableau 7.5: taux d'escompte des banques centrales (1924-1930)

	Autr.	Hongr.	Bulg.	Grèce	Eston.	Danzig	Allem.	Belg.	France	GB	USA
1924	11,6	14,1	9,4	7,5	8,9	—	10,0	5,5	6,0	4,0	3,6
1925	10,9	9,8	10,0	8,7	10,0	11,3	9,2	5,7	6,5	4,6	3,4
1926	7,5	6,7	10,0	10,5	9,5	9,2	6,7	7,1	6,6	5,0	3,9
1927	6,4	6,0	10,0	10,4	8,0	6,8	5,8	5,4	5,2	4,7	3,8
1928	6,3	6,3	10,0	9,9	7,5	5,8	7,0	4,3	3,5	4,5	4,5
1929	7,4	7,6	9,5	9,0	7,6	6,5	7,1	4,4	3,5	5,5	5,2
1930	5,8	5,9	10,0	9,0	7,8	5,1	4,9	3,0	2,7	3,4	3,1

Source: Annuaire statistique de la SdN

Quant aux disponibilités à court terme, précisément, elles n'échappent pas à la règle des taux élevés. Les lourdes commissions et provisions qui frappent ce genre de crédit haussent le coût de l'argent étranger à environ 12 % en Autriche jusqu'en 1925[60]. En Hongrie, les modalités qui accompagnent les crédits étrangers accordés aux entreprises industrielles dépassent généralement 10 %[61]. Comme pour l'argent à long terme, le coût du crédit s'explique par la logique inhérente à la reconstruction privée: le jeu de l'offre et de la demande sur le marché des capitaux, et la compétition entre les systèmes financiers en reconstruction. A ce titre, la politique des taux directeurs des banques centrales constitue un marqueur éloquent de la concurrence entre les marchés monétaires: les conditions pratiquées par les banques d'émission des pays reconstruits par la SdN sont toutes supérieures à celles pratiqués par la grande rivale qu'est la Reichsbank (voir tableau 7.5). L'Autriche, par exemple, suit de près le taux directeur allemand en maintenant le sien sensiblement au-dessus de sa concurrente afin de conserver l'attrait du marché autrichien pour les crédits transnationaux.

A côté du coût prohibitif du capital, l'idéologie de la SdN et de ses experts financiers présente une seconde source de tension macroéconomique particulièrement préjudiciable à l'activité productrice: la nature de l'endettement. On a montré la part prépondérante prise par les crédits bancaires, qui représentent environ les trois quarts des fonds drainés en Autriche. Dans la plupart des cas, ces crédits ne sont pas accordés directement aux entreprises industrielles autrichiennes; les banques

60   SdN [Layton/Rist] 1925: 127.
61   Berend/Ránki 1985: 50.

anglo-saxonnes les ouvrent en faveur de leurs banques affiliées en Europe centrale, qui les injectent ensuite dans leur réseau de participations industrielles. Périodiquement renouvelés pour la plupart, ces capitaux volatiles ont progressivement été immobilisés dans le système de production par une affectation à long terme. Ce type de financement de la reconstruction expose évidemment le système industriel (et par ricochet le système bancaire) à une crise de liquidité. Déjà avant l'effondrement de l'Europe centrale en 1931, des entreprises n'étaient pas parvenues à surmonter les risques d'un tel endettement. L'exemple de Victoria Mills en Hongrie est l'un des plus connus : en 1924, l'entreprise emprunte à court terme £ 1,25 million, soit 6 millions de dollars, à l'Anglo-Austrian Bank. Immobilisé dans la modernisation d'infrastructures, ce crédit ne pourra être remboursé aux créanciers britanniques lorsque ceux-ci l'exigeront à la fin de 1925, et les Victoria Mills – incapables de trouver de nouvelles liquidités – seront acculés à la faillite. Seule l'intervention du gouvernement hongrois, soucieux d'éviter une crise de confiance et d'assurer la poursuite de la reconstruction par l'arrivée d'investissements étrangers, parviendra à renflouer l'entreprise[62]. L'exemple des Victoria Mills illustre clairement les effets structurels désastreux qu'entraîne la spéculation internationale inhérente à la reconstruction privée. En affaiblissant le tissu industriel, non seulement elle condamne la réhabilitation du système de production, mais déplace de surcroît le poids de la reconstruction sur l'emploi et sa rémunération, qui deviennent plus précaires.

La banque centrale hongroise a, très tôt, attiré l'attention sur les risques d'un endettement excessif à court terme. En octobre 1925 déjà, elle intervenait dans ce sens[63]. En 1927, Bethlen souligne devant le Conseil des ministres que l'endettement à court terme est excessif, et il demande au ministre des finances d'intervenir auprès de la banque centrale pour freiner l'afflux[64]. Or, si cette dernière est elle aussi préoccupée par l'utilisation irrégulière des avances à court terme, ses efforts se heurtent à l'impitoyable logique libérale de la reconstruction. Il n'en va pas autrement du côté des banques commerciales : un rapport de Pari-

---

62   Berend 2001c : 173. Le cas est exposé plus en détail chez Berend/Ránki 1965 : 279-280.
63   Berend/Ránki 1965 : 271.
64   Berend 2001c : 173.

bas de mai 1923 rend déjà attentif au risque que présentent les capitaux spéculatifs à court terme en cas de retrait[65]. Quant au Comité financier, il a, lui aussi, pris note de cette évolution qui semble avoir échappé aux anticipations des banquiers. Léopold Dubois, président de la Société de banque suisse, relève ainsi devant ses collèges du comité que « la plupart des crédits très importants accordés actuellement par l'étranger à la finance et à l'industrie autrichienne le sont à court terme et [...] il est d'un intérêt vital pour ce pays que ces crédits, en tant qu'ils sont employés à des investissements d'une certaine durée, soient consolidés sous forme d'emprunts à long terme »[66]. Rien ne sera toutefois entrepris par la SdN. Loin de considérer que le problème relève de la logique des programmes de stabilisation, le Comité financier y voit une affaire propre aux pays en reconstruction et restera passif.

Surendettement et croissance économique

On le voit, la nature de l'endettement entraîné par les programmes de reconstruction de la SdN – l'Allemagne obéit à un même schéma – génère des tensions macroéconomiques en profondeur, même si en surface la production et le revenu national semblent retrouver une certaine croissance, stimulée par les capitaux à vue. En contribuant à affaiblir la structure de production au profit du capital transnational, les plans genevois participent à la déstabilisation progressive du système économique de l'Europe centrale; loin d'être la cause unique du problème, ils viennent aggraver – plutôt que soulager – le processus d'adaptation des systèmes de production aux nouvelles conditions politiques et économiques de l'après-guerre. La spirale de l'endettement se poursuivra ainsi aussi longtemps que les investisseurs acceptent d'avancer des liquidités à court terme, générant au passage l'illusion d'une reconstruction réussie. Les bénéfices budgétaires, la stabilité monétaire, l'afflux des investissements étrangers, l'accumulation domestique de capital, la hausse de la production: tous ces signes incitent les élites libérales à saluer le formidable succès des reconstructions. Aussi, pour le chef de l'OEF qui s'exprime en 1926, le succès des programmes

---

65   Paribas, 3-CABET-1/102, Note de Sayous, Quelques notes sur la situation actuelle et l'avenir économique et financier de l'Autriche, mai 1923, p. 18.
66   SdN, p.-v. du Conseil, séance du 10 septembre 1925, pt. 1558.

Tableau 7.6: service de la dette extérieure en 1924 et 1930 (en millions de dollars)

	1924	1930	augmentation	augm. en %
Hongrie	3,9	35,2	+31,3	+803 %
Autriche	5,5	38,9	+33,4	+607 %
Pologne	12,4	53,9	+41,5	+335 %
Bulgarie	3,6	8,3	+4,7	+131 %
Roumanie	18,9	32,8	+13,9	+74 %
Tchécoslovaquie	14,8	19,6	+4,8	+32 %

Source: SdN 1945: 178

Note: Tchécoslovaquie = 1925 et 1930, Autriche = 1924 et 1929, Bulgarie = 1924 et 1931

appliqués en Autriche et en Hongrie « has formed a valuable precedent and example for the financial reconstruction of other countries ». Pour le maître d'œuvre de cette vaste entreprise, cette réussite « has also tested and proved [...] the principles laid down at the Conferences of Brussels in 1920 and Genoa in 1921 [sic, 1922]. It occupies therefore a position of great importance both in the theory and the practice of financial restoration »[67]. Les fondations de l'édifice d'endettement et l'appareil de production qu'il est censé financer sont cependant parcourus par des contradictions qui vont en s'intensifiant au fil de la reconstruction: le surendettement de l'appareil de production et l'efficacité dérisoire du capital transnational.

D'une part, l'endettement externe pèse toujours plus sur la balance des paiements. Le tableau 7.6 montre l'augmentation brutale, en sept ans de reconstruction, des paiements qui doivent être effectués essentiellement à la City et à Wall Street: il est multiplié par huit en Hongrie, et par six en Autriche. Les pays reconstruits par la SdN se trouvent ainsi particulièrement touchés par la croissance de l'endettement externe, beaucoup plus durement que des pays faisant l'objet d'autres programmes. Mesuré en fonction du nombre d'habitants et de la capacité économique du pays, l'endettement de la Hongrie et de l'Autriche est supérieur à celui de l'Allemagne, la destination pourtant privilégiée des capitaux anglo-saxons durant les années vingt (tableau 7.7).

---

67   SdN 1926a: 84-85, ainsi que SdN 1926b: 45.

Tableau 7.7: endettement extérieur en 1930, par habitant et selon le PNB

Pays	Endettement ($) par habitant p/r au PNB
Hongrie	88.8
Autriche	87.3
Bulgarie	—
Allemagne	77.0
Yougoslavie	46.7
Tchécoslovaquie	37.2

Source: Stiefel 1988: 288

En 1929, la tendance s'inverse en Hongrie. Si auparavant l'afflux de nouveaux capitaux permettait de payer le service de la dette, d'amortir des prêts et d'éponger le déficit commercial, il n'en va désormais plus ainsi[68]. Le surendettement du système de production, couplé avec la réorientation de la politique monétaire étasunienne provoque une sortie nette de capitaux qui ne tardera pas à se répercuter sur la monnaie et le système financier dans son ensemble dès le printemps 1931.

D'autre part, à côté du problème du surendettement, force est de constater que les capitaux transnationaux attirés par la reconstruction n'ont pas forcément entraîné les effets escomptés sur la croissance économique.

Figure 7.2: affectation des emprunts étrangers en Hongrie (jusqu'en 1929)

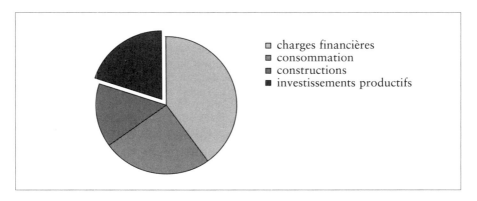

☐ charges financières
☐ consommation
☐ constructions
■ investissements productifs

68   Berend 2001c: 173.

Des emprunts à long terme, alloués à des conditions conformes à la situation économique des débiteurs, et dans le cadre d'un programme global de reconstruction réfléchi et coordonné, auraient peut-être pu générer un effet de relance. Mais les capitaux pour l'essentiel spéculatifs, prêtés à taux prohibitifs et sans la moindre élaboration préalable de réhabilitation économique (sinon l'idéologie dominante des mécanismes « autorégulateurs ») n'ont eu qu'un effet accessoire voire nul sur la relance économique. Les études à disposition pour la Hongrie dressent un constat particulièrement négatif sur l'utilisation de l'ensemble des prêts à long terme (figure 7.2): 40 % auraient servi à payer les intérêts d'autres emprunts, à rembourser des dettes, ou à amortir les créances d'avant-guerre; 25 % ont couvert des dépenses de consommation, 15 % ont été investis dans des projets de construction, et 20 % ont été alloués à des investissements productifs[69]. Seul un tiers environ de l'endettement s'est donc traduit par une réhabilitation de l'appareil de production et des infrastructures. Coût du capital, précarité de l'endettement, surendettement et faible capacité productive des capitaux étrangers: tels sont les principales tensions inhérentes à l'afflux de capitaux dans le sillage la reconstruction économique. Le Royal Institute of International Affairs (RIIA), dans une étude parue en 1937, aboutit à une conclusion comparable:

> Capital was obtained by almost every country in the world from Great Britain, the United States, or France during the ten years which followed the war. Investments in different countries, however, varied considerably both in their effects and their desirability. The foreign capital which was used for the reconstruction of Europe was very desirable and very necessary, but the amount which, in the end, was sent to this area was more than the debtors could hope to repay [...] Capital invested in Europe was very largely used for *unproductive* purposes; it resulted in a rise in the standard of living in the borrowing countries, but did not increase the efficiency of their export industries to an extent sufficient to enable most of them to meet the full service payments of their indebtedness[70].

Parmi les investissements à long terme qui auraient à n'en point douter pu contribuer à un développement économique de l'Autriche figure en premier lieu le domaine de l'énergie hydraulique, pour lequel ce pays est pour ainsi dire prédestiné. Ces investissements auraient non seule-

69   Berend/Ránki 1974: 230. Voir aussi Berend 2001c: 173-174.
70   RIIA 1937: 279.

ment – conformément à l'avis même du gouvernement de Vienne – participé à une relance de l'économie, mais ils auraient également pu réduire l'endettement extérieur lié aux achats de charbon. Or, le penchant pour les capitaux à court terme, combiné avec la discipline budgétaire imposée par le Comité financier, n'ont de toute évidence pas permis d'explorer cette voie. Durant les années vingt, seuls $ 25 000 000 sont investis par des banques étasuniennes, britanniques et suisses dans l'industrie hydraulique autrichienne, chiffre dérisoire si on tient compte de l'importance des moyens financiers requis par ce genre de chantiers (voir tableau A2 en annexe). Il faut par ailleurs attendre la fin de la décennie pour que Paribas, pourtant bien implantée en Autriche par sa filiale – la Länderbank – s'intéresse aux débouchés de l'or « blanc »[71].

Capital rentier et tensions macroéconomiques

Aux conditions d'obtention du capital transnational et à son affectation vient s'ajouter un autre facteur qui accroît d'autant la tension macroéconomique de la reconstruction: les préoccupations du capital rentier. Les emprunts et les crédits à court terme ont en effet été sollicités également pour rembourser des créanciers d'avant-guerre. Cette dimension explique d'ailleurs partiellement l'enthousiasme des milieux financiers pour la reconstruction européenne: il s'agit de permettre aux débiteurs d'avant-guerre, notamment l'empire austro-hongrois représenté par les Etats successeurs, de reprendre le service de leur dette extérieure, que la guerre et la période d'hyperinflation avaient suspendu. Le tableau 7.8 dresse l'inventaire des principales charges financières dont la nouvelle Hongrie doit assurer le service après la guerre. Elles représentent une charge supplémentaire sur la balance des paiements déjà particulièrement mise à contribution par l'endettement propre à la reconstruction. En 1926, environ 37% du service de la dette concerne des créances d'avant-guerre[72]. Plus du tiers des charges de la balance des paiements effectuées au titre du service de la dette n'ont par conséquent aucun rapport avec la reconstruction et les investisse-

---

71   Paribas, 3-CABET-1/22, Le financement des sociétés hydro-électriques autrichiennes par le marché français, note s. d. [début 1931].
72   Calculé selon SdN 1926b: 177.

Tableau 7.8 : principales obligations financières d'avant-guerre (Hongrie)

Emprunt	Taux	Nominal ($)	Service annuel ($)
Emprunts d'Etat 1880, 1881, 1887, 1888, 1892 gagés sur l'or	4%	117 149 240	2 684 332
Emprunt d'Etat 1910	4%	6 587 936	109 689
Emprunt d'Etat 1913	4½%	3 244 351	71 448
Emprunt d'Etat 1914	4½%	19 924 653	440 459
Obligations *Steg*	3%	17 232 159	280 195
Emprunt Trésor français	6%	2 968 988	178 139
Ville de Budapest, emprunts 1910, 1911, 1914	4%-4½%	40 344 907	1 420 844
Total		207 452 233	5 185 107

Source : SdN 1926b : 177

ments productifs, et ne servent qu'à satisfaire le capital rentier ; et encore faudrait-il ajouter, parmi les handicaps de la croissance, le poids des réparations dont la Hongrie et la Bulgarie, contrairement à l'Autriche, n'ont pas été libérées.

L'Autriche se heurte à une même situation : dans son endettement d'avant-guerre figurent une douzaine d'emprunts publics qui viennent alourdir le passif de la nouvelle république, sans parler des emprunts privés contractés en très grand nombre durant la fin du 19ᵉ siècle dans le secteur des chemins de fer[73]. Dans le cas grec également, les négociateurs français exigent un apurement des crédits alliés datant de la guerre avant tout nouvel emprunt, ce qui explique en partie l'abstention des milieux financiers français des émissions de la SdN. En Bulgarie, dans le programme du Comité financier qui sert de base au premier emprunt (dit des « réfugiés »), des dispositions explicites sont prévues pour le remboursement des créances d'avant-guerre, et un accord est signé avec les porteurs d'obligations en parallèle à la conclusion du programme de reconstruction de la SdN[74]. Une condition est ainsi institutionnalisée

---

73 AMF 31540, Société générale au MEF, 28 mai 1921. Idem, délégué financier à Londres au MGF, 29 avril 1921.

74 Pasvolsky 1930 : 166. En Autriche et en Hongrie, le remboursement des créances n'est pas explicitement institutionnalisé dans les programmes de reconstruction ou les accords diplomatiques qui en servent de base. En revanche, des accords sont signés en parallèle entre les gouvernements et les représentants des créanciers. En Autriche par exemple, l'accord d'Innsbruck sert de base au remboursement des créances d'avant-guerre.

dans le programme de 1926, selon laquelle le gouvernement bulgare devra conclure un accord avec les porteurs de titres des emprunts d'avant-guerre[75]. Une fraction non négligeable de l'emprunt (22 % du montant reçu par le gouvernement) sera ainsi utilisée pour satisfaire les créances des porteurs de bons du Trésor bulgare émises en France en 1912 et en 1913[76]. Si on tient compte du cours auquel l'emprunt est remis à Sofia (88 % du nominal) et de la part du solde consacrée au remboursement de dettes d'avant-guerre, seulement 66 % du nominal de l'emprunt de la SdN sera effectivement à disposition de la Bulgarie pour l'établissement des réfugiés et la reconstruction.

Le pouvoir du capital rentier s'exerce autant depuis Londres que Paris. En France en effet, les pertes liées aux emprunts russes rendent la pression sur les autres pays débiteurs d'autant plus forte, et les programmes de la SdN offrent l'occasion idéale pour imposer les conditions en vue de recouvrer de vieilles créances. A Paris, le ministère des finances constitue ainsi en mars 1921 une commission pour l'étude des questions financières concernant l'Europe centrale, au même moment d'ailleurs que se discute la reconstruction autrichienne[77]. L'objet de la commission est très clair : selon le directeur du Mouvement général des fonds, « il […] a paru nécessaire pour préparer les décisions qui doivent être prises à ce sujet et pour sauvegarder les capitaux considérables que nous avons dans ces régions, de [s]'entourer des avis de personnalités financières de compétence éprouvée »[78]. Au centre de l'attention figurent surtout les Etats successeurs de l'empire habsbourgeois : « Je ne saurais énumérer toutes les questions qui nécessitent notre intervention », écrit le directeur du MGF au Ministre des finances, « [j]e me bornerai à signaler plus particulièrement […] le règlement de la dette autrichienne, dont une partie importante est placée en France [suit une liste d'autres questions] »[79]. C'est à un banquier que reviendra la présidence de la

---

75   Les dettes d'avant-guerre bulgares s'élèvent à environ $90,1 millions. Elles représentent le 65 % du total de l'endettement extérieur bulgare en 1931 (Nötel 1974 : 84).
76   SdN 1945 : 116 sq. ; Pasvolsky 1930 : 160 sq.
77   A l'origine, la commission comprenait également dans son intitulé la péninsule balkanique et l'empire ottoman. Ces deux autres zones créancières ont rapidement disparu du titre de la commission. L'arrêté créant la commission date du 22 mars 1921.
78   AMF, 31540, Autriche, MGF à Sergent (Pdt. de la BUP), s. d. [avril 1921].
79   AMF, 31540, Autriche, note du MGF au Ministre des finances, 22 mars 1921.

commission : le président de la BUP, Charles Sergent. A ses côtés siègent
une série de représentants issus du ministère des finances et des principaux représentants français du capital rentier : Henry Cellier (administrateur du Comptoir national d'escompte), Horace Finaly (directeur de
la Banque de Paris et des Pays-Bas), Lefevre (secrétaire général du Crédit Lyonnais), Rendu (vice-président de l'Association nationale des porteurs français de valeurs mobilières), et Simon (directeur général de la
Société générale)[80]. Le lien avec la reconstruction autrichienne est clair
dès le départ : la première séance de la commission ouvre ses portes à
Joseph Avenol, membre français du Comité financier de la SdN, pour
débattre du premier point inscrit à l'ordre du jour : « le projet du Comité
financier de la Société des Nations pour le relèvement de l'Autriche »[81].

Les milieux financiers de la City interviennent eux aussi pour satisfaire leurs intérêts d'avant-guerre au travers du processus de reconstruction de la SdN. Norman insiste ainsi énergiquement pour que l'Autriche s'acquitte de ses dettes : en 1924 il entreprend des démarches auprès
du président de la banque centrale – sa religion faite d'« apolitisme » en
matière financière lui interdit de frapper à la porte du ministère des
finances – pour qu'il fasse avancer le dossier dans une direction propice
à la City. Il demande en particulier à son homologue Reisch d'agir
auprès du gouvernement autrichien pour qu'il s'acquitte de ses ancien-
nes créances, « maintenant que l'Autriche dispose », s'exclame-t-il, « de
fonds en grande quantité, suite à l'assistance financière largement due
à la bonne volonté et au soutien que lui a accordé [l'Angleterre] dès le
départ »[82]. On le constate, la mise en place des programmes de reconstruction et la satisfaction des intérêts du capital rentier ne sont guère
dissociables. Cependant, l'exploitation des programmes de reconstruction dans cette optique n'est pas sans conséquence sur l'ensemble du
système de production des économies en transition. D'une part, comme
l'exemple de la Bulgarie le montre, une part substantielle des crédits
accordés sous l'égide de la SdN retournent directement aux créanciers
et ne contribuent ainsi en aucune manière à la reconstruction. D'autre

---

80   AMF 31540, Autriche, arrêté du ministre des finances, 22 mars 1921.
81   AMF, 31540, Autriche, p.-v. commission d'étude des questions financières concer-
     nant l'Europe centrale, [8 avril] 1921.
82   BofE, OV 28/58, Norman à Reisch, 21 février 1924. Voir aussi la réponse du
     19 mars 1924.

part, s'ils n'entraînent aucun effet positif, ils pèsent sur la balance des paiements et se traduisent ainsi par une pression sur l'ensemble du système de production.

Sécurité du capital et insécurité sociale

La dialectique macroéconomique de la reconstruction et son asymétrie entre le capital transnational et l'économie réelle ne se limitent pas aux conditions de l'endettement et à la charge des créances d'avant-guerre dans la balance des paiements. Elle se lit également au niveau des effets déflationnistes de l'austérité monétaire et budgétaire. J'ai montré déjà comment cette discipline s'appuyait sur une conception de la reconstruction économique qui pose comme point de départ la satisfaction des intérêts financiers par la stabilité des taux de change et du niveau des prix, ainsi que par la réduction du prélèvement fiscal. Si la discipline monétaire a très certainement permis d'assurer la stabilité du capital durant toute la décennie et de contenir les déficits budgétaires (voire de dégager des bénéfices au terme de la phase de stabilisation), ses effets sur la réhabilitation de l'appareil de production et sur la capacité économique des pays reconstruits sont loin de pouvoir être considérés comme neutres. L'adoption de politiques déflationnistes a probablement déployé des effets dépressifs sur l'économie réelle et sur le niveau d'activité. En témoignent des taux de chômage croissants et des déficits substantiels des balances commerciales.

Inflation ou déflation ?

Dans la philosophie dominante du consensus de Bruxelles et de son discours disciplinaire, la stabilité de la monnaie et des prix se situe au cœur de la réhabilitation économique. Ce dispositif rhétorique repose sur une conception du marché autorégulateur qui, par ses flux stabilisateurs, mènerait à l'état d'équilibre une fois que les monnaies sont indexées à l'or et que la hausse des prix est contenue. La phobie du renchérissement, en particulier dans les pays qui ont connu une phase hyperinflationniste, participe de la culture dominante des années vingt, et rallie des cercles très larges de la société, notamment dans les couches populaires où la perte du pouvoir d'achat est ressentie de manière

Tableau 7.9: évolution des taux d'intérêt en Autriche (1923-1931)

Année	Taux officiel banque centrale	Taux banques commerciales	Commissions et provisions	Taux effectif
1923	9 %			
1924	11,6 %	9 % - 15 %	7,5 %	16,5 % - 22,0 %
1925	10,9 %	9 % - 13 %	7,5 %	16,5 % - 20,5 %
1926	7,5 %	7 % - 9 %	5,5 %	12,5 % - 14,5 %
1927	6,3 %	6 % - 7 %	5,5 %	11,5 % - 12,5 %
1928	6,3 %	6 % - 6,5 %	5,5 %	11,5 % - 12,0 %
1929	7,4 %	6,5 % - 8,5 %	5 % - 5,5 %	12,0 % - 13,5 %
1930	5,7 %	5 % - 7,5 %	5 %	10,0 % - 12,5 %
1931	7,2 %	5 % - 10 %	5 %	10,0 % - 15,0 %

Source: SdN 1925a: 95; Stiefel 1988: 300

particulièrement douloureuse. Elle concerne tout autant les élites capitalistes transnationales – au premier rang desquelles se trouve la Banque d'Angleterre – qui redoutent une poussée des prix qui déstabiliserait le taux de change des monnaies où ils ont investi, et qui menacerait la capacité de remboursement des économies débitrices.

Dans la logique quantitativiste des élites libérales, pour qui le niveau des prix correspond au volume des moyens de paiement, la réduction de la masse monétaire par un resserrement du crédit figure ainsi au cœur des politiques de la monnaie. Le maniement du taux d'intérêt devient l'instrument principal d'une politique qui vise explicitement la réduction de la consommation[83]. Si une telle démarche permet de satisfaire les intérêts du capital transnational, ses effets sur le niveau d'activité et sur le système de production sont en revanche dévastateurs, et expriment les nombreuses contradictions du consensus de Bruxelles: d'une part, la politique des taux d'intérêts élevés rend le crédit domes-

---

83   Résolutions de la conférence financière de Bruxelles, II/5. La réduction de la consommation s'explique dans le cadre d'une application de la loi de l'offre et de la demande: pour faire baisser les prix (ou du moins les stabiliser), les financiers estiment que la demande doit diminuer et l'offre augmenter. Ce mécanisme déflationniste, on l'aura compris, touche essentiellement les bas revenus: la propension à consommer est évidemment plus importante pour ces catégories sociales, et relève moins d'un choix que de la simple survie.

tique hors de prix, à un moment où il est précisément très sollicité et nécessaire à la réhabilitation. En Autriche, durant les trois années de stabilisation budgétaire (1922 à 1925), les entreprises n'obtiennent du crédit domestique qu'à des taux effectifs situés entre 16 et 20 %. Après le relâchement de la politique des taux élevés dès 1926, une entreprise autrichienne devra néanmoins toujours payer entre 10 et 15 % pour obtenir de l'argent sur le marché interne (voir tableau 7.9). D'autre part, le coût prohibitif du crédit domestique incite les banques à se refinancer à l'étranger, où elles peuvent obtenir de l'argent à court terme moins cher et – on l'a vu – dans des quantités qui dépassent leurs besoins. La politique de l'argent cher participe ainsi directement du surendettement face à l'étranger.

Si le capital trouve une rémunération substantielle dans une politique de l'argent cher, le système de production subit en revanche des conséquences qui handicapent la reconstruction sur le long terme et pèsent lourdement sur le travail. A un moment où le crédit est très amplement sollicité, ses conditions entraînent une spirale d'endettement : de nouveaux crédits sont nécessaires pour rembourser d'anciens ou en assurer le service. De plus, les conditions du crédit se répercutent directement sur les coûts de production et n'améliorent guère la compétitivité face à des économies qui bénéficient de taux nettement inférieurs (voir tableau 7.5). Quant aux importations, elles sont évidemment facilitées, ce qui n'arrange guère la situation. Enfin, si la politique déflationniste accroît la valeur du capital, elle se traduit nécessairement par une pression accrue sur le rendement de la main-d'œuvre, les conditions de travail et sa rémunération.

La politique déflationniste de la reconstruction européenne participe d'une logique obsessionnelle de la stabilité monétaire, couplée au besoin, évoqué plus haut, d'attirer des capitaux étrangers. La lecture des documents de la Banque d'Angleterre – en particulier les correspondances entre Norman et les *advisers* à Budapest et Vienne – reflète la rhétorique continuelle du risque d'inflation et la pression de la City pour augmenter des taux déjà élevés[84]. Pour le commissaire général à Vienne également, la monnaie est menacée, comme toutes les monnaies selon lui, par deux maux : une inflation du crédit et une inflation de la part du

---

84   Voir en particulier BofE, OV28/28, Zimmerman à Norman, 10 juillet 1924. OV 28/59, Simon (Anglo-Austrian Bank) à Norman, 6 juin 1924.

gouvernement (budget)[85]. Les experts du Comité financier ne raisonnent pas différemment, à l'exception notoire d'un Pierre Quesnay qui a, partiellement et un peu tardivement, réalisé les effets pervers d'une politique déflationniste de la reconstruction : depuis son poste d'observation dans la capitale autrichienne, l'adjoint du commissaire général déplore la phobie de ses collègues genevois face à un prétendu excès de moyens de paiement. A un moment où le crédit est, pour lui, la condition nécessaire à la réhabilitation de l'appareil de production, il n'hésite pas à s'opposer avec véhémence à l'orthodoxie déflationniste de la SdN et de la Banque d'Angleterre[86]. Lorsque, en novembre 1924, la banque centrale autrichienne décide d'assouplir sa politique du crédit et baisse son taux d'escompte de 15 % à 13 %, suite aux pressions des milieux industriels qui cherchent à se financer dans des conditions supportables, la réaction de la City est volcanique. Tant la Banque d'Angleterre que le *Times*, fidèle relais des intérêts financiers, déplorent une politique trop libérale qu'ils qualifient d'« inflation de crédits »[87]. Le président de la Banque d'Autriche est ni plus ni moins convoqué à Londres pour s'expliquer sur sa politique monétaire devant Norman, Niemeyer et Strakosch. Face à ce qu'il faut qualifier de démarche coercitive de la part de Norman, le président de la banque autrichienne s'engage finalement à intensifier sa politique déflationniste et à obéir aux injonctions de la City plutôt qu'aux desiderata des milieux industriels autrichiens[88].

L'évolution des prix durant la décennie affiche ainsi une propension générale à la baisse. En Autriche et en Hongrie, après une augmenta-

---

85   BofE, OV28/28, Zimmerman à Norman, 10 juillet 1924.

86   AMAE, papiers Avenol 19, Quesnay à de Bordes, 10 janvier 1925, ainsi que 22 janvier 1925. La position de Quesnay n'est pas sans présenter, elle aussi, des contradictions : pour l'expert français, c'est en effet le crédit étranger qui doit affluer et huiler les rouages de la croissance économique (voir lettre du 10 janvier 1925 : « le remède c'est l'octroi de crédits privés étrangers, à l'économie […]. Je constate […] qu'il faut tout faire pour aider la situation économique à s'améliorer, que l'attitude et les critiques financières de Londres n'y aident pas, que nous allons à un danger »). Or, Quesnay omet de signaler qu'une telle démarche implique des taux d'intérêts élevés et participe d'un surendettement extérieur.

87   AMAE, série SdN, 1232, Barois (chargé d'affaires à Vienne) à Herriot, 11 janvier 1925.

88   AMAE, papiers Avenol 19, de Bordes à Salter, 20 mars 1925. Le p.-v. rédigé par de Bordes précise : « Dr. Reisch gave in on practically every point, but only after having been pressed repeatedly by Mr. Norman ».

Tableau 7.10: indices des prix en Autriche et Hongrie (1923-1930)

	Autriche		Hongrie	
	Indice des prix de gros (100 = 1914)	Indice du coût de la vie (100 = 1914)	Indice des prix de gros (100 = 1913)	Indice du coût de la vie (100 = 1914)
1923	124	76	122	
1924	136	86	138	116
1925	136	97	140	112
1926	123	103	124	103
1927	133	106	132	110
1928	130	108	135	118
1929	130	112	121	119
1930	117	112	96	106

Source: annuaire statistique de la SdN

tion des prix de gros de quelque 10 % durant la phase de stabilisation, on assiste à un épisode globalement déflationniste jusqu'à la fin de la décennie. Comme en témoigne le tableau 7.10, l'indice des prix de gros autrichien descend, au terme des années vingt, sous son niveau de 1924. En Hongrie également, après les premiers mois de la stabilisation monétaire, les prix de gros reflètent une même tendance.

Déficit commercial et chômage

Les effets dépressifs de la politique déflationniste s'expriment sur le niveau d'activité domestique par deux indices: la balance commerciale et le niveau de l'emploi. En termes d'exportations, la logique financière de la SdN (pénurie de crédits à long terme) n'est pas dissociable de la difficulté de renouveler l'appareil de production et de retrouver une place dans les échanges commerciaux. Quant à la cherté du crédit, elle ne fait qu'accentuer le problème par sa tendance à accroître les prix de revient. Dans un cas comme dans l'autre, c'est la capacité concurrentielle qui est pénalisée. Or, sur le problème des taux d'intérêts élevés se greffe l'implacable logique du taux de change: les programmes de la SdN font des monnaies autrichienne et hongroise des devises fortes, à un moment où les autres monnaies européennes parviennent à exploiter leur change fluctuant. En 1922, lorsque l'Autriche stabilise sa monnaie par rapport au dollar, elle en fait par la même occasion la première monnaie-or du continent, d'où sa réputation de « dollar des Alpes ». Les exportations sur le continent européen se trouvent ainsi handicapées face aux économies française, belge ou allemande par exemple, qui ne reposent pas sur une monnaie forte. La situation hongroise est pire encore: suite à l'accord entre la Banque d'Angleterre et la Banque de Hongrie de juin 1924, qui place la politique monétaire entre les mains de la City, c'est la livre sterling qui devient la monnaie de référence. Or, comme Threadneedle Street, qui n'a pas encore stabilisé le cours de sa monnaie, mène une politique déflationniste destinée à retrouver la parité d'avant-guerre, la monnaie hongroise s'apprécie automatiquement pendant près d'un an, au fur et à mesure que la livre se rapproche de son cours dit « normal ».

Dans de telles conditions, si les intérêts du capital transnational sont verrouillés par des taux de changes fixes et une politique résolument axée sur la déflation, le secteur industriel subit des pressions sur sa capacité exportatrice. Or, tandis que les pays en reconstruction s'endettent lourdement à l'étranger, les exportations devraient au contraire

Tableau 7.11: déficit commercial en Autriche, Hongrie et Bulgarie (1920-1931)

	Autriche		Hongrie		Bulgarie	
	déficit mio. $	import/ export	déficit mio. $	import/ export	déficit mio. $	Import/ export
1920	156	182 %	51		6	135 %
1921	162	187 %	54		7	132 %
1922	133	158 %	42		–2	93 %
1923	162	170 %	17		14	145 %
1924	208	175 %	26	122 %	–3	94 %
1925	137	148 %	3	102 %	9	119 %
1926	150	162 %	11	107 %	4	109 %
1927	148	152 %	65	146 %	–4	92 %
1928	145	147 %	67	147 %	6	113 %
1929	151	149 %	4	102 %	15	134 %
1930	120	140 %	–15	90 %		
1931	123	167 %	–5	95 %		

Sources: Hongrie: Péteri 2002: 167. Autriche: Stiefel 1988: 316, 293. Bulgarie: Pasvolsky 1930: 171

Note: le signe négatif représente un excédent de la balance commerciale

pouvoir dégager les revenus nécessaires pour absorber le déficit de la balance des paiements et équilibrer la balance générale des comptes. Même si la tendance n'est pas très nette et que la crise ne tardera pas à s'affirmer, le tableau 7.11 montre que le déficit commercial tend à se creuser en Hongrie au fur et à mesure de la reconstruction, en dépit d'une politique douanière destinée à protéger l'économie hongroise par des barrières de plus en plus élevées. En Autriche également, une fois que le plan de la SdN est mis en application (1922), le déficit commercial reste important. Cette conséquence de la reconstruction sur la capacité exportatrice offre une explication aux politiques nationalistes de l'Europe centrale d'après-guerre en matière commerciale. Certes, les politiques d'industrialisation par substitution des importations (ISI) s'inscrivent dans une logique de développement de l'Etat-nation après la chute de l'empire et dans une volonté d'affermissement de l'autonomie économique. Ces raisons – auxquelles il convient d'ajouter notamment la saturation des marchés – ne permettent cependant pas, à elles seules, de comprendre la mise en place du protectionnisme commercial : les nouveaux tarifs douaniers décrétés par l'Autriche et la Hongrie en 1925 participent du processus même de la reconstruction, dont ils visent à contenir les effets destructeurs sur le tissu productif[89].

Nul doute que les programmes de la SdN n'expliquent pas à eux seuls la crise que traversent ces pays durant la reconstruction. Un très grand nombre d'autres variables entrent également en ligne de compte, liés à la restructuration des systèmes de production et de distribution en Europe centrale. Il n'en demeure pas moins que si l'appareil de production est la principale victime de la logique financière, c'est en dernier ressort sur le travail que repose le poids principal de la reconstruction. Pressions sur la rentabilité, augmentation du temps de travail, sous-emploi et chômage : autant d'indices montrent que le réajustement structurel déplace les coûts sur la classe ouvrière. En 1925, les

---

89   L'Autriche introduit un nouveau tarif douanier en 1925, qui se traduit par une augmentation relativement modérée des droits de douane si on la compare aux autres pays de l'Europe centrale. Cependant, l'application concrète de ce nouveau tarif marquera une tendance progressive au renforcement du protectionnisme. Voir Stiefel 1988 : 322-328, 354. En Hongrie, un nouveau tarif douanier entre en vigueur en janvier 1925 également. Il figure parmi les tarifs les plus élevés de toute l'Europe durant les années vingt.

Tableau 7.12 : taux de chômage en Autriche et Hongrie (1920-1931)

	Autriche (%)	Hongrie (%)
1920	2,8	
1921	1,0	
1922	4,2	
1923	9,4	10,0
1924	8,1	12,9
1925	11,7	16,0
1926	12,9	16,1
1927	12,7	10-15
1928	11,7	10-15
1929	12,2	
1930	15,4	
1931	19,4	

Sources : Autriche : Butschek 1992 : 83. Hongrie : SdN, rapports du commissaire général à Budapest ; 1927-8 : estimation selon Hoensch 1984 : 115

Note : la Hongrie ne fournit pas de statistique officielle du chômage. Les seuls chiffres à disposition émanent de l'association nationale hongroise des syndicats ouvriers. Ils ne recensent cependant – et de manière très imparfaite – que les chômeurs membres de syndicats

experts du Comité financier Layton et Rist notaient à propos de l'Autriche que « le peu d'intensité de la production s'accompagne d'une crise exceptionnellement aiguë de chômage qui atteint peut-être un plus grand pourcentage de la population industrielle que dans n'importe quel autre pays d'Europe »[90]. La situation est pourtant loin d'être plus favorable en Hongrie, comme en témoigne le tableau 7.12.

En outre, les chiffres occultent d'autres aspects de la précarité du travail : ils ne tiennent pas compte du sous-emploi qui frappe durement le secteur industriel autrichien et l'économie agricole hongroise. Ils occultent également une autre répercussion sur les conditions de travail : l'augmentation de la productivité et du temps de travail. Alors que l'Autriche avait introduit la semaine de 48 heures après la révolution, le patronat demande un retour à la journée de 10 heures, à l'instar de l'Alpine Montangesellschaft, principale entreprise autrichienne du sec-

90   SdN [Layton/Rist] 1925 : 51.

teur de la métallurgique avec ses 15 000 employé/es en 1925[91]. Les conditions matérielles d'existence auxquelles sont confrontées les victimes de la reconstruction sont amplement documentées. En Styrie par exemple, la situation des chômeurs est très difficile en hiver 1924. Un maire résume ainsi la situation dans sa commune lors du congrès annuel du parti social-démocrate de 1924 :

> Dans les communes de Styrie supérieure, nous ne savons pas comment nous allons survivre au prochain hiver. Le chômage et le travail à temps partiel sont extrêmement élevés et les salaires – lorsqu'ils sont encore payés – sont tellement bas qu'ils ne permettent pas de manger à sa faim. Je crains que les conditions en viennent à ressembler à celles qui ont suivi la fin de la guerre. Je suis bourgmestre d'une grande commune (Fohnsdorf) et je ne sais pas comment nous allons pouvoir aider les victimes de la faim cet hiver. Comme les choses se présentent maintenant, nous n'aurons pas même assez d'aide pour les enfants. Beaucoup de chômeurs n'obtiennent pas d'indemnité de chômage, seule la commune est susceptible de les aider. Les communes qui souffrent tant de la crise ont besoin de moyens spéciaux, pas seulement les ressources fiscales, mais une assistance spéciale de l'Etat[92].

Cinq ans de reconstruction plus tard, les conditions de survie hivernale dans la ville de Graz sont toujours des plus précaires. Lors de la séance du conseil communal de la capitale styrienne en février 1929, un conseiller rappelle la situation de détresse et de misère qui frappe des couches entières de la population[93].

Bref, on le voit, la logique de discipline du capital véhiculée par la SdN entraîne une profonde asymétrie macroéconomique qui s'exprime, en dernier ressort, par une dialectique entre forces sociales : les éléments les plus faibles de la société – en particulier les chômeurs, victimes de la reconstruction – subissent les conséquences de l'insécurité ainsi générée. Le système de production se trouve handicapé par la forte proportion de capitaux à vue qui ne permettent pas de financer les investissements nécessaires, ou au prix d'une immobilisation susceptible de pousser le système financier et monétaire à la faillite, ce qui ne manquera pas de se produire en 1931 lors de l'effondrement de la Creditanstalt. D'autre part, des taux d'intérêts prohibitifs pour les capitaux étrangers entraînent une spirale d'endettement et augmentent les coûts de production.

---

91 Sur l'Alpine et sa politique ouvrière, voir notamment Lewis 1991 : 109-114.
92 Horvatek cité in Wilding 1990 ; 101-102.
93 Wilding 1990 : 103.

L'adjonction – dans les charges financières déjà élevées – du service de créances d'avant-guerre déséquilibre la balance des paiements et contribue à renforcer l'engrenage de l'endettement. Enfin, la politique déflationniste destinée à assurer la sécurité du capital explique le coût exorbitant du crédit domestique et renforce d'autant le financement étranger. Ces différents éléments participent à la détérioration de la balance commerciale et du chômage croissant en Hongrie et en Autriche.

En parallèle, les intérêts du capital sont largement pris en compte, sur le court et le moyen terme en tous cas, à défaut d'une vision à plus long terme de la reconstruction. La très grande liberté de circulation du capital permet d'exploiter les situations les plus profitables et de faire jouer la concurrence en termes de rentabilité et de sécurité. Quant à la forte rémunération, elle rend le capital à court terme particulièrement lucratif et tend à dissuader les prêts à long terme qui demeurent rares. Les emprunts de la SdN constituent à n'en point douter un indicateur utile de la rémunération du capital et des profits des investisseurs. Un homme d'affaires américain publie en 1928 dans le bulletin d'information de la Foreign Policy Association une étude sur les rendements comparés des emprunts émis sous l'égide de la SdN et de ceux de pays reconstruits indépendamment de la SdN: la recherche parvient à la conclusion très claire que « it is obvious that League loans which have thus far been sold have proved highly beneficial not only to the borrowing countries but also to those who have placed their funds »[94]. Comme le montre le tableau A1 (annexe), le taux de rendement se situe autour de 8 %, et atteint même parfois 9 %, comme dans le cas de la Hongrie. Ce pays aurait remboursé, au terme de l'échéance de 20 ans, trois fois le montant de l'emprunt. Dans de telles conditions, le capital engagé par les financiers transnationaux est retrouvé, grâce aux intérêts et aux amortissements, après sept ans seulement. Au moment où la crise touche l'Europe centrale, les capitalistes ont ainsi déjà obtenu en retour l'intégralité de leur engagement. Dans le cas autrichien, l'emprunt de la SdN a même généré un profit en leur faveur. Et encore la crise financière ne sonnera-t-elle pas le glas pour les investisseurs. Même si l'Europe centrale sombre dans une crise sans précédent, les transferts ne seront pas entièrement suspendus: l'emprunt autrichien sera converti et les

---

94   *Foreign Policy Association, Information Service*, volume IV, Special Supplement No. 2, June 1928.

investisseurs remboursés en 1935. Danzig et l'Estonie assureront le service de la dette jusqu'à la guerre. Seules la Hongrie, la Grèce et la Bulgarie ne parviendront à transférer qu'une fraction de leurs obligations[95].

7.3 Reconstruction, ordre social et dialectique sociopolitique

On a vu comment, dans une phase de transition, l'organisation internationale participait d'un processus de reconfiguration de l'ordre social : la mise en place des instances coopératistes inhérentes à la SdN a été présentée comme une réponse à la crise des lendemains de la guerre, et comme une procédure de légitimation par les élites capitalistes de leur statut dominant. Si la reconstruction fait sens au niveau de l'économie politique globale, elle se lit également à l'échelle des dynamiques politiques domestiques. Cette section analyse les processus par lesquels la SdN, en tant que relation sociale, interagit dans la constitution des rapports entre les différentes forces politiques et des formes institutionnelles qui en assurent la représentation et la reproduction. La dialectique sociopolitique de l'institution globale fait ainsi apparaître deux asymétries principales : dans un premier temps, je montre comment la SdN participe à l'affermissement et à la stabilisation des régimes conservateurs, ainsi qu'à l'affaiblissement de la contestation socialiste en Autriche et en Hongrie. Puis, dans un second temps, l'analyse portera sur l'intervention de la SdN dans la légitimation et la (re)production d'un modèle de développement qu'elle contribue à rendre dominant, écartant au passage toutes les alternatives.

Par sa focalisation sur la dialectique entre le centre et la périphérie, cette section apporte un double complément qui faisait défaut aux deux premiers points de cette partie. D'une part, elle permet d'observer les espaces périphériques de la reconstruction non pas comme des lieux

---

95 A ce sujet, voir Myers 1945 et RIIA 1937 : 297 sq. La Hongrie transfert la moitié des intérêts dès 1934 et suspend l'amortissement. La Grèce s'acquitte des intérêts selon une fourchette située entre 27½ % et 60 %. La Bulgarie, en 1933, suspend l'amortissement et paie la moitié des intérêts ; dès 1934, elle transfère le tiers puis 1/6e dès 1935. La guerre mettra un terme à ces transferts.

statiques où s'imposerait une influence externe, mais au contraire comme des appareils sociaux actifs, qui participent tant à l'affirmation du modèle dominant qu'à l'élaboration d'alternatives contre-hégémoniques. En insistant sur cette dynamique endogène, l'analyse pourra mettre en lumière comment, dans une économie politique en transition, l'institution globale concourt aux reconfigurations domestiques de l'ordre social. D'autre part, la narration portera sur un spectre social plus large : en lieu et place d'un regard dirigé sur les seules élites capitalistes et sur la société politique, l'étude dégagera les aspects de la reconstruction tels qu'ils s'expriment dans la vie quotidienne. Dans un cas comme dans l'autre, l'approche veut insister sur une logique qui s'affranchit d'une dichotomie entre le sommet et la base : la dynamique de la reconstruction s'affirme tant dans le rôle des élites que dans la propension de la base à agir dans la constitution de l'ordre social.

La SdN et la consolidation des élites conservatrices

Reconstruction et ordre social post-révolutionnaire

Arno Mayer a montré que la mise en place de la SdN lors des négociations de paix de 1919 ne pouvait être dissociée de l'offensive contre-révolutionnaire menée par les élites capitalistes occidentales[96]. Que ce soit, entre autres, par le financement des forces *blanches* engagées dans la guerre civile russe, par le soutien apporté au renversement du régime de Bela Kun, ou par la constitution de l'Organisation internationale du travail, la réaction des élites capitalistes aboutit à associer le règlement de la guerre avec le *containement* de la gauche contestataire et la reconstitution d'un ordre capitaliste. La contre-révolution ne s'achève cependant pas avec la conclusion du traité de Versailles ; la première moitié des années vingt participe de la même logique qui est celle, également, de la reconstruction européenne. En Hongrie comme en Autriche, après l'expérience communiste (le régime bolchevique de Bela Kun) et socialiste (la social-démocratie autrichienne), l'année 1920 annonce le retour encore éphémère à des gouvernements de type conservateur.

---

96   Mayer 1967.

Après deux ans (Autriche) ou trois ans de pouvoir (Hongrie), ces gouvernements de droite voient cependant leur autorité minée par l'hyperinflation et les difficultés économiques. Dans un cas comme dans l'autre, la mise en place d'une reconstruction au moyen d'un appui extérieur offrira la seule issue possible à une crise susceptible de renverser l'ordre social et d'ouvrir la voie au retour au pouvoir de forces anti-capitalistes. Tant en Hongrie qu'en Autriche, la stabilisation économique sur la base de la logique disciplinaire du consensus de Bruxelles – combinée en Hongrie avec une dose prononcée d'autoritarisme – assurera le maintien au pouvoir des élites conservatrices jusqu'à la crise des années trente.

En Autriche, la coalition sociale-démocrate et chrétienne-sociale en place depuis la révolution éclate en 1920. Le virage à droite consacre le retour des élites conservatrices et place la responsabilité des affaires entre les mains du parti chrétien-social qui – à l'exception d'un intermède en 1929/30 – dirigera tous les gouvernements de 1922 jusqu'à l'établissement de la dictature. Rien pourtant, à la base, n'indiquait que ce parti mènerait le retour du conservatisme et l'application d'un libéralisme inspiré des principes anglo-saxons de la SdN. Constitué à Vienne en 1890, le parti chrétien-social entendait alors répondre à la grande crise économique des années 1870 et agir contre la paupérisation généralisée. Dans le même élan que de nombreuses autres organisations catholiques, il se proposait d'améliorer la situation de la petite bourgeoisie par des réformes sociales basées sur une éthique religieuse. Son discours s'opposait alors nettement à la doctrine économique libérale, associée à la crise, et à sa domination dans la société autrichienne[97]. Avec la victoire des chrétiens-sociaux et la volée en éclats de la coalition gauche-droite en 1920, le parti réoriente sa politique afin d'élargir son assise sociale petit-bourgeoise et rurale en intégrant les milieux industriels et financiers. Le mouvement chrétien-social représente ainsi, durant les années de la reconstruction, une coalition hétéroclite réunissant la bourgeoisie urbaine industrielle et financière, ainsi que la paysannerie. A l'instar de la situation qui prévaut en Suisse, cette union rurale-urbaine vise à rassembler un large spectre des forces politiques dans un mouvement anti-socialiste.

97   Staudinger/Müller/Steininger 1995 : 160.

Les années de restauration conservatrice entre 1920 et 1922 – soit de la fin de la coalition gauche-droite jusqu'aux accords de Genève – donnent lieu à une véritable guerre de position entre les chrétiens-sociaux et l'opposition sociale-démocrate : bien que majoritaires, les conservateurs ne parviennent à imposer leur ligne politique, et la crise débouche rapidement sur une perte de confiance dans la capacité de l'Autriche à vivre en tant qu'Etat autonome[98]. La déroute monétaire, reflet de l'impasse politique et de la perte de confiance, place non seulement le gouvernement conservateur dans une situation insurmontable, mais menace également la prépondérance des forces de la contre-révolution. L'appel à la SdN en août 1922 constitue ainsi la dernière chance, pour les élites conservatrices, d'éviter un basculement du pouvoir. Leur intervention auprès des puissances alliées se lit d'ailleurs comme un véritable appel au secours destiné à éviter au pays de sombrer dans ce qu'elles qualifient de « troubles sociaux de nature à constituer le danger le plus grave pour la paix de l'Europe centrale »[99]. L'annonce des accords de Genève le mois suivant porte immédiatement les fruits escomptés : la spirale des prix est arrêtée d'un jour à l'autre (la monnaie est stabilisée à la parité-or qu'elle conservera jusqu'à la crise) et le gouvernement du chancelier Seipel est sauvé.

Le rôle de la SdN dans la stabilisation de l'ordre social contre-révolutionnaire peut se comprendre sur trois plans différents. Premièrement, il consiste en une aide financière considérable, capable de rassurer les principales victimes de l'hyperinflation sur la mise en chantier d'un programme de stabilisation monétaire, dont les ressources n'émanent pas de l'impôt, mais de la communauté internationale. Deuxièmement, le secours est moral : en signant les accords de reconstruction avec les anciens ennemis, le gouvernement autrichien peut affirmer sa capacité à réintégrer l'Autriche dans le jeu international, et à obtenir la reconnaissance qui, jusqu'à présent, lui faisait défaut. Enfin, troisièmement, le soutien est tactique : il permet aux chrétiens-sociaux de rendre les socialistes responsables de la catastrophe en cas de refus du programme de stabilisation négocié à Genève. L'intervention de la SdN affaiblit l'oppo-

---

98   Bauer [1923] : 849-850.
99   SdN, 1807, Documents du Conseil 1922/II, C 572, Franckenstein à Lloyd George, 7 août 1922. Sur l'appel à la SdN et le sauvetage du gouvernement conservateur, voir aussi Goldinger/Binder 1992 : 109-110.

sition autant qu'elle renforce l'ordre conservateur. Le maire de Vienne, Jakob Reumann a bien compris le dilemme dans lequel la SdN a plongé l'opposition : si son parti est opposé aux accords de Genève – en raison de leur contenu libéral et de la perte de souveraineté qu'ils impliquent – il ne peut pour autant s'y opposer sous peine d'être rendu responsable d'avoir empêché le sauvetage de la république[100].

Pour le chancelier et prélat Seipel, l'étape est importante : elle doit permettre selon lui d'envisager enfin la constitution d'un Etat autrichien autour de valeurs conservatrices et d'une éthique catholique. Pour ce professeur de théologie morale à l'université de Vienne, les protocoles – même s'ils sont imparfaits – offrent le grand avantage de rendre l'Autriche viable et d'en faire une république capable de compter sur ses propres forces, après quatre années de ce qu'il considère comme une politique au jour le jour[101]. Du côté socialiste, la critique s'oppose fermement à ce renforcement externe du pouvoir conservateur. Pour l'ancien chancelier Karl Renner, Seipel «veut utiliser l'instrument de l'assainissement pour renverser la social-démocratie et détruire les réalisations de la révolution»[102]. Otto Bauer estime de son côté, devant le congrès du parti, qu'avec la signature des accords de Genève, «la bourgeoisie trahit la liberté nationale de ce peuple ainsi que l'indépendance de ce pays, car elle croit, par cette trahison, parvenir à rétablir sa domination absolue»[103]. Au centre de sa critique figure la clause des pleins-pouvoirs incluse dans les accords signés avec la SdN, des pleins-pouvoirs qui privent les sociaux-démocrates de toute possibilité d'opposition à des pans entiers du processus de reconstruction. Pour le chef de file des socialistes, les accords signés avec Genève signifient ni plus ni moins «la liquidation de la révolution». D'un seul coup, estime Bauer, les accords ont profondément modifié les rapports de pouvoir entre les classes sociales, au profit d'une restauration conservatrice[104]. La gauche n'est pas la seule à voir une forme de *coup d'état social* dans la signature des accords de Genève ; Gustav Stolper, professeur d'économie politique de tendance pourtant libérale, estime lui aussi qu'un seul

---

100 Goldinger/Binder 1992 : 115.
101 Öhlinger 1993 : 12 ; Goldinger/Binder 1992 : 115.
102 Renner cité in März 1981 : 494.
103 Bauer [1922] : 465.
104 Bauer [1923] : 839.

choix s'offrait au chancelier : « le crédit extérieur ou la chute »[105]. Pour l'économiste viennois, l'aventure de Seipel est cependant particulièrement dangereuse sur le plan social : en tentant d'affaiblir l'opposition socialiste et ses syndicats, le chancelier risque de transformer le pays en un véritable champ de bataille[106]. L'histoire ne lui donnera pas tort.

En Hongrie également, le recours à la SdN doit être compris comme un processus de reconstruction de l'ordre social dans la situation d'instabilité inhérente à la transition. La SdN participe ainsi activement au rétablissement de l'ordre conservateur de Bethlen, un ordre contre-révolutionnaire qui entre en crise dès le tournant de 1922/1923. La fin de la guerre avait d'abord débouché sur une révolution pacifique des ouvriers de Budapest qui n'étaient parvenus toutefois à composer qu'un gouvernement éphémère. Dans cet élan, un régime plus radical est établi, le régime bolchevique de Bela Kun, qui sera renversé en 1919 à l'initiative des Alliés. Les communistes pourront tout de même, durant les quelques mois de leur pouvoir, mener une vaste collectivisation de l'économie, non sans se mettre à dos les couches sociales rurales, excédées par les réquisitions de nourriture et par le refus du gouvernement des Soviets de mettre en chantier une réforme agraire. La chute du gouvernement et son remplacement par les élites dirigeantes traditionnelles ouvre la voie à deux années de répression et de troubles, avant que la désignation du comte István Bethlen au poste de premier ministre en avril 1921 ne permette d'installer un régime autoritaire à tendance néo-corporatiste[107].

L'ordre contre-révolutionnaire de Bethlen consiste en une restauration de la domination sociale des élites d'avant-guerre et repose sur un compromis entre les grands propriétaires fonciers, la haute bourgeoisie, la gentry et les officiers supérieurs de l'armée et de l'Etat. Cette coalition oligarchique de l'ancienne noblesse terrienne et de la bourgeoisie domine un appareil d'Etat auquel elle fournit ses cadres principaux, et dicte une politique empreinte de fondamentalisme nationaliste, d'anti-sémitisme et d'anti-socialisme[108]. C'est dans ce contexte social que se

---

105 Stolper, « Prag-Verona-Genf », in : *Der österreichische Volkswirt* 19 septembre 1922, cité in Benay 1998 : 104.
106 Voir Kernbauer 1995 : 557-558.
107 David 2001 : 231-233 ; Hoensch 1984 : 109 ; Janos 1982. Le qualificatif de néo-corporatiste est emprunté à Janos.
108 Berend 2001a : 152.

développe une politique économique empreinte de nationalisme[109]. Cette politique ne se limite pas à réorienter les priorités en termes de production afin de stimuler l'industrialisation du pays. Elle s'inscrit de manière très large dans la constitution même de l'Etat, et relève ainsi de la (re)construction de l'ordre social : au travers du nationalisme économique, c'est un Etat autonome et viable que les élites aspirent à bâtir, autour d'un discours patriotique destiné à souder les classes sociales et à stimuler leur sentiment d'appartenance. Certes, les élites dirigeantes qui arrivent au pouvoir dans l'élan de la contre-révolution sont issues pour une large part de la noblesse rurale, plutôt que de la bourgeoisie industrielle et urbaine ; István Bethlen en personne est le descendant d'une riche famille de propriétaires fonciers. Il n'en demeure pas moins que la coalition sociale préconise une politique d'industrialisation dans le dessein, précisément, de la constitution de l'Etat et de son ordre social. Au-delà de cette dimension, d'autres facteurs entrent évidemment en ligne de compte, tels que l'influence spencérienne qui voit dans la société industrielle une forme d'organisation supérieure : Bethlen semble avoir été profondément marqué par les thèses de la *démocratie industrielle* de Sidney et Beatrice Webb. Par ailleurs, il ne fait guère de doute que la politique de nationalisme économique s'inscrit également dans la volonté d'absorber les masses rurales sous-employées, et d'améliorer les termes de l'échange[110].

Le nationalisme économique hongrois des années vingt n'entre cependant pas en collision avec le libéralisme genevois de la reconstruction, du moins pas sur tous les plans. Si l'appareil étatique est certes appelé à jouer un rôle important dans une politique économique destinée à

---

109 Sur le nationalisme économique en Europe centrale durant l'entre-deux-guerres, voir David 2001. Voir aussi Berend 2000.

110 David 2001 : 235 ; Janos 1982 : 219 ; Romsics 1995 : 184-186. Sur le rôle de l'industrialisation dans le but d'offrir des emplois aux masses rurales, et en particulier la réaction critique de la SdN et des milieux financiers, voir BofE, OV 33/1, Siepmann à Imrédy (BNH), 13 septembre 1926 : « Why do you go on worrying about the population of Hungary ? It strikes me as being the poorest possible excuse for keeping alive a whole lot of economically wasteful industries. I do not say that all your industries are economically wasteful by any means, but I do maintain that the population problem in Hungary is not likely to be serious for a long time to come, and that if it became serious, it could be more easily dealt with by reduction in the standard of life, or an improvement in the standards of cultivation, than by attempts to make Hungary industrially self sufficient ».

développer l'industrie à l'abri des pressions du laisser-faire, il doit cependant demeurer limité et indirect. Loin de préconiser une bureaucratisation de l'économie selon un modèle socialiste, le régime de Bethlen vise à défendre l'initiative individuelle au sein d'un régime capitaliste. Le rôle de l'Etat consiste ainsi à défendre le profit du capital privé (qu'il soit domestique ou étranger) en le protégeant contre les « excès » du radicalisme de gauche comme de droite[111]. Il s'inscrit ainsi dans le discours sur les imperfections du marché autorégulateur, un discours très en vogue, on l'a vu, durant les années vingt.

Le nationalisme économique du régime de Bethlen s'exprime, dans un premier temps, par un soutien généreux de la reconversion de l'industrie au moyen de fonds publics. La banque centrale hongroise est ainsi mise à contribution pour financer cette première étape de la reconstruction. Mais la perte de confiance dans la monnaie se traduit rapidement par une poussée inflationniste et l'intervention de la SdN. La monétisation des déficits budgétaires étant désormais prohibée, le nationalisme économique se redéploie sous la forme d'une politique d'industrialisation par substitution des importations : un nouveau tarif douanier très protectionniste entre en vigueur en 1925, destiné à développer l'industrie hongroise à l'abri de la concurrence internationale, et on compte sur l'argent étranger canalisé par le programme de la SdN pour financer les investissements. Bethlen se présente ainsi comme un farouche défenseur du capital étranger, sur lequel repose son projet social, même s'il ne tardera pas à réaliser les problèmes d'un endettement excessif à court terme. Aux agrariens qui y voient une menace sur l'économie agricole, il réplique qu'une politique hostile au capital mobile ne changerait en rien le niveau des prix des céréales. En revanche, non seulement le capital étranger ne s'investirait plus dans le système économique hongrois, mais en plus, il fuirait le pays : « do you really think that if I weaken the position of capital, this will strengthen the position of agriculture ? Not at all. All it would do would be to increase the number of unemployed in the industrial sector », explique-t-il pour acquérir les sceptiques à sa cause[112].

L'entremise de la SdN constitue une véritable planche de salut pour le régime contre-révolutionnaire de Bethlen fragilisé par l'hyperinflation. D'abord, elle permet de surmonter les dissensions politiques autour de

---

111 Janos 1982 : 218.
112 Bethlen cité par Janos 1982 : 218-219.

la répartition des charges de la stabilisation : en recourant à un large emprunt étranger, les grands propriétaires fonciers – très influents dans les rouages de l'Etat – parviennent à éviter un impôt sur leurs domaines. Ensuite, elle lui offre un soutien extérieur sur lequel appuyer son autorité. Enfin, elle permet de réorienter la politique économique nationaliste des élites hongroises en modifiant les sources de son financement. Désormais, les moyens doivent être drainés sur les marchés financiers. L'ajustement structurel prôné par la SdN est une étape nécessaire de la poursuite de la politique préconisée par les cercles dirigeants. L'adaptation du constitutionalisme hongrois au discours bruxellois s'inscrit ainsi dans une démarche pragmatique visant à poursuivre la constitution de l'ordre social issu de la contre-révolution. Pour le régime bethlenien et la coalition sur laquelle il repose, le recours à la SdN représente un moyen d'asseoir sa domination sociale tout en libérant la voie à un financement international de la politique de reconstruction. L'importance d'une intervention de la SdN pour garantir le maintien de l'ordre capitaliste en Hongrie figure également dans les esprits de la diplomatie anglo-saxonne. En janvier 1924, le ministre anglais à Budapest estime que si Bethlen ne parvient pas à persuader les marchés financiers d'accorder l'emprunt prévu par la SdN, sa chute est « inévitable ». Personne ne semble en outre en mesure de le remplacer, et si le comte devait quitter le pouvoir, « it is almost certain », poursuit le diplomate, « that his place will be taken by those whom I cannot help regarding as the most undesirable extremists. If this forecast should be true it would portend a period of inexpert adventure and experiment which would be full of danger to the peace of Europe »[113]. Son successeur à l'ambassade britannique note également en août 1924, quelques mois après les accords avec la SdN et au moment de l'émission de l'emprunt de reconstruction, que ses nombreuses conversations avec ses collègues diplomates et avec d'autres personnalités hongroises lui ont fait prendre conscience du « consensus of opinion » selon lequel « the continuance of Count Bethlen in office is a guarantee of stability. He is gathering the threads of government more and more skilfully into his hands and shows increasing evidence of his strong directing powers »[114].

113 PRO, FO 371, 9903, Hohler (ministre anglais à Budapest) à Curzon (ministre des affaires étrangères), 3 janvier 1924.
114 PRO, FO 371, 9903, Barclay (ministre anglais à Budapest) à MacDonald, 8 août 1924.

La reconstruction de l'ordre social est un phénomène global qui ne peut se réduire à la juxtaposition de facteurs *domestiques* et de facteurs *internationaux*, plus ou moins indépendants les uns des autres. Dans la vaste entreprise de réhabilitation européenne d'un ordre social capitaliste, la SdN s'inscrit dans un mouvement intégré de constitution d'Etats – au sens large du terme – susceptibles de servir de point d'appui à ce nouvel ordre libéral. Si la SdN apporte un soutien décisif à la stabilisation des élites dirigeantes hongroises, elle contribue simultanément à affaiblir leurs adversaires socialistes, à l'instar de l'Autriche. Le régime autoritaire de Bethlen s'était déjà efforcé, dès 1921, de réduire l'opposition de gauche, d'une part en contenant son pouvoir de contestation, et d'autre part en gagnant son soutien à la politique économique et étrangère. Le pacte signé avec les sociaux-démocrates en décembre 1921 constitue le reflet parfait de la dimension néo-corporatiste du régime hongrois de la contre-révolution : les socialistes abandonnent presque complètement le combat, renoncent à syndicaliser les employés de l'Etat, acceptent de soutenir la politique de stabilisation du régime, et s'engagent à soutenir la politique étrangère du gouvernement. En échange, ils ne décrochent que des avantages relativement mineurs, tels que le droit de grève *économique* (c'est-à-dire dirigée contre les conditions de travail uniquement, et non pas contre le régime) et le droit de publier le journal du parti[115]. Si l'opposition appuie désormais – par un mélange de coercition et de consentement – la politique étrangère du gouvernement et renonce à proposer une alternative cohérente, elle reste néanmoins sceptique face au programme de la SdN. Sans condamner ce dernier en bloc, le leader socialiste, Karl Rassay, salue la création d'une nouvelle banque centrale indépendante, mais déplore l'influence que les milieux financiers et agrariens hongrois semblent y avoir acquis. De même, s'il estime que le contrôle étranger est nécessaire à la défense des intérêts hongrois, il désapprouve le manque de transparence qui accompagne les modalités exactes du contrôle via la SdN[116].

En contribuant à affaiblir l'opposition et à stabiliser l'ordre issu de la contre-révolution, la SdN participe ainsi à l'affirmation de l'autoritarisme magyar. Certes, la Hongrie des années vingt ne peut certaine-

---

115 Sur le pacte Bethlen-Peyer, voir Hoensch 1984 : 111-2 ; Janos 1982 : 234-235 ; Romsics 1995 : 174 sq.
116 PRO, T 160/161, Hohler à Curzon, 14 décembre 1923.

ment pas être rangée sous la rubrique des dictatures; des garde-fous constitutionnels empêchent un arbitraire total[117]. Sa structure de pouvoir n'autorise cependant pas non plus à parler de régime démocratique: les nombreuses restrictions au droit de vote (que Iván Berend qualifie de «non démocratique»), les entraves à la liberté d'expression et les compétences parlementaires réduites permettent de qualifier le régime bethlénien d'autoritaire[118]. Les principales victimes de cette asymétrie de la reconstruction doivent être cherchées du côté de l'opposition, littéralement paralysée, des classes ouvrières et du prolétariat rural. Pour Bethlen, l'inspirateur et le principal acteur de la contre-révolution hongroise, la démocratie serait incompatible avec un pays aussi peu «avancé» que la Hongrie: «Democracy is a political form suitable only to rich, well-structured and highly cultured countries, countries that are free from serious external constraints», estime-t-il. Dans des pays qui ne remplissent pas ces conditions, la démocratie peut devenir un facteur débilitant pour la nation, particulièrement en période de crise ou lorsque le pays doit faire face à des problèmes de grande ampleur. Dans ces conditions, avance le premier ministre, «democracy easily degenerates into ruthless political conflict, because the complete freedom of speech and assembly are potent instruments of misleading masses»[119]. Aussi, en 1922, en pleine phase de stabilisation de l'ordre social, il abolit le système électoral relativement libéral des années 1920-1922 pour rétablir la loi de 1913, moyennant quelques modifications: la franchise est étendue – notamment par l'octroi du droit de vote aux femmes – de sorte que la population en droit de vote passe de 6% de la population adulte (1913) à 30% en 1922[120]. Les dispositions électorales restent cependant très restrictives, et permettent d'écarter la plupart des «votants indésirables»: la nouvelle loi ne permet le vote au bulletin secret que dans 46 circonscriptions électorales urbaines. Les 199 autres, rurales pour l'essentiel, sont dotées d'un système qui ouvre la voie à toutes les pressions sur les électeurs. Le prolétariat rural, soit 96% d'une population campagnarde

117 Romsics 1995: 182.
118 Berend 2001a: 149-150.
119 Propos de Bethlen dans la *Revue Hongroise (Magyar Szemle)*, en 1933, cités par Janos 1982: 210.
120 Berend 2001a: 150; Hoensch 1984: 112; Janos 1982: 211.

paupérisée par une structure foncière latifundiaire, en est la principale victime[121]. Quant aux sociaux-démocrates et au prolétariat industriel urbain, il se trouve ainsi victime d'un système électoral qui entrave totalement son affirmation au parlement. Entre 1922 et 1935, le parti au pouvoir remporte tous les scrutins avec plus de 60% des voix, puisées pour l'essentiel dans les campagnes. Là où le vote offre les garanties d'un système démocratique, le parti de Bethlen ne remporte qu'environ 27% des voix en moyenne, contre environ 40% pour les sociaux-démocrates[122].

La SdN ne s'est toutefois guère embarrassée de ce genre de considérations et ne semble pas avoir vu de trop grandes difficultés à renforcer un régime qui n'offrait que peu de garanties démocratiques. La stabilité financière et les opportunités d'investissements l'ont largement emporté sur l'idéologie wilsonienne d'un monde «safe for democracy». La Ligue française pour la défense des droits de l'homme et du citoyen est toutefois intervenue, peu après la signature des accords de Genève, pour dénoncer cet état de fait: elle demande qu'au moment où l'emprunt de la SdN s'apprête à renflouer les finances de la Hongrie, l'organisation internationale exige du gouvernement hongrois des garanties réelles d'un retour «aux principes de liberté et de justice reconnus par tous les Etats civilisés»[123]. Moins de trois ans plus tard, les sociaux-démocrates hongrois lancent un appel aux partis frères des pays voisins, demandant leur appui pour faire face à ce qu'ils qualifient d'«oppression systématique des classes ouvrières par le gouvernement hongrois». Selon un mémorandum des sociaux-démocrates hongrois, le plan de reconstruction de la SdN et le programme de réformes financières a été réalisé aux dépens des classes les plus pauvres. Les chômeurs hongrois, quelque 150 000 selon le mémorandum, sont laissés dans le dénuement le plus total. Paralysé par un système électoral qui handicape totalement le parti social-démocrate, le mouvement ouvrier

---

121 Hoensch 1984: 107; Janos 1982: 235.
122 Résultats des élections parlementaires de 1922 et 1926. Aux 27% du parti conservateur de Bethlen s'ajoutent les 15% des formations alliées. Voir Hoensch 1984: 112, 116.
123 AMAE, série Z, Hongrie #72, lettre de la Ligue française pour la défense des droits de l'homme et du citoyen, 23 février 1924; ainsi que la résolution du comité central de la ligue des droits de l'homme, 4 février 1924.

ne se voit accorder qu'un tiers des sièges auxquels il aurait droit en cas d'élections au bulletin secret[124].

En éliminant l'opposition socialiste, la contre-révolution hongroise s'est pour l'essentiel déroulée aux dépens des catégories défavorisées. Le démantèlement des dispositions économiques et sociales après la phase communiste a entraîné des conséquences funestes pour le monde ouvrier et le prolétariat rural : suppression de l'aide aux chômeurs, pressions à la baisse sur les salaires, élévation de la durée quotidienne de travail à 10 voire 12 heures dans certains secteurs tels que les mines[125]. Quant à l'hyperinflation, elle a fortement contribué à réduire le pouvoir d'achat des salariés alors qu'au même moment, les propriétaires fonciers voyaient leur endettement fondre au fur et à mesure que la monnaie s'effondrait. Aussi, entre 1922 et 1927, après le démantèlement social de la stabilisation conservatrice, le processus de reconstruction fait reposer l'essentiel de ses charges sur les couches sociales défavorisées. Dès 1926, la Hongrie voit déferler une vague de grèves sans précédent, qui culminera en 1928 par une marche de la faim des mineurs[126]. Il faudra attendre 1927 pour que certaines mesures soient prises en compte dans la nouvelle législation sur la prévoyance sociale qui met en place un système d'assurance médicale pour les ouvriers de l'industrie, ramène la durée de travail à 48 heures hebdomadaires, et réglemente les conditions de travail des enfants et des femmes[127].

Ordre social, pleins pouvoirs et crise du parlementarisme

En Autriche comme en Hongrie, la SdN mettra en place un dispositif à l'allure particulièrement contraignante pour verrouiller la discipline budgétaire et faciliter les mesures d'ajustement structurel : les pleins-pouvoirs. Ces dispositions s'adressent, *a priori*, à n'importe quel gouvernement en place durant la phase de stabilisation, qu'il soit de gauche ou de droite. Dans les faits, elles sont taillées à la mesure des forces du conservatisme : on imagine mal un gouvernement socialiste utiliser des pouvoirs extraordinaires pour imposer des économies budgétaires. Les

---

124 BofE, OV 33/1, note au sujet d'un extrait du *Central European Observer*, 1ᵉʳ octobre 1926.
125 Hoensch 1984 : 108.
126 Hoensch 1984 : 115.
127 Janos 1982 : 234.

pleins-pouvoirs s'expliquent donc comme un moyen permettant de contenir l'opposition et ainsi d'affermir la domination des forces de la contre-révolution. Pour les financiers de la SdN, les pleins-pouvoirs ne posent aucun problème particulier : « This [...] was a measure which in no sense limited the independence of the State in relation to other countries », estiment les experts de la SdN. Ces derniers voient au contraire dans ce procédé une démarche entièrement démocratique, dans la mesure où les parlements ont dû approuver ce régime spécial qui fait partie intégrante des protocoles[128]. Sur le plus long terme en revanche, ces dispositions conçues et dictées par les financiers de la City ont porté un coup sérieux aux systèmes démocratiques autrichien et hongrois : en contribuant à décrédibiliser des parlements déjà affaiblis par la logique corporatiste des années vingt et par l'antiparlementarisme ambiant, la SdN a apporté sa contribution à la dérive fascisante de l'Etat autrichien dès la fin des années vingt. Du côté hongrois, elle n'a fait que renforcer et légitimer un autoritarisme qui est très loin de l'idéal wilsonien. De plus, en affirmant que la reconstruction est incompatible avec la démocratie, la SdN a également miné son propre projet consensuel : comment justifier que les mesures adoptées sont les seules possibles et comment gagner un large consentement si elles doivent être imposées par un régime spécial qui contourne toute alternative et verrouille des ajustements structurels par la force ?

En Autriche, les accords signés avec la SdN confèrent au gouvernement des compétences très larges : il a le droit de prendre, dans les limites du programmes de reconstruction, « toutes les mesures qui, à son avis, seront nécessaires en vue d'assurer à la fin de cette période, le rétablissement de l'équilibre budgétaire »[129]. La loi de reconstruction précise et élargit les attributions particulières de l'exécutif en stipulant qu'au cas où le programme de réforme s'avérait insuffisant pour remplir ses objectifs, le gouvernement dispose du droit « d'apporter toutes les modifications ou additions qui [...] seraient de nature à permettre à l'Autriche de faire face à ses obligations »[130]. Le gouvernement a ainsi carte blanche

---

128 SdN 1930 : 58.
129 SdN 1926c : 137-150, protocole III.
130 SdN, 1467, CSCA 17, loi de reconstruction, annexe 2, loi constitutionnelle fédérale du 26 novembre 1922 concernant l'exercice des pleins pouvoirs extraordinaires reconnus au gouvernement fédéral, art. 3.

pour adopter des ordonnances ou suspendre des lois sans devoir en référer au parlement. Devant l'opposition des sociaux-démocrates, un compromis a été trouvé sous la forme d'un « Conseil extraordinaire de cabinet », chargé de surveiller les décisions prises dans le cadre du régime de pleins pouvoirs. Composé de parlementaires choisis sur la base d'un rapport numérique reflétant l'équilibre des forces politiques, cet organisme offre un minimum de contrôle représentatif, à l'écart toutefois du principal organe démocratique[131].

Pour éviter de transformer la jeune république autrichienne en un Etat autoritaire, le gouvernement conservateur de Seipel évitera autant que possible de recourir aux pleins pouvoirs et au conseil extraordinaire de cabinet, préférant soumettre les réformes au parlement. Le conseil extraordinaire ne se réunira d'ailleurs plus que sporadiquement dès 1923 déjà[132]. Il n'en demeure pas moins que sur un plan symbolique, ce dispositif destiné à asseoir la domination conservatrice porte le premier coup à la frêle démocratie alpine. Otto Bauer, dans son ouvrage sur la révolution autrichienne, estime que « la démocratie fonctionnelle a presque entièrement disparu »[133]. Dans un système social en transition, qui tente de s'émanciper de procédures monarchiques à

---

131 SdN, 1467, CSCA 17, loi de reconstruction, annexe 2, loi constitutionnelle fédérale du 26 novembre 1922 concernant l'exercice des pleins pouvoirs extraordinaires reconnus au gouvernement fédéral. Le caractère peu démocratique des dispositions institutionnalisées dans les protocoles a fait l'objet de critiques par la commission parlementaire française, chargée d'étudier les accords de Genève avant leur soumission à la Chambre. Le rapporteur de la commission des affaires étrangères de la Chambre des députés, Margaine, signale ainsi que « lorsqu'elle eut examiné ces trois protocoles, la commission des affaires étrangères éprouva quelques scrupules. Tout d'abord, ils imposent à l'Autriche ce que je n'ose pas appeler une dictature, mais un régime qui pourtant lui ressemble beaucoup, en matière financière. Le commissaire général a, sur le gouvernement autrichien, un pouvoir absolu, le parlement autrichien ayant formellement abandonné les siens pour une période de deux années. Ces pouvoirs ont un point de vue financier, mais sont tellement étendus qu'en pratique, ils s'appliquent à tout » (*Journal officiel de la République française*, 30 décembre 1922). A ce sujet, voir aussi AMAE, série SdN, 1228. En dépit du scepticisme de la commission, la Chambre acceptera massivement le projet de loi.

132 PRO, T 160/59, Zimmermann à Niemeyer, 12 décembre 1923. Kienböck 1925 : 126.

133 Bauer [1923] : 843.

peine renversées, les pleins pouvoirs jettent un discrédit fatal sur la démocratie. En ôtant à l'opposition – et partant à une portion importante de la société autrichienne – le droit de contribuer à l'élaboration des arrangements institutionnels, il participe au développement des formes extraparlementaires de la contestation. Les milices privées telles que le *Schutzbund* ou la *Heimwehr*, issues du chaos consécutif à l'effondrement de l'empire, en sortent renforcées. En outre, en condamnant la légitimité de l'opposition, ce dispositif extraordinaire attise la lutte aux conséquences fatales que se livrent les chrétiens-sociaux et les sociaux-démocrates. Le régime spécial légitimé par la SdN, auquel s'ajoute l'ingérence du commissaire général, constitue un précédent qui ne manquera pas de renforcer la dérive autoritaire du régime autrichien dès la fin des années vingt et surtout au début des années trente. A un moment où la démocratie sera jugée incompatible avec la lutte contre la crise, les compétences parlementaires seront progressivement dissoutes[134].

En Hongrie également, des compétences extraordinaires sont accordées à un régime qui pourtant à l'origine s'identifie déjà mal à l'idéal démocratique véhiculé par la SdN[135]. Les forces sociales à la tête de la stabilisation conservatrice, réunies autour de la coalition bethlenienne, se trouvent ainsi renforcées par une démarche qui permet d'affaiblir une opposition socialiste déjà réduite au quasi-silence par le système électoral. Les membres du Comité financier ont élaboré, dans le cas hongrois, une fiction juridique qui ne saurait tromper: le gouvernement est certes toujours tenu de soumettre le budget au Parlement, comme la constitution l'y oblige, mais le législatif ne peut pas entrer en

---

134 Voir notamment Kernbauer 1995. Rost van Tonningen, commissaire général de la SdN mis en place lors de la deuxième période de contrôle financier (entre 1931 et 1936), semble avoir joué un rôle déterminant dans le démantèlement des structures démocratiques dès 1932. Dans son journal personnel, il précise que « d'un commun accord avec le chancelier [Dollfuss], et Kienböck [président de la banque centrale], nous avons considéré qu'il était nécessaire de lever les compétences du Parlement, dans la mesure où ce parlement sabotait le travail de reconstruction » (cité in Kernbauer 1995: 566). Ce sera chose faite en été 1933.

135 Les protocoles signés avec la Hongrie stipulent: «The Hungarian Government [...] will [...] lay before the Hungarian Parliament a draft law giving to any Government in power full authority without there being any necessity to seek for further approval by Parliament, to carry out the said programme [...]» (SdN 1926b: 25. Prot. II, art. 4).

matière sur toute proposition que le gouvernement considère comme étant contraire aux dispositions de la loi de reconstruction[136]. Pour contenir l'effet antidémocratique des pleins pouvoirs, la SdN, suivant l'exemple autrichien, a prévu une commission parlementaire spéciale. Dotée de compétences très limitées, cette commission ne peut que superviser les mesures adoptées par le gouvernement et veiller à leur caractère constitutionnel. Ne disposant que d'attributions consultatives, cet organisme n'est pas en mesure de bloquer une mesure adoptée par l'exécutif ou d'en exiger une autre : il n'est habilité qu'à demander de l'information au gouvernement, à enquêter sur des questions en rapport avec les réformes budgétaires et l'application du programme de la SdN, et à attirer l'attention du gouvernement et de l'Assemblée nationale sur tout écart du gouvernement par rapport à l'exécution prévue du programme[137]. Inutile d'insister plus longuement pour constater que la commission parlementaire ne vise en aucune mesure à balancer le déficit démocratique, mais participe au contraire de son affirmation.

En Autriche comme en Hongrie, l'affaiblissement des organes représentatifs et, par extension, de l'opposition socialiste, s'inscrit dans un processus de (re)construction d'un ordre social autour des forces conservatrices. D'une manière plus générale, il participe du mouvement général de déliquescence du parlementarisme en Europe[138]. La fragile république autrichienne ne se remettra pas de cette tendance autoritaire inhérente à la constitution de l'Etat. L'accroissement des tensions sociales liées à la crise économique de la reconstruction contribuera ainsi à déplacer l'opposition dans la rue et à développer les fronts privés, qu'ils soient de gauche ou de droite. La milice sociale-démocrate, le *Schutzbund*, compte pas moins de 95 000 hommes armés (en 1927). Regroupées sous la bannière de la *Heimwehr*, les troupes de droite sont plus hétérogènes dans leur organisation et leur idéologie, et recensent quelque 110 000 hommes[139]. La manifestation spontanée de 1927 à Vienne, qui se soldera par l'incendie du Palais de justice,

---

136 SdN 1926b : 93-95. Rapport de la délégation du Conseil de la SdN, 25 mars 1924. Cette délégation est constituée de membres du CoF. Voir aussi SdN 1926b : 105 sq : dispositions principales de la loi de reconstruction, art. 4.

137 SdN 1926b : 93-95.

138 Goldinger/Binder 1992 : 143.

139 Sur le développement des milices armées en Autriche, voir Goldinger/Binder 1992 : 137 sq.

témoigne de la crise de légitimité des institutions. Les graves événements de ce 15 juillet trouvent leur origine dans les tensions sociales et
l'opposition exacerbée entre sociaux-démocrates et chrétiens-sociaux.
L'acquittement de militants de la *Heimwehr*, accusés d'avoir tué deux
ouvriers et blessé plusieurs autres lors d'une échauffourée, a mis le feu
aux poudres. En réaction à ce verdict attribué à la «justice de classe»
de l'Etat conservateur, une centaine de milliers de Viennoises et de Viennois convergent en une manifestation spontanée sur le Ring. Le tir d'un
policier, blessant gravement un manifestant, provoque une réaction viru-
lente de la foule qui incendie le Palais de Justice, malgré les appels au
calme des dirigeants sociaux-démocrates. La police tire alors sur les
manifestants, tuant 85 personnes et en blessant plusieurs centaines[140].

Reconstruction et modes de développement

Dialectique des modèles de développement

En participant à la reconstruction et à l'affirmation d'un ordre social
capitaliste, la SdN œuvre également à la mise à l'écart de toute alternative à son modèle de développement. Dans l'Autriche qui suit la dissolution de la coalition gauche-droite en 1920, on assiste à un développement de la rhétorique bruxelloise que les conservateurs intègrent plus ou
moins fidèlement à leur discours électoral. Hormis la ville de Vienne,
acquise à la cause socialiste, l'Autriche bascule dans le camp conservateur. L'arrivée au pouvoir du parti chrétien-social et, de surcroît, la mise
en place du programme de reconstruction en 1922 signifient l'arrêt
définitif de la constitution de l'Etat social tel qu'il s'était développé entre
1919 et 1920. Les socialistes ne battront pas retraite pour autant, mais
leur discours programmatique ne parviendra jamais à s'imposer face à
l'orthodoxie. Lors de la coalition des premiers mois de la république,
l'Autriche s'était pourtant trouvée à la pointe du développement des
structures de réallocation des richesses et de protection des couches
défavorisées. Emmerich Tálos et Karl Wörister n'hésitent pas à parler
d'un «boom» de la politique sociale durant les premières années de la
république: dans les deux domaines que sont la réglementation des

---

140 Sur ces événements du 15 juillet, voir Chraska 1986 et Öhlinger 1993b: 16 sq.

conditions de travail et la prévoyance sociale, plus de 80 lois sont adoptées jusqu'en octobre 1921[141]. En matière de législation du travail, on note l'introduction de la semaine de 48 heures (décembre 1919), la mise en place de conventions collectives (mai 1919), l'institution de chambres de travail (les *Arbeiterkammern*, en 1920). La loi sur les conseils de travailleurs (les *Betriebsräte*, en mai 1919) permet de représenter les intérêts des ouvriers dans les entreprises de plus de vingt employés. Le travail de nuit est interdit pour les femmes et les enfants, et les heures d'activité des commerces sont réglementées. Enfin, l'Autriche garantit un minimum d'une semaine de vacances rémunérées par an (juillet 1919), et devance sur ce plan plusieurs pays européens[142].

En matière de prévoyance sociale, une assurance contre le chômage est introduite en 1920, qui prend le relais des indemnités versées aux soldats rentrés du front. Ce système, plus large que son équivalent britannique introduit en 1911, repose sur une approche radicalement différente de la vision bruxelloise. Lors de la conférence des financiers, on l'a vu, une conception très « 19e siècle » avait prévalu en matière de régulation sociale : c'est le chômeur qui est le seul responsable de sa situation, et pas la conjoncture économique. De là émane la recommandation de supprimer les indemnités de chômage qui, on s'en souvient, « démoralisent l'ouvrier au lieu de stimuler l'esprit de travail ». Dans l'approche développée par les sociaux-démocrates après la guerre, le chômage est envisagé comme un problème économique et social global. L'Etat se trouve par conséquent investi d'une responsabilité à l'égard des victimes de la situation macroéconomique, des victimes qu'il doit contribuer à réintégrer dans le tissu social et productif. La prévoyance contre le chômage vise ainsi à éviter la marginalisation des sans-emploi et à faciliter leur réinsertion[143]. A côté des dispositions sociales permettant de lutter contre les effets du sous-emploi, un système d'indemnités en cas d'incapacité de travail est introduit, de même qu'une assurance maladie pour les employés de l'Etat (1920). En 1921, cette couverture sociale est finalement étendue à toute la population active employée.

141 Eigner/Helige 1999 : 140. Tálos/Wörister 1994 : 20.
142 Sur la législation en matière de travail, voir surtout Tálos/Wörister 1994 et Tálos 1995.
143 Tálos 1995 : 579.

Avec l'éclatement de la coalition et le repli des sociaux-démocrates dans l'opposition, l'Autriche assiste à un changement de cap. Ce «tournant à droite», comme l'appellent Peter Eigner et Andrea Helige, marque la fin des dispositions consensuelles, et la restructuration de l'Etat autour d'une logique libérale[144]. Si l'air du temps est désormais à la réduction des charges sociales, on n'assiste pas pour autant à un démantèlement des dispositions déjà en vigueur, en dépit des pressions de la droite. En revanche, aucune mesure complémentaire ne viendra étoffer le dispositif social. Certes, le parlement finira par accepter une assurance vieillesse et invalidité en 1927, mais la loi n'entrera pas en vigueur: le gouvernement exige en contrepartie la suppression d'autres prestations sociales[145]. La discipline budgétaire du consensus de Bruxelles a ainsi mis un terme au développement de l'Etat social. La république alpine, que les experts de la SdN, Layton et Rist, n'hésiteront pas à présenter comme étant «en avance sur les pays occidentaux», a ainsi proposé un véritable contre-modèle à l'orthodoxie de la reconstruction européenne qui se met en place au même moment. Les mêmes experts finiront d'ailleurs par juger le système social autrichien tout à fait viable, et le prélèvement fiscal qu'il entraîne parfaitement supportable[146].

L'alternative à l'orthodoxie libérale de la reconstruction européenne ne doit pas être pensée comme une simple réaction anti-capitaliste, produit de la lutte des classes consécutive à la guerre. Elle s'inscrit au contraire dans une conception très aboutie de l'organisation sociale au sein de la mouvance socialiste autrichienne. Le parti social-démocrate est issu de ce qu'il est convenu d'appeler l'école austro-marxiste viennoise de la fin du 19e siècle. Parmi ses principaux représentants, on ne manquera pas de signaler Max Adler, Karl Renner ou Rudolf Hilferding, auxquels se joindra ultérieurement le chef de file de l'opposition durant les années vingt: Otto Bauer. Cette seconde génération du socialisme autrichien veut rompre avec le subjectivisme radical des origines et il représente une approche de la praxis politique à la fois rationaliste

---

144 Eigner/Helige 1999: 141.
145 Tálos 1995: 580.
146 SdN [Layton/Rist] 1925: 40-41. Leur position optimiste n'a pas manqué d'irriter les milieux financiers britanniques, surtout Niemeyer. Ce dernier déplore qu'un tel rapport renforce la position du gouvernement autrichien, qui veut lever le contrôle. Voir PRO, FO 371, 10661, Niemeyer à Lampson, 18 novembre 1925.

et pragmatique[147]. Il intègre également une composante plus nationaliste au discours marxiste, ce qui ne manquera pas de susciter des controverses entre les différentes mouvances héritières de Marx[148]. Face au dogme, les austro-marxistes se distinguent par des positions parfois divergentes et des catégories théoriques plus larges, ce qui incite Chantal Mouffe et Ernesto Laclau à parler d'*orthodoxie ouverte*[149]. Durant les années vingt, la social-démocratie autrichienne s'éloigne ainsi de plus en plus du discours révolutionnaire; le parti s'affiche comme le garant de la démocratie autrichienne, critiquant les accords de Genève qui entament la souveraineté du nouvel Etat. Si la dictature du prolétariat figure bien parmi les objectifs du parti, le moyen d'y parvenir passe en revanche par la démocratie: c'est au travers des institutions légales que le prolétariat doit parvenir au pouvoir et mettre en place l'Etat socialiste. La démarche, il faut le signaler, est très proche de la conception gramscienne de l'hégémonie, où l'Etat repose sur un consensus aussi large que possible plutôt que sur une dictature imposée par des méthodes coercitives. Pour Otto Bauer, seul un prolétariat discipliné, bien formé, et ayant développé une conscience de classe peut prendre la démocratie en main, après avoir obtenu une majorité populaire sur la base d'une hégémonie à la fois spirituelle («geistig») et culturelle[150]. Les austro-marxistes n'hésitent pas à s'engager activement dans les institutions de l'Etat, même si ces institutions sont le produit de rapports de production de type capitaliste. Karl Renner sera chancelier autrichien en 1919, Otto Bauer accèdera au ministère des affaires étrangères durant la coalition de 1919 à 1920, et Rudolf Hilferding sera ministre des finances dans un cabinet de la république de Weimar. Contre des conservateurs sans cesse tentés par la voie de l'autoritarisme, les sociaux-démocrates se présentent comme les principaux défenseurs de la république. En Autriche, on parlera de «dritter Weg» pour désigner cette voie médiane entre l'internationalisme révolutionnaire léniniste et le matérialisme réformiste de Kautsky.

---

147 Sur le parti social-démocrate autrichien, voir notamment Maderthaner 1995.
148 Voir Linklater 1990.
149 Laclau/Mouffe 1985: 27.
150 La doctrine des sociaux-démocrates est clairement développée lors du congrès du parti de 1926; voir Maderthaner 1995: 186.

Les sociaux-démocrates autrichiens et la reconstruction

Les sociaux-démocrates ne sont pas restés impassibles devant la spirale des prix, et ils ont proposé dès 1921 un programme de reconstruction en réaction à l'orthodoxie financière des conservateurs. Lorsque le gouvernement de Seipel négocie avec les financiers genevois, cette alternative à la reconstruction suggérée par la SdN sera rappelée à plus d'une reprise[151]. Résolument contraire au nouvel air du temps, ce programme ne parviendra jamais à s'imposer comme une alternative sérieuse à la politique disciplinaire de Genève. La presse ne semble pas y avoir accordé beaucoup d'importance, hormis – évidemment – l'*Arbeiter Zeitung*, organe officiel de la social-démocratie[152]. Pourtant, l'alternative socialiste n'a rien de vraiment révolutionnaire. Elle s'inscrit au contraire dans une logique de type capitaliste, comme Bauer lui-même le souligne[153]. En revanche, s'il ne tranche pas radicalement avec la rhétorique du Comité financier au plan des objectifs (équilibre budgétaire), le programme de reconstruction des sociaux-démocrates constitue une alternative au niveau de la répartition sociale des coûts de la reconstruction. En outre, il se distingue de l'orthodoxie de la SdN en préconisant une logique macroéconomique qui contraste avec l'idéologie genevoise du marché autorégulateur.

Pour les socialistes également, un emprunt est nécessaire à la reconstruction autrichienne. Ils préconisent cependant un emprunt domestique forcé, dont les liquidités seraient avancées par les banques et les milieux financiers autrichiens, ainsi que par les personnes aisées. Une partie des réserves en or de l'Etat seraient également mobilisée pour le financement de cet emprunt. Contrairement au prêt étranger prévu par la SdN, son équivalent social-démocrate offre l'avantage d'être immédiatement disponible pour un programme de reconstruction, et de surcroît libre de tout contrôle extérieur. Enfin, il serait nettement moins onéreux et ne provoquerait pas un déséquilibre de la balance des paiements. Selon ses instigateurs, l'emprunt permettrait de couvrir le déficit de l'Etat pendant huit mois environ, sans devoir activer la planche à billets. En parallèle, les socialistes prônent la mise en chantier

---

151 Pour le programme de reconstruction des sociaux-démocrates, voir Bauer [1922]: 469-475.
152 PRO, FO 371, 7342, Akers-Douglas (Vienne) à Lord Curzon, 23 octobre 1922.
153 Bauer [1922]: 469.

d'un programme d'équilibre budgétaire. Tandis que la SdN veut avant tout réduire les dépenses, les socialistes privilégient une augmentation de la fiscalité, essentiellement par des prélèvements directs: un impôt sur la propriété s'inscrit ainsi au cœur de leur programme. En complément, la taxation indirecte doit être rehaussée, mais uniquement sur les produits de consommation non courante comme l'alcool. Des réductions de dépenses sont également prévues: à l'instar du programme genevois, les chemins de fer figurent dans la ligne de mire, ainsi qu'une réduction du nombre de fonctionnaires. En matière de politique monétaire, les sociaux-démocrates suggèrent de ne pas privatiser la banque centrale, mais d'en faire, au contraire, un instrument de la politique économique étatique. La stabilisation du taux de change est certes préconisée, mais de manière plus souple, de sorte que la crise économique inhérente à la stabilisation monétaire puisse être amortie. Enfin, les socialistes insistent sur une intégration des chômeurs victimes de la stabilisation dans des programmes de grands travaux. Otto Bauer parle d'une «assurance chômage productive» pour désigner une politique d'investissements publics auxquels seraient affectés les sans-emploi.

Si le schéma des sociaux-démocrates vise également l'équilibre budgétaire et met un terme à la monétisation des déficits, ses modalités pratiques et sa philosophie macroéconomique divergent radicalement de l'orthodoxie libérale des financiers genevois. Par son accent mis sur l'affectation des chômeurs à une politique de grands travaux, le plan socialiste s'inscrit typiquement dans une forme embryonnaire de pré-keynésianisme, telle qu'il semble émerger dans certains milieux de gauche à cette époque. On peut ainsi dégager cinq différences essentielles avec la conception orthodoxe. Premièrement, le programme socialiste va au-delà de la pensée unique de la discipline budgétaire et monétaire, et place l'Etat au cœur du processus de reconstruction. Si la SdN dicte une démarche qui veut réduire la taille et les compétences de l'appareil étatique, les socialistes lui reconnaissent au contraire une responsabilité considérable dans la relance économique. Deuxièmement, l'ordre des priorités est renversé: les socialistes suggèrent d'augmenter la fiscalité et la redistribution des richesses, plutôt que d'agir sur la baisse des dépenses en premier lieu. Leur démarche laisse donc à l'appareil étatique une marge de manœuvre plus importante pour les investissements et la politique sociale, deux composantes que les socialistes jugent essentielles à la reconstruction. Troisièmement, le modèle alternatif se distingue par sa conception d'ensemble de la reconstruction: plutôt que dissocier, comme le fera la SdN, la politique monétaire de la politique budgétaire, l'opposition conçoit un projet global et coordonné. Quatrièmement, la politique sociale est placée au cœur de l'entreprise, et elle est considérée comme une démarche productive de la réhabilitation socio-économique. Plutôt qu'une charge ou un fardeau néfaste, à l'instar du consensus de Bruxelles, la politique sociale devient un facteur de développement économique. Enfin, il faut reconnaître au programme présenté par Otto Bauer sa caractéristique endogène: même si l'origine des ressources financières sur le moyen terme est laissée dans l'ombre, le projet refuse de faire reposer la reconstruction sur le capital transnational, et donc de développer dangereusement l'endettement externe et le poids des charges financières dans la balance des paiements.

Tandis que le programme social-démocrate ne dépassera jamais l'état de proposition marginale au niveau fédéral, la ville de Vienne – dans la limite de ses compétences institutionnelles – parviendra en revanche à développer un véritable contre-modèle. J'aborde dans la section suivante la politique économique et sociale de ce mythe qu'est devenu *Vienne la rouge*, pour trois raisons principales: d'abord, Vienne atteste le caractère extrêmement abouti des alternatives à la stabilisation orthodoxe défendue par les forces sociales proches de la finance. Puis, l'expérience de la capitale témoigne d'une réussite que même certains experts de la SdN finiront par reconnaître. Enfin, Vienne constituera l'une des principales pierres d'achoppement de la reconstruction autrichienne, le Comité financier essayant par tous les moyens d'éliminer ce qu'il considère comme la principale menace envers son œuvre. La trajectoire unique de Vienne dans l'Europe des années vingt constitue ainsi un marqueur particulièrement utile de l'asymétrie de la reconstruction: dans la dialectique des modèles de développement, elle illustre une des rares exceptions de taille à la légitimation, via l'organisation internationale, de l'orthodoxie dominante des élites financières transnationales. La question se pose de savoir si un tel exemple, propre à une ville qui concentre l'essentiel des activités et des ressources fiscales du pays, était transposable à l'Autriche entière, avec ses provinces agricoles et alpines extrêmement pauvres. Le concept de *contre-modèle* ne veut pas imposer l'explication péremptoire et anhistorique que l'exemple viennois constituait la voie idéale pour la reconstruction européenne; il veut avant tout attirer l'attention sur l'existence d'une contestation du modèle orthodoxe de la SdN, et sur la nature des projets sociaux élaborés par les forces sociales progressistes.

Vienne la rouge ou l'alternative contre-hégémonique

On a vu que si l'Autriche, dans son ensemble, a basculé dans le conservatisme en 1920, la capitale de la nouvelle république est restée profondément ancrée dans la vision alternative de la société telle que la prône la social-démocratie. Vienne, plus du quart de la population autrichienne, un million et demi d'habitants, deviendra ainsi un véritable laboratoire de l'hétérodoxie durant la phase de transition, popularisant loin au-delà des frontières de la république alpine ce qu'il est convenu d'appeler le *socialisme municipal*[154]. Ville socialiste depuis mai 1919, elle restera ancrée à gauche jusqu'à la guerre civile en 1934 et l'interdiction du parti social-démocrate la même année. Bastion du péril rouge pour les uns, cœur de la lutte anti-capitaliste et anti-bourgeoise pour les autres, *Vienne la rouge* est entrée dans l'imaginaire collectif en suscitant des avis contrastés. En tant qu'objet mythologique, elle a suscité une littérature particulièrement abondante, et en 1993 encore, le musée d'histoire de la ville de Vienne lui consacrait une importante exposition[155]. Cette section s'organise en trois temps. D'abord, l'étude abordera la nature du contre-modèle viennois dans l'entreprise européenne de la reconstruction. Elle développera ensuite la réponse que la SdN tente – vainement – d'y apporter dans le dessein d'écarter cette hétérodoxie. Enfin, j'entrerai plus en détails dans la portée économique et sociale de l'alternative.

A la discipline du marché et à l'individualisme inhérent au discours de Bruxelles, les élites viennoises substituent une véritable discipline du social et du communautarisme. Le *neuer Mensch* que prônent les élites social-démocrates se présente comme une image inversée du petit bourgeois moulé dans l'individualisme et le catholicisme. L'idéal-type

---

154 Le service de presse de la capitale, mis sur pied par Robert Danneberg, mène une campagne intensive en vue de la promotion du modèle viennois en dehors de l'Autriche. Voir Danneberg 1928, publié en plusieurs langues (à ce sujet, voir Pasteur 2003 : 282).

155 Pour un survol de la littérature scientifique sur la Vienne des années vingt, voir Lewis 1991. On consultera également des publications ultérieures telles que Öhlinger 1993a et Pasteur 2003 : 279-317.

du nouvel Autrichien repose ainsi sur un tissu dense d'institutions sociales permettant de prendre cet individu en charge dès son enfance, et
de l'intégrer dans une structure sociale servant d'anti-modèle au capitalisme. Vienne a mis en place un réseau institutionnel serré, sur lequel s'appuie un contrôle de l'individu dans ses activités quotidiennes,
qu'elles soient sportives, culturelles ou pratiques. Dans les nouvelles
cités ouvrières de la capitale, même la blanchisserie est conçue comme
un lieu d'intégration sociale et participe de la fabrication du *neuer
Mensch*[156]. Ou plus exactement de la *neue Frau*, car l'idéal discursif
prôné par les intellectuels du parti entre évidemment en conflit avec les
modes de vie plus archaïques de la société autrichienne : si la femme est
appelée à s'intégrer activement au système social de production et à
participer à la constitution de l'Etat socialiste, les réflexes patriarcaux
reproduisent, au niveau de l'économie domestique, une répartition sexuée
des tâches héritée des cadres moraux de l'empire[157].

Par ailleurs, les modèles de développement prônés de part et d'autre
s'inscrivent dans une opposition radicale. Tandis que le discours de la
SdN préconise une réduction du rôle de l'Etat et idéalise l'initiative
individuelle qu'elle présente comme la vertu fondamentale des mécanismes autorégulateurs de la société et de son système de production, le
contre-modèle viennois place l'Etat au cœur de la régulation sociale.
Dans l'utopie du socialisme municipal, la chose publique se voit confier non seulement la redistribution des richesses entre les classes sociales, mais également la mise en chantier de vastes projets d'aménagement urbain. Un nouveau slogan s'affiche ainsi rapidement sur tous les
frontons : « Seipel baut ab, wir bauen auf » (« Seipel démonte, nous cons-
truisons »)[158]. Dans les objectifs conjoncturels poursuivis par Vienne,
la municipalité devient ainsi un pilier primordial du niveau d'activité,
et l'objectif du plein emploi se place au cœur de ses prérogatives.

La principale marque du socialisme municipal dans le paysage urbain, lisible aujourd'hui encore, s'exprime par la construction de vastes
cités ouvrières, dont le Karl-Marx-Hof, avec ses 1 325 appartements,
est devenu le paradigme. La politique en matière de logement occupe

---

156 Voir les illustrations chez Öhlinger 1993a, en particulier p. 99.
157 Sur le développement de formes de *sous-cultures* au sein du nouveau paradigme,
     voir Gruber 1984.
158 Pasteur 2003 : 293.

une place primordiale, sinon prioritaire, dans la stratégie des sociaux-démocrates. En septembre 1923, dans le contexte de dépression aiguë générée par la reconstruction de la SdN, et alors que le chômage plonge plusieurs dizaines de milliers de Viennoises et de Viennois dans le dénuement, le conseil municipal adopte un vaste programme de construction au profit des familles ouvrières. En cinq ans, à partir de 1924, 5 000 appartements doivent être bâtis chaque année. Entièrement réalisé en 1927, ce programme sera renouvelé et ses objectifs revus à la hausse. Aussi, entre 1919 et 1934, quelque 63 750 nouveaux appartements seront mis à disposition[159]. Dans l'économie politique de la reconstruction européenne, cette démarche doit être décryptée à plusieurs niveaux analytiques. D'abord, l'enjeu consiste à créer des emplois pour absorber la masse de chômeurs que génère la politique disciplinaire et déflationniste prônée par la SdN. Ensuite, les sociaux-démocrates sont soucieux d'améliorer les conditions de vie désastreuses de la classe ouvrière ; les nouvelles infrastructures visent à offrir un confort entièrement nouveau face à l'insalubrité des lotissements prolétaires d'avant-guerre. Equipés de l'eau courante, du gaz et de l'électricité, les appartements construits par la municipalité offrent en outre des sanitaires privés et respectent des règles strictes en matière de luminosité[160]. Enfin, l'entreprise des sociaux-démocrates doit également être lue sous son angle discursif. Très visible dans le paysage urbain, cette démarche permet d'y intégrer des éléments urbanistiques nourrissant le discours du contre-modèle socialiste à la bourgeoisie (re)conquérante. Les cités ouvrières sont ainsi conçues comme de vastes ensembles communautaires susceptibles d'assurer la reproduction du mode de vie ouvrier : les architectes y ont aménagé des institutions sociales telles que crèches, jardins d'enfants, magasins organisés en coopératives, bibliothèques, voire piscines, reflétant ainsi l'idéologie socialiste de la ville. Quant au discours architectural de ces ensembles, il évoque la grandeur du prolétariat : un goût prononcé pour les formes massives, une architecture de palais voire de forteresses. Gottfried Pirhofer parle d'« opération sémantique » pour désigner une démarche urbanistique à la fois architectonique et discursive[161]. Icônes du socialisme municipal,

---

159 Voir Eigner/Helige 1999 : 143 ; Maderthaner 1995 : 191 ; Pasteur 2003 ; Weber 1995a : 538.
160 Lewis 1983 : 337.
161 Pirhofer 1993.

les cités ouvrières deviendront également les cibles privilégiées – au sens figuré comme au sens propre – de l'opposition bourgeoise. Les conservateurs reprochent à la municipalité de bâtir les cités ouvrières de sorte à enfermer les quartiers bourgeois dans une « ceinture prolétaire » ; conçues comme des forteresses, elles permettraient d'organiser la résistance socialiste. Bref, pour la droite, la politique urbanistique vise ni plus ni moins à préparer la prise de pouvoir par les ouvriers. Ce n'est probablement pas un hasard si, lors de la guerre civile de 1934, la cité Karl Marx deviendra le bastion principal des militants socialistes et une cible privilégiée de l'artillerie : le gouvernement de Dollfuss braquera alors ses canons sur les maisons ouvrières avant d'envoyer à travers le monde des cartes postales montant ces mêmes ensembles détruits[162].

A côté de l'aménagement urbain, le socialisme municipal se traduit également par une conception nouvelle de la politique sociale qui gagnera rapidement sa renommée sous l'étiquette de « wiener System ». Sous l'influence de Julius Tandler, professeur d'anatomie à l'université de Vienne et responsable des affaires sociales de la municipalité, la capitale a développé dans ce domaine une approche extrêmement novatrice. Dans cette conception globale et hyper-rationalisée, la prévoyance sociale doit permettre une plus grande efficacité du système social et du système de production. Elle s'émancipe de la définition classique d'une assistance à caractère répressif, placée sous l'égide de la police des pauvres[163]. En réaction à l'orthodoxie bruxelloise, aux termes de laquelle la politique sociale est avant tout une *charge* qui grève le budget et handicape la reconstruction, la vision viennoise s'inscrit ainsi dans une approche du développement à la fois économique et social. Julius Tandler observe deux types d'investissements sociaux : les investissements *productifs* et les investissements *nécessaires*. Les dépenses sociales *productives* désignent l'ensemble des actions en faveur de la jeunesse, de la protection maternelle et familiale. Elles doivent l'emporter sur les dépenses *nécessaires*, qui concernent la prise en charge des personnes âgées ou handicapées[164]. Dans le cadre d'une réforme

---

162   Maderthaner 1986 : 596.
163   Sur la politique sociale de Vienne, voir Maderthaner 1986 ; Melinz 1993 : 107 sq. ;
     Pasteur 2003 : 298-313.
164   Pasteur 2003 : 298-299.

administrative, la ville met ainsi en place, en 1921, un système très organisé et entièrement centralisé autour d'un office de la prévoyance sociale. La politique préconisée passe essentiellement par un soutien à la jeunesse et aux familles, le développement des structures de santé et l'éducation. Une attention particulière est portée aux victimes de la situation économique, moins à des fins d'assistance qu'en vue de réinsérer les victimes de la transition dans le tissu social et productif. Bibliothèques publiques, jardins d'enfants, crèches, service médical scolaire, centres de conseil pour les femmes enceintes et les adolescents, services de planning familial…: ces mesures visent à améliorer la machine sociale par un soutien aux couches défavorisées[165].

La politique municipale de Vienne se trouve cependant dans la ligne de mire du Comité financier, pour qui les dépenses sociales sont évidemment un frein à la reconstruction. A la fois ville et province, dans un Etat fédéral qui laisse une autonomie importante aux collectivités régionales, Vienne échappe en quelque sorte à l'influence de la SdN et dispose des moyens de mener une politique financière dissidente. Pour le commissaire général, il s'agit là du défaut majeur du programme genevois, et d'une grave menace pour tout l'édifice de reconstruction. Selon Zimmerman, Vienne constitue un véritable «Etat dans l'Etat» qu'il s'agit de maîtriser et de ramener à l'ordre. En février 1924, il expose à Montagu Norman la nature du problème en insistant sur deux points. D'une part, la fiscalité est trop élevée. Alors que le programme du Comité financier préconise un équilibre budgétaire qui évite une taxation «exagérée», la politique fiscale de Vienne va à l'encontre des objectifs poursuivis. Un système fiscal «oppressif» frapperait ainsi les propriétaires fonciers, les possesseurs de véhicules ou les particuliers employant du personnel domestique. Les taxes municipales sur la publicité, les produits de luxe et les divertissements entraveraient elles aussi la relance économique. D'autre part, la fiscalité est responsable d'une augmentation des prix et menace gravement la stabilité de la monnaie. Pour le commissaire général, la taxation «extravagante» de la municipalité s'explique par des raisons idéologiques: par son attitude fiscale,

---

165   De façon générale, les historiennes et historiens soulignent l'amélioration substantielle des conditions de vie des couches défavorisées sous le *Wiener System*. C'est l'avis de Maderthaner 1986; Melinz 1993; Lewis 1983.

« the town makes propaganda – and also opposition against the Government »[166].

Dans l'immédiat, Zimmerman ne voit qu'une démarche pour neutraliser la capitale dans sa politique rebelle: éviter à tout prix que les banques lui accordent des emprunts, ou soumettre les emprunts à un contrôle gouvernemental. D'où son intervention auprès du personnage le plus influent de la City. Quelques mois plus tard, il interviendra également aux USA pour demander que les éventuels prêts accordés par des banques étasuniennes soient assortis de la condition qu'un nouvel accord soit signé entre le gouvernement fédéral et les provinces, afin de réglementer les compétences fiscales de ces dernières[167]. Puis, en septembre 1924, lors de la révision du programme de reconstruction, le Comité financier imposera une clause qui requiert l'adoption de mesures non seulement au niveau du budget fédéral, mais également à l'échelon provincial, afin de combler la lacune du programme de 1922. Les banquiers genevois exigent en particulier que le gouvernement négocie avec la ville de Vienne une réduction des taxes municipales[168]. La position de la SdN va évidemment dans le sens des forces conservatrices de la société autrichienne, qui n'ont pas de mots assez durs contre ce qu'elles qualifient de « sadisme fiscal » (« Steuersadismus »). La politique financière de Vienne est en effet incompatible avec la doctrine genevoise: alors que l'OEF prône une réduction de la fiscalité et un financement de la reconstruction par le capital étranger, Vienne finance sa politique audacieuse exclusivement par l'impôt. Avant 1927, elle n'émet pas le moindre emprunt à l'étranger, conformément au programme de reconstruction du parti qui prône un développement endogène. Sous l'égide de Hugo Breitner, un système fiscal à forte progression est mis en place après la guerre, qui repose en grande partie sur les impôts fonciers et locatifs. A côté de cette fiscalité directe, un ensemble de taxes indirectes sont prélevées, qui frappent notamment les symboles de la bourgeoisie: les véhicules automobiles personnels, les articles de luxe, les restaurants de grande classe, la possession d'un cheval ou d'un chien[169]. Si le Comité financier tente

---

166 BofE, OV 28/58, Zimmermann à Norman, 11 février 1924.
167 TWL, 83-1, Zimmermann à Niemeyer, 26 septembre 1924. Le commissaire général est intervenu après de l'ambassadeur des USA à Vienne.
168 SdN, 1311, F 179, note CoF, 8 septembre 1924.
169 Maderthaner 1995: 192. Voir aussi Danneberg 1928a: 11-24.

vainement d'entraver l'alternative viennoise, tous les experts ne seront cependant pas aussi véhéments que Zimmerman dans leur jugement de la politique municipale. Pour Quesnay par exemple, l'adjoint du commissaire général de la SdN, la ville de Vienne doit être soutenue dans son financement plutôt qu'entravée par des démarches contreproductives[170]. Les deux experts que sont Charles Rist et Walter Layton se montreront aussi plus nuancés que les banquiers : d'une part, notent-ils, le budget de la ville est équilibré. D'autre part, la capitale a inauguré un programme d'œuvres sociales qui est allé « plus loin […] que n'importe quelle autre collectivité », observent les enquêteurs du Comité financier, qui ne semblent pas considérer la capitale comme un danger particulier[171].

Si l'alternative viennoise a mis en place un système moderne de prévoyance sociale, permettant notamment d'absorber les conséquences de la reconstruction, tout porte à croire qu'elle a également freiné la spirale dépressive de la crise de reconstruction. Deux indices en témoignent : sa politique d'investissements et la courbe du chômage. En matière d'investissements publics, Vienne se substitue en quelque sorte à l'Etat fédéral, paralysé par le corset que lui impose la SdN. Dans le contexte de réduction des dépenses budgétaires, le gouvernement autrichien ne dispose pour ainsi dire d'aucune marge de manœuvre en matière d'investissements[172]. Cet aspect de la reconstruction n'a pas même été abordé lors des négociations avec le Comité financier[173]. Jusqu'à la fin de 1927, les rares investissements seront couverts essentiellement grâce aux surplus de l'emprunt international[174]. Pourtant, avant la guerre, l'appareil étatique jouait en Europe centrale un rôle significatif, notamment par ses commandes à l'industrie dans le cadre du développement des infrastructures publiques[175]. Aussi, dans l'immédiat après-guerre, le gouvernement de coalition reconnaissait le rôle des dépenses publiques en vue du développement économique et de la résorption du chômage. En janvier 1919, il lançait un programme d'investissements

---

170   AMAE, Fonds Avenol, 18, Quesnay à Rist, 6 décembre 1924.
171   SdN [Layton/Rist] 1925 : 41-42, 115-116, 165-168.
172   Sur les investissements en Autriche durant les années 1920, voir Kernbauer 1995 : 562 ; Weber 1995a : 538 sq.
173   Kienböck 1925 : 128-129.
174   Environ $ 72 millions pourront être affectés à cette fin (calculs sur la base de Weber 1995a : 537).
175   Berend/Ránki 1978 : 400.

Tableau 7.13 : investissements publics en Autriche (1924-1928)

	Etat fédéral		Commune de Vienne	
	mio $	% dépenses budgétaires	mio $	% dépenses budgétaires
1924	15	7,9 %	16	34,4 %
1925	13	6,4 %	22	38,2 %
1926	19	8,5 %	23	35,8 %
1927	27	10,7 %	29	44,0 %
1928	30	10,8 %	25	35,7 %
1924-1928	104	9,1 %	115	37,8 %

Source : selon Kernbauer 1995 : 562 ; Weber 1995a : 539

portant sur la rénovation de bâtiments publics, l'extension du réseau de communication, et l'électrification des chemins de fer et des tramways de Vienne. L'entreprise avait même obtenu le soutien du ministre des finances conservateur, Joseph Schumpeter[176]. L'élan des investissements publics ne résistera toutefois pas à la vague conservatrice, qui mettra un terme au plan du gouvernement. Aussi, durant la décennie, les investissements publics de la capitale seront plus importants, même en termes absolus, que les investissements de l'Etat fédéral (tableau 7.13). En termes relatifs, alors que le gouvernement central dispose d'une marge de manœuvre d'investissements de quelque 6 à 8 % pendant le contrôle de la SdN, et d'environ 10 à 11 % ultérieurement, la capitale y consacre entre 35 et 45 % de son budget.

Tableau 7.14 : part de Vienne dans le total des chômeurs indemnisés en Autriche

	Part de Vienne
1921-1922	70,0 %
1923	52,7 %
1924-1926	48,0 %
1927-1929	44,7 %
1930-1931	42,1 %

Source : Weber 1995a : 539 ; Benay 1998 : 379

176 Weber 1995a : 539-540.

Cette politique d'investissements n'est pas sans effets positifs sur l'emploi : la part de Vienne dans la totalité des chômeurs indemnisés ne cesse de se réduire durant les années vingt (tableau 7.14). Alors qu'en 1921, la capitale abritait 70 % des sans-emploi en Autriche, ceux-ci ne représentent plus que 42 % dix ans plus tard. Ce résultat est d'autant plus significatif que la crise économique dans les provinces fait affluer les chômeurs vers la capitale[177]. Bref, on le voit, la répartition du chômage est difficilement compatible avec la rhétorique genevoise d'une charge fiscale excessive qui entraverait le développement économique du pays entier. La politique de reconstruction active de la capitale semble au contraire avoir amorti les chocs du programme de la SdN, et permis à de nombreuses victimes de la transition de bénéficier d'une prise en charge et d'une réintégration sociale que le gouvernement central n'était plus en mesure de leur dispenser.

Le résultat de la capitale est d'autant plus notoire que le financement des investissements s'effectue essentiellement, je l'ai dit, par l'impôt. Il faut attendre 1927 pour que Vienne émette un emprunt international sur le marché étasunien. La démarche offre le grand avantage de ne pas mettre l'équilibre financier en péril par un endettement extérieur massif. Contrairement à la logique financière de la SdN, la méthode viennoise de reconstruction n'exerce, avant 1927, aucune pression sur la balance des paiements. Quant aux finances de la municipalité, elles ont été gérées avec une rigueur que Quesnay, Rist et Layton sont obligés de saluer. Dès 1920, et malgré l'hyperinflation de 1921-1922, la ville ne connaît aucun déficit budgétaire[178]. Pour Quesnay, les dirigeants de la capitale « ont une gestion financière irréprochable ; aucune ville sans doute en Europe n'est plus digne de crédit »[179]. Même durant les premières années de la dépression des années trente, ses finances resteront équilibrées malgré la poursuite des investissements dans les infrastructures urbaines et la politique sociale. La prouesse est d'autant plus significative que les sociaux-démocrates ont hérité d'une ville en état de ruine, tant sur le plan financier que social. Comme le rappellent Layton et Rist, « à l'issue de la guerre, la ville de Vienne était aux prises avec des difficultés plus grandes, peut-être, qu'aucune autre ville

---

177   Sur cette question, voir aussi Lewis 1983 : 347-348.
178   SdN [Layton/Rist 1925] : 165.
179   AMAE, Fonds Avenol, 18, Quesnay à Rist, 6 décembre 1924.

d'Europe. Les stocks étaient épuisés, aucune réparation n'avait été faite depuis plusieurs années et une grande partie de la population avait besoin de secours officiels »[180].

Vienne la rouge, la plus grande ville au monde gérée par la social-démocratie, constitue à n'en point douter une exception. C'est précisément en tant qu'exception qu'elle revêt son importance dans l'économie politique de la reconstruction européenne. Face à l'orthodoxie légitimée et institutionnalisée par le truchement de la SdN, Vienne illustre l'anti-modèle honni, rescapé en quelque sorte des programmes lacunaires du Comité financier. Mais la capitale autrichienne montre également que tout ordre social, aussi abouti soit-il, est un ordre contesté, au sein duquel peuvent émerger des voies contre-hégémoniques.

---

180 SdN [Layton/Rist 1925]: 165.

8. Conclusion

L'introduction a posé une problématique visant à offrir une alternative au discours dominant sur l'entre-deux-guerres et sur la reconstruction européenne : pour nuancer le mode de connaissance libéral et son hypothèse de l'absence de crédibilité et de coopération dans le SMI des années vingt et du début des années trente, je proposais d'analyser la reconstruction sous un nouvel angle. D'une part, il s'agissait de placer la SdN au cœur de l'analyse, afin de pallier le peu d'attention qui lui est portée dans l'histoire et l'EPI de ces dernières décennies, et pour interroger la légende noire qui la frappe depuis les années trente. D'autre part, l'étude voulait valoriser les potentialités d'une économie politique historique qui suggère une épistémologie critique face aux démarches traditionnelles de l'histoire des relations internationales et de l'EPI. L'approche réflexive a ainsi montré toute l'importance d'une prise en compte de la dimension épistémologique et des processus narratifs : en soulignant l'interdépendance de la *conceptualisation* et de l'*empirie*, je voulais attirer l'attention sur les conséquences du mode de connaissance et de ses effets de langage sur la construction de la narration historique. Ce livre a ainsi développé l'idée selon laquelle une réflexion épistémologique permettait une connaissance originale de la reconstruction européenne, reposant notamment sur la (re)définition des concepts fréquemment utilisés par les historiennes et les historiens des relations internationales : l'Etat, le pouvoir, et l'institution.

Au fil de l'analyse la SdN est apparue comme un processus d'élaboration, de légitimation et de diffusion de l'orthodoxie financière qui a habité le projet social de reconstruction européenne. Ce livre a en particulier pu éclairer le rôle crucial de la finance transnationale qui, par le truchement de la SdN, a contribué à instituer un mode de régulation et à configurer les institutions dans un sens correspondant à ses conceptions. Dès lors, ce livre a mis en évidence les limites du concept d'*organisation internationale*, et a préféré lui substituer celui d'*institution globale*. Il ne s'agit pas de nier le rôle des Etats dans l'émergence de ces formes institutionnelles, ni d'occulter l'inscription des organismes intergouvernementaux dans le droit international, et moins encore de passer sous silence la présence de représentants étatiques en leur sein. Une EPH intéressée à la logique sociale de la constitution de l'ordre mondial – et notamment au rôle des élites financières – se devait d'inscrire son objet dans une contextualité plus large, afin de s'affranchir des catégories traditionnelles de l'*Etat* et du *pouvoir*, dans leur définition individualiste et réductrice.

Economie politique historique et institution globale

L'EPH a ainsi permis une connaissance de l'institution globale qui a dégagé sept caractéristiques principales. Premièrement, en définissant son objet comme un rapport social, l'analyse a montré que l'institution globale ne pouvait être conçue comme une entité externe aux processus sociaux fondamentaux. En opposition aux approches réalistes (pour lesquelles l'organisation internationale est un ensemble de procédures et d'arrangements situés en dehors des Etats) ou aux démarches d'inspiration libérale (où elle permet à des acteurs rationnels et maximisateurs d'entrer en coopération et de constituer des biens publics dans un jeu à somme positive), l'EPH a insisté sur la dimension endogène de l'institution. Par rapport social, il faut comprendre que l'institution globale n'est ni antérieure (logiquement parlant), ni externe (ontologiquement parlant) à la dynamique des liens entre forces sociales au plan international ; elle en représente au contraire l'expression. Alors que l'institutionnalisme libéral voit dans l'institution une procédure par laquelle les individus sont socialisés et acquièrent leur rationalité, la démarche historiciste a au contraire insisté sur les rapports de pouvoir inhérents à la constitution des normes dominantes et de l'ordre social. L'institution globale s'est affirmée comme l'une des procédures de cette dialectique. Cependant, si elle est un lien social, elle ne se limite pas à *exprimer* des rapports, mais elle contribue également à les *stabiliser* ou à les *modifier*. En tant que vecteur de discours, et en tant que procédure de définition de la norme du vrai, l'institution participe de la constitution d'un ordre social, de sa reproduction ou de sa transformation. En réponse au débat éculé consistant à se demander si l'organisation internationale agit dans le sens du *statu quo* ou du changement, ma démarche montre qu'elle ne peut être associée ni à l'un ni à l'autre exclusivement, mais à la dialectique sociale d'un moment de l'histoire.

Deuxièmement, l'EPH a proposé une connaissance de l'organisation internationale qui surmonte la séparation du *national* et de l'*international*, trop souvent conçus comme deux catégories analytiques distinctes, et a recouru à une approche globale. Celle-ci ouvre des perspectives précieuses pour la compréhension des processus sociaux en histoire : en refusant de scinder l'analyse des phénomènes internationaux en deux temps – rapports de forces au niveau domestique, puis dynamique interétatique – une économie politique globale offre une meilleure compréhension des organisations internationales ou intergouvernementales. L'étude a ainsi pu montrer que les institutions globales, qu'elles relèvent de la société civile ou politique, plongent leurs racines dans des processus sociaux fondamentaux qui ne peuvent se comprendre par une juxtaposition du *national* et de l'*international* : l'influence de la City dans la normalisation du savoir, le rôle du capital transnational dans la définition des institutions étatiques et dans le niveau d'activité en constituent autant d'illustrations. Une ontologie globale permet ainsi, en retour, de repenser le statut de l'Etat : plutôt qu'une entité *souveraine*, l'Etat est conçu comme une abstraction changeante, fruit de l'interaction de la société civile et politique, et sensible aux rapports sociaux qui s'expriment nettement au-delà de ses limites. L'Etat est ainsi pensé comme une entité *internationale* par essence, ou en l'occurrence comme une construction globale, fluctuant au gré des modifications historiques des rapports sociaux.

Troisièmement, si les démarches classiques conçoivent l'organisation internationale comme une émanation de la société *politique*, mon approche – inspirée de certains apports de Cox, Foucault et Gramsci – ne peut isoler cette forme d'institution de la société *civile*. A partir d'une définition large de l'Etat, conçu comme société civile *et* société politique, ou plus exactement comme l'articulation de la société civile et de la société politique, l'analyse de l'ordre international jette un regard différent sur la société civile au niveau global. L'analyse n'est pas entrée dans le (très) vaste débat de l'émergence de classes sociales transnationales ou d'une société civile transnationale : outre les problèmes inhérents aux concepts, une telle approche aurait sans doute transposé dans le passé des évolutions caractéristiques de la fin du 20e siècle, à supposer qu'il en soit ainsi. En revanche, j'ai largement insisté sur l'affirmation, au lendemain de la guerre, de structures institutionnelles permettant de rassembler les élites capitalistes de nombreux Etats. Ces institutions, à défaut de refléter des groupes sociaux transnationaux homogènes, ont néanmoins permis de montrer la constitution d'alliances visant à souder les élites financières autour de discours communs, et à diffuser des normes dans une économie politique internationale en transition. La démarche a ainsi pu mettre en exergue – comme beaucoup d'autres auparavant – les réseaux sociaux et leur capacité à se cristalliser sous la forme d'institutions globales. Aussi, dans un processus historique qui fait la part belle aux acteurs de la société civile que sont les financiers transnationaux, la logique sociale de l'émergence des institutions a montré qu'il n'était pas possible de dissocier les formes institutionnelles inhérentes à la société civile (comme l'ICC par exemple) des organisations intergouvernementales comme la SdN. Par la mise en lumière du libéralisme coopératiste, il est apparu qu'une expression sociale telle que le Comité financier s'apparente à une figure hybride, à mi-chemin entre la société civile et politique. L'interpénétration de ces deux entités à l'échelle globale a ainsi montré qu'elles participent d'une seule et même procédure sociale.

Quatrièmement, ce livre a permis de situer l'institution globale au centre d'un réseau de forces dont elle participe pleinement. Cependant, contrairement à une approche réaliste où l'organisation internationale se présente au mieux comme un instrument coercitif d'une puissance dominante qui parvient à en contrôler les leviers, l'EPH met l'institution globale en lien avec les procédures de pouvoir tel qu'il s'exprime dans les rapports de production et la définition de la norme du vrai. Cette approche invite également à nuancer les démarches (néo)libérales et leur propension à considérer la coopération internationale – lorsqu'elle aboutit – comme le résultat d'agents rationnels et maximisateurs. La coopération, dans ma perspective, est une procédure politique qui exprime la capacité d'un groupe social à adopter et à diffuser des démarches hégémoniques. La «troisième voie» hétérodoxe permet ainsi d'interroger les courants traditionnels et leurs problèmes respectifs: au (néo)libéralisme et à son rejet des rapports de pouvoir (lié à une définition des acteurs comme des entités rationnelles et maximisatrices), l'EPH rappelle l'irréductible rapport de force inhérent à tout processus social. Au (néo)-réalisme et son pouvoir conçu en des termes matériels et coercitifs, l'EPH offre une alternative sous la forme d'un pouvoir diffus, reposant avant tout sur la définition de la norme du vrai et sur le consentement.

Cinquièmement, si l'institution globale ne peut être dissociée de rapports de forces à un niveau normatif et consensuel, l'approche a également mis en évidence une forme de pouvoir structurel propre aux différentes formes historiques du capitalisme. En insistant sur la discipline du capital et sa capacité à influer sur les politiques fiscales, monétaires ou économiques, l'EPH a saisi une dimension du pouvoir qui n'a rien de vraiment comportemental, et qui relève du conditionnement des institutions sociales sous l'influence de moyens matériels. Ce pouvoir du capital ne doit cependant pas être pensé comme un absolu atemporel ; la définition du pouvoir comme interaction des normes et des rapports de production met au contraire le doigt sur l'historicité des structures institutionnelles. A titre d'exemple très schématique, le mode de régulation keynésien et le régime d'accumulation fordiste qui, après la Seconde guerre mondiale, succéderont à l'ultra-libéralisme de la SdN, reposeront sur un appareil normatif qui permettra de contenir les effets disciplinaires du capital. En tant que rapport social et historique, le capital est ainsi conçu comme un pouvoir structurel lié à la forme de libéralisme qui l'encadre : l'accroissement de sa mobilité participe, comme au lendemain de la Première guerre mondiale, à une intensification des logiques spéculatives et se répercute directement sur les politiques fiscales et monétaires qu'il tend à discipliner. En fin de compte, le capital mobile, dans une économie politique en transition et un environnement spéculatif, est susceptible d'entraîner des déséquilibres macroéconomiques, et de générer de vives tensions sociales.

Sixièmement, le pouvoir structurel du capital exprime à quel point l'économique et le politique ne sont pas dissociables. En l'état, cette affirmation est banale ; l'histoire classique des relations internationales et l'EPI orthodoxe n'ont jamais prétendu le contraire, même s'ils ont mis l'accent tantôt sur une composante, tantôt sur l'autre. On aura cependant compris au travers de la démonstration qu'en affirmant l'indissociabilité de l'économique et du politique, il s'agissait de montrer que nous ne sommes pas en présence de deux sphères sociales distinctes, mais d'un seul et unique processus. C'est sur ce point que les perspectives orthodoxe et critique s'écartent : l'EPI traditionnelle s'intéresse à l'interaction de l'Etat et du marché, et l'histoire classique des relations internationales se penche au mieux sur les « forces profondes » qu'exerce l'économie sur l'homme d'Etat. Dans un cas comme dans l'autre, *économie* et *pouvoir* relèvent de deux modes d'organisation sociale séparés.

A l'instar de la globalisation néolibérale du dernier tiers du 20e siècle, la reconstruction libérale des années vingt a montré comment la mise en place de procédures de régulation par le marché, la libéralisation des flux financiers et le financement privé de la reconstruction sont des moments éminemment politiques. C'est ce moment politique des démarches économiques que ma démarche a voulu saisir. L'institution globale a ainsi été inscrite au cœur de cette économie politique historique, et sa portée ne peut être associée ni à une forme « neutre » de coopération internationale, ni à un idéal apolitique de sécurité collective. En outre, affirmer l'indissociabilité de l'économique et du politique revient à nier l'existence *a priori* de « lois économiques » (pour adopter la terminologie de la conférence de Bruxelles) extérieures à une matrice sociale et historique. Une EPH appréhende ainsi l'économie comme une construction discursive et sociale qui ne peut se résoudre à un certain nombre de règles « naturelles », et elle définit le capitalisme comme une institution historique et sociale. On le voit, une approche intégrant l'économique et le politique dans un seul et unique champ social est nécessairement postrationaliste, dans la mesure où elle inscrit les discours et les rationalités économiques dans leur historicité.

Enfin, septièmement, l'EPH a appréhendé l'institution globale au cœur d'une dialectique action/structure. En tant qu'expression de rapports sociaux fondamentaux, la SdN participe de la constitution des cadres sociaux, intellectuels et matériels, qui structurent l'action individuelle et institutionnelle au lendemain de la guerre. L'analyse a ainsi montré que la SdN fait sens dans la longue durée de l'internationalisme libéral, un discours qui prône des formes institutionnelles permettant de transcender les frontières étatiques en vue de la constitution d'un marché global. La connaissance de la SdN ne saurait cependant être confinée à un structuralisme aussi réducteur: au lendemain de la guerre, en réponse à la crise de l'ordre social, elle participe d'un processus historique nouveau. La mise en place de procédures coopératistes exprime l'action influente des acteurs incités à faire face à une situation inédite et à ajuster le mode de régulation aux conditions historiques du capitalisme. La dialectique action/structure est lisible à un autre niveau: la signification de l'institution globale dans la reproduction sociale. La SdN, on l'a vu, joue un rôle central dans la cooptation de l'intellectuel et sa désignation comme expert moralement qualifié. Par cette procédure de définition du discours vrai, elle agit en vue de la reproduction des normes dominantes ou de ce qu'on peut appeler le *sens commun* d'une époque. Dans un mouvement inverse, l'institution globale n'est pas dissociable de l'action quotidienne des acteurs qui la composent et de leurs individualités : les experts œuvrent activement à la reproduction et à la transformation de la structure qui les produisent. L'institution globale participe donc de ce que l'EPI critique désigne du concept de *pratique sociale structurée*.

Reconstruction et morphologie historique du capitalisme

Conçue comme une institution globale, la SdN est donc loin des tableaux classiques de la coopération économique envisagée sous l'angle de la sécurité collective. Elle ne s'identifie pas non plus aux discours réalistes qui concluent à son « inefficacité » et à son « échec ». En tant que rapport social, la SdN s'inscrit au cœur des processus fondamentaux de la société, et c'est dans cette perspective que ce livre a étudié sa signification au sein du projet de reconstruction européenne. Dans le deuxième chapitre, trois dimensions avaient permis de baliser l'analyse historique de la reconstruction : la transition, le pouvoir et le savoir. La notion de transition a permis de lire la reconstruction européenne – et partant, la SdN – dans la forme historique du capitalisme au lendemain de la guerre. En tant qu'institution sociale, le capitalisme des années vingt se présente comme une dialectique de l'ancien et du nouveau ; en termes gramsciens, on parlerait de la dialectique du temps structurel et du temps conjoncturel, et, dans l'héritage braudélien, d'une interaction de la longue durée et du temps court. Quelle que soit la terminologie utilisée, la reproduction historique de l'idéologie de l'internationalisme libéral participe directement du projet de la reconstruction : l'institution globale trouve ainsi sa signification dans la lignée des organisations internationales qui ont bourgeonné durant le dernier tiers du 19ᵉ siècle, ou, en d'autres termes, dans l'élan de la gouvernance du capitalisme industriel. La SdN doit ainsi être comprise comme l'héritière d'un discours visant à la constitution d'institutions permettant de surmonter les frontières étatiques en vue d'un marché global. Après l'expérience de la guerre, le cortège de mesures interventionnistes et le cloisonnement en divers blocs économiques, la reconstruction se lit comme un projet de retour à un idéal conçu comme l'âge d'or du capitalisme.

L'étude a ainsi montré que, dans la longue durée, la SdN relève de l'idéologie du marché autorégulateur mise en évidence par Polanyi, et en particulier de sa dimension financière. L'affirmation d'une mythologie de l'étalon-or, dans le cœur de l'*économie-monde*, participe de la volonté internationaliste libérale de rebâtir un vaste marché pour l'accumulation transnationale du capital, à un moment où le modèle du 19ᵉ siècle est à terre.

Dans une temporalité sociale plus conjoncturelle, l'étude a mis en évidence les spécificités institutionnelles du capitalisme au lendemain de la guerre. La contestation de l'ordre social à un niveau global – expression de la remise en cause de la légitimité des élites capitalistes – combinée à la crise du discours du marché autorégulateur s'est traduite par l'affirmation de procédures coopératistes. Le libéralisme coopératiste confère ainsi une nouvelle signification au capitalisme de la reconstruction et à l'institution globale: il permet de comprendre dans quelle mesure la SdN représente une césure par rapport à la régulation internationale du 19ᵉ siècle et ses unions administratives. Tandis que ces dernières, dotées de moyens extrêmement faibles, sont structurées autour d'organes essentiellement étatiques, la SdN développe un mode nouveau de régulation autour de trois procédures coopératistes. Au travers du tripartisme, on désigne l'ensemble des arrangements coopératistes déjà mis en place durant la guerre, et qui constituent une forme d'extension du bipartisme qui était apparu avant le conflit. Le coopératisme tripartite regroupe l'ensemble des arrangements entre forces sociales – capital, travail et gouvernement – en dehors des instances représentatives traditionnelles de la démocratie. L'OIT, espace de négociation en charge de l'uniformisation des conditions de travail, a servi d'illustration. Mais c'est pour l'essentiel le coopératisme bilatéral qui s'est trouvé au cœur de l'analyse: cette procédure d'arrangement direct entre la société politique et la société civile constitue l'essence même du Comité financier et des conférences financières. Tandis que le tripartisme visait à atteindre des arrangements entre le capital et le travail sous l'égide de l'appareil étatique, le bilatéralisme consiste en une procédure directe entre la société politique et une catégorie spécifique de la société civile. Ce mode bilatéral de coopératisme peut se lire sous deux angles: d'une part, la société civile pénètre directement les rouages décisionnels en faisant prévaloir ses préférences en matière de régulation. Vu sous un autre angle, la société politique délègue à des représentants de la société civile des pans entiers de ses compétences. En revanche, la société politique ne perd pas ses prérogatives formelles : c'est elle qui garde la haute main sur les décisions finales. Cependant, en cédant à des représentants spécifiques de la société civile de larges attributions en matière d'expertise monétaire et d'application de plans d'ajustement structurels, la société politique réduit le champ des possibilités et empêche l'affirmation d'alternatives. C'est dans ce resserrement idéologique des choix que réside l'influence de la société civile au sein du coopératisme bilatéral. Son idéalisation de la rationalité de l'expert et du caractère apolitique du représentant de la société civile est à l'origine de plusieurs conséquences dans l'entreprise de la reconstruction : premièrement, l'interpénétration des deux composantes de l'Etat au sens large – la société civile et la société politique – témoigne de l'influence directe des milieux bancaires sur la reconstruction : ils préparent les programmes d'ajustement structurel et les négocient avec les gouvernements concernés. En outre, elle permet la légitimation des discours d'une force sociale au détriment d'autres, et facilite ainsi le contrôle hégémonique de l'appareil d'Etat.

Au-delà du coopératisme tripartite et bilatéral, la morphologie historique du capitalisme de la reconstruction se caractérise également par l'accent mis sur les procédures *privées* de coopération dans le mode de régulation. La notion de *privé* est ambiguë : si ce mode de coopératisme passe par la délégation de compétences à la seule société civile, et par un abandon formel de l'influence étatique – l'autonomisation des banques centrales en constitue l'exemple principal – la composante publique n'est pas éliminée pour autant. Dans le sillage de Bruxelles et à l'initiative du Comité financier, les pays reconstruits par la SdN privatiseront leur banque centrale et placeront ainsi la gestion monétaire à l'abri des intrusions intempestives des gouvernements ; c'est néanmoins au niveau des instances publiques que se prennent ces décisions. En d'autres termes, l'Etat privatise volontairement une compétence qu'il est en droit de se réapproprier. Aussi, le coopératisme privé désigne une fiction par laquelle la société civile se trouve en charge d'attributions propres à la collectivité. En dépit de l'artificialité que revêt la distinction entre le *privé* et le *public*, il n'en demeure pas moins que ses conséquences sont bien réelles : en confiant la gestion monétaire aux milieux financiers, le coopératisme privé soutenu par la SdN réduit considérablement la marge de manœuvre de l'Etat et abonde dans le sens des intérêts du capital. Il aboutit également à verrouiller les compétences privées dans un constitutionalisme plus difficile à modifier : l'entrée des banques centrales dans le giron de l'Etat ne se fera qu'après le changement de paradigme provoqué par la grande crise.

Aussi, la mise en place du coopératisme bilatéral et privé dans la longue durée de l'internationalisme libéral a permis d'analyser la reconstruction européenne comme une procédure de réhabilitation d'un vaste marché pour le capital transnational. La déconstruction des programmes d'ajustement préconisés par le Comité financier a montré une logique qui s'articule autour de trois aspects centraux : la discipline monétaire, la discipline budgétaire et le libéralisme financier. Ces conditions-cadre était supposées entraîner la reconstruction par le jeu des automatismes du marché : dans un premier temps, elles devaient stimuler l'afflux de capitaux privés destinés à financer le vaste effort de reconstruction. On l'a vu, dans les programmes de la SdN, toutes les liquidités sont fournies par le marché, c'est-à-dire par les investisseurs représentés au Comité financier ou proches de celui-ci. La reconstruction se confond donc totalement avec la réhabilitation de la circulation transnationale du capital et son accumulation à l'échelle globale. Dans un second temps, les capitaux privés étaient supposés permettre la reconstruction automatique des systèmes de production et, partant, la renaissance du commerce. Ce sont, en d'autres termes, les mécanismes d'un marché alimenté par les capitaux privés qui devaient mener à l'état d'équilibre et au plein emploi des facteurs de production, plutôt qu'une intervention « extérieure » ou « artificielle » telle que l'Etat pourrait l'entreprendre. Dans cette optique, le rôle des instances étatiques, sous l'égide de la SdN, passe par la mise en place des conditions optimales pour la circulation et l'investissement de capitaux étrangers, c'est-à-dire la confiance. J'ai parlé d'une *reconstruction privée* pour désigner l'attribution aux investisseurs de compétences très larges dans l'entreprise de réhabilitation européenne.

Si la transition représente une dialectique historique de l'ancien et du nouveau, elle fait sens également sous la forme d'une dynamique des forces sociales. En tant que processus de reconstitution des marchés financiers, elle implique la sauvegarde d'un ordre social approprié. En insistant sur la crise politique au lendemain de la guerre, nous avons pu souligner comment le coopératisme (à l'instar du corporatisme) participe d'une démarche des élites capitalistes en vue de restaurer une légitimité contestée. Aussi, si la reconstruction passe par la mise en place d'un constitutionalisme propice à la restauration libérale en matière financière, elle s'exprime également par la restructuration sociale: en Autriche et en Hongrie, deux pays qui font l'objet des principaux programmes de reconstruction du Comité financier, la signature des accords avec la SdN et la stabilisation monétaire entérinent respectivement le retour des conservateurs au pouvoir et l'affermissement de leur autorité[1]. L'institution globale doit donc également être analysée à l'échelle des processus domestiques et de leur dynamique endogène. Dans cette perspective, on a vu comment la SdN avait participé à l'affirmation du modèle orthodoxe de reconstruction en Autriche, rejetant par la même occasion les alternatives des sociaux-démocrates – pourtant mises en place avec succès à Vienne. A un autre niveau, la dynamique de la reconstruction génère des effets d'asymétrie en termes économiques et sociaux. Loin d'être neutre, comme le veut la théorie néoclassique, la politique monétaire se traduit de manière très contrastée sur les différents acteurs sociaux et les secteurs de la production. En orientant la régulation globale sur la valeur du capital et sa mobilité, la SdN a certes contribué à stabiliser la valeur métallique des monnaies jusqu'à la crise, mais au prix d'une grave dépression de l'économie réelle et de la persistance de taux de chômage généralement très élevés.

La dialectique sociale de la reconstruction fait ainsi apparaître une morphologie du pouvoir qui s'écarte des conceptualisations traditionnelles. Ce troisième volet du triptyque que le pouvoir forme avec l'institution globale et la transition a permis d'insister sur sa dimension consensuelle, véritable cœur d'un processus social défini autour de la définition de la norme du vrai. En mettant l'accent sur les démarches et les discours visant à un consensus, trois formes de mythologies sociales ont apparu: dans un premier temps, le discours de l'internationalisme libéral en a souligné la rhétorique idéaliste, exprimée par des références constantes au commerce international présenté comme une source de paix. Puis, le coopératisme, en insistant sur le savoir prétendument apolitique de l'expert, a mis en évidence l'illusion du savoir neutre qui

---

1   En Allemagne également, les coalitions en place depuis la stabilisation du mark et le plan Dawes jusqu'à l'été 1928 se nouent autour de partis de droite, et la *grande coalition* de 1928 à 1930 inclut tant la droite que la gauche.

sert de fondement aux discours hégémoniques. Enfin, grâce à l'imagerie autorégulatrice de l'étalon-or, telle qu'elle se renforce au lendemain
de la guerre dans les milieux financiers anglo-saxons, et telle que la
SdN la reproduit et l'institutionnalise, c'est la dimension naturaliste
des discours de la reconstruction qui s'est exprimée. Idéalisme, rationalisme et naturalisme, tels sont les principaux aspects des pratiques consensuelles mythologiques, et les lignes de force rhétoriques de la SdN.

Reconstruction et crise: perspectives d'interprétation

Ce livre n'avait pas pour seule intention de remettre en question la
manière d'appréhender l'organisation internationale, la reconstruction
européenne, et leur interaction. Ou plus exactement, en réfléchissant à
la procédure épistémologique de connaissance de l'institution globale et
de la reconstruction, l'ouvrage se fixait comme objectif de suggérer
quelques nuances au mode de connaissance et à la double hypothèse de
Barry Eichengreen. Aussi, la dernière section de la conclusion montre les
perspectives analytiques qu'une EPH offre à l'interprétation de la crise
et de ses origines. Il ne saurait évidemment être question ici de poser les
bases exhaustives d'une réflexion critique de la grande dépression en
Europe; en revanche, je désire clarifier le lien entre l'éclatement de la
crise européenne en 1931 et les programmes de reconstruction de la
SdN. On a suffisamment développé l'argumentaire de Barry Eichengreen, pour qui la crise – et partant l'échec de la reconstruction – s'explique par les nouvelles conditions historiques qui ont empêché les flux
internationaux de capitaux de stabiliser le SMI, comme cela aurait prétendument été le cas avant la Grande guerre. Ces nouvelles conditions –
renforcement du poids institutionnel de la gauche et pression croissante
des préoccupations conjoncturelles – seraient responsables d'une perte
de crédibilité des politiques monétaires, les opérateurs ne pouvant plus
anticiper les réactions des banques centrales. A la disparition de la crédibilité se combinerait l'impossible mise en place d'une véritable coopération monétaire sur le long terme, ruinant ainsi tout espoir de maintenir
un SMI stable et libéral. Après la reconstruction d'un système fragile et
d'une coopération « de façade », les tendances déflationnistes se seraient
propagées depuis les marchés financiers du centre (New York) vers la
périphérie par le biais de l'étalon-or.

Loin de moi l'idée de vouloir nier les effets destructeurs des politiques déflationnistes : j'ai suffisamment montré l'importance de la discipline monétaire dans la réhabilitation autrichienne et hongroise en particulier, et insisté sur la rareté du crédit domestique et son coût à un moment où la reconstruction impliquait, au contraire, une politique plutôt expansive. En revanche, la démarche offre une alternative sur trois points essentiels. Premièrement, elle remonte en amont de la politique monétaire et du SMI, préoccupations centrales de Barry Eichengreen, pour interroger les mécanismes sociaux qui caractérisent la fin de la guerre et la décennie consécutive. Les politiques monétaires s'inscrivent dans un processus social très large : la réhabilitation d'un marché global pour les capitaux transnationaux. C'est dans un tel contexte que se comprend la reconstruction d'un étalon-or et de ses mécanismes déflationnistes. Aussi, loin d'être la conséquence fâcheuse d'un SMI qui ne fonctionne plus comme auparavant, la déflation relève d'un ensemble de procédures plus ou moins conscientes, ainsi que de configurations institutionnelles, qui ont pour effet de satisfaire certaines forces sociales au détriment d'autres. Sous cet angle, l'étalon-or des années vingt se dévoile avec ce qu'il implique en termes de fonction sociale et de rapports de forces : il est un discours sur l'économie et un moyen de justifier des mesures monétaires et budgétaires orthodoxes en vue d'une discipline de la monnaie et de l'Etat. L'étalon-or ne doit donc pas être saisi dans une perspective ontologique, mais plutôt comme un dispositif rhétorique destiné à institutionnaliser des pratiques monétaires et budgétaires empreintes de discipline, et à garantir la stabilité et la mobilité du capital. Sous un autre angle, il est une procédure discursive participant de la (re)construction d'un ordre social favorable aux forces capitalistes, et en particulier aux milieux de la finance transnationale. La réhabilitation de l'étalon-or et la reconstruction sont des processus intrinsèquement politiques, de sorte que regretter cette caractéristique fondamentale aboutit à passer à côté de l'essentiel.

Deuxièmement, la démarche suivie ici permet de (re)placer l'Etat au centre de l'analyse, un Etat absent de l'idéal-type libéral de Barry Eichengreen où ce sont les capitaux qui, par le truchement de la spéculation stabilisatrice, maintiennent et reproduisent le SMI. En disciplinant l'Etat et les dépenses budgétaires, les adeptes genevois de l'orthodoxie quantitativiste en ont réduit le rôle dans la reconstruction. Acquis à l'idée d'un marché autorégulateur dont les éventuels dysfonctionnement seraient corrigés par la coopération privée plutôt que par l'interventionnisme public, les principaux acteurs de la stabilisation ont freiné le prélèvement fiscal et, partant, la marge de manœuvre budgétaire. Les cas autrichien et hongrois ont clairement montré que les investissements étatiques, sous l'effet d'une politique fiscale restrictive, sont restés contenus dans des limites étroites. La politique déflationniste des banques centrales sous l'effet de l'étalon-or ne saurait donc tout expliquer, et une économie politique de la reconstruction se doit de mettre en évidence le rôle de la discipline budgétaire dans le déclenchement de la crise, particulièrement dans les pays qui ont connu l'hyperinflation, mais aussi en Grande-Bretagne par exemple.

Troisièmement, l'alternative porte sur la dimension financière de la crise européenne. Je veux désigner par là non pas le fonctionnement du SMI et des politiques monétaires au sens strict, mais les effets structurels et disciplinaires des marchés financiers. Si, pour l'approche néolibérale, les flux de capitaux revêtent une vertu stabilisatrice pour peu que la crédibilité et la coopération soient garanties, une approche divergente suggère qu'indépendamment de la crédibilité et de la coopération, la reconstruction par le biais du marché a pu être la source de profonds déséquilibres. Au cœur de ce troisième axe de compréhension de la crise figurent les conséquences d'une reconstruction (opérée au moyen de capitaux transnationaux) sur la liquidité et la croissance des économies en transition. L'Autriche constitue à ce titre un marqueur particulièrement éloquent de tout le processus qui se met en branle au lendemain de la guerre : si c'est par la jeune république alpine que débute la reconstruction européenne sous l'égide de programmes internationaux, c'est aussi à Vienne que la crise financière éclate en 1931, et depuis Vienne qu'elle se propage sur le Vieux continent. Certes, on évitera d'insister exagérément sur le caractère partiellement aléatoire que présente l'Autriche, sinon pour y voir un double symbole : symbole du modèle orthodoxe élaboré entre 1920 et 1922 et progressivement imposé à toute l'Europe, et symbole des tensions macroéconomiques générées par ce modèle de reconstruction. En mai 1931, lorsque la Creditanstalt – la plus grande banque autrichienne[2] – annonce

---

2   Issue de la fusion avec le Bodencredit Anstalt en 1929, cette banque est un véritable colosse dans l'économie autrichienne : elle représente plus de la moitié du bilan total des 25 banques autrichiennes et son bilan correspond au total des dépenses de l'Etat autrichien en 1930 (Schubert 1991 ; Weber 1995b).

ses créances douteuses et son insolvabilité, la crise financière se répand rapidement à toute l'Autriche. Quelques jours plus tard, c'est à Budapest qu'on observe une ruée des déposants et des investisseurs internationaux désireux de retirer leurs avoirs. Le reflux des crédits à court terme entraîne une crise de la balance des paiements, la suspension de la convertibilité, et l'introduction d'un contrôle des changes[3]. A la mi-juillet, c'est au tour de l'Allemagne de subir un sort identique et de décréter un moratoire sur les crédits qui n'ont pas encore été rapatriés à New York, Londres ou dans les autres places financières. Le rêve libéral d'un vaste marché du capital transnational est mort : Vienne, la Mecque des économistes libéraux, pour adopter l'image de Polanyi, et symbole du « succès » de la SdN, s'est transformée en prototype de l'autarcie et du contrôle des mouvements de capitaux[4].

Premières victimes de la crise, l'Autriche et la Hongrie représentent donc d'excellents marqueurs des effets structurels de la logique de reconstruction développée par les élites financières au sein, notamment, de la SdN. Cette logique, on l'a vu, repose sur trois piliers : discipline monétaire, discipline budgétaire et libéralisme financier. Une fois institutionnalisées, ces trois conditions devaient attirer les capitaux transnationaux privés qui permettraient de financer la reconstruction. J'ai parlé d'une *reconstruction privée* pour désigner l'accent mis non pas sur des procédures de financement publiques, soumises à une coordination étatique, mais sur les prétendues vertus de l'initiative individuelle et du capital transnational. Or, c'est dans cette logique d'une reconstruction *privée* et son postulat implicite de rationalité des marchés financiers que réside une clé essentielle pour comprendre l'affirmation de la crise en Europe. Au travers des exemples autrichien et hongrois – qui peuvent être étendus à la Bulgarie, à la Grèce, à l'Estonie et à l'Allemagne notamment – j'analyse ici brièvement les effets du capital transnational à trois niveaux de la reconstruction : la liquidité du système financier, le degré d'activité du système de production, et la contradiction historique du mode de régulation.

La liquidité du système financier est l'une des principales tensions qui mènent à la crise : la logique d'une reconstruction par le marché financier a fait des banques commerciales en Europe centrale le maillon

---

3   Pour plus de détails, voir Eichengreen 1992 : 258 sq.
4   Polanyi [1944] : 46.

faible de tout le processus. Ce sont elles qui, en effet, servent d'intermédiaire entre les investisseurs du centre de l'*économie-monde* et les de-
mandeurs de capitaux en périphérie ; les premiers sont friands de taux
de rendements très attractifs, et les seconds à la recherche d'argent
pour leurs investissements. Dans la mesure où, on l'a vu, les investisseurs ont essentiellement suivi leur préférence pour la liquidité, la reconstruction a reposé sur des lignes de crédit bancaire plutôt que sur
des émissions à long terme. La Creditanstalt, à l'instar de ses concurrentes, s'est tournée vers ses partenaires anglo-saxons et a injecté leurs
dépôts à vue dans son réseau industriel. Les capitaux à court terme ne
sont en effet pour ainsi dire jamais accordés aux entreprises industrielles directement, mais à leur banquier[5]. Or, l'effort de reconstruction –
qui en douterait ? – nécessitait tout sauf des crédits spéculatifs à court
terme. Ce sont des investissements à long terme que les collectivités
publiques et les entreprises recherchaient quasi désespérément. Aussi,
faute de mieux, les avances à vue ont été immobilisées dans des investissements à long terme. Le système financier se plaçait ainsi dès le
départ en situation d'illiquidité, et la première grande crise de confiance devait immédiatement se répercuter en krach. La Creditanstalt
offre une illustration parfaite du processus d'endettement étranger du
système financier des pays reconstruits. Comme le montre le tableau
8.1, la proportion entre les dettes et les fonds propres de la banque ne
cesse de croître dans un sens défavorable entre 1924 et 1930. Dès le
début du processus d'endettement déjà, le taux est plus élevé qu'avant
la guerre. La Creditanstalt n'est pas un exemple choisi au hasard. Elle
est le prototype de la banque mixte d'Europe centrale et de son rôle
dans la reconstruction : établissement financier déjà affaibli par l'hyperinflation, elle détient un réseau de participations industrielles et bancaires très dense et participe activement au financement de l'appareil
de production. Contrôlée par des investisseurs anglo-saxons, la banque voit entrer dans son bilan des crédits spéculatifs en grande quantité. Au moment de la crise, 67 % de ses créances étrangères proviennent
de la City et de Wall Street[6].

---

5   Dans le cas de l'Autriche, les chiffres de septembre 1932 montrent que 78 % du
     stock de capitaux étrangers à court terme sont immobilisés au sein du système
     bancaire (SdN 1933).
6   Sur la Creditanstalt et la crise autrichienne, voir Schubert 1991 (p. 44 pour ces
     chiffres), et Weber 1995b.

Tableau 8.1 : ratio dettes/fonds propres de la Creditanstalt

	1913	1924	1925	1926	1927	1928	1929	1930 (30 juin)
Ratio	3,64	5,68	6,86	9,28	7,90	8,98	8,82	10,9

Source : Schubert 1991 : 34

Outre la préférence des investisseurs pour la liquidité – surtout dans une situation de transition – la logique de reconstruction par le marché présente une autre source de tension : les conditions de l'endettement. J'ai montré comment l'asymétrie entre l'offre et la demande d'argent avait permis aux banquiers transnationaux d'imposer des conditions prohibitives : les taux effectifs se situent entre 10 et 12 % environ au milieu des années vingt en Autriche et Hongrie. De tels taux non seulement pèsent très lourd sur les coûts de production des économies en transition, mais les précipitent en plus dans une spirale d'endettement : comme les capitaux sont engagés dans des investissements qui ne sont pas rentables immédiatement et vu les coûts qu'ils entraînent, le système de production est obligé d'emprunter de nouveaux fonds pour payer les intérêts. La reconstruction privée par le biais des capitaux transnationaux et des marchés financiers, on le constate, a poussé le système bancaire à la ruine et a généré dès le départ ses propres contradictions. La logique de reconstruction privée de la SdN est donc en lien direct avec la fragilisation du système bancaire en Europe centrale et son effondrement en 1931 ; elle en est même la cause immédiate.

Le système de production est la deuxième source de tension de la reconstruction européenne. Loin d'avoir permis une réhabilitation et une adaptation du système productif aux nouvelles conditions d'après-guerre, la logique des banquiers a au contraire freiné toute reprise. Premièrement, en rendant les pays en reconstruction dépendants du capital étranger, la logique du marché a contribué à élever les taux d'escompte des banques centrales, afin d'éviter toute hausse des prix, de rassurer les investisseurs, et d'attirer les capitaux par une rémunération attractive. Or, les taux domestiques élevés signifient un coût prohibitif du crédit domestique, qui devient nettement moins avantageux que le crédit étranger ; d'où un surendettement externe. Les taux élevés sont aussi à l'origine d'un resserrement des investissements et du niveau d'activité en général. Deuxièmement, la discipline du capital sur les dépenses budgétaires a contribué, là aussi, à freiner les commandes publiques aux entreprises et à entraver les investissements étatiques. Troisièmement, dans le même ordre d'idée, le besoin de rendre le système financier aussi favorable que possible aux investissements étrangers, combiné avec le dogme de l'étalon-or, empêchait toute possibilité de moduler le taux de change. Or, ce dernier s'est trouvé particulièrement défavorable dans les pays en reconstruction, surtout en Autriche et Hongrie. Parmi les premiers pays à stabiliser leur monnaie, de surcroît – dans le cas de la Hongrie – par rapport à une monnaie qui tend à s'apprécier, les pays d'Europe centrale ont dû subir des taux de change dommageables à leurs exportations. A l'inverse, la force de leur monnaie, à l'instar du «dollar des Alpes», tendait à faciliter les importations. C'est notamment dans cette contradiction entre la réhabilitation du système de production et une politique de taux de change fort qu'il faut chercher les origines de l'intensification des politiques d'industrialisation par substitution des importations (ISI) en vogue durant la décennie. On le voit, les intérêts du capital ont été largement satisfaits par des politiques visant, précisément, à favoriser leur arrivée dans les économies en transition. Mais, en mettant en place les conditions favorables aux investissements privés, les pays en reconstruction ont exposé leur système financier et productif aux tensions qui allaient les précipiter dans la crise. La logique d'une reconstruction par le marché financier est donc en lien direct avec l'effondrement de l'été 1931.

La contradiction historique du mode de régulation de la reconstruction est une troisième piste menant à la compréhension de la crise. Ce troisième aspect du lien entre marchés financiers et crise désigne la dissonance entre, d'une part, la volonté de (re)construire un marché autorégulateur pour le capital, et d'autre part, le renforcement de l'Etat dans la régulation économique, déjà en marche à la fin du 19ᵉ siècle (et pas seulement après la guerre, contrairement à la démonstration d'Eichengreen). En d'autres termes, la contradiction oppose un mode de reconstruction qui vise à discipliner l'Etat, et une tendance concomitante à conférer aux pouvoirs publics une responsabilité plus grande dans l'activité économique. Dans cette temporalité sociale du capitalisme saisi dans la longue durée, la crise des années trente doit être comprise dans un sens plus large qu'auparavant: loin de se limiter à une dislocation financière et conjoncturelle, elle se lit également comme une rupture sociale et idéologique. Pour adopter la terminologie d'Eric Helleiner, elle est un « socio-ideological *structural break* »[7], et pour Karl Polanyi une *grande transformation* qui marque la fin de l'idéologie dominante du marché autorégulateur, et l'intégration de la sphère économique dans la sphère sociale.

La tension entre la lente extension des sphères de compétences étatiques et la réhabilitation du marché autorégulateur est particulièrement marquée durant les années vingt, et s'exprime dans plusieurs aspects de la régulation. C'est probablement au niveau de la contradiction entre l'économie réelle et l'économie financière que s'expriment les tensions les plus vives. D'un côté, dans le sillage des politiques de nationalisme économique ou en raison de la crise des débouchés, on observe un renforcement du protectionnisme commercial; de l'autre, la reconstruction européenne est conçue selon un modèle ultra-libéral qui repose sur les marchés financiers et l'endettement externe. Or, si l'Europe centrale s'endette lourdement à l'étranger – comme on l'y a incitée – et voit sa balance des comptes sans cesse se détériorer, elle ne peut pas compter sur le commerce extérieur pour tenir lieu de compensation et rééquilibrer sa balance des paiements. Dans cette tension entre libéralisme financier et protectionnisme commercial réside une contradiction essentielle du mode de régulation de la reconstruction, mais de loin pas la seule. En termes d'investissements, la discipline rend les financements publics difficiles, on l'a vu. Or, l'industrialisation de l'Europe centrale durant la fin du 19e siècle – et par conséquent le modèle de développement de cet espace – s'inscrit dans une tendance inverse, caractérisée par une influence croissante de l'intervention publique[8]. Il n'en va pas autrement sur le plan monétaire: les banques d'émission en Europe centrale ont été conçues, au lendemain de la guerre du moins, autour d'instruments permettant une politique de l'argent à l'écoute des besoins de financement de l'économie, moyennant parfois une expansion monétaire incontrôlable. La discipline monétaire du Comité financier impose un changement de cap radical, peu conforme aux spécificités historiques et sociales de l'Europe centrale. Leo Pasvolsky, un observateur bien documenté de l'évolution de l'Europe centrale et balkanique, observait en 1930 déjà que le Comité financier de la SdN aurait été beaucoup mieux inspiré s'il avait adopté dès le départ une

7   Helleiner 1993: 22.
8   Ránki/Tomaszewski 1986. A ce sujet, voir aussi Boross 1994.

position plus modérée sur la forme des banques centrales, en proposant « an equally effective but intermediate form of organization of the type in existence in many European countries, namely, a joint stock company with government participation »[9]. La politique sociale s'inscrit dans le même processus contradictoire : d'une côté, on observe un développement de l'interventionnisme social dès la fin du 19e siècle, en particulier dans le Reich allemand. La Première guerre mondiale ne fait que renforcer le processus, contribuant à développer les systèmes d'assurance chômage, notamment pour les soldats démobilisés. L'Autriche, on l'a montré, constitue l'exemple paradigmatique du développement de l'Etat social dans le sillage du conflit. Or, d'un autre côté, le processus de stabilisation implique une discipline budgétaire qui entre en collision avec le développement des nouvelles responsabilités de l'Etat. L'exemple le plus éloquent de cette contradiction est fourni par *Vienne la rouge*, véritable contre-modèle au discours dominant : alors que l'Etat fédéral, sous l'effet de la discipline du capital, vise à alléger la fiscalité et les sphères d'intervention publique, la capitale mène une politique antagoniste qui traduit la confusion des modèles de développement durant la situation de transition.

Aussi, alors que le projet de la reconstruction européenne visait à (re)bâtir un ordre social autour d'une rhétorique de l'autorégulation et de la discipline des marchés financiers, il débouche au début des années trente sur son rejet radical. Rarement l'idéologie du marché autorégulateur aura été autant discréditée, et le changement de paradigme ouvre alors la voie à un mode de régulation bientôt qualifié de *keynésien*. De plus, tandis que la décennie de la reconstruction voulait diffuser le discours néoclassique de la monnaie neutre au sein d'un étalon-or menant à l'état d'équilibre par le jeu des forces naturelles, le changement de paradigme jette le discrédit sur le mythe : lorsqu'il arrive au pouvoir en 1933, Roosevelt supprime la convertibilité et quelques semaines plus tard, à la conférence économique de la SdN à Londres, il qualifie l'étalon-or de « old fetishes of so-called international bankers »[10]. Le lien entre la gestion de la monnaie et le niveau d'activité est désormais accepté et la ruine de l'idéologie autorégulatrice emporte avec elle les figures prépondérantes que sont les banquiers dans le paysage social et les repré-

---

9   Pasvolsky 1930 : 296.
10   Cité notamment par Helleiner 1993 : 23. Voir aussi Clavin 1992.

sentations des années vingt. Les élites financières ne sont pas les seules victimes de la *grande transformation*: le discrédit frappe aussi la SdN qui s'était entièrement reposée sur elles et leur savoir expert pour reconstruire l'Europe. Finis les grands projets et le rêve d'un marché global du capital: le Comité financier se limite désormais à des tâches nettement plus réduites, et la logique autarcique initiée par la crise rend désormais l'institution globale anachronique.

Manque de crédibilité et de coopération? L'économie politique historique de la reconstruction débouche plutôt sur la conclusion inverse: les principales sources de tension émanent de la quête de crédibilité et de la coopération en vue d'un marché global pour le capital transnational. Le projet social de reconstruction et sa rhétorique consistant à confier le processus aux forces du marché sont en première ligne des contradictions. Le modèle interprétatif libéral de la coopération et de la crédibilité, qui s'appuie sur des conditions anhistoriques nécessaires au fonctionnement «optimal» d'un ordre libéral, pose problème. Un mode de connaissance orienté sur l'historicité des formes du capitalisme, et en particulier sur la logique propre au modèle de la reconstruction capitaliste, offre une meilleure compréhension de la reconstruction européenne. Loin d'incarner des vertus stabilisatrices, la circulation du capital au niveau transnational s'affiche dès lors comme une source principale de tensions monétaires, économiques et sociales, que seules les institutions sont capables de juguler. Ce n'est pas un hasard si, en réaction à l'expérience de la SdN, les institutions de Bretton Woods tenteront de résoudre la question des chocs générés par les marchés financiers. Les principaux concepteurs du FMI seront en effet acquis à l'idée que l'économie internationale capitaliste doit être soumise à des contrôles des flux de capitaux, conçus comme un mode de régulation des relations financières internationales[11]. Pour Keynes, l'un des principaux architectes de ce nouveau système, «it is widely held that control of capital movements, both inward and outward, should be a permanent feature of the post-war system»[12]. La reconstruction européenne après la Seconde guerre mondiale, et l'*âge d'or* consécutif du capitalisme, se dérouleront ainsi dans un nouveau régime social de vérité.

11   Sur cette question, voir Helleiner 1994 ainsi que Flandreau/Rivière 1999: 26; James 2000; Kirshner 2003.
12   Keynes, «Plan for an international currency (or clearing) union», pt. 113, janvier 1942, reproduit in Keynes 1980: 108-144.

Sources et bibliographie

Sources publiées

Aussenpolitische Dokumente der Republik Österreich 1918-1938, Bd. 5: Unter der Finanzkontrolle des Völkerbundes, Wien, Verlag für Geschichte und Politik, 2002

The collected writings of John Maynard Keynes (ed. par Moggridge, Donald E.)

Documents diplomatiques français, 1920-1932, Paris, Imprimerie Nationale

Documents diplomatiques français sur l'histoire du Bassin des Carpates, 1918-1932, Budapest, Institut des sciences historiques de l'Académie hongroise des sciences, 1993

Foreign relations of the United States, Washington (DC), Department of State

The papers of Woodrow Wilson (ed. par Link, Arthur S.), Princeton, University Press

Select statutes, documents, and reports relating to the British banking, 1822-1928 (ed. par Gregory, T. E.), Oxford, University Press, 1964

Woodrow Wilson and world settlement. Written from his unpublished and personal material (ed. par Baker, Ray S.), New York, Doubleday, Page & Co., 1922

Annuaires statistiques

Annuaire des organisations internationales

The world economy: historical statistics (ed. par Maddison, Angus), OCDE, 2003

Statistisches Jahrbuch für die Republik Österreich

International historical statistics: Europe, 1750-1993 (ed. par Mitchell, Brian R.), Macmillan

Annuaires biographiques

The international who's who

Who's who: an annual biographical dictionary

Who's who in America

Publications périodiques de la SdN

Annuaire de la SdN
Annuaire statistique de la SdN
Journal officiel de la SdN

Publications officielles de la SdN[1]

—   *Memorandum on public finance* (vol. I: 1922-1926, vol. II: 1926-1928, vol. III: 1928-1935)
—   *Memorandum on currency and central banks*
1920a *Régimes et circulations monétaires d'après-guerre. Etude des conditions dans les différents pays*, Londres, Harrison & Sons
1920b *International financial conference (Brussels)*: report of the Conference, vol. 1-5, Bruxelles, Dewarichet
1920c *Rapport de la Conférence financière internationale*, Bruxelles, Th. Dewarichet
1922 *Brussels financial conference 1920: The recommendations and their application*
1925 [Layton, W. T. et Rist, Charles] *La situation économique de l'Autriche. Rapport présenté au Conseil de la Société des Nations*
1926a *The financial reconstruction of Austria. General survey and principal documents*
1926b *The financial reconstruction of Hungary. General survey and principal documents*
1927 *The economic consequences of the League: the World economic conference*, London, Europa publishing co., ltd.
1928 *Organisation économique et financière de la Société des Nations*
1929 *Les fins et l'organisation de la Société des nations*
1930a *Principles and methods of financial reconstruction work undertaken under the auspices of the League of Nations*
1930b *Ten years of world co-operation*
1933 *Economic survey 1932/1933*
1935 *Catalogue des publications éditées de 1920 à 1934*
1939 *Le développement de la collaboration internationale dans le domaine économique et social*, rapport du Comité spécial
1942 *Commercial policy in the interwar period: international proposals and national policies*
1944 [Nurkse, Ragnar] *International currency experience. Lessons of the inter-war period (L'expérience monétaire internationale: enseignements de la période d'entre les deux guerres)*

---

1   Sauf mention contraire, les publications sont éditées par la SdN.

1945 *Les plans de reconstruction établis par la SdN entre les deux guerres*
1946 *The course and control of inflation. A review of monetary experience in Europe after World War I*

Sources non publiées

1. *Archives de la SdN (Genève, ONU)*

Sources imprimées

Comité économique, documents
Comité financier, documents
Comité financier, procès-verbaux
Comité financier, documents non numérotés, juin 1923-avril 1926
Comité financier, Délégation de l'or du Comité financier. Documents de travail, F/Gold/1 – F/Gold/94, 1930-1932
Comité financier, Délégation de l'or, procès-verbaux, sessions 1 à 7
Délégation du Comité financier à Vienne, documents de travail, DV 1 – DV 42, 1924
Délégation du Comité financier à Vienne, procès-verbaux, 1924
Sous-Comité autrichien du Conseil, documents CSCA 1-17, 1922
Sous-Comité autrichien du Conseil, procès-verbaux sessions 1-12, 1922-1926
Sous-Comité hongrois du Conseil, documents de travail C/SCH 1 – C/SCH 21, 1923-1927
Sous-Comité hongrois du Conseil, procès-verbaux, 1923-1930
Comité de contrôle des Etats garants de l'emprunt autrichien, documents de travail
Comité de contrôle des Etats garants de l'emprunt autrichien, procès-verbaux, 1922-1936
Comité économique, sous-comité des crises économiques, documents de travail
Comité économique, Commission mixte des crises économiques, procès-verbaux, 1925-1927
Comité économique, sous-comité des crises économiques, procès-verbaux, 1923-1926
Commission économique et financière, Comité économique, sous-commission de l'Autriche, procès-verbaux, 1922
Séances communes du Comité économique et du Comité financier, documents de travail
Conseil, documents
Financial reconstruction of Austria, Reports by the Commissioner-General of the League of Nations for Austria
Conférence financière internationale (Bruxelles, 1920). Procès-verbaux des réunions du Comité consultatif, 1920
Conférence économique internationale (Genève, 1927), CEI 1-46

Fonds du Secrétariat

Section 10 Economic and financial
    sous-section: International Financial Conference Brussels, 1920
    sous-section: Austria
    sous-section: Economic conference
    sous-section: 10 A, General
    Economic conference, Geneva 1927
        Economic tendencies affecting the peace of the world
    sous-section: Finance
        Hungary
        Austria
        Purchasing Power of Gold
        Section: Economic and Financial
    sous-section: aucune
        M. de Bordes' files

Fonds extérieurs

Reconstruction financière de l'Autriche (Fonds Commissaire général à Vienne)
Reconstruction financière de la Hongrie (Fonds Commissaire général à Budapest)

2. Public Record Office (London-Kew)

Board of Trade (BT)
Cabinet (CAB)
Foreign Office (FO)
Treasury (T)

3. Bank of England (London)

ADM 25	Siepmann's papers
C 40	Chief cashier's policy files
C 44	Overseas Central Banks' accounts with the Bank
C 48	Discount Office (Banking Supervision) files
G 1	Governor's files
G 14	Committee of Treasury files
OV 9	Sir Otto Niemeyer's papers
OV 28	Austria
OV 33	Hungary
OV 50	Central Banking

4. Federal Reserve Bank of New York (New York)

Fonds divers
    Autriche
    Hongrie
Fonds Benjamin Strong
    correspondance

5. Papers of Thomas W. Lamont, Baker Library, Harvard University (Cambridge, Ma.)

ICC	1921, 1923, 1927, 1928
Austria	1921-1939
Cecil, Robert	1920-1924
Hungary	1923-1925, 1927-1928
Norman, Montagu	1925-1927, 1929-1930
Salter, Arthur	1922, 1926-1927, 1929
« Atlantic Monthly »	1923-1924
Feis, Herbert	1928
« New York Evening Post »	1920
Peace Treaty File	1920

6. Archives du Ministère de l'Economie et des Finances (Paris, Savigny-le-Temple)

Fonds du Trésor
Relations multilatérales
Conséquences de la guerre 14-18 (problème des réparations), 1914-1944
Archives des agences financières
Bureau du Cabinet
Direction générale des impôts

7. Archives du Ministère des Affaires étrangères (Paris)

Série SdN :
    IJ, Questions économiques et financières
    IX, Dossiers géographiques
Correspondance politique et commerciale 1914-1940
    Série Z, Europe, Autriche
Correspondance politique et commerciale 1914-1940
    Série Z, Europe, Hongrie

Correspondance politique et commerciale 1914-1940
  Série A, B, C
Papiers d'agents
Internationale (1918-1940)
  Série Y

8. Archives de la Banque de France (Paris)

Procès-verbaux du Conseil
Questions internationales

9. Archives de la BUP (Paris)

Secrétariat financier Etranger
  Dossier #56-173
Conseil d'administration, Comité de direction

10. Archives de la Banque Paribas (Paris)

3/CABET-1/295	emprunts autrichiens
3/CABET-1/297	correspondance avec Zimmermann
3/CABET-1/299	reconstruction Autriche
3/CABET-1/300	électrification Autriche
3/CABET-1/301	banques autrichiennes
3/CABET-1/302	titres Autriche
3/CABET-1/5	Länderbank (francisation)
3/CABET-1/18	procès-verbaux direction BPEC
3/CABET-1/21-22	filiales BPEC
3/CABET-1/25	banques BPEC
3/CABET-1/48	réserves des sociétés BPEC
3/CABET-1/101-3	emprunt autrichien

Ouvrages cités

Abbott, Jason P. et Worth, Owen, 2002, *Critical perspectives on international political economy*, New York, Palgrave

Abbott, Kenneth W. et Snidal, Duncan, 1998, « Why states act through formal international organizations », *Journal of Conflict resolution* 42 (1), 3-32

Abi-Saab, Georges (ed.), 1981, *The concept of international organization*, Paris, Unesco

Aglietta, Michel, 1976, *Régulation et crises du capitalisme; l'expérience des Etats-Unis*, Paris, Calman-Lévy

Aglietta, Michel, 1990, « Intégration financière et régime monétaire sous l'étalon-or », *Revue d'économie financière*, 14, 25-51

Aglietta, Michel et Orléan, André, 1982, *La violence de la monnaie*, Paris, PUF

Aglietta, Michel et Orléan, André, 2002, *La monnaie entre violence et confiance*, Paris, Odile Jacob

Albert, Michel, 1991, *Capitalisme contre capitalisme*, Paris, Seuil

Amin, Ash et Palan, Ronen, 1996, « The need to historicize IPE », *Review of International Political Economy* 3 (2), 209-215

Amin, Ash et Palan, Ronen, 2001, « Towards a non-rationalist international political economy », *Review of International Political Economy* 8 (4), 559-577

Amin, Samir, 1996, « The challenge of globalization », *Review of International Political Economy* 3 (2), 216-259

Amoore, Louise *(et al.)*, 2000, « Path to a historicized international political economy », *Review of International Political Economy* 7 (1), 53-71

Angell, Norman, [1911], *The Great Illusion*, Toronto, McClelland and Goodchild

Angell, Norman, 1935, *Peace and the plain man*, New York, Harper & Brothers

Armitage, Susan, 1969, *The politics of decontrol: Britain and the United States*, London

Aron, Raymond, [1962] 1968, *Paix et guerre entre les nations*, Paris, Calman-Lévy

Arrighi, Giovanni, 1993, « The three hegemonies of historical capitalism », in: Gill, Stephen (ed.), *Gramsci, historical materialism and international relations*, Cambridge, University Press, 148-185

Artaud, Denise, 1978, *La question des dettes interalliées et la reconstruction de l'Europe (1917-1929)*, 2 vol., Lille, Atelier de reproduction des thèses Université de Lille III

Ashley, Richard, 1984, « The poverty of neorealism », *International Organization* 38, 225-286

Atkin, John, 1970, « Official regulation of British overseas investment, 1914-1931 », *Economic History Review* 23, 324-335

Attard, Bernard, 2004, « Moral suasion, empire borrowers and the new issue market during the 1920s », in: Michie, Ranald and Williamson, Philip (eds), *The British Government and the City of London in the twentieth century*, Cambridge, University Press, 195-214

Augelli, Enrico et Murphy, Craig N., 1988, *America's quest for supremacy and the Third World. A gramscian analysis*, London, Pinter

Augelli, Enrico et Murphy, Craig N., 1993, « Gramsci and international relations: a general perspective and example from recent US policy toward the third world », in: Gill, Stephen (ed.), *Gramsci, historical materialism and international relations*, Cambridge, University Press, 127-147

Avramov, Roumen, 2003, « Advising, conditionality, culture: money doctors in Bulgaria, 1900-2000 », in: Flandreau, Marc (ed.), *Money doctors. The experience of international financial advising 1850-2000*, London, Routledge, 190-215

Bácskai, Tamás, 1997, « Currency reform and the establishment of the National Bank of Hungary », in: Cottrell, Philip L. (ed.), *Rebuilding the financial system in Central and Eastern Europe, 1918-1994*, Aldershot [etc.], Scolar Press, 5-16

Bagehot, Walter, [1973] 1962, *Lombard Street. A description of the money market*, Homewood, Richard D. Irwin

Balderston, Theo, 1995, « German and British monetary policy, 1919-1932 », in : Feinstein, C. (ed.), *Banking, currency, and finance in Europe between the wars*, Oxford, University Press, 151-186

Balderston, Theo (ed.), 2003, *The World economy and national economies in the Interwar Slump*, London, Palgrave

Barjot, Dominique, 1994, « Introduction », in : Barjot, Dominique (ed.), *International cartels revisited (1880-1980). Relating to the history of business development and international economic order*, 9-38, Caen, Ed. du Lys

Bátonyi, Gábor, 1999, *Britain and Central Europe 1918-1933*, Oxford, Clarendon Press

Bauer, Otto, [1919] 1972, « Die Sozialisierungsaktion im ersten Jahr der Republik », in : Bauer, Otto : *Werkausgabe*, vol. II, Vienne, Europaverlag, 199-221

Bauer, Otto, [1922] 1972, « Der Genfer Knechtungsvertrag und die Sozialdemokratie », in : Bauer, Otto : *Werkausgabe*, vol. II, Vienne, Europaverlag, 459-487,

Bauer, Otto, [1923] 1972, « Die Österreichische Revolution », in : Bauer, Otto : *Werkausgabe*, vol. II, Vienne, Europaverlag

Benay, Jeanne (ed.), 1998, *L'Autriche 1918-1938*, Mont-St.-Aignan, Public. de l'Université de Rouen

Béraud, Alain et Faccarello, Gilbert (eds), 1992-2000, *Nouvelle histoire de la pensée économique*, T. 1-3, Paris, La Découverte

Berend, Iván T., 2000, « The Failure of economic nationalism. Central and Eastern Europe before World War II », *Revue économique* 51 (2) mars 2000, 315-322

Berend, Iván T., 2001a, « The changed post-war conditions for development », in : Berend, Iván T. et Csató, Tamás : *Evolution of the Hungarian economy 1848-1998*, vol. I, Boulder (Colorado), Social Science monographs, 141-160

Berend, Iván T., 2001b, « Inflation, stabilization and an independant financial system », in : Berend, Iván T. et Csató, Tamás : *Evolution of the Hungarian economy 1848-1998*, vol. I, Boulder (Colorado), Social Science monographs, 161-169

Berend, Iván T., 2001c, « Banking and the role of foreign capital in the economy », in : Berend, Iván T. et Csató, Tamás : *Evolution of the Hungarian economy 1848-1998*, vol. I, Boulder (Colorado), Social Science monographs, 170-181

Berend, Iván T. et Csató, Tamás, 2001, *Evolution of the Hungarian economy 1848-1998*, vol. I, Boulder (Colorado), Social Science monographs

Berend, Iván T. et Ránki, György, 1965, « Capital accumulation and the participation of foreign capital in Hungarian economy after the first World War », *Nouvelles études historiques*, Budapest, Akadémiai Kiado, 269-292

Berend, Iván T. et Ránki, György, 1974, *Economic development in East-Central Europe in the 19th and 20th centuries*, New York, Columbia Univ. Press

Berend, Iván T. et Ránki, György, 1978, « L'évolution économique de l'Europe orientale entre les deux guerres mondiales », *Annales ESC* 33 (2), 289-407

Berend, Iván T. et Ránki, György, 1985, *The Hungarian economy in the twentieth century*, London, Croom Helm, cop.

Berend, Iván T. et Ránki, György, 2002, *Studies on Central and Eastern Europe in the Twentieth century*, Ashgate, Variorum

Berger, Peter, 1982, *Der Donauraum im wirtschaftlichen Umbruch nach dem Ersten Weltkrieg: Währung und Finanzen in den Nachfolgestaaten Österreich, Ungarn und Tschechoslowakei 1918-1929*, Wien, Verlag Verband der wissenschaftlichen Gesellschaften Österreichs

Berger, Peter, 1995, « Ökonomische Macht und Politik », in: Tálos, Emmerich (ed.): *Handbuch des politischen Systems Österreichs. Erste Republik, 1918-1933*, Wien, Manzsche Verlags- und Universitätsbuchhandlung, 395-411

Berman, Edward H., 1983, *The influence of the Carnegie, Ford, and Rockefeller foundations on American foreign policy: the ideology of philanthropy*, Albany, State University of New York Press

Berov, Ljuben, 1995, « Budgetary policy, money supply, and banking in Bulgaria between the wars », in: Feinstein, C. (ed.), *Banking, currency, and finance in Europe between the wars*, Oxford, University Press, 374-394

Berov, Ljuben, 1999, « Foreign capital in the Bulgarian banking system, 1878-1944-1997 », in: Kostis, Kostas P. (ed.), *Modern banking in the Balkans and West-European capital in the nineteenth and twentieth centuries*, Aldershot [etc.], Ashgate, cop., 15-33

Bertrand, Charles L. (ed.), 1977, *Revolutionary situations in Europe, 1917-1922: Germany, Italy, Austria-Hungary*, Montréal, Centre interuniversitaire d'études européennes

Bieler, Andreas et Morton, David, 2004, « A critical theory route to hegemony, world order and historical change: neo-Gramscian perspectives in international relations », *Capital & Class* 82 (1), 85-113

Blackett, Basil, 1932, *Planned money*, London, Constable

Blancheton, Bertrand, 2001, *Le Pape et l'Empereur. La Banque de France, la direction du Trésor et la politique monétaire de la France (1914-1928)*, Paris, Albin Michel

Bloudanis, Nicolas, 1989, *Dépendance et impérialisme: L'importance des relations économiques anglo-grecques entre 1918 et 1940*, Fribourg, Delval

Bonvin, Jean-Michel, 1998, *L'organisation internationale du travail. Etude sur une agence productrice de normes*, Paris, PUF

Bordo, Michael D., 1995, « The gold standard as a rule », *Explorations in Economic History* 32 (4), 423-464

Bordo, Michael D. et MacDonald, Ronald, 2003, « The inter-war gold exchange standard: credibility and monetary independence », *Journal of International Money and Finance* 22, 1-32

Bordo, Michael D. et Rockoff, Hugh, 1996, « The gold standard as a ‹good housekeeping seal of approval› », *The Journal of Economic History* 56, 2, 389-428

Boross, Elizabeth A., 1994, *Inflation and industry in Hungary, 1918-1929*, Berlin, Haude & Spener

Bourdieu, Pierre, 2001, *Langage et pouvoir symbolique*, Paris, Seuil

Bourgeois, Léon, 1910, *Pour la société des nations*, Paris, Charpentier

Bouvier, Jean, 1968, « Les Péreire et l'affaire de la Banque de Savoie », in: Bouvier, Jean, *Histoire économique et histoire sociale. Recherches sur le capitalisme contemporain*, Genève, Droz, 135-158

Bouvier, Jean, 1973, *Un siècle de banque française*, Paris, Hachette

Boyce, Robert W.D., 1987, *British capitalism at the crossroads 1919-1932, a study in politics, economics, and international relations*, Cambridge, University Press

Boyce, Robert, 1988, « Creating the myth of consensus: public opinion and Britain's return to the gold standard in 1925 », in: Cottrell, Philip L. et Moggridge, D. E. (eds), *Money and power: Essays in honour of L. S. Pressnell*, London, Macmillan, 173-197

Boyce, Robert, 2004, « Government – City of London relations under the gold standard 1925-1931 », in: Michie, Ranald et Williamson, Philip (eds), *The British Government and the City of London in the Twentieth Century*, Cambridge, University Press, 215-235

Boyer, Robert, 1986, *La théorie de la régulation, une analyse critique*, Paris, La Découverte

Boyer, Robert et Coriat, Benjamin, 1984, « Innovations dans les institutions et l'analyse monétaires américaines: les greenbacks ‹revisités› », *Annales* 39 (6), 1330-1359

Boyer, Robert et Saillard, Yves, 2002, *Théorie de la régulation, l'état des savoirs*, Paris, La Découverte

Braillard, Philippe, 1985, « Les organisations internationales dans le système mondial: facteurs de changement ou de maintien du statu quo ? », in: Jéquier, Nicolas (ed.), *Les organisations internationales entre l'innovation et la stagnation*, Lausanne, Presses polytechn. romandes, 145-162

Braudel, Fernand, 1958, « La longue durée », *Annales E. S. C.* 13 (4), 725-753

Braudel, Fernand, 1979, *Civilisation matérielle, économie et capitalisme, XVe-XVIIIe siècle*, vol. 3, Paris, Armand Colin

Bristoyannis, Démosthène Georges, 1928, *La politique de la Banque nationale de Grèce*, Paris, E. Sagot

Bromley, Pam, 2004, « The institutionalization of development aid ideas in the creation of the League of Nations », ISA 2004 paper (non publié)

Brown, Chris, 1994, « Critical theory and postmodernism in international relations », in: Groom, A. J. R. et Light, M. (eds), *Contemporary international relations. A guide to theory*, London, Pinter, 56-68.

Brown, Phillip, 1923, *International Society: Its Nature and Interests*, New York, Macmillan

Broz, Lawrence J., 1997, « The domestic politics of international monetary order: the gold standard », in: Skidmore, David (eds), *Contested social orders and international politics*, Nashville, Vanderbilt Univeristy Press, 53-91

Bruckmüller, Ernst et Sandgruber, Roman, 2003, « Concepts of economic integration in Austria during the twentieth century », in: Teichova, Alice et Matis, Herbert (eds), *Nation, state and the economy in history*, Cambridge, University Press, 159-180

Burk, Kathleen, 1992, « Money and power: the shift from Great Britain to the United States », in: Cassis, Youssef (ed.), *Finance and financiers in European history 1880-1960*, Cambridge, University Press, 359-369

Burnham, Peter, 1994, « Open Marxism and vulgar international political economy », *Review of International Political Economy* 1 (2), 221-231

Bussière, Eric, 1983, « The interests of the Banque de l'Union parisienne in Czechoslovakia, Hungary and the Balkans, 1919-1939 », in : Cottrell, Philip L. et Teichova, Alice (eds), *International business and central Europe 1918-1939*, New York, St-Martin's, 399-413

Bussière, Eric, 1992, *La France, la Belgique et l'organisation économique de l'Europe, 1918-1935*, Paris, Comité pour l'histoire économique et financière de la France

Bussière, Eric, 1993, « L'organisation économique de la SDN et la naissance du régionalisme économique en Europe », *Relations internationales* 75, 301-313

Bussière, Eric, 1994, « La SdN, les cartels et l'organisation économique de l'Europe durant l'entre-deux-guerres », in : Barjot, Dominique (ed.), *International cartels revisited (1880-1980). Relating to the history of business development and international economic order*, 273-283, Caen, Ed. du Lys

Bussière, Eric, 1996, *Horace Finaly, banquier, 1871-1945*, Paris, Fayard

Bussière, Eric, 1999, « Jean Monnet et la stabilisation monétaire roumaine de 1929 : un ‹outsider› entre l'Europe et l'Amérique », in : Bossuat, G. et Wilkens, A. (eds), *Jean Monnet, l'Europe et les chemins de la paix*, 63-76, Paris, Public. de la Sorbonne

Bussière, Eric, 2005, « Premiers schémas européens et économie internationale durant l'entre-deux-guerres », *Relations internationales* 123, 51-68

Bussière, Eric et Feiertag, Olivier, 1999, « Méthode, problèmes et premiers résultats d'une histoire des relations monétaires internationales au 20e siècle », *Histoire, économie & société* 18 (4) 675-680

Butschek, Felix, 1985, *Die österreichische Wirtschaft im 20. Jahrhundert*, Wien, Österreichisches Institut für Wirtschaftsforschung

Cain, P. J. et Hopkins, Anthony G., 1993, *British imperialism : crisis and deconstruction, 1914-1990*, London, Longman

Cairncross, Alec et Eichengreen, Barry, 2003, (1ère ed. 1983), *Sterling in decline. The devaluations of 1931, 1949, 1967*, New York, Palgrave Macmillan

Cameron, Angus et Palan, Ronen, 2004, *The imagined economies of globalization*, London, Sage

Carr, Edward H., [1939] 2001, *The twenty years' crisis, 1919-1939. An introduction to the study of international relations*, texte édité et annoté par Cox, Michael, New York, Palgrave

Carr, Edward H., [1961] 1988, *Qu'est-ce que l'histoire ?*, Paris, La Découverte

Carroll, Mitchell B., 1944, « International double taxation », in : Davis, Harriet Eager (ed.), *Pioneers in world order. An American appraisal of the League of Nations*, 171-177

Carruthers, Bruce G. et Babb, Sarah, 1996, « The color of money and the nature of value : Greenbacks and gold in postbellum America », *American Journal of Sociology* 101 (6), 1556-1591

Carsten, Francis, 1972, *Revolution in Central Europe, 1918-1919*, London, Temple Smith

Cassel, Gustav, 1921, *The world's monetary problems, two memoranda*, London, Constable & Co

Cassis, Youssef, 1984, *Banquiers de la City à l'époque édouardienne (1890-1914)*, Genève, Droz

Cassis, Youssef, 1988, « La Banque d'Angleterre et la position internationale de la Gran-de-Bretagne, 1870-1914 », *Relations internationales* 56, 411-425

Cassis, Youssef, 2004, « Financial elites revisited », in : Michie, Ranald et Williamson, Philip (eds), *The British government and the City of London in the Twentieth Century*, Cambridge, University Press, 76-95

de Cecco, Marcello, 1984 [1974], *The international gold standard : money and empire*, London, F. Pinter

de Cecco, Marcello, 1994, *Central banking in Central and Eastern Europe, lessons from the interwar years' experience*, IMF working paper, Washington, International Monetary Fund

de Cecco, Marcello, 1995, « Central bank cooperation in the Inter-war period : A view from the periphery », in : Reis, Jaime (ed.), *International monetary systems in historical perspective*, Houndmills, London, Macmillan Press, 113-134

Cecil, Robert, 1923, *The moral basis of the League of Nations*, London, Lindsey Press

Cecil, Robert, 1934, « The League as a road to peace », in : Woolf, Leonard S. (ed.), *The intelligent man's way to prevent war*, London, Victor Gollancz, 256-313

Cecil, Robert, 1936, « The League of Nations Union and Gilbert Murray », in : Thomson, J. A. K. et Toynbee, A. J. (ed.), *Essays in honor of Gilbert Murray*, London, George Allen & Unwin, 79-94

Chandler, Lester V., 1958, *Benjamin Strong, central banker*, Washington DC, Brookings Institute

Charles, Jeffrey A., 1993, *Service clubs in American society. Rotary, Kiwanis, and Lions*, Urbana, Chicago, University of Illinois Press

Chavagneux, Christian, 1998, « Peut-on maîtriser la mondialisation ? Une introduction aux approches d'économie politique internationale », *Economies et Sociétés* 4, 25-68

Chavagneux, Christian, 2004, *Economie politique internationale*, Paris, La Découverte

Chraska, Wilhelm, 1986, *15. Juli 1927. Die verwundete Republik*, Frankfurt, Peter Lang

Clark, Elizabeth M., 1998, « Die Freie Stadt Danzig in den zwanziger Jahren », in : Arnold, U. (ed.), *Danzig, sein Platz in Vergangenheit und Gegenwart*, Warschau, Nordostdt. Kulturwerk, 89-101

Clarke, Stephen V. O., 1967, *Central bank cooperation 1924-1931*, New York, Federal Reserve Bank

Clarke, Stephen V. O., 1973, *The reconstruction of the international monetary system: the attemps of 1922 and 1933*, Princeton, University Press

Clastres, Patrick, 2002, « La refondation des jeux olympiques au Congrès de Paris (1864) : initiative privée, transnationalisme sportif, diplomatie des Etats », *Relations Internationales* 111, 327-345

Clavin, Patricia, 1992, « ‹The fetishes of so-called international bankers› : central bank co-operation for the world economic conference, 1932-1933 », *Contemporary European History* 1 (3), Cambridge, University Press, 281-311

Clavin, Patricia, 2000, *The Great depression in Europe, 1929-1939*, London, Macmillan

Clavin, Patricia et Wessels, Jens-Wilhelm, 2004, « Another Golden Idol ? The League of Nations' gold delegation and the Great depression, 1929-1932 », *The International History Review* 26 (4), 765-795

Clay, Henry, 1957, *Lord Norman*, London, Macmillan

Cohen, Benjamin J., 1977, *Organizing the world's money, the political economy of international monetary relations*, New York, Basic Books Inc.

Cohen, Benjamin J., 1998, *The geography of money*, Ithaca, Cornell University Press

Collier, Peter et Horowitz, David, 1976, *Une dynastie américaine. Les Rockefeller*, Paris, Seuil

Committee on Finance and industry (Macmillan Committee), 1931, *Report*, London, HMSO

Conant, Charles A., 1915 et 1969, *A history of modern bank of issue*, New York, Putnam's sons

Costigliola, Frank, 1977, « Anglo-American financial rivalry in the 1920s' », *Journal of Economic History* 37 (4), 911-934

Costigliola, Frank C., 1984, *Awkward dominion: American political, economic, and cultural relations with Europe, 1919-1933*, Ithaca, Cornell University Press

Cottrell, Philip L., 1995, « The Bank of England in its international setting, 1918-1972 », in: Roberts, R. et Kynaston D. (eds), *The Bank of England, money, power and influence, 1694-1994*, Oxford, Clarendon Press, 83-139

Cottrell, Philip L., 1997, « Norman, Strakosch and the development of central banking: from conception to practice, 1919-1924 », in: Cottrell, Philip L. (ed.), *Rebuilding the financial system in central and eastern Europe, 1918-1994*, Aldershot [etc.], Scolar Press, 29-73

Cox, Robert W., 1974, « ILO: limited monarchy », in: Cox, Robert W. *(et al.)*: *The anatomy of influence: decision making in international organization*, New Haven, Yale Univ. Press, 102-138

Cox, Robert W., [1977] 1996, « Labour and hegemony », in: Cox, Robert W., *Approaches to world order*, Cambridge, University Press, 420-470

Cox, Robert W., 1980, « The crisis of world order and the problem of international organization in the 1980s », *International Journal* 35 (2), 370-395

Cox, Robert W., [1981] 1996, « Social forces, states, and world orders: beyond international relations theory », in: Cox, Robert W., *Approaches to world order*, Cambridge, University Press, 85-123

Cox, Robert W., [1983] 1996, « Gramsci, hegemony, and international relations: an essay in method », in: Cox, Robert W., *Approaches to world order*, Cambridge, University Press, 124-143

Cox, Robert W., 1987, *Production, power and world order: social forces in the making of history*, New York, Columbia University Press

Cox, Robert W., 1996, *Approaches to world order*, Cambridge, University Press

Cox, Robert W. et Jacobson, Harold K (eds), 1974, *The anatomy of influence: decision making in international organization*, New Haven, Yale Univ. Press

Cox, Robert W. et Jacobson, Harold K., 1981, « The decision-making approach to the study of international organization », in: Abi-Saab, Georges (ed.), *The concept of international organization*, Paris, Unesco, 79-104

Crampton, R. J., 1987, *A short history of modern Bulgaria*, Cambridge, University Press

Danneberg, Robert, 1928 (3e ed.), *Die Sozialdemokratische Gemeinde-Verwaltung in Wien*, Wien, Verlag der Wiener Volksbuchhandlung

Dard, Olivier, 2003, « Banques centrales et mythologie politique dans l'entre-deux-guerres », in : Feiertag, O. et Margairaz, M. (eds), *Politiques et pratiques des banques d'émission en Europe (17e-20e siècle)*, 549-568

Daunton, M. J., 1992, « Financial elites and British society, 1880-1950 », in : Cassis, Youssef (ed.), *Finance and financiers in European history 1880-1960*, Cambridge, University Press, 121-146

David, Thomas, 2001, *Nationalisme économique et développement : l'industrialisation des pays d'Europe de l'Est durant l'entre-deux-guerres*, 2 vol., Lausanne, Université de Lausanne (thèse non publiée)

Davis, John A. (ed.), 1979, *Gramsci and Italy's passive revolution*, London, Croom Helm/Barnes & Noble books

Davis, Malcolm W., 1944, « The League of minds », in : Davis, Harriet Eager, *Pioneers in world order. An American appraisal of the League of Nations*, 239-249

Dean, Mitchell, 1999, *Governmentality. Power and rule in modern society*, London, Sage

Debeir, Jean-Claude, 1978, « La crise du franc de 1924. Un exemple de spéculation ‹internationale› », *Relations Internationales* 13, 29-49

Debeir, Jean-Claude, 1987, « La Banque de France et la coopération monétaire internationale dans les années 1920 », in : Fridenson P. et Straus A. (eds), *Le capitalisme français*, Paris, Fayard, 273-285

Devetak, Richard, 2001, « Critical Theory », in : Burchill, Scott (ed.), *Theories of international relations*, New York, Palgrave, 155-180

Deville, François, 1912, *Les contrôles financiers internationaux et la souveraineté de l'Etat*, Saint-Nicolas, Imprimerie Nouvelle Arsant

Dornbusch, Rudiger, 1992, « Monetary problems of post-communism : lessons from the end of the Austro-Hungarian Empire », *Weltwirtschaftliches Archiv* 128 (3), 391-424

Dornbusch, Rudiger et Fischer, Stanley, 1986, « Stopping hyperinflations past and present », *Weltwirtschaftliches Archiv* 122 (1), 1-47

Dubin, Martin David, 1983, « Transgovernmental processes in the League of Nations », *International Organization* 37 (3), 469-493

DuBois, Marc, 1991, « The Governance of the Third World : a foucauldian perspective on power relations in development », *Alternatives* 16, 1-30

Eichengreen, Barry, 1984, « Central bank cooperation under the Interwar gold standard », *Explorations in Economic History* 21, 64-87

Eichengreen, Barry, 1990a, *Elusive stability. Essays in the history of international finance, 1919-1939*, Cambridge, University Press

Eichengreen, Barry, 1990b, « Hegemonic stability theories of the international monetary system », in : Eichengreen, Barry : *Elusive stability. Essays in the history of international finance, 1919-1939*, Cambridge, University Press, 271-311

Eichengreen, Barry, 1992, *Golden fetters. The gold standard and the Great depression, 1919-1939*, New York & Oxford, Oxford University Press

Eichengreen, Barry, 1995, « Central bank cooperation and exchange rate commitments : the classical and interwar gold standards compared », *Financial History Review* 2, 99-117

Eichengreen, Barry, 1998, « Dental hygiene and nuclear war : how international relations look from economics », *International Organization* 52 (4), 993-1012

Eichengreen, Barry et Flandreau, Marc, 1997, *The gold standard in theory and history*, London, Routledge

Eichengreen, Barry et Temin, Peter, 2000, « The gold standard and the Great depression », *Contemporary European History* 9 (2), 183-207

Eigner, Peter et Helige, Andrea, 1999, *Österreichische Wirtschafts- und Sozialgeschichte im 19. und 20. Jahrhundert*, Wien, Verlag Christian Brandstätter

Einaudi, Luca, 2001, *Money and politics. European monetary unification and the international gold standard (1865-1873)*, Oxford, University Press

Einzig, Paul, 1932, *Montagu Norman. A study in financial Statesmanship*, London, Kegan & Co.

Endres, Anthony M. et Fleming, Grant A., 2002, *International organizations and the analysis of economic policy, 1919-1950*, Cambridge, University Press

Epp, Waldemar, 1983, *Danzig, Schicksal einer Stadt*, Esslingen, Bechtle

Etner, François, 2000, *Histoire de la pensée économique*, Paris, Economica

Fahey, John H., 1921, « The International Chamber of Commerce », *Annals of the American Academy of Political and Social Science* 94, 126-130

Farrands, Christopher et Worth, Owen, 2005, « Critical theory in global political economy : critique ? Knowledge ? Emancipation ? », *Capital & Class* 85, 43-61

Feiertag, Olivier, 1998, « La Banque de France et les problèmes monétaires européens de la Conférence de Gênes à la création de la BRI (1922-1930) », in : Bussière, Eric et Dumoulin, Michel (eds), *Milieux économiques et intégration européenne en Europe occidentale au XXᵉ siècle*, Arras, Artois Presse Université, 15-35

Feiertag, Olivier, 1999, « Banques centrales et relations internationales au 20ᵉ siècle : le problème historique de la coopération monétaire internationale », *Relations internationales* 100, 355-376

Feiertag, Olivier, 2003a, « L'Europe et la régulation des rapports financiers internationaux dans l'entre-deux-guerres, de la commission des Réparations à la BRI, » (manuscrit)

Feiertag, Olivier, 2003b, Les prodromes de l'Europe monétaire : de la commission des Réparations à la Banque des Règlements internationaux (1919-1930), (manuscrit)

Feiertag, Olivier, 2004, « Pierre Quesnay et les réseaux de l'internationalisme monétaire en Europe (1919-1937) », in : Dumoulin, M. (ed.), *Réseaux économiques et construction européenne*, Berne, Peter Lang, 331-349

Feiertag, Olivier et Plessis, Alain, 1999, « The position and role of French finance in the Balkans from the late nineteenth century until the Second World War », in : Kostis, Kostas P. (ed.), *Modern banking in the Balkans and West-European capital in the nineteenth and twentieth centuries*, Aldershot, Ashgate, cop. 215-234

Feinstein, Charles H. (ed.), 1995, *Banking, currency, and finance in Europe between the wars*, Oxford, University Press

Feinstein, Charles H., Temin, Peter et Toniolo, Gianni, 1995, « International economic organization : banking, finance, and trade in Europe between the wars », in : Feinstein, C. (ed.), *Banking, currency, and finance in Europe between the wars*, Oxford, University Press, 9-76

Feinstein, Charles H., Temin, Peter et Toniolo, Gianni, 1997, *The European economy between the wars*, Oxford, University Press

Feinstein, Charles H. et Watson, Katherine, 1995, « Private international capital flows in Europe in the inter-war period », in : Feinstein, C. (ed.), *Banking, currency, and finance in Europe between the wars*, Oxford, University Press, 94-130

Femia, Joseph V., 1987, *Gramsci's political thought. Hegemony, consciousness, and the revolutionary process*, Oxford, Clarendon Press

Fine, Martin, 1977, « Albert Thomas : a reformer's vision of modernization, 1914-1932 », *Journal of Contemporary History* 12, 545-564

Fink, Carole, 1984, *The Genoa Conference : European diplomacy, 1921-1922*, Chapel Hill, London, University of Carolina Press, cop.

Fior, Michel, 2002, *Les banques suisses, le franc et l'Allemagne. Contribution à une histoire de la place financière suisse (1924-1945)*, Genève, Droz

Fior, Michel, 2006, « Perspective théorique, construction de l'archive et pouvoir du discours. La Société des Nations et la reconstruction de l'Europe centrale », in : Cerutti, Mauro, Fayet, Jean-François et Porret, Michel (eds), *Penser l'archive*, Lausanne, Antipodes, 181-193

Fior, Michel, 2008, « Krieg und Kooperatismus : die Sozialisierung des Marktes nach dem Ersten Weltkrieg », in : Groebner, Valentin, Guex, Sébastien et Tanner, Jakob (eds), *Kriegswirtschaft und Wirtschaftskriege*, Zürich, Chronos, 197-211

Flanders, M. June, 1989, *International monetary economics, 1870-1960. Between the classical and the new classical*, Cambridge, University Press

Flandreau, Marc, 1996, « Les règles de la pratique : la Banque de France, le marché des métaux précieux et la naissance de l'étalon-or, 1848-1876 », *Annales HSS* (4), 849-872

Flandreau, Marc, 1997, « Central bank cooperation in historical perspective : a sceptical view », *Economic History Review* L (4), 735-763

Flandreau, Marc (ed.), 2003, *Money doctors. The experience of international financial advising 1850-2000*, London, Routledge

Flandreau, Marc et Le Cacheux, Jacques, 1997, « Dettes publiques et stabilité monétaire en Europe. Les leçons de l'étalon or », *Revue économique* 48 (3), 529-538

Flandreau, Marc, Le Cacheux, Jacques et Zumer, Frédéric, 1998, *Stability without a pact? Lessons from the European gold standard 1880-1914*, London, Centre for Economic Policy Research

Flandreau, Marc et Rivière, Chantale, 1999, « La grande ‹retransformation› ? Contrôles de capitaux et intégration financière internationale, 1880-1996 », *Economie internationale* 78 (2), 11-58

Fleury, Antoine, 1983, « La Suisse et Radio Nations », in : United Nations Library, *The League of Nations in retrospect*, Berlin, Walter de Gruyter, 196-220

Fleury, Antoine, 1998, « The League of Nations : toward a new appreciation of its history », in : Boemeke, Manfred F., Feldman, Gerald D. et Glaser, Elisabeth (eds), *The Treaty of Versailles : a reassessment after 75 years*, Cambridge, University Press

Foreman-Peck, James, 2000, « The emergence and growth of international organizations », in : Tilly, Richard et Welfens, Paul J. J. (eds), *Economic globalization, international organizations and crisis management*, Berlin, Springer, 73-102

Foucault, Michel, 1975, *Surveiller et punir. Naissance de la prison*, Paris, Gallimard

Foucault, Michel, [1978] 2004, « La gouvernementalité », in: *Dits et écrits*, Paris, Gallimard

Foucault, Michel, 1997, *Il faut défendre la société*, Cours au Collège de France, 1975-1976, Paris, Seuil/Gallimard

Foucault, Michel, 2004a, *Sécurité, territoire, population*, Cours au Collège de France, 1977-1978, Paris, Seuil/Gallimard

Foucault, Michel, 2004b, *Naissance de la biopolitique*, Cours au Collège de France, 1978-1979, Paris, Seuil/Gallimard

Freud, Sigmund, [1929] 1971, *Malaise dans la civilisation*, Paris, PUF

Frey, Bruno S., 1984, *International political economics*, New York, Basil Blackwell

Frey, Bruno S., 1991, « The public choice view of international political economy », in: Vaubel, Roland et Willett, Thomas D. (eds), *The political economy of International Organizations. A public choice approach*, Boulder (Colorado), Westview Press, 7-26

Frey, Bruno S. et Gygi, Beat, 1990, « The political economy of international organizations », *Aussenwirtschaft* 45 (3), 371-394

Frieden, Jeffry A., 1988, « Sectoral conflict and foreign economic policy, 1914-1940 », *International Organization* 42 (1), 59-90

Frieden, Jeffry A., 1991, « Invested interests: the politics of national economic policies in a world of global finance », *International Organization* 45 (4), 425-451

Frieden, Jeffry A., 1993, « The Dynamics of international monetary systems: international and domestic factors in the rise, reign, and demise of the classical gold standard », in: Snyder, Jack et Jervis, Robert (eds), *Coping with complexity in the international system*, 137-162, Boulder, Westview Press

Frieden, Jeffry A. et Lake, David A., 2000 (1ère ed.), *International political economy. Perspectives on global power and wealth*, London, Routledge

Friedman, Milton, 1962, *Capitalism and freedom*, Chicago, University of Chicago Press

Gallarotti, Giulio M., 1995, *The anatomy of an international monetary regime, the classical gold standard, 1880-1914*, New York & Oxford, Oxford University Press

Garces, Laura, 1995, « The League of Nations' predicament in Southeastern Europe », *World Affairs* 158 (1), 3-17

Geary, Dick, 1981, *European labour protest, 1848-1939*, New York, St.-Martin's Press

George, Jim et Campbell, David, 1990, « Patterns of dissent and the celebration of difference: critical social theory and international relations », *International studies Quarterly* 34, 269-293

Gerbet, Pierre, 1996, *Le rêve d'un ordre mondial. De la SdN à l'ONU*, Paris, Imprimerie nationale

Germain, Randall D., 1996, « The worlds of finance: a Braudelian perspective on IPE », *European Journal of International Relations* 2 (2), 201-230

Germain, Randall D., 1997, *The international organization of credit. States and global finance in the world-economy*, Cambridge, University Press

Germain, Randall D. et Kenny, Michael, 1998, « Engaging Gramsci: international relations theory and the new Gramscians », *Review of International Studies* 24 (1), 3-21

Ghebali, Victor-Yves, 1970, *La Société des Nations et la réforme Bruce, 1939-1940*, Genève, Carnegie

Ghebali, Victor-Yves, 1987, *L'Organisation internationale du travail (OIT)*, Genève, Georg

Gill, Stephen, 1990, *American hegemony and the Trilateral Commission*, Cambridge, University Press

Gill, Stephen, 1991, « Reflections on global order and sociohistorical time », *Alternatives* 16, 275-314

Gill, Stephen (ed.), 1993, *Gramsci, historical materialism and international relations*, Cambridge, University Press

Gill, Stephen (ed.), 1997, *Globalization, democratisation and multilateralism*, London, Macmillan Press & United Nations University Press

Gill, Stephen, 1998, « European governance and new constitutionalism: economic and monetary union and alternatives to disciplinary neoliberalism in Europe », *New Political Econ.* 3 (1), 5-26

Gill, Stephen, 2000, « The constitution of global capitalism », (manuscrit)

Gill, Stephen, 2003, *Power and resistance in the new world order*, New York, Palgrave Macmillan

Gill, Stephen et Law, David, 1988, *The global political economy: perspectives, problems and policies*, New York, Harvester Wheatsheaf

Gill, Stephen et Mittelman, James H., 1997, *Innovation and transformation in international studies*, Cambridge, University Press

Gilpin, Robert, 1972, « The politics of transnational economic relations », *International Organization* 25 (3), 398-419

Gilpin, Robert, 1987, *The political economy of international relations*, Princeton, University Press

Girault, René, 1993, « L'histoire des organisations internationales », *Relations internationales* 75, 271-275

de Goede, Marieke, 2005, *Virtue, fortune and faith. A genealogy of finance*, Minneapolis, University of Minnesota Press

Goldinger, Walter et Binder, Dieter A., 1992, *Geschichte der Republik Österreich 1918-1938*, Wien, Verlag für Geschichte und Politik

Gonidec, P. F., 1974, *Relations internationales*, Paris, Montchrestien

Gourevitch, Peter A., 1978, « The second image reversed: the international sources of domestic politics », *International Organization* 32, 881-912

Gramsci, Antonio, 1971, *Selections from the prison notebooks*, textes édités par Hoare, Quintin et Smith, Geoffrey N., New York, International Publishers

Graz, Jean-Christophe, 1999, *Aux sources de l'OMC: la Charte de La Havane 1941-1950 – Precursor of the WTO: The stillborn Havana Charter, 1941-1950*, Genève, Droz

Graz, Jean-Christophe, 2000, « Les nouvelles approches de l'économie politique internationale », *Annuaire français de Relations internationales* I, Bruxelles, Bruylant, 557-569

Graz, Jean-Christophe, 2004, *La gouvernance de la mondialisation*, Paris, La Découverte

Greaves, Harold R. G., 1931, *The League Committees and world order*, Oxford, Oxford University Press

Green, E. H. H., 1992, « The influence of the City over British economic policy c. 1880-1960 », in: Cassis, Y. (ed.), *Finance and financiers in European history 1880-1960*, Cambridge, University Press, 193-218

Groom, A. J. R. et Olson William C., 1991, *International relations then and now: origins and trends in interpretation*, London, Harper Collins

Grossi, Verdiana, 1994, *Le pacifisme européen, 1889-1914*, Bruxelles, Bruylant

Gruber, Helmut, 1984, « Reflections on the problematique of socialist party culture and the realities of working-class life in red Vienna », in: Konrad, Helmut et Maderthaner, Wolfgang (eds), *Neuere Studien zur Arbeitergeschichte*, vol. III, Wien, Europaverlag, 647-661

Guérin, Denis, 1996, *Albert Thomas au BIT 1920-1932. De l'internationalisme à l'Europe*, Genève, Institut européen

Guillen, Pierre, 1985, « Politique intérieure et relations internationales », *Relations internationales* 41, 111-124

Halliday, F., 1988, « Three concepts of internationalism », *International Affairs* 64 (2), 187-198

Halperin, Sandra, 1997, « The politics of appeasement: the rise of the left and European international relations during the interwar period », Skidmore, David, *Contested social orders and international politics*, Nashville, Vanderbilt University Press, 128-164

Hancock, K. J., 1970, « The reduction of unemployment as a problem of public policy, 1920-1929 », in: Pollard, Sidney (ed.), *The gold standard and employment policies between the wars*, London, Methuen & Co., 99-121

Hara, Terushi, 1994, « La conférence économique internationale de 1927 et ses effets sur la formation des cartels internationaux », in: Barjot, Dominique (ed.), *International cartels revisited (1880-1980). Relating to the history of business development and international economic order*, 265-272, Caen, Ed. du Lys

Hara, Terushi et Kudo, Akira, 1992, « International cartels in business history », in: Kudo, Akira et Hara, Terushi (eds), *International cartels in business history*, 1-24, Tokyo, University Press

Hartog, François, 2003, *Régimes d'historicité. Présentisme et expériences du temps*, Paris, Seuil

Hawtrey, Ralph G., 1928, *Trade and credit*, London, Longmans, Green & Co

Hawtrey, Ralph G., [1932] 1970, *The art of central banking*, London, Frank Cass & Co

Hayek, Friedrich A., 1944, *The road to serfdom*, Chicago, The University of Chicago Press

Hayek, Friedrich A., [1967] 1984, « The principles of a liberal social order », in: Nishiyama, Chiaki et Leube, Kurt R. (eds) *The essence of Hayek*, Stanford, Stanford University, 363-381

Heffer, Jean, 2003, « L'âge d'or du protectionnisme américain », *Histoire, économie et société* 22 (1), 7-22

Helleiner, Eric, 1993, « When finance was the servant: international capital movements In the Bretton Woods order », in: Cerny, Philip G. (ed.), *Finance and world politics. Markets, regimes and states in the post-hegemonic era*, Aldershot, Elgar, 20-48

Helleiner, Eric, 1994, *States and the reemergence of global finance: from Bretton Woods to the 1990s*, Ithaca; Cornell University Press

Helleiner, Eric, 1997, « Braudelian reflections on economic globalisation: the historian as pioneer », Gill, Stephen et Mittelman, James H. (eds), *Innovation and transformation in international studies*, Cambridge, University Press, 90-105

Helleiner, Eric, 2003a, *The making of National money. Territorial currencies in historical perspective*, Ithaca, Cornell University Press

Helleiner, Eric, 2003b, « Denationalizing money? Economic liberalism and the ‹national question› in currency affairs », Flandreau, Marc, Holtfrerich, Carl-Ludwig et James, Harold (eds), *International financial history in the twentieth century. System and anarchy*, Cambridge, University Press, 213-237

Helleiner, Eric et Pickel, Andreas (eds), 2005, *Economic nationalism in a globalizing world*, Ithaca, Cornell University Press

Hilferding, Rudolf, [1910] 1970, *Le capital financier. Etude sur le développement récent du capitalisme*, Paris, Ed. de Minuit

Hill, Martin, 1946, *The economic and financial organization of the League of Nations: a survey of twenty-five years experience*, Washington, Carnegie Endowment for International Peace

Hill, Norman L., 1929, *The public international conference: its functions, organization and procedure*, Stanford, University Press

Hinkkanen-Lievonen, Merja-Liisa, 1984, *British trade and enterprise in the Baltic States, 1919-1925*, Studia Historica 14, Helsinki, SHS (Societas Historica Finlandiae)

Hobsbawm, Eric, 1992, *Nations et nationalisme depuis 1870*, Paris, Gallimard

Hobson, J. A., [1902] 1988, *Imperialism, a study*, London, Unwin Hyman

Hodgson, Geoffrey M., 2001, *How economics forgot history. The problem of historical specificity in social science*, London, Routledge

Hoensch, Jörg K., 1984, *Geschichte Ungarns, 1867-1983*, Stuttgart, Verlag W. Kohlhammer

Hogan, Michael J., 1977, *Informal entente: The private structure of cooperation in Anglo-American economic diplomacy, 1918-1928*, Columbia, University of Missouri Press

Hogan, Michael, 1981, « Thomas W. Lamont and European Recovery: the diplomacy of privatism in a corporatist age », Jones, Kenneth P. et DeConde, Alexander, *U.S. diplomats in Europe, 1919-1941*, Oxford, ABC-Clio, 5-22

Hogan, Michael J., 1987, *The Marshall Plan. America, Britain, and the reconstruction of Western Europe, 1947-1952*, Cambridge, University Press

Hogan, Michael, 2004 (2ᵉ ed.), « Corporatism », in: Hogan, Michael J. et Paterson, Thomas G. (eds), *Explaining the history of American foreign relations*, Cambridge, University Press, 137-148

Holsti, K. J., 1992, « Governance without government: polyarchy in nineteenth-century European international politics », in: Rosenau, James N. et Czempiel, Ernst-Otto (eds), *Governance without government: order and change in world politics*, Cambridge, University Press, 30-57

Holtfrerich, Carl. L., Reis, Jaime et Toniolo, Gianni (eds), 1999, *The emergence of modern central banking from 1918 to the present*, Aldershot, Ashgate, cop.

Holtfrerich, Carl-Ludwig, 1988, « Relations between monetary authorities and governmental institutions : the case of Germany from the 19th century to the present », in : Toniolo, Gianni (ed.), *Central banks' independence in historical perspective*, Berlin, Walter de Gruyter, 105-159

Hudson, Manley O., 1929, « America's role in the League of Nations », *The American Political Science Review* 23 (1), 17-31

Hume, David, [1741-2], *Essays, moral, political and literary*, Oxford, University Press

Huntley, Wade L., 1996, « Kant's third image : systemic sources of the liberal peace », *International Studies Quarterly* 40, 45-76

Hutchings, Kimberly, 1997, « Foucault and international relations theory », in : Lloyd, Moya et Thacker, Andrew, *The impact of Michel Foucault on the social sciences and humanities*, London, Macmillan, 102-127

Hutchings, Kimberly, 1999, *International political theory*, London, Sage

Ingham, Geoffrey, 1984, *Capitalism divided : The City and industry in British social development*, London, Macmillan

International Labour Office (Devinat, Paul), 1927, *Scientific management in Europe*, Studies and reports, Series B (Economic conditions), No. 17, Geneva, ILO

Ives, Peter, 2004, *Language and hegemony in Gramsci*, London, Winnipeg, Pluto Press & Fernwood Publishing

Jacobson, Harold K., 2000, « International institutions and system transformation », *Annual Review of Political Science* 2000 (3), 149-166

James, Harold, 2000, « Globalization and the changing character of the International Monetary Fund », in : Tilly, Richard et Welfens, Paul J. J. (eds), *Economic globalization, international organizations and crisis management*, 211-236

Janos, Andrew C., 1982, *The politics of backwardness in Hungary, 1825-1945*, Princeton, Univ. Press

Jones J. H., 1933, « The gold standard », *The Economic Journal* 43 (172), 551-574

Jones, Steve, 2006, *Antonio Gramsci*, London, Routledge

Joseph, Jonathan, 2004, « Foucault and reality », *Capital & Class* 82 (1), 143-165

Kant, Emmanuel, [1795] 1999, *Projet de paix perpétuelle. Esquisse philosophique*, Paris, Librairie Vrin

Kaser, M. C. et Radice, E. A., 1986, *The economic history of Eastern Europe 1919-1975*, vol. I & II, Oxford, Clarendon Press

Kébabdjian, Gérard, 1999, *Les théories de l'économie politique internationale*, Paris, Seuil

Keohane, Robert O., 1980, « The theory of hegemonic stability and changes in international economic regimes », in : Holsti, Ole (ed.), *Change in the international system*, Boulder, Westview Press, 131-162

Keohane, Robert O., 1984, *After hegemony : cooperation and discord in the world political economy*, Princeton, University Press

Keohane, Robert O., 1988, « International institutions : two approaches », *International Studies Quarterly* 32, 379-396

Keohane, Robert O. et Nye, Joseph S. (eds), 1972, *Transnational relations and world politics*, Cambridge, Harvard University Press

Keohane, Robert O. et Nye, Joseph S., 1974, « Transgovernmental relations and international organizations », *World Politics* 27 (1), 39-62

Kernbauer, Hans, 1995, « Österreichische Währungs-, Bank- und Budgetpolitik in der Zwischenkriegszeit », in : Tálos, Emmerich (ed.), *Handbuch des politischen Systems Österreichs. Erste Republik, 1918-1933*, Wien, Manzsche Verlags- und Universitätsbuchhandlung, 552-569

Keynes, John Maynard, 1920 [2002], *Les conséquences économiques de la paix*, Paris, Gallimard

Kienböck, Victor, 1925, *Das österreichische Sanierungswerk*, Stuttgart, Ferdinand Enke

Kindleberger, Charles P., [1973] 1986a, *The world in depression, 1929-1939*, London, Allen Lane The Penguin Press

Kindleberger, Charles P., 1986b, « International public goods without international government », *American Economic Review* 76, 1-13

Kirshner, Jonathan, 2003, « The inescapable politics of money », in : Kirshner, Jonathan (ed.), *Monetary orders. Ambiguous economics, ubiquitous politics*, Ithaca, London, Cornell University Press, 3-24

Kisch, Cecil Hermann et Elkin, Winifred Adeline, 1928, *Central banks. A study of the constitutions of banks of issue, with an analysis of representative charters*, London, Macmillan

Knafo, Samuel, 2006, « The gold standard and the origins of the modern international monetary system », *Review of International Political Economy* 13 (1), 78-102

Kostis, Kostas, 1999, « Les ambiguïtés de la modernisation : la fondation de la Banque de Grèce (1927-1928) », *Histoire, Economie & Société* 18 (4), 701-713

Kostis, Kostas, 2000, « Politiques financières, finances publiques et contrôle financier international en Grèce (1880-1898) », in : Chastagnaret, Gérard (ed.), *Crise espagnole et nouveau siècle en Méditerranée*, Aix-en-Provence, Publications de l'Université de Provence, 147-162

Kostov, Alexandre, 1999, « Western capital and the Bulgarian banking system : Late nineteenth century-Second World War », in : Kostis, Kostas P. (ed.), *Modern banking in the Balkans and West-European capital in the nineteenth and twentieth centuries*, Aldershot, Ashgate, cop., 61-75

Krasner, Stephen D., 1983, *International regimes*, New York, Cornell University Press

Krasner, Stephen D., 1994, « International political economy : abiding discord », *Review of International Political Economy* 1 (1), 13-19

Krasner, Stephen D., 1996, « The accomplishments of international political economy », in : Smith, Steve, Booth, Ken et Zalewski, Marysia (eds), *International theory : positivism and beyond*, Cambridge, University Press, 108-127

Kudo, Akira et Hara, Terushi (eds), 1992, *International cartels in business history*, Tokyo : University of Tokyo Press

Kuehl, Warren F. et Dunn, Lynne K., 1997, *Keeping the covenant. American internationalists and the League of Nations, 1920-1939*, Kent, Kent State University Press

Kuisel, Richard F., 1984, *Le capitalisme et l'Etat en France, modernisation et dirigisme au XXᵉ siècle*, Paris, Gallimard

Labour Party, 1918, *Labour and the new social order. A report on reconstruction*, London, The Labour Party

Laclau, Ernesto, 2000, *La guerre des identités. Grammaire de l'émancipation*, Paris, La Découverte

Laclau, Ernesto et Mouffe, Chantal, 1985, *Hegemony and socialist strategy. Towards a radical democratic politics*, London, Verso

Laidler, David, 1999, *Fabricating the Keynesian revolution*, Cambridge, University Press

Lamont, Edward M., 1994, *The ambassador from Wall Street. The story of Thomas W. Lamont, J. P. Morgan's chief executive: a biography*, Lanham, Madison

Lamont, Thomas W., 1923, « Three examples of international cooperation », *Atlantic Monthly*, 132, 537-546

Lamont, Thomas W., 1951, *Across world frontiers*, New York, Harcourt, Brace & Co.

Langley, Paul, 2002, *World financial orders. An historical international political economy*, London, Routledge

Leach, William, 1993, *Land of Desire. Merchants, power and the rise of a new American culture*, New York, Pantheon Books

Lee, Kelley, 1995, « A neo-Gramscian approach to international organization: an expanded analysis of current reforms to UN development activities », in: Macmillan, John et Linklater, Andrew, *Boundaries in question. New directions in international relations*, London, Pinter, 144-162

Leffler, Melvyn P., 1979, *The elusive quest: America's pursuit of European stability and French security, 1919-1933*, Chapel Hill, The University of North Carolina Press

Lénine, Vladimir I. [1916] 1979, *L'impérialisme, stade suprême du capitalisme*, Paris, Editions sociales

Lewis, Jill, 1983, « Red Vienna: socialism in one city, 1918-1927 », *Europ. Stud. Rev.* 13 (3), 335-355

Lewis, Jill, 1991, *Fascism and the working class in Austria, 1918-1934. The failure of labour in the First Republic*, New York, Berg

Linklater, Andrew, 1990, *Beyond realism and Marxism. Critical theory and international relations*, London, Macmillan

Linklater, Andrew, 1996, « The achievements of critical theory », in: Smith, Steve, Booth, Ken et Zalewski, Marysia (eds), *International theory: positivism and beyond*, Cambridge, University Press, 279-298

Lippmann, Walter, [1922] 1997, *Public opinion*, New York, Free Press

Long, David, 1996, *Towards a new liberal internationalism. The international theory of J. A. Hobson*, Cambridge, University Press

Long, David et Wilson, Peter, 1995, *Thinkers of the Twenty Years' crisis. Inter-war idealism reassessed*, Oxford, Clarendon Press

Loveday, Alexander, 1938, « The Economic and financial activities of the League », *International Affairs* 17, 788-808

Lukes, Steven, 1974, *Power, a radical view*, London, Macmillan

Lyons, F. S. L., 1963, *Internationalism in Europe, 1815-1914*, Leiden, A.W. Sythoff

MacClure, Wallace, 1933, *World prosperity as sought through the economic work of the League of Nations*, New York, Macmillan

Maderthaner, Wolfgang, 1986, « Politique communale à Vienne la Rouge », in: Clair, Jean (ed.), *Vienne 1880-1938: L'apocalypse joyeuse*, Paris, Ed. du Centre Pompidou

Maderthaner, Wolfgang, 1995, « Die Sozialdemokratie », in: Tálos, Emmerich (ed.), *Handbuch des politischen Systems Österreichs. Erste Republik, 1918-1933*, 177-194, Wien, Manzsche Verlags- und Universitätsbuchhandlung, 177-194

Magnier, Léon, 1928, *La Chambre de Commerce Internationale*, Paris, Librairie A. Rousseau

Maier, Charles S., 1975, *Recasting bourgeois Europe: stabilization in France, Germany, and Italy in the decade after World War I*, Princeton, University Press

Maier, Charles S., 1981, « The two postwar eras and the conditions for stability in twentieth-century western Europe », *The American Historical Review* 86, issue 2, 327-352

Maier, Charles S., 1987, *In search of stability: explorations in historical political economy*, Cambridge, University Press

Maier, Charles S., 2000, « International associationalism: the social and political premises of peacemaking after 1917 and 1945 », Kennedy, P. et Hitchcock, W. (eds), *From war to peace. Altered strategic landscapes in the twentieth century*, New Haven, Yale University Press, 36-52

March, James G. et Olsen, Johan P., 1998, « The institutional dynamics of international political orders », *International Organization* 52 (4), 943-969

de Marchi, Neil, 1991, « League of Nations economists and the ideal of peaceful change in the decade of the thirties », in: Goodwin, Craufurd, D. (ed.), *Economics and national security, a history of their interaction*, Durham, Duke University Press, 143-178

Margairaz, Michel, 2005, « La SDN, les banques d'émission et les statistiques monétaires entre les deux guerres: harmonisation des usages et convergences des pratiques », in: Feiertag, Olivier (ed.), *Mesurer la monnaie. Banques centrales et construction de l'autorité monétaire (XIXᵉ-XXᵉ siècle)*, Paris, Albin Michel, 149-167

Marguerat, Philippe, 1988, « Banque de France et politique de puissance dans l'entre-deux-guerres. Le problème des stabilisations monétaires en Europe orientale, 1927-1931 », *Relations internationales* 56, 475-485

Martin, Lisa L. et Simmons, Beth, 1998, « Theories and empirical studies of international institutions », *International Organization* 52 (4), 729-757

Marx, Karl, [1847] 1965, « Misère de la philosophie », in: Marx, Karl, *Œuvres, Economie*, vol. I, Paris, Gallimard, 1-136

Marx, Karl, [1859] 1965, « Critique de l'économie politique », in: Marx, Karl, *Œuvres, Economie*, vol. I, Paris, Gallimard, 267-452

Marx, Karl, [1867] 1965, « Le Capital (livre premier) », in: Marx, Karl, *Œuvres, Economie*, vol. I, Paris, Gallimard, 535-1406

Marx, Karl, [1857-8] 1974, *Grundrisse. Foundations of the critique of political economy*, New York, Penguin

Marx, Karl et Engels, Friedrich, [1848] 1965, « Le manifeste communiste », in: Marx, Karl, *Œuvres, Economie*, vol. I, 159-195, Paris, Gallimard

März, Eduard, 1981, *Oesterreichische Bankpolitik in der Zeit der grossen Wende, 1913-1923: am Beispiel der Creditanstalt für Handel und Gewerbe*, München, R. Oldenburg

Mathieu, Jean-Luc, 1977, *Les institutions spécialisées des Nations Unies*, Paris, Masson

Mattelart, Armand, 2005, *Diversité culturelle et mondialisation*, Paris, La Découverte

Mayer, Arno J., 1967, *Politics and diplomatics of peacemaking. Containment and counterrevolution at Versailles, 1918-1919*, New York, Alfred A. Knopf

Mazower, Mark, 1991a, *Greece and the inter-war economic crisis*, Oxford, Clarendon Press

Mazower, Mark, 1991b, « Banking and economic development in interwar Greece », in : James, H., Lindgren, H. and Teichova, A., *The role of banks in the interwar economy*, Cambridge, University press

McFadyean, Andrew, 1930, « International banking and finance », in : Rappard, W. (ed.) : *Problems of Peace. Lectures delivered at the Geneva Institute of International Relations, August 1930*, New York, Books for Libraries Press, 71-90

McKercher, Brian, 2000, « Reaching for the brass ring : the recent historiography of interwar American foreign relations », in : Hogan, Michael J. (ed.), *Paths to power. The historiography of American foreign relations to 1941*, Cambridge, University Press, 176-223

McNeil, William C., 1986, *American money and the Weimar Republic. Economics and politics on the eve of the Great depression*, New York, Columbia University Press

McNeil, William C., 1993, « Weimar Germany and systemic transformation in international economic relations », in : Snyder, Jack et Jervis, Robert (eds), *Coping with complexity in the international system*, 191-206

Mearsheimer, John J., 1995, « The False promise of international institutions », *International Security* 19 (3), 5-49

Melinz, Gerhard, 1993, « Von der ‹Wohltäterei› zur Wohlfahrt. Aspekte kommunaler Sozialpolitik 1918-1934 », in : Öhlinger, Walter (ed.), *Das Rote Wien 1918-1934*, Wien, Eigenverlag der Museen der Stadt Wien, 104-120

Meyer, Richard Hemming, 1970, *Banker's diplomacy. Monetary stabilization in the Twenties*, New York, Columbia University Press

Michie, Ranald et Williamson, Philip (eds), 2004, *The British government and the City of London in the twentieth century*, Cambridge, University Press

Middlemas, Keith, 1979, *Politics in industrial society*, London, Andre Deutsch

Milward, Alan S., 1996, « The origins of the gold standard », in : Braga de Macedo, J., Eichengreen, B., et Reis, J. (eds), *Currency convertibility ; the gold standard and beyond*, London, Routledge, 87-101

Milza, Pierre, 1988, « Politique intérieure et politique étrangère », in : Rémond, R. (ed.), *Pour une histoire politique*, 315-344

Minoglou, Ioanna P., 1999, « The rise and fall of the House of Hambros in Greece, 1864-1940 », in : Bonin, Hubert *(et al.)* (eds), *Transnational companies (19th-20th centuries)*, 401-417

Mitrany, David, 1933, *The progress of international government*, London, George Allen & Unwin

Mitrany, David, [1943] 1966, *A Working peace system. An argument for the functional development of international organization*, Chicago, Quadrangle Books

Mittelman, James H., 1998, « Coxian historicism as an alternative perspective in international studies », *Alternatives* 23, 63-92

Moggridge, Donald E., 1972, *British monetary policy : 1924-1931 : the Norman conquest of $ 4.86*, Cambridge, University Press

Moggridge, Donald E., 1982, « Policy in the crises of 1920 and 1929 », in: Kindle-berger, C. et Laffargue, J.-P. (eds), *Financial crises. Theory, history and policy*, Cambridge, University Press, 171-187

Monnet, Jean, 1976, *Mémoires*, Paris, Fayard

Moreau, Emile, 1954, *Souvenirs d'un gouverneur de la Banque de France, 1926-1928*, Paris, M.-Th. Génin

Morgenthau, Hans J., 1948, *Politics among nations. The struggle for power and peace*, New York, A. Knopf

Morton, Adam David, 2003, « Historicizing Gramsci: situating ideas in and beyond their context », *Review of International Political Economy* 10 (1), 118-146

Mosser, Alois et Teichova, Alice, 1991, « Investment behaviour of industrial joint-stock companies and industrial shareholding by the Österreichische Credit-Anstalt: inducement of obstacle to renewal and change in industry in interwar Austria », in: James, H., Lindgren, H. and Teichova, A. (eds), *The role of banks in the interwar economy*, Cambridge, University press, 122-157

Moulton, Harold G. et Pasvolsky, Leo, 1932, *War debts and world prosperity*, New York, Century

Mouré, Kenneth, 1992, « The limits to central banks co-operation, 1916-1936 », *Contemporary European History* 3, 259-279

Mouré, Kenneth, 1999, « Vu du pont: l'étalon-or de l'entre-deux-guerres était-il un ‹régime› ? », *Economie internationale* 78 (2), 105-128

Mouré, Kenneth, 2002, *The Gold standard illusion: France, the Bank of France, and the international gold standard, 1914-1939*, New York, Oxford University Press

Mouré, Kenneth, 2003, « French money doctors, central banks, and politics in the 1920s », in: Flandreau, Marc (ed.), *Money doctors. The experience of international financial advising 1850-2000*, 138-165

Mouton, Marie-R., 1984, « Société des Nations et reconstruction financière de l'Europe: La conférence de Bruxelles (1920) », *Relations internationales* 39, 1984, 309-331

Mouton, Marie-R., 1995, *La Société des Nations et les intérêts de la France (1920-1924)*, Bern, P. Lang

Murphy, Craig N., 1994, *International organization and industrial change: global governance since 1850*, New York & Oxford, Oxford University Press

Murphy, Craig N., 1998, « Understanding IR: understanding Gramsci », *Review of International Studies* 24, 417-425

Murphy, Craig N., 2005, *Global institutions, marginalization and development*, London, Routledge

Murphy, Craig N. et Tooze, Roger (eds), 1991, *The new international political economy*, Boulder, Lynne Rienner

Myers, Margaret G., 1945, « The League loans », *Political Science Quarterly*, 60 (4), 492-526

National Monetary Commission (ed.), 1911, *Banking in Russia, Austro-Hungary, The Netherlands and Japan*, Washington (D.C.), Government Printing Office

Natmessnig, Charlotte, 1998, *Britische Finanzinteressen in Österreich. Die Anglo-Österreichische Bank*, Wien, Böhlau

Navari, Cornelia, 1995, « David Mitrany and international functionalism », in : Long, David et Wilson, Peter (eds), *Thinkers of the Twenty Years' crisis. Inter-war idealism reassessed*, 214-246

Newton, Lucy, 2003, « Government, the banks and industry in inter-war Britain », in : Gourvish, Terry (ed.), *Business and politics in Europe, 1900-1970*, Cambridge, University Press, 145-168

Nicholl, David S., 1984, *The golden wheel. The story of Rotary 1905 to the present*, Plymouth, Macdonald & Evans

Nichols, Beverley, 1933, *Cry Havoc!*, New York, Doubleday, Doran & Co

Noël, Pierre, 2000, « Théories des ‹régimes›, économie politique internationale et science politique : réflexions critiques », *Annuaire français de Relations internationales* I, Bruxelles, Bruylant, 140-160

Northedge, Frederick Samuel, 1986, *The League of Nations, its life and times : 1920-1946*, Leicester, Leicester University Press

Nötel, Rudolf, 1974, « International capital movements and finance in Eastern Europe, 1919-1949 », *Vierteljahrsschrift für Sozial- und Wirtschafts-Geschichte* 61, 65-112

Nötel, Rudolf, 1984, « Money, banking and industry in interwar Austria and Hungary », *Journal of European Economic History* 13 (2), 137-202

Nötel, Rudolf, 1986, « International credit and finance », in : Kaser, M.C. et Radice, E.A. (eds), *The economic history of Eastern Europe 1919-1975*, vol. II, Oxford, Clarendon Press, 170-295

Notermans, Ton, 2000, *Money, markets, and the state. Social democratic economic policies since 1918*, Cambridge, University Press

Nussbaum, Arthur, 1954, *Concise history of the law of nations*, New York, Macmillan

Öhlinger, Walter (ed.), 1993a, *Das Rote Wien 1918-1934*, Eigenverlag der Museen der Stadt Wien

Öhlinger, Walter, 1993b, « Wien 1918-1934 : Im Spannungsfeld der Ersten Republik », in : Öhlinger, Walter (ed.), *Das Rote Wien 1918-1934*, Wien, Eigenverlag der Museen der Stadt Wien, 8-26

Olson, Mancur, 1978, *Logique de l'action collective*, Paris, PUF

Olszak, Norbert, 1998, *Histoire des banques centrales*, Paris, PUF

Orde, Anne, 1990, *British policy and European reconstruction after the First World War*, Cambridge, University Press

Organisation des Nations Unies, Département des affaires économiques, 1949, *Les mouvements internationaux de capitaux entre les deux guerres*, Lake Success N. Y., ONU

Overbeek, Henk, 2000, « Transnational historical materialism. Theories of transnational class formation and world order », Palan, Ronen (ed.), *Global political economy : contemporary theories*, London, Routledge, 168-183

Palan, Ronen, 1998, « Les fantômes du capitalisme mondial : l'économie politique internationale et l'école française de la régulation », *L'année de la régulation* 2, 63-86

Palan, Ronen, 2000a, « The constructivist underpinnings of the new international political economy », in : Palan, Ronen (ed.), *Global political economy : contemporary theories*, London, Routledge, 215-228

Palan, Ronen (ed.), 2000b, *Global political economy: Contemporary theories*, London, Routledge

Palan, Ronen et Abbott, Jason, 1999, *State strategies in the global political economy*, London, Pinter

Parmar, Inderjeet, 2004, *Think tanks and power in foreign policy. A comparative study of the role and influence of the Council on Foreign Relations and the Royal Institute of International Affairs, 1939-1945*, New York, Palgrave

Pasteur, Paul, 2003, *Pratiques politiques et militantes de la social-démocratie autrichienne, 1888-1934*, Paris, Belin

Pasvolsky, Leo, 1928, *Economic nationalism in the Danubian States*, New York, Macmillan

Pasvolsky, Leo, 1930, *Bulgaria's economic position*, Washington, The Brookings Institution

Pauly, Louis W., 1997, *Who elected the bankers? Surveillance and control in the World Economy*, Ithaca, Cornell University Press

Pauly, Louis W., 1999, « Good governance and bad policy: the perils of international organizational overextension », *Review of International Political Economy* 6 (4) 410-424

Pauly, Louis W., 2003, « International financial institutions and national economic governance. Aspects of the new adjustment agenda in historical perspective », in: Flandreau, Marc, Holtfrerich, Carl-Ludwig et James, Harold (eds), *International financial history in the twentieth century. System and anarchy*, Cambridge, University Press, 239-263

Pemberton, Jo-Anne, 2002, « New worlds for old: the League of Nations in the age of electricity », *Review of International Studies* 28, 311-336

Périgord, Paul, 1926, *The International Labor Organization. A study of labor and capital in cooperation*, New York, Appleton & Co.

Péteri, György, 1995, *Revolutionary twenties: Essays on international monetary and financial relations after World War I*, Trondheim Studies in History, No. 9, Trondheim, Department of History, University of Trondheim

Péteri, György, 2002, *Global monetary regime and national central banking: The case of Hungary, 1921-1929*, Wayne, NJ, Center for Hungarian Studies and Publications, distributed by the Columbia University Press

Piétri, François, 1935, *Le financier*, Paris, Hachette

Piétri, Nicole, 1970, *La reconstruction financière de l'Autriche, 1921-1926*, Genève, Centre européen de la Dotation Carnegie pour la paix internationale

Piétri, Nicole, 1981, *La reconstruction économique et financière de l'Autriche par la Société des Nations (1921-1926)*, Thèse d'Etat sous la dir. de J.-B. Duroselle, Paris, (manuscrit)

Piétri, Nicole, 1985, « Les relations bancaires et économiques entre la France et l'Autriche », in: Michel, Bernard (ed.), *Les relations franco-autrichiennes de 1871 au traité d'Etat de 1955*, Poitiers, CRDP, 38-61

Pirhofer, Gottfried, 1993, « Die Roten Burgen. Zur Dialektik des Sozial im Urbanen », in: Öhlinger, Walter (ed.), *Das Rote Wien 1918-1934*, Wien, Eigenverlag der Museen der Stadt Wien, 92-102

Plessis, Alain, 1982, « La Banque de France et les relations monétaires internationales jusqu'en 1914 », *Relations internationales* 29, 3-23

Plessis, Alain, 1992, « Bankers in French society, 1860s-1960s », in : Cassis, Youssef (ed.), *Finance and financiers in European history 1880-1960*, 147-160

Polanyi, Karl, [1944] 1983, *La grande transformation. Aux origines politiques et économiques de notre temps*, Paris, Gallimard

Pollard, Sidney (ed.), 1970, *The gold standard and employment policies between the wars*, London, Methuen

Quigley, Carroll, 1981, *The Anglo-American establishment. From Rhodes to Cliveden*, New York, Books in Focus, Inc

Raffo, Peter, 1974, « The League of Nations philosophy of Lord Robert Cecil », *Australian Journal of Politics and History* 20 (2), 186-196

Ramonat, Wolfgang, 1979, *Der Völkerbund und die Freie Stadt Danzig, 1920-1934*, Osnabrück, Biblio Verlag

Ránki, György, 1983, « The Hungarian General Credit Bank in the 1920s », in : Cottrell, Philip Leonard et Teichova, Alice (eds), *International business and Central Europe, 1918-1939*, Leicester, Leicester University Press, St. Martin's Press, 355-374

Ránki, György et Tomaszewski, J., 1986, « The role of the state in industry, banking and trade », in : Kaser, M. C. et Radice, E. A. (eds), *The economic history of Eastern Europe 1919-1975*, vol. II, Oxford, Clarendon Press, 3-48

Raun, Toivo U., 2001, *Estonia and the Estonians*, Stanford, Hoover institutions press

Rebérioux, Madeleine et Fridenson, Patrick, 1974, « Albert Thomas, pivot du réformisme français », *Le mouvement social* 87, 85-97

Recker, Marie-Luise, 1976, *England und der Donauraum, 1919-1929 : Probleme einer europäischen Nachkriegsordnung*, Stuttgart, E. Klett

Reti, Steven P., 1998, *Silver and gold. The political economy of international monetary conferences, 1867-1892*, Westport, Greenwood Press

Richter, Heinz A., 1990, *Griechenland im 20. Jahrhundert*, Vol. I : *Megali Idea, Republik, Diktatur, 1900-1940*, Köln, Romiosini

Ridgeway, George L., 1938, *Merchants of peace : the history of the International Chamber of Commerce*, New York, Columbia University Press

Rist, Charles, [1951] 2002, *Histoire des doctrines relatives au crédit et à la monnaie. Depuis John Law jusqu'à nos jours*, Paris, Dalloz

Romsics, Ignác, 1995, *István Bethlen, a great conservative statesman of Hungary, 1874-1946*, Boulder (Colorado), Social science monographs

Rosenberg, Emily S., 1982, *Spreading the American dream : American economic and cultural expansion, 1898-1945*, New York, Hill and Wang

Rosenberg, Emily S., 1999, *Financial missionaries to the world. The politics and culture of dollar diplomacy, 1900-1930*, Cambridge (Ma.), Cambridge University Press

Rosengarten, Monika, 2001, *Die Internationale Handelskammer. Wirtschaftspolitische Empfehlungen in der Zeit der Weltwirtschaftskrise, 1929-1939*, Berlin, Duncker & Humblot

Rothschild, Joseph, 1974, *East Central Europe between the two world wars*, Leattle, University of Washington Press

Royal Institute of International Affairs, 1937, *The problem of international investment*, Oxford, Oxford University Press

Rueff, Jacques, [1931] 1979, « L'assurance chômage : cause du chômage permanent », in : *Œuvres complètes*, T. 2, vol. 2, 231-270

Rueff, Jacques, 1977, *De l'aube au crépuscule. Autobiographie*, in : *Œuvres complètes*, T. 1

Ruggie, John Gerard, 1982, « International regimes, transactions and change : embedded liberalism in the postwar economic order », *International Organization* 36 (2), 379-415

Rupert, Mark, 1998, « (Re-)Engaging Gramsci : a response to Germain and Kenny », *Review of International Studies* 24, 427-434

Salter, James Arthur, 1921, *Allied shipping control, an experiment in international administration*, Oxford, Clarendon Press

Salter, James Arthur, 1924, « The Reconstruction of Hungary », *Journal of the British Institute of International Affairs* 3 (4), 190-202

Salter, James Arthur, 1927, » The Economic Conference : Prospects of practical results », *Journal of the Royal Institute of International Affairs* 6 (6), 350-367

Salter, James Arthur, 1961, *Memoirs of a public servant*, London, Faber and Faber

Santaella, Julio A., 1992, *Stabilization programs, credibility and external enforcement*, Los Angeles, UCLA

Santaella, Julio A., 1993, *Stabilization programs and external enforcement : experience from the 1920s*, IMF working paper, Washington, International Monetary Fund

Sassoon, Anne Showstack, 1987, *Gramsci's politics*, London, Hutchinson

Sayers, Richard Sidney, 1976, *The Bank of England 1891-1944* (3 vol.), Cambridge, University Press

Schubert, Aurel, 1991, *The Credit-Anstalt crisis of 1931*, Cambridge, University Press

Schubert, Aurel, 1999, « The Emergence of national central banks in Central Europe after the break-up of the Austro-Hungarian monarchy », in : Holtfrerich, C., Reis, J. et Toniolo, G., *The emergence of modern central banking from 1918 to the present*, Aldershot, Ashgate, 186-230

Schuker, Stephen A., 1988 (1ère ed. 1976), *The end of French predominance in Europe : the financial crisis of 1924 and the adoption of the Dawes plan*, Chapel Hill, The University of North Carolina Press

Schuker, Stephen A., 2003, « The gold-exchange standard : a reinterpretation », in : Flandreau, Marc, Holtfrerich, Carl-Ludwig et James, Harold (eds), *International financial history in the twentieth century. System and anarchy*, Cambridge, University Press, 77-93

Schuker, Stephen A. et Kindleberger, Charles P., 1981, « [The two postwar eras] : Comments », *The American Historical Review* 86 (2), 353-362

Shoup, Lawrence H. et Minter, William, 1977, *Imperial brain trust : the Council on Foreign Relations and United States Foreign Policy*, New York, Monthly Review

Siklos, Pierre L., 1994, « Interpreting a change in monetary policy regimes : a reappraisal of the first Hungarian hyperinflation and stabilization, 1921-1928 », in : Bordo, Michael D. et Capie, Forrest (eds), *Monetary regimes in transition*, Cambridge, University Press, 274-311

Silverman, Dan P., 1982, *Reconstructing Europe after the Great War*, Cambridge Mass., Harvard University Press

Simmons, Beth A., 1994, *Who adjusts? domestic sources of foreign economic policy during the interwar years*, Princeton, Univ. Press

Sinclair, Timothy J., 2000, « Deficit discourse : the social construction of fiscal rectitude », in : Germain, Randall D. (ed.), *Globalization and its critics. Perspectives from political economy*, Houndmills, Macmillan, 185-203

Smith, Steve, 1996, « Positivism and beyond », in : Smith, Steve, Booth, Ken et Zalewski, Marysia (eds), *International theory : positivism and beyond*, Cambridge, University Press, 11-44

Smouts, Marie-Claude, 1995, *Les organisations internationales*, Paris, Armand Colin

Smouts, Marie-Claude, 1998, *Les nouvelles relations internationales. Pratiques et théories*, Paris, Presses de la Fondation Nationale des Sciences Politiques

Snidal, Duncan, 1985, « The limits of hegemonic stability theory », *International Organization* 39 (4), 179-614

Sokal, Max et Rosenberg, Otto, 1929, « The banking system of Austria », in : Willis, Parker H. et Beckhart, B.H. (eds), *Foreign banking systems*, New York, Henry Hold & Co., 99-174

Soutou, Georges-Henri, 1995, « L'année 1922 et les ambiguïtés économiques du traité de Versailles », in : Petricioli, Marta (ed.), *Une occasion manquée? 1922 : La reconstruction de l'Europe*, Berne, Peter Lang, 189-221

Spengler, [1923] 1926, *The decline of the West*, New York, Knopf

Spruyt, Hendrik, 2000, « New institutionalism and international relations », in : Palan, Ronen (ed.), *Global political economy : Contemporary theories*, London, Routledge

Staudinger, Anton, Müller, Wolgang C. et Steininger, Barbara, 1995, « Die Christlichsoziale Partei », in : Tálos, Emmerich (ed.), *Handbuch des politischen Systems Österreichs. Erste Republik, 1918-1933*, Wien, Manzsche Verlags- und Universitätsbuchhandlung, 160-176

Stead, William T., 1899, *The United States of Europe on the eve of the Parliament of peace*, Toronto, George N. Morang & Co.

Stiefel, Dieter, 1988, *Die grosse Krise in einem kleinen Land. Österreichische Finanz- und Wirtschaftspolitik 1929-1938*, Wien, Böhlau

Strakosch, Henry, 1921, « The South African Reserve Bank », *The Economic Journal* 31, 122, 172-178

Strange, Susan, 1982, « Cave! Hic dragones : a critique of regime analysis », *International Organization* 36 (2), 479-496

Strange, Susan, [1988] 1997 (2ᵉ ed.), *States and markets*, London, Pinter

Strange, Susan, 1998, « International political economy : beyond economics and international relations », *Economies et Sociétés* 34 (4), 3-24

Tálos, Emmerich et Wörister, Karl, 1994, *Soziale Sicherung im Sozialstaat Österreich. Entwicklung, Herausforderungen, Strukturen*, Baden-Baden, Nomos

Tálos, Emmerich, 1995, « Sozialpolitik in der Ersten Republik », in : Tálos, Emmerich (ed.), *Handbuch des politischen Systems Österreichs. Erste Republik, 1918-1933*, Wien, Manzsche Verlags- und Universitätsbuchhandlung, 570-586

Teichova, Alice, 1979, « Versailles and the expansion of the Bank of England into Central Europe », in : Horn, Norbert et Kocka, Jürgen (eds), *Recht und Entwicklung der Grossunternehmen im 19. und 20. Jahrhundert*, Göttingen, Vandenhoeck und Ruprecht, 366-387

Temin, Peter, 1989, *Lessons from the Great depression*, Cambridge Mass., MIT Press, cop.

Tomlinson, Jim, 2000, « Labour and the economy », in : Tanner, Duncan, Thane, Pat et Tiratsoo, Nick (eds), *Labour's first century*, Cambridge, University Press, 46-79

Toniolo, Gianni (ed.), 1988, *Central banks' independence in historical perspective*, Berlin, W. de Gruyter

Triffin, Robert, [1964] 1997, « The evolution of the international monetary system : historical reappraisal and future perspectives », in : Eichengreen, Barry et Flandreau, Marc (eds), *The gold standard in theory and history*, London, Routledge, 140-160

United Nations Organization (Dep. of Economic affairs), 1947, *International cartels. A League of Nations memorandum*, New York : UNO

Van der Pijl, Kees, 1984, *The Making of an Atlantic ruling class*, London, Verso

Van der Pijl, Kees, 1998, *Transnational classes and international relations*, London, Routledge

Vaubel, Roland et Willett, Thomas D. (eds), 1991, *The political economy of international organizations. A public choice approach*, Boulder (Colorado), Westview Press

Vissering, Gerard, 1920, *International economic and financial problems*, London, Macmillan

Vitols, Sigurt, 2002, « The origins of bank-based and market-based financial systems : Germany, Japan, and the United States », in : Streeck, W. et Yamamura, K. (eds), *The origins of nonliberal capitalism. Germany and Japan in comparison*, Ithaca, Cornell University Press, 171-199

Voltaire, 1988 [1734], *Lettres philosophiques*, Paris, Garnier

Vrain, Cécile, 2000, *La politique diplomatique et économique de la France en Hongrie, 1921-1931*, Paris, (thèse non publiée)

Walker, Charles H., 1934, « The working of the pre-war gold standard », *Review of Economic Studies* I, 196-209

Wallerstein, Immanuel, 1984, *The politics of the world-economy. The states, the movements and the civilizations*, Cambridge (University Press), Paris (Ed. de la Maison des Sciences de l'Homme)

Wallerstein, Immanuel, 1996, « The inter-state structure of the modern world-system », in : Smith, S., Booth, K. et Zalewski, M. (eds), *International theory : positivism and beyond*, Cambridge, University Press, 87-107

Walré de Bordes, Jan van, 1924, *The Austrian Crown. Its depreciation and stabilization*, London, King & Son

Walter, Andrew, 1993, *World power and world money. The Role of hegemony and international monetary order*, New York, London [etc.], Harvester Wheatsheaf

Walters, Francis Paul, [1952] 1986, *A history of the League of Nations*, 2 vol., Westport Conn., Greenwood Press

Wapler, Claire, 1999, « Montagu Norman, la Banque d'Angleterre et la question allemande de l'armistice à l'occupation de la Ruhr (1919-1923) », *Histoire, économie & société* 18, 4, 681-700

Weber, Fritz, 1991, « Universal banking in interwar Central Europe », in: James, H., Lindgren, H. and Teichova, A., *The role of banks in the interwar economy*, Cambridge, University press, 19-25

Weber, Fritz, 1995a, « Staatliche Wirtschaftspolitik in der Zwischenkriegszeit. Zum Investitionsverhalten der öffentlichen Hand 1918-1938 », in: Tálos, Emmerich (ed.), *Handbuch des politischen Systems Österreichs. Erste Republik, 1918-1933*, Wien, Manzsche Verlags- und Universitätsbuchhandlung, 531-551

Weber, Fritz, 1995b, « From imperial to regional banking: the Austrian banking system, 1918-1938 », in: Feinstein, C. (ed.), *Banking, currency, and finance in Europe between the wars*, Oxford, University Press, 337-357

Wendt, Alexander, 1992, « Anarchy is what states make of it: the social construction of power politics », *International Organization* 46 (2), 391-425

Wendt, Alexander, 2001, *Social theory of international politics*, Cambridge, University Press

Wilding, Peter, 1990, *... für Arbeit und Brot. Arbeitslose in Bewegung. Arbeitslosenpolitik und Arbeitslosenbewegung in der Zwischenkriegszeit in Österreich (mit dem regionalgeschichtlichen Schwerpunkt Steiermark)*, Wien, Europaverlag

Wilkins, Mira, 1999, « Cosmopolitan finance in the 1920s: New York's emergence as an international financial centre », in: Sylla, R., Tilly, R. et Tortella, G. (eds), *The state, the financial system, and economic modernization*, Cambridge, University Press, 271-291

Wilson, Joan Hoff, 1971, *American business & foreign policy, 1920-1933*, Lexington, University Press of Kentucky

Wilson, Peter, 1995, « The Twenty Years' crisis and the category of ‹idealism› in international relations », in: Long, David et Wilson, Peter (eds), *Thinkers of the Twenty Years' crisis. Inter-war idealism reassessed*, Oxford, Clarendon Press, 1-23

Wilson, Peter, 2003, *The international theory of Leonard Woolf: a study in twentieth-century idealism*, New York, Palgrave

Winkler, Henry R., 1994, *Paths not taken. British Labour and international policy in the 1920s*, Chapel Hill, The University of North Carolina

Woolf, Leonard S., 1916, *International government*, London, Putman's Sons

Woolf, Leonard S., [1917] 1971, *The framework of a lasting peace*, New York, Garland Publishing

Wrynn, J.F., 1976, *The Socialist international and the politics of European reconstruction, 1919-1930*, Uithoon, Graduate Press

Wurm, Clemens, 1993, *Business, politics and international relations. Steel, cotton and international cartels in British politics, 1924-1939*, Cambridge: University Press

Yeager, L.B., 1981, *Experiences with stopping inflation*, Washington DC, American Enterprise Institute

Young, John P., 1925, *European currency and finance, United States Senate, Commission of gold and silver inquiry*, Washington, Government printing office

Zeiler, Thomas W., 2001, « Just do it ! Globalization for diplomatic historians », *Diplomatic History* 25 (4), 529-551

Ziebura, Gilbert, 1984, *Weltwirtschaft und Weltpolitik 1924 bis 1931. Zwischen Rekonstruktion und Zusammenbruch*, Frankfurt a. M., Suhrkamp

Zimmern, Alfred E., [1936] 1945, *The League of Nations and the rule of law, 1918-1935*, London, Macmillan

Annexes

Tableau A1 : coût et rendement des emprunts de la SdN

Pays	Emprunt	Emission/ Echéance	Taux d'intérêt nominal[1]	Valeur reçue par le gvt.[2]	Taux de rendement 1927	Coût de rémuné-ration[3]
Autriche	Emprunt garanti du Gouvernement autrichien	1923-1943	6,31 %	79,65	8,00 %	9,5 %
Hongrie	Emprunt d'Etat du Royaume de Hongrie	1924-1944	7,12 %	82,63	8,85 %	10,6 %
Grèce	Emprunt du Gouvernement hellénique pour l'établissement des réfugiés	1924-1964	7 %	80,81	8,00 %	8,9 %
	Emprunt du Gouvernement hellénique	1928-1968	6 %	86,00	6,65 %	7,5 %
Bulgarie	Emprunt du Royaume de Bulgarie pour l'établissement des réfugiés	1926-1966	7 %	87,75	7,65 %	8,5 %
	Emprunt de stabilisation du Royaume de Bulgarie	1928-1948	7½ %	90,71	–	8,6 %
Estonie	Emprunt de la République d'Estonie	1927-1947	7 %	89,50	7,40 %	8,2 %
Danzig	Emprunt hypothécaire de la Municipalité de Danzig	1925-1945	7 %	84,00	8,05 %	9,1 %
	Emprunt d'Etat de la Ville libre de Danzig	1927-1947	6½ %	85,20	–	8,8 %

Sources: Archives SdN; SdN 1945; Stiefel 1988

1   Pour l'Autriche et la Hongrie, le taux d'intérêt nominal correspond à la moyenne des différentes tranches émises sur les places financières.
2   La valeur reçue par le gouvernement correspond au pourcentage du nominal effectivement remis au gouvernement et est calculé sous forme de moyenne des différentes tranches.
3   *Vierteljahreshefte zur Statistik der Deutschen Reiches*, 1936, p. 341, cité par Stiefel 1988: 133.

Tableau A2 : principales émissions étrangères à long terme en Autriche (1922-1931)
(sans emprunts du gouvernement central)

Banque F. J. Lissman et Cie NY
Emprunt de l'Alpine Montangesellschaft $ 5 000 000.–
Emprunt de la TIWAG (1925) $ 3 000 000.–
Emprunt de la TIWAG (1927) $ 3 000 000.–
Emprunt de la province de Basse Autriche (1925) $ 2 000 000.–

Banque Morgan Livermore et Cie NY
Emprunt de la province de Haute Autriche (1925) $ 5 000 000.–
Emprunt de la NEWAG (1924) $ 3 000 000.–

Banque Henry Schroder NY
Emprunt du Crédit Foncier de l'Autriche (1925) $ 2 400 000.–

Banque Richard et Cie NY
Emprunt de la ville de Graz $ 2 500 000.–

Banque Baker, Kellogg et Cie de NY
Emprunt de la province de Styrie (1926) $ 5 000 000.–

National City Bank (NY)
Emprunt de la commune de Vienne (1927) $ 30 000 000.–

Banque pour les entreprises électriques, Zürich
Emprunt de la OEWEAG (1923) $ 200 000.–
Emprunt de la OEWEAG (1923)   CHF 1 000 000.–

Groupe de banques suisses
Emprunt de la Ville de Salzbourg   CHF 12 000 000.–

Blankart, Zürich
Emprunt de AEG Union (1926)   CHF 7 000 000.–

Brown Boveri & Cie (Suisse)
Emprunt Brown Boveri AG (1926)   CHF 1 500 000.–

Credito Italiano
Emprunt STEWEAG (1929) $ 3 500 000.–

L. M. Rothschild & Fils (Londres)
Emprunt Vorarlberger Illwerke (1929)   £ 2 000 000.–

Sources : AMAE série SdN 1234 ; série SdN 1236, rapport Lamarle
Paribas 3-CABET-1/22, note s. d. [début 1931]

Tableau A3 : principales émissions étrangères à long terme en Hongrie (1925-1931)

Emission	Emprunt	Taux nominal	Tranche USA	Tranche GB
Février 1925	Société réunie de forges de Rimamurány et de Salgotarjan	7 %	$ 3 000 000 Liessman & Co.	
Juillet 1925	emprunt réuni des villes hongroises	7 ½ %	$ 10 000 000 Speyer & Co.	
Jan./juin 1926	l'Association des Instituts hongrois de crédit foncier	7 ½ %	$ 3 000 000	£ 1 000 000 Hambros
Janvier 1926	emprunt hypothécaire de la Banque de crédit foncier hongrois	7 ½ %		£ 1 000 000
Mars 1926	emprunt hypothécaire des associations agricoles	7 ½ %	$ 3 000 000	
Avril 1926	Soc. Coop. des banques hongroises pour l'émission de lettres de gage	7 ½ %	$ 6 000 000	
Juin 1926	emprunt de la Banque de Crédit foncier hongrois	7 ½ %	$ 3 000 000	
Juillet 1926	Emprunt des Comtés (comitats)	7 ½ %		£ 1 250 000 Rothschild (Londres) ; Baring ; Schroder
	Emprunt des Comtés (comitats)	6 %		£ 1 000 000 Rothschild (Londres) ; Baring ; Schroder
	Caisse d'épargne de la Cité SA	7 ½ %		£ 500 000
Octobre 1926	2ᵉ emprunt réuni des villes hongroises	7 %	$ 6 000 000	
	Banque hongroise-italienne SA	7 ½ %	$ 1 000 000	
	la Société centrale de crédit mutuel du Royaume de Hongrie	7 %	$ 3 000 000 Marshall Field, Glore, Ward & Co.	
	Emprunt de la Ville de Budapest	6 %	$ 10 000 000 Bankers Trust Co.	$ 10 000 000
	caisse d'épargne centrale de Hongrie	7 ½ %	$ 1 500 000 F. J. Liessman & Co et First Federal Foreign Investment Trust	
Septembre – décembre 1926	placement sur hypothèque effectué par la caisse d'Epargne de Budapest Centre			£ 100 000

Tableau A3 (suite)

Emission	Emprunt	Taux nominal	Tranche USA	Tranche GB
1926	Ville de Budapest	6 %	$ 20 000 000 Bankers trust & Co (NY)	
1926	Orszagos Kozponti Hitelszovetkezet		$ 3 000 000 Marshall Field, Glore, Ward, et Baker, Kellogg & Co.	
1927	Banque italo-hongroise		$ 1 000 000	
1927/1928	Emission de lettres de gage des établissements financiers hongrois	7-7 ½ %	$ 35 800 000	£ 2 450 000
Mai 1928	Talbot Electricity loan (ville de Budapest) 1ère tranche	4 ½ %		£ 1 000 000 Whitehall Trust
Mai 1928	Talbot Electricity loan (2e tranche)	6 ½ %		£ 2 300 000 Whitehall Trust
Mai 1928	Hungarian government (monopole des allumettes)		$ 36 000 000 Svenska Tädstickes	
Juillet 1929	Caisse d'Epargne de la ville de Budapest	7 ½ %		£ 500 000
Novembre 1930	bons du Trésor hongrois	6 ½ %		£ 3 120 000 Rothschild; Baring, Schroeder

Sources: SdN 1926b; Berend/Ränki 1985; Berend 2001c; AMAE série SdN, 1253; AMF 31879

Index des noms et des lieux